广州田野考古报告之十

广州增江流域考古调查报告

（上）

广州市文物考古研究院
中山大学社会学与人类学学院　编著

文物出版社

图书在版编目（CIP）数据

广州增江流域考古调查报告／广州市文物考古研究院，中山大学社会学与人类学学院编著．—北京：文物出版社，2023.10

ISBN 978 - 7 - 5010 - 8198 - 1

Ⅰ.①广⋯ Ⅱ.①广⋯ ②中⋯ Ⅲ.①河流—流域—文化遗址—考古调查—调查报告—广州 Ⅳ.①K878.05

中国国家版本馆 CIP 数据核字（2023）第 179760 号

审图号：粤 AS（2023）028 号

广州增江流域考古调查报告（上、下）

编　　著：广州市文物考古研究院　中山大学社会学与人类学学院

责任编辑：孙　丹
封面设计：程星涛
责任印制：王　芳

出版发行：文物出版社
地　　址：北京市东城区东直门内北小街 2 号楼
邮　　编：100007
网　　址：http：//www.wenwu.com
经　　销：新华书店
印　　刷：宝蕾元仁浩（天津）印刷有限公司
开　　本：889mm×1194mm　1/16
印　　张：64.25
版　　次：2023 年 10 月第 1 版
印　　次：2023 年 10 月第 1 次印刷
书　　号：ISBN 978 - 7 - 5010 - 8198 - 1
定　　价：780.00 元（全二册）

主 编

韩维龙　金志伟

执行主编

曹耀文

Monographs of Guangzhou Archaeology No. 10

Report on the Archaeological Survey of the Zengjiang River Basin in Guangzhou

(I)

Compiled by

Guangzhou Municipal Institute of Cultural Heritage and Archaeology

School of Sociology & Anthropology Sun Yat-sen University

Cultural Relics Press

序

《广州增江流域考古调查报告》即将付梓。前不久，在广东韶关参加"纪念石峡遗址发掘五十周年学术研讨会"期间，报告作者嘱我写个序。增江流域考古调查是左邻流溪河考古调查的继续。我曾经观摩过广州市从化流溪河流域的考古调查成果，对他们主动开展这类小流域调查的学术初衷和学术所得有一定了解，所以作者说由我来为这个报告作序比较合适。另外，作序这个事通常是请局外人做的，我算知道这件事为数不多的外省人之一，这也成了我不能推脱的缘由。

和流溪河一样，增江也是发源于北面的南岭，前者在西，后者在东，皆南向注入珠江，即两条流域都自北而南连通着南岭山地和珠江三角洲冲积平原，可以想见这两条江也流动着南北方的文化。同时，这里的过渡地带的环境，也许还造就了处在其中的古代文化的某些区域特征。看得出来，为了更好地讨论这些问题，正是广州市文物考古研究院和中山大学自流溪河流域调查之后，紧接着又合作开展增江流域考古调查的最主要的学术原因。

增江流域考古工作开展较早，工作基础亦较好。其中金兰寺遗址于 20 世纪五六十年代发现的新石器时代晚期至战国时期的文化层为广东史前先秦考古的编年序列提供了重要的地层证据，被誉为广东的"三叠层"。墨依山商时期墓葬出土了玉牙璋和"T"形环，对研究中原夏商礼玉文化向岭南地区传播扩散具有重要意义。浮扶岭墓地清理了西周至春秋时期墓葬近 500 座，是目前岭南地区发现数量最多的先秦墓地。这些发现已经成为学术界理解岭南地区史前文化进程的关键资料。但仅靠几个遗址点的发现不足以支撑我们对这个地区古代社会历史的全面了解，我们还希望知道这个地区的宏观聚落结构以及它在长时段中的变化等方面的情况。掌握这些情况，也能为日后在当地进一步开展考古工作和研究提供线索。这是开展增江流域考古调查的第二个学术原因。此外，通过调查，建立文化遗产的台账，为以后的遗产保护提供依据，也具有十分现实和紧迫的意义。

出于以上考虑，广州市文物考古研究院与中山大学社会学与人类学学院联合制订了增江流域考古调查计划。调查范围设定在增城区境内。增城北部，增江在山间夹缝中蜿蜒而行；增城中南部，低山余脉之间地势渐趋开阔，形成山间盆地；再以南，随着增江注入东江，便是广阔的三角洲平原。这样划定出的调查区完整覆盖了过渡地带的三种地貌。

在开展工作之前，调查队在汲取此前流溪河流域等调查工作经验基础上，设计了一套力求适合岭南地区草茂林密的地表特点的区域系统调查方法。从 2017 年起，各个调查小组几乎不间断地工作了 14 个月，走遍增城 11 个乡镇辖区。辛苦付出换来满满收获。调查之前，已知当地古代遗址 123 个，调查之后，所知遗址总量暴涨到 555 个。从采集遗物分析，这些遗址绝大多数是数个历史时段的人们反复居住过的。按时段划分，有新石器时代晚期至商代遗址 270 个，西周春秋遗址 239 个，战国至南越国遗址 246 个，南越国之后的汉代遗址 38 个，晋至南朝遗址 16 个，唐宋遗址 109 个，明清遗址 68 个。此外，在金兰寺遗址，以前即发现有距今约 6000 年的属咸头岭文化的彩陶遗存，只是这个时段的遗址目前仍仅发现这一处。增江流域各个时段遗址的数量变化和流溪河基本一致，直观反映了生活在南岭至三角洲过渡地带里的人们活动强度的变化。当然需要注意的是，新石器时代晚期至商代的时间跨度很长，不能和以后各自只有几百年历史的诸段落等量齐观。明清时期的聚落面积通常较大，也不能仅凭遗址数量断言其繁荣程度不如前段。但十分明显的是，南越国之后，这个地区突然陷入长达 700 年的萧条，直到隋唐时代才又焕发勃然生机。同样的情况也发生在流溪河流域，因此这很可能是整个岭南地区的全局性变故。

调查采集得来的陶片等零星遗物虽然可供断代，却很难完整反映出文化的整体面貌。所幸的是，当地除了增城金兰寺遗址经发掘外，还有新石器时代晚期横岭、茶岭 – 甘草岭、陂头岭的发掘，商时期则有墨依山、老虎岭、围岭、隔田山等发掘，西周至春秋时期"夔纹陶"遗存的发掘有浮扶岭、大岭顶 – 担水坳、来峰岗、沙岭、榄园岭，战国晚期至西汉前期则有银岗、西瓜岭窑址的发掘。通过这些考古资料我们发现，如地理上的过渡地带一样，当地的文化也始终处在北方文化和南部土著文化碰撞、融合的旋涡之中。例如我们可以在横岭、茶岭和甘草岭遗址看到，南下的石峡文化和以珠江三角洲地区为根基的虎头埔文化共存于此。因此，这个地理上和文化上的双重过渡地带势将成为深度解读岭南地区中国化进程的关键。

仔细比较调查报告各历史时段的遗址分布之后，还有一个发现，即在大部分时代里，遗址的分布主要集中在北部山区和三角洲冲积平原之间的丘陵间盆地内，在经历了汉晋南朝的大萧条之后，遗址的分布依然回归到原来的态势。这是一个延续超长的稳定结构。这个超稳定结构的形成，我推测是小型盆地里的宜居环境和人们采取农业生计方式这两个因素共同导致的。如果再仔细一点观察的话，还可以发现新石器时代和商代，北部山地是有少数遗址的。我们知道，岭南的农业是由石峡文化携带而来并向南传播扩散开的。但在农业发展的初期，仍然有群体保留了较高程度的采集经济生活方式，从而选择在山区居住。但随着农业进步和生活依赖农业日深，人们也越来越趋于定居在有利于从事农业生产的增江中游盆地，于是我们看到，西周以来，人们渐渐地不再眷恋山地了。

以上是我粗粗地翻阅了调查报告后首先得到的感觉和收获，如果更仔细地阅读的话，一定还会有更多心得。不过，也有令人感到遗憾的地方。一是，囿于地图出版管理规定，调查区域和各遗址的地形图无法公布。遗址所在的地形地貌环境是我们理解过去人们行为方式的重要方面，所以适当比例尺的地形图必不可少，否则，辛苦调查得来的资料价值就打了折扣。据了解，基于相关规定，目前诸多报告的地形图在出版时或多或少都受到了影响，这实在让人感到无奈。二是，这本报告是按照乡镇行政区划来发表遗址资料的，当不如按照盆地、流域等自然地理单元来发表的效果，因为古人对居住环境的选择主要出于本能，才没有现代行政区划的想法呢。

北京大学考古文博学院　赵辉

2023 年 10 月

目 录

第五章 正果镇 ………………………… 239

图表目录

第一章　概　述

第一节　调查区域概况

　　增江为珠江水系东江的一级支流，发源于广东省韶关市新丰县七星岭，流经从化、龙门、增城三地，在石滩孙家埔注入东江，流域面积 3160 平方千米。本次调查区域为以增江流域为主的增城全境。

　　增城位于广东省中部，珠江三角洲东北角。地理坐标为北纬 23°5′ 至北纬 23°37′，东经 113°32′ 至东经 114°。辖正果镇、派潭镇、小楼镇、荔城街、增江街、中新镇、朱村街、石滩镇、新塘镇、仙村镇、永宁街共 11 个镇（街）①，共有社区居民委员会 36 个，行政村村民委员会 282 个，总面积约 1616.47 平方千米。（图 1－1；彩版一）东接惠州市博罗、龙门两县，西连广州市从化、黄埔两区，南隔东江与东莞市相望。城区距广州市中心 70 千米，历来是广州东部重镇。增城区内地势北高南低。北部群山起伏，最高峰牛牯嶂海拔 1084 米；中部丘陵广布，有宽广的河谷平原；南部为冲积平原，新塘石巷有海蚀洞遗址，是古代海岸所在。境内河流众多，增江纵贯南北，东江沿区境南部流过，于西距区界 5 千米处汇入珠江口（狮子洋）。由于地形多样，河海相交，故被称为"岭海之奥区，山川之汇会"。

一　自然地理环境②

　　增城区位于珠江流域东江下游。北部属低山谷地，中部为丘陵河谷平原，南部属珠江三角洲平原。境内气候炎热，雨量充沛，土壤肥沃。区内地形复杂，加之季风气候，适宜热带、亚热带以至暖温带作物生长，还蕴藏着多种矿物及丰富的水力资源，这为工农业生产的进一步发展提供了有利条件。全境原是一块古老山地，经过长期的自然侵蚀，地势较为低平，高山不多，各山脉之间隔着许多山坳，成为天然的交通孔道。境内河流较多，增江纵贯南北，东江流经南部，距珠江口仅数千米。

　　1. 地形地貌

　　从地形地貌上看，增城北部地势较高，南部地势低。山地以低山为主，约占全区面积的 8.3%，

---

① 2019 年 7 月，广州市政府同意增城区行政区划调整，增设荔湖街道和宁西街道，现共计有 13 个镇（街）（穗府函〔2019〕166号）。因前期田野调查、资料整理、报告编写已基本完成，本报告仍以调查时的行政区划调整为准。

② 增城市地方志编纂委员会：《增城市志（1994～2005）》，广东花城出版社，2012 年。

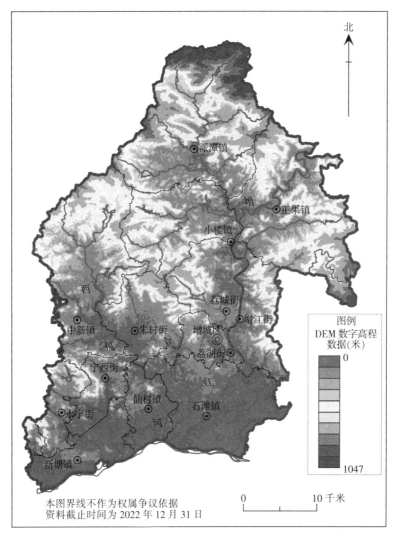

图 1-1 调查范围示意图

是九连山脉的南延部分。山脉呈东北—西南走向，中山与低山平行分布，其间形成了东江与增江。丘陵主要分布在中南部，约占全区面积的 35.1%。台地也多集中在中南部，约占全区面积的 23.2%。南部是广阔而典型的三角洲平原区，加上河谷平原，约占全区面积的 33.4%。

2. 水系

增城水系属东江水系。流域面积超过 500 平方千米的河流有东江、增江、西福河等 3 条，超过 100 平方千米的有官湖河、兰溪水、派潭河、二龙河、雅瑶河和金坑河等 6 条。全境多年平均径流量 19 亿多立方米，过境客水 179 亿多立方米，南部还有潮水涌入，水资源丰富。

东江，发源于江西省寻乌县，经广东龙川、河源、惠阳、博罗等县市流过增城南部，为增城与东莞界河。流程 30 千米，全为冲积平原地带，河床坡降为 0.08‰，河网纵横，支流繁多。再向西南流入珠江口狮子洋，是我国罕见的自东向西流向的河流。境内河段多宽 400~500 米，最宽 800 米。

增江，是增城境内最主要的河流。原来直接流入珠江口，自珠江三角洲平原形成后，成为东江支流。增江发源于新丰县七星岭，流经从化区东北部进入龙门县西北部，折向南流，于正果镇东北角磨刀坑流入增城，成为增城、龙门两地的界河；流至龙潭埔接纳永汉河后，流量大增，经正果、荔城、石滩三镇（街），于官海口汇入东江。全长203千米，流域面积3160平方千米，多年平均径流量35.9亿立方米，平均坡降0.74‰。增江在增城境内河长66千米，河宽90～220米，流域面积971平方千米，占全境面积55%。境内坡降为0.17‰。增江在正果以上一段，迂回于山丘之间，峡谷较多，河道曲折；正果以下，河谷渐宽，至大楼附近，与派潭河、二龙河汇合，水量大增；沙塘以下，进入三角洲冲积平原地带，流速减慢。清雍正初年（1723），潮水可至潮水边村，现仅至塘头突子岭，后退约20千米。增江的主要支流如下：派潭河，发源于南昆山马坑嶂，由高滩水、灵山水、高埔水、车洞水和小迳水等5条小河组成，流经派潭，于小楼镇大楼山合二龙河汇入增江。河长36千米，坡降率为5.5‰，流域面积357.5平方千米，年径流量5亿立方米。二龙河，原名澄溪河，发源于小楼镇内丫髻山，流经二龙、腊圃村，于大楼山汇入增江。河长22.5千米，坡降为2.8‰，流域面积122.7平方千米，年径流量1.5亿立方米。和平水，又称九曲水，发源于正果镇马鼻岭，经白湖合冷水坑水流入增江，河长18.7千米，流域面积48平方千米。（彩版八～一三）

西福河，原名绥福河，是增城西部地区最大的河流。发源于大鹧鸪山，流经中新、朱村、仙村、石滩等地，于巷头汇入东江。河长58千米，坡降1.6‰。流域面积580平方千米，增城境内为540平方千米，其余40平方千米分属从化及黄埔区。多年平均径流量5.1亿立方米。支流金坑河发源于帽峰山，经镇龙于莲塘汇入西福河，河长24千米，坡降2.08‰，流域面积127平方千米。还有一支流为大田河，发源于从化杨大岭，流域面积84.5平方千米，河长27.6千米，在中新镇坑贝山汇入西福河。

雅瑶河，发源于华峰山，经雅瑶圩于大敦注入东江。河长21千米，坡降5.5‰，流域面积129平方千米。

官湖河，发源于石径，经永和、官湖，于久裕流入东江。河长24.4千米，坡降2.1‰，流域面积106平方千米。

兰溪水，下游称紧水河。发源于博罗县罗浮山酥醪洞白水门。北流经境内兰溪折向南，再流入博罗联和水库，后经三江口流入东江。主流长58.6千米，平均坡降为4.3‰，流域面积147.9平方千米。在增城境内一段河长29.8千米，流域面积84.3平方千米。此河原分别注入增江和东江，后建堤围与增江隔断。上游弯曲狭窄，下游为平原。总落差1083米，为各河之冠，水力丰富。

3. 气候

增城属亚热带海洋性季风气候，其特点是炎热多雨、长夏无冬，全年都可栽培作物。但因季风交替早晚及强弱不同，气候多变。受地势影响，北部山区与南部平原气候亦有差异。增城地区年平均气温（1959～1989年）为21.6℃，1月平均气温为13.2℃，7月平均气温为28.3℃，境内南部、北部温差不大。年平均降雨量约为1900毫米，由于受地形影响，降雨北多南少。年平均日照为1868.4小时，日照时数以7月最多，3月最少。增城受季风影响，春多静风，夏多南风，秋冬多偏北风。

4. 土地

增城全境土地面积2 423 461亩（一亩约为666.67平方米），其中成土母岩为花岗岩的约占70%，第四系冲积土约占20%，变质岩和沉积岩约占10%。境内自然土壤分为黄壤、红壤、赤红壤、红色石灰岩、潮沙泥土等，总面积为1 263 075亩。境内耕地土壤分为旱地和水稻地。

5. 植被

增城植被属南亚热带季风雨林区。因长期开发利用，原始森林被次生阔叶林和人工林代替，林业用地98%被乔木林覆盖。其结构和组成大致可分为6个类型：亚热带常绿阔叶林、亚热带人工阔叶林、针叶林、针阔叶混交林、灌木林及草本植物群落、农业用地植被。

6. 矿产

增城境内矿产资源多分布于小楼、正果镇及其以北的山地丘陵一带。主要的矿产资源有铁、钛铁、锡砂、钨、铜、辉铋、方铅、金、铌、钽、锆英石、独居石、铝土、黄铁、水晶、石英、钾长石（又称长石）、石灰石、煤等。

二　建置沿革[①]

1. 历史沿革

增城于东汉建县，距今有近2000年历史，原属南海郡。南朝宋元嘉中析县内绥福河流域及以西地区置绥宁县，梁代又复并入增城。梁、陈两代移东官郡治于增城。至隋开皇九年（589年）撤郡改州，增城属广州。其后各朝几经变更，增城隶属广州不变。明代划北部置龙门县，县境面积减少过半。民国时期，初属粤海道，后属省管。1949年后曾属东江专区、粤中行署、惠阳地区。1958年与龙门县合并，仍称增城县，1961年各自恢复建制。1975年增城划归广州市管辖。1993年12月8日撤县建市，由广州市代管。2014年2月撤市设区。详细情况如下。

距今4000多年前，在增城县境内金兰寺村有新石器时代居民点。

据《禹贡》记载，上古时全国分为九州，增城地区属扬州。春秋时，增城属百越地。战国时，增城境内称扬越地。秦始皇三十三年（公元前214年）设南海郡，增城属南海郡番禺县。西汉增城属南海郡番禺县，东汉始设增城县。据明清两代《增城县志》载："后汉建安六年（201年），析番禺地置增城县。"《后汉书·郡国志》户口断限于永和五年（140年），当时南海郡辖七县已有增城县在内，增城建县最迟为东汉永和五年。

晋及南朝宋、齐时，增城属广州南海郡。宋元嘉中析增城绥福河流域及以西地区置绥宁县，梁代又复并入增城县。梁、陈两朝移东官郡治于增城。隋开皇九年（589年）撤郡改州，增城属广州。仁寿元年（601年）广州改名番州，增城属番州。大业三年（607年）改番州为南海郡，隶扬州，增城属南海郡。

唐武德四年（621年）改郡为州，增城属广州。天宝元年（742年）广州复改为南海郡，增城属南海郡。乾元元年（758年）南海郡复改为广州，增城属广州。南汉时，广州改称兴王府，增城属之。北宋开宝四年（971年）平南汉，恢复广州，增城属广州。开宝五年（972年）东莞县并入增城县，次年恢复东莞县建制（见《宋史·地理志》《元丰九域志》《舆地广记》）。南宋祥兴元年（1278年）广州改称翔龙府，增城属之。元至元十五年（1278年）增城属广州路。明洪武元年（1368年）广州

---

① 增城市地方志编纂委员会：《增城市志（1994~2005）》，广东花城出版社，2012年；增城市地方志编纂委员会：《增城县志》，广东人民出版社，1995年。

路改为广州府,增城属广州府。清代增城仍属广州府。

民国元年(1912 年)载府,增城属粤海道,后直属广东省。

1949 年中华人民共和国成立,增城属东江专区。1954 年划入粤中区,1956 年改属惠阳专区,1958 年与龙门县合并,仍称增城县,先后属广州市、佛山专区。1961 年又与龙门分开,属惠阳专区(后改称惠阳地区),1975 年划归广州市管辖。1993 年 12 月 8 日,经国务院批准,撤销增城县,设立增城市,由广州市代管。2014 年 2 月,增城撤市设区。

2. 境域变动

增城境域,唐代以前无可查考。明《永乐大典》引《南海志》载增城县四至八到,四至为:"东至博罗县界角子山三十里,西至番禺县界长吉里二百里,南至东莞县界海洋一百里,北至清远县朱案四百里。"八到为:"东到博罗县治一百七十里,西到番禺县城二百五十里,南到东莞县治一百五十里,北到英德路城五百五十里,东北到河源县治四百五十里,东南到东莞县治一百五十里,西北到清远县治四百里,西南到番禺县城二百三十里。"(按:《南海志》有三,为宋元时所作,原本已佚。可以认为宋、元至明 1409 年《永乐大典》完成时,增城除现境域外还包括现龙门、从化两县全部或大部分地区。)

明代划县内西北部给从化县,弘治六年(1493 年)划东北部置龙门县,增城县面积减少过半。县西南边境沙村原属番禺县,约于明代中期划入增城县。从明代《永乐大典·广州府增城县之图》得知,明初增城县(包括今龙门县)除县城外,境内划分为 6 个巡检司及 12 个里。其后里改为都,都下设图。清代依明代旧制。民国初期依旧,后改都为区,区下设乡。

新中国成立之初分为 7 个区,1957 年撤区改设 2 个镇和 16 个乡。1958 年改称镇乡人民公社,1983 年撤销公社,改为区公所。1987 年又改为镇,至 1993 年有 15 个镇,分别是荔城镇、新塘镇、永和镇、仙村镇、沙埔镇、宁西镇、石滩镇、三江镇、派潭镇、正果镇、小楼镇、福和镇、朱村镇、中新镇及镇龙镇。

2004 年 2 月,调整行政区划,全区划为 3 个街、6 个镇(即将荔城镇划分为荔城街和增江街,朱村镇改为朱村街,永和、沙埔、宁西、仙村镇并入新塘镇,福和、镇龙两镇划入中新镇,三江、沙庄两镇街并入石滩镇)。2005 年 4 月,将中新镇内原镇龙镇全境及新塘镇内原永和镇境内的贤江、禾丰、新庄、永岗 4 个行政村划入广州市萝岗区(今黄埔区)。

2012 年 6 月,原并入新塘镇的永和、宁西分离出来成立了永宁街道,仙村也分离出来重新成立仙村镇。2013 年,增城区调整行政区划,下辖 4 个街道和 7 个镇。2019 年,增城区调整行政区划,增设荔湖街道和宁西街道,合计为 6 个街道(荔城街、增江街、永宁街、朱村街、荔湖街、宁西街)和 7 个镇(小楼镇、正果镇、派潭镇、石滩镇、仙村镇、新塘镇、中新镇)。

三 增城考古工作简述

1. 考古工作简史

增城区是广州较早开展考古工作的地区,1956 年即发现金兰寺贝丘遗址。其近 70 年考古工作大致可分为三个阶段。

第一阶段：20世纪50年代至90年代。该阶段仅有零星的考古发现和发掘工作，但早期发掘的几处遗址在广东考古史上占有重要地位，如金兰寺遗址的3次发掘、西瓜岭窑址的发掘等。

第二阶段：20世纪90年代至2013年。随着广州城市建设向郊区拓展，增城区配合基础建设开展的考古工作不断增多，重要发现层出不穷。石滩围岭、浮扶岭遗址的发现与清理，为丰富增江流域商周时期考古学文化谱系提供了材料。此外，为配合增城经济技术开发区等大型项目建设，开展了一批区域调查工作，为认识增城地区遗址分布规律，开展后续考古调查、勘探、发掘工作奠定了坚实基础。

第三阶段：2013年至今。2013年《广州市文物保护规定》出台，增城区配合土地出让和基本建设开展的调查勘探工作大量增加。在增城南部开发程度较高的地区，考古工作的前置为抢救城市文化遗产提供了便利，墨依山遗址、大岭顶墓群、龙井山晋南朝墓群、莲花书院遗址、松丁山遗址等发掘进一步丰富了增城地区考古材料，使得增城在岭南、珠江三角洲地区考古学文化研究上的地位愈发重要。

2. 考古大事记及重要发现

1956年7月，广东省文化局文物工作队与中山大学历史学系合作组成粤东文物普查工作队，在梁钊韬、区家发带领下，在增城县金兰寺村发现贝丘遗址①。1958年8月至1961年8月的3年间，广东省博物馆文物工作队会同相关单位，先后对该遗址进行了3次发掘。3次发掘共开探方、探沟20个，合计面积216平方米。发现新石器时代中期、新石器时代晚期、战国三个不同时期的文化层和墓葬、柱洞等遗迹。此外，遗址还发现3座汉代墓葬。金兰寺贝丘遗址的发现及发掘，最终解决了此重要遗址三个不同时期四个叠压文化层的先后关系，为广东史前时期考古学的编年序列提供了重要的地层证据。该遗址已于1984年被增城县人民政府公布为文物保护单位。②

1957年，在荔城镇百花林出土新石器时代石斧、石锛、砺石等石器，确认该处为新石器时代人类聚居地遗址。③

1958年，增城县文教局郑桂芳及增城县文化馆沈伍潮发现增城西瓜岭村遗址。1962年春，广东省文物管理委员会（后文简称文管会）进行复查。同年7月，广东省文管会和中央美术学院美术史美术理论系合组的广东省考古发掘工作队进行了发掘，发掘面积约110平方米。地层堆积可分为4层。在2号探方中发现2座残窑址。出土的器物有陶瓮、罐、缶、釜、罍、盂、盆、盘、壶、坛、盒、盅、碗、杯、鼎、瓦、鸡、马，以及角状陶器、类似鼎足等器形和压槌、杵状器、印模、环形垫、青铜刻刀等制陶工具。④

1961年，《广东东部地区新石器时代遗址》⑤一文，公布增城5处新石器时代遗址，分别为葫芦

① 莫稚：《广东珠江三角洲贝丘遗址》，《南粤文物考古集》，文物出版社，2003年，第181~238页。

② 莫稚：《广东考古调查发掘的新收获》，《考古》1961年第12期；广东省文物管理委员会：《广东增城金兰寺汉墓发掘报告》，《考古》1966年第1期；莫稚：《广东珠江三角洲贝丘遗址》，《南粤文物考古集》，文物出版社，2003年；陈建华：《广州市文物普查汇编·增城市卷》，广州出版社，2008年；莫稚：《增城东莞贝丘遗址最近又有重要发现》，《羊城晚报》1961年9月14日。

③ 陈建华：《广州市文物普查汇编·增城市卷》，广州出版社，2008年，第32页。

④ 广东省文物管理委员会、中央美术学院美术史美术理论系：《广东增城、始兴的战国遗址》，《考古》1964年第3期；陈建华：《广州市文物普查汇编·增城市卷》，广州出版社，2008年，第32~35页。

⑤ 莫稚：《广东东部地区新石器时代遗址》，《考古》1961年第12期。

山、花塔岭、火龙庙山、水打坝、金兰寺。除金兰寺遗址为1956年发现外，其他4处遗址未公布发现时间和背景。根据《广东珠江三角洲贝丘遗址》① 一文介绍，推测其余4处遗址为1960年9月至1961年3月广东省博物馆文物工作队莫稚、陈智亮、郑澳生在珠江三角洲一带调查所发现。②

1964年6月完稿的《广东珠江三角洲贝丘遗址》③ 一文，刊布增城地区11处贝丘遗址，分别为：金兰寺村、分水岭、秋佩墩、新家浦村、塘洲村、沙头村旧墟、岳湖村、上村墟、上境村、白江村、九裕村。除金兰寺村遗址经发掘外，其余10处遗址均只做调查，但未言明调查时间及背景。该文虽2003年才发表，但后记中表明完稿后新发现的遗址资料均未采用。结合文中介绍，推测上述遗址为1960年9月至1961年3月广东省博物馆文物工作队莫稚、陈智亮、郑澳生在珠江三角洲一带调查所发现。④

1972年，增江县文化馆组织有关人员对石滩镇（原三江镇）四丰村梅花岭东汉墓群进行清理，共发掘4座，出土陪葬器物有陶罐、陶壶、陶钫、陶碗等。墓群早期被盗扰，墓群中有部分墓室仍保存较完整。1985年，公布为增城县文物保护单位。⑤

1973年，广东省考古队与增江县文化馆合作，对荔城镇罗岗村蔡屋社鲤鱼岭东汉墓群进行发掘，出土了陶屋、五联罐、大双耳罐、三足鼎、双耳瓿、壶等陪葬品。⑥

1976年12月，农民在石滩镇岗贝村天麻山采集到战国铜编钟2件。⑦

1988年6月，广州市文管会考古队和增城博物馆在新塘镇大统岗发掘2座东汉墓葬，出土陶罐、陶壶、陶屋、陶灶、陶釜等文物29件。⑧

1988年6月，在新塘镇坭紫乡麻笠墩发现大批青釉瓷碗、瓷盆、瓷瓮、瓷罐等碎片。广州市文管会考古队勘查鉴定其为北宋麻笠墩古窑址。

1989年6月中旬，增城永和镇天蚕山明代南京礼部、吏部、兵部尚书湛若水墓被盗。墓室被炸开，墓包炸裂，庑殿式墓顶被掀去一大块。后破案并追回陶俑、陶罐等文物20件。⑨

1993年，增城县文化馆发掘清理荔城镇岸屋后山唐墓，出土有莲花陶碟、瓷罐等随葬品。⑩

1993年2月，广州市文管会对新塘镇大敦村卢山西汉墓进行考古发掘，出土有陶器10多件。⑪

1993年4月，于福和镇下云岭建设工程取土时发现下云岭东汉墓，出土文物有陶器和纪年砖等

① 莫稚：《广东珠江三角洲贝丘遗址》，《南粤文物考古集》，文物出版社，2003年。

② 莫稚：《广东珠江三角洲发现原始渔猎部落文化遗址》，《羊城晚报》1961年2月10日。

③ 莫稚：《广东珠江三角洲贝丘遗址》，《南粤文物考古集》，文物出版社，2003年。

④ 莫稚：《广东珠江三角洲发现原始渔猎部落文化遗址》，《羊城晚报》1961年2月10日。

⑤ 陈建华：《广州市文物普查汇编·增城市卷》，广州出版社，2008年，第50页；增城市地方志编纂委员会：《增城市志（1994~2005）》，广东花城出版社，2012年，第678页。

⑥ 陈建华：《广州市文物普查汇编·增城市卷》，广州出版社，2008年，第50页；增城市地方志编纂委员会：《增城市志（1994~2005）》，广东花城出版社，2012年，第678页。

⑦ 广州市文物考古研究所：《广州考古六十年》，广东人民出版社，2013年，第217页。

⑧ 广州市文物考古研究所：《广州考古六十年》，广东人民出版社，2013年，第220页；增城市地方志编纂委员会：《增城市志（1994~2005）》，广东花城出版社，2012年，第679页。

⑨ 广州市文物考古研究所：《广州考古六十年》，广东人民出版社，2013年，第220页。

⑩ 增城市地方志编纂委员会：《增城市志（1994~2005）》，广东花城出版社，2012年，第679页。

⑪ 增城市地方志编纂委员会：《增城市志（1994~2005）》，广东花城出版社，2012年，第679页。

18 件。①

1994 年 8 月，广州市文管会考古队在增城县新塘镇自来水厂清理西汉中期木椁墓 1 座，出土器物 20 多件。此前水厂取土时采集到器物 10 余件。②

1997 年 6 月，广州市文物考古研究所（现广州市文物考古研究院，后同）会同增城市博物馆对荔城镇西山村岭尾山南朝墓进行发掘，共清理 3 座。墓葬略呈品字形分布，出土器物有青瓷鸡首壶、四耳罐、碗、盘、砚和滑石猪等。③

1999 年 9～11 月，广东省文物考古研究所（现广东省文物考古研究院，后同）在广惠高速公路沿线调查时，发现夹砂陶片和夔纹陶片等，经过试掘后确认其为一处先秦遗址。

2000 年 1 月，广州市文物考古研究所与增城市博物馆对围岭遗址进行抢救性发掘，发掘面积 750 平方米。此外，在探方外发掘东汉墓葬 7 座，合计发掘面积 850 平方米。共清理商时期和东周时期的灰坑 31 个、柱洞 3 处、灶坑 1 个、基槽 1 条、东汉砖室墓 10 座。围岭遗址商时期的部分陶器纹饰特征与东莞村头遗址的文化面貌接近，又吸收了粤东浮滨文化的因素。本次发掘的另一项重要收获是，在灰坑里发现 1 件商时期的石范。④

2000 年 1 月和 11 月，广州市文物考古研究所会同增城市博物馆对广惠高速公路石滩路段岗尾村大岗发现的 5 座汉墓进行发掘。⑤

据《广州文物志》记录，新塘镇曾发现一处砖窑遗址。打水坑砖窑遗址，位于新塘镇（原宁西镇）斯庄村打水坑山（土名鸡石㟜）。7 座砖窑沿着山边排列，相距 5～6 米不等。在附近地面偶可见到零星的残断砖块，完整的极少。其中一个长 32、宽 20、厚 7 厘米，青灰色，扁平面打有"广州修城砖" 5 个楷书的长条形戳印，现场亦有打有"增城"字样的残砖。砖窑群前不远是西福河的旧河道，当日出窑的成品砖可由此水路运往广州，如今河位已前移 300 多米。⑥

2003 年 3 月，广州市文物考古研究所对增城市石滩镇（原三江镇）四丰村狮头岭广州宝龙集团龙豹汽车工业有限公司厂房建设工地进行考古勘探发掘，清理大型东汉串字形穹隆顶砖室墓 1 座，出土陶器、铜器、玛瑙等文物 30 余件。⑦

2005 年 4 月，广州市文物考古研究所会同增城市博物馆对新塘镇沙埔东路金鸡岭西汉木椁墓进行发掘。该墓于广汽本田汽车厂建设取土时发现，曾遭严重破坏，器物被盗。经过考古清理，发现这是一座长方形木椁叠垒结构墓葬，这是南越国时期贵族墓葬中常见的形制。在墓坑填土及扰土中发现了许多残碎片，通过拼接、修复，发现陶鼎、陶器盖、铜鼎、铜瓿、铜镜、铜铺首、鎏金铜器、玉璧、漆盘等一批文物。⑧

① 增城市地方志编纂委员会：《增城市志（1994～2005）》，广东花城出版社，2012 年，第 679 页。
② 广州市文物考古研究所：《广州考古六十年》，广东人民出版社，2013 年，第 222 页。
③ 增城市地方志编纂委员会：《增城市志（1994～2005）》，广东花城出版社，2012 年，第 680 页。
④ 广州市文物考古研究所：《增城石滩围岭遗址发掘简报》，《羊城考古发现与研究（一）》，文物出版社，2005 年。
⑤ 增城市地方志编纂委员会：《增城市志（1994～2005）》，广东花城出版社，2012 年，第 679 页。
⑥ 陈建华：《广州市文物普查汇编·增城市卷》，广州出版社，2008 年，第 36～37 页；广州市文化局、广州市地方志办公室、广州市文物考古研究所：《广州文物志》，广州出版社，2000 年，第 21～23 页。
⑦ 广州市文物考古研究所：《广州考古六十年》，广东人民出版社，2013 年，第 231 页。
⑧ 增城市地方志编纂委员会：《增城市志（1994～2005）》，广东花城出版社，2012 年，第 679 页；广州市文物考古研究所内部资料。

2004 年 4 ~ 5 月，为配合增城沙庄至花都北兴高速公路建设，对麻车村路段进行调查勘探，在麻车村东部的东菇岭、草扣岗、中心岗发现先秦时期遗物。①

2005 年底至 2006 年 4 月，广州市文物考古研究所对增城荔新公路建设工地进行考古勘探发掘。共计勘探 38 600 平方米，发掘 320 平方米，清理古墓葬 6 座，还清理出先秦时期的文化遗存。其中在新塘镇沙滘村北侧老虎岭发现西汉土坑木椁墓和汉代砖室墓各 1 座，探方、探沟中出土有石器、陶器、骨器等 64 件及一批陶器碎片。②

2006 年 7 月 11 日，增城市文化广电新闻出版局接群众报告，在增城市附城围上游段达标加固工程荔城街棠村增江西岸取土点发现先秦文化遗物，后公安部门追缴先秦青铜器 4 件。随后，广州市文物考古研究所对出土青铜器区域进行考古勘探，但未发现文化层堆积和遗迹现象。

2006 年 12 月至 2007 年 2 月，广州市文物考古研究所对广河高速公路 S2 广州段进行考古勘探。勘探面积 268 800 平方米，分别于增城市正果镇河口村后龙山和浪拨村横岭村民组猪头山发现先秦文化遗存，需做进一步的考古发掘。③

2007 年 12 月底至 2008 年 2 月底，广州市文物考古研究所在增城至从化高速公路建设范围进行考古勘探。勘探面积 191 600 平方米，在增城市正果镇和派潭镇、从化市江埔街境内施工区域发现至少 5 处先秦遗址、汉唐墓葬及清代砖瓦窑址等文化遗存。④

2008 年 5 ~ 6 月，广州市文物考古研究所对广河高速公路 S2 施工范围内的猪头山遗址进行考古发掘，发掘面积 500 平方米，清理新石器时代晚期文化遗存，出土重要文物标本 20 余件。⑤

2009 年 8 月中旬至 2010 年 9 月底，广州市文物考古研究所配合增从高速公路建设，对浮扶岭遗址进行考古勘探和发掘。揭露面积约 15 000 平方米，清理新石器时代晚期至元明清时期墓葬 525 座、明代砖瓦窑址 1 座，出土文物 2000 余件（套）。这是迄今广州地区发掘面积最大、出土文化遗物最丰富的先秦遗址。⑥

2011 年 6 ~ 8 月，广州市文物考古研究所在增城市正果镇及增江街境内开展增江东岸地下文物资源调查，共发现古遗址 45 处。⑦

2011 年 9 月，广州市文物考古研究所在增城市新塘镇增城经济技术开发区进行考古调查，发现 25 处古遗址古墓葬。⑧

2011 年 10 ~ 12 月，广州市文物考古研究所在增城市新塘镇增城经济技术开发区开展考古调查、勘探和发掘。完成珠江钢琴国家文化产业示范基地项目和日立汽车项目用地的勘探，勘探面积 6 万平方

---

① 广州市文物考古研究院内部资料。
② 广州市文物考古研究所：《广州考古六十年》，广东人民出版社，2013 年，第 233 页；增城市地方志编纂委员会：《增城市志（1994 ~ 2005）》，广东花城出版社，2012 年，第 678 页。
③ 广州市文物考古研究所：《广州考古六十年》，广东人民出版社，2013 年，第 235 页；广州市文物考古研究所内部资料，2008 年。
④ 广州市文物考古研究所：《广州考古六十年》，广东人民出版社，2013 年，第 237 页。
⑤ 广州市文物考古研究所：《广州考古六十年》，广东人民出版社，2013 年，第 237 页；广州市文物考古研究所内部资料，2008 年。
⑥ 广州市文物考古研究所：《广州考古六十年》，广东人民出版社，2013 年，第 14 ~ 15、241 页；张强禄：《增城市浮扶岭新石器时代至元明墓地》，《中国考古学年鉴 2011》，文物出版社，2012 年。
⑦ 广州市文物考古研究所：《广州考古六十年》，广东人民出版社，2013 年，第 243 页。
⑧ 广州市文物考古研究所：《广州考古六十年》，广东人民出版社，2013 年，第 243 页。

米，发现古遗址 23 处。详细情况如下。

2011 年 11 月 10 日至 12 月 10 日，广州市文物考古研究所对增城开发区珠江钢琴国家文化产业示范基地一期用地场地平整工程取土点马尾岗、碧水岗进行了考古勘探，完成勘探面积 60 000 平方米。于马尾岗发现宋代墓葬一座，于碧水岗发现唐代砖室墓一座，在碧水岗西坡发现清代灰砂墓一座，顶部发现清代晚期墓葬两座。①

2011 年 11 月 30 日至 2012 年 1 月 19 日，广州市文物考古研究所对增城开发区珠江钢琴国家文化产业示范基地一期用地场地平整工程取土点鲤鱼岗、水口山、狮头岭三处岗地进行了考古勘探。共完成勘探面积 29 500 平方米，发现新石器时代—战国时期遗址 2 处，宋代及明清墓葬 4 座。②

2011 年 11 月 30 日至 2012 年 1 月 19 日，广州市文物考古研究所对增城开发区日立项目用地场地平整工程取土点（大岗）进行了考古调查勘探，并于大岗东面坡地发现灰砂墓 1 座，墓主黄以溥是增城新塘地区黄氏一族的宗主。③

2011 年 11 月至 2012 年 1 月，广州市文物考古研究所在花（都）—（东）莞高速公路工程沿线进行考古调查勘探，勘探面积 257 000 平方米。在增城市中新镇联丰村沙泥坳（K43 + 100—K43 + 300）、新塘镇冯村简岭（K42 + 800—K42 + 950）、新塘镇路边村（K47—K47 + 300）等地发现具有重要历史文物价值、需要做进一步抢救性考古发掘的古墓葬和古窑址。④

2012 年 1 月和 9 ~ 12 月，广州市文物考古研究所在增城市新塘镇增城经济技术开发区阿里巴巴项目工地进行考古勘探发掘。勘探面积 190 000 平方米，发掘面积 230 平方米，清理商至西周时期的灰坑 5 座、房基 2 处，春秋至战国时期的墓葬 1 座，晋、南朝时期墓葬 5 座，南汉时期房基 1 处，明代土坑墓 3 座。总计出土文物 45 件（套）。⑤

2012 年 5 ~ 8 月，广州市文物考古研究所在增城市新塘镇开展地下文物资源调查，发现古遗址 33 处⑥。

2012 年 9 月至 2013 年 7 月，广州市文物考古研究所对增城市新塘镇陂头村天蚕山南麓的湛若水墓进行了全面的文物调查，并在此基础上进行了考古勘探。湛若水墓包括墓园和神道，总占地面积 15 480 平方米，墓园内除灰砂版筑的墓体外，新发现大量的墓祠及棂星门建筑基址、完整的墓园围墙墙基等。⑦

2012 年 11 月 23 日至 12 月 1 日，广州市文物考古研究所对增城大球场项目建设用地约 600 亩的范围内进行了细致的考古调查，在剑岭（编号为 4 号岗）采集到先秦时期的石箭镞，并确认有唐宋墓葬分布。⑧

---

① 广州市文物考古研究院内部资料。
② 广州市文物考古研究院内部资料。
③ 广州市文物考古研究院内部资料。
④ 广州市文物考古研究所：《广州考古六十年》，广东人民出版社，2013 年，第 244 页。
⑤ 广州市文物考古研究所：《广州考古六十年》，广东人民出版社，2013 年，第 244 页。
⑥ 广州市文物考古研究所：《广州考古六十年》，广东人民出版社，2013 年，第 244 页。
⑦ 广州市文物考古研究院内部资料。
⑧ 广州市文物考古研究院内部资料。

2013 年 2 月，广州市文物考古研究所对增江西岸进行考古调查，在罗岗村蔡屋南侧鲤鱼岭、背仔岭发现西汉陶瓮。①

2013 年 5 月 7 日至 9 月 20 日，广州市文物考古研究所对西气东输三线闽粤支干线管道工程用地范围进行了文物考古调查、勘探，线路经鳌头、城郊街、温泉、江埔街、派潭、小楼、正果七个镇，调查发现春秋战国时期遗物点 4 处、唐宋时期遗址点 3 处。②

2013 年 9 月 6 日至 9 月 20 日，广州市文物考古研究所对增城市朱村街凤岗村教育城安置区地块建设用地进行了考古调查勘探，发现 1 座砖室墓、2 座清代墓葬。2014 年 5 月 26 日至 5 月 31 日对砖室墓做进一步试掘，判断其为唐代墓葬。③

2013 年 11 月至 2014 年 10 月，广州市文物考古研究所陆续对广州轨道交通二十一号线沿线工程项目用地范围进行考古调查、勘探。完成普通勘探 41 000 平方米，重点勘探 5500 平方米。确认在二十一号线燕山村施工洞建设范围内存在南朝古墓 1 座（2014 年上半年完成发掘），金坑站范围的地表及第②层堆积中含有汉代的方格纹陶片。④

2013 年 11 月 14 日至 11 月 20 日，广州市文物考古研究所对广州市交通运输职业学校地块建设项目用地进行了考古调查勘探，完成普通勘探 17 500 平方米，发现 2 座砖室墓。后于 2014 年 5 月 27 日至 5 月 31 日进行考古试掘，发掘唐代墓葬 2 座，出土器物 3 件（套）。⑤

2013 年 11 月 29 日至 2013 年 12 月 5 日，广州市文物考古研究所对广州交通高级技工学校项目建设用地进行了考古调查勘探，在地块范围内发现 2 处灰坑遗迹及 1 处红碎砖堆积区。2014 年 6 月 15 日至 18 日，对上述区域进行考古试掘，共布设探沟 4 条，试掘面积 68 平方米，揭露清代墓葬 1 座，房址残基 1 处。⑥

2013 年 12 月 4 日至 12 月 13 日，广州市文物考古研究所对广州城市职业学院地块建设用地进行了考古调查勘探，在地块范围内发现 1 座砖室墓，1 处红瓦堆积区及 1 处疑似灰坑堆积。2014 年 6 月 31 日至 6 月 15 日，对上述区域进行试掘，布设探沟 7 条，共计试掘面积 120 平方米，揭露唐代墓葬 1 座，出土器物 8 件（套），发现房址残基 1 处。⑦

2013 年 12 月、2014 年 6 月，广州市文物考古研究所对广州教育城中线地块建设用地范围进行了考古调查勘探，发现砖室墓 1 座。⑧

2014 年 8 月 8 日至 8 月 21 日，广州市文物考古研究院对广州教育城一期中轴线项目建设用地新屋岭南朝砖室墓葬进行了考古发掘，清理出土随葬器物 8 件。⑨

2015 年 1 月 4 日至 20 日，广州市文物考古研究院对增城市增江街四丰村梅花岭中都物流项目用地

---

① 广州市文物考古研究院内部资料。
② 广州市文物考古研究院内部资料。
③ 广州市文物考古研究院内部资料。
④ 广州市文物考古研究院内部资料。
⑤ 广州市文物考古研究院内部资料。
⑥ 广州市文物考古研究院内部资料。
⑦ 广州市文物考古研究院内部资料。
⑧ 广州市文物考古研究院内部资料。
⑨ 广州市文物考古研究院：《增城朱村街新屋岭东晋墓葬发掘简报》，《广州文博（十）》，文物出版社，2017 年，第 426 页。

开展了考古调查勘探工作，勘探面积 10 262 平方米。除残存的 3 座东汉墓葬外，在项目用地东北侧发现汉代砖室墓 1 座，另有 1 座宋代墓葬墓道已遭到破坏。1 月 5 日至 20 日对项目用地红线范围内的 3 座墓葬进行了发掘，它们均为汉晋时期的土圹竖穴砖室墓，共出土随葬器物 19 件（套）。①

2016 年 6～8 月，广州市文物考古研究院对增城区荔城街罗岗村 176.387 亩地块进行调查勘探，勘探面积约 45 000 平方米，发现汉墓约 30 座、灰坑 2 个、窑址 4 座。②

2016 年 8～9 月，广州市文物考古研究院对增城区新塘镇塘边村 204.471 亩地块进行调查勘探，完成勘探面积 44 000 平方米，发现晚清至民国时期墓葬 7 座、沟 2 条。③

2016 年 9 月 10 日至 10 月 31 日，广州市文物考古研究院对增城开发区新塘镇核心区汽车零部件产业园一期用地进行调查勘探，完成勘探面积约 66 000 平方米，在地块北部龙井山、松子岗发现晋南朝墓葬 18 座、灰坑 3 个、排水沟 1 条。④

2016 年 7 月下旬至 11 月，广州市文物考古研究院对广州北三环高速公路施工沿线发现的增城中新镇五联村乌石岭、大岭顶、担水坳和朱村街官田村墨依山等先秦墓地进行考古发掘。清理面积近 6000 平方米，共发掘古墓葬 282 座，包括商时期的墓葬 78 座、西周时期墓葬 1 座、东周时期 106 座、南越国时期 1 座、清代墓葬 96 座，出土商周时期的牙璋、"T"字形玉环、玉管、青铜矛、青铜斧、水晶玦、石镞、石锛等重要文物。这是广州地区商周时期考古的一次重要发现。⑤

2016 年 9 月，广州市文物考古研究院对增城莲花书院遗址进行考古调查，发现较多的红砂岩柱础、瓦当、明砖等建筑构件，推测该区域可能存在古代文化遗存，需要对地块进行进一步的考古勘探。⑥

2016 年 11 月 1 日至 2017 年 2 月 16 日，广州市文物考古研究院对增城经济开发区龙井村龙井山、松仔岗遗址进行发掘，共清理了商代、东汉、晋南朝、唐至晚清的墓葬 26 座，出土陶、青釉瓷、铜、石、铁等质地重要文物标本共计 183 件（套）。⑦

2017 年 2 月，广州市文物考古研究院发掘龙井山晋南朝两座墓葬 M10、M17，出土滑石、青釉陶、铁、铜等质地的器物标本共计 25 件（套）。其中 M10 出土的青釉盒底部刻有"永和六年"（350 年）纪年文字，为墓葬断代提供了直接依据。⑧

2017 年 2～3 月，广州市文物考古研究院对增城莲花书院遗址进行勘探，完成重点勘探面积 1500 平方米，发现保存较好的明代建筑基础遗存。结合所在位置及相关文献记载，该遗存应为明代湛若水所建的莲花书院遗址。⑨

2017 年 4～8 月，广州市文物考古研究院对广州铁路枢纽东北货车外绕线工程进行考古调查勘探。

---

① 广州市文物考古研究院内部资料。
② 广州市文物考古研究院内部资料。
③ 广州市文物考古研究院内部资料。
④ 广州市文物考古研究院内部资料。
⑤ 广州市文物考古研究院内部资料。
⑥ 广州市文物考古研究院内部资料。
⑦ 广州市文物考古研究院内部资料。
⑧ 广州市文物考古研究院内部资料。
⑨ 广州市文物考古研究院内部资料。

经调查，在中新镇慈岭小学所在的山岗发现了较丰富的商周时期陶片，勘探未发现古遗址、古墓葬。①

2017 年 4 ~ 8 月，广州市文物考古研究院对花莞高速公路改线区域进行考古调查勘探，完成勘探面积约 68 000 平方米。在线路东段拟建宁西服务区的北部山岗区域发现多个春秋战国时期灰坑，以及陶片、石器等遗物。遗址在建设工程范围内面积约 400 平方米。②

2017 年 5 月，广州市文物考古研究院对增城开发区核心区 2017 - 2 号地块进行考古调查勘探，完成勘探面积 120 000 平方米，试掘探沟 12 条、窑址 2 座，试掘面积 120 平方米。地块中部山岗的北坡分布有打鼓潭山墓葬和刘母吴氏夫人墓，是增城区登记文物保护单位。地块西部山岗发现窑址 5 座、灰坑 9 个，经过部分试掘清理，推测其年代为近现代，并对地块内 2 座清代墓葬进行了清理。③

2017 年 6 月 12 日至 11 月 23 日，广州市文物考古研究院对花莞高速公路建设项目线路经过的增城区简岭遗址进行考古发掘，完成发掘面积 200 平方米，发现商代至现代文化层堆积和商代灰坑 3 个，出土石锛、印纹陶片等一批遗物。④

2017 年 6 ~ 7 月，广州市文物考古研究院对增城开发区核心区 2017 - 1 号地块进行考古调查勘探，完成勘探面积 80 000 平方米。在地块西北部发现清墓 8 座，保存情况较差，为保证文物安全，已随工清理，共发现随葬器物 3 件。⑤

2017 年 8 ~ 9 月，广州市文物考古研究院对增城经济技术开发区仙村园区南区进行了考古调查，完成调查面积 3 045 204.94 平方米。在地块中部及南部的山岗发现较多明清时期陶瓷片及红砂岩建筑构件。地块东部发现龙岭山抗日碉堡，为增城区登记保护文物单位。⑥

2017 年 9 ~ 10 月，广州市文物考古研究院对增城经济技术开发区仙村园区北区进行了考古调查，完成调查面积 1 398 316 平方米。在地块南部山岗南坡发现较多汉代—唐宋时期陶片，北坡发现较多的明清灰砂墓，可能为家族墓群。地块东南部发现增城区登记保护文物单位——老虎岭遗址，地块西部发现增城区文物保护单位——列之杰夫妇合葬墓。⑦

2017 年 10 ~ 12 月，广州市文物考古研究院对增城区朱村街凤岗村 543.508 亩地块进行考古调查勘探，完成勘探面积 57 000 平方米。在地块东北部发现唐墓 1 座、清墓 3 座，保存情况较差，为保证文物安全，已随工清理，共发现随葬铜镜、瓷碗、陶罐等器物 7 件。⑧

2018 年 1 ~ 2 月，广州市文物考古研究院对增城区霍韬及其家族墓项目进行了主动考古调查勘探，完成调查 184 572 平方米，其中普通勘探 40 200 平方米，重点勘探面积 2000 平方米。经调查，在霍韬墓的西南、东南约 400 米的区域内分别发现了霍与瑕（霍韬次子）墓、霍母吕氏（霍韬之妾、霍与瑕之母）墓、霍母黄氏（霍与瑕之妾）墓、霍母方氏（霍韬之孙霍若祺元配夫人）墓、霍旋菴（霍韬之

① 广州市文物考古研究院内部资料。
② 广州市文物考古研究院内部资料。
③ 广州市文物考古研究院内部资料。
④ 广州市文物考古研究院内部资料。
⑤ 广州市文物考古研究院内部资料。
⑥ 广州市文物考古研究院内部资料。
⑦ 广州市文物考古研究院内部资料。
⑧ 广州市文物考古研究院内部资料。

孙）夫妇墓以及霍咸有（霍韬曾孙）夫妇墓等6座霍韬家族墓。①

2018年1~3月，广州市文物考古研究院开展了南石头难民营遇难同胞遗骸考古勘查清理工作。该项目位于增城区小楼镇秀水村马屁股山北麓，完成调查20 000平方米，其中普通勘探5360平方米，重点勘探2000平方米。本次考古勘查和清理工作基本摸清了南石头迁葬遗骸增城安放点的遗骸埋藏情况和保存状况。通过对遗骸的初步体质人类学检测，证实遗骸至少属于176个个体，对南石头难民营历史及相关研究、难民营遗存的下一步保护工作具有重要意义。②

2018年3~6月，广州市文物考古研究院对莲花书院遗址进行考古发掘，完成发掘面积约1000平方米。发现房址4座、石墙43段、台阶4处、坑2个、排水孔2个、路面1处，除F1为晚期遗存外，其余均为明代莲花书院组成部分，出土牡丹纹瓦当、滴水、青花瓷碗、刻字残碑等文物标本80件（套）。③

2018年6月27日至8月23日，广州市文物考古研究院对花莞高速公路改线区域永宁服务区范围内的松丁山遗址进行抢救性考古发掘工作，完成发掘面积421平方米。发现新石器时代晚期至现代文化层堆积，清理灰坑15个、墓葬10座、灰沟1条、柱洞4个，出土陶罐、器座、纺轮，石锛、石环、石镞等一批文物标本。④

第二节　本次调查情况

一　调查缘起与目的

（一）调查缘起

增城地处珠江三角洲东部，北邻粤中北部山地丘陵，南连珠江三角洲平原，东江横穿南侧，增江纵贯南北，境内地形地貌丰富多样，自然环境优越。

据以往的考古调查及发掘成果来看，增城为广东省内先秦文化遗存分布较为集中的地区。金兰寺贝丘遗址、百花林遗址等发现表明，早在新石器时代增江流域就有先民在此居住生活；浮扶岭遗址、西瓜岭战国窑址等一系列发现均表明，该地区长期以来有着较发达的经济与文化。肇始于新石器时代，历商周、春秋战国、唐宋、明清时期，其文化脉络连绵不断，是今人宝贵的历史文化遗产。

广州是我国首批公布的历史文化名城之一，也是岭南文化中心城市、海上丝绸之路发祥地、近现代革命策源地和改革开放前沿地，拥有丰富灿烂的历史文化遗产。为加强文物保护，规范文物管理和利用，广州市先后制定并颁布了一系列文物保护法律、法规，明确应在广州地区划定地下文物埋藏区，加强地下文物管理，并定期在市行政区域内组织开展文物普查工作。通过调查厘清增城区文物资源情况，不仅可以对该地区的历史文化有更深入的了解，也是增城地区文物保护规划的需要，这将为该地

---

① 广州市文物考古研究院：《霍韬及其家族墓考古调查勘探报告》，《文博学刊》2019年第4期。
② 广州市文物考古研究院内部资料。
③ 广州市文物考古研究院内部资料。
④ 广州市文物考古研究院内部资料。

区划定文物埋藏区、推荐文物保护单位等工作提供翔实依据。

本次调查项目即为贯彻和执行广州市委市政府对文物保护工作的规定和要求而发起的。在基础工作之外，根据增城地区考古工作现状及当前考古学研究前沿，对调查方法进行改善，并明确本次调查的目的。

（二）调查目的

1. 进一步补充及完善广州地区地下文物资料

近年来，广州地区进行了一系列调查工作，如2003年广州市第四次文物普查、2015年从化流溪河流域考古调查、2015年花都地区考古调查等。增城地区以往陆续进行过一些考古发掘工作及小规模田野调查工作，但并未进行区域系统性的调查工作，第四次文物普查也主要针对地上不可移动文物进行调查，因此，目前我们对其地下文物资源的总体情况并不清楚。本次调查范围覆盖整个增城地区，对该区域范围内的文化遗存进行了拉网式调查，以期发现丰富的地下文物资源，对广州地区地下文物资料数据库进行完善和补充。

2. 开展岭南珠三角地区早期考古学文化编年及序列研究

岭南地区与中原地区相比，考古学研究的基础相对薄弱，其中最主要的一个表现，即长期以来考古学区系类型理论在岭南尚未得到充分落实，考古学文化编年体系不完善①。增城地处珠三角东部，是粤中北山区与珠江三角洲平原的过渡地带，又是东部夔纹、米字纹陶越人遗存与广州汉文化遗存的过渡地带，为文化交汇、杂糅地带。通过对系统性田野调查发现的考古学文化遗存进行分析，将为开展岭南珠三角地区早期考古学文化编年及序列研究奠定基础。

3. 展开区域系统考古调查方法在增城地区考古调查工作的探索与实践

广州地区过往开展的区域调查，皆采用传统调查方法，以"发现"为主要目的，虽对遗址所涉及的自然地理信息进行搜集但不够系统。本次考古调查，借用广东省文物考古研究所的"考古通"地理信息系统软件，采用区域系统调查方法，期望通过该方法在广州增城地区的首次实践，在田野调查方法、数据采集、记录、存储、分析等各方面进行经验总结，摸索出适合岭南地区的田野调查方法，并在地理信息系统的支持下，开展岭南地区人地关系研究。

4. 进行地理信息系统（GIS）支持下的增城地区早期人地关系研究

通过区域系统调查建立增城地区遗址数据库，同时，GIS分析提供了一种全新的探索古代人地关系研究的方法。在地理信息系统支持下，开展岭南珠三角地区的区域系统调查工作，全面而系统地收集聚落考古研究所需的人文和环境数据资料，依托GIS空间分析功能考察遗址分布与地形地貌、海拔高度、河流水系、坡度坡向、植被土壤等环境因素的相互关系，探索出适合岭南珠三角地区田野调查和聚落考古的分析方法，并构建起岭南珠三角地区遗址分布预测模型，为后续考古调查提供参考。此外，GIS理念和方法的引入，拓展了聚落考古研究的宽度和广度，让繁杂的考古数据得以系统化收集、管理、分析和展示，使得聚落考古研究在定性分析之外，能够开展定量分析，为解决聚落分布时空演变

---

① 卜工：《岭南文明进程的考古学观察》，《历史人类学学刊》第三卷第二期，2015年10月。

规律提供全新的整体性思路，为探索岭南珠三角地区文明化进程演变提供全新的视角和思路。

5. 为今后广州市增城区文物保护工作提供依据

本次调查以地下文物资源为主，通过调查，能够比较全面地梳理和了解增城地区地下文物资源分布情况，且地理信息系统数据库的建立，使得遗址信息更全面系统，未来与国土、规划部门合作，将为增城区文物保护工作提供依据。

二　调查范围及对象

1. 空间范围

本次调查空间范围以增城区境内的增江流域为中心，还涉及增城行政范围内的西福河、雅瑶河、官湖河流域及东部的兰溪水流域。调查范围北至派潭河上游大封门森林，东至正果镇长岭山，南至荔城街，西至中新镇马鞍山—尖峰岭一带，涵盖增城区正果镇、派潭镇、小楼镇、荔城街、增江街、中新镇、朱村街、仙村街、石滩镇、永宁街、新塘镇共 11 个镇（街）①。

增城北部为山地，中南部为丘陵山岗，南部为平原。囿于这一地形地貌环境，本次调查范围以盆地平原地带、小型山岗以及河流沿岸的台地、坡地、阶地为主，部分海拔较高、山势陡峭、地表植被覆盖较密的高山未做调查。

2. 时间范围

本次调查要求对调查路线上所有新石器时代至清代遗物进行信息采集，其中先秦两汉时期遗物均做采集，汉代以后遗物采集较完整标本。但在实际调查过程中，限于人力、时间、精力，仍以先秦两汉时期遗物（信息）采集为主，汉以后遗物无论信息采集还是标本采集均不系统。

三　调查经过

（一）准备工作

1. 人员准备

为更好开展本次调查工作，广州市文物考古研究院牵头，与中山大学社会学与人类学学院人类学系合作，组建联合调查队。（彩版三）领队为广州市文物考古研究院韩维龙、中山大学社会学与人类学学院金志伟。

调查队分为两组：

一组：负责荔城街、增江街、小楼镇、正果镇、派潭镇等 5 个镇（街），调查成员由广州市文物考古研究院人员组成。

领队：韩维龙

成员：张强禄、曹耀文、张希、张萍、郭怡乐、蚁东熙、饶晨、张艳平、田茂生、韩继普、李双福、韩贵川、刘霞、郑立华等。

二组：负责石滩镇、仙村镇、新塘镇、永宁街、朱村街、中新镇等 6 个镇（街），调查成员由中山

---

① 为保持资料一致性，本报告采用 2016 年考古调查时的行政区划。

大学社会学与人类学学院师生组成。

领队：金志伟

成员：中山大学社会学与人类学学院考古专业 2012 级本科生杨锦彪，2014 级本科生李唯硕、钟晓琳、冯斯敏等。

2. 后勤准备

为保障本次调查工作的顺利开展，调查队在调查前做了充足的后勤准备工作，主要有：

（1）安装"考古通"硬、软件设备。配置装有"考古通"地理信息系统的手持电子设备（三星 GALAXY Tab A 8.0），以及搭载在云服务器上的 web 地理信息系统。为精确定位，将增城区规划部门提供的 1∶5000 地形图进行切片，然后配准到"考古通"地理信息系统。

（2）准备考古工具。手铲、探铲、工兵铲、标签带、封口袋；记录本、记号笔、铅笔、签字笔；米格纸、比例尺、裁纸刀、剪刀、拓片工具；数码相机。此外，为调查还配有登山鞋、登山杖、雨鞋、手套、雨伞、工具包、药品等。

（3）查阅文献资料。查阅增城地方志、文物志、文物普查汇编和考古调查、勘探、发掘资料等，对调查区域的基本概况进行了解。另外，对广州市文物考古研究院等单位库房保存的增城地区文物标本进行观摩学习，对该区域考古学文化进行研究学习。

（4）配备越野车辆，辅助调查。因调查区域远离市区，为调查组配备越野车辆，并在调查区域内租赁民房作为驻地，以供调查队员休息，并同时开展室内资料整理工作。

3. 人员培训

本次调查采用了"考古通"地理信息系统进行田野调查，信息采集、记录、存储。系统开发公司在调查前对调查小组成员进行了短期培训，并派业务员与调查队员一起开展田野调查，在实际调查过程中，对队员使用系统进行指导，并就调查过程中遇到的问题进行解答，对系统进行改进和完善。

（二）田野调查

1. 调查时间、分组、线路及区域

增江流域田野调查队分为两组。一组为广州市文物考古研究院调查队，从 2016 年 3 月开始进行田野调查，持续到 2017 年 5 月，历时 14 个月。分为两个阶段，第一阶段从 2016 年 3 月 15 日至 2017 年 1 月 20 日；第二阶段从 2017 年 2 月 18 日开始至 5 月 15 日结束。（2018 年又对个别遗址进行了复查。）调查队员白天开展田野调查，晚上回到驻地后，还需要整理当天调查的资料，包括清洗采集遗物，整理调查网格资料、调查日记、照片等，对"考古通"系统采集的数据进行备份和更新，并及时进行分档、归类。（彩版二～七）

广州市文物考古研究院调查队负责增城荔城、增江、小楼、正果、派潭 5 镇（街）的调查工作。根据调查计划，以镇为单位进行调查，根据河流、山脉等自然地理要素对该镇域范围进行区块划分，方便调查和记录。调查线路及区域依次为：荔城街北部沙陂坑涌至棠村涌之间的丘陵、平原地带；小楼镇二龙河流域，包括二龙河干流及约场河、大坑河等支流流域；荔城街南部棠村涌向南至城区及周边区域；增江街北部冷水坑水下游向南至城区范围；正果镇南部冷水坑水流域、中部和平水流域、北部增江干流两岸；派潭镇南部派潭河下游、高埔河流域，中部车洞河、汉湖河、小迳河流域，北部派潭河上游一带。

另一组为中山大学调查队，从 2016 年 12 月开始至 2017 年 1 月结束。中山大学调查队负责增城石滩、仙村、新塘、永宁、朱村、中新 6 镇（街）调查工作。因调查时间有限，以复查为主，新调查区域集中于西福河上游一带。

2. 调查方法

在"考古通"地理信息系统支持下，本次调查采用区域系统调查方法进行田野调查。（具体方法见本章第三节）

（三）资料整理

因两个调查队进度不同，双方根据工作进度分别开展资料整理工作，标准由双方讨论确定，并统一遵守。其中广州市文物考古研究院调查队在田野调查同时，安排专人在驻地进行资料整理，2017 年 5 月田野调查结束后全面转入资料整理阶段。具体包括以下几方面内容：

1. 清洗文物标本。每日采集遗物，当晚即安排清洗和标记，便于后期进行遗物拼对和分析。

2. 挑选典型标本，进行绘图、拍照、拓片。绘图利用 photoshop 软件进行，绘图前拍摄正投影照片。

3. 对调查网格信息进行核查校对。包括调查网格面积、行政区划、地表覆盖物、地形地貌、性质、时代等。

4. 对遗物信息进行核查校对。根据既有考古发现和研究，对增江流域调查采集遗物的年代进行统一划分，统一遗物陶质、陶色、纹饰、器形判断标准等。

5. 对田野调查拍摄照片进行分类整理。

6. 将增城地区 1∶5000 地形图、河流水系图、行政区划图等矢量化。

7. 将遗址、遗物等信息与上述基础数据，输入 GIS 软件，经配准、统一坐标系统后，建立增江流域考古调查地理信息系统数据库，方便日后分析研究。

中山大学调查队对调查网格、遗物信息进行修改、校对。绘图、拓片、拍照由广州市文物考古研究院协助完成。

（四）报告编写

考古调查报告是记录和公布考古调查成果的最终形式。结合增江流域考古调查实际情况，在资料整理之初，即对报告体例进行设计，并在写作过程中修改和更正。大体可分为四个部分。

第一部分，概述。主要介绍调查区域自然地理概况、历史沿革、考古工作简史等；本次调查背景、目的、范围、对象、经过等；此外，安排专节介绍"考古通"与 GIS 的运用，对调查方法进行详细介绍。

第二部分，调查成果。以镇（街）为单位，分章介绍调查收获。

第三部分，结语。对增江流域考古学文化编年和序列进行分析，并在 GIS 支持下开展人地关系研究。

第四部分，附表。包括遗址登记表、遗物登记表等。

调查报告由双方共同完成，最终由广州市文物考古研究院进行统稿。报告于 2016 年 10 月开始基础资料编写，2017 年 10 月开始正式编写，2018 年 12 月完成初稿，2020 年 6 月修改后定稿。

第三节 "考古通"软件与 GIS 的运用

区域系统调查方法亦称全覆盖式调查法或拉网式调查法，起源于欧美地区，自 20 世纪 90 年代开始，在中国大陆地区考古调查实践中开始运用和推广，并取得丰硕成果，见诸报道的有山东日照地区[1]、鲁东南沿海地区[2]、薛河流域[3]，河南洹河流域[4]、灵宝[5]和洛阳盆地[6]、颍河上游[7]，内蒙古赤峰[8]和岱海[9]，山西垣曲盆地[10]、运城盆地[11]，陕西周原七星河流域[12]等区域系统调查项目。区域系统考古调查相对于传统的区域考古调查而言，差异体现在"系统"二字上。传统的区域考古调查以"发现"遗址为主要目的，在标本分析上以有与无、多与少的定性分析为主。区域系统调查则强调调查区域选择、标本采集以及标本分析的系统性，具有严密的逻辑性。在发现遗址之外，运用数理统计学方法对发现的文物点进行统计分析，把调查方法亦作为研究的一部分，更关注土地使用、资源利用、社会组织等级关系、遗址之间的关系等环境问题，是聚落考古研究的有效手段。

本次增江流域考古调查工作中，以"考古通"地理信息系统软件为支撑，采用区域系统调查方法。"考古通"软件由广州网文三维数字技术有限公司开发，是基于地理信息系统基础平台所搭建的，专门服务于区域系统考古调查工作。广东省文物考古研究所在 2015 年 11 月和平县大坝镇的区域考古调查工作中首次采用"考古通"地理信息系统软件，取得了良好的效果，为调查工作提供了有效的技术支持。

关于区域系统调查方法，在前文提及区域系统考古调查项目中均有论述，部分学者针对区域系统调查方法还有专文讨论[13]。本次调查参考已开展的区域系统调查项目的方法，并根据增江流域自然地理环境及考古学文化面貌进行了修正和补充。下文，将对本次考古调查方法，如调查范围的划分和确定，标本采集的方式，调查网格、遗物信息记录要点，遗址确认的方法，地图等基础数据库的获取与处理，调查信息的整理与汇总，GIS 地理信息系统数据库的搭建等进行介绍。

一 调查网格划定

为保证调查范围的系统性和全面性，调查之初，调查队计划参考北方区域系统调查方法，对调查

① 中美两城地区联合考古队：《山东日照两城地区的考古调查》，《考古》1997 年第 4 期。
② 中美日照地区联合考古队：《鲁东南沿海地区系统考古调查报告》，文物出版社，2012 年。
③ 中国国家博物馆田野考古研究中心、山东大学考古学系：《山东薛河流域系统考古调查报告》，科学出版社，2016 年。
④ 中国社会科学院考古研究所：《洹河流域区域考古研究初步报告》，《考古》1998 年第 10 期。
⑤ 中国社会科学院考古研究所河南第一工作队、河南省文物考古研究所、三门峡市文物工作队等：《灵宝市北阳平遗址调查》，《考古》1999 年第 12 期。
⑥ 中国社会科学院考古研究所二里头工作队：《河南洛阳盆地 2001～2003 年考古调查简报》，《考古》2005 年第 5 期。
⑦ 中国河南省文物考古研究所、美国密苏里州立大学人类学系：《河南颍河上游考古调查中运用 GPS 与 GIS 的初步报告》，《华夏考古》1998 年第 1 期。
⑧ 赤峰中美联合考古研究项目：《内蒙古东部（赤峰）地区考古调查阶段性报告》，科学出版社，2003 年。
⑨ 岱海中美联合考古队：《2002 年、2004 年度岱海地区区域性考古调查的初步报告》，《内蒙古文物考古》2005 年第 2 期。
⑩ 中国国家博物馆考古部：《垣曲盆地聚落考古研究》，科学出版社，2007 年。
⑪ 中国国家博物馆田野考古研究中心：《运城盆地东部聚落考古调查与研究》，文物出版社，2011 年。
⑫ 周原考古队：《陕西周原七星河流域 2002 年考古调查报告》，《考古学报》2005 年第 4 期。
⑬ 方辉：《对区域系统调查方法的几点认识与思考》，《考古》2002 年第 5 期；朔知：《中国的区域系统调查方法辨析》，《中原文物》2010 年第 4 期。

区域进行客观的网格单元划分。但经过一段时间调查，发现该方法在山区应用存在较多弊端，如单个山岗可能会被分为多个网格，造成网格记录和资料整理的不便；较高海拔或植被茂盛的高山区无法踏查，无法对网格信息进行记录。针对增江流域地形地貌的特点，本次调查对网格的划分方法进行了调整。本次调查的范围以盆地平原地带、小型山岗以及河流沿岸的台地、坡地、阶地为主，部分海拔较高、山势陡峭、地表植被覆盖较密的高山不做调查。调查网格主要依据自然地理如山岗、河流来划分，单个山岗或台地，尽可能划为一个网格，在无明显地理界限时利用道路、村落等人文地理标志作为调查区域的边界，以便于在实际调查中进行辨识，避免因实地踏查辨识不清造成网格调查和信息记录的错乱。调查网格的划定，一般是连续不断的，以尽可能覆盖整个可调查区域。

田野调查时，因无法实时在平板电脑内添加调查网格范围，先在打印出的 1∶5000 的地形图上进行标注，后期整理时，再进行矢量化。

二　徒步踏查

田野踏查以队为单位，调查队设队长 1 名，队员 4~5 名。每名队员均配置装有"考古通"地理信息系统软件的平板电脑。在确定好调查区域后，由队长设置调查网格，各队员通过网络对调查网格信息进行下载更新，以便开展对该网格的调查和信息记录。

由于增江流域多数区域地形地貌以丘陵、山地为主，地表植被茂盛，北方地区以固定间隔距离采取直线或之字形行进的拉网式调查方法，很难在增江流域实施。针对不同地形地貌的特点，本次调查设计了不同的调查方式和路线。在较平缓地带（如台地或平地），队员们呈一字形或之字形拉开，保持一定的距离（通常为 20~30 米），对调查区域进行往返踏查，以尽量覆盖整个调查区域；行进过程中，当有队员发现遗物时，便呼叫其他队员，各队员在既有线路基础上，对遗物分布区域进行加密调查。在山岗、丘陵地带，针对现场地形地貌、植被、地表覆盖物情况，调查队员根据山体宽度安排一定的间距，尽可能沿一定线路对各自负责的区域进行踏查，以避免出现重复踏查的情况。但在实际调查过程中，因受地形及植被的限制，单个网格的调查范围往往有限，调查队员多数时候仅能对果林区域、局部裸露地带或者既有的山间小路沿线进行踏查。当地表有杂草和落叶覆盖时，即使用手杖拨动、脚踢等方式，可视范围仅局限于队员周边 1~2 米的范围。为便于记录调查范围，本次调查所携带平板电脑配置了行进轨迹记录功能。

三　遗物采集

考古调查一般采取系统采集法或一般采集法来进行标本采集。结合增江流域多数遗址地表遗物分布较少的现实情况，为保证标本采集的客观性，本次调查采取一般采集法，即对行进路线上所发现的所有遗物均进行采集和记录信息。部分遗物因时代较晚或保存较差，仅记录信息未做采集。遗物均单独采集，记录编号、名称、时间、采集者等信息。

四　信息记录

田野调查使用装有"考古通"地理信息系统软件的平板电脑进行信息采集和记录。"考古通"软件记录的信息包括调查网格信息、遗物信息、断面信息、钻探信息、探沟信息、轨迹信息、不可移动文物等。因本次调查未进行钻探、探沟试掘和不可移动文物调查，故这些信息未做记录。下文，将重点介绍调查网格信息、遗物信息、断面信息、轨迹信息四项内容。

（一）调查网格信息

田野调查时，由调查队队长建立调查网格并进行信息记录。记录的要素有调查网格号、调查点名称、相邻网格、网格面积、遗物丰富程度、遗存价值、地形地势、地貌类型、覆盖物种类、遗物可见度、文化堆积、调查点类别、地理位置、文物分布面积、经纬度、海拔、记录者、记录时间、校对者、校对时间、备注、照片、语音、视频、图纸等。

1. 调查网格号。记录调查网格编号。格式为"ZJLY – XXX"（中山大学调查的网格为"ZDZJLY – XXX"），其中"ZJLY"为"增江流域"汉字首字母，"XXX"为三位数网格编号。调查网格号由系统按建立网格先后顺序自动生成。

2. 调查点名称。记录调查网格名称。一般以网格范围内山岗、台地的地名命名。名称来源有地形图标示、墓葬等碑文记载和当地称谓等，如"较椅山遗址"（源于墓葬碑文）、"观音山遗址"（源于当地称谓）等。如无法获知名称，则以就近村落或其他标志物 + 方向命名，如"黄布村西遗址"。为便于区分部分名称相同的网格，在名称后面加阿拉伯序号，如"雾岭 1 号山遗址"等。

3. 相邻调查网格。记录周边相邻调查网格分布情况。后期整理时根据调查网格的实际分布情况进行记录。

4. 调查网格面积。记录调查网格的平面投影面积。田野调查时未记录，后期整理时利用 GIS 系统测量得来。

5. 遗物丰富程度。描述遗物分布的丰富度情况。本次调查根据遗物数量、遗物内涵、遗物种类等设置了好、较好、较差、差 4 个级别来记录调查网格内遗物的丰富程度。

6. 遗存价值（级别）。记录遗址的价值，根据遗存文物价值和保存状况划分为不同等级。

其中遗存文物价值分 3 级：

A 级：特别重要。指可以填补科研缺环、空白，或者和重大历史事件、重要历史人物有关及其他具有特别科研价值的遗存。

B 级：重要。指具有较高科研价值且时代一般早于明代的遗址或墓地。

C 级：一般。指具有一定科研价值且时代一般在明代及其以后的遗址或墓地。

遗存保存状况分 3 级：

A 级：保存良好。

B 级：保存一般。

C 级：保存较差。

遗存级别由其文物价值和保存状况组成，分 9 级：

AA 级：遗存文物价值特别重要，保存状况良好。

AB 级：遗存文物价值特别重要，保存状况一般。

AC 级：遗存文物价值特别重要，保存状况较差。

BA 级：遗存文物价值重要，保存状况较好。

BB 级：遗存文物价值重要，保存状况一般。

BC 级：遗存文物价值重要，保存状况较差。

CA 级：遗存文物价值一般，保存状况较好。

CB 级：遗存文物价值一般，保存状况一般。

CC 级：遗存文物价值一般，保存状况较差。

7. 地貌类型。记录调查网格所处区域整体地貌特征，分为山地、丘陵、台地、河谷阶地、河谷平原、盆地、其他等 7 个类别。

8. 地形地势。记录调查网格内地形地势特征，分为山地、岗地、坡地、台地、平地、其他等 6 个类别，部分为多种类型组合。

9. 覆盖物种类。记录地表覆盖物情况，分为杂草、枯叶、其他、无 4 个类别，部分为多种类型组合。

10. 遗物可见度。记录地表遗物的可见度，分为好、较好、较差、差 4 个级别。

11. 文化层堆积。记录文化层堆积情况，分为有、未发现 2 类。

12. 调查点类别。记录调查网格的类型。在田野调查阶段，根据遗存发现情况分为遗物点、遗址、未发现 3 类。

遗物点：地面虽有零星文化遗物分布，但遗物分布面积狭小，且无明显相关文化层堆积或其他相关遗存的地点。

遗址（具备以下条件之一）：文化遗物丰富；文化遗物分布面积宽广；有明显文化层堆积或遗迹、墓葬显露。

未发现：调查未发现遗存。

13. 地理位置。记录调查网格所在行政区划及相对位置情况。

14. 文物分布面积。记录文物的分布面积，田野调查时未做记录。后期整理时，经最外围遗物点连线围成平面投影面积，利用 GIS 系统连线测量得来。

15. 经纬度、海拔。记录调查网格中心点的经纬度坐标和海拔高度。新建调查网格时，由平板电脑自带 GPS 自动记录，单位为"度"，坐标系统为 WGS84（1984 年世界大地坐标系，后同）。当调查至网格中心时，可对经纬度、海拔进行更新。

16. 记录者。记录调查网格的建立者姓名，一般为队长。根据平板电脑用户名默认生成。

17. 记录时间。记录调查网格的建立时间，时间格式为"年 – 月 – 日 时：分：秒"，24 小时制。

18. 核对者。记录信息核对人员，一般为调查项目管理者。

19. 核对时间。记录核对信息时间。

20. 描述。对整个调查网格的情况进行文字描述，一般由队长记录。记录时，可打开地图对调查网格地形图、卫星图进行查看。

21. 备注。记录调查网格的其他信息。

22. 照片。记录调查网格的远景、近景、调查场景等，由队长拍摄记录。由平板电脑自带摄像机进行拍照记录，格式为JPG。图片名称记录为"ZJLY－网格号－照片编号－总记录号"。

23. 语音。记录调查网格的语音信息。田野调查时，如无法迅速记录相关信息，可用语音进行记录，方便日后整理。名称记录格式与图片相同。

24. 视频。记录调查网格的视频影像信息。名称记录格式与图片相同。

25. 图纸。对调查网格的位置、重要遗存等进行绘图记录。名称记录格式与图片相同。

（二）遗物信息

田野调查信息记录实行网格化管理，调查网格内发现遗物时，均在网格内新增遗物信息登记表。记录信息有网格号、调查点名称、遗物名称、遗物编号、来源、采集与否、质地、装饰（纹饰）、遗物数量、时代、采集环境、磨圆度、经纬度、海拔、记录者、采集时间、描述、备注、照片、语音、视频、图纸等。

1. 调查网格号。新增遗物登记表时，系统记录调查网格号。

2. 调查点名称。新增遗物登记表时，系统记录调查点名称。

3. 遗物名称。记录遗物的名称，由质地与器形组合构成。预先设置有陶片、石锛、砺石、青铜器等名称供选择，可根据实际情况填写。

4. 遗物编号。记录单个遗物编号，格式为"ZJLY－XXX：X"。不同调查队员采集遗物分别编号，由系统根据遗物登记表添加顺序自动生成。查看和导出时，编号后会添加调查者姓氏首字母（个别为名字首字母）加以区分，如"ZJLY－942：12ZⅠ"。字母对应关系如下：冯F、郭G、金J、李L、田T、杨YⅠ、蚁YⅡ、尹YⅢ、张ZⅠ、钟ZⅡ、萍P。另外，为与本次调查采集遗物进行区分，所有既往考古工作出土遗物序号前均加0，即"ZJLY－XXX：0X"。

5. 来源。分为地表采集、断面采集、钻探采集、探沟采集4类。

6. 采集与否。分为是、否2类。原则上，所有遗物均做采集。

7. 质地。记录遗物质地。分为陶、石、玉、铜、铁、木、瓷、原始青瓷、动植物、土壤、其他。

8. 装饰（纹饰）。记录遗物器表装饰或纹饰。根据增江流域既往考古成果，系统预设绳纹、夔纹、米字纹等数十种纹饰供调查选择，如为组合纹饰可多选。

9. 遗物数量。记录遗物采集数量，一般默认为"1"，调查时根据实际情况修改。

10. 考古时代。记录遗物的时代。系统预设A旧石器时代、B新石器时代、C夏商周时期、D春秋战国时期、E秦汉时期、F魏晋南北朝时期、G隋唐五代、H辽宋金元时期、J明清时期、K近现代10个时代供选择。

11. 采集环境。记录遗物采集地表环境，如植被类型和地表覆盖物等情况。

12. 磨圆度。记录遗物磨损情况，分为圆滑、较圆滑、一般、无4个类别。

13. 经纬度、海拔。记录遗物采集点位置的经纬度坐标和海拔高度。新建遗物登记表时，由平板电脑自带GPS自动记录，单位为"度"，坐标系统为WGS84。

14. 记录者。根据不同队员平板电脑用户名默认生成，与遗物编号一起构成遗物的最终编号。

15. 记录时间。新建遗物登记表时间，格式同调查网格信息的记录时间。

16. 描述、备注。对上述表格未尽信息进行描述和记录。

17. 图片。记录遗物采集出土现状，每个遗物均要求进行拍照，拍照时放置比例尺。

18. 语音、视频、图纸。记录遗物采集现场情况。

（三）断面信息

调查发现断面，进行清理以观察文化层堆积情况。断面信息记录有调查网格号、调查点名称、断面编号、朝向、经纬度、海拔、记录者、记录时间、描述、备注、照片、语音、视频、图纸、地层堆积情况等。

1. 调查网格号。新增断面登记表时，系统记录调查网格号。

2. 调查点名称。新增断面登记表时，系统记录调查点名称。

3. 断面编号。记录单个断面编号，格式为"ZJLY – XXX – DMX"。断面一般由队长进行记录，由系统按顺序自动编号。

4. 朝向。记录断面方向，分为东、南、西、北、东北、东南、西南、西北 8 个方向。

5. 经纬度、海拔。记录断面位置的经纬度坐标和海拔高程，由平板电脑自带 GPS 自动记录。

6. 记录者、记录时间。同调查网格信息、遗物信息记录的方式和格式，由系统默认生成。

7. 描述、备注。对上述表格未尽信息进行记录。

8. 照片。记录断面清理前后全景、清理工作场景、地层典型遗物出土情况特写等。

9. 语音、视频。录制语音、视频等辅助信息。

10. 图纸。对断面进行绘图记录。

11. 地层堆积信息。每个断面皆记录地层堆积情况，包括记录者、地层单位、深度、厚度、土质、土色、致密度、性质、包含物、遗物、年代判定、描述、备注等信息。

（四）调查轨迹信息

为便于记录调查队员行进路线，平板电脑配置了轨迹记录功能。调查队员使用手持平板电脑设备进行调查时，打开轨迹记录，平板电脑将自动以 30 秒每次的频次记录所在位置的经纬度坐标和时间。将各队员使用平板电脑轨迹信息上传"考古通"系统，便可根据时间、调查队员名字查询和生成调查轨迹路线。

五　数据整理

田野调查结束之后，迅速转入全面整理资料阶段。我们以"考古通"和"ArcGIS"软件为支撑，对田野调查资料进行系统整理，并搭建地理信息系统数据库。

（一）遗物信息的整理

包括清洗陶片，辨别陶质、陶色、纹饰、釉色、刻划符号、器形、时代，挑选标本，整理 Excel 表格。

后期整理时，对近现代遗物进行剔除，对同个编号下的多件遗物分别进行编号，最终纳入遗物数据库的数量为 9470 件。为便于进行遗物信息校对、整理，从"考古通"数据库中将遗物信息导出形成 Excel 表格。

1. 文物标本清洗工作在田野调查当日便完成，这为后期整理带来极大便利。田野调查结束后，安排人员将遗物编号标注在遗物本体上，防止遗物分析整理时造成错乱。

2. 遗物编号整理。遗物编号由系统自动生成，整理时，对同个编号下的多件遗物分别进行编号，方法为在编号后添加阿拉伯数字圈码。如"ZJLY－114∶10YⅡ"编号下有两件遗物，分别编号为"ZJLY－114∶10①YⅡ""ZJLY－114∶10②YⅡ"。

3. 遗物年代确定。根据增江流域考古学文化序列，对遗物年代进行重新划分，分为新石器时代晚期至商代、西周至春秋、战国至南越国、汉代（南越国后）、晋南朝、唐宋、明清 7 个时代。

4. 器物。根据不同质地分为石器、陶器、瓷器、铜器、原始瓷等。石器包括锛、斧、镞、凿、砺石、刀、戈、穿孔石器、环、砚、砍砸器、研磨器、钺、杵、镰、残石器、石片等。陶器包括罐、釜、杯、钵、瓶、鼎、豆、纺轮、簋、盒、砖、盘、瓦、碗、盂、执壶、盏、器盖、器座、器足等。瓷器包括罐、碗、碟等。铜器包括矛、斧及残片。原始瓷包括豆、钵等。

5. 陶质划分。本次采集遗物多数为陶片，各时期遗物陶质差异较显著，故陶质划分对于分析判别各时期文化内涵具有指导意义。在统一划分陶质之前，我们对采集遗物数量较多、含有不同时期遗物的遗址进行仔细分析，确定陶质的种类，分为夹粗砂软陶（含粗砂颗粒较多的软陶）、夹细砂软陶（含细砂颗粒较多的软陶）、夹细砂硬陶（与夹细砂软陶相较，陶质更硬）、泥质粗软陶（含少量粗砂颗粒的泥质软陶）、泥质细软陶（陶质较细腻的泥质软陶）、泥质粗硬陶（含少量沙粒或陶质手感较粗糙的硬陶）、泥质细硬陶（陶质较细腻的硬陶）7 类。每一类陶质挑选一定数量的陶片作为标准器，供后续参考。

6. 陶色划分。参照陶质划分方法，陶色分为红、红褐、黄褐、浅黄、橙黄、褐、黑、灰、灰白、灰褐、灰黄、灰黑、黑灰、浅灰、深灰、青灰 16 类。每一类陶色选取一定数量陶片作为标准器。

7. 纹饰。纹饰分单一纹饰和组合纹饰，首先确定几大类单一纹饰，有方格纹、夔纹、米字纹、绳纹、曲折纹、叶脉纹、弦纹、长方格纹、篦点纹、菱格纹、菱格凸点纹、云雷纹、水波纹、条纹、附加堆纹、三角格纹、刻划纹等。组合纹饰，遵照常见纹饰在前，其他纹饰在后的方式，以加号连接，如"方格纹＋篦点纹"等。

8. 釉色。主要记录瓷器釉色，部分陶片亦施釉，根据实际情况进行分类描述。

9. 刻划符号。部分陶器口沿、内壁、底部有刻划符号，整理时进行记录，必要时拓片。

10. 部位名称。主要记录器物的部位，如口沿、底、腹部、肩部、圈足、足、纽、耳等。与器形一起构成器物名称。

11. 石器岩性鉴定。包括岩性、完整程度、硬度、风化程度等。岩性经鉴定有红砂岩、角岩、堇青石片岩、绢云母片岩、绿泥石片岩、凝灰岩、片岩、千枚岩、砂岩、石英砂岩、石英岩、云英岩等。完整程度，有完整、基本完整、残缺 3 类。硬度采用莫氏硬度标准，经鉴定有 5.5、6、6.5、7。风化程度，经鉴定有未风化、微风化、中风化 3 类。

12. 绘图。在整理过程中，根据报告编写需要，将器形较完整、典型的遗物挑选出来作为标本，进行绘图，合计挑选绘图标本有 539 件。先拍正射影像照片，然后利用 photoshop 软件将照片进行提取绘图。该绘图方法快捷便利，利于陶器纹饰的提取和表现，但位图格式的线条放大后不够流畅，且线条生成后不能重复修改。绘图后，测得标本尺寸。

13. 拓片。为更好反应陶片纹饰特点，以遗址为单位，尽可能将该遗址不同时期、不同纹饰的陶片挑选出来进行拓片。合计挑选了 936 件拓片标本。每件标本有双份拓片，一份存档，一份进行扫描、处理，并进行合并排版。

14. 拍照。对挑选的标本进行室内摄影拍照。部分遗址遗物类别较丰富、数量较多，拍摄了遗物全景照，便于整体观察该遗址采集遗物的内涵。

（二）调查网格信息的整理

主要对田野调查时记录的网格信息进行修改、增加、删减等。为便于进行调查网格的信息校对、整理，从"考古通"数据库中将网格信息导出为 Excel 表格。

1. 调查点名称。田野调查时，调查点名称记录比较随意，后期整理时发现部分调查网格名称存在重复现象，如"背扶山"等，解决办法为在前面添加村落名称加以区分。部分调查网格存在多个名称现象，整理时全部统一为一个名称。

2. 行政区划。整理时新增此项信息，根据田野调查时的问询信息，经查询地图和调查网格的位置，确定调查网格的行政区划，以"镇（街）＋行政村"的形式记录。

3. 相邻调查网格。将调查网格与底图叠加后，标注调查网格号和名称，查询记录本调查网格相邻的网格情况，仅记录网格号。

4. 区域地貌类型。田野调查时，调查队员将区域地貌类型与调查网格的小地形混淆，对 7 类地貌类型认识不统一，导致信息错漏较多。经整理，所有调查网格仅有丘陵、河谷平原两类。

5. 地形地势。对田野调查记录错漏信息进行更正。经整理可将所有调查网格分为山地、岗地、坡地、台地、平地、岗地＋台地等 6 类，其中岗地类型最多。

6. 相对高度。整理时新增此项信息，经查询地形图，计算调查网格内海拔最高点与海拔最低点差值，作为相对高度。

7. 河流水系。河流水系以 1∶5000 地形图标示的河流为基础，整理时将调查网格的位置与地形图进行叠加，观察记录调查网格所属河流水系情况。

增城主要河流可分为东江、增江、西福河、官湖河、雅瑶河、兰溪水、温涌河等。各河流又有诸多支流，各支流不同河段称谓亦不同。

8. 植被类型。整理时新增此项信息，记录调查网格内植被种类，分为乔木、灌木、果木、农作物、其他、无等 6 个类别，部分为多种植被类型组合。

9. 网格范围。在地形图矢量化时，将标注在纸质版地形图上的网格范围一并矢量化，最终形成 963 个调查网格分布图。

10. 网格面积。网格范围划定后，利用 GIS 测量网格所圈定范围的平面投影面积。

11. 网格（调查点）类型。亦可视为遗址确认工作。遗址确认是区域系统调查中的一项重要内容，但亦是一项较困难的工作，前述列举区域系统调查项目采取的遗址划分方法各有不同。一般而言，一个地点被定义为"遗址"需有遗迹或文化层堆积现象。部分区域系统调查项目在无法确定遗迹或文化层堆积情况下，根据遗物分布数量来界定遗址。有的以发现 1 片陶片作为确认遗址的最低标准，有的以 3 片陶片作为标准，有的以一定范围内有 3 片以上陶片作为标准。无论遗物数量的最低标准如何划定，以地表遗物分布数量作为遗址划定标准的方法都是不科学和不严谨的。对于地表遗物分布比较丰富的地点，根据以往考古工作经验，该地存在遗址的可能较人，但亦仅是概率大小问题；而地表采集遗物较少的地点，遗物数量少的原因有多种，可能因为地表覆盖物太密而无法被发现，也可能因为遗址保存状况较好未被破坏而导致地表遗物稀少，还有可能是受现代农业活动或流水作用从其他遗址点移动部分至此。

本次增江流域调查中，因植被茂盛，地表遗物难以发现，且多数发现遗物的调查网格均未对遗迹、地层堆积情况等进行深入调查或未发现遗迹、文化层堆积现象，故本次调查弱化遗址确认的工作，即不对发现遗物的调查网格进行遗址确认。只要该调查网格发现 1 件以上遗物，便定义为"遗址"，而未发现遗物的调查网格则标注为"未发现"；在网格信息中调查点类别一栏根据遗存发现情况将调查网格直接分为"遗址""未发现"两类，取消"遗物点"的分类。而此处遗址的定义与传统意义上具有遗迹或文化层堆积现象的聚落有所区别，仅是该调查网格内有遗物发现的一种标示。

之所以不对遗址和遗物点作区分，是为了保证资料的客观性。本次调查记录了调查队员的行进轨迹以记录调查区域，记录了每个遗物的经纬度坐标以标示遗物分布的位置，这两点均是客观事实的呈现。在未对调查网格进行进一步勘探、试掘甚至发掘前，轻易对调查网格是否为遗址进行判别是有风险且带有主观色彩的。

12. 遗迹。因"考古通"系统未设置遗迹信息登记模块，田野调查时若发现遗迹，在备注栏进行记录。后期资料整理时，新增遗迹记录信息，将调查中各网格发现的遗迹类型进行简要记录，如墓葬等。

13. 遗物数量。记录遗物数量，为各网格所有遗物数量总数。

14. 遗物分布面积。田野调查时未做记录。后期整理时，将遗物点输入到 GIS 系统中，以最外围遗物点连线围成的平面投影面积作为遗物分布面积。

15. 遗物丰富程度、遗存价值。整理时，以统一标准对田野调查记录信息进行更正完善。

16. 文化层堆积。田野调查时，仅少量遗址进行了断面信息采集。在田野调查结束后，我们选取部分典型遗址，对其地层剖面进行清理，详细记录其文化层堆积情况。调查网格信息内的文化层堆积，仅作"有""未发现"的区分，详细情况见报告正文遗址描述。

17. 时代。网格时代，根据该调查网格内发现的遗迹和遗物时代来定，分为 7 个时期，与遗物的年代划分相同。

18. 复查/新发现。在本次增江流域调查工作之前，我们在增城区开展过数次小范围区域调查，同时为配合基本建设开展过一些考古勘探、发掘工作。部分遗址，本次调查时进行了复查，标注为"复查"，与新发现遗址进行区分。

（三）地图的矢量化

地图是构建地理信息系统数据库的基础数据，是遗址显示和进行后期分析的基础。本次调查利用的地图主要有两种，一种为从增城区政府官网下载的增城区地图（格式为 JPG，比例尺为 1∶100000），一种为增城区国土规划部门提供的地形图（格式为 JPG，比例尺为 1∶5000）。矢量化工具为 CAD 软件。

将 1∶100000 增城区地图输入 CAD 软件，分图层矢量化增城区界、镇界、镇位置、河流（按增城不同水系分别建立图层）、水库池塘、公路（分国道、高速公路、省道、县道、乡道）等。

以镇为单位，将 1∶5000 分块地形图进行拼接，输入到 CAD 软件，分图层矢量化获取 5 米等距等高线、河流、水塘、道路、村落、调查网格分布图。

CAD 矢量化后的地图可导入 GIS 软件，通过空间校正实现与其他数据的坐标配准和统一，以进行后续分析。

（四）数据库构建

"考古通"地理信息系统软件具备较好的信息采集、存储功能，但分析研究和成果显示方面却显得不足。故地理信息系统数据库采用 GIS 软件来构建，各类别数据通过多渠道获取。

1. DEM（Digital Elevation Model，数字高程模型）高程数据。通过地理空间数据云网站，可免费下载 30 或 90 米分辨率数据高程数据，坐标系统为 WGS84。

2. 卫星图。通过网络可下载免费的天地图卫星图数据，坐标系统亦为 WGS84。因数据较大，本次下载卫星图级别为 18 级。

3. 调查网格点信息。将整理后的网格信息 Excel 表格加载到 GIS 软件中，导出 shp 格式数据。

4. 遗物点信息。将整理后的遗物信息 Excel 表格加载到 GIS 软件中，导出 shp 格式数据。

5. 增城区界、增城镇界、道路、河流水系。将前文矢量化的 1∶100000 增城区地图 CAD 文件数据加载到 GIS 软件中，经空间校正，得到上述数据的矢量化 shp 图层。

6. 各镇地形图。将前文矢量化的 1∶5000 各镇地形图 CAD 文件数据加载到 GIS 软件中，经空间校正，得到上述数据的矢量化 shp 图层，用于生成各遗址遗物分布图。

7. 用上述数据，经 GIS 软件空间分析工具生成其他数据图层。

六　数据分析

本报告中，基于 GIS 软件开展的数据分析与研究，主要有遗址空间分布展示和空间分析研究两类。

1. 遗址空间分布展示。包括增城区遗址分布图、各遗址遗物分布图、轨迹分布图等。

遗址分布图。将遗址点与行政区划、河流水系、地形等图层数据进行叠加，并按照属性信息进行选择性显示，便可根据需要生成增城地区遗址分布图。

遗物分布图。将各遗址遗物点与遗址地形图等数据进行叠加，并按照属性信息进行选择性显示（如将不同时代遗物以不同符号进行标注显示），便可生成遗物分布图。因地图出版规定，制作好的含等高线的遗物分布图无法展示，部分以航拍图来代替。

轨迹分布图。将轨迹数据点与卫星图、地形图等数据进行叠加，根据不同调查队员、不同时间、不同网格进行分别显示，可生成轨迹分布图。

2. 遗址空间分析研究。空间分析是通过对空间数据的分析处理，获取地理对象的空间位置、分布、形态、演变等新信息的一种分析方法。GIS 本身具备强大的空间分析功能，主要包括查询检索分析、空间形态分析、地形分析、叠置分析、邻域分析、网络分析、密度分析、空间统计分析等[1]。目前 GIS 在考古学中应用最普遍的研究实践，便是遗址空间位置与自然环境因素的关系分析。利用 GIS 的空间分析工具，在对海拔、坡度、坡向、河流水文、植被土壤等自然环境因素进行分类和分级基础上，便可尝试揭示不同时空框架下遗址分布与其周围各种自然环境因素的关系，探究特定区域中古代人类社会适应与改造自然环境的能力[2]。

七 调查成果

经过 1 年 2 个月的田野调查，增江流域考古调查共计覆盖增城区境 11 个镇（街），除增江流域外，还涉及西福河、雅瑶河、兰溪水、官湖河流域。合计 1156 个调查网格，发现 555 处各时期遗址（新发现 432 处、复查 123 处）。（表 1-1；图 1-2）在珠江三角洲地区既往考古学文化编年的基础上，结合本次考古调查收获，本报告将调查发现的遗址分为新石器时代晚期至商代、西周至春秋、战国至南越国、汉代、晋南朝、唐宋、明清七个时期。

本书以镇（街）为单位，分章介绍各镇调查成果。

表 1-1 增江流域各镇（街）遗址数量

序 号	镇（街）	遗址数量（处）
1	荔城街	100
2	增江街	57
3	小楼镇	84
4	正果镇	117
5	派潭镇	93
6	石滩镇	9
7	仙村镇	9
8	新塘镇	5
9	永宁街	34
10	朱村街	10
11	中新镇	37
总计		555

[1] 刘建国：《考古测绘、遥感与 GIS》，北京大学出版社，2008 年，第 204 页。
[2] 刘建国：《考古与地理信息系统》，科学出版社，2007 年，第 2 页；滕铭予：《GIS 在环境考古研究中应用的若干案例》，《吉林大学社会科学学报》2006 年第 3 期。

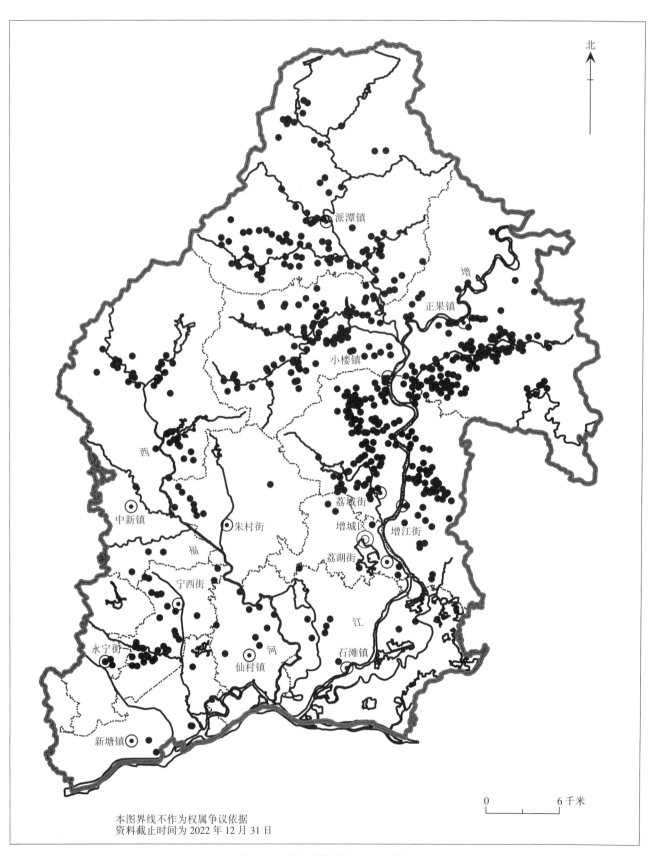

北

派潭镇

增

正果镇

小楼镇

西

中新镇

朱村街

荔城街

增城区

增江街

福

荔湖街

宁西街

河

江

永宁街

仙村镇

石滩镇

新塘镇

本图界线不作为权属争议依据
资料截止时间为 2022 年 12 月 31 日

0   6 千米

图 1 - 2   增江流域遗址分布示意图

第二章　荔城街^①

　　荔城街原称荔城镇，荔城一名是因西园挂绿荔枝所在地而得，大约在北宋嘉祐年间（1056～1063 年）置，因地处广州至粤东驿道重要位置而取代旧县城，至今已有近千年历史。位于增城区境东部中段，北邻小楼镇、东与增江街隔增江相邻、南为石滩镇、西接朱村街。辖区面积 132.27 平方千米。

　　荔城境内地势西北高、东南低，属丘陵和河谷平原。最高山为西北部的梅花顶，海拔 494.7 米，最低为南部罗岗鲤鱼潭，海拔 3.3 米。从北部棠村向南至罗岗，间杂大小不等的河谷平原。

　　荔城街整体位于增江西岸，增江自北向南流经境内东部，西北部山区发育多条溪流，自西向东注入增江。（图 2 - 1）

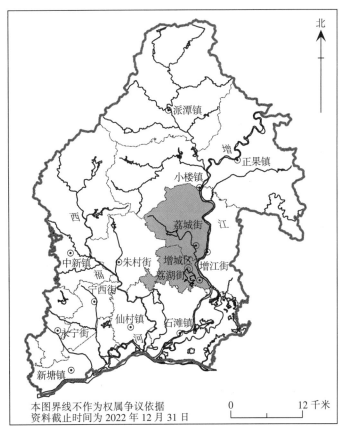

图 2 - 1　荔城街位置图

---

①　2019 年荔城街划分为荔城街和荔湖街，为保持资料一致性，本报告采用 2016 年考古调查时的行政区划，将荔城街与荔湖街合并介绍。

　　荔城街共计调查167个网格，发现各时期遗址100个，其中新发现96个、复查4个。（图2-2；彩版二一）

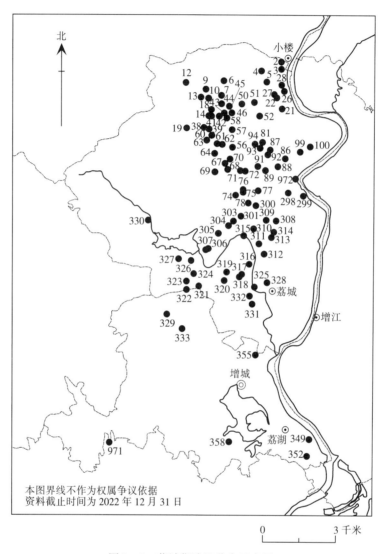

图2-2　荔城街遗址分布示意图

2. 观音山遗址　3. 较椅山遗址　4. 太阳山遗址　5. 棠厦村围岭山遗址　6. 棠夏背扶山遗址　7. 横栋岭遗址　9. 焦路山遗址　10. 狮岭山遗址　12. 夏屋山遗址　13. 雾岭1号山遗址　14. 钟岭遗址　18. 钟岭村背扶山遗址　19. 浸木潭遗址　21. 根竹山遗址　22. 护岭山遗址　26. 水边村遗址　27. 长岗岭遗址　28. 刘屋光山遗址　38. 黎村遗址　39. 下黎村遗址　41. 龙角山遗址　42. 庙岭遗址　43. 狗眠岭遗址　44. 元岑遗址　45. 庙前八角山遗址　46. 涩岴后龙山遗址　50. 马岭2号山遗址　51. 赤岭遗址　52. 心连山遗址　56. 谢尾庙岭遗址　57. 山塘遗址　58. 蔗牯岭遗址　60. 潭头山遗址　61. 马泥兜遗址　62. 偏岭头遗址　63. 杞子岴遗址　64. 羊岭山遗址　67. 腊岭遗址　68. 花岴山遗址　69. 大岭顶遗址　70. 陈树岗遗址　71. 韩树岭遗址　72. 园村岭遗址　74. 细山岗遗址　75. 陈屋山遗址　76. 江坡岭遗址　77. 黄泥塘遗址　78. 冰村遗址　81. 方水坳遗址　86. 鸡脚岭遗址　87. 将军扎站2号山遗址　88. 桥头村猫岭遗址　89. 桥头后龙山遗址　91. 老虎头遗址　92. 菌岴遗址　93. 西瓜岭遗址　94. 龙角村对面山遗址　99. 龟眼羊遗址　100. 圆岭子遗址　298. 棠村背扶山遗址　299. 棠村山遗址　300. 围岭遗址　301. 学岴背扶山遗址　303. 盘龙岗遗址　304. 学岴荔枝山遗址　305. 莲棠吓遗址　306. 光头岭遗址　307. 蛇头山遗址　308. 大岴山遗址　309. 摘尾山遗址　310. 蔗古山遗址　311. 前岭山遗址　312. 自家岭遗址　313. 开岴岭遗址　314. 边山遗址　315. 韩洞池遗址　316. 柯岭山遗址　317. 马屋山遗址　318. 庆丰山背山遗址　319. 新联后龙山遗址　320. 洋溪后龙山遗址　321. 奄前后龙山遗址　322. 蛇头岭后龙山遗址　323. 移民背底山遗址　324. 粪箕岭遗址　325. 彭屋后背山遗址　326. 新联新村渠背山遗址　327. 西部岭遗址　328. 新汤屋后龙山遗址　329. 隔田棉岴遗址　330. 罗上山遗址　331. 飞天凤遗址　332. 市林场山遗址　333. 大岗尾遗址（复查）　349. 下罗岗后山遗址　352. 陂仔岭遗址　355. 剑岭遗址（复查）　358. 破塘岭遗址　971. 西瓜岭窑址（复查）　972. 棠村庙岭遗址（复查）

一　ZJLY - 2 观音山遗址

1. 遗址概况

观音山遗址位于小楼镇政府、小楼镇中心小学西北侧山岗上，当地村民称该山为观音山。观音山西接高山区，南邻较椅山，遥望黄岩洞，东邻省道 S256 增派公路，距增江约 360 米。

山岗面积约 126 000 平方米，海拔约 80.3 米，相对高度约 55.3 米。调查区域北部山体经人工开垦，地表几无植被，可见度高，土质为黄沙土，土壤较贫瘠。南部区域为荒山，杂草、杂树、竹林丛生，地表可见度较低。山坡上有一条宽约 3~5 米的盘山土路。

2. 遗迹现象

在盘山土路路面上发现一处散砖堆积（彩版八二，2），在散砖堆积上部的断崖上也发现有墓砖。经初步清理发现墓砖所在地应为一处被毁的墓室，仅存 6 层砖位的后壁。依墓砖的形制判断应属唐代。

二　ZJLY - 3 较椅山遗址

1. 遗址概况

较椅山遗址位于荔城街棠厦村蔡村新庄社北侧山岗上，北邻观音山，西邻太阳山，南邻乡道 Y328，东邻 S256 增派公路，距增江约 290 米，新庄村依山南坡坡脚而建。调查时在山岗上发现一座清代墓葬，其碑文显示该山土名"较椅山"，故名。

山岗由南北两座小山岗组成，由一条溪流隔开，总面积约 57 000 平方米。南侧山岗平面形状呈椭圆形，形体较小，山势不高，海拔 35 米，诸坡较为平缓。山上遍植果树，以荔枝、龙眼为主，间有乌榄、柿子等，局部有竹林。果林内大部分区域杂草不多，但枯叶遍地，可见度不高。北侧山岗平面形状呈扇形，海拔约 52 米。山岗东坡、北坡均呈断崖状，山势较为陡峭，南坡、西坡山势平缓，山顶则呈长条形，较平坦。山上种植果树，以荔枝、乌榄为主，间有龙眼、柿子等，局部有竹林、桉树，果林内杂草较少，但枯叶遍地，可见度受到一定影响。（彩版四五，1）

2. 采集遗物

在北侧山岗山顶及南坡近山顶处采集遗物 17 件，皆为陶器残片，分布范围约 3800 平方米。据遗物特征分析，可分为西周至春秋、唐宋两个时期。（图 2 - 3）

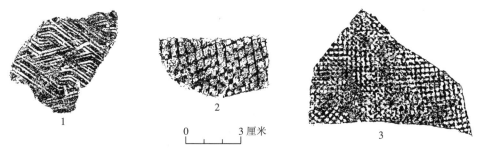

0　　　3厘米

图 2 - 3　ZJLY - 3 采集陶片纹饰拓片
1. 勾连云雷纹（ZJLY - 3：5Y Ⅱ）　2、3. 方格纹（ZJLY - 3：10Y Ⅱ、ZJLY - 3：6Y Ⅱ）

西周至春秋时期：采集陶片 16 片。皆为泥质粗硬陶；陶色以深灰、灰褐为主，有少量灰、灰黑色；纹饰以方格纹、勾连云雷纹为主，另有少量菱格凸点纹、重菱格纹。

唐宋时期：采集 1 片泥质灰陶片。

三　ZJLY-4 太阳山遗址

1. 遗址概况

太阳山遗址位于荔城街棠厦村蔡村太阳山，该山西邻周屋山，东邻观音山、较椅山，南邻乡道 Y328，与围岭山相望，东距增江干流约 1000 米。

山岗平面近圆形，面积约 129 000 平方米，海拔约 75 米，相对高度约 55 米，坡度平缓。山上以种植荔枝、乌榄等果树为主，地表杂草较少，但覆有较多枯叶，能见度受到一定的影响。

2. 采集遗物

范围约 330 平方米，采集遗物 3 件。其中 1 片为黑釉瓷碗残片，2 片为刻花纹陶盆类器残片，皆为明清时期遗物。

四　ZJLY-5 棠厦村围岭山遗址

1. 遗址概况

棠厦村围岭山遗址位于荔城街棠厦村新窑社、荷岭北侧山岗上，北邻乡道 Y328，与较椅山、太阳山、棠夏背扶山隔路相望，东距增江干流约 700 米，沙陂坑涌于南侧农田间流经，周边均为低矮的农田。山中发现一座清代墓葬，碑文显示该山岗由东侧的围岭山及西侧的竹山构成。因采集遗物集中分布于围岭山，因此以棠厦村围岭山遗址定名。

围岭山由东西两座小山岗相连构成，总面积约 99 000 平方米，海拔约 37.7 米，相对高度 27.7 米。山顶平坦，种植荔枝，山坡中下部种植竹林，地表覆盖较厚的杂草及落叶，可见度较差。

2. 采集遗物

采集遗物 26 件，为陶瓷器残片。（图 2-4）主要见于围岭山西侧近山顶位置，竹山也有少量分布，分布面积约 87 000 平方米。（彩版三二，1）据遗物特征分析，可分为新石器时代晚期至商代、西周至春秋、唐宋三个时期。

新石器时代晚期至商代：采集陶片 9 片。陶质以夹细砂硬陶为主，另有少量泥质粗硬陶、泥质细软陶；陶色有红褐、灰白、灰黑、红色等；纹饰可见曲折纹、条纹、长方格纹、绳纹等；器形多不可辨。

西周至春秋时期：采集陶片 16 片。陶质以泥质粗硬陶为主，1 片泥质细硬陶；陶色以灰褐、灰色为主，有少量红、青灰色；纹饰多见方格纹、重菱格纹，另有方格纹加夔纹、方格纹加重菱格纹、夔纹加弦纹、菱格纹、重圈纹等；可辨器形、部位有罐口沿。

陶罐口沿　1 件。

ZJLY-5:11YⅡ，泥质细硬陶；灰色；侈口，圆唇，斜折沿，斜弧肩；肩部饰方格纹加夔纹。残宽 6、高 3.7 厘米。（图 2-4，1）

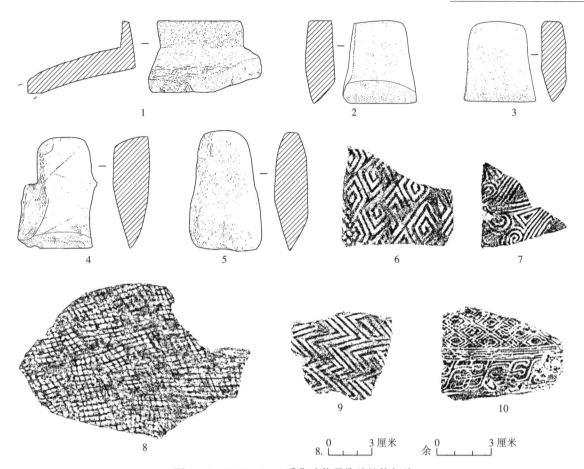

图 2 - 4　ZJLY - 5、6 采集遗物及陶片纹饰拓片

1. 陶罐口沿（ZJLY - 5:11YⅡ）　　2~4. 石斧（ZJLY - 6:16YⅡ、ZJLY - 6:1G、ZJLY - 6:12YⅡ）　5. 石锛（ZJLY - 6:6G）
6. 勾连云雷纹（ZJLY - 6:26YⅡ）　7. 重菱格纹 + 卷云雷纹（ZJLY - 6:34YⅡ）　8. 方格纹（ZJLY - 6:37YⅡ）　9. 曲折纹
（ZJLY - 6:57YⅡ）　10. 夔纹 + 菱格凸点纹 + 弦纹（ZJLY - 6:31G）

唐宋时期：仅见 1 片印花青灰瓷片。

五　ZJLY - 6 棠夏背扶山遗址

1. 遗址概况

棠夏背扶山遗址位于荔城街棠厦村曾屋场北侧山地，该片区域西南邻横栋岭，东邻太阳山，北侧为高山区，南侧山脚有棠厦村及乡道 Y328，距沙陂坑涌约 390 米。

调查网格由棠厦背扶山、曾屋场北侧周屋山及该山北偏东水塘对面近"L"形山构成，总面积约452 000 平方米，海拔约 72.8 米，相对高度约 47.8 米。遗物多集中于背扶山西南角、周屋山山顶及西坡近山顶处，背扶山南坡近坡底也有零星分布。背扶山西南角为背扶山向外延伸的平缓山岗，山上有养鸡场，以种植荔枝为主，地表杂草较少；周屋山种植荔枝，地表杂草枯叶较多，能见度差；周屋山北偏东近"L"形山大部分区域为荒山，无法深入调查。（彩版四五，2）

2. 采集遗物

采集遗物 87 件，其中陶器残片 82 件、石器 5 件。（见图 2 - 4；彩版八四，1）分布面积约 257 000平方米。

（1）陶器。采集陶片82片。据遗物特征分析可分为新石器时代晚期至商代、西周至春秋、战国至南越国三个时期。

新石器时代晚期至商代：采集陶片20片。陶片以夹粗砂软陶为主，有少量泥质粗硬陶、夹细砂硬陶、泥质粗软陶等；陶色以灰黑为主，灰白色次之，另有灰、红、红褐、青灰色等；陶片多素面，纹饰见长方格纹、曲折纹、篮纹、绳纹；可辨器形、部位有釜（罐）口沿、罐圈足等。

西周至春秋时期：采集陶片58片。陶质以泥质粗硬陶为主，有少量夹粗砂软陶、泥质细软陶、泥质细硬陶；陶色以灰、灰褐色为主，另有红、红褐、灰白、灰黑、青灰、深灰色等；纹饰多见方格纹、夔纹、菱格纹及其组合纹，另有篦点纹、弦纹、卷云纹、重圈纹等；可辨器形、部位有罐口沿、罐圈足。

战国至南越国时期：采集陶片4片。皆为泥质粗硬陶，陶色多为灰褐色，纹饰见方格对角线纹、米字纹、弦纹等。

（2）石器。5件，器形有斧、锛、砺石等。参照陶片特征推断时代为新石器时代晚期至商代。

石斧　3件。

ZJLY－6∶1G，青灰色片岩，通体较粗糙，磨制；器身呈梯形，上窄下宽，顶部略弧鼓，双面直刃。宽3.7、高4、厚1.3厘米。（图2－4，3；彩版一二四，1）

ZJLY－6∶12YⅡ，灰白色凝灰岩，石质细腻，磨制光滑；顶部弧鼓斜平，双肩，肩部斜平，两侧均残，双面弧刃。宽4、高6、厚2厘米。（图2－4，4）

ZJLY－6∶16YⅡ，青灰色片岩，石质细腻，磨制光滑；器身呈梯形，上窄下宽，顶部平直，两侧面磨圆，双面弧刃。宽4、高4.4、厚1.5厘米。（图2－4，2）

石锛　1件。

ZJLY－6∶6G，青灰色绿泥石片岩，石质较粗，通体较粗糙；器身略呈梯形，上窄下宽，顶部平直、单面直刃，刃部有崩疤。宽4、高6.4、厚1.8厘米。（图2－4，5；彩版一二二，1）

六　ZJLY－7横栋岭遗址

1. 遗址概况

横栋岭遗址位于荔城街棠厦村横栋岭、坳下村西北侧山岗上，北接高山区，西接鹅心冚，与焦路山、狮岭山相邻，南邻乡道Y328，与钟岭背扶山、元岑相望，东侧为地势低平的农田，与棠厦背扶山相望，沙陂坑涌自山岗南约77米流经。以其东侧山脚横栋岭命名。

调查网格由横栋岭、横栋岭北侧石头山（荔枝山）、石头山北侧石古山及石头山东侧土名为江田的台地组成，总面积约323 000平方米。横栋岭为长条形山，形体不大，海拔约76米，相对高度51米。除南坡较平缓外，余坡较陡峭，山顶较为平坦。北坡及南坡局部区域种植果树，以荔枝、龙眼为主，间有竹林、桉树，果林内杂草较多，枯叶遍地。山岗其他区域未经开荒，地表灌木、杂草丛生。江田位于石头山东侧、石古山南坡坡脚下，属台式地形，由北向南分数阶。台地东侧近边缘有一条溪流自北向南流过，台地上种植绿化树木苗圃。石古山形体大，西北与鹅心冚相接，山坡较陡峭，基本上为荒山。其东南坡局部种植有荔枝、乌榄等，另有较多竹林，地表杂草较多，枯叶遍

地。（彩版四六，1）

2. 采集遗物

共采集遗物 55 件，计有陶器残片 54 件、石器 1 件。（图 2－5；彩版八四，2）分布面积约 193 000 平方米。

（1）陶器。采集陶片 54 片。据遗物特征分析可分为新石器时代晚期至商代、西周至春秋、战国至南越国、唐宋四个时期。

新石器时代晚期至商代：采集陶片 2 片，泥质细硬陶、夹细砂硬陶各 1 片。皆为灰色，1 片素面，另 1 片饰曲折纹加附加堆纹，可辨器形、部位有罐口沿。

西周至春秋时期：采集陶片 39 片。陶质以泥质粗硬陶为主，另有泥质细硬陶、泥质细软陶、夹粗砂软陶等；陶色以深灰色为主，另有灰褐、灰黑、灰白、青灰色等；纹饰多见方格纹、重菱格纹、夔纹、重圈纹、篦点纹及其组合纹，还可见卷云纹、弦纹、刻划纹等，素面较为少见；可辨器形有罐口沿、器盖等。

陶罐口沿 1 件。

ZJLY－7：34YⅡ，泥质粗硬陶，青灰色，轮制；侈口，斜折沿，圆唇，斜直肩，外沿及肩部饰方格纹。残宽 5.2、高 4.8 厘米。（图 2－5，3）

陶器盖 1 件。

ZJLY－7：2YⅡ，泥质粗硬陶，灰褐色，轮制；直口，圆唇，盖面漫鼓，纽部残缺，盖面饰凹弦纹、篦划纹、篦点纹。复原口径 20、残高 3.7 厘米。（图 2－5，2；彩版七七，1；彩版一三五，6）

战国至南越国时期：采集陶片 7 片。陶质大多为泥质粗硬陶；陶色多见灰、灰褐色，另有灰黑、深灰色；纹饰有米字纹、三角格纹，部分器表施釉。

唐宋时期：采集陶片 6 片。泥质细硬陶，灰黑色居多，均为素面，部分施釉，可辨器形、部位有罐口沿、罐底。

（2）石器。采集斧 1 件。时代为新石器时代晚期至商代。

石斧 1 件。

ZJLY－7：35YⅡ，青灰色片岩，通体较粗糙；器身近长方形，顶部平直，两面中部略弧鼓，双面弧刃。宽 5.5、高 7、厚 1.3 厘米。（图 2－5，1）

七 ZJLY－9 焦路山遗址

1. 遗址概况

焦路山遗址位于荔城街棠厦村坳下西北侧焦路山岗上，其北邻鹅心㟆，南邻狮岭山，东邻横栋岭，西南与乡道 Y328 相邻，南距沙陂坑涌约 290 米，东北遥望西福河。当地村民称山岗为焦路山，故名。

焦路山平面呈水滴状，东南—西北走向，总面积约 69 000 平方米，海拔约 62.5 米，相对高度约 42.5 米。南坡较缓，东坡陡峭，山坡上以种植荔枝、橄榄等果树为主，山顶荒置，果林内地表多覆盖枯草。

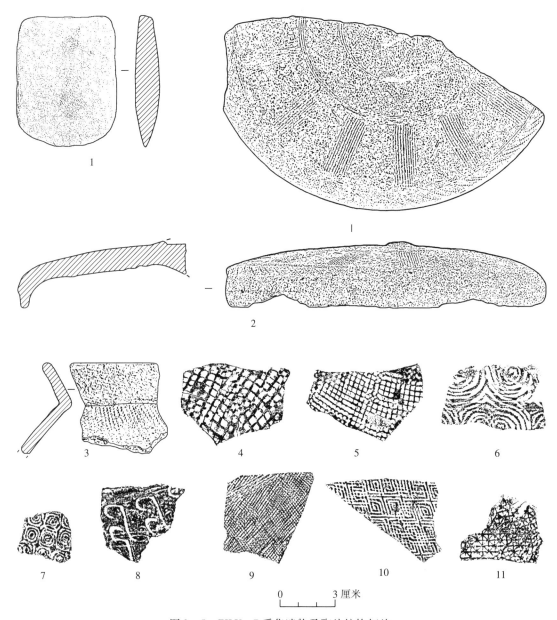

图 2 - 5　ZJLY - 7 采集遗物及陶片纹饰拓片

1. 石斧（ZJLY - 7：35Y Ⅱ）　2. 陶器盖（ZJLY - 7：2Y Ⅱ）　3. 陶罐口沿（ZJLY - 7：34Y Ⅱ）　4、5. 方格纹（ZJLY - 7：23Y Ⅱ、ZJLY - 7：6Y Ⅱ）　6、7. 重圈纹（ZJLY - 7：22Y Ⅱ、ZJLY - 7：19Y Ⅱ）　8. 夔纹（ZJLY - 7：3G）　9. 细方格纹 + 弦纹（ZJLY - 7：30Y Ⅱ）　10. 重菱格纹（ZJLY - 7：25Y Ⅱ）　11. 米字纹（ZJLY - 7：21G）

2. 遗迹现象

在东坡偏南的梯田断面上发现青灰色散砖堆积，依砖之形态初步判断为一座宋代墓葬遗存，已经损毁，保存状况较差。（彩版六八，1）

3. 采集遗物

在东坡中南部采集遗物 7 件，计有陶瓷器残片 6 件、墓砖 1 件，分布面积约 2060 平方米。（彩版三二，2）据遗物特征分析，可分为战国至南越国、唐宋、明清三个时期。

战国至南越国时期：采集陶片 4 片。大多为泥质粗硬陶，陶色有灰褐、灰黄、红褐色，饰米字纹、方格纹、三角格纹、方格对角线纹，可辨器形、部位有罐底。

陶罐底 1件。

ZJLY-9：2YⅡ，泥质细硬陶，灰褐色，器外表局部呈紫红色；下腹斜直内收，平底；腹饰米字纹。残宽9、高7厘米。（彩版一四○，1）

唐宋时期：采集1片泥质黑硬陶片，另有1件墓砖。

明清时期：采集1片泥质灰陶片。

八 ZJLY-10 狮岭山遗址

1. 遗址概况

狮岭山遗址位于荔城街棠厦村钟岭西北方狮岭山，县道X328与垃圾填埋场交叉口西北角。该山北邻焦路山，西邻雾岭，东、南均为地势低平的农田，距沙陂坑涌110米。

山岗山势北高南低似狮头状，故土名狮岭山。平面呈椭圆形，面积约14 000平方米，海拔约34.2米，相对高度仅14.2米左右，坡度平缓。修筑县道X328及垃圾填埋场道路时对部分山体造成破坏。山上以种植荔枝为主，杂草不多，但枯叶遍地。

2. 采集遗物

在山岗南坡采集遗物44件，皆为陶器残片，分布面积约4060平方米（见彩版三二，2）。据遗物特征分析可分为新石器时代晚期至商代、西周至春秋、唐宋三个时期。（图2-6）

新石器时代晚期至商代：采集陶片14片。陶质多见泥质粗硬陶、另有泥质粗软陶、夹细砂硬陶等；陶色以灰白色为主，另有灰、灰黑色；纹饰多见曲折纹、长方格纹、篮纹，条纹、素面少见；可辨器形、部位有罐圈足。

西周至春秋时期：采集陶片29片，在该遗址点遗物总数中的比例最高。陶质多见泥质粗硬陶，有少量泥质细硬陶；陶色以灰色为主，另有少量深灰、灰褐、灰白、红褐、红色等；纹饰多见方格纹，素面次之，另有篦点纹、方格纹加菱格凸块纹、夔纹、勾连云雷纹等；可辨器形、部位有罐口沿、罐底、杯等。

陶罐口沿 1件。

ZJLY-10：16YⅡ，泥质粗硬陶，红褐色；近盘形口，尖圆唇，口部微内敛，斜折沿，斜肩；外沿及肩部饰方格纹。残宽9、高6厘米。（图2-6，1；彩版一二六，1）

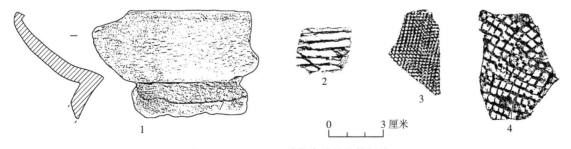

图2-6 ZJLY-10 采集陶片及纹饰拓片

1. 陶罐口沿（ZJLY-10：16YⅡ） 2. 斜长方格纹（ZJLY-10：15YⅡ） 3、4. 方格纹（ZJLY-10：6YⅡ、ZJLY-10：23YⅡ）

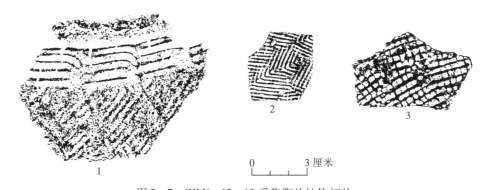

图 2 - 7　ZJLY - 12、13 采集陶片纹饰拓片

1. 条纹 + 附加堆纹（ZJLY - 12：9G）　2. 曲折纹（ZJLY - 12：4G）　3. 方格纹（ZJLY - 13：2G）

陶杯　1 件。

ZJLY - 10：22Y Ⅱ，泥质粗硬陶，深灰色；直口微敞，平方唇，浅弧腹向下内收，内底上凸，矮圈足。复原口径 8、底径 6、高 3 厘米。（彩版一三五，1、2）

唐宋时期：仅采集 1 片泥质黑硬陶片。

九　ZJLY - 12 夏屋山遗址

1. 遗址概况

夏屋山遗址位于荔城街棠厦村夏屋村西侧山岗上，北邻禾场墩山，东邻夏屋村、南邻县道 X328，东邻小金钗山，西邻吴屋村，南距沙陂坑涌 140 米。因邻近夏屋村而得名。

山岗为一座独立的近圆形山岗，面积约 6000 平方米，海拔约为 37.2 米，相对高度 12.2 米，坡度平缓。山岗北坡、东坡、西坡皆有不同程度勾毁，地表较干净。

2. 采集遗物

采集遗物 15 件，为陶瓷器残片，见于夏屋山南坡及山顶处，分布面积约 1200 平方米。据遗物特征分析可分为新石器时代晚期至商代、唐宋两个时期。（图 2 - 7）

新石器时代晚期至商代：采集陶片 5 片。以夹粗砂软陶为主，1 片泥质粗硬陶；陶色多为灰黑或黑色，1 片灰白色；素面居多，纹饰见曲折纹、条纹加附加堆纹。

唐宋时期：采集陶片 6 片、瓷片 4 片。陶片多泥质粗硬陶，素面；瓷片釉色见黄釉、酱釉，为罐残片。

一〇　ZJLY - 13 雾岭 1 号山遗址

1. 遗址概况

雾岭 1 号山遗址位于荔城街棠厦村乌洞塘北侧雾岭山东北角，北邻禾场墩山、夏屋山，东邻狮岭山，南邻钟岭、牛心岭，东南与钟岭相望，北侧紧邻县道 X328，距沙陂坑涌约 23 米。为与其他调查网格区分，以雾岭 1 号山遗址定名。

雾岭 1 号山是雾岭东北延伸部分，为一座椭圆形山岗，面积约 509 000 平方米，海拔高程约 140.2 米，相对高度约 115.2 米，总体山势较陡。山上以种植荔枝为主，在东坡也有较多黄皮，另外有龙眼、

橘子、橄榄等，果林内杂草不多，但有较多枯叶、枯草，山顶为荒山，无法调查。

2. 采集遗物

采集遗物 14 件，皆为陶器残片，分布于东坡坡底，面积约 8600 平方米。据遗物特征分析可分为新石器时代晚期至商代、战国至南越国、唐宋三个时期。

新石器时代晚期至商代：采集长方格纹陶片 1 片。（图 2 - 7，3）

战国至南越国时期：采集陶片 11 片。陶质多为泥质粗硬陶；陶色有灰褐、红褐、青灰、深灰色等；纹饰以方格纹为主，米字纹次之，素面仅 1 片。

唐宋时期：采集泥质灰黑硬陶片 2 片。器形、部位为罐口沿。

一一　ZJLY - 14 钟岭遗址

1. 遗址概况

钟岭遗址位于荔城街棠厦村钟岭社钟岭，该山北邻狮岭山，西邻社铺上凹山，东邻钟岭背扶山，北侧为县道 X328，东侧有乡间公路穿过，南邻社铺村，距沙陂坑涌约 20 米。

山岗平面呈不规则近圆形，面积约 199 000 平方米，海拔约为 79.1 米，相对高度约 54.1 米。山坡中部向上至顶均荒置，杂草丛生，植被茂盛；山坡中部以下种植荔枝、橄榄、龙眼等果树，地表覆盖有较多杂草及落叶（彩版四六，2）。

2. 采集遗物

采集遗物 32 件，计有陶器残片 31 件、石器 1 件。（图 2 - 8）多集中于山岗东南坡，分布面积约 8500 平方米。

（1）陶器。采集陶片 31 片。据遗物特征分析可分为新石器时代晚期至商代、战国至南越国、唐宋三个时期。

新石器时代晚期至商代：采集陶片 26 片。陶质以夹粗砂软陶为主，有少量泥质陶；陶色多见灰黑、灰白色，另有灰、红褐、黄褐、青灰色等；多为素面，少量饰叶脉纹、绳纹；可辨器形、部位有罐口沿。

战国至南越国时期：仅见 2 片米字纹陶片，为泥质硬陶。

唐宋时期：采集陶片 2 片，为泥质细硬陶，素面。另采集执壶 1 件，发现时仅露出口部。壶内尚存 1 片其上覆盖的陶碗残片，碗不可复原，罐身除耳系有残缺外基本完整。

陶执壶　1 件。

ZJLY - 14：20YⅡ，泥质细硬陶，灰色，素面；直口，平方唇，溜肩，上腹弧鼓，下腹斜直收，平底；肩部附四个对称桥状横耳，其中两耳间有流，已残缺。口径 10、底径 18、高 26 厘米。执壶内有一片敞口圆唇陶碗残片，推测应为执壶上的盖子，无法复原。（图 2 - 8，1）

（2）石器。采集石锛 1 件。参考遗址采集陶片的特征推断时代为新石器时代晚期至商代。

石锛　1 件。

ZJLY - 14：2YⅡ，青色绿泥石片岩，通体磨制较粗糙；器身呈梯形，上窄下宽，顶部略上弧，单面直刃。宽 3.2、高 4.9、厚 1.3 厘米。（图 2 - 8，2）

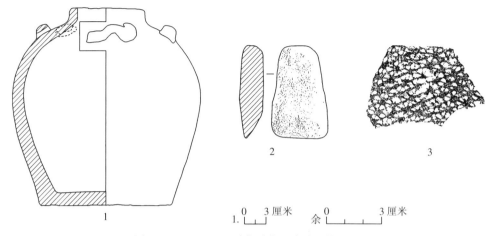

图 2 - 8　ZJLY - 14 采集遗物及陶片纹饰拓片
1. 陶执壶（ZJLY - 14∶20YⅡ）　2. 石锛（ZJLY - 14∶2YⅡ）　3. 米字纹（ZJLY - 14∶6G）

一二　ZJLY - 18 钟岭村背扶山遗址

1. 遗址概况

钟岭村背扶山遗址位于荔城街棠厦村钟岭社南侧，西邻钟岭遗址，北邻县道 X328，钟岭村建于山北、东坡脚。村民称该山为钟岭或背扶山，故名为钟岭背扶山。

该山形体较小，呈圆形，总面积约 35 000 平方米，海拔约 49 米，相对高度约 29 米。除山之西坡中下部为荔枝林外，余皆为荒山，杂草、灌木、竹子丛生，无法深入调查。荔枝林内杂草、枯叶遍地，可见度差。

2. 采集遗物

发现 1 块清代楔形砖（彩版八三，1），推测可能存在墓葬。

一三　ZJLY - 19 浸木潭遗址

1. 遗址概况

浸木潭遗址位于荔城街木潭村老屋社木潭水库的东北角，山岗北邻雾岭 1 号山，东南与上凹山相邻，南与鸡斗山相邻，距沙陂坑涌 10 米，老屋村依山东坡坡底而建。调查时在山上发现清代墓葬碑文显示该山土名浸木潭，故名。

该山形体不大，面积约 69 000 平方米，海拔约 75 米，相对高度约 50 米。除北坡较陡峭外，余坡坡势较平缓，山顶较平坦。北坡荒置，种植较多竹子，其他区域以荔枝、橄榄为主，林内杂草不多，但枯叶遍地。

2. 采集遗物

采集遗物 12 件，计有陶器残片 10 件、石器 2 件。（图 2 - 9）多见于山岗东南坡，分布面积约 6800 平方米。

（1）陶器。采集陶片 10 片。陶质见泥质粗硬陶、夹粗砂软陶等；陶色多见青灰、灰黑、灰黄色，另有红褐、黄褐、灰色等；器表除 3 片素面外，其余器表饰篮纹、曲折纹、叶脉纹、长方格纹、绳纹

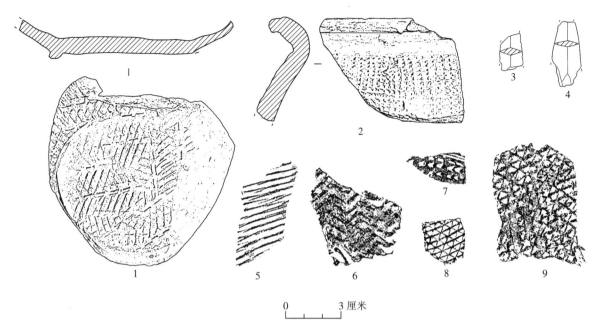

图 2 - 9　ZJLY - 19、21 采集遗物及陶片纹饰拓片

1. 陶罐圈足（ZJLY - 19：1G）　2. 陶罐口沿（ZJLY - 21：3G）　3、4. 石镞（ZJLY - 19：5G、ZJLY - 19：3G）　5. 篮纹（ZJLY - 19：11G）　6. 曲折纹（ZJLY - 19：7G）　7. 锯齿纹 + 弦纹（ZJLY - 21：16G）　8、9. 三角格纹（ZJLY - 21：8G、ZJLY - 21：4G）

等；可辨器形、部位有罐圈足。推断时代为新石器时代晚期至商代。

陶罐圈足　1 件。

ZJLY - 19：1G，泥质细硬陶，灰色；下腹斜收，底部近平，下附矮圈足略外撇，足底斜直，内缘着地；下腹及底部饰叶脉纹。残宽 11.5、高 2 厘米。（图 2 - 9，1；彩版一一八，1）

（2）石器。采集石镞 2 件。参考陶片特征推断时代为新石器时代晚期至商代。

石镞　2 件。

ZJLY - 19：3G，青灰色角岩，石质细腻，磨制光滑；柳叶形，两面中部起脊，横截面呈菱形，两面刃，镞尖、后铤残缺。宽 1.6、高 3.4、厚 0.34 厘米。（图 2 - 9，4）

ZJLY - 19：5G，青灰色角岩，石质细腻；残存为扁体长条状，两端残断，两面中部起脊，横截面呈菱形，两面刃。宽 1.3、高 2、厚 0.4 厘米。（图 2 - 9，3）

一四　ZJLY - 21 根竹山遗址

1. 遗址概况

根竹山遗址位于荔城街庆东村简村北侧山岗上，北邻护岭山，南邻简村后背山、路边山，西邻吓塘山，东邻省道 S256，距增江干流约 385 米。该山岗由三座东西向的小山岗组成，西部及中部的山岗土名高登山，东部小山岗发现一座道光年间墓葬，墓碑文所示为根竹山，故以根竹山遗址定名。这三座小山岗原连绵相接，因简村、巷口村扩建而将根竹山隔开。

山岗总面积约 97 000 平方米，海拔约 37.2 米，相对高度 22.2 米，坡度平缓。山岗多荒置，杂草、竹子、灌木丛生，局部种植荔枝树，果林内地表有较多枯叶和杂草。

2. 采集遗物

采集遗物16件，为陶瓷器残片。（见图2-9）多集中在高登山西南坡，分布面积仅600平方米。据遗物特征分析，可分为战国至南越国、唐宋、明清三个时期。

战国至南越国时期：采集陶片13片。多为泥质粗硬陶；陶色以灰色为主，另有灰褐、深灰、青灰色等；纹饰以方格纹、米字纹为主，另有锯齿纹加弦纹、刻划纹、三角格纹等，少量为素面；可辨器形、部位有罐口沿。

陶罐口沿　1件。

ZJLY-21:3G，泥质细硬陶，灰色，轮制；敞口，圆唇，唇面有一道凹槽，沿外卷，溜肩；肩部饰方格纹。残宽8、高5.5厘米。（图2-9，2）

唐宋时期：采集酱釉陶片1片。

明清时期：采集泥质素面硬陶片1片和青花瓷片1片。

一五　ZJLY-22 护岭山遗址

1. 遗址概况

护岭山遗址位于荔城街庆东村简村北一处独立的小山岗上。该山北邻长岗岭，南邻竹根山遗址，东北与水边村相邻，东距增江干流约460米。山脚西侧为乡间公路，修路时对该山西坡做了平整，南坡、东坡与周边水田呈断崖状相接。山岗发现一座清光绪年间墓葬，碑文显示该山土名护岭山，故名。

山岗形体较小，面积约29 000平方米，海拔约30.1米，相对高度约20.1米。东、西坡较陡，山顶较平坦，地形呈台阶状。山上以种植荔枝、乌榄为主，杂草不多，但枯叶遍地（彩版四七，1）。

2. 采集遗物

采集遗物193件，计有陶器残片185件、瓷器残片1件、石器7件。（图2-10；彩版八五，1）遗物遍布整座山岗，以西坡、南坡多见，部分梯田断壁上可见较多陶片，总分布范围约29 000平方米。（彩版三三，1）

（1）陶瓷器。采集陶片185片、瓷片1片。据遗物特征分析可分为新石器时代晚期至商代、西周至春秋、明清三个时期。

新石器时代晚期至商代：采集陶片133片。陶质以夹粗砂软陶为主，泥质粗硬陶次之，另有泥质细硬陶、泥质粗软陶、泥质细软陶、夹细砂硬陶等；陶色以灰白、青灰、灰黑色居多，另有红褐、红、灰褐、灰黄色等；多为素面，纹饰多见绳纹、篮纹、曲折纹及以上纹饰组合纹，另有方格纹、条纹、弦纹、附加堆纹、叶脉纹、席纹、长方格纹、指甲纹等；可辨器形、部位有罐口沿、罐圈足、釜口沿、豆口沿、豆圈足等。

陶罐口沿　1件。

ZJLY-22:29ZⅠ，夹粗砂软陶，胎黑灰色，器表为灰黄色；敛口，尖圆唇，腹部折收；素面。残宽7、高3.1厘米。（图2-10，3）

陶罐圈足　2件。

ZJLY-22:5ZⅠ，夹粗砂软陶，灰色；高圈足外撇，足底平直，外缘着地；素面。残宽4.8、高4

厘米。（图2-10，6）

ZJLY-22:96ZⅠ，夹粗砂软陶，黑灰色；高圈足外撇，足跟圆弧；素面。残宽11.2、高6.2厘米。（图2-10，5）

陶罐　1件。

ZJLY-22:79ZⅠ，夹粗砂软陶，黑灰色；子口微敛，圆角方唇，弧腹，矮圈足外撇（但无法与器身相接）；素面。复原口径24、高9厘米。（图2-10，1；彩版一一四，3）

陶豆口沿　1件。

ZJLY-22:90ZⅠ，泥质细硬陶，灰白色；直口微敞，圆唇，上腹较直，下腹折收，底残；素面。残宽10、高4.6厘米。（图2-10，2；彩版一一九，2）

陶豆圈足　1件。

ZJLY-22:44G，泥质细硬陶，灰白色；残存底部、高圈足外撇，足底外侈，外缘斜直折，内缘平直着地；素面。残宽7.3、高4.2厘米。（图2-10，7）

西周至春秋时期：采集陶片52片。以泥质粗硬陶为主，有少量夹细砂硬陶、泥质细硬陶等；陶色以青灰色为主，另有灰黑、红褐、灰、灰白、红、深灰色等；纹饰多见方格纹、夔纹，另有篦点纹加弦纹、戳印圆圈纹、方格纹加夔纹加弦纹、方格纹加夔纹、方格纹加篦点纹加弦纹、方格纹加弦纹、夔纹加篦点纹加弦纹、曲折纹、重菱格纹等；可辨器形、部位有瓮口沿、罐口沿、豆圈足等。

陶瓮口沿　1件。

ZJLY-22:16G，泥质细硬陶，黄褐色；大敞口、厚圆唇外卷，宽折沿，外沿下部饰方格纹。残宽7.2、高7.3厘米。（图2-10，4）

明清时期：采集1片圆瓷片。

（2）石器。采集石器7件，器形有锛、凿、环、砺石、镞等。参考遗址采集陶片的特征推断时代多为新石器时代晚期至商代。

砺石　2件。

ZJLY-22:62ZⅠ，灰褐色片岩，石质细腻；呈不规则长条形，打制成器，两面有磨面，其中一面磨砺呈凹面状。宽13.1、高5.9、厚2.4厘米。（图2-10，13）

ZJLY-22:112ZI，红褐色绢云母岩，石质细腻；呈不规则扁体长条形，打制成器，两面有磨面，其中一面磨砺呈凹面状，另一面被磨为两面斜屋脊状。宽13、高9、厚2厘米。（图2-10，12；彩版一二一，1）

石锛　1件。

ZJLY-22:47G，青灰色角岩，石质较细腻；呈扁体凸字形，顶部微弧，两肩斜直；单面直刃，刃部有崩疤。宽1.8、高2.2、厚0.25厘米。（图2-10，9）

石环　1件。

ZJLY-22:64ZⅠ，青灰色角岩，石质细腻，通体磨制光滑；圆环形，横截面呈方形，外侧面微凹。外径7、内径5.5、厚1.1厘米。（图2-10，11；彩版七五，1；彩版一二三，7）

石镞　1件。

ZJLY-22:51ZⅠ，青灰色角岩，石质细腻；仅存镞尖部分，近三角形，两面起脊；双面刃，横截

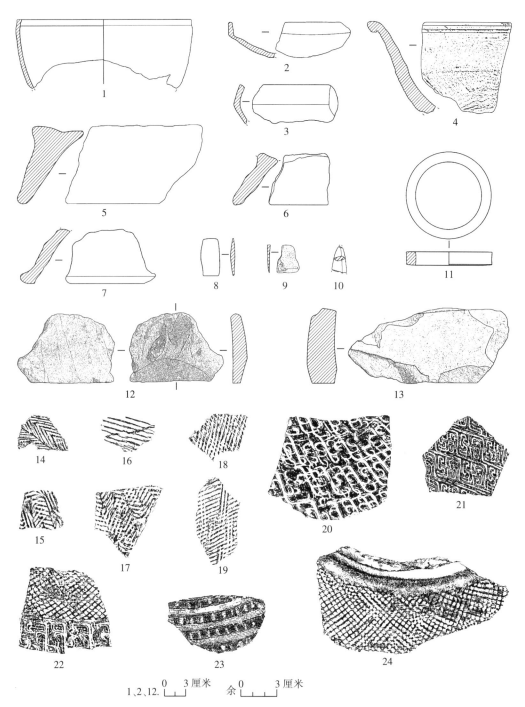

图 2 - 10   ZJLY - 22 采集遗物及陶片纹饰拓片

1. 陶罐（ZJLY - 22：79ZⅠ）   2. 陶豆口沿（ZJLY - 22：90ZⅠ）   3. 陶罐口沿（ZJLY - 22：29ZⅠ）   4. 陶瓮口沿（ZJLY - 22：16G）   5、6. 陶罐圈足（ZJLY - 22：96ZⅠ、ZJLY - 22：5ZⅠ）   7. 陶豆圈足（ZJLY - 22：44G）   8. 石凿（ZJLY - 22：27ZⅠ）   9. 石锛（ZJLY - 22：47G）   10. 石镞（ZJLY - 22：51ZⅠ）   11. 石环（ZJLY - 22：64ZⅠ）   12、13. 砺石（ZJLY - 22：112ZⅠ、ZJLY - 22：62ZⅠ）   14. 曲折纹（ZJLY - 22：24G）   15. 交错条纹 + 弦纹（ZJLY - 22：43G）   16. 篮纹（ZJLY - 22：10ZⅠ）   17. 曲折纹 + 叶脉纹（ZJLY - 22：65ZⅠ）   18、19. 交错绳纹（ZJLY - 22：12ZⅠ、ZJLY - 22：29G）   20、21. 夔纹（ZJLY - 22：67ZⅠ、ZJLY - 22：80ZⅠ）   22. 方格纹 + 夔纹 + 弦纹（ZJLY - 22：2ZⅠ）   23. 篦点纹 + 弦纹（ZJLY - 22：77ZⅠ）   24. 方格纹（ZJLY - 22：8ZⅠ）

面呈菱形。宽1.2、残高2.1、厚0.4厘米。（图2-10，10）

石凿　1件。

ZJLY-22：27ZⅠ，青灰色片岩，石质较细腻；器体较小，正面近方形，中部稍宽，顶部微上弧，两侧磨平微弧鼓；单面直刃，刃部有使用痕迹。宽1.5、高3、厚0.4厘米。（图2-10，8）

一六　ZJLY-26水边村遗址

1. 遗址概况

水边村遗址位于荔城街庆东村水边村东北山岗上，北邻刘屋光山，西与护岭山相对，东侧紧邻省道S256，距增江干流100米。该山名称未知，本报告以村名将该遗址定名为水边村遗址。

该山由两座小山岗相接而成，面积约36 000平方米，海拔约32.6米，相对高度12.6米。山岗坡脚因村庄扩建而部分被勾成断崖状，大部分山坡为荒置，植被茂盛，杂草、竹子丛生，可见度差。山顶为荔枝、乌榄果林，林内有杂草，枯叶遍地，可见度差。

2. 采集遗物

共采集遗物12件，其中陶器残片10件、石器2件。（图2-11）分布范围约3000平方米。（彩版三三，2）

（1）陶器。采集陶片10片。据遗物特征分析可分为新石器时代晚期至商代、西周至春秋、明清三个时期。

新石器时代晚期至商代：采集陶罐口沿1件。

陶罐口沿　1件。

ZJLY-26：2ZⅠ，夹细砂硬陶，灰色；侈口，方唇，唇面内凹，斜折沿，内沿面有凹弦痕，斜肩；肩部饰曲折纹，内沿面有八字形刻划符号。残宽8.7、高3.6厘米。（图2-11，3；彩版一一四，1、2）

西周至春秋时期：采集陶片8片。陶片多为泥质粗硬陶，另有泥质细硬陶和泥质细软陶；陶色以灰黑、青灰色为主，少量为灰褐、深灰色；纹饰见方格纹、方格纹加夔纹、方格纹加篦划纹、交错条纹、夔纹等；可辨器形、部位有瓮口沿。

陶瓮口沿　1件。

ZJLY-26：1ZⅠ，泥质细硬陶，深灰色；敞口，卷沿，斜方唇；沿外下部饰方格纹，内沿面饰篦划纹。残宽11.6、高5.8厘米。（图2-11，1；彩版一三三，1、2）

明清时期：采集刻划纹陶片1片。

（2）石器。采集砺石、石网坠各1件。时代特征不明，推测为新石器时代晚期至商代。

砺石　1件。

ZJLY-26：1G，青灰色砂岩，石质较粗糙；呈不规则扁体状，器表上侧面有六条平行分布的沟槽状磨痕。宽6.4、高8.5、厚1.8厘米。（图2-11，4）

石网坠　1件。

ZJLY-26：10ZⅠ，青灰色火山弹，石质较粗糙；近椭圆球状，器表为自然岩石面，一侧打击呈缺口状崩疤以利于系绳索。宽5、高7.3、厚3.6厘米。（图2-11，2；彩版一二五，1）

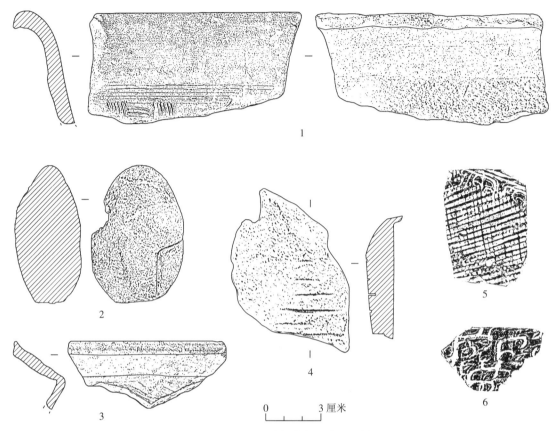

图 2 - 11   ZJLY - 26 采集遗物及陶片纹饰拓片

1. 陶瓮口沿（ZJLY - 26：1Z I ）   2. 石网坠（ZJLY - 26：10Z I ）   3. 陶罐口沿（ZJLY - 26：2Z I ）
4. 砺石（ZJLY - 26：1G）   5. 方格纹 + 夔纹（ZJLY - 26：6Z I ）   6. 夔纹（ZJLY - 26：7Z I ）

一七   ZJLY - 27 长岗岭遗址

1. 遗址概况

长岗岭遗址位于荔城街庆东村刘屋社西南山岗上，该山平面呈长椭圆形，北可望围岭山，东南与护岭山相对，东与刘屋光山、水边村相邻，东距增江干流约 470 米，北侧有乡间公路穿过，周边为低矮农田。当地村民称该山为长岗岭，故名。

长岗岭形体较小，面积约 18 000 平方米，海拔仅约 21.9 米，相对高度约 6.9 米，地势平缓，山顶平坦。山上种植荔枝、龙眼、乌榄等，杂草较多，枯叶遍地。（彩版四七，2）

2. 采集遗物

采集遗物 10 件，皆为陶器残片，分布范围约 5300 平方米。（见彩版三三，1）陶片多见泥质粗硬陶，还有少量泥质细软陶、夹粗砂软陶；陶色多见青灰、灰白色；纹饰多见绳纹、叶脉纹，另有篮纹、长方格纹、席纹等，素面较少。据遗物特征推断，时代为新石器时代晚期至商代。

一八   ZJLY - 28 刘屋光山遗址

1. 遗址概况

刘屋光山遗址位于荔城街庆东村刘屋村东北山岗上。该山北望较椅山，西北望围岭山，西与长岗

0 ┝━━━┿━━━┥ 3 厘米

图 2 - 12　ZJLY - 28 采集陶片纹饰拓片

1、2. 绳纹（ZJLY - 28∶7G、ZJLY - 28∶6G）　3. 梯格纹（ZJLY - 28∶5G）

4. 长方格纹（ZJLY - 28∶4Z I）　5. 菱格凸点纹（ZJLY - 28∶4G）

岭相对，南邻水边村，东邻省道 S256，东距增江干流约 230 米。因近刘屋村而得名。

山岗为增江西岸一独立小山岗，平面呈不规则圆形，面积约 29 000 平方米，海拔约 37 米，相对高度约 12 米。山顶平缓，山体西、南坡被部分破坏，东、北坡则因修建公路形成断崖，四周坡度均较陡峭。山上多荒置，杂草、灌木、竹子丛生。山顶以种植荔枝、乌榄为主、杂草不多，但枯叶遍地。

2. 采集遗物

采集遗物 15 件，皆为陶器残片。（图 2 - 12）集中于山顶位置，分布面积约 5930 平方米。（见彩版三三，2）据遗物特征分析可分为新石器时代晚期至商代、西周至春秋两个时期。

新石器时代晚期至商代：采集陶片 14 片。陶质以泥质粗硬陶为主，少见夹粗砂软陶和泥质细软陶；陶色以青灰色居多，另有灰黑、灰白色等；纹饰以绳纹居多，另有篮纹、曲折纹、梯格纹、条纹加叶脉纹、长方格纹等，少量为素面。

西周至春秋时期：仅采集 1 片陶片。泥质粗硬陶，青灰色，饰菱格凸点纹。

一九　ZJLY - 38 黎村遗址

1. 遗址概况

黎村遗址位于荔城街木潭村社铺村东南处山岗上。该山东南邻下黎村，西南邻田心村，南距沙陂坑涌约 150 米，周边为低矮农田。当地村民称之为黎村，故名。

该山形体较小，平面呈不规则形，面积约 18 000 平方米，海拔约 37 米，相对高度 12 米。西坡较陡，种植荔枝、乌榄等，地表杂草丛生无法调查。东北坡呈断崖状，种植有竹林。东坡及东南坡较为平缓，以种植荔枝为主，山上杂草较多，枯叶遍地，有较多现代山坟。山顶较平坦呈长条形，种植荔枝，地表枯叶较多。

2. 采集遗物

采集遗物 15 件，皆为陶器残片。主要分布于东南坡，山顶也有零星分布，面积约 3200 平方米。据遗物特征分析，可分为新石器时代晚期至商代、西周至春秋、战国至南越国三个时期。（图 2 - 13）

新石器时代晚期至商代：仅采集 1 片陶片。泥质粗硬陶，青灰色，饰篮纹。

西周至春秋时期：采集陶片 10 片。皆为泥质粗硬陶；陶色以青灰色为主，另有灰黑、灰褐、红褐

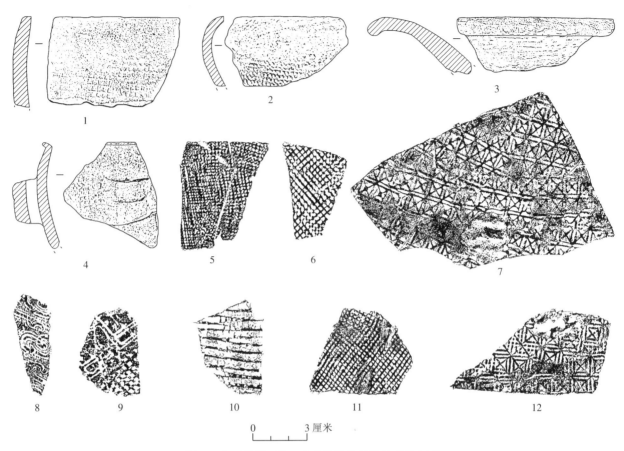

图 2-13　ZJLY-38、39 采集遗物及陶片纹饰拓片

1. 陶盂形鼎口沿（ZJLY-39:6YⅡ）　2. 陶钵口沿（ZJLY-39:13G）　3、4. 陶罐口沿（ZJLY-39:5G、ZJLY-39:23G）
5、6、10、11. 方格纹（ZJLY-38:2ZⅠ、ZJLY-38:1G、ZJLY-39:18G、ZJLY-39:1YⅡ）　7、12. 方格对角线纹
（ZJLY-39:2YⅡ、ZJLY-39:16YⅡ）　8. 夔纹（ZJLY-38:7YⅡ）　9. 方格纹+夔纹（ZJLY-38:3YⅡ）

色等；器表纹饰多见方格纹，另有方格纹加夔纹、方格纹加弦纹、夔纹、网格纹、云雷纹等。

战国至南越国时期：采集陶片 4 片。皆为泥质粗硬陶，陶色有青灰、灰黑、红褐色等，器表皆饰方格纹。

二〇　ZJLY-39 下黎村遗址

1. 遗址概况

下黎村遗址位于荔城街木潭村社铺村东南侧、乡道 Y354 东北的山岗上。该山北望钟岭，与路东侧荡山相望，西邻黎村遗址，东距沙陂坑涌约 200 米。山上一座清光绪年间墓葬的碑文显示本山土名下黎村，故名。

山岗平面呈圆形，形体较小，面积约 8000 平方米，海拔约 26.5 米，相对高度 1.5 米。山势低矮平缓，呈台地形。山上种植荔枝，较稀疏，地表分布有清代、民国及几座现代墓，杂草较多，枯叶遍地。

2. 采集遗物

采集遗物 45 件，皆为陶器残片。多分布于山顶附近，面积约 3600 平方米。据遗物特征分析，可

分为战国至南越国、唐宋两个时期。（见图2-13）

战国至南越国时期：采集陶片44片。陶质以泥质粗硬陶为主，有少量泥质细硬陶、夹粗砂软陶；陶色以灰褐色为主，青灰色次之，另有红褐、灰白、青灰色等；纹饰多见方格纹，另有方格对角线纹、米字纹等；可辨器形、部位有鼎、罐、钵的口沿等。

陶罐口沿　2件。

ZJLY-39:5G，泥质粗硬陶，黑灰色；大敞口，卷沿，圆唇，下部残缺；外沿饰方格纹。残宽8.5、高3.0厘米。（图2-13，3）

ZJLY-39:23G，泥质细硬陶，深灰色，器表有黑褐色釉；敛口，方唇，短沿外折，上腹外弧，附一横向贯耳，下腹残缺；饰方格纹。残宽5.2、高5.6厘米。（图2-13，4；彩版一三七，1）

盂形鼎口沿　1件。

ZJLY-39:6YⅡ，泥质粗硬陶，青灰色；敛口，平方唇，微弧腹近直，下部残缺；腹部饰方格纹。残宽7.2、高4.6厘米。（图2-13，1）

陶钵口沿　1件。

ZJLY-39:13G，泥质细硬陶，深灰色；敛口，直方唇，弧鼓腹，下部残缺；腹部饰方格纹。残宽6.8、高3.7厘米。（图2-13，2）

唐宋时期：采集1片泥质灰陶罐口沿。

二一　ZJLY-41龙角山遗址

1. 遗址概况

龙角山遗址位于荔城街棠厦村钟岭社南、龙角村北部山岗上。该山西邻乡道Y354，与路西侧钟岭相望，北邻钟岭背扶山，南邻荡山，东邻庙山，距沙陂坑涌约10米。该山隶属于龙角村，当地村民称之为龙角山，故名。

山岗平面呈不规则形，面积约36 000平方米，海拔约27米，相对高度约7米。山势平缓低矮，山顶较为平坦，呈台地形。山上以种植荔枝为主，大部分区域杂草较少，但枯叶遍地。（彩版四八，1）

2. 采集遗物

地表采集遗物66件，计有陶器残片65件、原始瓷片1件。（图2-14；彩版八五，2）多集中于山顶平台，另外在山坡周边也有分布，面积约14 000平方米。（彩版三四，1）据遗物特征分析，可分为新石器时代晚期至商代、战国至南越国、明清三个时期。

新石器时代晚期至商代：采集陶片10片。陶质以泥质粗硬陶为主，夹粗砂软陶仅1片；陶色多见灰白、灰色，少量为红褐色；纹饰有篮纹、曲折纹、绳纹、叶脉纹、长方格纹等，素面仅1片。

战国至南越国时期：采集原始瓷钵口沿1件，另陶片53片。陶片以泥质粗硬陶为主，少量为夹粗砂软陶、泥质细软陶、泥质细硬陶；陶色多为灰色，还有红褐、灰白、灰褐、青灰、深灰色等；纹饰以米字纹、方格纹为主，另有方格对角线纹、水波纹加弦纹、云雷纹等，少量为素面；可辨器形、部位有鼎口沿（部）、罐口沿、杯等。

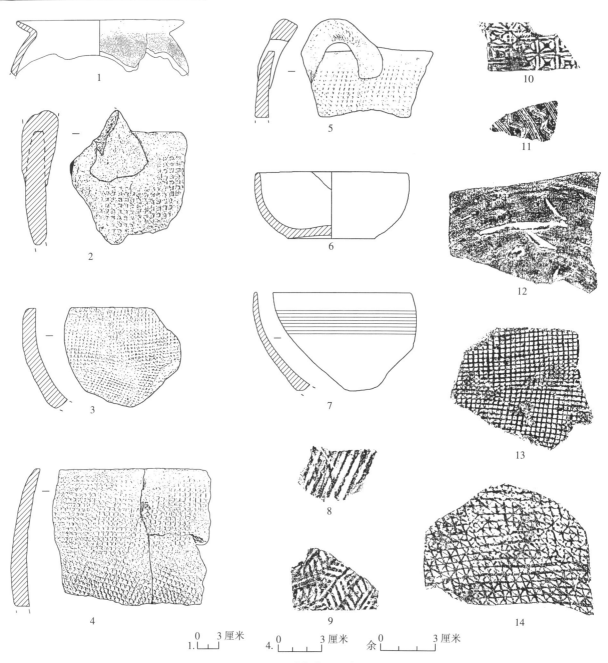

图 2 - 14　ZJLY - 41 采集陶器及陶片纹饰拓片

1. 陶罐口沿（ZJLY - 41：5Z Ⅰ）　　2 ~ 5. 陶盂形鼎口沿（部）（ZJLY - 41：2G、ZJLY - 41：9G、ZJLY - 41：11G、ZJLY - 41：2Z Ⅰ）
6. 陶杯（ZJLY - 41：18Z Ⅰ）　　7. 原始瓷钵口沿（ZJLY - 41：32G）　　8. 篮纹（ZJLY - 41：19Z Ⅰ）　　9. 叶脉纹（ZJLY - 41：10Z Ⅰ）
10. 方格对角线纹（ZJLY - 41：11Z Ⅰ）　　11. 水波纹 + 弦纹（ZJLY - 41：7G）　　12. 刻划符号（ZJLY - 41：19G）
13. 方格纹（ZJLY - 41：23G）　　14. 米字纹（ZJLY - 41：26G）

陶盂形鼎口沿（部）　4 件。

ZJLY - 41：2Z Ⅰ，泥质粗硬陶，灰色；敛口，平方唇，微弧腹近直，下部残缺，口部残存 1 个半环形竖耳；腹部饰方格纹。残宽 7、高 5.2 厘米。（图 2 - 14，5；彩版七九，1；彩版一四五，6）

ZJLY - 41：2G，夹细砂硬陶，青灰色；敛口，平方唇，微弧腹近直，下部残缺，口部残存 1 个半环形竖耳；腹部饰方格纹。残宽 6.4、高 7.1 厘米。（图 2 - 14，2；彩版一四五，5）

ZJLY－41：9G，泥质细硬陶，青灰色；敛口，平方唇，微弧腹近直，下部弧收残缺；腹部饰方格纹。残宽 6.4、高 5.3 厘米。（图 2－14，3；彩版一四五，7）

ZJLY－41：11G，泥质粗硬陶，灰褐色；敛口，平方唇，微弧腹，下部残缺；腹部饰方格纹。残宽 10.8、高 9 厘米。（图 2－14，4；彩版一四五，8）

陶罐口沿　1 件。

ZJLY－41：5ZⅠ，泥质粗硬陶，灰褐色；侈口，短斜折沿，斜方唇，斜肩，弧腹向下内收，下部残缺；腹部饰方格纹。复原口径 23、残高 7.4 厘米。（图 2－14，1；彩版一三七，2）

原始瓷钵口沿　1 件。

ZJLY－41：32G，胎灰白色，较细腻，器表施青黄釉，但脱落殆尽；直口，圆唇，上腹微弧，下腹弧收；上腹部饰多道凹弦纹。残宽 7.7、高 5.2 厘米。（图 2－14，7）

陶杯　1 件。

ZJLY－41：18ZⅠ，泥质细硬陶，灰色；直口，圆唇，上腹近直，下弧腹内收，底部内凹；素面。复原口径 8.2、底径 4.7、高 3.6 厘米。（图 2－14，6；彩版一四二，5）

明清时期：仅采集 2 片泥质粗硬陶片。

二二　ZJLY－42 庙岭遗址

1. 遗址概况

庙岭遗址位于荔城街龙角村北侧，北邻狗眠岭，东南邻蔗牯岭，西邻龙角山，沙陂坑涌于山岗西侧约 30 米流经，周边为低矮农田。因山下有一座庙，当地村民称该山为庙岭，故名。

庙岭山平面呈椭圆形，面积约 20 000 平方米，海拔约 32 米，相对高度约 12 米。东坡平缓，其余坡脚均与周边水田呈断崖状相接。山上以种植荔枝、乌榄等果树为主，地表杂草丛生，枯叶遍地。

2. 采集遗物

地表采集遗物 10 件，皆为陶器残片。（图 2－15）多见于东坡及东坡近山顶处，分布面积约 4700 平方米。（彩版三四，2）据遗物特征分析，可分为新石器时代晚期至商代、西周至春秋、战国至南越国三个时期。

新石器时代晚期至商代：采集陶片 4 片。多为夹粗砂软陶，1 片为泥质粗硬陶。陶色以红褐色为主，另有红、灰色等，纹饰可见方格纹、曲折纹、叶脉纹。

西周至春秋时期：采集陶片 4 片。以泥质粗硬陶为主，陶色多见灰色，纹饰有方格纹、重菱格纹、夔纹。

战国至南越国时期：采集陶片 2 片。皆为泥质粗硬陶，1 片为米字纹，1 片为素面。

二三　ZJLY－43 狗眠岭遗址

1. 遗址概况

狗眠岭遗址位于荔城街钟岭村东部，涩冚村西部，北邻元岑，东邻涩冚后龙山，南邻庙山，西邻

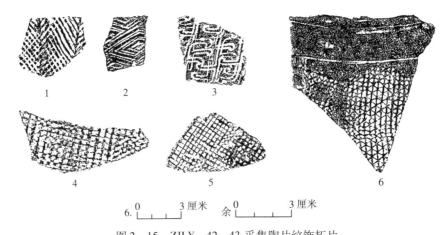

　0　　　　　3厘米　　余　0　　　　　3厘米

图 2-15　ZJLY-42、43 采集陶片纹饰拓片

1. 叶脉纹（ZJLY-42:1ZⅠ）　　2. 重菱格纹（ZJLY-42:4G）　　3. 夔纹（ZJLY-42:6G）

4、5. 方格纹（ZJLY-42:8G、ZJLY-43:12G）　　6. 三角格纹（ZJLY-43:16G）

钟岭背扶山，西距沙陂坑涌约 3 米。当地村民称该山为狗眠岭，故名。

狗眠岭平面呈长椭圆形，形体较小，面积约 20 000 平方米，海拔约 24.7 米，相对高度约 4.7 米。山体呈台地状，东坡平缓，余坡与周边水田呈断崖状相接。山上以种植荔枝为主，南部山顶、西坡种植有少量桉树、竹子。南部、东坡杂草较少，但枯叶遍地，其他区域皆杂草丛生（彩版四八，2）。

2. 采集遗物

在东坡、南部采集遗物 20 件，皆为陶器残片。（见图 2-15）分布面积约 3000 平方米。（见彩版三四，2）据遗物特征分析，可分为战国至南越国、唐宋两个时期。

战国至南越国时期：采集陶片 19 片。多为泥质粗硬陶；灰色居多，另有红褐、灰褐、深灰色；纹饰有方格纹、米字纹、三角格纹、弦纹等；可辨器形、部位有罐口沿、罐底等。

唐宋时期：采集泥质素面陶 1 片。

二四　ZJLY-44 元岑遗址

1. 遗址概况

元岑遗址位于荔城街横栋岭村南侧，北邻乡道 328、横栋岭，西邻钟岭背扶山，南邻狗眠岭，东邻庙前八角山，沙陂坑涌流经山岗西侧，周边为低矮农田。调查时在山岗上发现了一座清代墓葬，碑文显示本山土名元岑，故名。

山岗平面近圆形，面积约 21 000 平方米，海拔约 31.2 米，相对高度约 11.2 米。山顶漫鼓，坡脚与周围水田呈断崖状相接。山上遍植荔枝树，地表杂草丛生，枯叶遍地。（彩版四九，1）

2. 采集遗物

在山顶及山坡中部采集遗物 38 件，计有陶器残片 36 件、石器 2 件。（图 2-16）分布面积约 9000 平方米。（彩版三五，1）

（1）陶器。采集陶片 36 片。据遗物特征分析可分为新石器时代晚期至商代、西周至春秋、战国至南越国三个时期。

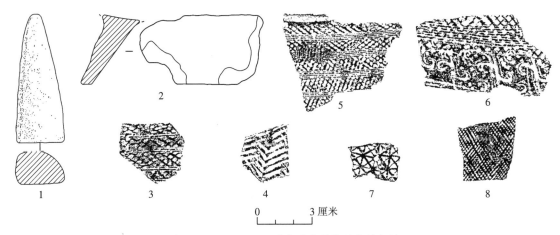

图 2 - 16 ZJLY - 44 采集遗物及陶片纹饰拓片

1. 石器（ZJLY - 44∶26G）　2. 陶罐圈足（ZJLY - 44∶2ZⅠ）　3、5. 方格纹 + 弦纹（ZJLY - 44∶18G、ZJLY - 44∶14G）　4. 曲折纹（ZJLY - 44∶15G）　6. 方格纹 + 夔纹 + 弦纹（ZJLY - 44∶6G）　7. 米字纹（ZJLY - 44∶7ZⅠ）　8. 方格纹（ZJLY - 44∶4G）

新石器时代晚期至商代：采集陶片 20 片。陶质以夹粗砂软陶为主，另有泥质粗硬陶、泥质细软陶等；陶色以灰黑色为主，另有红褐、灰白、灰褐、红、灰色等；多为素面，纹饰有曲折纹、附加堆纹；可辨器形、部位有罐圈足、釜口沿、釜肩部等。

陶罐圈足　1 件。

ZJLY - 44∶2ZⅠ，夹粗砂软陶，灰褐色；圈足较高，外侈近喇叭状，足底平直；素面。残宽 6.7、高 3.6 厘米。（图 2 - 16，2）

西周至春秋时期：采集陶片 13 片。陶质多泥质粗硬陶，陶色以灰色为主，纹饰见方格纹、方格纹加夔纹加弦纹、方格纹加弦纹、细方格纹、弦纹等，可辨器形、部位有罐口沿、罐底等。

战国至南越国时期：采集陶片 3 片。皆为泥质粗硬陶，陶色有红、灰、青灰色，纹饰见方格纹、米字纹，可辨器形、部位有罐口沿。

（2）石器。2 件，1 件为砺石，另 1 件器形不明。参考遗址采集陶片的特征推断时代为新石器时代晚期至商代。

石器　1 件。

ZJLY - 44∶26G，青灰色角岩；整体近锥状，底面平直，一侧面近平，另外三侧面呈外弧状。宽 2.5、高 6.7、厚 1.7 厘米。（图 2 - 16，1）

二五　ZJLY - 45 庙前八角山遗址

1. 遗址概况

庙前八角山遗址位于荔城街涩岗村北侧一座圆形山岗上，其东紧接马岭，南接涩岗后龙山，西邻元岑北距沙陂坑涌约 170 米。在山西坡发现一座民国时期墓葬，碑文显示该山土名庙前八角山，故名。

八角山实为马岭山西北延伸部分，面积约 38 000 平方米，海拔约 52 米，相对高度约 27 米。山岗地势较陡，碎石较多，杂树、杂草、灌木丛生，部分区域有较多竹子，仅山顶局部区域及北坡东部局部区域有荔枝，林内杂草不多，但枯叶遍地。

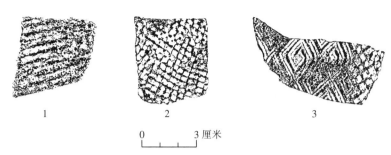

图 2 – 17　ZJLY – 45 采集陶片纹饰拓片

1. 绳纹（ZJLY – 45∶1G）　2. 方格纹（ZJLY – 45∶3G）　3. 方格纹 + 勾连云雷纹（ZJLY – 45∶7G）

2. 采集遗物

在近山顶处荔枝林内采集遗物 8 件，皆为陶器残片，分布面积约 4100 平方米。（图 2 – 17）陶质可见泥质粗硬陶、夹粗砂软陶；陶色以灰褐色为主，少量为黄褐色；器表纹饰有方格纹、方格纹加勾连云雷纹、勾连云雷纹、绳纹等。据遗物特征推断，时代为西周至春秋时期。

二六　ZJLY – 46 涩冚后龙山遗址

1. 遗址概况

涩冚后龙山遗址位于荔城街涩冚村后，北邻庙前八角山，为马岭南侧一处小山岗，西侧坡脚下为涩冚村，西距沙陂坑涌约 470 米。当地村民称之为后龙山，因此以涩冚后龙山遗址定名。

后龙山面积约 51 000 平方米，海拔约 62.8 米，相对高度约 37.8 米。西坡较平缓，以种植荔枝、橘子等为主，坡中部稍陡峭，杂草、灌木丛生，难以调查。（彩版四九，2）

2. 采集遗物

在西坡坡脚采集遗物 23 件，皆为陶器残片。（图 2 – 18；彩版八六，1）分布范围约 6800 平方米。据遗物特征分析，可分为战国至南越国、唐宋、明清三个时期。

战国至南越国时期：采集陶片 20 片。陶质多为泥质粗硬陶，有少量泥质细硬陶和泥质细软陶；陶色有灰褐、灰、灰黄、青灰、灰黑、深灰色等；纹饰以方格纹、米字纹、三角格纹为主，少量为水波纹、弦纹；可辨器形、部位有盂、瓮、罐的口沿及瓮底、器盖等。

陶器盖　2 件。

ZJLY – 46∶11G，夹细砂硬陶，灰色；近直口，圆唇，直壁，壁面凹弧，漫弧顶，纽残缺；素面。残宽 9、高 3 厘米。（图 2 – 18，4）

ZJLY – 46∶16G，泥质粗硬陶，灰褐色；直口微敞，方圆唇，短斜壁，漫弧顶，纽残缺；顶部饰数周凹弦纹。残宽 9、高 2 厘米（图 2 – 18，5）。

陶盂口沿　1 件。

ZJLY – 46∶4G，泥质细硬陶，青灰色；小口，短折沿，圆唇，弧鼓腹，下部残缺；腹部饰弦纹、水波纹。残宽 5.4、高 4.4 厘米。（图 2 – 18，3；彩版一四五，1）

陶瓮口沿　1 件。

ZJLY – 46∶7G，泥质细硬陶，灰色；直口，短直领微束，卷沿，斜肩，下部残缺；领及肩部饰方

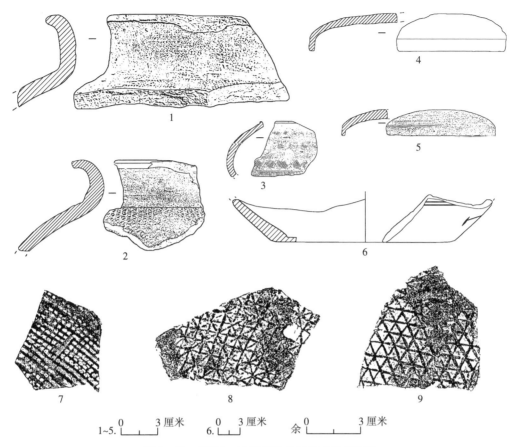

图 2 – 18 ZJLY – 46 采集遗物及陶片纹饰拓片

1. 陶瓮口沿（ZJLY – 46：7G） 2. 陶罐口沿（ZJLY – 46：13G） 3. 陶盂口沿（ZJLY – 46：4G） 4、5. 陶器盖
（ZJLY – 46：11G、ZJLY – 46：16G） 6. 陶瓮底（ZJLY – 46：15G） 7. 方格纹（ZJLY – 46：14G） 8. 米字纹
（ZJLY – 46：5G） 9. 三角格纹（ZJLY – 46：12G）

格纹，器表有黑褐色陶衣。残宽17.4、高7.4厘米。（图2 – 18，1；彩版一四四，8）

陶瓮底　1件。

ZJLY – 46：15G，泥质细硬陶，灰褐色；上部残缺，下腹斜直内收，平底；素面，器表有灰褐色陶
衣，有刻划符号。复原底径24、残高6.3厘米。（图2 – 18，6）

陶罐口沿　1件。

ZJLY – 46：13G，泥质粗硬陶，灰褐色；口较小，斜方唇，沿外卷，束领，弧肩；肩部饰三角格
纹，器表有黑色陶衣。残宽8.3、高7.2厘米。（图2 – 18，2；彩版一三七，3）

唐宋时期：采集2片泥质粗硬陶片。灰黑色，素面。

明清时期：仅见1片灰白陶片。

二七　ZJLY – 50 马岭 2 号山遗址

1. 遗址概况

马岭2号山遗址位于荔城街棠厦村南部，西邻庙前八角山，西南邻涩岜后龙山，东邻覆船山，南
邻马岭1号山，北为较宽阔的农田，距沙陂坑涌约340米。为与调查网格47所在的马岭南侧山岗"马

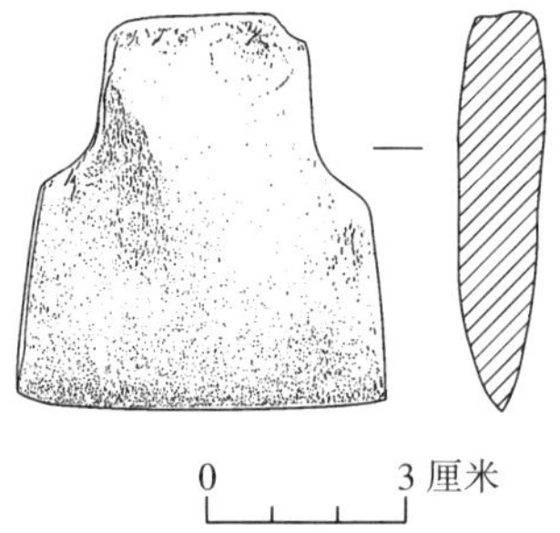

图 2 - 19　ZJLY - 50 采集双肩石锛（ZJLY - 50：1Z Ⅰ）

岭 1 号山"区分，本报告将该遗址定名为马岭 2 号山遗址。

山岗实为马岭山的北侧延伸山体，体形较大，为东西向长条形。面积约 183 000 平方米，海拔约 93 米，相对高度约 78 米，坡度稍陡。西坡、北坡、东坡以种植荔枝为主，另有零星龙眼、菠萝等。林内杂草、灌木丛生，枯叶遍地。山顶及近山顶处未经开荒，杂草、灌木丛生，局部有桉树、松树等，无法调查。

2. 采集遗物

（1）陶器。在北坡山腰处采集战国至南越国时期方格纹陶片 1 片。

（2）石器。在东南坡采集双肩石锛 1 件。时代为新石器时代晚期至商代。

双肩石锛　1 件。

ZJLY - 50：1Z Ⅰ，橙黄色凝灰岩，石质细腻，磨制光滑；呈扁体凸字形，顶部斜直略凹，双肩斜弧，锛体上窄下宽；单面弧刃，刃部有崩疤。宽 5.6、高 5.7、厚 1.3 厘米。（图 2 - 19；彩版一二三，1）

二八　ZJLY - 51 赤岭遗址

1. 遗址概况

赤岭遗址位于荔城街庆东村曾村西北侧山岗上。山岗北侧为水田菜地，西接马岭 2 号山，西南与围岭相邻，东邻吓塘山，北距沙陂坑涌约 325 米。该山由北侧覆船山、东北侧赤岭及东南侧爪岭三座山岗组成，面积约 224 000 平方米，山岗北坡发现的民国时期墓葬碑文标注该山土名赤岭，故名。

覆船山平面呈不规则四瓣花瓣状，海拔约 63.5 米，坡度平缓，顶部平坦。除顶部及东坡部分区域种植荔枝外，其他大部分区域为荒山，植被茂盛，杂草、灌木、竹子丛生，无法行进踏查。赤岭位于覆船山东侧，是一座椭圆形小山岗，海拔约 32 米。山势低矮平缓，山脚处均荒置，杂草、竹子丛生，山腰至山顶均为荔枝林，林内除局部区域杂草较多外，大部分区域杂草较少，但枯叶遍地。爪岭是一座较矮的平台，海拔仅 16.6 米，与覆船山南部岗前台地相接。该区域内种植荔枝，但多疏于管理，林内杂草丛生，枯叶遍地。

2. 采集遗物

采集遗物 130 件，皆为陶器残片。（图 2 - 20；彩版八六，2）主要分布于覆船山西侧荒置的桉树

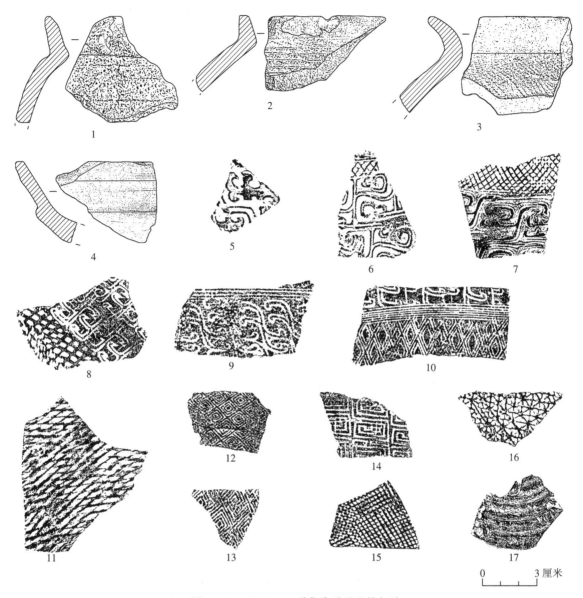

图 2 – 20　ZJLY – 51 采集陶片及纹饰拓片

1 ~ 3. 陶罐口沿（ZJLY – 51：23Z Ⅰ、ZJLY – 51：19Z Ⅰ、ZJLY – 51：98Y Ⅱ）　4. 陶豆口沿（ZJLY – 51：24Z Ⅰ）　5. 夔纹（ZJLY – 51：20Z Ⅰ）　6 ~ 8. 夔纹 + 方格纹（ZJLY – 51：40G、ZJLY – 51：22G、ZJLY – 51：6G）　9. 夔纹 + 弦纹（ZJLY – 51：87G）　10. 夔纹 + 菱格凸块纹 + 弦纹（ZJLY – 51：21Z Ⅰ）　11. 菱格纹（ZJLY – 51：78G）　12. 重菱格凸点纹（ZJLY – 51：48G）　13、14. 云雷纹（ZJLY – 51：64G、ZJLY – 51：49G）　15. 方格纹（ZJLY – 51：28G）　16. 米字纹（ZJLY – 51：27Z Ⅰ）　17. 水波纹 + 弦纹（ZJLY – 51：29Z Ⅰ）

林内，另有少许采集于赤岭近山顶位置及爪岭地表，分布面积约 83300 平方米。（彩版三五，2）据遗物特征分析，可分为新石器时代晚期至商代、西周至春秋、战国至南越国三个时期。

新石器时代晚期至商代：采集陶片 2 片。1 片为泥质粗硬陶，饰长方格纹；1 片为夹粗砂软陶，素面。

西周至春秋时期：采集陶片 120 片。绝大多数为泥质粗硬陶，少量为泥质细硬陶、泥质粗软陶、夹细砂硬陶；陶色以深灰色为主，灰褐、灰色次之，此外还见红褐、灰黑、青灰色等；素面约 10 片，纹饰多见方格纹、夔纹，此外还见篦点纹、菱格纹、菱格凸点（块）纹、弦纹、绳纹、网格纹、云雷纹、条纹等；可辨器形、部位多为罐口沿，另有器耳、豆口沿等。

陶罐口沿　2件。

ZJLY－51：19Z Ⅰ，泥质粗硬陶，灰褐色；敛口，短直沿，平方唇，斜壁微弧；肩部饰篦点纹、弦纹。残宽6.5、高4厘米。（图2－20，2）

ZJLY－51：23Z Ⅰ，泥质粗硬陶，灰褐色；侈口，斜折沿，尖圆唇，溜肩，下腹残缺；肩部饰篦点纹、凹弦纹。残宽6.1、高5.6厘米。（图2－20，1）

陶豆口沿　1件。

ZJLY－51：24Z Ⅰ，泥质细硬陶，青灰色；敞口，方圆唇，斜曲腹向下内收，底部残缺；素面。残宽5.4、高4.3厘米。（图2－20，4）

战国至南越国时期：采集陶片8片。泥质粗硬陶为主，少量为泥质细硬陶；陶色较杂，有灰黑、灰、深灰、黄河、灰褐色等；纹饰有方格纹、米字纹、水波纹加弦纹；可辨器形、部位有罐口沿。

陶罐口沿　1件。

ZJLY－51：98Y Ⅱ，泥质粗硬陶，灰褐色；侈口，圆唇，沿微卷，斜肩，下腹残缺；肩部饰方格纹，器表可见黑褐色陶衣，近釉效果。残宽5.2、高6.1厘米。（图2－20，3）

二九　ZJLY－52 心连山遗址

1. 遗址概况

心连山遗址位于荔城街庆东村曾屋社西侧山岗上。该山北邻赤岭，北距沙陂坑涌约900米，南邻南木岭，西接马岭1号山，东为地势低平的农田，与曾村、简村后背山相望。当地村民称其为心连山，故名。

心连山为马岭东侧延伸部分，呈不规则近椭圆形，面积约91 000平方米，海拔约47.2米，相对高度约32.2米，坡度平缓，北、东、南三面均被灌溉水渠环绕。山上遍植荔枝、龙眼、乌榄等果树，局部有竹林、桉树等，果林内大部分区域杂草、灌木丛生。

2. 采集遗物

采集遗物3件，皆为陶器残片，见于山岗东北坡，分布范围约300平方米。据遗物特征分析可分为战国至南越国、唐宋两个时期。

战国至南越国时期：采集2片泥质灰陶片，饰方格纹、条纹。

唐宋时期：采集1片黑釉陶片。

三○　ZJLY－56 谢尾庙岭遗址

1. 遗址概况

谢尾庙岭遗址位于荔城街龙角村谢尾社东侧山岗上，西邻马脚兜山，北接山塘、大峝山，东邻黄门山，大岭咀后龙山，南为宽阔的农田、水田，西北距沙陂坑涌约960米。因早年山上有座古庙，故名庙岭，在此以谢尾庙岭遗址定名。

山岗形体较大，由庙岭、竹绳顶、蛇尾山几个山岗连绵相接，平面呈长条形，南北向，面积约

图 2-21　ZJLY-56 采集陶片纹饰拓片
1、2. 方格纹（ZJLY-56:11YⅢ、ZJLY-56:1ZⅠ）　3. 重菱格纹（ZJLY-56:2ZⅠ）

270 000 平方米，海拔约 61 米，相对高度约 46 米。山势整体较平缓。庙岭位于调查网格南部，山上以种植荔枝为主，另有乌榄、龙眼、竹子等，林内杂草丛生，枯叶遍地。蛇尾山位于庙岭东部，山上大部分区域未经开荒，局部种植荔枝，杂草、灌木丛生，枯叶遍地。竹绳顶位于调查网格西部，平面不规则，山势稍陡，山上虽种植有荔枝，但整个山岗处于荒置状态，杂草灌木丛生，无法调查。

2. 采集遗物

采集遗物 16 件，计有陶器残片 8 件、瓷器残片 8 件。遗物主要分布于近山顶处、东坡台地等处，分布面积约 37 000 平方米。据遗物特征分析，可分为西周至春秋、唐宋两个时期。

西周至春秋时期：采集陶片 6 片。泥质粗硬陶为主，陶色见青灰、红褐色等，纹饰有方格纹、重菱格纹、弦纹，可辨器物部位有器盖。（图 2-21）

唐宋时期：采集陶片 2 片，泥质粗硬陶，素面；瓷片 8 片，皆为青釉瓷碗残片，可见碗口沿或圈足底。

三一　ZJLY-57 山塘遗址

1. 遗址概况

山塘遗址位于荔城街龙角村谢尾社北部山岗上，西北邻蔗牯岭，东北邻圆头岭，东邻大峃山，南邻竹绳顶、蛇尾山、庙岭，西南与龙角村后龙山相对，西距沙陂坑涌约 730 米。当地村民称该山为山塘，故名。

山塘平面呈不规则椭圆形，其北侧、东侧、南侧均与其他山岗连绵相接，无明显分界。总面积约 80 000 平方米，海拔约 56 米，相对高度约 31 米。山上种植荔枝、乌榄等果树。除东坡杂草较少可供调查外，其余区域及顶部均生长较茂密的竹子，杂草灌木丛生，无法调查。

2. 采集遗物

仅采集 1 件青釉瓷碗口沿残片，年代属明清时期。

三二　ZJLY-58 蔗牯岭遗址

1. 遗址概况

蔗牯岭遗址位于荔城街龙角村东北部山岗上，其北邻庙山、狗眠岭，东北邻湴岅后龙山、马岭，东邻圆头岭，东南邻山塘，南邻龙角村后龙山，西距沙陂坑涌约350米。当地村民称该山为蔗牯岭，故名。

山岗平面近椭圆形，面积约100 000平方米，海拔约60.2米，相对高度约40.2米，南坡较平缓，北坡稍陡。山脚处种植荔枝、乌榄等果树，林内杂草、灌木丛生，地表枯叶遍地。山腰至山顶完全荒置，杂草、灌木丛生，顶部种有一些桉树，无法调查。

2. 采集遗物

采集遗物39件，皆为陶器残片。主要发现于北侧山脚处，面积约10 800平方米。以泥质粗硬陶为主，夹细砂硬陶次之，另有少量夹细砂软陶、泥质粗软陶、泥质细硬陶；陶色多见灰黑、红褐、青灰色，少量为红、灰、深灰、灰白色等；纹饰多见方格纹、米字纹、三角格纹，有少量素面、弦纹；可辨器形、部位有器盖、鼎足。据遗物特征推断时代为战国至南越国时期。（图2-22）

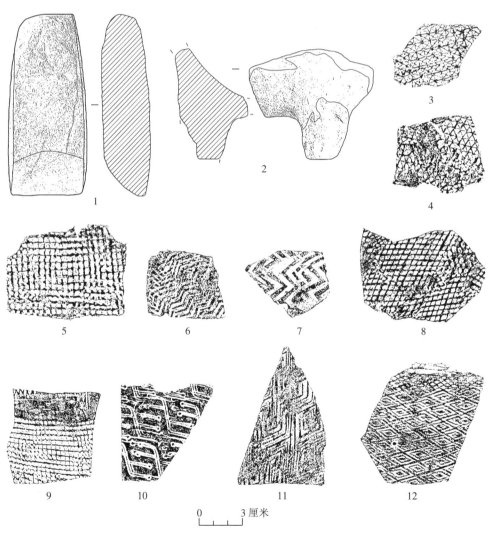

图2-22　ZJLY-58、60采集遗物及陶片纹饰拓片

1. 石锛（ZJLY-60：15Z Ⅰ）　　2. 陶鼎足（ZJLY-58：3Z Ⅰ）　　3. 米字纹（ZJLY-58：15Z Ⅰ）　　4. 三角格纹（ZJLY-58：22Z Ⅰ）

5、8、9. 方格纹（ZJLY-58：24Z Ⅰ、ZJLY-60：20Z Ⅰ、ZJLY-60：18Z Ⅰ）　　6、7. 曲折纹（ZJLY-60：27Z Ⅰ、ZJLY-60：36Z Ⅰ）

10. 夔纹（ZJLY-60：3Z Ⅰ）　　11. 勾连云雷纹（ZJLY-60：53Z Ⅰ）　　12. 方格纹+菱格凸点纹（ZJLY-60：59Z Ⅰ）

陶鼎足 1件。

ZJLY-58：3ZⅠ，泥质粗硬陶，红褐色；残存圜底接一圆柱状足，足大部分残断；素面。残宽8.4、高7.3厘米。（图2-22，2；彩版一四六，2）

三三 ZJLY-60潭头山遗址

1. 遗址概况

潭头山遗址位于荔城街龙角村西侧山岗、乡道Y354与龙角路交叉口，其北邻荡山，西邻下黎村，西南与马脚兜相接，东邻龙角村后龙山，山岗西北侧山脚有沙陂坑涌流经。当地村民称其为潭头山，故名。

潭头山由两座小山岗组成，呈马鞍状，面积约28 000平方米，海拔约49米，相对高度约24米，除北坡稍平缓外，其余各坡皆较陡峭，山顶近平。整座山岗种植荔枝，坡脚有少许乌榄、竹子等，地表杂草丛生，另有较多枯叶。（彩版五〇，1）

2. 采集遗物

采集遗物63件，其中石器1件，其余皆为陶器残片。（见图2-22；彩版八七，1）集中分布于东侧山顶及近山顶处，另在西侧山岗近顶处亦发现遗物，分布面积约3800平方米。

（1）陶器。采集陶片62片。据遗物特征分析，可分为新石器时代晚期至商代、西周至春秋两个时期。

新石器时代晚期至商代：采集陶片12片。陶质多为夹粗砂软陶；陶色以灰、灰白、灰黑色为主；多为素面，纹饰可见绳纹，部分纹饰不清；可辨器形、部位以釜形器的口沿为主。

西周至春秋时期：采集陶片50片。多见泥质粗硬陶和泥质细硬陶，有少量夹细砂陶；陶色以红褐色为主，灰黑、深灰、灰褐色次之，有少量红、灰、青灰色，不见素面；纹饰以方格纹、曲折纹为主，还可见夔纹、菱格纹、云雷纹、水波纹、网格纹、席纹、重菱格凸点纹等；可辨器物部位有器盖等。

（2）石器。采集石锛1件。推断时代为新石器时代晚期至商代。

石锛 1件。

ZJLY-60：15ZⅠ，青灰色砂岩，平面呈长方形；锛体较厚，顶部平直有崩痕，两侧面斜直，正面略弧鼓；单面凹弧刃。宽5.4、高12、厚3.2厘米。（图2-22，1；彩版七五，2；彩版一二二，2）

三四 ZJLY-61马脚兜遗址

1. 遗址概况

马脚兜遗址位于荔城街龙角村谢尾社西侧山岗上。该山北接潭头山，东北接龙角村后龙山，南接偏岭头，构成一座西北—东南向山岗。山岗西侧紧邻乡道Y354，与路对面杞子岇山相对，南与羊岭相望，西南坡坡脚有沙陂坑涌流经。当地村民称该山岗为马脚兜山，故名。

马脚兜山平面呈不规则形，面积约95 000平方米，海拔约68.8，相对高度约43米。诸坡稍陡，顶部较为平缓。山上种植有荔枝、龙眼、乌榄等果树，另有桉树、竹子等，整个山岗除荔枝林下局部较少杂草外，大部分区域杂草、灌木丛生，无法调查。（彩版五〇，2）

2. 采集遗物

采集遗物6件，计有陶器残片5件、石器1件，分布于北坡近山顶处以及西南坡山腰处，面积约

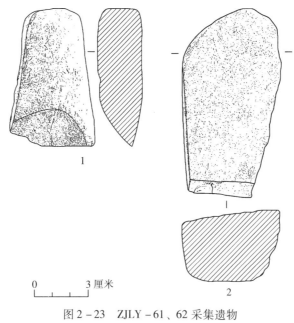

图 2 - 23 ZJLY - 61、62 采集遗物

1. 石锛（ZJLY - 61：2Z I） 2. 砺石（ZJLY - 62：2Z I）

2350 平方米。

（1）陶器。采集陶片 5 片。陶质均为夹粗砂软陶，陶色可见红褐、灰、灰黑色，均为素面。据遗物特征推断，时代为新石器时代晚期至商代。

（2）石器。采集石锛 1 件。与陶片时代相同。

石锛 1 件。

ZJLY - 61：2Z I，青灰色片岩，石质较细腻；正面呈梯形，顶面平直，两侧面上窄下宽；单面刃，刃部多残缺。宽 4.6、高 7.3、厚 2.5 厘米。（图 2 - 23，1；彩版一二二，3）

三五 ZJLY - 62 偏岭头遗址

1. 遗址概况

偏岭头遗址位于荔城街龙角村谢尾村西侧山岗上，为马脚兜山南侧山岗，西侧紧邻乡道 Y354，东侧为谢美村村落，南邻新桥小学，西南坡脚有沙陂坑涌流经。当地村民称其为偏头岭，故名。

该山平面呈椭圆形，面积约 41 000 平方米，海拔约 37.5 米，相对高度约 12.5 米，诸坡稍陡，顶部近平。山岗以种植乌榄、荔枝等果树为主，山脚下种有竹子。整个山上杂草较多，枯叶遍地。

2. 采集遗物

在山顶及西坡采集 7 件遗物，计有石器 1 件、陶瓷器残片 6 件，分布面积约 3500 平方米。

（1）陶瓷器。采集陶瓷片 6 片。据遗物特征分析可分为新石器时代晚期至商代、唐宋两个时期。

新石器时代晚期至商代：采集陶片 5 片。陶片皆为夹粗砂软陶，青灰色居多，有少量灰白、灰褐色，皆为素面。

唐宋时期：仅采集 1 件唐宋时期灰瓷碗底。

（2）石器。采集砺石1件。推断时代为新石器时代晚期至商代。

砺石　1件。

ZJLY-62：2ZⅠ，灰褐色片岩，石质稍粗，不规则形近长方体；两侧面为打制断面，一侧面和上侧面磨制平直略凹弧，一侧面和下侧面为原始石面。宽5.4、高10、厚3.8厘米。（图2-23，2）

三六　ZJLY-63杞子㟖遗址

1. 遗址概况

杞子㟖遗址位于荔城街木潭村田心村南部山岗上，属西南部打鼓楼高山余脉的东北延伸地带，由东北部椭圆形山岗与西南部近圆形山岗两个主峰构成，龙角村依山南坡坡底而建。其北邻下黎村，南侧为鱼塘，邻小坑山，东与潭头山、马脚兜山相望，北部有沙陂坑涌流经。当地村民称其为杞子㟖，故名。

山岗平面形状呈不规则形，面积约121 000平方米，海拔约87.4米，相对高度约62.4米，东北侧地势较为陡峭，南坡、东南坡较为平缓。东坡及南坡种植有荔枝，林内杂草较少，但枯叶遍地。其余区域多荒置，杂草、灌木丛生，部分区域种有桉树，无法调查。（彩版五一，1）

2. 采集遗物

在东北侧山岗东坡及南坡采集遗物285件，计有陶器残片284件、石器1件。（图2-24；彩版八七，2）分布面积约13 800平方米。

（1）陶器。采集陶片284片。据遗物特征分析可分为新石器时代晚期至商代、西周至春秋、唐宋、明清四个时期。

新石器时代晚期至商代：采集陶片141片。陶片多见夹粗砂软陶，有少量泥质硬陶和夹细砂硬陶；陶色以灰黑色为主，红褐、灰色次之，少量为红、灰白、灰褐、青灰、灰黄色等；绝大多数为素面，纹饰多见绳纹、曲折纹，有少量席纹、叶脉纹；可辨器形、部位以釜口沿为主，有少量器座和罐的口沿、圈足。

陶釜口沿　2件。

ZJLY-63：10YⅡ，夹粗砂软陶，灰黑色；口沿残缺，上腹斜直；饰曲折纹。

ZJLY-63：16YⅡ，夹粗砂软陶，灰黑色；敞口，平方唇，斜折沿，沿面略凹，斜肩；素面。残宽9.2、高4.8厘米。（图2-24，3；彩版一一九，5）

陶罐口沿　1件。

ZJLY-63：13YⅢ，泥质粗硬陶，灰褐色；侈口，斜折沿，唇部残缺，外沿由一道凸棱，斜直肩较广；素面。残宽12.6、高5.2厘米。（图2-24，2；彩版一一四，4）

陶罐圈足　1件。

ZJLY-63：107ZⅠ，夹粗砂软陶，灰黑色；微圜底，下附斜直圈足，圈足较高，足跟圆弧；素面。残宽6.5、高3.8厘米。（图2-24，1）

陶罐腹部残片　1件。

ZJLY-63：135ZⅠ，夹粗砂软陶，灰黑色；口沿残缺，敛口，折腹，下部残缺；素面。

陶器座　1件。

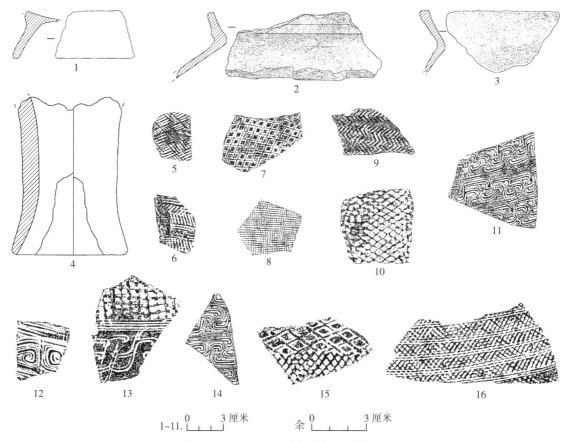

图 2-24 ZJLY-63 采集遗物及纹饰拓片

1. 陶罐圈足（ZJLY-63:107ZⅠ） 2. 陶罐口沿（ZJLY-63:13YⅢ） 3. 陶釜口沿（ZJLY-63:16YⅡ） 4. 陶器座（ZJLY-63:91ZⅠ） 5. 席纹（ZJLY-63:169ZⅠ） 6. 叶脉纹（ZJLY-63:36ZⅠ） 7. 菱格凸块纹（ZJLY-63:102ZⅠ） 8、10. 方格纹（ZJLY-63:114ZⅠ、ZJLY-63:113ZⅠ） 9. 曲折纹（ZJLY-63:173ZⅠ） 11、12、14. 夔纹（ZJLY-63:74ZⅠ、ZJLY-63:20YⅢ、ZJLY-63:80ZⅠ） 13. 方格纹+夔纹（ZJLY-63:55ZⅠ） 15. 方格纹+菱格凸块纹（ZJLY-63:71ZⅠ） 16. 方格纹+弦纹（ZJLY-63:57ZⅠ）

ZJLY-63:91ZⅠ，夹粗砂软陶，灰黄色；中空亚腰状，底部外撇呈喇叭口，上部残缺；通体素面。复原底径9.3、高12.4厘米。（图2-24，4；彩版一二〇，1）

唐宋时期：采集泥质素面陶罐口沿残片1件。

西周至春秋时期：采集陶片140片。陶质以泥质粗硬陶和泥质细硬陶为主，有少量泥质粗软陶和夹细砂硬陶；陶色以青灰、灰色为主，红褐、灰黑色次之，有少量红、灰白、灰褐、深灰色；素面较少，多数饰印纹，以方格纹、夔纹、菱格纹、菱格凸点（块）纹、篦点纹为主，多见以上纹饰的组合纹，另有弦纹等，部分器表有刻划符号；可辨器形、部位以瓮（罐）口沿为主，有少量罐圈足。

明清时期：采集泥质粗硬陶2片，素面。

（2）石器。采集残石器1件，器形不明。推断时代为新石器时代晚期至商代。

三七 ZJLY-64 羊岭遗址

1. 遗址概况

羊岭遗址位于荔城街龙角村羊耳岽村西北侧，龙角山北侧，属羊耳岽龙角山北坡，实为南侧虎仁顶山脉的北部延伸部分。其北为地势低平的农田，与马脚兜相望，西邻小坑山，东距沙陂坑涌约250米。当地村民称该片区域为羊岭，故名。

遗址所处区域坡度较为陡峭，调查区域面积约36 000平方米，海拔约57米，相对高度约35米。东部稍平缓，以种植乌榄、荔枝等果树为主，林内杂草丛生，枯叶遍地。其他区域多为荒山，山上植被茂盛，杂草、灌木丛生，无法深入调查。

2. 采集遗物

在东坡采集遗物9件，陶器残片7件、瓷器残片2件，分布面积约500平方米。据遗物特征分析可分为战国至南越国、明清两个时期。

战国至南越国时期：采集陶片6片。多为泥质粗硬陶，少量夹粗砂软陶和泥质细硬陶；陶色以青灰色为主，有少量红褐、深灰色，纹饰可见方格纹、米字纹、弦纹等；可辨器形、部位有罐口沿。

明清时期：采集陶片1片，为泥质粗硬陶，素面；瓷片2片，青花瓷碗底、口沿各1件。

三八　ZJLY－67 腊岭遗址

1. 遗址概况

腊岭遗址位于荔城街龙角村羊耳岽村的东南部，东北与新桥小学相望，南与花岽山相邻，西与虎仁顶山脉相连，西北与龙角山相对，东侧为广阔的低地，有沙陂坑涌流经。当地村民称其为腊岭，故名。

山岗平面呈椭圆形，面积约70 000平方米，海拔约53.5米，相对高度约28.5米。地势呈缓坡状，种植有大量的荔枝、龙眼等果林，林内杂草、灌木丛生，地表枯叶遍地。山顶部分区域杂草、灌木丛生，无法调查。

2. 遗迹现象

在西北坡近山顶的断壁上清理一座新石器时代晚期至商代的土坑墓（彩版六八，2），出土器座3件、釜口沿1件。

3. 采集遗物

共发现遗物127件，多为陶器残片。（图2－25；彩版八八，1）分布范围约28 600平方米。（彩版三六，1）据遗物特征分析，可分为新石器时代晚期至商代、西周至春秋、战国至南越国、唐宋四个时期。

新石器时代晚期至商代：采集陶片24片，墓葬出土遗物4件。陶片多见夹粗砂软陶、泥质细硬陶、夹细砂硬陶；陶色以青灰色为主，另有灰黑、红褐、灰黄、灰色等；以素面为主，纹饰多见曲折纹、绳纹、长方格纹，另有篮纹、卷云雷纹、旋涡纹、叶脉纹等；可辨器形、部位有器座、陶釜口沿。

陶器座　3件。皆为夹粗砂软陶，灰黄色；中空亚腰状，口、底外撇呈喇叭状，圆唇；素面。

ZJLY－67M1：1，口径8.5、底径7.3、高8.7厘米。（图2－25，5；彩版一二〇，2）

ZJLY－67M1：2，口径6.8、底径6.6、高8厘米。（图2－25，6；彩版一二〇，3）

ZJLY－67M1：3，口径7.6、底径7.3、高8厘米。（图2－25，4；彩版一二〇，4）

陶釜口沿　1件。

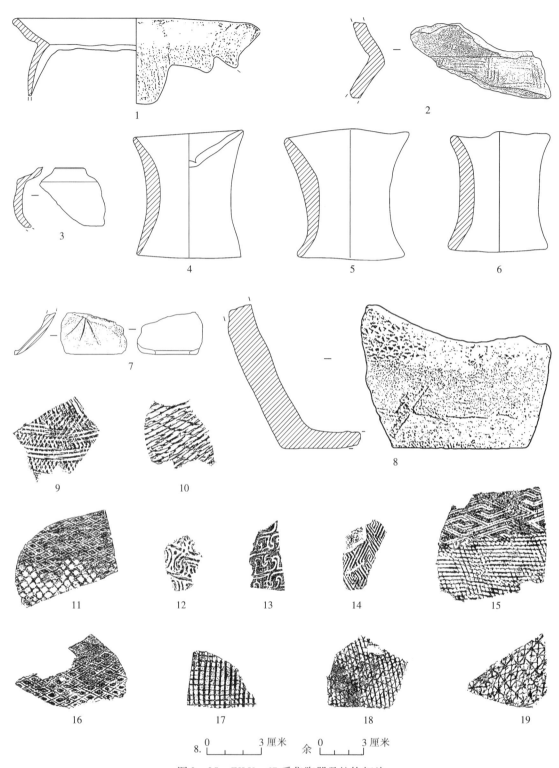

图 2-25　ZJLY-67 采集陶器及纹饰拓片

1. 陶釜口沿（ZJLY-67M1：4）　2. 陶罐口沿（ZJLY-67：45Z Ⅰ）　3. 陶盒口沿（ZJLY-67：11Y Ⅱ）　4~6. 陶器座（ZJLY-67M1：3、ZJLY-67M1：1、ZJLY-67M1：2）　7. 陶豆圈足（ZJLY-67：41Y Ⅱ）　8. 陶罐底（ZJLY-67：18Y Ⅱ）9. 交错绳纹（ZJLY-67：65Z Ⅰ）　10. 长方格纹（ZJLY-67：3Y Ⅱ）　11. 方格纹+菱格凸块纹（ZJLY-67：24Y Ⅱ）12. 卷云纹（ZJLY-67：1Y Ⅱ）　13. 夔纹（ZJLY-67：60Z Ⅰ）　14. 云雷纹（ZJLY-67：48Z Ⅰ）　15. 方格纹+勾连云雷纹（ZJLY-67：17Y Ⅱ）　16. 菱格凸块纹（ZJLY-67：36Y Ⅱ）　17. 方格纹（ZJLY-67：22Y Ⅱ）　18. 三角格纹（ZJLY-67：14Y Ⅱ）　19. 米字纹（ZJLY-67：12Z Ⅰ）

ZJLY-67M1:4，夹粗砂软陶，灰黑色；侈口，圆唇，斜折沿，外沿有一道凸棱，弧腹，下部残缺；腹部饰绳纹。复原口径17、高5.6厘米。（图2-25，1；彩版一一九，6）

西周至春秋时期：采集陶片25片。陶质为泥质硬陶；陶色以灰、青灰为主，灰黑色次之，有少量灰白、灰褐、深灰色；纹饰多见勾连云雷纹，另有方格纹、菱格凸块纹、旋涡纹、网格纹、重方格纹、弦纹、刻划符号等，部分为两种或三种纹饰组合纹；可辨器形、部位有豆圈足、罐口沿。

陶罐口沿 1件。

ZJLY-67:45ZⅠ，泥质粗硬陶，灰褐色；侈口，斜折沿，斜直肩略弧，下部残缺；肩部饰重长方格纹。残宽9.5、高5厘米。（图2-25，2；彩版一二六，2）

陶豆圈足 1件。

ZJLY-67:41YⅡ，泥质细硬陶，灰褐色；圈足外撇呈喇叭状，足台斜直较低；素面，内壁饰有刻划符号。残宽4.6、高2.8厘米。（图2-25，7）

战国至南越国时期：采集陶片69片。陶质以泥质粗硬陶为主，泥质细硬陶次之；陶色以灰色为主，灰褐、青灰色次之，有少量红褐、灰黑、深灰色；纹饰以方格纹为主，米字纹、三角格纹次之，有少量篦点纹，素面亦有十余片；可辨器形、部位有罐底、盒口沿、器盖等。

陶盒口沿 1件。

ZJLY-67:11YⅡ，泥质细硬陶，灰色；子口内敛，折肩，上腹近直，下腹弧收残缺；素面。残宽4.5、高3.9厘米。（图2-25，3）

陶罐底 1件。

ZJLY-67:18YⅡ，泥质粗硬陶，灰褐色；残存下腹斜直内收，平底；下腹上部饰米字纹，器表局部见黑褐色陶衣。残宽10.3、高7.6厘米。（图2-25，8；彩版一四〇，2）

唐宋时期：采集陶片4片，瓷片1片。陶片皆为泥质细硬陶，灰黑色；瓷片为灰黄釉瓷碗残片。

三九 ZJLY-68 花冚山遗址

1. 遗址概况

花冚山遗址位于荔城街桥头村西北部、花冚社东部山岗上，北与腊岭相邻，东为广阔的农田，有沙陂坑涌流经，南邻黄屋岭，西与大岭顶相望。当地村民称之为花冚山，故名。

山岗平面呈不规则形，为西南山脉东北的延伸部分，面积约98 000平方米，海拔约71米，相对高度约46米，地势陡峭。种有大量荔枝、龙眼等果树，局部种有少许竹子和桉树，地表杂草、灌木丛生，枯叶遍地，不利调查。（彩版五一，2；彩版七二，1）

2. 采集遗物

共采集遗物873件，其中陶器残片870件、石器3件。（图2-26；彩版八八，2）主要分布于山岗东北坡、东坡，面积约48 000平方米。

（1）陶器。采集陶片870件。据遗物特征分析，可分为新石器时代晚期至商代、西周至春秋、战国至南越国、唐宋、明清五个时期。（图2-27）

新石器时代晚期至商代：采集陶片8片。以夹粗砂软陶为主，红褐色居多，素面，为器座残片；

少量为泥质细硬陶，饰曲折纹。

西周至春秋时期：采集陶片201片。陶质以泥质粗硬陶为主，泥质细硬陶次之，有少量泥质粗软陶、夹细砂陶、夹粗砂陶；陶色以灰褐色为主，青灰、深灰、灰、红褐色次之，有少量灰白、灰黑色；纹饰以方格纹、夔纹、菱格纹（菱格凸点纹、菱格凸块纹、重菱格纹）、勾连云雷纹为主，多见以上两至三种纹饰的组合纹，另有篦点纹、弦纹、蝉翼纹、方格凸块纹、回字纹、卷云纹、曲尺纹、曲折纹、圆圈凸点纹等；可辨器形、部位有瓮、罐口沿和豆圈足等。（彩版七七，2）

陶罐口沿　1件。

ZJLY－68：139YⅡ，泥质粗硬陶，青灰色；侈口，短折沿，斜直肩，下部残缺；肩饰篦点纹、弦纹。残宽5.9、高3.6厘米。（图2－26，4）

陶豆圈足　1件。

ZJLY－68：208ZⅠ，泥质细硬陶，灰褐色；圈足上部近直，近底部外撇，足跟圆弧；圈足内壁有刻划纹，外部素面。残宽5.8、高3.2厘米。（图2－26，11）

战国至南越国时期：数量最多，采集陶片647片。陶质以泥质粗硬陶为主，泥质细硬陶次之，少量为泥质粗软陶、夹细砂硬陶、泥质细软陶；陶色以灰褐色为主，深灰色次之，灰、青灰、红褐色数量亦较多，有少量红、灰黑色；纹饰以方格纹、米字纹为主，素面亦较多，另有篦点纹、戳印纹、方格对角线纹、篦划纹、锯齿纹、曲尺纹、三角格纹、水波纹、网格纹等；可辨器形、部位以罐口沿最多，另有罐底和碗、盂、盒的口沿及器盖等。（彩版七九，2）

陶罐　1件。

ZJLY－68：700YⅡ，泥质细硬陶，灰褐色；小口，短卷沿近无，尖唇，上腹圆鼓，下腹弧收，平底；上腹饰方格纹。宽9.5、高7.1厘米。（图2－26，6）

陶罐口沿　3件。

ZJLY－68：412YⅡ，泥质粗硬陶，灰褐色；敞口，斜折沿，沿面略弧鼓，圆唇，斜弧肩；肩部饰方格纹。宽6.1、高7厘米。（图2－26，1）

ZJLY－68：487YⅡ，泥质细硬陶，灰褐色；敞口，折沿，圆唇，斜肩略凹弧；肩部饰米字纹。残宽14.9、高4.9厘米。（图2－26，3；彩版一三七，4）

ZJLY－68：644YⅡ，泥质细硬陶，深灰色；敞口，卷沿，斜弧肩；肩部饰米字纹。残宽15.5、高6.1厘米。（图2－26，2；彩版一三七，5）

陶罐底　2件。

ZJLY－68：686YⅡ，泥质细硬陶，灰褐色；下腹凹弧向下内收，平底；腹部饰米字纹。残宽13.8、高8.7厘米。（图2－26，8；彩版一四〇，3）

ZJLY－68：106ZⅠ，泥质细硬陶，灰褐色；下腹斜直内收，平底略内凹；腹部饰方格纹。残宽8.4、高6.1厘米。（图2－26，7）

陶盂口沿　1件。

ZJLY－68：594YⅡ，泥质细硬陶，深灰色；小口，短斜折沿近无，尖圆唇，圆鼓腹，下部残缺；腹部饰方格纹。残宽8.7、高4.1厘米。（图2－26，5；彩版一四五，2）

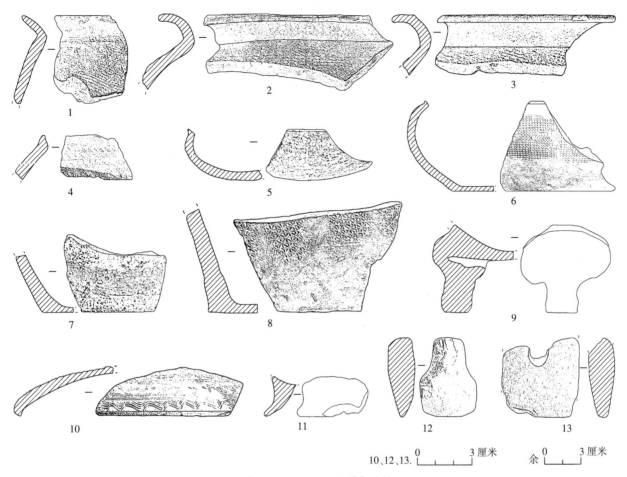

图 2 - 26　ZJLY - 68 采集遗物

1 ~ 4. 陶罐口沿（ZJLY - 68：412YⅡ、ZJLY - 68：644YⅡ、ZJLY - 68：487YⅡ、ZJLY - 68：139YⅡ）　5. 陶盂口沿
（ZJLY - 68：594YⅡ）　6. 陶罐（ZJLY - 68：700YⅡ）　7、8. 陶罐底（ZJLY - 68：106ZⅠ、ZJLY - 68：686YⅡ）
9. 陶鼎足（ZJLY - 68：405YⅡ）　10. 陶器盖（ZJLY - 68：647YⅡ）　11. 陶豆圈足（ZJLY - 68：208ZⅠ）
12. 双肩石锛（ZJLY - 68：479YⅡ）　13. 石戈（ZJLY - 68：189ZⅠ）

陶器盖　1 件。

ZJLY - 68：647YⅡ，泥质细硬陶，灰褐色；敛口，短斜折沿，尖唇，漫弧顶；顶部饰水波纹加凹弦纹。残宽 8、高 2.6 厘米。（图 2 - 26，10）

陶鼎足　1 件。

ZJLY - 68：405YⅡ，泥质粗硬陶，灰色；凹圜底，下附足；鼎足呈蘑菇状，上部较粗壮，弧鼓，下部弧收呈圆柱状，足底平直略内斜；素面。残宽 7.4、高 7 厘米。（图 2 - 26，9）

唐宋时期：采集陶片 7 片，以泥质细硬陶，灰褐、深灰色为主，皆为素面；另有 3 件陶砖碎块，泥质粗硬陶，亦为素面，为宋代陶砖，推测可能存在宋代砖室墓遗迹。

明清时期：仅见 4 片泥质粗硬陶片。

（2）石器。3 件，器形有戈、双肩石锛，另 1 件为磨制石器，器形不明。推断时代为新石器时代晚期至商代。

石戈　1 件。

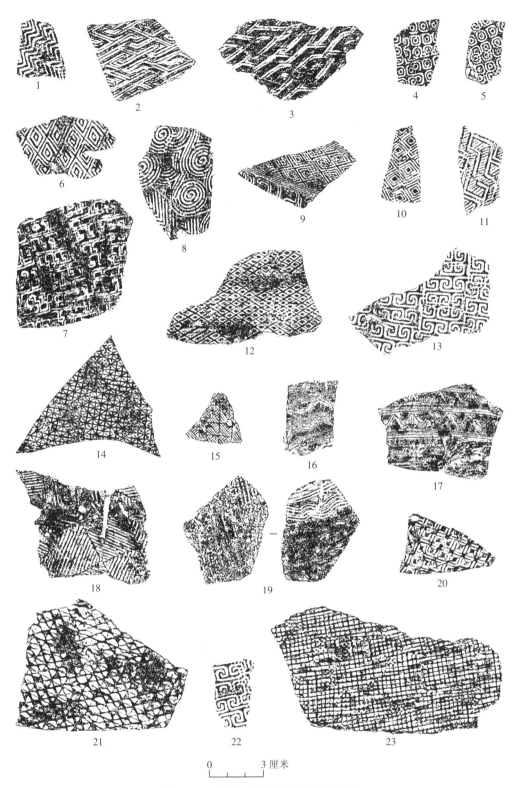

图 2-27　ZJLY-68 采集陶片纹饰拓片

1. 曲折纹（ZJLY-68：424YⅡ）　2、3. 勾连云雷纹（ZJLY-68：15ZⅠ、ZJLY-68：73YⅡ）　4、5. 重圈凸点纹（ZJLY-68：97YⅡ、ZJLY-68：168YⅡ）　6. 重菱格纹（ZJLY-68：90YⅡ）　7. 变体夔纹（ZJLY-68：45ZⅠ）　8. 卷云纹+曲折纹（ZJLY-68：45YⅡ）　9. 夔纹+菱格凸点纹+弦纹（ZJLY-68：132YⅡ）　10. 重菱格凸点纹（ZJLY-68：65ZⅠ）　11. 曲尺纹（ZJLY-68：108YⅡ）　12. 菱格凸点纹（ZJLY-68：16YⅡ）　13、22. 云雷纹（ZJLY-68：87ZⅠ、ZJLY-68：109YⅡ）　14、21. 米字纹（ZJLY-68：675YⅡ、ZJLY-68：351ZⅠ）　15. 重方格对角线纹（ZJLY-68：19ZⅠ）　16、17. 水波纹+弦纹（ZJLY-68：605YⅡ、ZJLY-68：456YⅡ）　18、20. 方格对角线纹（ZJLY-68：289ZⅠ、ZJLY-68：470YⅡ）　19. 方格纹（外）+篦划纹（内）（ZJLY-68：554YⅡ）　23. 方格纹（ZJLY-68：494YⅡ）

ZJLY－68：189ZⅠ，青灰色片岩，石质较细腻；残存呈长方形，未加工完成，内残缺严重，正中有一圆形单面钻穿孔，援残缺。宽4.2、高4.2、厚1.4厘米。（图2－26，13）

双肩石锛　1件。

ZJLY－68：479YⅡ，灰黄色凝灰岩，石质细腻，磨制较光滑；正面呈凸字形，顶部平直，两肩斜弧，锛体近方形，两侧面平直；单面弧刃。宽3.1、高4.2、厚1.5厘米。（图2－26，12；彩版一二三，2）

四〇　ZJLY－69 大岭顶遗址

1. 遗址概况

大岭顶遗址位于荔城街桥头村西北部、花甴社西部山岗上。该山西北侧与虎仁顶山脉相接，南与高山相对，西邻花甴山，西北与腊岭相望，东距沙陂坑涌约430米。当地村民称其为大岭顶，故名。

山岗形体较小，平面近圆形，面积约55 000平方米，海拔约76米，相对高度约46米。地势较为平缓，地形呈梯田式，顶部平坦。山岗种有大量的乌榄、荔枝等果树，林内枯叶遍地，局部杂草、灌木丛生。

2. 采集遗物

采集遗物24件，计有陶器残片23件、石器1件。分布面积约2800平方米。

（1）陶器。采集陶片23片。据遗物特征分析，可分为新石器时代晚期至商代、唐宋两个时期。（图2－28）

新石器时代晚期至商代：采集陶片22片。陶质以泥质粗硬陶为主，泥质细硬陶次之，有少量夹粗砂、夹细砂陶；陶色以灰色为主，灰白色次之，有少量红褐、青灰色；纹饰可见曲折纹、篮纹、方格纹、交错绳纹、绳纹、条纹、长方格纹等，部分为素面；可辨器形、部位多为罐口沿。

唐宋时期：采集1片泥质细硬陶片。

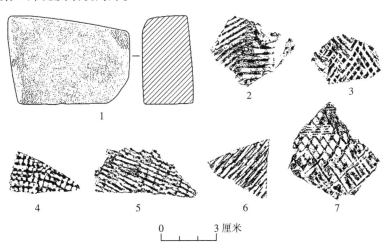

图2－28　ZJLY－69、70采集遗物及纹饰拓片

1. 砺石（ZJLY－69：2YⅡ）　　2. 绳纹（ZJLY－69：1YⅡ）　　3. 交错绳纹（ZJLY－69：4YⅡ）　　4. 方格纹（ZJLY－69：6ZⅠ）
5. 长方格纹（ZJLY－69：9YⅡ）　　6. 篮纹（ZJLY－69：7ZⅠ）　　7. 方格纹＋菱格凸点纹＋弦纹（ZJLY－70：2YⅡ）

（2）石器。采集砺石1件。推断为新石器时代晚期至商代。

砺石 1件。

ZJLY－69：2YⅡ，青灰色砂岩，石质较细腻；平面近长方体，诸面磨制平直。宽6.6、高4.7、厚2.7厘米。（图2－28，1）

四一 ZJLY－70陈树岗遗址

1. 遗址概况

陈树岗遗址位于荔城街桥头新村西北、羊耳岽村东南处一座小台地，北与新桥小学相邻，东近乡道Y354，南与花岽山相望，西邻腊岭，西距沙陂坑涌约80米。当地村民称该处为陈树岗，故名。

台地平面为圆形，面积约3000平方米，海拔约25米，相对高度仅5米，地势较平。种有荔枝林，林内枯叶遍地，局部杂草丛生。

2. 采集遗物

在山岗的南部和北部各采集1片泥质粗硬陶（见彩版三六，1），饰方格纹、方格纹加菱格凸点纹加弦纹。（见图2－28）时代为西周至春秋时期。

四二 ZJLY－71韩树岭遗址

1. 遗址概况

韩树岭遗址位于荔城街桥头村西部一处小台地，北邻乡道Y354，西邻腊岭，西距沙陂坑涌约170米，南望花岽山。当地村民称该地为韩树岭，故名。

台地平面近圆形，面积仅16 000平方米，海拔约19米，相对高度约4米，略高于四周农田。台地地表以荔枝林为主，还种有少许香蕉等农作物，林内枯叶遍地，局部杂草丛生。

2. 采集遗物

地表采集遗物10件，有陶瓷器残片9件、石器1件。分布面积约8800平方米。

（1）陶瓷器。采集陶瓷片9片。据遗物特征分析可分为战国至南越国、唐宋两个时期。

战国至南越国时期：采集陶片4片。为泥质粗硬陶，深灰色居多，器表饰方格纹，可辨器形、部位有罐底。

陶罐底 1件。

ZJLY－71：3YⅡ，泥质细硬陶，深灰色；下腹弧收，平底；腹部饰方格纹。残宽7.2、高5厘米。（图2－29，1；彩版一四〇，4）

唐宋时期：采集粗瓷碗底1件，陶片4片。陶片皆为泥质细硬陶，灰黑色，素面。

（2）石器。采集石砚1件，为明清时期遗物。

石砚 1件。

ZJLY－71：10YⅡ，灰色片岩，石质细腻；呈长方体状，一端残断，其他诸面平直，磨制光滑；上侧面一端有两处直壁平底的凹坑，砚台中部有弧壁向下内收的砚池，因残，砚池结构不明。长6.5、宽5.6、厚1.6厘米。（图2－29，2）

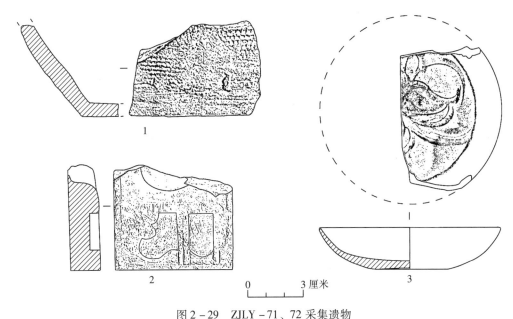

图 2 - 29　ZJLY - 71、72 采集遗物

1. 陶罐底（ZJLY - 71：3Y II）　　2. 石砚（ZJLY - 71：10Y II）　　3. 瓷碟（ZJLY - 72：4Y II）

四三　ZJLY - 72 园村岭遗址

1. 遗址概况

园村岭遗址位于荔城街桥头村的西北部一处台地，北距乡道 Y354 约 100 米，南与江坡岭相望，西邻韩树岗，西距沙陂坑涌约 440 米。当地村民称其为园村岭，故名。

台地平面呈长方形，面积约 14 000 平方米，海拔约 13.2 米，相对高度约 1.2 米，地势较平呈漫坡状，台地上种植大量荔枝，林内枯叶遍地，局部杂草丛生。

2. 采集遗物

在山岗的北坡与西坡采集遗物 6 件，为陶瓷器残片，分布范围约 3000 平方米。瓷片 2 片，1 件为灰白釉瓷碟，1 件为青釉瓷碗底。陶片 4 片，多为泥质细硬陶，灰、灰黑色，素面（彩版八二，3）。据遗物特征推断时代为唐宋时期。

瓷碟　1 件。

ZJLY - 72：4Y II，灰白胎，除底部外，通体施灰白釉；葵口外敞，尖圆唇，浅弧腹向下内收，平底略下凹，器口为葵口状；内底装饰刻划花草纹。复原口径 10、底径 4、高 2.2 厘米。（图 2 - 29，3；彩版一四八，5）

四四　ZJLY - 74 细山岗遗址

1. 遗址概况

细山岗遗址位于荔城街桥头村西南一处岗地，北邻黄屋岭，东北与江坡岭相邻，东南与陈屋山相邻，东有沙陂坑涌流经，西侧与高山区相接。当地村民称其为细山岗，故名。

山岗总面积约 50 000 平方米，地势较平缓，海拔约 55 米，相对高度约 35 米。山岗种植有荔枝、菠萝等，局部有竹子和桉树等，地表枯叶遍地，局部杂草、灌木丛生。

2. 采集遗物

在山岗东南坡采集陶器残片 2 件，为泥质细硬陶片，灰褐色，饰方格纹。时代为战国至南越国时期。

四五　ZJLY-75 陈屋山遗址

1. 遗址概况

陈屋山遗址位于荔城街桥头村西南山岗上，北与江坡岭相接，东邻冰村，西邻细山岗，南为农田，西南山脚有沙陂坑涌流经。当地村民称其为陈屋山，故名。

陈屋山平面近椭圆形，面积约 98 000 平方米，海拔约 36.8 米，相对高度约 16.8 米，地势较为平缓。种有荔枝、菠萝、竹子等，林内枯叶遍地，局部杂草、灌木丛生。

2. 采集遗物

采集遗物 6 件，其中陶瓷器残片 5 件、石器 1 件，分布面积约 18 000 平方米。

（1）陶瓷器。采集陶瓷片 5 片。据遗物特征分析可分为唐宋、明清两个时期。

唐宋时期：采集陶片 4 片。皆为泥质细硬陶，灰黑色，素面，可辨器形、部位有罐口沿。

明清时期：采集 1 件青釉瓷碗。

瓷碗　1 件。

ZJLY-75:1YⅡ，浅灰胎，除外底圈足内无釉外，通体施青釉；敞口，圆唇，上腹斜直，下腹弧收，下附直圈足，足跟平直，外底有弦痕。复原口径 13.6、底径 6.3、高 6.2 厘米。（图 2-30，1）

（2）石器。采集双肩石锛 1 件。时代为新石器时代晚期至商代。

双肩石锛　1 件。

ZJLY-75:1ZⅠ，灰色片岩，石质较细腻；形体较小，正面呈凸字形，顶部弧鼓，双肩斜直，锛体两侧面平直；单面直刃，锛体正面中部略起脊。宽 3.2、高 4.4、厚 1 厘米。（图 2-30，3）

四六　ZJLY-76 江坡岭遗址

1. 遗址概况

江坡岭遗址位于荔城街桥头村西部山岗上。该山北与园村岭相邻，东与桥头村相望，南与陈屋山相接，西邻黄屋岭，西距沙陂坑涌约 230 米。当地村民称其为江坡岭，故名。

江坡岭由三座连绵的小山岗组成，平面呈不规则形，面积约 153 000 平方米，海拔约 31.8 米，相对高度约 16.8 米，地势较平缓。山岗大部分区域种有荔枝、乌榄、香蕉、竹子等，林内枯叶遍地，局部杂草、灌木丛生。

2. 采集遗物

在山岗北坡及山顶南部采集遗物 30 件，皆为陶器残片，分布范围约 7860 平方米。据遗物特征分析可分为新石器时代晚期至商代、西周至春秋两个时期。（见图 2-30）

新石器时代晚期至商代：采集陶片 14 片。以泥质粗硬陶为主，有少量泥质细硬陶、夹粗砂软陶；陶色以灰色为主，有少量灰黑、青灰色；纹饰多见曲折纹，另有方格纹、交错绳纹、篮纹、附加堆纹、

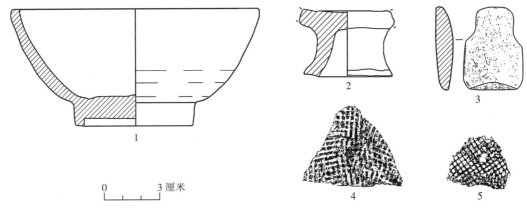

0 ____ 3 厘米

图 2-30 ZJLY-75、76 采集遗物及陶片纹饰拓片
1. 青瓷碗（ZJLY-75:1YⅡ） 2. 陶豆圈足（ZJLY-76:16ZⅠ） 3. 双肩石锛（ZJLY-75:1ZⅠ）
4. 交错绳纹（ZJLY-76:6YⅡ） 5. 方格纹（ZJLY-76:17ZⅠ）

条纹等；可辨器形、部位有罐圈足。

西周至春秋时期：采集陶片 16 片。多为泥质粗硬陶；陶色以灰、深灰色为主，有少量红褐、灰褐、青灰色；纹饰以方格纹为大宗，有少量勾连云雷纹、编织纹等；可辨器形、部位有豆圈足。

陶豆圈足 1 件。

ZJLY-76:16ZⅠ，泥质粗硬陶，深灰色；平底，下附喇叭状圈足，足跟斜凹弧，内缘着地；素面。残宽 5.2、高 3.6 厘米。（图 2-30，2）

四七 ZJLY-77 黄泥塘遗址

1. 遗址概况

黄泥塘遗址位于荔城街桥头村南部山岗上。该山东与棠村相望，南与乡道 Y343 相邻，西邻江坡岭，北与桥头村相接，东北坡脚有沟渠流经。当地村民称其为黄泥塘，故名。

该山由两座山岗组成，平面近椭圆形，面积约 79 000 平方米，海拔约 33.8 米，相对高度约 23.8 米，地势较为平缓，种有荔枝、乌榄等，部分区域有竹子。林内枯叶遍地，局部杂草、灌木丛生。

2. 遗迹现象

在北部山岗的北坡发现有宋墓 1 座，部分护岭砖墙和红砂岩石块已暴露于地面，被一座现代墓打破。

四八 ZJLY-78 冰村遗址

1. 遗址概况

冰村遗址位于荔城街桥头村鹅㘭、乌榄村背部，为一座低矮平缓的圆弧形山岗，主峰位于中东部。其西邻陈屋山，北邻江坡岭，东邻黄泥塘，南与学㘭背扶岭相望，西距沙陂坑涌约 40 米，乡道 Y343 从山岗南部坡脚穿过。当地村民称西侧台地为冰村，称东侧长条形山为坳山，在此以冰村遗址定名。

西侧冰村是一处低矮平缓的坡式台地，面积约 166 000 平方米，海拔约 40.2 米，相对高度约 20.2 米。其南部为养鸡场，周边为荔枝林，林内杂草不多，但枯叶遍地。东侧坳山坡度平缓，大部分区域种植荔枝，南坡种有黄皮、橘林等，覆盖有较多枯草，顶部杂草较多。（彩版七二，2）

2. 采集遗物

采集遗物 217 件，计有陶器残片 216 件、原始瓷器 1 件。（图 2 - 31；彩版八九，1）分布于整座山岗，面积约 69 000 平方米。据遗物特征分析可分为新石器时代晚期至商代、西周至春秋、战国至南越国、汉、唐宋、明清六个时期。

新石器时代晚期至商代：采集陶片 7 片。陶质以泥质硬陶、夹细砂硬陶为主；陶色见青灰、灰褐色；纹饰以曲折纹多见，另有绳纹、斜长方格纹、云雷纹等，素面少见。

西周至春秋时期：采集 1 件原始瓷豆，饰箆点纹、弦纹，施青釉。陶片 25 片。陶质以泥质粗硬陶为主；陶色多见灰褐、灰色等；纹饰多见方格纹、菱格凸块纹等，另有箆点纹、弦纹、曲折纹、勾连云雷纹、夔纹、网格纹等；可辨器形、部位有罐口沿等。

陶罐口沿　1 件。

ZJLY - 78：115Z I，泥质粗硬陶，灰褐色；仅存沿面，为宽折沿，口部外卷，圆唇；外沿饰细方格纹。残宽 8.4、高 4.4 厘米。（图 2 - 31，2）

原始瓷豆　1 件。

ZJLY - 78：148Z I，灰胎，内外腹部施青釉，釉大部分脱落；豆盘上部残缺，下腹部弧收呈圜底状，下附喇叭形矮圈足，足跟斜直，内缘着地；豆盘内壁饰弦纹、箆点纹组合，圈足内壁有刻划符号。残宽 8.8、高 5.3 厘米。（图 2 - 31，4；彩版一二九，5、6）

战国至南越国时期：数量最多，采集陶片 162 片。陶质以泥质粗硬陶为主，泥质细硬陶次之，有少量泥质粗软陶；陶色以灰褐、深灰色最多，另有红褐、灰、青灰色等；纹饰多见米字纹、方格纹，另有方格对角线纹、戳印纹等，部分为素面；可辨器形、部位多为罐口沿，有少量罐底、瓮底。

陶罐底　2 件。

ZJLY - 78：123Z I，泥质粗硬陶，深灰色；下腹略凹弧向下内收，平底；腹部饰方格对角线纹。残宽 8.6、高 8.7 厘米。（图 2 - 31，6；彩版一四〇，5）

ZJLY - 78：216Z I，泥质细硬陶，灰褐色；下腹斜收，平底；腹部饰方格纹。残宽 7、高 4.6 厘米。（图 2 - 31，5）

陶瓮底　1 件。

ZJLY - 78：12Z I，泥质细硬陶，红褐色；下腹斜收，平底。腹部饰米字纹。残宽 15.2、高 9.9 厘米。（图 2 - 31，7；彩版一四四，7）

汉代：采集陶片 12 片，陶质多为泥质细硬陶，有少量泥质粗硬陶；陶色多见灰、灰褐、红褐色等；素面居多，纹饰可见方格纹、粗弦纹、戳印纹等，还有器表施青釉的现象；可辨器形、部位有罐口沿等（彩版八一，1）。

陶罐口沿　2 件。

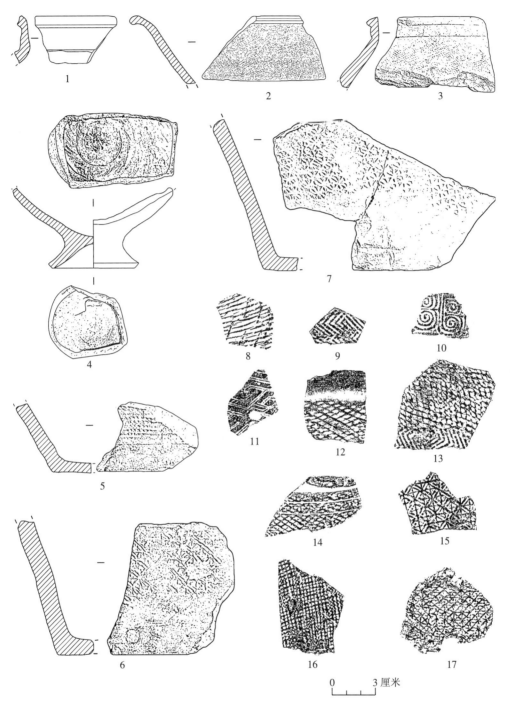

图 2 - 31　ZJLY - 78 采集遗物及陶片纹饰拓片

1～3. 陶罐口沿（ZJLY - 78：138Z Ⅰ、ZJLY - 78：115Z Ⅰ、ZJLY - 78：118Z Ⅰ）　4. 原始瓷豆（ZJLY - 78：148Z Ⅰ）
5、6. 陶罐底（ZJLY - 78：216Z Ⅰ、ZJLY - 78：123Z Ⅰ）　7. 陶瓮底（ZJLY - 78：12Z Ⅰ）　8. 斜长方格纹
（ZJLY - 78：143Z Ⅰ）　9. 曲折纹（ZJLY - 78：111Z Ⅰ）　10. 卷云纹（ZJLY - 78：122Z Ⅰ）　11. 勾连云雷纹
（ZJLY - 78：131Z Ⅰ）　12、16. 方格纹（ZJLY - 78：132Z Ⅰ、ZJLY - 78：153Z Ⅰ）　13. 方格纹 + 曲折纹
（ZJLY - 78：147Z Ⅰ）　14. 方格纹 + 篦点纹 + 弦纹（ZJLY - 78：209Z Ⅰ）　15. 方格对角线纹（ZJLY - 78：53Z Ⅰ）
17. 米字纹（ZJLY - 78：80Z Ⅰ）

ZJLY－78：118Z Ⅰ，泥质细硬陶，红褐色；直口，斜方唇，唇面略外侈，微束颈，短斜肩；肩部饰细方格纹。残宽8.2、高5厘米。（图2－31，3；彩版一四七，1）

ZJLY－78：138Z Ⅰ，泥质粗硬陶，灰褐色；近直口呈领，短沿外折，斜方唇，唇面凹弧，下部外侈，束领，斜肩残缺；素面。残宽5.6、高3.2厘米。（图2－31，1）

唐宋时期：采集陶片7片。均为泥质细硬陶，多为灰陶，素面居多，纹饰见弦纹，有施釉现象，可辨器形、部位多为罐口沿。

明清时期：采集陶片3片。多为泥质硬陶，灰褐色，素面或饰条纹。

四九　ZJLY－81 方水坳遗址

1. 遗址概况

方水坳遗址位于荔城街庆东村曾村西南部山岗上，西北接橘仔山，南邻西瓜岭，北侧为大面积地势低平的农田，东与弹弓岭、可木岭连绵相接，构成一座大型山岗，西距沙陂坑涌约1400米。曾村村民称之为方水坳，故名。

山岗平面近不规则椭圆形，面积约209 000平方米，主峰海拔约71.5米，相对高度约51.5米。南坡较为平缓，北坡较陡，东北侧有一形体较小的近圆形山岗。山岗大部分区域种植荔枝，除东北部小山岗杂草较少外，其他区域山腰以上灌木、杂草丛生，无法入内调查。调查主要集中在北坡中下部、岗前台地、东北部小山岗等区域。

2. 采集遗物

在山岗南坡东部台地采集陶器残片2件，分别饰曲折纹、篮纹。时代为新石器时代晚期至商代。

五〇　ZJLY－86 鸡脚岭遗址

1. 遗址概况

鸡脚岭遗址位于荔城街陈桥头村东北部山岗上。该山北接将军扎站1号山，东邻省道S256，与龟眼羊1号岗相对，西南邻猫岭，西与菌冚相对，东南距增江干流约600米，南部为鱼塘。当地村民称之为鸡脚岭，故名。

山岗由两座连绵相接的小山岗构成，形体相对较小，面积约52 000平方米，平面呈不规则形，海拔约25米，相对高度约15米。地势低矮平缓，呈台地状。西侧山岗呈南北向长条形，顶部平坦，北坡稍陡，其他诸坡较平缓，山上遍植荔枝，大部分区域杂草较少，枯叶遍地。东侧山岗呈椭圆形，形体稍小，坡度平缓，遍植荔枝林，林内杂草、枯叶较多。

2. 采集遗物

于两座山岗近顶处采集遗物9件，皆为陶器残片，分布范围约13 000平方米。陶质多为泥质细硬陶，有少量泥质粗硬陶；陶色多见灰黑、灰色，另有灰褐、深灰、青灰色等；纹饰多见米字纹，另有方格纹、戳印纹、三角格纹、水波纹、弦纹等；可辨器形、部位有罐口沿。时代为战国至南越国时期。（图2－32；彩版七九，3）

陶罐口沿　1件。

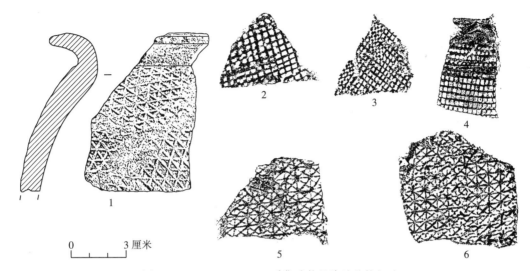

图 2 - 32　ZJLY - 86、87 采集遗物及陶片纹饰拓片

1. 陶罐口沿（ZJLY - 86:7Z Ⅰ）　2、3、4. 方格纹（ZJLY - 86:6Z Ⅰ、ZJLY - 87:7Z Ⅰ、ZJLY - 87:12Z Ⅰ）

5、6. 米字纹（ZJLY - 87:8Z Ⅰ、ZJLY - 86:8Z Ⅰ）

ZJLY - 86:7Z Ⅰ，泥质细硬陶，深灰色；外卷沿，圆唇，斜弧肩；肩部饰三角格纹。残宽6.8、高8.4 厘米。（图 2 - 32，1）

五一　ZJLY - 87 将军扎站 2 号山遗址

1. 遗址概况

将军扎站 2 号山遗址位于荔城街陈桥头村北部山岗上。该山北接弹弓岭、可木岭，西邻西瓜岭，南邻猫岭，东距增江干流约 1130 米。与调查网格 85 同属将军扎站山，为与调查网格 85 将军扎站 1 号山相区别，故将该遗址定名为将军扎站 2 号山遗址。

山岗平面呈不规则形，由主峰及西南侧一座名为犀角山的小山岗组成，总面积约 252 000 平方米，海拔约 92 米，相对高度约 72 米。主峰未经开荒，山上杂草、灌木、桉树、竹子丛生，无法深入调查。犀角山山脚处种植有荔枝，林内杂草丛生，山腰以上为荒山，生长有竹林、杂草、灌木等，无法深入调查。

2. 采集遗物

采集遗物 16 件，皆为陶器残片，分布范围约 20 700 平方米。陶质多为泥质粗硬陶，有少量泥质细硬陶、泥质细软陶、夹细砂硬陶等；陶色以灰黑、灰褐色为主，有少量青灰、红色；纹饰有米字纹、方格纹。据遗物特征推断时代为战国至南越国时期。（见图 2 - 32）

五二　ZJLY - 88 桥头村猫岭遗址

1. 遗址概况

桥头村猫岭遗址位于荔城街陈桥头村东北侧山岗上。该山西邻桥头后龙山、罗林山，北望将军扎站山，东北与鸡脚岭相邻，东邻很大一片鱼塘，距增江干流约 450 米，南侧紧邻乡道 Y354。山岗名为猫岭，因此命名为桥头村猫岭遗址。

猫岭平面呈南北向长条形，面积约 278 000 平方米，由南、北两座山岗及西北部低矮台地相接构成，海拔约 44.4 米，相对高度约 35.2 米。其中南侧山岗东、西、南坡均较平缓，以种植荔枝、乌榄为主，林内杂草不多，枯叶遍地。山顶呈南北向长条形，山上山坟林立，杂草丛生，不见果树。北部山岗的东北坡、东坡较陡峭，西坡较为平缓，东北坡、东坡坡脚有较多竹林，其他区域均种植荔枝、乌榄等果树，地表杂草、枯叶较多。西北部台地整体平缓，种植乌榄、龙眼等，果树高大，林内杂草丛生。

2. 采集遗物

采集遗物 96 件，皆为陶器残片。（图 2－33；彩版八九，2）多分布于南侧山岗东南坡与西南坡、北侧山岗的山顶附近，范围约 177 000 平方米。据遗物特征分析，可分为西周至春秋、战国至南越国、明清三个时期。

西周至春秋时期：采集陶片 87 片。陶质多为泥质粗硬陶，泥质细硬陶次之，有少量泥质粗软陶和夹粗砂软陶；陶色以灰褐、深灰色为主，灰色次之，有少量灰白、灰黑、青灰色；绝大多数饰方格纹，另有篦点纹、夔纹、勾连云雷纹、云雷纹、曲折纹、菱格凸块纹、菱格纹、席纹、重圈纹、弦纹等，部分为方格纹、篦点纹、夔纹、弦纹组合纹，少量陶器口沿可见刻划符号，素面少见；可辨器形、部位有瓿、罐、豆的口沿。

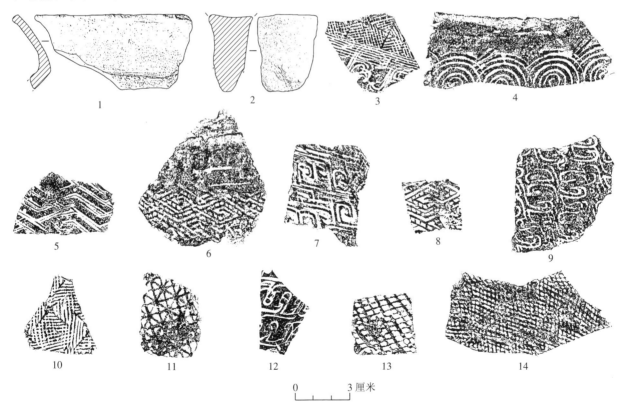

0   3厘米

图 2－33　ZJLY－88、89 采集遗物及陶片纹饰拓片

1. 陶罐口沿（ZJLY－89∶22Z Ⅰ）　2. 陶鼎足（ZJLY－89∶10Z Ⅰ）　3. 方格纹＋夔纹＋弦纹（ZJLY－88∶8Z Ⅰ）　4. 重圈纹（ZJLY－88∶38Z Ⅰ）　5. 勾连云雷纹（ZJLY－88∶54Z Ⅰ）　6～8. 云雷纹（ZJLY－88∶86Z Ⅰ、ZJLY－88∶65Z Ⅰ、ZJLY－88∶73Z Ⅰ）　9、12. 夔纹（ZJLY－88∶72Z Ⅰ、ZJLY－89∶19Z Ⅰ）　10. 叶脉纹（ZJLY－89∶21Z Ⅰ）　11. 米字纹（ZJLY－89∶3Z Ⅰ）　13、14. 方格纹（ZJLY－89∶11Z Ⅰ、ZJLY－89∶4Z Ⅰ）

战国至南越国时期：采集陶片 8 片。陶质以泥质粗硬陶为主；陶色多见灰褐、深灰、灰色，红褐色少见；纹饰多见米字纹，另有篦点纹加弦纹、方格对角线纹、三角格纹、方格纹等，素面较少；可辨器形、部位有杯底、器盖等。

明清时期：采集 1 片泥质粗硬陶片。

五三　ZJLY－89 桥头后龙山遗址

1. 遗址概况

桥头后龙山遗址位于荔城街桥头村北侧山岗上，属一座环形山岗的东南侧部分。该山西接老虎头，北接罗林山，东邻猫岭，东南距桥头涌约 600 米，当地村民称之为后龙山，故名。

后龙山平面近椭圆形，面积约 149 000 平方米，海拔约 53.9 米，相对高度约 28.9 米。西坡、南坡上有较多民房，东坡相对较为平缓，坡下有休闲绿道及场地。山顶及东坡种植荔枝、乌榄等，局部杂草较少，大部分区域杂草丛生。西北部主峰的南坡、东较为平缓，西、北坡较陡峭，山上种植荔枝、乌榄等果树，有少量竹林。其中南坡、东坡果林内杂草不多，但枯叶遍地，给调查带来一定影响；西坡、北坡地表杂草、灌木丛生，无法调查。

2. 采集遗物

采集遗物 23 件，皆为陶器残片。多分布于南坡山腰至近山顶处，面积约 6200 平方米。据遗物特征分析，可分为新石器时代晚期至商代、西周至春秋、战国至南越国三个时期。（见图 2 － 33）

新石器时代晚期至商代：采集陶片 8 片。多为夹粗砂软陶；陶色以灰黑、灰色为主；纹饰以素面居多，有席纹、曲折纹、叶脉纹等；可辨器形、部位有鼎足。

陶鼎足　1 件。

ZJLY－89∶10ZⅠ，夹粗砂软陶，灰色；扁体状，横截面近椭圆形，下部略外撇残断。残宽 3.3、高 4.1 厘米。（图 2 － 33，2；彩版一二〇，5）

西周至春秋时期：采集陶片 13 片。多见泥质粗硬陶；陶色以灰色为主，有少量灰褐、深灰色；纹饰多见方格纹、夔纹等，少见曲折纹、素面。

战国至南越国时期：采集陶片 2 片。泥质粗硬陶，灰色，1 片为素面陶罐口沿，另 1 片饰米字纹。

陶罐口沿　1 件。

ZJLY－89∶22ZⅠ，泥质粗硬陶，灰色；敞口，斜折沿，方唇，肩部残缺近无；素面。残宽 8.7、高 4 厘米。（图 2 － 33，1）

五四　ZJLY－91 老虎头遗址

1. 遗址概况

老虎头遗址位于荔城街陈桥头村北侧山岗上。该山东与桥头后龙山、罗林山相接，西部为地势低平的农田，与韩树岭、园村岭相望，北眺对面山、西瓜岭，东北与菌苗相邻，西距桥头涌约 800 米。当地村民称之为老虎头，故名。

老虎头由南北两座小山岗构成，平面呈弧状，东与桥头后龙山、罗林山相接形成一座环形山岗，总面积约 116 000 平方米，海拔约 44.8 米，相对高度约 19.8 米。坡度平缓，山上遍植荔枝、乌榄等果

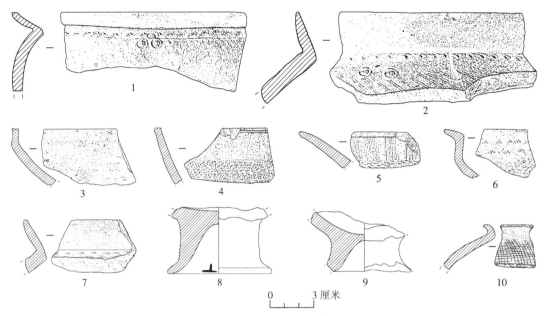

图 2 - 34　ZJLY - 91、92 采集陶器

1 ~ 7. 陶罐口沿（ZJLY - 91：175Z Ⅰ、ZJLY - 91：165Z Ⅰ、ZJLY - 91：189Z Ⅰ、ZJLY - 91：105Z Ⅰ、ZJLY - 91：18Z Ⅰ、
ZJLY - 91：271Z Ⅰ、ZJLY - 91：260Z Ⅰ）　8、9. 陶豆圈足（ZJLY - 91：236Z Ⅰ、ZJLY - 91：133Z Ⅰ）　10. 陶罐
口沿（ZJLY - 92：1Y Ⅱ）

树，大部分区域有杂草且枯叶遍地。（彩版五二，1）

2. 采集遗物

在山顶及近山顶处采集遗物 278 件，皆为陶器残片。（图 2 - 34；彩版九○，1）分布面积约
53 600 平方米。据遗物特征分析，可分为西周至春秋、唐宋、明清三个时期。

西周至春秋时期：采集陶片 276 片。陶质以泥质粗硬陶为主，泥质细硬陶次之，有少量夹细砂硬
陶、泥质粗软陶，另有夹粗砂软陶、夹细砂软陶、泥质细软陶等；陶色以青灰色为主，亦有较多灰、
红褐、灰黑、灰白色，另见少量红、灰褐、深灰色等；器表部分为素面，纹饰多见方格纹、夔纹、菱
格（凸点/块）纹、篦点纹等，另有弦纹、重圈纹、附加堆纹、刻划纹、弦纹、卷云纹、勾连云雷纹、
条纹、栉齿纹等，大部分以组合纹形式出现，部分有施釉现象；可辨器形、部位多为罐口沿，另有瓮
口沿、釜口沿、豆圈足等，豆圈足多见刻划符号。（图 2 - 35）

陶罐口沿　7 件。

ZJLY - 91：105Z Ⅰ，泥质粗硬陶，灰褐色；敞口，宽折沿，平方唇，唇下外沿有一周凸棱；外沿
饰方格纹。残宽 7.8、高 4.5 厘米。（图 2 - 34，4）

ZJLY - 91：165Z Ⅰ，泥质粗硬陶，灰褐色；直口，圆唇，斜肩；肩部饰戳印纹、菱格凸块纹、重
圈贴塑纹。残宽 14、高 6 厘米。（图 2 - 34，2；彩版一二六，3）

ZJLY - 91：175Z Ⅰ，泥质细硬陶，青灰色；侈口，斜折沿，尖圆唇，近溜肩；肩部饰方格纹、附
加堆纹、篦点纹。残宽 12.7、高 5.2 厘米。（图 2 - 34，1；彩版七七，3；彩版一二六，4）

ZJLY - 91：18Z Ⅰ，泥质粗硬陶，灰色；敞口，斜折沿，斜方唇微外卷；外沿饰篦划纹、方格纹。
残宽 5.9、高 3 厘米。（图 2 - 34，5）

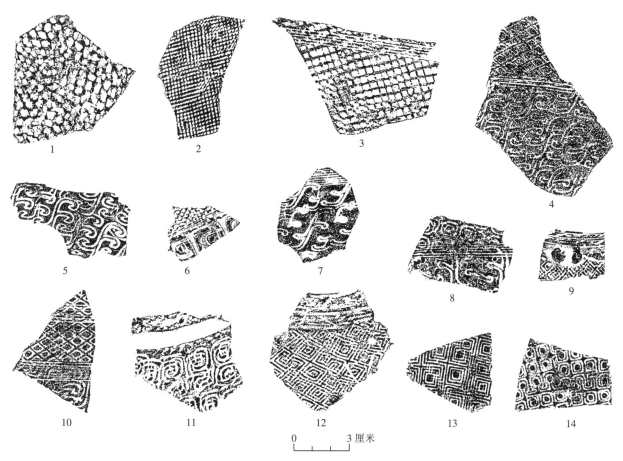

图 2 - 35　ZJLY - 91 采集陶片纹饰拓片

1、2. 方格纹（ZJLY - 91:9Z Ⅰ、ZJLY - 91:34Z Ⅰ）　3. 方格纹 + 弦纹（ZJLY - 91:58Z Ⅰ）　4. 夔纹 + 菱格凸点纹 + 弦纹（ZJLY - 91:31Z Ⅰ）　5. 夔纹（ZJLY - 91:270Z Ⅰ）　6. 方格纹 + 夔纹 + 弦纹（ZJLY - 91:81Z Ⅰ）　7. 夔纹 + 弦纹（ZJLY - 91:275Z Ⅰ）
8. 夔纹 + 重圈纹 + 弦纹（ZJLY - 91:196Z Ⅰ）　9. 附加堆纹 + 菱格纹 + 刻划纹（ZJLY - 91:225Z Ⅰ）　10. 夔纹 + 菱格凸块纹 + 弦纹（ZJLY - 91:231Z Ⅰ）　11. 卷云纹（ZJLY - 91:169Z Ⅰ）　12. 重菱格凸点纹 + 篦点纹（ZJLY - 91:146Z Ⅰ）　13. 重方格凸块纹（ZJLY - 91:268Z Ⅰ）　14. 重圈凸点纹（ZJLY - 91:269Z Ⅰ）

　　ZJLY - 91:189Z Ⅰ，泥质粗硬陶，灰色；直口，平方唇，唇面凹，上沿近直，下沿弧收；下沿饰方格纹。残宽 8、高 4.6 厘米。（图 2 - 34，3）

　　ZJLY - 91:260Z Ⅰ，泥质细硬陶，灰褐色；侈口，斜折沿，方圆唇，斜肩；肩部饰篦点纹、弦纹。残宽 7.3、高 4.4 厘米。（图 2 - 34，7；彩版一二六，5）

　　ZJLY - 91:271Z Ⅰ，泥质细硬陶，灰色；侈口，卷沿，方圆唇，短溜肩，弧腹残缺；肩部饰篦点纹，腹部饰方格纹。残宽 5.1、高 4 厘米。（图 2 - 34，6）

　　陶豆圈足　2 件。

　　ZJLY - 91:133Z Ⅰ，泥质粗硬陶，灰白色；豆盘下部弧收，圜底，下附喇叭状矮圈足，足跟残缺；圈足内壁有刻划符号。残宽 8.5、高 5 厘米。（图 2 - 34，9；彩版一三一，1）

　　ZJLY - 91:236Z Ⅰ，泥质粗硬陶，灰色；圜底，下附圈足，粗壮较高，上部近直，近足底外撇，足跟圆弧；圈足内壁有刻划符号。残宽 9、高 5.5 厘米。（图 2 - 34，8）

　　唐宋时期：采集 1 片泥质粗硬陶片。

明清时期：采集 1 片饰条纹陶片。

五五　ZJLY-92 菌冚遗址

1. 遗址概况

菌冚遗址位于荔城街桥头村北部山岗上。该山西北与西瓜岭相邻，北邻将军扎站，东南与猫岭相邻，南邻罗林山，南距桥头涌约 1200 米。当地村民称之菌冚，故名。

菌冚为一座独立椭圆形山岗，面积约 54 000 平方米，海拔仅约 27.8 米，相对高度约 17.8 米。山势低矮平缓，仅北坡较陡峭，周边均为地势低平的农田。山上种植荔枝、乌榄、香蕉等果树，另有竹子等，果林内杂草不多，但枯叶遍地。

2. 采集遗物

在山岗东部采集陶器残片 2 件。其中泥质粗软陶和泥质细硬陶各 1 片，均饰方格纹，器形、部位有罐口沿。年代应属战国至南越国时期。

陶罐口沿　1 件。

ZJLY-92：1YⅡ，泥质细硬陶，灰褐色；小口，卷沿，尖唇，弧方肩；肩部饰方格纹。残宽 3.4、高 3.5 厘米。（图 2-34，10）

五六　ZJLY-93 西瓜岭遗址

1. 遗址概况

西瓜岭遗址位于荔城街大岭咀村东部、陈桥头村北部山岗上，其西邻对面山，北邻方水坳，东邻将军扎站，东南邻菌冚，西南、南部为地势低平的农田，与老虎头相望，西距桥头涌约 1300 米。当地村民称之为西瓜岭，故名。

山岗平面呈椭圆形，面积约 41 000 平方米，海拔约 30.7 米，相对高度约 15.7 米，山势低矮平缓。山岗诸坡种植有荔枝等果树，西坡、山顶有少许乌榄。整个山岗大部分区域杂草、灌木丛生，仅西坡中下部、山顶局部及南坡果林内杂草不多，可进行调查。

2. 采集遗物

在南坡山腰处采集绳纹陶片 1 片，泥质细硬陶，深灰色。据陶片特征判断当属新石器时代晚期至商代。

五七　ZJLY-94 龙角村对面山遗址

1. 遗址概况

龙角村对面山遗址位于荔城街龙角村大岭咀东部，其北邻橘仔山，东北与方水坳相邻，东南与西瓜岭相邻，西南部为地势低平的农田，西邻大岭咀后龙山，西北与兰头岭相望，西南距桥头涌约 1200 米。当地村民称之为对面山，故名。

对面山平面呈椭圆形，面积约 49 000 平方米，海拔约 34 米，相对高度约 24 米。山势低矮平缓，唯西坡稍陡峭。西坡种植有荔枝等果林，杂草、灌木丛生。西南坡为茂密的竹林，无法深入调查。其他山坡上遍植荔枝、乌榄等果树，山顶果树较少，果林内大部分区域杂草丛生，唯东坡、南坡部分区域可调查。

2. 采集遗物

采集遗物 4 件，皆为陶器残片，分布范围约 1200 平方米。其中南坡山腰处采集陶片 2 片，泥质细硬陶，饰方格纹；另在西南坡坡脚刚挖的小鱼塘边上采集泥质细硬陶片 2 片，饰米字纹。依陶片特征判断时代为战国至南越国。

五八 ZJLY – 99 龟眼羊遗址

1. 遗址概况

龟眼羊遗址位于荔城街莲塘村上莲塘村西南部，其北与温山吓山连绵相接，西邻省道 S256，与路西侧将军扎站山相望。南邻犁头山，东邻圆岭子，东距增江干流约 580 米，莲塘水库位于山岗东北坡坡脚下。地形图显示该山为龟眼羊，故名。

该山形体大，面积约 230 000 平方米，由东、西两个山岗构成，海拔约 80 米，相对高度约 65 米，诸坡稍陡峭。山岗东坡遍植荔枝，林内杂草丛生，枯叶遍地。山岗西坡遍植松树，林内杂草、灌木丛生，无法踏查。

2. 采集遗物

在东南坡山腰处采集陶罐口沿 1 件，泥质粗硬陶，灰白色，饰篦点纹加弦纹。推断时代为西周至春秋时期。

五九 ZJLY – 100 圆岭子遗址

1. 遗址概况

圆岭子遗址位于荔城街莲塘村上莲塘村西南山岗上。该山西北与莲塘水库相邻，西邻龟眼羊，南邻牛头岭 1 号山，东南邻牛头岭 2 号山，北邻调查网格树枝头，东距增江干流约 540 米。当地村民称之为圆岭子，故名。

该山为一座独立的圆形小山岗，其西北坡因修筑乡村公路被破坏成断崖，现存面积约 14 000 平方米，海拔约 32.1 米，相对高度约 17.1 米，坡度平缓。山上种植少许果树，另有少许桉树、松树等。地表植被不多，大部分区域裸露。

2. 遗迹现象

在东坡发现 2 处散砖堆积。依砖的形制判断当为宋代，推断可能存在宋代砖室墓。

六〇 ZJLY – 298 棠村背扶山遗址

1. 遗址概况

棠村背扶山遗址位于荔城街棠村村埔心社背后山岗上。该山北侧紧邻乡道 Y343，东邻省道 S256，东距增江 250 米。山岗南坡坡脚为棠村，西坡坡脚为埔心村，四周均为地势低平的农田，西北与猫岭相望，东与棠村山相对。因山名未知，本报告依村名定名为棠村背扶山遗址。

山岗平面呈不规则形，由东、中、西三座小山岗连绵相接构成，面积约 177 000 平方米，海拔约52.9 米，相对高度约 37.9 米，坡度较为平缓。山岗东坡因修建省道 S256 被破坏呈断崖状，北坡建有养猪场，局部私挖乱掘严重。北坡、西坡大部分区域为荒置状态，种有较多竹子、桉树、樟树、松树等，局部有果树，地表杂草、灌木丛生，无法踏查。南坡遍植荔枝、乌榄等果树，地表大部分区域杂草不多。

2. 采集遗物

在南坡山腰处采集陶罐残片 2 件，均为泥质细硬陶，饰弦纹；另发现数块唐代墓砖。据此推断遗址时代为唐宋时期。

六一　ZJLY - 299 棠村山遗址

1. 遗址概况

棠村山遗址位于荔城街棠村村棠村社东北侧山岗上，西邻省道 S256，与省道西侧棠村背扶山相对，东邻增江，南为地势低平的农田，县道 291 从山岗中部穿过。山岗名称未知，以所在村庄定名为棠村山遗址。

山岗总面积约 119 000 平方米，由县道 X291 分为南北两座小山岗。县道东北侧山岗海拔约 55.1米，相对高度约 40.1 米，北坡较为陡峭，山岗基本上处于荒置状态，种有竹子、松树、桉树、樟树等，地表杂草、灌木丛生，无法入内调查；南坡较平缓，树木不多，杂草茂盛，局部堆放大量淤泥及建筑垃圾，仅东南坡有小片荔枝林可供调查。县道西南侧小山岗海拔约 20 米，相对高度仅 10 米，山势低矮平缓，遍植荔枝、乌榄等果树，局部有竹林，地表杂草较多，枯叶遍地，对调查有一定影响。

2. 采集遗物

在县道两侧采集遗物 7 件，皆为陶器残片，分布面积约 6700 平方米。陶质多为泥质硬陶，陶色多见深灰、红褐色等，纹饰可见重菱格纹、方格纹、篦点纹、夔纹等，可辨器形、部位有罐口沿。年代应为西周至春秋时期。

六二　ZJLY - 300 围岭遗址

1. 遗址概况

围岭遗址位于荔城街棠村村棠村社西南侧一座小台地，台地四周均为地势低平的农田，北侧紧邻乡道 Y343，西北与冰村相邻，西南与学宙背扶岭相望，南望蔗古山、摘尾山等，西距附城运河约 510米。当地村民称台地为围岭，故名。

台地平面形状近椭圆形，面积约 32 000 平方米，海拔约 18 米，相对高度约 3 米，地势平缓。台地上遍植荔枝，另有少许龙眼、柿子等，地表杂草不多，枯叶遍地。

2. 采集遗物

采集遗物 21 件，计有陶器残片 20 件、石器 1 件。（图 2 - 36；彩版七一，1）分布面积约 10 000平方米。

（1）陶器。采集陶片 20 件。据遗物特征分析可分为新石器时代晚期至商代、西周至春秋、战国至

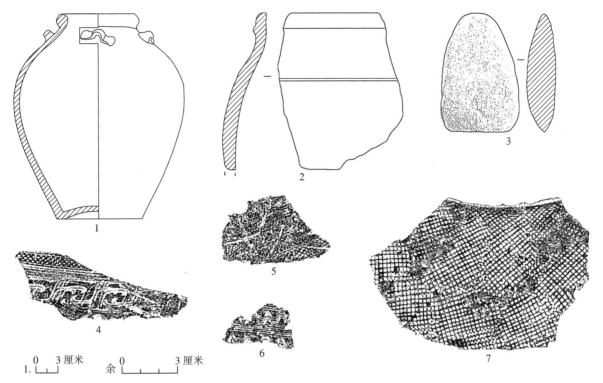

0 ___ 3 厘米
1. |___|___|

余 0 ___ 3 厘米
|___|___|

图 2 - 36　ZJLY - 300 采集遗物及陶片纹饰拓片

1. 陶罐（ZJLY - 300∶1）　2. 陶罐口沿（ZJLY - 300∶4T）　3. 石锛（ZJLY - 300∶11T）　4. 方格纹 + 夔纹 + 弦纹（ZJLY - 300∶12T）　5. 方格纹 + 弦纹（ZJLY - 300∶2T）　6. 水波纹 + 弦纹（ZJLY - 300∶3ZⅠ）　7. 方格纹（ZJLY - 300∶1YⅡ）

南越国、汉代、晋南朝、唐宋六个时期。

新石器时代晚期至商代：采集泥质绳纹陶片 1 片。

西周至春秋时期：采集陶片 6 片，多为泥质细硬陶，有少量泥质粗软陶、泥质粗硬陶；陶色可见灰、深灰、灰黑色等；纹饰有方格纹、方格纹加夔纹加弦纹、方格纹加弦纹。

战国至南越国时期：采集陶片 9 片。陶质有泥质细硬陶、泥质粗硬陶、泥质细软陶；陶色多见灰、灰黑色，有少量深灰、青灰色；纹饰以方格纹为主，另有米字纹、水波纹加弦纹等；可辨器形、部位有罐口沿。

汉代：采集陶罐口沿 1 件。泥质细硬陶，灰褐色，饰弦纹，施酱釉。

陶罐口沿　1 件。

ZJLY - 300∶4T，泥质细硬陶，灰褐胎，器表施酱釉；近直口，方圆唇，微束颈，颈部一道凸棱，短斜肩，弧腹；肩、腹相接处有一周凹弦纹。残宽 6.8、高 8.3 厘米。（图 2 - 36，2；彩版一四七，3）

晋南朝：采集素面陶片 2 片。泥质细硬陶，灰色。（彩版八一，4）

唐宋时期：采集四耳陶罐 1 件。

陶罐　1 件。

ZJLY - 300∶1①，泥质细硬陶，灰褐色；小口，厚圆唇，斜弧肩，肩部附 4 个横桥耳，上腹圆鼓，

---

① 因采集时未记录信息，故缺乏采集者。

下腹斜收，平底略内凹；素面。口径11.2、底径11.6、高27.2厘米。（图2－36，1）

（2）石器。采集石锛1件。时代为新石器时代晚期至商代。

石锛　1件。

ZJLY－300：11T，灰褐色片岩，石质较粗；正面近梯形，顶部圆弧，两侧边斜弧向下外张，单面直刃。宽4.3、高6.3、厚1.6厘米。（图2－36，3）

六三　ZJLY－301学宫背扶岭遗址

1. 遗址概况

学宫背扶岭遗址位于荔城街桥头村鹤宫社西侧山岗上。该山北、东、南均为地势低平的农田，西邻盘龙岗及学宫荔枝山，北望冰村，东北与围岭相望，南与韩洞池、蔗古山相对，附城运河环绕山岗东侧。山岗由西侧盘龙地、北侧白公坳、东侧背扶岭三座小山岗相接构成，因遗物分布于背扶岭，故名。

背扶岭山岗平面近椭圆形，面积约241 000平方米，海拔约41.5米，相对高度约30.1米，坡度平缓。除东坡种植竹林外，其他区域遍植荔枝、乌榄、龙眼等果树，地表杂草较多，枯叶遍地。

2. 采集遗物

在背扶岭西北坡采集陶器残片2件，为泥质细硬陶，饰方格纹、方格纹加弦纹。年代应属战国至南越国时期。

六四　ZJLY－303盘龙岗遗址

1. 遗址概况

盘龙岗遗址位于荔城街陈桥头村学宫社西侧，石群宫山东南侧延伸出的一处坡地上。东北侧有一处较大鱼塘，西南与学宫荔枝山相邻，东邻学宫背扶岭，东距附城运河约150米。调查时在山坡发现一座清代墓葬，碑文显示本山土名盘龙岗，故名。

盘龙岗为西侧石群宫山的延伸地带，平面近方形，面积约42 000平方米，海拔约50米，相对高度约25米，坡度平缓。坡地遍植荔枝，间有龙眼、竹子、桉树等，大部分区域杂草不多，但地表覆盖较厚枯叶，局部区域荒置，无法入内调查。

2. 采集遗物

在近坡脚梯田断面采集米字纹陶片2片，年代应属战国至南越国时期。

六五　ZJLY－304学宫荔枝山遗址

1. 遗址概况

学宫荔枝山遗址位于荔城街陈桥头村鹤宫社西侧，石群宫山东南侧延伸出的一处小山岗上，东北邻盘龙岗，西邻莲棠吓，东南距附城运河约60米，东北与学宫背扶岭相望，南侧为地势低平的农田。当地村民称该山名为东华，调查时在山岗发现一座民国八年（1919年）墓葬，碑文显示本山土名荔枝山，依村名定名为学宫荔枝山遗址。

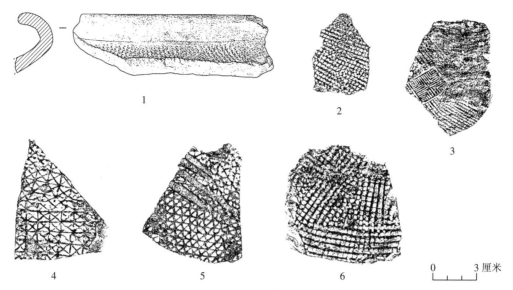

图 2 - 37　ZJLY - 304、305 采集陶片及纹饰拓片

1. 陶罐口沿（ZJLY - 304：3YⅡ）　　2、6. 方格纹（ZJLY - 305：6T、ZJLY - 304：2YⅡ）

3. 方格纹 + 戳印纹（ZJLY - 305：3T）　　4、5. 米字纹（ZJLY - 305：10T、ZJLY - 304：1YⅡ）

荔枝山平面呈椭圆形，面积约 43 000 平方米，海拔约 50 米，相对高度约 25 米，坡势平缓。山岗
上遍植荔枝、乌榄、龙眼等果树，局部有竹林、桉树等，果林内大部分区域地表杂草丛生，枯叶遍地。
山下农田地势低平，种植有水稻及瓜果蔬菜等。

2. 采集遗物

在东坡近坡脚及坡前农田内采集陶器残片 10 件，分布面积约 9000 平方米。陶片多为泥质粗硬陶，
有少量泥质细硬陶；陶色多见灰褐、深灰色；纹饰以方格纹、米字纹为主，有少量饰三角格纹、弦纹；
可辨器形、部位有罐口沿。据遗物特征推断时代为战国至南越国。（图 2 - 37）

陶罐口沿　1 件。

ZJLY - 304：3YⅡ，泥质细硬陶，灰褐色；敞口，卷沿，圆唇，斜肩；肩部饰三角格纹。残宽
13.2、高 4 厘米。（图 2 - 37，1）

六六　ZJLY - 305 莲棠吓遗址

1. 遗址概况

莲棠吓遗址位于荔城街蒋村村塘面社北部、桥头村学㘰社西南部山岗上，其北接石群㘰高山区，
西邻新围路，与蛇头山隔路相望，东邻学㘰荔枝山，南为大面积地势低平的农田，东距附城运河约
230 米。当地村民称该山为莲棠吓，故名。

莲棠吓为北侧石群㘰高山区向南延伸山岗，由东、西两座小山岗构成，面积约 156 000 平方米。
西侧山岗海拔约 99.8 米，东南侧山岗海拔约 64 米，坡度均较为陡峭。山岗以种植荔枝为主，另有少
量龙眼、乌榄、竹子等。山岗大部分区域地表无杂草，但枯叶遍地。

2. 采集遗物

在山岗西南坡采集遗物 13 件，为陶瓷器残片，分布面积约 2300 平方米。据遗物特征分析可分为

战国至南越国、唐宋两个时期。（见图 2 - 37）

战国至南越国时期：采集陶片 11 片。泥质硬陶；陶色有灰、深灰、红褐色；器表多饰方格纹、米字纹，另有方格对角线纹、戳印纹等；可辨器形、部位有罐口沿、罐底等。

陶罐腹部残片　1 件。

ZJLY - 305：3T，泥质粗硬陶，灰色；饰方格纹加戳印纹。（图 2 - 37，3）

唐宋时期：采集青釉瓷片 1 片、泥质细硬陶罐口沿 1 件。（彩版八二，6）

六七　ZJLY - 306 光头岭遗址

1. 遗址概况

光头岭遗址位于荔城街蒋村村塘面社、村心社西北侧、百花林水库出水口东北侧山岗上。山岗北与广州美影广州园林分公司、日本锦鲤养殖场相邻，西邻蛇头山，东邻新围路。山岗东、北、南均为地势低平的农田。当地村民称该山为光头山，故名。

光头山平面近椭圆形，包含山岗西南部岗前台地，面积约 68 000 平方米。山岗海拔约 37.5 米，相对高度约 17.5 米，坡度平缓。山上遍植荔枝、龙眼、乌榄等果树，局部种有竹子等。山岗顶部周边区域杂草丛生，可视度不高；坡脚及台地杂草不多，但枯叶遍地。（彩版五八，1）

2. 采集遗物

采集遗物 38 件，其中陶器残片 37 件、石器 1 件。（图 2 - 38；彩版九九，1）分布于整座山岗，面积约 68 000 平方米。

（1）陶器。采集陶片 37 片。据遗物特征分析可分为新石器时代晚期至商代、西周至春秋、战国至南越国三个时期。

新石器时代晚期至商代：采集泥质陶片 2 片，饰曲折纹。

西周至春秋时期：采集陶片 6 片。多为泥质粗硬陶，有少量泥质细硬陶；陶色有红褐、深灰、灰黑、青灰色等；纹饰有方格纹、夔纹、曲折纹、网格纹等；可辨器形、部位有瓮口沿、豆圈足。

陶豆圈足　1 件。

ZJLY - 306：3T，泥质粗硬陶，灰白胎，器表为深灰色陶衣；豆盘残缺，下附喇叭状高圈足，上部为圆柱状，下部外撇，底部残缺。残宽 7、高 8.3 厘米。（图 2 - 38，1；彩版一三一，4）

战国至南越国时期：采集陶片 29 片。多为泥质粗硬陶，泥质细硬陶次之，少量为泥质粗软陶和夹细砂硬陶；陶色多见红褐、灰、灰白等，另有灰黑、青灰、深灰色等；纹饰以方格纹、米字纹为主，有少量素面和三角格纹；可辨器形、部位有罐口沿、罐底。

（2）石器。采集石砚 1 件。时代为明清时期（彩版八三，3）。

六八　ZJLY - 307 蛇头山遗址

1. 遗址概况

蛇头山遗址位于荔城街蒋村村塘面社西侧、百花林水库东侧山岗上。该山东邻塘面村、光头山，北接老虎岭，东南为地势低平的农田，西南与新联新村渠背山相望。当地村民称该山为蛇头山，故名。

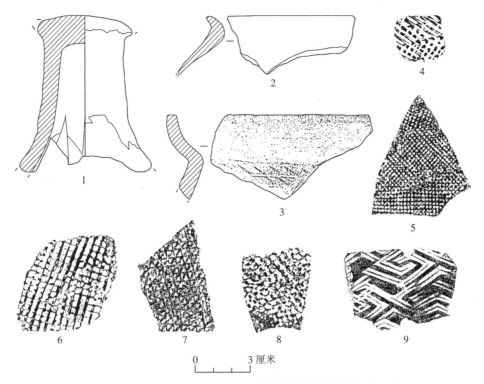

图 2-38　ZJLY-306、307 采集陶器及陶片纹饰拓片

1. 陶豆圈足（ZJLY-306：3T）　2、3. 陶罐口沿（ZJLY-307：2T、ZJLY-307：3T）　4. 曲折纹（ZJLY-306：5YⅡ）
5、6、8. 方格纹（ZJLY-306：1ZⅠ、ZJLY-306：11T、ZJLY-307：6T）　7. 三角格纹（ZJLY-306：12T）　9. 云雷纹
（ZJLY-307：5T）

蛇头山平面呈三角形，面积约 136 000 平方米，海拔约 55.2 米，相对高度约 30.2 米，地势较为陡峭，西侧因工程施工无法调查，山腰以上未经开荒，无法入内调查，山腰以下多为农田，以种植瓜果蔬菜为主，局部有水田。

2. 采集遗物

采集遗物 9 件，皆为陶器残片，其中山岗东坡北侧分布 4 件，南侧分布 5 片，范围约 3200 平方米。据遗物特征分析，可分为新石器时代晚期至商代、西周至春秋、战国至南越国三个时期。（见图 2-38）

新石器时代晚期至商代：采集陶片 2 片。皆为夹粗砂软陶，灰黑色，素面，为罐（釜）口沿。

陶罐口沿　1 件。

ZJLY-307：2T，夹粗砂软陶，灰褐色；侈口，短折沿，尖圆唇，斜直肩；素面。残宽 7、高 3.1 厘米。（图 2-38，2；彩版一一五，2）

西周至春秋时期：采集陶片 3 片。泥质粗硬陶，饰篦点纹、云雷纹，可辨器形、部位有罐、瓿的口沿。

陶罐口沿　1 件。

ZJLY-307：3T，泥质粗硬陶，灰褐色；近盘形口，平方唇，斜直肩；肩部饰篦点纹。残宽 8.8、高 4.5 厘米。（图 2-38，3；彩版一二七，4）

战国至南越国时期：采集陶片 4 片。多为泥质粗硬陶，有少量夹细砂硬陶、泥质细硬陶，陶色有灰、青灰色，饰米字纹、方格纹。

六九　ZJLY-308 大岽遗址

1. 遗址概况

大岽遗址位于荔城街棠村村西南、廖村村北部山岗上。该山西接摘尾山，东、北均为地势低平的农田，东距省道 S256 约 440 米，南邻边山，棠村涌从山岗北侧自西向东流经，汇入增江。当地村民称该山为大岽，故名。

山岗平面近椭圆形，面积约 94 000 平方米，海拔约 33 米，相对高度约 23 米，北坡稍陡，山顶较平坦。山岗北坡基本荒置，其他区域遍植荔枝、乌榄等果树，地表杂草较多。

2. 采集遗物

在西坡北部近坡顶处采集遗物 14 件，其中陶器残片 12 件、铜器 2 件。（图 2-39）遗物分布面积约 3300 平方米。

（1）陶器。采集陶片 12 片。泥质粗硬陶和泥质细硬陶各半；陶色多为灰、灰褐色；纹饰多见方格纹、米字纹、水波纹加弦纹，少量为素面；可辨器形、部位有罐底、瓿口沿等。据遗物特征推断时代为战国至南越国。

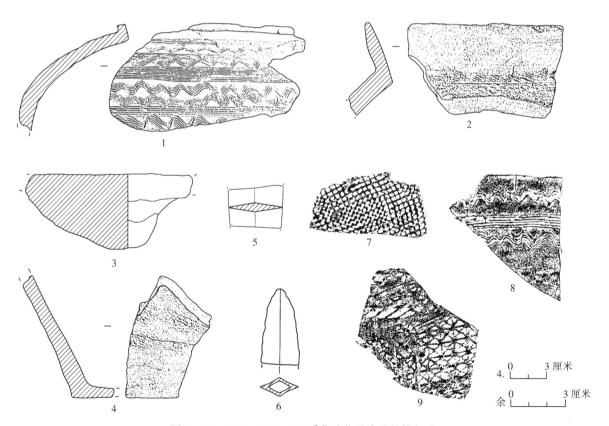

图 2-39　ZJLY-308、309 采集遗物及陶片纹饰拓片

1. 陶瓿口沿（ZJLY-308:4T）　2. 陶罐口沿（ZJLY-309:1Z Ⅰ）　3. 陶器足（ZJLY-309:2Z Ⅰ）　4. 陶罐底（ZJLY-308:1Z Ⅰ）　5、6. 铜矛（ZJLY-308:7Z Ⅰ、ZJLY-308:3Z Ⅰ）　7. 方格纹（ZJLY-308:2Y Ⅱ）

8. 水波纹＋弦纹（ZJLY-308:5Z Ⅰ）　9. 米字纹（ZJLY-308:2Z Ⅰ）

陶瓿口沿 1件。

ZJLY－308：4T，泥质粗硬陶，灰褐色；敞口，短折沿，平方唇，弧广肩，圆鼓腹；肩、腹饰水波纹、弦纹。残宽10.7、高5.7厘米。（图2－39，1；彩版七九，9；彩版一四二，2）

陶罐底 1件。

ZJLY－308：1ZⅠ，泥质细硬陶，青灰色；上部残缺，下腹斜直内收，平底；腹部饰米字纹。残宽7、高9.7厘米。（图2－39，4）

（2）铜器。采集铜矛2件。时代为战国至南越国时期。

铜矛 2件。

ZJLY－308：3ZⅠ，残存呈长三角形，中部起脊；两面刃，两侧边向前收尖成锋，横截面呈菱形，中空也呈菱形。残宽2.1、高4、厚1厘米。（图2－39，6；彩版一四六，7）

ZJLY－308：7ZⅠ，两端残断，仅存一段，为扁体条形，中部起脊；两面刃，横截面呈菱形，实心。残宽3、高2.3、厚0.5厘米。（图2－39，5；彩版一四六，8）

七〇 ZJLY－309 摘尾山遗址

1. 遗址概况

摘尾山遗址位于荔城街棠村村西南部、学宙村东南侧山岗上，西邻蔗古山，南接开宙岭，东接大宙，北为地势低平的农田，棠村涌环绕山岗西北侧，汇入增江。当地村民称山岗名摘尾山，故名。

摘尾山平面近椭圆形，面积约103 000平方米，坡度平缓，海拔约50.1米，相对高度约40.1米。山岗大部分区域荒置，无法深入踏查。北坡山腰以下区域种植荔枝、龙眼、乌榄等果树，地表杂草较多，枯叶遍地。

2. 采集遗物

在北坡及东坡果林内采集陶器残片2件，皆为泥质粗硬陶。1件为素面器足；1片为陶罐口沿，饰菱格纹、篦点纹、弦纹。据遗物形态推断时代为西周至春秋时期。（见图2－39）

陶器足 1件。

ZJLY－309：2ZⅠ，泥质粗硬陶，红褐色；残存很小一段，残存上面为凹弧面，是器底原始面，下部为粗圆柱状；素面。残宽9.2、高4厘米。（图2－39，3）

陶罐口沿 1件。

ZJLY－309：1ZⅠ，泥质粗硬陶，深灰色；敞口，宽斜折沿，圆唇，斜直肩；肩部饰菱格纹、篦点纹、弦纹。残宽8.4、高4.9厘米。（图2－39，2；彩版一二七，5）

七一 ZJLY－310 蔗古山遗址

1. 遗址概况

蔗古山遗址位于荔城街棠村村南部、廖村西部、学宙村东南部。其北侧为地势低平的农田，与学宙背扶岭、围岭相望，西邻乡村公路，与公路对面韩洞池相望，南接前岭山，东北与摘尾山相接，棠村涌从山岗西北侧流经，汇入增江。当地村民称之为蔗古山（音），故名。

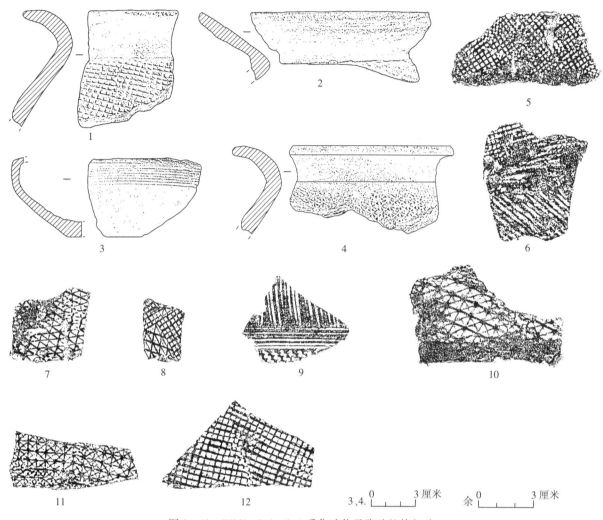

图 2 - 40   ZJLY - 310、311 采集遗物及陶片纹饰拓片

1、2、4. 陶罐口沿(ZJLY - 311:3T、ZJLY - 311:9ZⅠ、ZJLY - 311:8ZⅠ)   3. 陶盒(ZJLY - 311:1ZⅠ)   5、12. 方格纹
(ZJLY - 310:4T、ZJLY - 311:5YⅡ)   6. 方格纹 + 条纹(ZJLY - 310:2ZⅠ)   7. 三角格纹(ZJLY - 311:1T)   8. 方格纹 +
三角格纹(ZJLY - 311:6ZⅠ)   9. 篦划纹 + 弦纹 + 栉齿纹(ZJLY - 311:2ZⅠ)   10、11. 米字纹(ZJLY - 310:5T、ZJLY -
310:1YⅡ)

山岗面积约 93 000 平方米,海拔约 50 米,相对高度约 35 米,坡度较为平缓。以种植荔枝、龙眼、乌
榄、香蕉等果树为主,局部有竹林、农作物等。地表大部分区域内杂草不多,但枯叶遍地,对调查带来一定
影响。山腰及以上区域为荒山,种有樟树、松树、桉树、杉树、竹子等,杂草灌木丛生,无法入内调查。

2. 采集遗物

采集遗物 11 件,皆为陶器残片,分布面积约 12 000 平方米。陶片多为泥质粗硬陶,少量为泥质细
硬陶;陶色以灰色为主,另有红褐、青灰、深灰色等;纹饰以米字纹为主,少量为方格纹、方格纹加
条纹、素面等。据遗物特征推断时代为战国至南越国。(图 2 - 40)

七二   ZJLY - 311 前岭山遗址

1. 遗址概况

前岭山遗址位于荔城街庆丰村寮前岭社北部、开甶岭西南侧一处较小的圆形山岗上。该山位于前

岭路西一巷东侧，山前西、南侧为地势低平的农田，北邻蔗古山，西距附城运河约 190 米。依寮前岭村村名定为前岭山遗址。

山岗平面近圆形，形体较小，面积仅 15 000 平方米，海拔约 26.2 米，相对高度仅 1.2 米。山岗上遍植荔枝，间有少量龙眼、乌榄、芒果、竹子等，大部分区域杂草不多，但枯叶遍地，对调查带来一定影响。

2. 采集遗物

采集遗物 19 件，皆为陶器残片。多分布于山岗南坡，分布面积约 2800 平方米。陶片多为泥质粗硬陶；陶色以红褐、灰、深灰为主；纹饰多见方格纹、米字纹、三角格纹，另有篦点纹加弦纹、篦划纹加弦纹加栉齿纹、网格纹等；可辨器形、部位有罐口沿、罐底、盒等，年代当属战国至南越国时期。（见图 2 - 40）

陶罐口沿　3 件。

ZJLY - 311：8Z I，泥质粗硬陶，深灰色；侈口，圆唇，卷沿，短颈，斜肩；肩部饰米字纹。残宽 11.1、高 5.8 厘米。（图 2 - 40，4；彩版一三九，1）

ZJLY - 311：9Z I，泥质粗硬陶，灰褐色；侈口，宽斜折沿，沿面有凹弦纹两周，方圆唇，肩部残缺；素面。残宽 9.8、高 3.7 厘米。（图 2 - 40，2）

ZJLY - 311：3T，泥质粗硬陶，灰胎，器表呈紫红色；侈口，沿微外卷，尖圆唇，斜弧肩；肩部饰方格纹。残宽 5.3、高 5.2 厘米。（图 2 - 40，1）

陶盒　1 件。

ZJLY - 311：1Z I，泥质粗硬陶，灰色；口、沿残缺，残存少许肩部为斜直肩，直折腹，下腹斜直内收，平底；肩、上腹饰篦点纹、弦纹。残宽 8、高 5.2 厘米。（图 2 - 40，3；彩版一四三，4）

七三　ZJLY - 312 自家岭遗址

1. 遗址概况

自家岭遗址位于荔城街庆丰村寮前岭社北侧山岗上。该山北接开冚山，西邻前岭路西一巷，南邻寮前岭村，村南侧、东侧均为地势低平的农田，西距附城运河约 280 米，东南距省道 S256 约 120 米。当地村民称该山为自己山或自家岭，故以自家岭名之。

山岗平面近圆形，面积约 48 000 平方米，海拔约 40.6 米，相对高度约 25.6 米，坡度较平缓。除南坡种植竹林外，其他区域以种植荔枝为主，间有零星乌榄、龙眼、竹子等，部分区域荒置无法调查。果林内大部分区域杂草不多，但枯叶遍地，对调查有一定影响。（彩版五八，2）

2. 采集遗物

在山岗西南坡、南坡采集遗物 42 件，皆为陶器残片，分布范围约 16 000 平方米。陶质以泥质粗硬陶为主；陶色多见灰褐、灰、深灰色；纹饰多见方格纹、夔纹、重菱格纹或重菱格凸点纹等，多以组合形式出现，另有云雷纹、曲折纹、重圈凸点纹等；可辨器形、部位有罐口沿、豆等。年代属西周至春秋时期。（图 2 - 41）

陶罐口沿　1 件。

ZJLY - 312：8Y II，泥质细硬陶，灰褐色；侈口，斜折沿，沿面外鼓，尖圆唇，斜直肩；肩部饰方

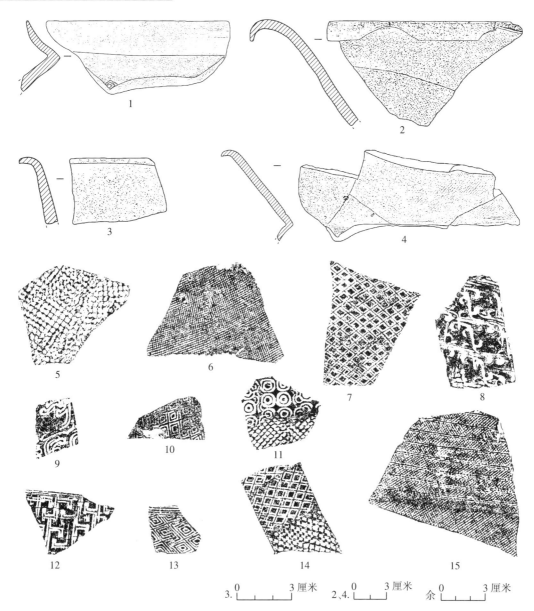

图 2 - 41　ZJLY - 312、313 采集遗物及陶片纹饰拓片

1. 陶罐口沿（ZJLY - 312：8YⅡ）　2～4. 陶瓮口沿（ZJLY - 313：1T、ZJLY - 313：41T、ZJLY - 313：32T）
5、6. 方格纹（ZJLY - 312：9T、ZJLY - 313：19T）　7. 菱格凸块纹（ZJLY - 312：12T）　8、9. 夔纹
（ZJLY - 313：49T、ZJLY - 312：10T）　10. 重菱格凸点纹（ZJLY - 312：11ZⅠ）　11. 方格纹 + 重圈凸点纹
（ZJLY - 312：9ZⅠ）　12. 变体云雷纹（ZJLY - 312：12YⅡ）　13. 重菱格凸点纹 + 弦纹（ZJLY - 312：7T）
14. 方格纹 + 菱格凸块纹（ZJLY - 312：11T）　15. 方格纹 + 弦纹（ZJLY - 313：29T）

格纹、菱格纹。残宽 12.6、高 4.9 厘米。（图 2 - 41，1）

陶罐腹部残片　1 件。

ZJLY - 312：12YⅡ，泥质细硬陶，深灰色，器表饰变体云雷纹。

七四　ZJLY - 313 开峝岭遗址

1. 遗址概况

开峝岭遗址位于荔城街廖村村西部、庆丰村寮前岭村东北部，北邻边山，西接开峝岭高山区，南侧为百晟汇湖湾住宅小区，东侧为地势低平的农田，与省道 S256 相邻，东北距棠村涌约 600 米。因遗址西接开㟖岭，故名。

开㟖岭面积约 36 000 平方米，海拔约 25 米，相对高度约 15 米。遗址位于开㟖岭平缓的岗前坡地，其东北为火龙果种植场，无法调查。调查主要集中在火龙果场西侧、南侧的荔枝林内，果林内杂草不多，但枯叶遍地，对调查带来一定影响。（彩版五九，1）

2. 采集遗物

在坡地中北部采集遗物 59 件，皆为陶器残片，分布范围约 5400 平方米。陶片以泥质细硬陶为主，泥质粗硬陶次之；陶色以灰色为大宗，少量为灰白、灰褐、灰黑、深灰色；纹饰以方格纹为主，还可见夔纹、弦纹，素面少见；可辨器形、部位有瓮、罐的口沿。据遗物形态判断年代属西周至春秋时期。（见图 2-41）

陶瓮口沿　3 件。皆为泥质细硬陶，灰色；大敞口，宽折沿，口沿外卷，尖圆唇；肩部及以下残缺，可见方格纹装饰。

ZJLY-313：1T，残宽 17.6、高 9.3 厘米。（图 2-41，2；彩版一三三，5）

ZJLY-313：32T，残宽 19.8、高 8 厘米。（图 2-41，4）

ZJLY-313：41T，残宽 5.3、高 3.5 厘米。（图 2-41，3）

七五　ZJLY-314 边山遗址

1. 遗址概况

边山遗址位于荔城街廖村村湖尾社、下镜社西部，北邻大㟖，西接开㟖岭高山区，南邻开㟖岭遗址，东侧为地势低平的农田，与省道 S256 相邻，北距棠村涌约 380 米。当地村民称之为边山，故名。

边山面积约 41 000 平方米，海拔约 24 米，相对高度约 14 米。遗址位于边山北侧平缓坡地上，坡地遍植荔枝、乌榄、龙眼等果树，局部种有农作物、竹子等。大部分区域杂草不多，但枯叶遍地，对调查带来一定影响。

2. 采集遗物

采集遗物 15 件，皆为陶器残片，分布范围约 4000 平方米。陶质以泥质粗硬陶为主，多灰褐色；纹饰以方格纹为主，另有米字纹、三角格纹，素面少见。年代应属战国至南越国时期。

七六　ZJLY-315 韩洞池遗址

1. 遗址概况

韩洞池遗址位于荔城街蒋村村对田社东侧山岗上。该山北侧、西侧均为地势低平的农田，北侧山脚环绕附城运河，与学㟖背扶岭、盘龙岗、学㟖荔枝山相望，西北与莲棠吓相邻，西与光头山相望，南邻山背山，东接柯岭山，东北邻开㟖岭。调查时在山岗西北坡发现一座道光十六年（1836 年）墓葬，碑文显示本山土名韩洞池，故名。

韩洞池山形体较大，面积约 29 000 平方米，由数个小山岗连绵相接而成，中部山岗最高，海拔约

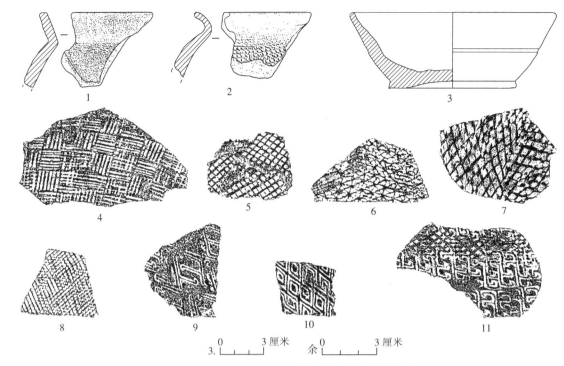

图 2 - 42　ZJLY - 315、316 采集遗物及陶片纹饰拓片

1、2. 陶罐口沿（ZJLY - 316:29Z Ⅰ、ZJLY - 316:1Z Ⅰ）　3. 陶碗（ZJLY - 316:7Z Ⅰ）　4. 编织席纹（ZJLY - 315:6T）
5、7、8. 方格纹（ZJLY - 315:2T、ZJLY - 316:1T、ZJLY - 316:22Z Ⅰ）　6. 米字纹（ZJLY - 315:7T）　9. 夔纹（ZJLY - 316:14Z Ⅰ）　10. 菱格凸块纹（ZJLY - 316:9Y Ⅱ）　11. 方格纹 + 夔纹（ZJLY - 316:13Z Ⅰ）

127.7 米，相对高度约 107.7 米。山岗西坡较陡峭，余皆较平缓，大部分区域皆处于荒置状态，生长有樟树、松树、桉树等，地表杂草灌木丛生，无法深入调查。山腰以下部分区域种植有荔枝、乌榄、龙眼、香蕉等果树，调查主要在这一区域进行。

2. 采集遗物

在东北坡近坡脚处采集遗物 15 件，皆为陶器残片，分布范围约 15 000 平方米。据遗物特征分析可分为战国至南越国、唐宋两个时期。（图 2 - 42）

战国至南越国时期：采集陶片 14 片。陶质多为泥质粗硬陶；陶色多见深灰、灰褐色；纹饰多见米字纹，另有方格纹、篦点纹、编织席纹，素面少见；可辨器形、部位有瓿、罐的口沿。（彩版八〇，1）

唐宋时期：采集 1 片泥质灰黑硬陶片。

七七　ZJLY - 316 柯岭山遗址

1. 遗址概况

柯岭山遗址位于荔城街庆丰村柯岭社西侧山岗上。该山西北接韩洞池，西南有一处较大的鱼塘，南邻马屋山，东南为锦绣御景园住宅小区，东侧有附城运河自北向南流过，河对面为地势低平的农田，与前岭山、自家岭相望。当地村民称该山为柯岭山，故名。

柯岭山由两座山岗连绵相接而成，总体平面形状近"8"字形，面积约 254 000 平方米。其中北侧山岗形体略大海拔高度约 92 米，相对高度约 77 米。南侧山岗形体略小，海拔约 54 米，相对高度约 39

米。北侧山岗大部分区域及南侧山岗局部荒置，生长松树、桉树、樟树、竹子等，地表杂草、灌木丛生，无法调查。北侧山岗南坡及南侧山岗南坡、东坡、西北坡种有荔枝，间植少量龙眼、乌榄等，地表杂草不多，可供调查，但覆盖较厚枯叶，对调查有一定影响。

2. 采集遗物

在南侧山岗南坡、东坡采集遗物 47 件，皆为陶器残片，分布范围约 17 000 平方米。据遗物特征分析可分为西周至春秋、战国至南越国两个时期。（见图 2－42）

西周至春秋时期：采集陶片 33 片。陶质以泥质粗硬陶和泥质细硬陶为主；陶色多见红褐、灰、灰黑色；纹饰以方格纹为主，另有夔纹、勾连云雷纹、菱格纹、菱格凸点纹、曲折纹、网格纹等；可辨器形、部位有罐口沿等。

战国至南越国时期：采集陶片 14 片。陶质多为泥质粗硬陶和泥质细硬陶；陶色多为红褐、深灰、灰色；纹饰多见方格纹，素面少见；可辨器形、部位有罐口沿、碗等。

陶罐口沿　2 件。

ZJLY－316：1ZⅠ，泥质细硬陶，深灰色；敞口，卷沿，圆唇，近溜肩；肩部饰方格纹。残宽 5.5、高 3.9 厘米。（图 2－42，2）

ZJLY－316：29ZⅠ，泥质细硬陶，深灰色；敞口，斜折沿，平方唇，溜肩；肩部饰方格纹、篦点纹。残宽 5.6、高 4.4 厘米。（图 2－42，1）

陶碗　1 件。

ZJLY－316：7ZⅠ，泥质粗硬陶，深灰色；敞口，方圆唇，斜腹向下内收，腹中部一周凹弦纹，矮圈足略外斜，足底平直，外底内凹；素面。口径 14、底径 8.6、高 5.1 厘米。（图 2－42，3；彩版一四二，8）

七八　ZJLY－317 马屋山遗址

1. 遗址概况

马屋山遗址位于荔城街庆丰村汤屋社北侧、马屋社西侧山岗上。该山北邻柯岭山，西邻山背山，东距附城运河约 120 米，河对面为锦绣御景园住宅小区。当地村民称该山为马屋山，故名。

马屋山平面近圆形，面积约 146 000 平方米，坡度较为陡峭，海拔约 71.1 米，相对高度约 56.1 米。山腰以下多种植荔枝、乌榄等果树，间植少量龙眼、柿子、香蕉等，局部荒置或种有竹子。果林内大部分区域杂草较多，枯叶遍地，对调查带来一定影响。山腰以上区域荒置，生长有樟树、松树、桉树、竹子等，地表杂草、灌木丛生，无法入内调查。

2. 采集遗物

采集遗物 13 件，为陶瓷器残片，分布范围约 31 000 平方米。据遗物特征分析可分为西周至春秋、战国至南越国、唐宋三个时期。（图 2－43）

西周至春秋时期：采集陶片 3 片。泥质细硬陶，灰色，纹饰有夔纹加弦纹、方格纹、方格纹（外）加水波纹加弦纹（内）。

战国至南越国时期：采集陶片 9 片。泥质粗硬陶和泥质细硬陶各半，灰褐色居多，纹饰多见方格

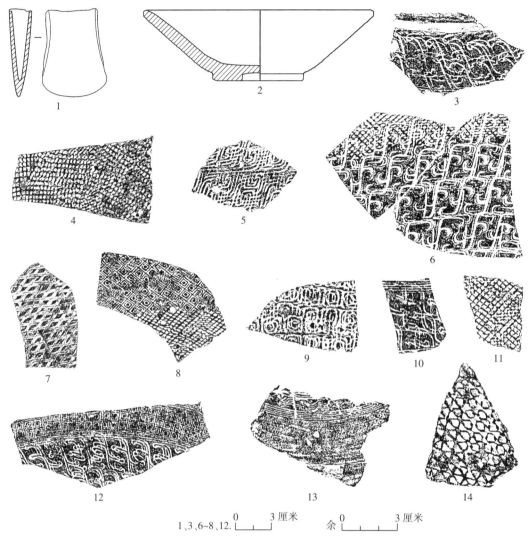

图 2-43　ZJLY-317、318 采集遗物及陶片纹饰拓片

1. 铜斧（ZJLY-318:1ZⅠ）　　2. 青瓷碗（ZJLY-317:4ZⅠ）　　3、11. 方格纹（ZJLY-318:16T、ZJLY-317:1T）
4、5. 夔纹（ZJLY-318:1T、ZJLY-318:9ZⅠ）　6. 方格纹+夔纹（ZJLY-318:5YⅡ）　7. 菱格凸块纹（ZJLY-318:20T）　8. 方格纹+重菱格凸点纹（ZJLY-318:12YⅡ）　9. 重圈凸点纹（ZJLY-318:28T）　10. 夔纹+弦纹（ZJLY-317:5T）　12. 夔纹+回字纹+弦纹（ZJLY-318:9YⅡ）　13. 水波纹+弦纹（ZJLY-317:3ZⅠ）　14. 三角格纹（ZJLY-317:2YⅡ）

纹、三角格纹，另有水波纹加弦纹。（彩版八〇，2）

唐宋时期：采集青釉瓷碗 1 件。

瓷碗　1 件。

ZJLY-317:4ZⅠ，胎灰白，内外腹部施青釉，釉色发黄；敞口，方圆唇，斜直腹，矮饼状足。复原口径 12.5、底径 5、高 3.8 厘米。（图 2-43，2）

七九　ZJLY-318 庆丰山背山遗址

1. 遗址概况

庆丰山背山遗址位于荔城街庆丰村新联社东侧、陂吓社西北侧山岗上。该山北邻韩洞池，东邻马

屋山，西邻新围路，南坡下有百花涌溪流自西向东注入附城运河内。当地村民称该山为料仔、陂吓背扶山、新联背扶山、山背山等，在此以庆丰山背山名之。

山岗由几座小山岗连绵相接构成，中间无明显的山谷分隔，平面呈不规则形，面积约 243 000 平方米，最高海拔约 62 米，相对高度约 37 米，诸坡较为平缓。山岗顶部遍植松树，山腰中上部长满菊尾草，树木很少，山腰中下部及周边延伸的小岗地上以果林为主，局部有竹林。

2. 采集遗物

采集遗物 61 件，其中陶器残片 60 件、铜器 1 件。（彩版九九，2）主要分布于南坡，面积约 20 000 平方米。

（1）陶器。采集陶片 60 片。陶质以泥质粗硬陶为主，泥质细硬陶次之，少量为泥质细软陶；陶色以灰褐色为主，灰、青灰色次之，少量为深灰、红褐、橙黄色；纹饰多见方格纹、夔纹、菱格凸点纹、弦纹等，多以组合纹形式出现，另有重菱格纹、重菱格凸点纹、网格纹、菱格凸块纹、篦点纹、篦划纹、重圈凸点纹等；可辨器形、部位有罐口沿等。年代应属西周至春秋时期。（彩版七八，5）

（2）铜器。采集铜斧 1 件。时代为西周至春秋时期。

铜斧 1 件。

ZJLY－318∶1Z Ⅰ，正面近亚腰形；顶部平直，銎部横截面呈长方形，两侧边凹弧；下部为双面弧刃，刃宽大于器身。宽 5.3、高 7、厚 1.9 厘米。（图 2－43，1；彩版七八，4；彩版一三六，4）

八〇 ZJLY－319 新联后龙山遗址

1. 遗址概况

新联后龙山遗址位于荔城街新联村南侧山岗上。该山东与山背山相接，西南邻洋溪后龙山，再南有百花涌自西向东注入附城运河内。当地村民称之为后龙山，故名。

山岗平面呈不规则近椭圆形，面积约 29 000 平方米，海拔约 49 米，相对高度约 24 米，诸坡较平缓。山岗南坡、北坡因人工活动部分山体已被破坏。山岗现遍植荔枝、乌榄等果树，间有龙眼、柿子、芒果，局部有竹子、农作物等。果林内大部分区域杂草不多，但枯叶遍地，对调查带来一定影响。

2. 采集遗物

采集遗物 21 件，皆为陶器残片，多分布于山岗北坡及南部山顶处，面积约 18 000 平方米。据遗物特征分析可分为新石器时代晚期至商代、西周至春秋、战国至南越国三个时期。（图 2－44）

新石器时代晚期至商代：数量较少，采集陶片 4 片，陶质有夹粗砂软陶、夹细砂硬陶、泥质细软陶，陶色有灰黑、橙黄、青灰色等，纹饰可见曲折纹、叶脉纹。

西周至春秋时期：采集陶片 10 片，泥质粗硬陶居多，泥质细硬陶略少；陶色以深灰色为主，少量为灰、灰褐、青灰色，纹饰多见方格纹、夔纹，少量为曲折纹、素面；可辨器形、部位有罐口沿。

陶罐口沿 1 件。

ZJLY－319∶2Z Ⅰ，泥质粗硬陶，灰褐色；敞口，宽折沿，平方唇，胎体较厚，肩部残；素面。残宽 8.8、高 4.3 厘米。（图 2－44，5）

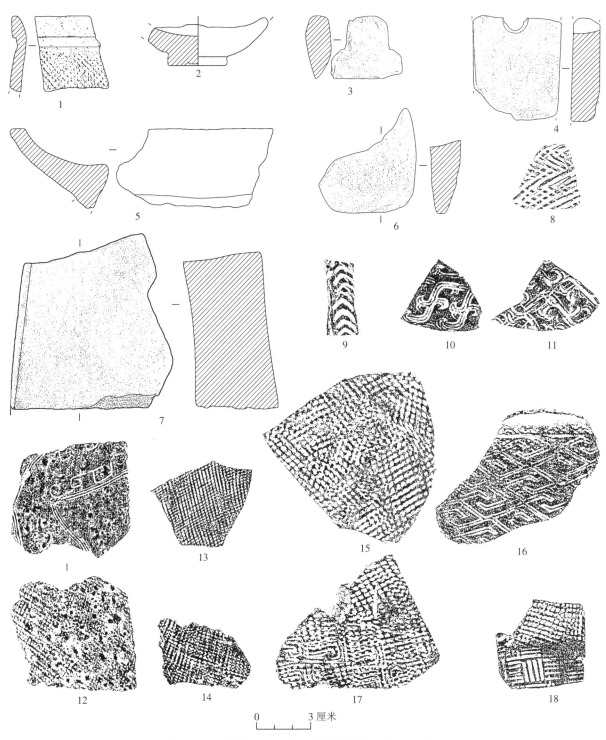

图 2 – 44　ZJLY – 319、320 采集遗物及陶片纹饰拓片

1、5. 陶罐口沿（ZJLY – 319：6YⅡ、ZJLY – 319：2ZⅠ）　2. 青瓷碗底（ZJLY – 320：9ZⅠ）　3. 双肩石锛（ZJLY – 320：17ZⅠ）

4. 石戈（ZJLY – 320：9YⅡ）　6. 石锛（ZJLY – 320：1ZⅠ）　7. 砺石（ZJLY – 320：16YⅡ）　8. 曲折纹（ZJLY – 319：4ZⅠ）

9. 指甲纹（ZJLY – 320：12ZⅠ）　10、11. 夔纹（ZJLY – 319：2YⅡ、ZJLY – 320：1T）　12. 方格纹（外）+ 夔纹（内）（ZJLY –

320：4YⅡ）　13 ~ 15. 方格纹（ZJLY – 319：1YⅡ、ZJLY – 320：6YⅡ、ZJLY – 319：3T）　16. 勾连云雷纹（ZJLY – 320：8YⅡ）

17. 方格纹 + 夔纹（ZJLY – 320：18ZⅠ）　18. 方格纹 + 席纹（ZJLY – 320：10ZⅠ）

战国至南越国时期：采集陶片 7 片。多为泥质细硬陶。陶色多为青灰、灰褐色。纹饰多见方格纹，还有少量米字纹、素面。可辨器形、部位有罐口沿。

陶罐口沿　1 件。

ZJLY－319：6YⅡ，泥质细硬陶，灰褐色；直口微敞，平方唇，口沿微外折成棱，直肩略外斜；肩部饰方格纹。残宽 4.0、高 4.1 厘米。（图 2－44，1）

八一　ZJLY－320 洋溪后龙山遗址

1. 遗址概况

洋溪后龙山遗址位于荔城街庆丰村洋溪社北侧山岗上。该山西邻荔星大道北沿线，东邻新围路（金牛路段），与路东侧新联后龙山相望，北侧、南侧现均为开发楼盘，南距百花涌约 55 米。当地村民称该山名后龙山，故名。

山岗平面近水滴状，面积约 45 000 平方米，海拔约 49 米，相对高度约 29 米，诸坡较为陡峭。山上遍植果树，以荔枝为主，间有乌榄、龙眼等。果林内大部分区域杂草较多，枯叶遍地，对调查带来一定影响。

2. 采集遗物

采集遗物 37 件，有陶瓷器残片 33 件、石器 4 件。（见图 2－44）主要分布于山岗西坡、南坡及北坡，面积约 14 000 平方米。

（1）陶瓷器。采集陶瓷片 33 片。据遗物特征分析可分为新石器时代晚期至商代、西周至春秋、唐宋三个时期。

新石器时代晚期至商代：采集陶片 16 片。陶质多为夹粗砂软陶，灰黑色为主，素面居多，纹饰有曲折纹，可辨器形、部位有釜口沿、罐口沿、器座等；另有少量泥质细硬陶、泥质细软陶，纹饰可见指甲纹等。

西周至春秋时期：采集陶片 16 片。多为泥质粗硬陶；陶色以灰褐色为主，另有灰、青灰、深灰色等；器表纹饰以方格纹为主，另有方格纹加夔纹、方格纹加席纹、勾连云雷纹、夔纹等，素面少见，部分陶片有刻划符号。

唐宋时期：采集青釉瓷碗 1 件。

瓷碗底　1 件。

ZJLY－320：9ZⅠ，胎灰白，腹部内外施青釉，釉色发黄；口部残，下腹向下弧收，矮圈足，足跟平直，足底内部略内凹，外底中部一周凹弦纹。底径 3.3、残高 2.6 厘米。（图 2－44，2）

（2）石器。采集石器 4 件，可辨器形有锛、戈、砺石。推断时代可能为新石器时代晚期至商代。

石锛　2 件。

ZJLY－320：1ZⅠ，青灰色片岩；正面近梯形，顶部残断呈斜面状，两侧面略外弧，单面直刃。宽 5.25、高 5.6、厚 1.7 厘米。（图 2－44，6）

ZJLY－320：17ZⅠ，深灰色凝灰岩，磨制光滑；正面呈凸字形，顶部略上弧，柄部两侧边近直，斜肩，锛体为单面直刃。宽 3.9、高 3.4、厚 1.4 厘米。（图 2－44，3）

石戈 1件。

ZJLY－320:9YⅡ，青灰色角岩；戈体残缺严重，残存内部，内侧边平直，双面磨制光滑，断裂处可见双面钻穿孔。宽4.9、高5.5、厚1.6厘米。（图2－44，4）

砺石 1件。

ZJLY－320:16YⅡ，红褐色砂岩；长条形，一侧边为磨制面，另三面为断面，上、下面磨制呈凹弧状。宽9.1、高9.5、厚4.6厘米。（图2－44，7；彩版一二一，2）

八二 ZJLY－321 奄前后龙山遗址

1. 遗址概况

奄前后龙山遗址位于荔城街迳吓村南侧、原奄前社西侧山岗上。该山西邻蛇头岭后龙山，南为荔城大道，东南侧原为平地，现已开发为住宅小区，北侧坡脚有一条溪流自西向东汇入百花涌。当地村民称该山为后龙山，故定名为奄前后龙山遗址。

山岗由东、西两座山岗相接构成，总体平面呈不规则形，面积约149 000平方米，坡度较平缓。其中西侧山岗土名对面岭，海拔高度约44.1米，东侧山岗土名后龙山海拔约33米。山岗遍植荔枝，间植龙眼、乌榄、竹子、桉树等，林内大部分区域杂草丛生、枯叶遍地，对调查有较大影响。

2. 采集遗物

采集遗物27件，皆为陶器残片。主要分布于山顶及周边区域，分布范围27 000平方米。据遗物特征分析可分为新石器时代晚期至商代、战国至南越国两个时期。

新石器时代晚期至商代：采集2片夹粗砂软陶，皆为素面。1件为罐口沿。

战国至南越国时期：采集陶片25片。泥质粗硬陶居多，泥质细硬陶次之；陶色以深灰色为主，灰褐、红褐色次之；少量为青灰色，纹饰多为方格纹，另有方格对角线纹、重方格对角线纹、米字纹、三角格纹、锯齿纹加弦纹等，或素面，部分器表有酱釉。（图2－45）

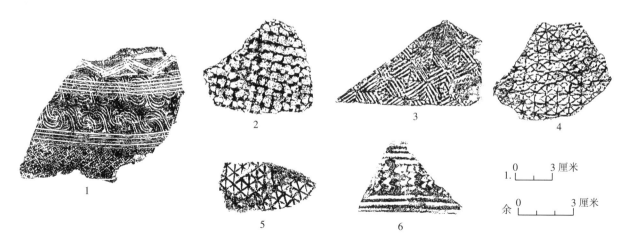

图2－45　ZJLY－321、322采集陶片纹饰拓片

1. 卷云雷纹＋菱格凸点纹＋弦纹＋曲折纹（ZJLY－322:2ZⅠ）　2. 方格纹（ZJLY－321:4ZⅠ）　3. 重方格对角线纹（ZJLY－321:7ZⅠ）　4. 米字纹（ZJLY－322:1T）　5. 三角格纹（ZJLY－321:9YⅡ）　6. 锯齿纹＋弦纹（ZJLY－321:15YⅡ）

八三　ZJLY－322 蛇头岭后龙山遗址

1. 遗址概况

蛇头岭后龙山遗址位于三联村蛇头岭社北侧山岗上。该山北邻移民背底山，西邻增城三中，南邻荔城大道，东邻奄前后龙山，山岗的南侧、东侧、北侧均为河流环绕。当地村民称该山为后龙山，故依村名定名为蛇头岭后龙山遗址。

山岗平面呈不规则形，面积约 180 000 平方米，其南坡、东坡较为平缓，西坡、北坡较为陡峭，主峰位于山岗中西部，海拔约 73 米，相对高度约 43 米。山岗大部分区域遍植荔枝、乌榄等果树，间有龙眼、柿子、竹子、桉树等，部分区域地表杂草、枯叶较多，对调查有一定影响。

2. 采集遗物

仅采集遗物 3 件，皆为陶器残片。据遗物特征分析可分为西周至春秋、战国至南越国两个时期。（见图 2－45）

西周至春秋时期：采集陶片 2 片。泥质细硬陶，青灰色，1 片饰网格纹、1 片饰卷云雷纹加菱格凸点纹加弦纹加曲折纹。

战国至南越国时期：采集陶片 1 片，饰米字纹。

八四　ZJLY－323 移民背底山遗址

1. 遗址概况

移民背底山遗址位于荔城街迳吓村西侧山岗上。该山西接高山区，北侧为地势低平的农田，南邻溪流对面的蛇头岭后龙山，东南与奄前后龙山相对，东北为雅居乐三千院住宅小区。山岗南侧、东侧均有小溪流环绕。当地村民称该山为背底山，故依村庄名定名为移民背底山遗址。

山岗平面形状近三角形，面积约 166 000 平方米，其东坡相对较平缓，南坡、北坡较陡峭，主峰海拔约 72 米，相对高度约 47 米。山岗遍植荔枝，间有乌榄、龙眼、柿子、芒果等果树，局部有竹林、桉树。山腰以下大部分区域杂草不多，山腰至山顶地表杂草较多，对调查带来一定影响。

2. 采集遗物

在山岗东南坡采集陶器残片 2 件。泥质粗硬陶，灰褐色，分别饰夔纹、方格纹加夔纹。年代属西周至春秋时期。（图 2－46）

八五　ZJLY－324 粪箕岭遗址

1. 遗址概况

粪箕岭遗址位于荔城街新联村百花新村南部一处独立小台地，其周围地势均较为低平，西南与移民背底山相对，北与新联新村渠背山相望。遗址东、北侧均为雅居乐三千院住宅小区，西距百花涌约 320 米。当地村民称该台地为粪箕岭，故名。

台地平面形状近椭圆形，面积约 43 000 平方米，地形呈漫坡状，四周与周边低地呈断崖状相接，海拔约 29.8 米，相对高度仅 4.8 米。山上遍植荔枝，间有少许乌榄，局部有竹林，地表杂草不多，但

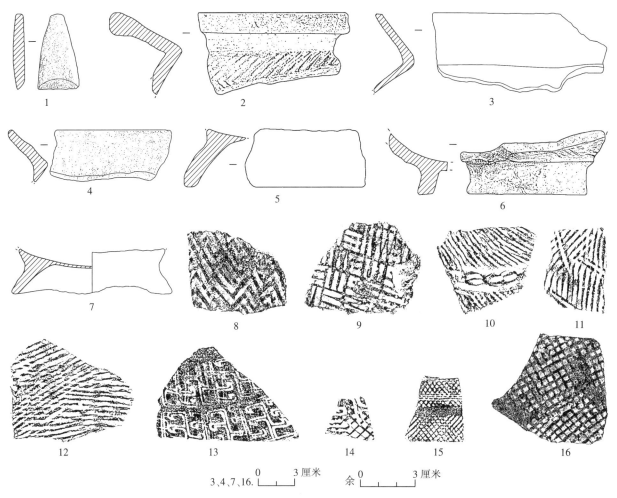

图 2 - 46   ZJLY - 323、324 采集遗物及陶片纹饰拓片

1. 石锛（ZJLY - 324：8T）   2 ~ 4. 陶罐口沿（ZJLY - 324：4ZⅠ、ZJLY - 324：5YⅡ、ZJLY - 324：5ZⅠ）   5 ~ 7. 陶罐圈足
（ZJLY - 324：4T、ZJLY - 324：14ZⅠ、ZJLY - 324：11ZⅠ）   8. 曲折纹（ZJLY - 324：8YⅡ）   9. 席纹（ZJLY - 324：12YⅡ）
10. 篮纹 + 附加堆纹（ZJLY - 324：13YⅡ）   11. 间断条纹（ZJLY - 324：19ZⅠ）   12. 交错条纹（ZJLY - 324：17ZⅠ）
13. 夔纹（ZJLY - 323：1YⅡ）   14. 方格纹 + 夔纹（ZJLY - 323：2YⅡ）   15. 方格纹 + 弦纹（ZJLY - 324：24ZⅠ）
16. 方格纹（ZJLY - 324：11YⅡ）

枯叶遍地，对调查带来一定影响。

2. 采集遗物

采集遗物 56 件，其中陶器残片 54 件、石器 2 件。（见图 2 - 46）分布于整座山岗，面积约 19 000
平方米。

（1）陶器。采集陶片 54 片。据遗物特征分析，大部分属新石器时代晚期至商代，少量属战国至南
越国、唐宋、明清时期。

新石器时代晚期至商代：采集陶片 46 片。陶片多为夹粗砂软陶、泥质粗硬陶、夹细砂硬陶，另有
少量夹细砂软陶、泥质粗软陶、泥质细硬陶；陶色以灰白色为主，灰黑色次之，另有灰、青灰、灰褐
色等；素面居多，纹饰多见长方格纹，另有方格纹、间断条纹、篮纹、曲折纹、附加堆纹、绳纹、梯
格纹加云纹、席纹等；可辨器形、部位多为罐口沿，少量为罐圈足。

陶罐口沿   3 件。

ZJLY-324:5YⅡ，夹粗砂软陶，胎灰黑色，器表为黄褐色；侈口，斜折沿，沿面略凹弧，平方唇，斜弧肩；素面。残宽14.2、高6.3厘米。（图2-46，3；彩版一一五，4）

ZJLY-324:4ZⅠ，夹细砂硬陶，灰褐色；侈口，斜折沿、厚圆唇，斜肩；肩部饰篮纹。残宽8.3、高4.3厘米。（图2-46，2；彩版一一五，3）

ZJLY-324:5ZⅠ，夹粗砂软陶，灰色，局部呈灰黑色；侈口，圆唇，斜折沿，沿面中部弧鼓，肩及腹部残缺；素面。残宽10、高4.1厘米。（图2-46，4）

陶罐圈足　3件。

ZJLY-324:11ZⅠ，夹粗砂软陶，灰黑色；腹部残缺，圜底下附圈足，圈足较高外撇，足跟圆弧；素面。底径13.1、残高3.6厘米。（图2-46，7；彩版七五，7；彩版一一八，5）

ZJLY-324:14ZⅠ，泥质细硬陶，橙黄色；下腹弧收呈圜底状，下附矮直圈足；下腹饰曲折纹。残宽7.9、高3.4厘米。（图2-46，6）

ZJLY-324:4T，夹粗砂软陶，灰黑色；仅存圈足，外撇，足跟圆弧；素面。残宽6.5、高3厘米。（图2-46，5）

战国至南越国时期：采集陶片6片。多为泥质粗硬陶，灰褐色居多，纹饰有方格纹、米字纹、弦纹，可辨器物部位有器盖等。

唐宋时期：仅采集1件刻划花纹陶碗残片。（彩版八二，7）

明清时期：采集1片泥质粗硬陶片，饰条纹。

（2）石器。采集石器2件，为锛和残石片。时代为新石器时代晚期至商代。

石锛　1件。

ZJLY-324:8T，青灰色片岩；正面近梯形，顶部圆弧，两侧边向下外扩，单面直刃。宽2.3、高4、厚0.6厘米。（图2-46，1）

八六　ZJLY-325彭屋后背山遗址

1. 遗址概况

彭屋后背山遗址位于荔城街庆丰村彭屋社西北侧山岗上，其北侧地势低平，现开发为锦绣御景园住宅小区，西北与马屋山相望，东邻省道S256，南与增城市林场、荔枝文化公园相对，西侧有附城运河自北向南汇入百花涌，南邻百花涌。当地村民称之为后背山，故定名为彭屋后背山遗址。

山岗平面近长条形，面积约88 000平方米，海拔约32.4米，相对高度约17.4米，坡度平缓。山岗大部分区域种植荔枝、乌榄等果树，间有龙眼、竹子、桉树等，地表杂草较多，枯叶遍地，对调查带来一定影响。部分区域荒置，杂草丛生，无法进行调查。

2. 采集遗物

采集遗物74件，其中陶器残片72件、石器2件。（图2-47；彩版一〇〇，1）遗物分布于整座山岗，范围约53 000平方米。

（1）陶器。采集陶片72片。据遗物特征分析可分为新石器时代晚期至商代、西周至春秋、战国至南越国三个时期。

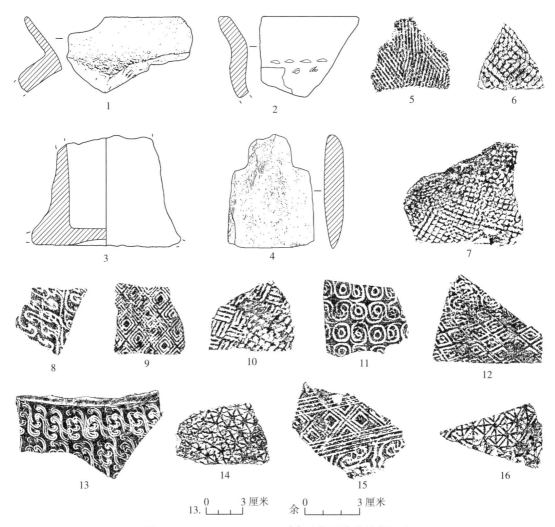

图2-47 ZJLY-325、326采集遗物及陶片纹饰拓片

1. 陶罐口沿（ZJLY-326：1YⅡ） 2. 陶豆口沿（ZJLY-326：13YⅡ） 3. 陶豆圈足（ZJLY-325：18T） 4. 双肩石锛（ZJLY-325：7ZⅠ） 5. 交错绳纹（ZJLY-325：13ZⅠ） 6、7. 方格纹（ZJLY-326：10YⅡ、ZJLY-325：19ZⅠ） 8. 夔纹（ZJLY-325：25ZⅠ） 9. 重菱格凸块纹（ZJLY-325：24ZⅠ） 10. 方格纹+席纹（ZJLY-325：9ZⅠ） 11. 重圈凸点纹（ZJLY-325：27ZⅠ） 12. 重菱格凸点纹（ZJLY-326：3ZⅠ） 13. 夔纹+篦点纹（ZJLY-326：11YⅡ） 14. 夔纹+菱格凸块纹+弦纹（ZJLY-326：2ZⅠ） 15. 米字纹（ZJLY-325：7T） 16. 方格对角线纹（ZJLY-325：14T）

新石器时代晚期至商代：采集陶片9片。多为夹粗砂软陶，灰黑色居多，多为素面，可见纹饰有绳纹、篮纹等，可辨器形、部位有豆圈足。

陶豆圈足 1件。

ZJLY-325：18T，夹细砂软陶，红褐色；上、下部残缺，仅存中部一段，中空亚腰状；素面。底径8.2、残高5.8厘米。（图2-47，3）

西周至春秋时期：采集陶片33片。多为泥质粗硬陶，泥质细硬陶次之；陶色多见灰褐、深灰、灰色，另有少量橙黄、红褐、青灰色；纹饰可见方格纹、篦点纹、菱格凸点（块）纹、菱格纹、网格纹、重圈凸点纹、勾连云雷纹、席纹等，多以上纹饰的组合纹；可辨器形、部位有瓮口沿。

战国至南越国时期：采集陶片30片。陶质为泥质粗硬陶和泥质细硬陶；陶色多见灰褐色，青灰、深灰色次之，有少量灰、红褐、红色；纹饰以方格纹为主，另有米字纹、方格对角线纹，素面少见；可辨器形、部位有罐口沿。

（2）石器。采集石器2件，器形有双肩石锛、残石器。时代为新石器时代晚期至商代。

双肩石锛　1件。

ZJLY-325：7ZⅠ，橙黄色凝灰岩；平面呈凸字形，顶部圆弧，斜直肩，两侧边平直外扩，锛体为单面直刃。宽4.7、高6、厚1厘米。（图2-47，4）

八七　ZJLY-326 新联新村渠背山遗址

1. 遗址概况

新联新村渠背山遗址位于荔城街新联村百花新村北侧、百花林水库东南侧山岗上。山岗西侧与东部岭、西部岭连绵相接，南侧为地势低平的农田白木洞，现已开发为雅居乐三千院住宅小区，百花涌环绕山岗东侧、南侧流经。当地村民称该山名渠背山，故名新联新村渠背山遗址。

山岗平面呈不规则形，面积约124 000平方米，海拔约85.1米，相对高度约60.1米，坡度较陡。其中北坡完全荒置，东坡、南坡东部大部分区域荒置，地表杂草丛生，基本上无法调查。南坡部分区域遍植荔枝，间有龙眼、桉树、樟树、竹子等，林内杂草较多，枯叶遍地，对调查带来一定影响。

2. 采集遗物

采集遗物18件，皆为陶器残片。主要分布于山腰以上，分布面积约6800平方米。陶质以泥质粗硬陶和泥质细硬陶为大宗，有少量泥质粗软陶和泥质细软陶；陶色以橙黄、灰褐色为主，有少量青灰、灰、红褐色；纹饰多见方格纹、夔纹，另有篦点纹、菱格凸块（点）纹、弦纹、菱格纹等，部分为组合纹；可辨器形、部位有罐、豆的口沿。据遗物特征推断时代为西周至春秋时期。（见图2-47）

陶罐口沿　1件。

ZJLY-326：1YⅡ，泥质细硬陶，灰褐色；侈口，斜折沿，尖圆唇，斜弧肩较厚；肩部饰戳印篦点纹。残宽6.9、高4厘米。（图2-47，1；彩版一二七，6）

陶豆口沿　1件。

ZJLY-326：13YⅡ，泥质细硬陶，灰褐色；敞口，斜折沿、厚平方唇，唇面饰凹弦纹一周，上腹近直，下弧斜收残缺；腹部饰戳印篦点纹。残宽5.4、高4.3厘米。（图2-47，2）

八八　ZJLY-327 西部岭遗址

1. 遗址概况

西部岭遗址位于荔城街新联村百花新村西北部山岗上，北邻百花林水库，东与东部岭、渠背山呈一字形相连，西与高山相接，南侧为地势低平的农田白木洞。当地村民称该山为西部岭，故名。

山岗平面近长方形，面积约111 000平方米，海拔约90米，相对高度约60米。山岗南、北坡较陡峭，调查主要在南坡进行，坡地上有较多杂木，间有少许荔枝，局部有竹林，林内为养鸡场，地表杂草不多，利于调查。

2. 采集遗物

在山岗东南坡坡脚一座现代房屋边采集泥质粗硬陶片 1 片，饰方格纹。属战国至南越国时期。

八九　ZJLY－328 新汤屋后龙山遗址

1. 遗址概况

新汤屋后龙山遗址位于荔城街城丰村新汤社北侧、庆丰村彭屋社东侧山岗上。该山北邻富安路，路北侧为新天美地花园住宅小区，西邻省道 S256，与路西侧彭屋后背山相对，东邻通园路，西邻附城运河，南距百花涌约 300 米。当地村民称之为后龙山，故定名为新汤屋后龙山遗址。

山岗形体不大，平面呈不规则形，面积约 55 000 平方米。除西坡较为陡峭外，余坡稍平缓。主峰位于山岗西北部，海拔约 31 米，相对高度约 16 米。山岗除北坡局部种植绿化草皮外，基本上处于荒置状态，多生长有樟树、竹子等杂木，还有少许荔枝树散布于山坡上。山岗东半部地表杂草丛生，基本无法调查。调查多集中在杂草较少的西半部，但地表多覆盖枯叶，对调查有一定影响。

2. 采集遗物

采集遗物 7 件，皆为陶器残片。分布于南坡及山顶附近区域，范围约 8500 平方米。据遗物特征分析，可分为新石器时代晚期至商代、西周至春秋、战国至南越国三个时期。

新石器时代晚期至商代：采集陶片 2 片，皆为软陶。1 片为夹粗砂素面陶，1 片为泥质长方格纹陶。

西周至春秋时期：采集陶片 2 片，皆为泥质粗硬陶，饰方格纹、菱格凸块纹加网格纹。

战国至南越国时期：采集陶片 3 片，皆为泥质粗硬陶。2 片素面，1 片饰方格纹。

九〇　ZJLY－329 隔田棉岽遗址

1. 遗址概况

隔田棉岽遗址位于荔城街三联村隔田社北侧山岗上。该山北望高山鸡枕岭，西北与高山区相接，西侧为大面积土地平整区，东侧为大面积平缓的山前坡地，南与隔田背后小山岗相接，一条小溪流从山岗南侧流经。地形图上标注该区域名为棉岽，故定名为隔田棉岽遗址。

棉岽为西北侧高山向东南方向延伸的平缓坡地，面积约 187 000 平方米，海拔约 61.5 米，相对高度约 36.5 米。坡地种有较多荔枝、龙眼等果树，局部有竹子、樟树等，山坡中下部区域杂草不多，但枯叶遍地，对调查带来一定影响。山坡中上部区域杂草丛生，无法调查。

2. 采集遗物

共采集遗物 4 件，为陶器残片，分布面积约 3200 平方米。陶片皆为泥质粗硬陶，灰褐、灰色各半，纹饰可见方格纹、夔纹、弦纹。年代应属西周至春秋时期。（图 2－48）

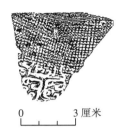

0　　　3厘米

图 2 - 48　ZJLY - 329 采集陶片纹饰拓片（方格纹 + 夔纹 + 弦纹 ZJLY - 329：1T）

九一　ZJLY - 330 罗上山遗址

1. 遗址概况

罗上山遗址位于荔城街群爱村罗塱社东南侧山岗上，百花林水库西北部葵扇窝与水库北部大佛岭之间的狭长山谷出口处，西倚葵扇窝高山，北侧、东侧均为峡谷谷底，东侧有百花林河自西北向东南注入百花林水库。当地村民称该地为罗上山，故名。

山岗平面呈长条形，面积约 27 000 平方米。遗址处于平缓的河谷坡地上，海拔约 35.2 米，相对高度约 0.2 米左右。坡地上遍植荔枝，间有少许龙眼、竹子、农作物等。地表杂草较多，枯叶遍地，对调查带来一定影响。

2. 采集遗物

据记载，遗址周边的百花林一带曾发现新石器时代晚期的石器等遗物。1957 年，在荔城镇百花林出土新石器时代斧、锛、砺石等石器。

本次采集遗物 6 件，皆为陶器残片，分布范围约 6000 平方米。陶质多为泥质粗硬陶，灰褐色居多，纹饰可见方格纹、米字纹等，部分为素面。据遗物特征推断年代为战国至南越国时期。

九二　ZJLY - 331 飞天凤遗址

1. 遗址概况

飞天凤遗址位于荔城街荔枝文化公园内的飞天凤山，该山北侧山脚为驾校练车场，北邻荔城大道，与路北侧彭屋后背山相望，西邻金竹路，西北邻增城市林场，东邻省道 S256，与路对面增城公园相邻，东侧约 50 米处有百花涌自北向南流经。该山东坡坡脚原为飞天凤村，为修建荔枝文化公园，现已整村搬迁。地形图上标示该山为飞天凤，故名。

山岗平面呈不规则形，面积约 348 000 平方米，海拔约 56 米，相对高度约 31 米，坡度平缓。现为荔枝文化公园用地，山岗北坡因人工挖掘呈断崖状，西坡已荒置，东坡、北坡、南坡遍植荔枝，局部有香蕉、农作物等。北坡地表大部分区域杂草丛生，可视度较差；山腰以上区域灌木丛生，基本上无法调查；南坡果林管理较好，地面杂草、枯叶较少，便于调查。

2. 采集遗物

采集遗物 5 件，皆为陶器残片，分布面积约 13 000 平方米。陶片多为泥质粗硬陶，纹饰可见米字纹、方格纹、水波纹加弦纹等。时代为战国至南越国时期。

九三 ZJLY－332 市林场山遗址

1. 遗址概况

市林场山遗址位于荔城街庆丰村彭屋社南侧、增城市林场东侧山岗上。该山北邻荔城大道，与路北马屋山相望，东北与彭屋后背山相邻，东邻金竹路，东南与飞天凤山相邻，南邻广荔乒乓球厂，西南、西侧现已开发成住宅小区，百花涌从山岗北侧约 95 处自西向东流经，折而向南汇入增江。该山位于市林场内，故名。

山岗平面呈不规则形，面积约 42 000 平方米，海拔约 37 米，相对高度约 12 米，除西坡较陡峭外，余坡皆较平缓。山岗遍植荔枝，局部有农作物，除西坡杂草丛生外，其他区域内杂草较少，但枯叶遍地，对调查有一定影响。

2. 采集遗物

共采集陶器残片 2 件。其中 1 片饰米字纹，年代应属战国至南越国时期；1 件为罐口沿残片，饰方格纹，施青釉，年代属东汉时期。

九四 ZJLY－333 大岗尾遗址（复查）

1. 遗址概况

大岗尾遗址位于荔城街三联村钟岗社东侧山岗上。该山北邻荔城大道、竹园头村，西北与隔田村相望，南邻 G324，东邻大脚吓高山区，其北侧、东侧均有溪流流经。当地村民称该山为大岗尾，故名。2013 年 11 月至 2014 年 10 月，配合增城地铁二十一号线建设，在大岗尾南坡脚进行考古调查、勘探。

山岗平面近椭圆形，面积约 147 000 平方米，海拔约 70.3 米，相对高度约 50.3 米，坡度平缓，呈漫坡状。山岗遍植荔枝，间有龙眼、乌榄、香蕉等果树，局部有桉树、竹林等。果林内大部分区域杂草不多，但枯叶较厚。

2. 遗迹现象

在地铁钟岗站 B 出入口发现并清理宋代土坑墓 1 座，出土有青瓷碗和陶罐。

3. 采集遗物

在山岗南坡坡脚现代房屋旁采集米字纹陶片 1 件，年代应属战国至南越国时期。

九五 ZJLY－349 下罗岗后山遗址

1. 遗址概况

下罗岗后山遗址位于荔城街罗岗村下罗岗社东北侧、蔡屋西北侧山岗上。该山北侧为地势低平的农田，现为在建的安置房住宅小区，西侧与县道 X291 相邻，与路对面鹅公鼻相望，东临增江干流，南侧有一条溪流自西向东流过，注入增江。

山岗形体不大，平面近椭圆形，面积约 179 000 平方米，海拔约 37.2 米，相对高度约 37 米，坡度平缓。山岗遍植荔枝，间有龙眼、乌榄等，另有桉树、杂木、竹子等，大部分区域杂草丛生，基本上

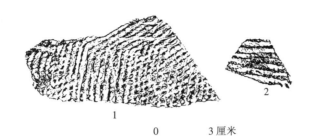

0 ___ 3厘米

图2-49 ZJLY-349采集陶片纹饰拓片
1、2. 绳纹（ZJLY-349∶1①T、ZJLY-349∶1②T）

处于荒置状态，仅局部杂草不多的区域尚可调查。

2. 采集遗物

在山岗东南坡坡脚古庙后采集陶片2片，均饰绳纹。依形态判断当为汉代陶板瓦残片。（图2-49）

九六 ZJLY-352陂仔岭遗址

1. 遗址概况

陂仔岭遗址位于荔城街罗岗村下罗岗社南部山岗上。该山北为地势低平的荒地，可望下罗岗后山、蔡屋背后山，西接马头山，东临增江，郑田截洪沟从山岗北侧自西向东流经，注入增江。调查网格由南侧陂仔岭，中部鲤鱼岭及北侧小山丘组成，面积约495 000平方米。其中鲤鱼岭早在1973年即发现东汉墓群，2013、2016年先后于调查网格内发现汉墓，本次进行了复查。

2. 遗迹现象

北侧小山岗，海拔约70.2米，相对高度约60.2米。山岗种有荔枝，另有杂木、竹林等，大部分区域内杂草丛生，对调查带来一定影响。2016年6月19~30日，为配合广州市增城区土地开发储备中心土地出让工作，对山岗进行调查勘探，面积约69 000平方米，勘探共发现墓葬30座、灰坑2个、窑4座，均应开口于②层下。部分墓葬经钻探可确定为汉墓，此外地表采集少许战国至南越国时期陶片。

中部鲤鱼岭，平面近椭圆形，与南侧陂仔岭为一个山体的南北两部分，海拔约70米，相对高度约55米，坡度较缓。种植荔枝等果树，杂草丛生。1973年，广东省考古队与增城县文化馆合作，对鲤鱼岭东汉墓群进行发掘。发现东汉砖室墓，十字形券顶，墓道长6米，墓内左右两室各长3米。1973年于鲤鱼岭清理墓葬出土一大批陪葬陶器，有陶屋、罐、五联罐、大双耳罐、双耳瓯、三足鼎、壶等。

南部陂仔岭，南邻石滩镇叶岗尾，东邻增江，北与鲤鱼岭相接。山岗平面呈椭圆形，海拔约50米，相对高度约40米，坡度较缓。山上种植荔枝等果树，杂草丛生。2013年2月，对挂绿新城项目范围内进行巡查时汉代陶瓷等遗物。

3. 地层堆积

山岗地层堆积基本一致，局部有所不同。可分为2层：

①层：现代表土层，灰褐色土，土质较疏松，内包含物有大量的植物根系等，厚10~40厘米。

②层：为浅黄色土，土质较疏松，含有零星烧土及木炭颗粒等，厚25~52厘米。由于后期修整梯田大部分山岗原始地貌被破坏，②层局部没有分布。

②层下为红褐色黏土和灰色风化岩两种，土质致密、纯净，含有白砂石及粗砂岩颗粒等，系生土层。

4. 出土遗物

本次复查于北侧山岗采集遗物 5 件，皆为陶器残片，分布范围约 1400 平方米。据遗物特征分析，可分为战国至南越国、汉代两个时期。

战国至南越国时期：采集泥质细硬陶片 4 片，饰方格纹。

汉代：采集 1 片方格戳印纹陶片。

综合调查勘探情况分析，遗址有战国至南越国、汉代两期遗存。窑的年代可能较晚，但因未发掘，时代和性质不明。

九七　ZJLY－355 剑岭遗址（复查）

1. 遗址概况

剑岭遗址位于荔城街潘屋北侧小山岗上，西邻荔新公路，北距增江 800 米，原先南望台地，现台地开挖成了挂绿湖，西、北两边与丘陵山地相接。2012 年 11 月 23 日至 12 月 1 日，为配合增城大球场项目建设进行考古调查时发现。

调查网格内山岗平面呈不规则长条形，由几个山岗连绵相接构成，总面积约 357 000 平方米。剑岭位于最南侧，平面近正方形，东西长约 300 米，南北长约 300 米，海拔约 64 米，相对高度约 44 米。该岗较平缓，南坡最缓，呈梯田式台地。山上种植荔枝、龙眼等经济作物，有杂草。

2. 出土遗物

2012 年勘探时在剑岭的东北坡发现唐宋时期的墓砖，另发现石箭镞 1 件。在地块内其他山岗发现少量明清陶瓷片、墓砖。

复查未发现遗物。

九八　ZJLY－358 破塘岭遗址

1. 遗址概况

破塘岭遗址位于荔城街罗岗村西侧、罗岗高一农场北侧山岗上。该山北侧为挂绿湖水库，西邻窑深脚峡谷，与对面蚬壳岭相对，西南与乌石岭相邻，南侧为一字排开的几座鱼塘，再南为二环中路，南部西侧原来有罗岗石场，现已关闭，东为挂绿湖水库，东北与白石岭山相邻。地形图上标示该山为破塘岭，故名。

山岗平面近椭圆形，面积约 304 000 平方米，海拔约 59.3 米，相对高度约 49.3 米，山岗北坡、西坡较为陡峭，南坡、东坡较为平缓。南坡、东坡遍植果树，以荔枝为主，间有芒果、龙眼、乌榄，局部有竹林、杂木。山坡中下部果林内大部分区域杂草不多，但枯叶遍地；山坡之中上部果林内杂草遍地，局部有灌木丛，地表一层枯叶，对调查带来一定影响。

2. 采集遗物

在山岗南坡坡脚采集陶片 1 片，为汉代绳纹陶板瓦残片。

九九　ZJLY－971 西瓜岭窑址（复查）[①]

1. 遗址概况

西瓜岭窑址位于荔城街西瓜岭村东南约 500 米土名鬼仔坪的小山岗上，地处增江、西福河之间，周边为缓丘和平原，西邻荔新公路，东邻西瓜岭立交桥，南距增塘水库约 800 米。

山岗紧贴荔新公路，南北长约 50 米，东西宽约 30 米，总面积约 6000 平方米，海拔约 5.1 米，地势平缓。除东段外，地层大部分保存尚好，未被扰乱。遗址于 1958 年由增城县文教局关桂芳及增城县文化馆沈伍潮两同志发现。1962 年春，广东省文物管理委员会做过复查，同年 7 月，由广东省文物管理委员会和中央美术学院美术史美术理论系合组的广东省考古发掘工作队对窑址进行了发掘，还有中山大学历史学系、广州哲学社会科学研究所、增城县文化馆等单位参加发掘，发掘面积 110 平方米。

2. 地层堆积

地层堆积可分为 3 层：

①层：表土层，灰褐色沙土，最厚 36 厘米，只有近现代的砖瓦及陶瓷片。

②层：扰乱层，灰黄色沙土，最厚 65 厘米，夹杂唐宋以来的零星遗物，也有很多几何印纹硬陶器及碎片，少量的红烧土、窑渣和窑壁块。

③层：按土色的不同可分为③A 和③B 两层，但出土的遗物则没有明显的区别。③A 层为红褐色沙土，最厚 166 厘米，有大量的几何印纹硬陶器和碎片，并有重叠粘在一起的陶器，还有各种制陶工具、釉块、青铜刻刀和砺石；③B 层为红色黏土，最厚 70 厘米，有少量陶器及碎片，近底处发现很多鼎足。

③层以下是灰褐色生土层。

3. 遗迹现象

在探方 2 中发现 2 座残窑址。一号窑仅保留一残壁，残长 7.6、残高 1.54、宽 2 米。窑身呈长方形，坐西朝东，窑口在东面，圆券顶，前端宽平高于后端，窑底未经修整。前端有一长 2.2、深 0.54 米的方形坑，可能是窑的火膛。窑内满堆红烧土、窑壁块、残陶器和压槌、环形垫、砺石等制陶工具。二号窑在一号窑南面，仅残存 1 个长 1.72、宽 1.52 米、深 0.26 米的火膛。由于一号窑的南壁压在二号窑的火膛上，打破了二号窑，且两窑出土的器物特点相同，故两窑的建造时间不会相差太远。

4. 出土遗物

出土的器物有瓮、罐、缶、釜、罍、盂、盆、盘、壶、坛、盒、盅、碗、杯、鼎、瓦、陶鸡、陶马、角状陶器、类似鼎足等器形和压槌、杵状器、印模、环形垫、青铜刻刀等制陶工具。陶质以细泥质为主，陶色有灰红、灰褐和红色三种。陶土有淘洗，掺入掺和料较少。均为轮制，盖纽、耳和足则是后加的。纹饰有印纹、刻划纹和印纹刻划纹组合等三大类。其中印纹以米字纹最多，占 53.94%，刻划纹以水波条形纹最多，占 6.22%。72% 的器物有记号，多刻在各种器物的底部，也有刻在腹部及口沿的，是制陶工人用的一种计数符号。釉色有黄褐色和灰黑色两种。施釉的方法均为蘸釉，但多露

---

① 广东省文物管理委员会、中央美术学院美术史美术理论系：《广东增城、始兴的战国遗址》，《考古》1964 年第 3 期；陈建华：《广州市文物普查汇编·增城市卷》，广州出版社，2008 年。

胎，釉厚而不匀，其上多有釉泪，耳、底部釉块凝结成团。该窑址出土器物中的缶和釜多为圜底器；瓮、罐类的最大腹径在腹的上部，底径比口径小一半；纹饰以米字纹为主，与夔形印纹时期相同的羽状云纹、席印纹仍有使用。

以上情况，说明西瓜岭窑与夔形印纹时期比较接近，是一处战国早中期遗留下来的窑址。

一〇〇 ZJLY－972 棠村庙岭遗址（复查）

1. 遗址概况

棠村庙岭遗址位于荔城街棠村东北部，增江西岸，西邻 256 省道，总面积约 14 000 平方米，海拔约 11.5 米，地势平缓。2006 年 7 月 11 日，增城市文化广电新闻出版局接群众报告，在增城市水利局附城围上游段达标加固工程荔城街棠村增江西岸取土点发现先秦文物，该局即刻派博物馆、文物处及增城市文化市场综合行政执法队工作人员会同增城公安部门赴现场调查，并向施工人员追缴了 4 件青铜器。

2006 年 7～8 月，广州市文物考古研究所对发现青铜器的庙岭山岗进行考古勘探，但未发现文化遗存。

2. 出土遗物

现场勘探未发现文化遗存，向施工人员追缴 4 件青铜器，有鼎、编钟和铙等。据器形推断时代为西周至春秋时期。

第三章　增江街

2004 年 2 月，增城调整行政区划，荔城镇一分为二，又以增江为界，东部新设增江街。增江自北向南流过街境西边，街名也由此得来。增江街东与博罗县交界，西与荔城街相邻，南接石滩镇，北靠正果镇，面积 86.18 平方千米。

境内大部分为丘陵地带，北有罗浮山余脉延伸至江岸，东北地区多为小盆地，南部为小平原，整体地势东高西低。

增江街位于增江干流东岸，有数条小溪流发源于东侧山地丘陵地带，自东向西汇入增江。（图 3-1；彩版九，1）

增江街共计调查 86 个网格，发现各时期遗址 57 个，其中新发现 30 个、复查遗址 27 个。（图 3-2；彩版二二）

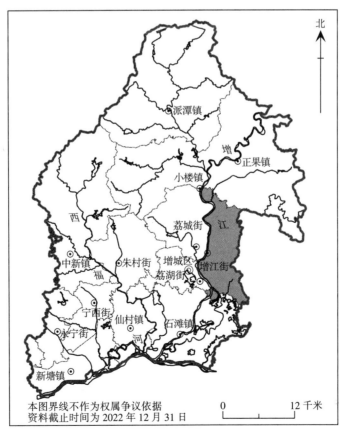

图 3-1　增江街位置图

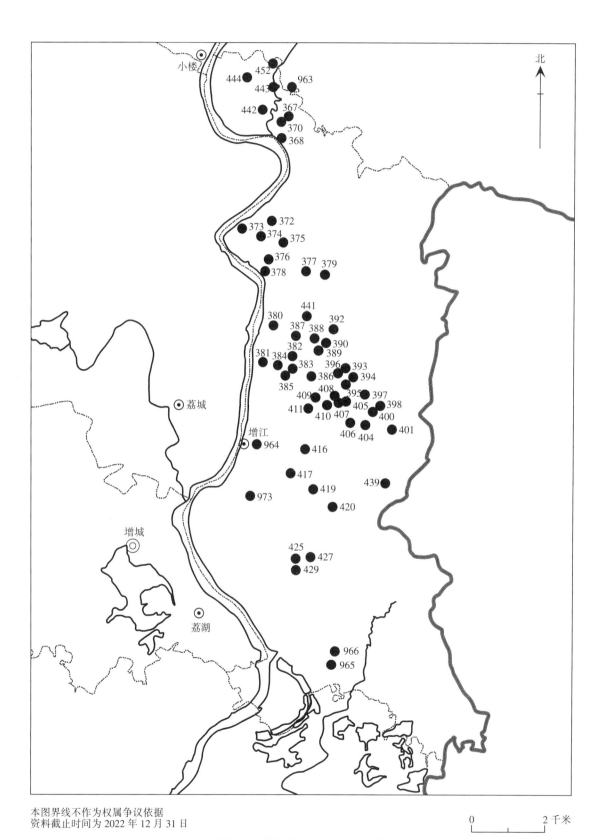

图 3 - 2　增江街遗址分布示意图

367. 低山遗址
368. 鲤鱼尾遗址（复查）
370. 白湖岭遗址（复查）
372. 麒麟嘴遗址
373. 东街围岭遗址（复查）
374. 鸡公岭遗址（复查）
375. 刘屋岭遗址（复查）
376. 琵琶形遗址
377. 金竹𠖤遗址
378. 鬼子岭遗址（复查）
379. 蝴蝶山遗址
380. 宇𠖤遗址（复查）
381. 扶罗岭遗址
382. 元岭遗址（复查）
383. 龙颈遗址
384. 蔡顶山北遗址
385. 蔡顶山南遗址
386. 人字岭遗址
387. 田篸遗址
388. 台山顶遗址
389. 岭排遗址
390. 凤心岭遗址
392. 王角份遗址
393. 倒骑龙遗址（复查）
394. 元岭仔遗址（复查）
395. 秃光岭遗址（复查）
396. 珠山遗址
397. 上塘遗址
398. 石壁仔遗址（复查）

400. 树吓村背扶山遗址（复查）
401. 刘屋背扶山遗址（复查）
404. 太牌山遗址（复查）
405. 蕉石岭遗址（复查）
406. 杉山吓遗址
407. 牛皮𠖤遗址
408. 布加岭遗址（复查）
409. 望田后山遗址（复查）
410. 下屋圆岭遗址
411. 白墓遗址
416. 古坑遗址
417. 狮头岭遗址
419. 鸡公山遗址
420. 荔枝墩遗址
425. 九尉岗遗址
427. 石龙头遗址
429. 郭屋后拢山遗址
439. 小岗蓁遗址
441. 骆𠖤遗址
442. 车岭遗址（复查）
443. 安塘岭遗址（复查）
444. 上楼遗址（复查）
452. 缸瓦岭遗址（复查）
963. 浮扶岭遗址（复查）
964. 安屋村后山唐墓（复查）
965. 梅花岭东汉墓群（复查）
966. 狮头岭东汉墓（复查）
973. 岭尾山南朝墓（复查）

一　ZJLY - 367 低山遗址

1. 遗址概况

低山遗址位于正果镇中西村新上社西南部约 800 米山岗上，该山北与浮扶岭遗址相望，西接白湖岭，西南与鲤鱼尾相接，南邻龙见顶，再南为增江街境内。山岗西距增江约 110 米，省道 S119 从山岗北侧经过。地形图上标示该山为低山，故名低山遗址。

山岗平面呈不规则形，形体较大，面积约 409 000 平方米，主峰位于山岗东北部，海拔 88.4 米，相对高度约 73.4 米，诸坡大部分区域较为陡峭。山岗西坡山腰以下以种植荔枝、龙眼等果树为主，另有松树、竹林等，果林内大部分区域内有杂草，枯叶遍地；东坡及西坡山顶附近基本为荒山，生长松树、杂木等。

2. 采集遗物

采集遗物 25 件，皆为陶器残片。（图 3 - 3；彩版一〇〇，2）分布于山岗西北侧延伸出的岗地上，多采集于现代墓周边的裸露地表，分布范围约 28 000 平方米。据遗物特征分析可分为西周至春秋、战国至南越国两个时期。

西周至春秋时期：采集陶片 13 片。泥质粗陶为主，有少量泥质细陶，皆为硬陶；陶色以灰色为主，另有红褐、灰褐、青灰、橙黄色等；纹饰以方格纹为主，另有夔纹、菱格凸块纹、弦纹、方格纹加夔纹等。

陶罐腹部残片　1 件。

ZJLY - 367：10Y Ⅱ，泥质粗硬陶，红褐色，饰旋涡纹。（图 3 - 3，4；彩版一三六，2）

战国至南越国时期：采集陶片 12 片。泥质粗陶为主，有少量泥质细陶，皆为硬陶；陶色较杂，以灰褐、红褐色为主，另有深灰、青灰、橙黄、红色等；纹饰皆为方格纹。

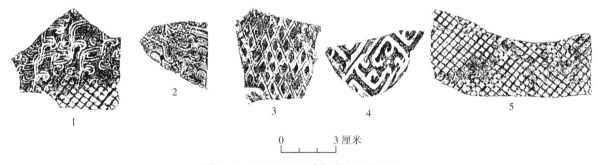

0　　　3 厘米

图 3 - 3　ZJLY - 367 采集陶片纹饰拓片

1、2. 方格纹 + 夔纹（ZJLY - 367：10Z Ⅰ、ZJLY - 367：4Z Ⅰ）　3. 菱格凸块纹（ZJLY - 367：11Z Ⅰ）
4. 旋涡纹（ZJLY - 367：10Y Ⅱ）　5. 方格纹（ZJLY - 367：4Y Ⅱ）

二　ZJLY - 368 鲤鱼尾遗址（复查）

1. 遗址概况

鲤鱼尾遗址位于正果镇中西村新上社西南约 1300 米山岗上，该山东北接低山，北邻白湖岭，西、西南邻省道 S119，西临增江，鲤鱼尾村依山南坡而建。当地村民称山岗土名鲤鱼尾，故名。于 2011 年调查时发现。

山岗平面近圆形，面积约 24 000 平方米，山顶较为平坦，海拔 35 米，相对高度约 20 米，诸坡稍陡。山上遍植果树，以荔枝、龙眼为主，局部有松树、竹林等，果林内杂草不多，但枯叶遍地，仅局部有裸露地表，可视度不高。

2. 采集遗物

2011 年调查时在山体西南侧采集少量陶器残片，分布范围约 2000 平方米。陶片皆为泥质粗硬陶，陶色见灰褐、灰白色等，纹饰有勾连云雷纹、夔纹、方格纹。据遗物特征推断时代为西周至春秋时期。

复查未采集到遗物。

三 ZJLY-370 白湖岭遗址（复查）

1. 遗址概况

白湖岭遗址位于正果镇中西村新上社西南约 950 米的山岗上。该山南邻鲤鱼尾，东邻低山，北望浮扶岭，西北望车岭，西距增江约 410 米，省道 S119 从山岗北侧、西侧坡脚经过。当地村民称该山名白湖岭，2008 年，对增正公路（省道 S119）改扩工程（增江街段）进行调查时发现。

山岗平面形状近椭圆形，形体较小，面积约 22 000 平方米，海拔约 33 米，相对高度 18 米。北坡、东坡稍陡峭，西坡因修建省道 S119 而呈断崖状，南坡相对平缓。山上以种植荔枝、乌榄为主，局部有松树、竹林等，果林内大部分区域内杂草较多，枯叶遍地；北坡果林内杂草不多，西南坡有较多近现代墓，适逢重阳拜山，墓葬周边杂草、枯叶均被清除，利于调查。

2. 遗迹现象

2008 年调查时采集有墓砖，长方体，青灰色居多，分属汉、晋、唐、宋时期，推测存在墓葬。

3. 采集遗物

2008 年调查时采集少量陶片、砺石、墓砖等遗物。陶片为泥质粗硬陶，灰色，纹饰有方格纹、夔纹、重圈纹、曲折纹、素面等，可辨器形有陶俑、动物俑、陶豆圈足、陶罐类器口沿等。时代以西周至春秋时期为主，少量属汉代等。

复查采集遗物 57 件，皆为陶器残片，见于西南坡现代墓葬周边、坡脚下荔枝林内及农田地表，分布范围约 7100 平方米。据遗物特征分析，可分为西周至春秋、唐宋两个时期。（图 3-4）

西周至春秋时期：采集陶片 56 片。以泥质粗硬陶为主，有少量泥质细硬陶和泥质粗软陶；陶色以灰、灰褐色为主，约占半数，深灰色次之，另有黑、红褐、红、灰白、灰黑、青灰色等；纹饰以方格纹、夔纹及二者与弦纹、菱格纹（凸点纹）组合纹为主，另有篦点纹、戳印纹、菱格纹、菱格凸块纹、圆圈纹、回纹、素面等；可辨器形、部位有陶罐类器口沿、陶豆圈足等。

陶罐口沿 2 件。

ZJLY-370：14Z Ⅰ，泥质细硬陶，青灰色；侈口，斜折沿，尖圆唇，溜肩；肩部饰篦点纹、弦纹。残宽 6.1、高 5.5 厘米。（图 3-4，1；彩版一二七，7）

ZJLY-370：15Z Ⅰ，泥质细硬陶，灰白色；敞口，宽斜沿，沿外缘平折，厚方唇，唇面有凹槽一

周；肩部饰方格纹。残宽5.9、高4.2厘米。（图3-4，2）

陶豆圈足　3件。

ZJLY-370：9ZⅠ，泥质细硬陶，灰褐色；圈足外撇，足跟尖圆；素面；器表轮制痕迹明显。残宽4.3、高3.2厘米。（图3-4，5）

ZJLY-370：12ZⅠ，泥质细硬陶，青灰色；圜底，下附外撇状圈足，足跟圆弧；素面，器表分布较多黑色斑点。残宽5.7、高4.2厘米。（图3-4，4）

ZJLY-370：26ZⅠ，泥质细硬陶，红褐色；下腹弧收，圜底，圈足外撇，足跟残缺；素面。残宽7.2、高4.1厘米。（图3-4，3；彩版一三一，5）

唐宋时期：采集1片泥质灰褐硬陶。

综合两次调查情况，遗址以西周至春秋时期遗存为主，少量属汉代、晋南朝、唐宋时期遗存。

四　ZJLY-372麒麟嘴遗址

1. 遗址概况

麒麟嘴遗址位于增江街联益村王大合社北侧、光耀村西南侧山岗上，西北邻增江，南邻鸡公岭、大合村，东北为大塘冚峡谷，与龙见顶相望，东邻从莞深高速公路S29，与路对面大岭顶相望，省道S119从山岗西坡、北坡经过。山岗由两座小山岗连绵相接构成，西南侧山岗名为麒麟嘴，东北侧山岗名为享塘，在此以麒麟嘴名之。

山岗平面呈长条形，总面积约338 000平方米。享塘山海拔约47米，诸坡较陡峭，山顶较为平坦，山上大部分区域种植果树，以荔枝、龙眼为主，局部有松树、竹林，果林内杂草不多，但枯叶遍地。麒麟嘴山海拔约78米，诸坡较陡峭，西坡种植有香樟树、松树，南坡东半部遍植果树，以荔枝、龙眼为主，山脚下周边有较多竹林，山顶荒置。

2. 采集遗物

在南坡坡脚采集陶器残片2片。皆为泥质粗硬陶，分别饰夔纹、方格纹，器形不可辨。年代属西周至春秋时期。

五　ZJLY-373东街围岭遗址（复查）

1. 遗址概况

东街围岭遗址位于增江街联益村东街社北侧山岗上，东邻省道S119，与路对面鸡公岭相望，南为地势低平的农田，其北侧、西侧为增江环绕。遗址于2011年调查发现，本次为复查。地形图上标示该山为围岭，定为东街围岭遗址。

围岭为一座独立的山岗，形体较大，平面形状呈不规则形，面积约114 000平方米，山顶海拔约50.8米，相对高度约35.8米。山岗遍植桉树、竹子，局部有荔枝、龙眼等果树，大部分区域内杂草较多、枯叶遍地。遗址位于山岗西部台地上，所在区域遍植果树，现围蔽以作养鸡场用地，无法入内详细踏查。

2. 采集遗物

2011年调查时在西部台地采集少许泥质粗硬陶片，纹饰可见方格纹、菱格纹、曲折纹。据遗物特

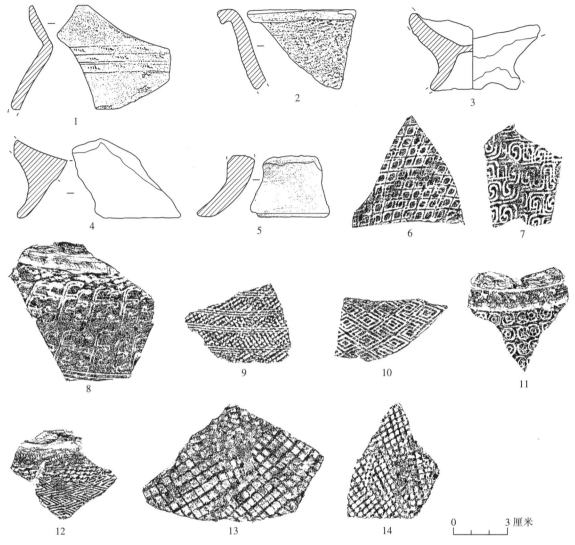

图 3 - 4 ZJLY - 370 采集遗物及陶片纹饰拓片

1、2. 陶罐口沿（ZJLY - 370：14Z Ⅰ、ZJLY - 370：15Z Ⅰ） 3 ~ 5. 陶豆圈足（ZJLY - 370：26Z Ⅰ、ZJLY - 370：12Z Ⅰ、ZJLY - 370：9Z Ⅰ） 6. 菱格凸块纹（ZJLY - 370：5Y Ⅱ） 7、8. 夔纹（ZJLY - 370：16Z Ⅰ、ZJLY - 370：2Z Ⅰ） 9. 方格纹 + 弦纹（ZJLY - 370：6T） 10. 重菱格凸块纹（ZJLY - 370：24Z Ⅰ） 11. 圆圈纹 + 戳印篦点纹（ZJLY - 370：16Y Ⅱ） 12. 方格纹 + 曲折纹 + 戳印篦点纹（ZJLY - 370：19Y Ⅱ） 13、14. 方格纹（ZJLY - 370：19Z Ⅰ、ZJLY - 370：23Y Ⅱ）

征推断时代为西周至春秋时期。复查未采集到遗物。

六 ZJLY - 374 鸡公岭遗址（复查）

1. 遗址概况

鸡公岭遗址位于增江街联益村东街社东侧、石宜吓社北侧山岗上。该山北邻麒麟嘴山，西邻东街围岭山，南邻琵琶形山，东望刘屋岭。山岗南邻大寺坑河，西距增江约 100 米。省道 S119、从莞深高速公路 S29 分别从山岗西侧、东侧经过。2011 年调查发现该遗址，定名为鸡公岭遗址。

山岗平面形状近方形，面积约 152 000 平方米，海拔约 69.5 米，相对高度约 59.5 米。西坡较为平缓，东坡稍陡峭。山岗遍植果树，以荔枝、龙眼为主，间有桉树等杂木，山岗北坡、南坡坡脚分布有

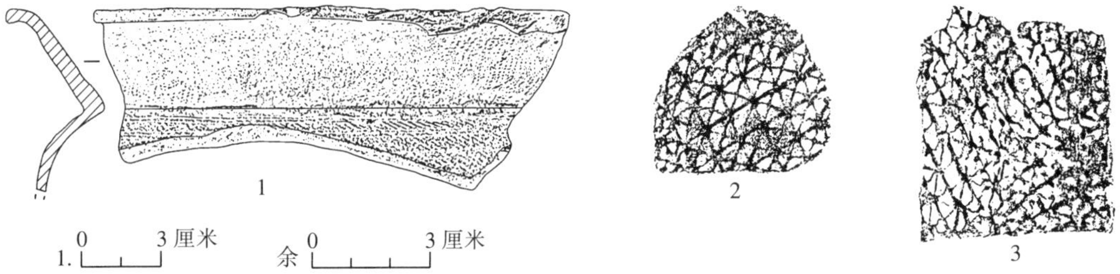

图 3-5 ZJLY-374、375 采集陶片及纹饰拓片
1. 陶瓮口沿（ZJLY-374:7ZⅠ） 2、3. 米字纹（ZJLY-375:7YⅡ、ZJLY-375:3YⅡ）

竹林。果林内大部分区域杂草不多，部分区域经清理地表裸露，便于踏查。

2. 采集遗物

2011 年调查时在山岗西、南坡采集遗物见砺石、陶片等。陶片以泥质硬陶为主，纹饰见方格纹、弦纹、菱格凸块纹等，我们推断时代为西周至春秋时期；另有夹粗砂灰黑软陶、夹细砂软陶，纹饰可见曲折纹、长方格纹等，我们推断时代为新石器时代晚期至商代。（图 3-5）

本次复查在山顶梯田断面上采集 1 片夹细砂青灰陶，饰曲折纹，年代应属新石器时代晚期至商代。另在西坡坡脚下采集陶片 6 片。多为泥质粗硬陶；陶色多见青灰，另有深灰、灰褐、灰色等；纹饰可见方格纹、方格纹加弦纹、方格纹加夔纹等；可辨器形、部位有陶瓮口沿。年代应属西周至春秋时期。

陶瓮口沿 1 件。

ZJLY-374:7ZⅠ，泥质细硬陶，灰色；侈口，斜折沿，沿外缘外折，方圆唇，弧肩；外沿及肩部饰方格纹、弦纹。残宽 17.9、高 6.5 厘米。（图 3-5, 1；彩版一三三, 6）

综合两次调查情况来看，鸡公岭遗址有新石器时代晚期至商代、西周至春秋两期遗存。

七 ZJLY-375 刘屋岭遗址（复查）

1. 遗址概况

刘屋岭遗址位于增江街联益村刘屋村北侧山岗上，西邻鸡公岭，东侧、北侧与大窝排高山区相接，为大窝排向南延伸的平缓岗地，西南与琵琶形山相望，南为大寺坑峡谷，与大寺坑河相邻，从莞深高速 S29 从山岗西侧经过。该遗址于 2011 年调查发现，定名为刘屋岭遗址。

山岗北侧因地势太高无法踏查，调查集中于山岗南坡及刘屋村东侧伸出的两个小岗，总面积约 111 000 平方米，海拔约 60 米，相对高度约 45 米。山坡上遍植果树，以荔枝、龙眼为主，间有乌榄、柿子等，局部有竹林、桉树、杂木等。除刘屋村背后西侧局部荒置无法踏查外，其他大部分区域地表有些许杂草、枯叶，对调查带来一定影响。

2. 采集遗物

2011 年调查时采集较多陶片，有泥质粗硬陶和夹粗砂软陶等，纹饰有绳纹、夔纹、方格纹、米字纹等。初步判断可分为新石器时代晚期至商代、西周至春秋、战国至南越国时期三个时期遗存。（见图 3-5）

本次复查在刘屋村东侧小山岗上采集遗物 9 件，皆为陶器残片，分布范围约 2000 平方米。陶质以泥质粗硬陶为主，陶色多见深灰、灰褐色等，纹饰多见米字纹、方格纹、弦纹。年代当为战国至南越国时期。

综合两次调查，遗址有新石器时代晚期至商代、西周至春秋、战国至南越国三期遗存。

八 ZJLY-376 琵琶形遗址

1. 遗址概况

琵琶形遗址位于增江街大份村东侧、潘屋西侧山岗上，北望鸡公岭、刘屋岭遗址，南邻鬼子岭，东接金竹凸，西邻省道 S119，西距增江约 260 米，北邻大寺坑峡谷，距大寺坑河约 40 米，南距深坑河约 380 米，从莞深高速公路 S29 从山岗中部穿过。在山岗南坡发现一座清代墓葬，碑文显示本山土名琵琶形，故名。

琵琶形山平面呈不规则长条形，形体大，面积约 391 000 平方米，海拔约 80.1 米，相对高度约 70.1 米，诸坡较为陡峭。山岗上种植较多果林，以荔枝、龙眼为主，间有乌榄、柿子、芒果等，果林内大部分区域杂草、枯叶遍地；部分区域荒置，种植有竹林、杂木、桉树等，地表杂草、灌木丛生，无法深入踏查。

2. 采集遗物

采集遗物 12 件，皆为陶器残片。多见于山岗顶部及附近区域，分布面积约 19 000 平方米。据遗物特征分析可分为新石器时代晚期至商代、西周至春秋两个时期。（图 3-6）

新石器时代晚期至商代：采集陶片 8 片。多为夹细砂陶，质地较硬，陶色以灰、青灰为主，纹饰可见长方格纹、条纹、曲折纹以及绳纹、附加堆纹组合纹饰。

西周至春秋时期：采集陶片 4 片。陶质以泥质粗陶为主，陶色可见青灰、灰褐、橙黄、红褐等，纹饰可见方格纹、方格纹加夔纹、夔纹加重菱格凸点纹加弦纹，可辨器形、部位有平底罐。

陶罐底 1 件。

ZJLY-376：9Z I，泥质细硬陶，灰褐色；下腹弧收，平底；下腹饰方格纹、夔纹。残宽 9.9、高 4.8 厘米。（图 3-6，3；彩版一二九，2）

九 ZJLY-377 金竹凸遗址

1. 遗址概况

金竹凸遗址位于增江街联益村朱屋社东侧山岗上。该山北侧为大寺坑峡谷，大寺坑河从山岗北侧流经，自东向西汇入增江，与潘屋、大寺坑学校相邻，西北与刘屋岭相望，西接琵琶形山，南侧为深坑峡谷，与对面蝴蝶山相邻，东邻社墩吓、上坳村。调查时在西北坡发现一座光绪二十七年（1901年）墓葬，碑文显示本山土名金竹凸，故名。

山岗平面呈不规则近三角形，形体较大，面积约 262 000 平方米，山岗海拔 90.1 米，相对高度约 75.1 米，诸坡较为陡峭。北坡遍植荔枝、龙眼等果树，间有柿子、乌榄、竹子、桉树等，果林内杂草不多，但枯叶遍地，对调查带来一定影响。南坡基本上处于荒置状态，以种植竹林、桉树为主，山势陡峭，地表杂草丛生。因近期砍伐桉树，山岗南坡开挖一条宽约 5 米的盘山路，调查主要沿盘山路

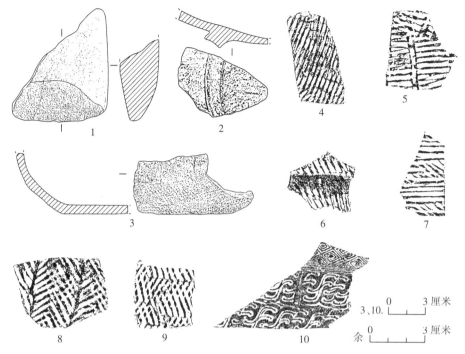

图 3 - 6　ZJLY - 376、377 采集遗物及陶片纹饰拓片

1. 石锛（ZJLY - 377：13ZⅠ）　2. 陶罐圈足（ZJLY - 377：8ZⅠ）　3. 陶罐底（ZJLY - 376：9ZⅠ）　4、5. 长方格纹
（ZJLY - 377：7T、ZJLY - 376：3ZⅠ）　6. 篮纹 + 附加堆纹（ZJLY - 376：4ZⅠ）　7. 交错条纹（ZJLY - 377：14T）
8. 叶脉纹（ZJLY - 377：2ZⅠ）　9. 曲折纹（ZJLY - 376：6ZⅠ）　10. 夔纹 + 重菱格凸点纹 + 弦纹（ZJLY - 376：11ZⅠ）

进行。

2. 采集遗物

采集遗物 28 件，计有陶器残片 27 件、石器 1 件。（见图 3 - 6）主要分布于南坡、东坡近山顶的盘山路、断壁上，分布范围约 8800 平方米。

（1）陶器。采集陶片 27 片。陶质以夹细砂硬陶为主，另有少量泥质硬陶、泥质软陶等；陶色以青灰色为主，另有灰、灰黑、红褐、橙黄色等；纹饰可见曲折纹、长方格纹、叶脉纹、交错绳纹、附加堆纹等，少见素面陶；可辨器形、部位有釜口沿、罐口沿、罐圈足等。时代为新石器时代晚期至商代。

陶罐圈足　1 件。

ZJLY - 377：8ZⅠ，夹细砂硬陶，灰褐色；下腹弧收，圜底，下附矮圈足，圈足外撇，足跟斜削，内缘着地，足跟面凹弧；下腹及外底饰曲折纹。残宽 4.9、高 2 厘米。（图 3 - 6，2）

（2）石器。采集石锛 1 件。时代为新石器时代晚期至商代。

石锛　1 件。

ZJLY - 377：13ZⅠ，青灰色片岩；顶部残缺呈三角形，一侧边平直，单面直刃。宽 5.2、高 6、厚 2.1 厘米。（图 3 - 6，1）

一〇　ZJLY - 378 鬼子岭遗址（复查）

1. 遗址概况

鬼子岭遗址位于增江街大份村南侧山岗上，北邻琵琶形山，西邻省道 S119，南侧有几座水塘，与谢屋村背后塘面岭相望，东邻从莞深高速公路 S29。增江从山岗西侧约 50 米处自北向南流经。调查时在山顶发现一座清代墓葬，碑文显示本山土名狗岭。2011 年调查首次发现该遗址，当时定名为鬼子岭遗址，本报告沿用此名。

山岗平面呈椭圆形，为一处独立小山岗，面积约 38 000 平方米，海拔约 35 米，相对高度约 25 米，山势不高，诸坡平缓。山岗东坡及山顶植被全部被清除，地表裸露，利于调查；山岗南、北坡遍植荔枝，地表杂草不多；西南坡因修筑公路呈断崖状，地表荒置，难以调查。

2. 采集遗物

2011 年调查时采集少量陶器残片。多为泥质粗硬陶，纹饰有绳纹加附加堆纹、方格纹、夔纹、夔纹加戳印纹、夔纹加弦纹、米字纹等，可辨器形、部位有瓮、罐的口沿等。据遗物特征分析，多数为西周至春秋时期，少量为新石器时代晚期至商代、战国至南越国遗物。（图 3 - 7）

陶瓮口沿　1 件。

ZJLY - 378：011，泥质粗硬陶，灰色；敞口，宽斜沿，圆唇微外卷，外沿饰方格纹。残宽 11.6、高 6.6 厘米。（图 3 - 7，1；彩版一三三，7）

本次调查采集遗物 15 件，皆为陶器残片。主要见于山岗东坡，分布面积约 14 000 平方米。据遗物特征推断可分为新石器时代晚期至商代、西周至春秋两个时期。

新石器时代晚期至商代：采集陶片 3 片。陶质有泥质粗硬陶和夹细砂软陶，纹饰有曲折纹，可辨器形、部位有罐圈足。

陶罐圈足　1 件。

ZJLY - 378：1T，泥质粗硬陶，灰色；下腹弧收，下附矮圈足，圈足外撇，足跟平直，足跟面外缘有凹槽一周；下腹及外底饰曲折纹。残宽 5、高 1.2 厘米。（图 3 - 7，3；彩版一一八，6）

西周至春秋时期：采集陶片 12 片。陶质以泥质粗硬陶为主；陶色多见深灰、青灰、灰色等，纹饰可见方格纹、夔纹、菱格纹、菱格凸块纹、弦纹、曲折纹、戳印纹等，还有戳印纹与弦纹、重菱格纹与弦纹组合纹饰；可辨器形、部位有罐、瓮的口沿等。

陶瓮口沿　1 件。

ZJLY - 378：15T，泥质粗硬陶，橙黄色；敞口，宽斜沿，斜方唇，唇下缘有折棱；外沿饰方格纹。残宽 8.2、高 6.7 厘米。（图 3 - 7，2）

综合两次调查情况可知，鬼子岭遗址有新石器时代晚期至商代、西周至春秋、战国至南越国三个时期遗存。

一一　ZJLY - 379 蝴蝶山遗址

1. 遗址概况

蝴蝶山遗址位于增江街联益村朱屋社南、上坳社南侧，北侧为大寺坑峡谷，西北与金竹亩相邻，西与路对面谢屋村背后塘面岭相望，西邻从莞深高速公路 S29，南侧为高山区，东侧有峡谷，谷底为广州宏大增化公司用地及一处绿化花木公司用地。地形图上标示该山为蝴蝶山，故名。

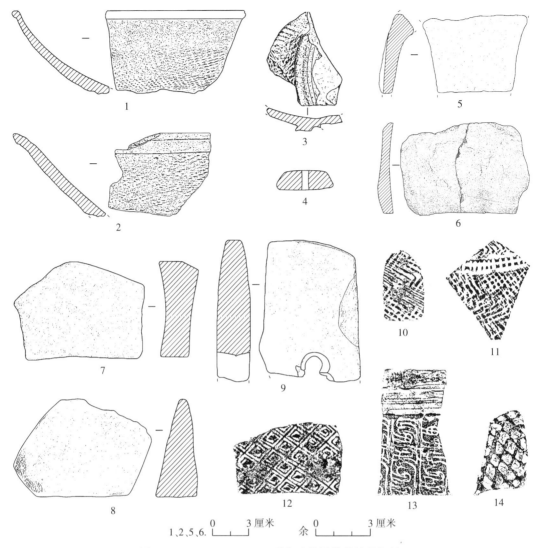

图 3 - 7 ZJLY - 378、379 采集遗物及陶片纹饰拓片

1、2. 陶瓮口沿 (ZJLY - 378：011、ZJLY - 378：15T) 3. 陶罐圈足 (ZJLY - 378：1T) 4. 陶纺轮 (ZJLY - 379：2T)
5. 陶鼎足 (ZJLY - 379：11T) 6 ~ 8. 砺石 (ZJLY - 379：5T、ZJLY - 379：1Z I、ZJLY - 379：10T) 9. 石戈 (ZJLY - 379：19T) 10. 曲折纹 (ZJLY - 379：2Z I) 11. 曲折纹 + 附加堆纹 (ZJLY - 379：18T) 12. 菱格凸块纹 (ZJLY - 378：5T) 13. 夔纹 (ZJLY - 378：14T) 14. 方格纹 (ZJLY - 378：10T)

山岗平面呈不规则形，形体较大，面积约 761 000 平方米。调查区域位于山岗的北半部，主峰为蝴蝶山，海拔约 138.3 米，相对高度约 123.3 米，坡度较为陡峭。山岗北坡西侧遍植果林，以荔枝、龙眼为主，局部有竹子等杂木，果林内大部分区域杂草很少，利于调查。山顶及北坡东侧基本处于荒置状态，山上有大量桉树、松树，地表杂草丛生，大部分区域无法调查，因砍伐树木开挖有盘山路，调查只能沿盘山路进行。

2. 采集遗物

在蝴蝶山主峰山顶及周边区域采集遗物 26 件，其中陶器残片 19 件、石器 7 件。（见图 3 - 7）分布范围约 20 000 平方米。

（1）陶器。采集陶片 19 件。陶质多见泥质软陶、夹粗砂软陶，还有部分夹细砂硬陶、泥质硬陶等；陶色多见灰、灰黑、青灰色等；器表部分为素面，纹饰多见曲折纹，还有少量绳纹、篮纹、曲折纹与附加堆纹组合纹饰等；可辨器形、部位有纺轮、豆盘口沿、鼎足、罐（釜）口沿等。据遗物特征判断年代应属新石器时代晚期至商代。

陶鼎足　1件。

ZJLY-379：11T，夹粗砂软陶，胎灰黑色，器表为红褐色；横扁体状足，上、下为残断面，两侧面向下略斜收。残宽8.4、高6.1厘米。（图3-7，5；彩版一二〇，7）

陶纺轮　1件。

ZJLY-379：2T，泥质粗软陶，灰黑色；扁体圆饼状，横截面呈梯形，中有穿孔，素面；外径3、内径0.4、高1厘米。（图3-7，4；彩版一一九，8）

（2）石器。采集石器7件，可辨器形有砺石、戈、锛、石坯、残石器等。时代为新石器时代晚期至商代。

砺石　3件。

ZJLY-379：10T，橙黄色砂岩；不规则多边形扁体状，横截面近三角形，上、下面磨制呈凹弧状。宽7.6、高5.2、厚2.3厘米。（图3-7，8；彩版一二一，4）

ZJLY-379：5T，灰色片岩；扁体长条形，上、下侧面磨制呈凹弧状。宽10.5、高7.4、厚1.1厘米。（图3-7，6）

ZJLY-379：1ZⅠ，青灰色砂岩；平面呈多边形，上、下平面磨制呈凹弧状。宽7.2、高5.2、厚1.8厘米。（图3-7，7；彩版一二一，3）

石戈　1件。

ZJLY-379：19T，青灰色片岩；长条扁体状，援体残缺，残存内部，内顶部斜弧，两侧边平直，内面有两面钻对穿圆孔。宽5.5、残高7.5、厚1.8厘米。（图3-7，9；彩版一二四，6）

一二　ZJLY-380宇㟾遗址（复查）

1. 遗址概况

宇㟾遗址位于增江街上扶罗村北侧牛骨岭上，东邻西园岗，西邻近省道S119，东距从莞深高速公路S29约300米，北面是半坑园和山贝山，西眺增江，南侧为从莞深高速公路S29增城收费站。2008年，对增从公路进行调查勘探时发现。

调查网格由数座小山岗组成，总面积约340 000平方米。牛骨岭位于偏北位置，呈东北—西南走向，平面呈长条形，海拔约35.1米，相对高度约20.1米。东南坡呈阶梯状，西北坡度相对较陡。地表种植荔枝树，另有少量香蕉树。

2. 地层堆积

2008年勘探，未见文化层堆积，可分为2层：

①层：地表耕土层，灰黄色沙土夹大量青灰土，土质松软，厚20~30厘米，未见包含物。

②层：黄沙土，土质致密且硬，厚35~50厘米。

其下为生土层，红褐色沙土。

3. 采集遗物

地表采集残陶罐、残陶碗各 1 件。时代为东汉时期。

一三 ZJLY－381 扶罗岭遗址

1. 遗址概况

扶罗岭遗址位于增江街光辉村下扶罗社南侧、耕寮社北侧山岗上，西邻增江，东邻省道 S119，与路对面蔡顶山相望，北为地势低平的农田，南邻誉峰江畔花园住宅小区、增城纸厂。在遗物分布的最北侧小山岗上发现一座民国三十六年（1947 年）墓葬，碑文显示该山土名扶罗岭，故名。

山岗由三座小山岗呈西南—东北向相接构成，平面形状呈长条形，东、东南部被开挖成断崖状，现残存面积约 153 000 平方米。扶罗岭位于北侧，山势不高，海拔约 35 米，相对高度约 20 米，西坡平缓，北坡较陡峭。山顶及西坡遍植果林，以荔枝、龙眼为主，间有乌榄、柿子，林内杂草不多，但枯叶遍地，可视度不高；南、北坡坡脚处遍植竹林，果林内杂草不多，但枯叶遍地。中部山岗名为深宙，平面近椭圆形，海拔约 49 米，相对高度约 14 米，基本处于荒置状态，无法深入踏查。西南侧小山岗名为斜山，海拔约 42 米，相对高度约 25 米，北坡陡峭，种植有桉树、竹子等，地表杂草丛生，无法踏查。其他区域坡度较缓，遍植荔枝，间有龙眼、乌榄、柿子、芒果、竹子、桉树等，林内大部分区域杂草不多，但枯叶遍地，可视度较差。

2. 采集遗物

仅在扶罗岭采集陶片 1 片，为泥质灰硬陶，饰方格纹。年代应属战国至南越国时期。

一四 ZJLY－382 元岭遗址（复查）

1. 遗址概况

元岭遗址位于增江街光辉村湖塘埔西侧一座小山岗上。该山西侧、北侧均为水塘环绕，北与宇宙相望，西邻蔡顶山，南邻龙颈，光辉涌从山岗北侧约 110 米处自东向西汇入增江。2011 年调查时首次发现该遗址，定名为元岭遗址。

山岗平面呈圆形，形体小，面积约 14 000 平方米。山势不高，海拔 26.8 米，相对高度约 11.8 米。山顶较平坦，诸坡平缓。山上有较多现代山坟，局部区域种植少许荔枝、乌榄等果树，另有稀疏的竹林、杂木等，地表杂草不多，但枯叶、干竹遍地，对调查带来一定影响。

2. 采集遗物

2011 年调查时在山岗西坡采集少许陶器残片，陶质多见夹细砂软陶，陶色以灰、灰白为主，纹饰有长方格纹、绳纹、网格纹、篮纹等。

复查在山岗西坡采集陶器残片 5 件，陶质多为夹细砂硬陶，纹饰有席纹、曲折纹、叶脉纹、交错绳纹等。（图 3－8）

两次采集遗物特征相近，时代为新石器时代晚期至商代。

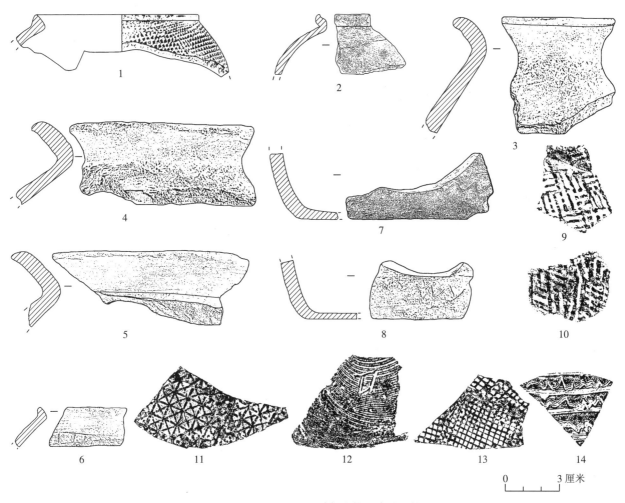

图 3 - 8　ZJLY - 382、383 采集遗物及陶片纹饰拓片

1 ~ 6. 陶罐口沿（ZJLY - 383：2Z Ⅰ、ZJLY - 383：4Z Ⅰ、ZJLY - 383：5Z Ⅰ、ZJLY - 383：3Z Ⅰ、ZJLY - 383：7Z Ⅰ、ZJLY - 383：14Z Ⅰ）
7、8. 陶罐底（ZJLY - 383：13Z Ⅰ、ZJLY - 383：16Z Ⅰ）　9. 席纹（ZJLY - 382：1Z Ⅰ）　10. 交错绳纹（ZJLY - 382：4Z Ⅰ）
11. 米字纹（ZJLY - 383：11Z Ⅰ）　12. 刻划符号（ZJLY - 383：1Z Ⅰ）　13. 方格纹（ZJLY - 383：12Z Ⅰ）　14. 水波纹＋弦纹
（ZJLY - 383：6Z Ⅰ）

一五　ZJLY - 383 龙颈遗址

1. 遗址概况

龙颈遗址位于增江街光辉村湖塘埔社南侧山岗上。该山平面呈长条形，北邻元岭，其西、南与蔡顶山相接，北距光辉涌约 300 米，东侧为水塘环绕。湖塘埔村依山岗东坡坡脚而建，村前为地势低平的农田。地形图标示该山名为龙颈，故名。

山岗面积约 56 000 平方米，最高峰位于山岗中南部，海拔约 47.2 米，相对高度约 27.2 米。山顶较平坦，诸坡亦较为平缓。大部分区域种植桉树、竹林，南部岗顶及东坡种植荔枝。

2. 采集遗物

共采集遗物 17 件，皆为陶器残片。分布集中，初步推断可能为一处被毁墓葬。陶质多为泥质细硬陶；陶色以灰褐为主；纹饰有方格纹、米字纹、水波纹加弦纹等，部分陶片上有刻划符号；可辨器形、

部位多为罐口沿，少量为罐底。据遗物特征推断时代为战国至南越国时期。（见图3-8；彩版八〇，4）

陶罐口沿 6件。

ZJLY-383:2ZⅠ，泥质细硬陶，灰褐色；侈口，短斜折沿，唇部残缺，斜弧肩；肩部饰方格纹。复原口径9、高3.3厘米。（图3-8，1）

ZJLY-383:3ZⅠ，泥质粗硬陶，灰褐色；敞口，斜折沿微外卷，圆唇，斜直肩；肩部饰米字纹。残宽9.9、高4.4厘米。（图3-8，4）

ZJLY-383:4ZⅠ，泥质细硬陶，灰褐色；敞口，短卷沿，外沿上折，尖圆唇，弧鼓肩；肩部饰方格纹。残宽3.8、高3.1厘米。（图3-8，2）

ZJLY-383:5ZⅠ，泥质细硬陶，青灰色；敞口，卷沿，圆唇，斜直肩；肩部饰米字纹。残宽6.2、高6.2厘米。（图3-8，3）

ZJLY-383:7ZⅠ，泥质细硬陶，灰褐色；侈口，斜折沿，平方唇，唇面略弧，斜直肩；肩部饰米字纹。残宽10.7、高3.9厘米。（图3-8，5）

ZJLY-383:14ZⅠ，泥质细硬陶，灰褐色；敞口，短斜折沿，尖唇，斜肩略弧；肩部饰方格纹，局部有数道凹槽。残宽4.3、高2.1厘米。（图3-8，6）

陶罐底 3件。

ZJLY-383:1ZⅠ，泥质粗硬陶，灰色；下腹斜收，平底；素面，底部有刻划符号；轮制痕迹明显（彩版八〇，3；彩版一四一，5）。

ZJLY-383:13ZⅠ，泥质细硬陶，灰色；下腹弧收，平底；下腹饰水波纹、弦纹。残宽8、高3.5厘米。（图3-8，7）

ZJLY-383:16ZⅠ，泥质细硬陶，灰色；下腹弧收，平底；下腹饰水波纹、弦纹。残宽5.5、高3厘米。（图3-8，8；彩版一四一，6）

一六 ZJLY-384蔡顶山北遗址

1. 遗址概况

蔡顶山北遗址位于增江街光辉村湖塘埔社西侧山岗上，牌坊出入口旁。该山北侧为地势低平的农田、水塘，东有两处鱼塘，与元岭相望，元芳路从北坡坡脚经过，西邻省道S119，与路对面扶罗岭相望。光辉涌从山岗北侧约80米处自东向西流经，汇入增江。因遗址位于蔡顶山北侧小山丘上，故定名为蔡顶山北遗址。

蔡顶山北平面呈不规则长条形，面积约115 000平方米，海拔约68米，相对高度约53米，坡度较为陡峭。山岗北坡因修筑道路及村居、农庄而被开挖呈断崖状，地表杂草丛生，无法踏查。东坡、北坡种植有荔枝、龙眼、桉树、竹子等，大部分区域杂草不多，但枯叶遍地，对调查带来一定影响。山顶及近顶部区域基本处于荒置状态，山上有松树、桉树、杂木，地表杂草丛生，除为维护电信塔的山间小路可以踏查外，其他区域无法深入调查。

2. 采集遗物

在蔡顶山北侧信号塔附近采集陶器残片2件，应为埋避雷线接地设备时挖出。陶片均为泥质深灰

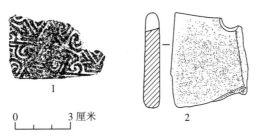

图 3 - 9　ZJLY - 384、385 采集遗物及陶片纹饰拓片

1. 蝉翼纹（ZJLY - 384∶1YⅡ）　2. 石钺（ZJLY - 385∶1ZⅠ）

陶，陶质粗硬，分别饰方格纹、蝉翼纹。据遗物特征推断时代为西周至春秋时期。（图 3 - 9）

一七　ZJLY - 385 蔡顶山南遗址

1. 遗址概况

蔡顶山南遗址位于增江街光辉村湖塘埔社西侧山岗、市殡仪馆、市收容所北侧。该山西邻省道 S119，与路对面扶罗岭相望，南邻工业路，与路对面的狗仔坟相望，东邻人字岭。光辉涌从山岗北侧约 80 米处自东向西流经，汇入增江。因遗物采集于蔡顶山南侧，故定名为蔡顶山南遗址。

遗址所出南侧山岗形体较大，面积约 540 000 平方米，主峰海拔约 108 米，相对高度约 88 米，诸坡较为陡峭。山岗山腰至坡底大部分区域内种植果林，以荔枝、龙眼为主，间有乌榄、柿子、香蕉、芒果等，另有桉树、竹子、松树等杂木。山腰至顶基本上处于荒置状态，生长有桉树等杂木，地表杂草丛生。

2. 采集遗物

在主峰的东北坡采集石钺 1 件。推断为新石器时代晚期至商代遗物。

石钺　1 件。

ZJLY - 385∶1ZⅠ，青灰色片岩；残存顶部一角，为扁体长条形，只有一侧面为平直的原始面，边缘可见残存一半单面钻圆穿孔。宽 4.2、高 5、厚 1 厘米。（图 3 - 9，2）

一八　ZJLY - 386 人字岭遗址

1. 遗址概况

人字岭遗址位于增江街光辉村湖塘埔村东侧山岗上。山岗北为地势低平的农田，西邻龙颈山，南邻工业路，与路对面虎龙坳山隔路相望，东侧为鱼塘环绕，与秃头岭、倒骑龙相望。地图上标示该山为人字岭，故名。

山岗平面近椭圆形，面积约 133 000 平方米，主峰海拔约 60.5 米，相对高度约 40.5 米。除山岗东北坡较陡峭外，其他诸坡较为平缓。山岗上大部分区域种植荔枝，间有龙眼、乌榄、柿子、香蕉等，果林内大部分区域杂草较多，枯叶遍地，对调查带来一定影响。山顶及较陡峭的东北坡处于荒置状态，其内有桉树、竹林、杂木等，地表杂草丛生，无法调查。

2. 采集遗物

在东坡中部、北坡采集遗物 16 件，多为陶器残片，少量为原始瓷片。分布范围约 23 000 平方米。

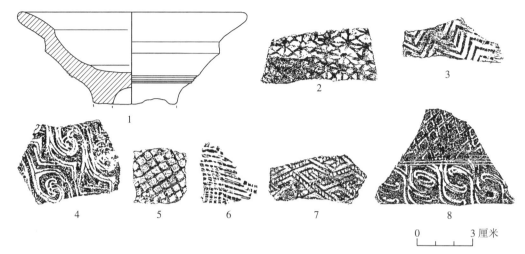

图 3 – 10　ZJLY – 386 采集遗物及陶片纹饰拓片
1. 原始瓷豆（ZJLY – 386：5Z Ⅰ）　　2. 米字纹（ZJLY – 386：4T）　　3. 曲折纹（ZJLY – 386：4Y Ⅱ）
4. 卷云纹（ZJLY – 386：6Z Ⅰ）　　5. 方格纹（ZJLY – 386：2Y Ⅱ）　　6. 绳纹（ZJLY – 386：2Z Ⅰ）
7. 勾连云雷纹（ZJLY – 386：3Y Ⅱ）　　8. 夔纹＋菱格凸块纹＋弦纹（ZJLY – 386：1Y Ⅱ）

据遗物特征可分为新石器时代晚期至商代、西周至春秋、战国至南越国三个时期。（图 3 – 10）

新石器时代晚期至商代：可见 2 片夹细砂灰胎硬陶，分别饰绳纹、曲折纹加附加堆纹。

西周至春秋时期：采集遗物数量较多，其中陶片 12 片。陶质均为泥质粗硬陶；陶色多见深灰、灰褐、红褐色等；纹饰多样，可见方格纹、回字纹、重菱格纹、菱格凸块纹、卷云纹，以及菱格凸块纹、篦点纹与弦纹组合，夔纹、菱格凸块纹与弦纹组合纹饰等。此外还采集 1 片原始瓷豆残片，饰弦纹。

原始瓷豆　1 件。

ZJLY – 386：5Z Ⅰ，胎红褐色，内外腹部施青釉，釉色发黄；侈口，圆唇，曲腹，内底下凹，下附粗圈足残缺；下腹饰弦纹。复原口径 12.6、高 4.9 厘米。（图 3 – 10，1）

战国至南越国时期：仅见 1 片米字纹陶片，泥质粗硬陶。

一九　ZJLY – 387 田蓉遗址

1. 遗址概况

田蓉遗址位于增江街光辉村湖塘埔社北侧、元岭社东北侧山岗上。该山北接高山区，西侧为地势低平的农田、水塘，南侧坡下环绕水塘，与水塘对面台山顶相望，东与台山顶相接。调查时在山岗的西北坡发现一座清光绪二十八年（1902 年）墓葬（彩版七〇，1），碑文显示本山土名田蓉，故名。

山岗由两座小山岗相接构成，总面积约 159 000 平方米。其中西南侧山岗平面呈椭圆形，形体不大，海拔高度约 28 米，诸坡平缓。从莞深高速公路 S29 从山岗中部西北向东南穿过，将山岗分为两部分。山岗上遍植荔枝、龙眼，间有菠萝蜜、柿子等，局部有农作物、竹子等。果林内大部分区域不见杂草、枯叶。

东南侧山岗北、东面与其他山岗相接，调查集中于南坡坡脚附近较平缓的区域。（彩版五九，2；彩版七三，1）该区域以种植荔枝、龙眼为主，局部有竹子、桉树，地表杂草不多，但枯叶遍地。山腰

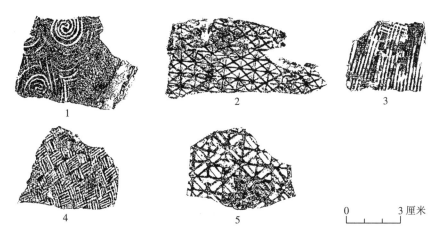

图 3 - 11　ZJLY - 387 采集陶片纹饰拓片

1. 旋涡纹（ZJLY - 387：21Z Ⅰ）　2. 米字纹（ZJLY - 387：15Z Ⅰ）　3. 刻划条纹（ZJLY - 387：24Z Ⅰ）　4. 席纹（ZJLY - 387：4Z Ⅰ）　5. 方格对角线纹（ZJLY - 387：28Z Ⅰ）

遍植桉树、杂木，地表杂草丛生，无法入内详细踏查。

2. 采集遗物

本次调查共采集遗物 28 件，皆为陶器残片。（图 3 - 11）分布范围约 27 000 平方米。据遗物特征分析，可分为新石器时代晚期至商代、战国至南越国两个时期。

新石器时代晚期至商代：仅采集 1 件泥质青灰陶片，饰曲折纹。

战国至南越国时期：采集陶片 27 片。陶质以泥质粗硬陶为主；陶色多见深灰、灰褐、青灰色等；纹饰可见方格纹、米字纹、方格对角线纹、三角格纹、旋涡纹、弦纹、戳印纹、刻划条纹等；可辨器形、部位有罐口沿、器盖等。

二〇　ZJLY - 388 台山顶遗址

1. 遗址概况

台山顶遗址位于增江街光辉村湖塘埔社北侧、元岭社东北侧高山的南坡。该山西接田蓼，东南与岭排相望，东邻坑桂。从莞深高速公路 S29 从山岗西南侧穿过，坡脚下南侧有一条排水灌溉渠，水渠对面为地势低平的农田。调查时在山岗南坡发现一座清代墓葬，碑文显示本山土名台山顶，故名。

山岗由两座小山岗相接构成，总面积约 117 000 平方米。西侧椭圆形山岗形体较小，海拔高度约 30 米，山顶较平坦，诸坡较为平缓。山上遍植荔枝，间有龙眼、橄榄等，局部种有竹林、桉树，地表较多枯叶、杂草。东侧山岗形体较大，海拔约 65 米，相对高度约 50 米。调查主要集中在南坡坡脚较平缓地带，区域内遍植荔枝、龙眼，间有少许柿子、橄榄、菠萝蜜等果树，局部有桉树、竹林等，林内大部分区域杂草不多，利于调查（彩版六〇，1）。

2. 采集遗物

共采集遗物 31 件，皆为陶器残片。（图 3 - 12；彩版一〇一，1）分布范围约 27 000 平方米。据遗物特征分析，可分为新石器时代晚期至商代、西周至春秋两个时期。

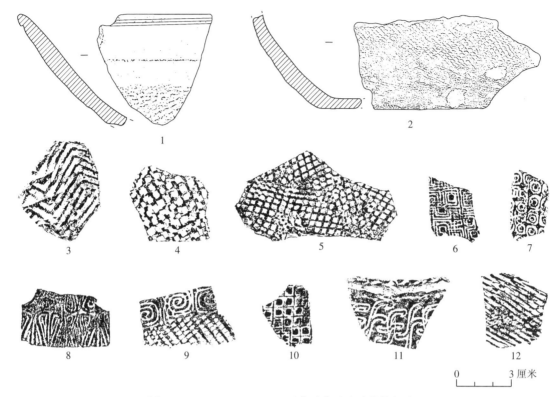

图 3-12 ZJLY-388、389 采集遗物及陶片纹饰拓片

1. 陶罐口沿（ZJLY-388:4YⅡ） 2. 陶罐底（ZJLY-389:2ZⅠ） 3. 曲折纹（ZJLY-389:1ZⅠ） 4、5. 方格纹
（ZJLY-389:3ZⅠ、ZJLY-388:12YⅡ） 6. 重菱格凸点纹（ZJLY-388:30YⅡ） 7. 圆圈凸点纹（ZJLY-388:21YⅡ）
8. 蝉翼纹（ZJLY-388:17YⅡ） 9. 方格纹＋云雷纹（ZJLY-388:13YⅡ） 10. 菱格凸块纹（ZJLY-388:5YⅡ）
11. 夔纹（ZJLY-388:3YⅡ） 12. 篮纹＋附加堆纹（ZJLY-389:7YⅡ）

新石器时代晚期至商代：仅采集 1 片叶脉纹陶片。

西周至春秋时期：采集陶片 30 片。陶质以泥质粗硬陶为主，还有部分泥质细硬陶；陶色多见青灰，另有灰、灰褐、红褐色等；纹饰可见方格纹、夔纹、蝉翼纹、云雷纹、圆圈凸点纹、重菱格凸点（块）纹，以及方格纹与夔纹、云雷纹、篦划纹、重菱格纹等的组合纹饰；可辨器形、部位有瓮口沿、罐口沿、豆圈足等。

陶罐口沿 1 件。

ZJLY-388:4YⅡ，泥质粗硬陶，灰褐色；敞口，宽斜沿，沿面凹弧，方唇，唇下缘内折成棱；外沿下部饰方格纹，器表布满黑色斑点。残宽 6.4、高 5.9 厘米。（图 3-12，1）

二一 ZJLY-389 岭排遗址

1. 遗址概况

岭排遗址位于增江街光辉村湖塘埔社东部、周山村北部山岗上。该山北邻坑桂，西北与台山顶、田蓼相望，南为地势低平的农田，与周山村相望，东邻猪仔岭。从莞深高速公路 S29 从山岗南坡坡脚穿过。地图上标示本山为岭排，故名。

山岗平面呈不规则长条形，形体较大，面积约 241 000 平方米。主峰海拔 75.1 米，相对高度约

55.1 米，山顶相对较平坦，诸坡较陡峭。山岗遍植荔枝、龙眼，间有柿子、竹子等。山岗西部地表杂草不多，但枯叶遍地，对调查带来一定影响；东侧果林内杂草茂盛。

2. 地层堆积

山岗西坡断壁地层可分为 2 层（彩版七三，2）：

①层：灰褐色表土层，土质较松软，表层较多植物根系等，厚 30～40 厘米，出土少量夔纹、方格纹陶片。

②层：为黄褐色土，局部夹杂风化土，颜色较杂，土质较硬，厚 30～55 厘米，未见文化遗物出土。

②层下为生土。

3. 采集遗物

本次调查采集遗物 19 件，皆为陶器残片，分布范围约 9000 平方米。据遗物特征分析，可分为新石器时代晚期至商代、西周至春秋两个时期。（见图 3－12）

新石器时代晚期至商代：采集陶片 5 片。陶质以夹细砂硬陶为主；陶色多见青灰、灰色等；纹饰可见曲折纹、条纹，以及篮纹与附加堆纹组合纹饰，素面少见；可辨器形、部位有罐口沿。

西周至春秋时期：采集陶片 14 片。多为泥质粗硬陶；陶色多见深灰、青灰、灰褐色等，另有少量橙黄、红褐、紫褐色等；纹饰多见方格纹、夔纹，另有夔纹、方格纹、菱格纹、弦纹等纹饰组合纹；可辨器形、部位有罐底、瓮口沿等。

陶罐底　1 件。

ZJLY－389:2Z Ⅰ，泥质粗硬陶，紫褐色；下腹弧收，平底；下腹上部饰方格纹。残宽 10.1、高 5 厘米。（图 3－12，2；彩版一二九，3）

二二　ZJLY－390 凤心岭遗址

1. 遗址概况

凤心岭遗址位于增江街光辉村湖塘埔东北侧山岗上。该山北邻王角份，西望台山顶，南邻岭排、猪仔岭，东侧与高山区相接。西侧小山岗现代墓葬碑文显示该山土名凤心岭，故名。

山岗由两座小山岗构成，总面积约 268 000 平方米。其中西侧山岗为凤心岭，平面呈长条形，海拔约 125 米，相对高度约 100 米，其诸坡较陡峭。调查主要集中在西南坡坡脚区域，该区域遍植荔枝、龙眼，地表杂草、枯叶均被清除，利于调查。东侧山岗调查集中于南坡，遍植荔枝、龙眼，间有杨桃、柿子、橄榄、竹子等，果林内大部分区域内杂草不多，但枯叶遍地。

2. 采集遗物

在凤心岭采集 1 片泥质粗硬陶，饰三角格纹，年代应属战国至南越国时期。

二三　ZJLY－392 王角份遗址

1. 遗址概况

王角份遗址位于增江街光辉村湖塘埔东北部山岗上。该山北接蝴蝶山所在高山区，西邻高山区，西南与台山顶相望，南邻凤心岭，东西两侧均有峡谷，峡谷各有一条溪流自北向南流经，其中东侧峡谷在

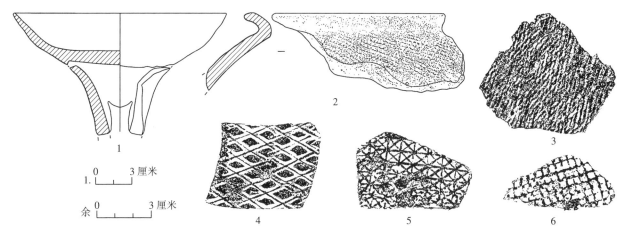

图 3 - 13　ZJLY - 392、393 采集陶器及纹饰拓片

1. 陶圈足豆（ZJLY - 393：019）　2. 陶罐口沿（ZJLY - 392：2Z I）　3. 网格纹（ZJLY - 393：5T）　4. 菱格凸块纹
（ZJLY - 393：1Z I）　5. 米字纹（ZJLY - 392：16Y II）　6. 方格纹（ZJLY - 392：11Y II）

山岗南坡折向西流。调查时在山岗西南坡发现一座道光年间墓葬，碑文显示本山土名王角份，故名。

山岗平面呈长条形，面积约 138 000 平方米，海拔约 78 米，相对高度约 66 米。山岗诸坡较为陡峭，南坡坡脚下有坡前台地较为平缓。山岗的南坡、坡前台地及东南坡遍植荔枝、龙眼，局部有农作物、竹林，果林内大部分区域杂草不多，枯叶相对较少。其他区域基本处于荒置状态，山上长有桉树、杂木、竹林等，地表杂草茂盛，山势陡峭，无法入内踏查。

2. 采集遗物

共采集遗物 20 件，皆为陶器残片，分布范围约 4000 平方米。据遗物特征分析，可分为战国至南越国、唐宋两个时期。（图 3 - 13）

战国至南越国时期：采集陶片 19 片。陶质以泥质粗硬陶为主；陶色多为深灰、灰褐色等；纹饰多见方格纹、米字纹，还有方格对角线纹，素面少见；可辨器形、部位有罐口沿等。

陶罐口沿　1 件。

ZJLY - 392：2Z I，泥质粗硬陶，青灰色；侈口，卷沿，圆唇，弧肩；肩部饰方格纹。残宽 9.5、高 4.2 厘米。（图 3 - 13，2；彩版一三九，2）

唐宋时期：采集 1 件泥质硬陶罐口沿残片。

二四　ZJLY - 393 倒骑龙遗址（复查）

1. 遗址概况

倒骑龙遗址位于增江街五星村周山社东北部山岗上。该山北邻猪仔岭、流杯水库，西侧为地势低平的农田，从莞深高速公路 S29 从山岗西南部穿过，南邻倒骑龙南侧山丘（圆仔岭）、上塘。遗址于 2011 年调查发现，地图上标示本山为倒骑龙，故名。

山岗平面近长条形，形体较大，面积约 281 000 平方米，主峰海拔约 104.3 米，相对高度约 84.3 米。除山岗西部南坡较为平缓外，其他诸坡均较陡峭。山岗西坡、东南坡遍植荔枝、龙眼，局部有竹林、桉树，果林内大部分区域杂草、枯叶较少，利于调查。山顶及北坡基本上处于荒置状态，种植较

多桉树、樟树，局部有松树、竹林，地表杂草、灌木丛生，无法踏查。（彩版六〇，2）

2. 采集遗物

2011年调查时采集20余件陶器残片，纹饰可见绳纹、叶脉纹、方格纹、网格纹、夔纹、米字纹及素面等，可辨器形、部位有罐口沿、豆圈足等。另采集1件青铜器残片。据遗物特征推断，多为西周至春秋时期遗物，少量为新石器时代晚期至商代、战国至南越国时期遗存。

陶圈足豆　1件。

ZJLY-393:019，泥质细硬陶，灰褐色；豆盘为敞口，圆唇，浅斜弧腹，平底微凹，圈足残缺下部；素面。复原口径17.5、残高9.8厘米。（图3-13，1；彩版一一九，1）

青铜器残片　1件。

ZJLY-393:020，残，器形不可辨。

本次复查在山岗西南坡采集遗物10件，其中陶器残片9件、石器1件。（见图3-13；彩版一〇一，2）分布范围约25 000平方米。

（1）陶器。采集陶片9片。据遗物特征可分为新石器时代晚期至商代、西周至春秋、战国至南越国三个时期。

新石器时代晚期至商代：采集陶片2片。1片为夹粗砂素面软陶，1片为凹圜底罐残片，饰梯格纹。

凹圜底陶罐　1件。

ZJLY-393:3T，泥质细硬陶，青灰色；残存凹圜底的底部；外底饰梯格纹。残宽9.5、高1.8厘米（彩版一一七，7）。

西周至春秋时期：采集陶片4片。均为泥质粗硬陶，陶色可见灰褐、青灰、深灰色等，纹饰分别饰曲折纹、网格纹、方格纹、菱格凸块纹。

战国至南越国时期：采集陶片3片。陶质较硬，2片为素面，1片饰方格纹。

（2）石器。采集石锛1件，长条形，单面弧刃。时代为新石器时代晚期至商代。

综合两次调查情况，倒骑龙遗址可见新石器时代晚期至商代、西周至春秋、战国至南越国三个时期遗存。

二五　ZJLY-394元岭仔遗址（复查）

1. 遗址概况

元岭仔遗址位于增江街五星村周山社东南侧山岗上，北侧为地势低平的农田，与倒骑龙山相望，西南与秃光岭相邻，东南、东侧与上塘相邻，从莞深高速公路S29从山岗东北部穿过，将山岗的东北坡部分破坏。遗址于2011年调查时发现，当地村民称该山为元岭仔，故名。

山岗平面近椭圆形，为一座独立小山岗，形体不大，面积约8000平方米，海拔约31.2米，相对高度约6.2米。山顶较为平坦，坡度平缓。山岗岗顶、东北坡呈荒置状态，其他区域遍植荔枝等果树，局部有桉树、竹林等，果林内杂草不多，但枯叶遍地，可视度不高，对调查有一定影响。

2. 采集遗物

2011年调查时采集10件遗物，多为陶器残片，多为软陶，纹饰有绳纹、曲折纹、云雷纹、素面

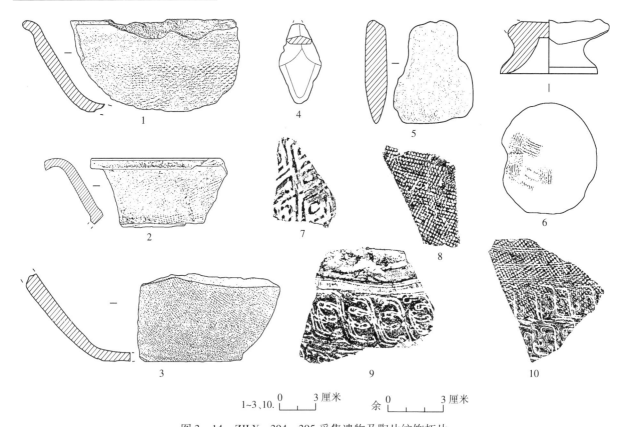

图 3 – 14　ZJLY – 394、395 采集遗物及陶片纹饰拓片

1、2. 陶瓮口沿（ZJLY – 395：10Z Ⅰ、ZJLY – 395：9T）　　3. 陶罐底（ZJLY – 395：6T）　　4. 石镞（ZJLY – 395：8T）

5. 双肩石锛（ZJLY – 395：1T）　　6. 陶豆圈足（ZJLY – 395：012）　　7. 重菱格纹（ZJLY – 394：3Y Ⅱ）　　8. 方格纹

（ZJLY – 395：4T）　　9. 夔纹（ZJLY – 395：9Z Ⅰ）　　10. 方格纹 + 夔纹 + 弦纹（ZJLY – 395：2Z Ⅰ）

等，可辨器形、部位有罐（釜）口沿。据遗物特征分析，为新石器时代晚期至商代。另有砺石等石器。

本次复查在山岗东北部采集遗物 7 件，皆为陶器残片，分布范围约 1200 平方米。陶质以夹粗砂软陶、夹细砂硬陶为主；陶色多见灰黑、灰色等；以素面为主，还有曲折纹、重菱格纹、绳纹加附加堆纹等；可辨器形、部位有釜口沿等。据遗物特征推断时代为新石器时代晚期至商代。（图 3 – 14）

综合两次调查情况，元岭仔遗址时代为新石器时代晚期至商代。

二六　ZJLY – 395 秃光岭遗址（复查）

1. 遗址概况

秃光岭遗址位于增江街五星村周山社东南部山岗上，其北、西侧为地势低平的农田，北与倒骑龙相望，西南与布加岭相望，南望蕉石岭，东邻上塘，东北与元岭仔山岗相邻。地形图标示本山为秃光岭，故名。遗址于 2011 年调查时发现。

秃光岭为一座独立山岗，平面近圆形，形体不大，面积约 50 000 平方米，海拔约 41.2 米，相对高度约 21.2 米，诸坡较为平缓。山上遍植果树，以荔枝、龙眼为主，间有橄榄、柿子等，局部有竹林。山岗北半部地表枯叶杂草较少，利于调查。

2. 采集遗物

2011 年调查时采集少许陶器残片，纹饰可见绳纹、附加堆纹、方格纹、夔纹、网格纹等，可辨器形、部位有豆圈足。时代分属新石器时代晚期至商代、西周至春秋时期。

陶豆圈足　1 件。

ZJLY-395：012，泥质粗硬陶，灰褐色；残存圈足底，喇叭形；足跟有一道凹弦纹，内底有篦点、复线刻划符号。残高 2.6、圈足直径 5.2 厘米。（图 3-14，6；彩版一三二，1、2）

本次复查山岗北半部采集遗物 20 件，计有陶器残片 18 件、石器 2 件，分布范围约 12 000 平方米。（见图 3-14；彩版三九，1）

（1）陶器。采集陶片 18 片。据遗物特征分析，可分为新石器时代晚期至商代、西周至春秋两个时期。

新石器时代晚期至商代：仅见 1 片泥质橙黄素面陶。

西周至春秋时期：采集陶片 17 片。陶质以泥质粗陶为主，少见泥质细陶；陶色多见灰褐、灰、青灰色等；纹饰以方格纹为主，另见少量夔纹以及方格纹加弦纹、方格纹加夔纹加弦纹等组合纹饰；可辨器形、部位有瓮口沿、罐底等。

陶瓮口沿　2 件。

ZJLY-395：9T，泥质粗硬陶，灰褐色；敞口，斜折沿，口部外卷，方唇，肩以下残缺；外沿饰方格纹。残宽 11.3、高 5 厘米。（图 3-14，2）

ZJLY-395：10ZⅠ，泥质粗硬陶，灰褐色；敞口，宽沿，沿面弧鼓，圆唇，肩以下残缺；外沿饰方格纹。残宽 13.8、高 6.6 厘米。（图 3-14，1；彩版一三四，1）

陶罐底　1 件。

ZJLY-395：6T，泥质粗硬陶，灰褐色；下腹斜直内收，平底。腹部饰方格纹。残宽 12、高 6.2 厘米。（图 3-14，3；彩版一二九，4）

（2）石器。采集石器 2 件，器形见双肩石锛、镞。时代为新石器时代晚期至商代。

双肩石锛　1 件。

ZJLY-395：1T，青灰色片岩，石质较粗；平面呈凸字形，顶部斜直，斜溜肩，两侧边向下外扩，单面直刃。宽 4.3、高 4.9、厚 1.2 厘米。（图 3-14，5）

石镞　1 件。

ZJLY-395：8T，青灰色片岩；近菱形，前锋残断，镞体上侧面中部起脊，两面刃，镞体下部两侧斜收成铤。宽 2.3、高 3.8、厚 0.4 厘米。（图 3-14，4）

综合两次调查情况，遗址含新石器时代晚期至商代、西周至春秋两个时期遗存。

二七　ZJLY-396 珠山遗址

1. 遗址概况

珠山遗址位于增江街五星村周山社南侧山岗上，其北侧为地势低平的农田，可望岭排，周山村依山西坡坡脚而建，村前为农田，远处与人字岭相望，南侧有水塘及农田，西南可望布加岭，东南可望秃光岭、元岭仔，东侧为从莞深高速公路 S29。当地村民称该山为珠山，故名。

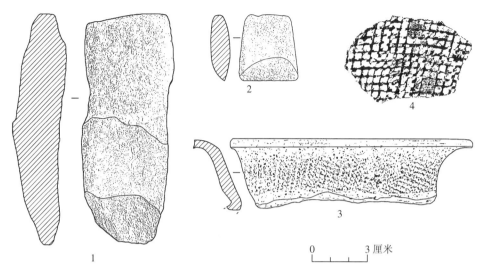

图 3 – 15　ZJLY – 396、397 采集遗物及陶片纹饰拓片

1. 残石器（ZJLY – 397：9T）　2. 石锛（ZJLY – 397：3Z Ⅰ）　3. 陶罐口沿（ZJLY – 396：1Z Ⅰ）　4. 方格纹（ZJLY – 397：2Z Ⅰ）

珠山为一座独立小山岗，平面呈椭圆形，形体不大，面积约 17 000 平方米，海拔约 26 米，相对高度约 6 米。山顶较平坦，诸坡平缓。山上种植较多竹子、桉树等杂木，另有少量果树。地表杂草丛生，对调查有一定影响。

2. 采集遗物

在现代房屋附近采集遗物 4 件，皆为陶器残片。（图 3 – 15；彩版三九，2）陶质可见泥质粗硬陶、泥质细硬陶；陶色可见红褐、灰褐、灰色等；纹饰有方格纹、方格纹与弦纹组合纹饰，仅见 1 片素面陶；可辨器形、部位有罐口沿。依遗物特征判断年代应属战国至南越国时期。

陶罐口沿　1 件。

ZJLY – 396：1Z Ⅰ，泥质细硬陶，灰褐色；敞口，斜折沿，沿外缘翻卷，方唇，唇面凹，肩以下残缺；外沿饰方格纹。残宽 13.2、高 3.7 厘米。（图 3 – 15，3）

二八　ZJLY – 397 上塘遗址

1. 遗址概况

上塘遗址位于增江街五星村雷坊社北侧山岗上。该山北邻倒骑龙，西邻元岭仔、秃光岭，南邻田心围村，雷坊村依山南坡坡脚而建，山下有大面积地势低平的农田，东南与洪兴山庄西侧山（石壁仔）相邻，东接大塘顶高山区，从莞深高速公路 S29 从山岗中南部穿过。地形图标示本山为上塘，故名。

上塘山平面呈不规则近圆形，形体大，面积约 354 000 平方米，主峰海拔约 131 米，相对高度约 106 米，坡度较大。山岗大部分区域处于荒置状态，生长有桉树、樟树、竹林等，地表杂草灌木丛生，无法踏查。调查主要在山岗周边延伸的平缓坡地上进行，包括大崩岗、雷坊村背后、秃光岭东侧坡地，区域内坡地上遍植荔枝等果树，间有龙眼、乌榄、柿子，局部有竹子、桉树等，地表枯叶遍地。

2. 采集遗物

共采集遗物 13 件，其中陶器残片 11 件、石器 2 件。（见图 3 – 15）分布范围约 6000 平方米。

（1）陶器。采集陶片 11 件。陶质以泥质粗硬陶为主，另见少量泥质细硬陶；陶色多见深灰、灰褐、青灰色等；纹饰有方格纹、夔纹、戳印纹、菱格凸块纹，以及夔纹加菱格凸块纹、夔纹加菱格凸块纹加弦纹等组合纹饰。据遗物特征判断当属西周至春秋时期。

（2）石器。采集石器 2 件，器形见锛、残石器。参照遗址采集陶片特征推断时代为西周至春秋时期。

石锛　1 件。

ZJLY - 397：3Z Ⅰ，灰黄色片岩；正视呈梯形，上窄下宽，顶部平直，两侧边向下外扩，单面直刃。宽 3.2、高 3.5、厚 1.1 厘米。（图 3 - 15，2）

残石器　1 件。

ZJLY - 397：9T，灰褐色绢云母片岩；扁体长条形，顶部平直，下部有打击的斜直刃面。宽 4.9、高 12.2、厚 2.6 厘米。（图 3 - 15，1）

二九　ZJLY - 398 石壁仔遗址（复查）

1. 遗址概况

石壁仔遗址位于增江街五星村树吓社东北部，白牛岽山塘西侧。其北与大塘顶高山区相接，西北与上塘相邻，西侧为大面积地势低平的农田，可望见田心围村，南邻树吓村背扶山，修建中的从莞深高速公路 S29 从中部穿过。当地村民称之为石壁仔，故名。遗址于 2011 年调查时发现。

山岗平面呈不规则近 "L" 形，总面积约 97 000 平方米，海拔约 70 米，相对高度约 45 米，诸坡较为陡峭。山上遍植果树，以荔枝为主，间有龙眼、柿子等，局部有竹林、樟树、杂木等，地表杂草较多，枯叶遍地，对调查带来一定影响。

2. 采集遗物

2011 年调查时在山岗的南坡采集有方格纹、重环纹陶片，初步推断时代为西周至春秋时期。

复查未发现遗物。

三〇　ZJLY - 400 树吓村背扶山遗址（复查）

1. 遗址概况

树吓村背扶山遗址位于增江街树吓村北侧山岗上，其北侧为地势低平的农田，西邻乡道 Y346，树吓村依山西南坡、南坡坡脚下而建，南望太牌山，东南与刘屋背扶山相邻，东邻从莞深高速公路 S29，东北与洪兴山庄西侧山（石壁仔）相邻。该遗址于 2011 年调查时发现，当时定名为树吓村背扶山遗址，本次沿用该名。

调查区域集中于背扶山西侧部分，与东南侧刘屋背扶山为同一座山岗。山岗平面呈不规则形，面积约 150 000 平方米，海拔约 98 米，相对高度约 88 米。北坡较为陡峭，荒置，生长有桉树、竹子等，地表杂草丛生，无法调查。其他区域坡度较缓，种植有荔枝、乌榄、龙眼等果树，另有较多竹子、桉树，地表较多杂草、枯叶，对调查有一定影响。

2. 采集遗物

2011 年调查时采集有方格纹、米字纹陶片。时代属战国至南越国时期。（图 3 - 16）

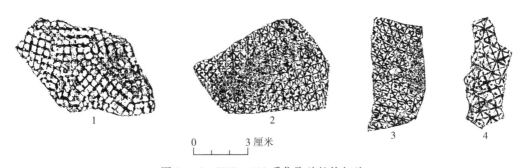

图 3 - 16　ZJLY - 400 采集陶片纹饰拓片

1. 方格纹（ZJLY - 400 : 3Z Ⅰ）　2 ~ 4. 米字纹（ZJLY - 400 : 4Y Ⅱ、ZJLY - 400 : 5Y Ⅱ、ZJLY - 400 : 2Z Ⅰ）

本次复查在西坡采集遗物 12 件，皆为陶器残片，分布范围约 13 000 平方米。据陶片特征分析，可分为新石器时代晚期至商代、西周至春秋、战国至南越国三个时期。

新石器时代晚期至商代：仅见 1 片泥质橙黄曲折纹陶。

西周至春秋时期：采集陶片 2 片，均为泥质细硬陶。其中 1 片饰夔纹，另 1 片外壁饰方格纹，内饰复线篦划纹。

战国至南越国时期：采集陶片 9 片。陶质以泥质粗硬陶为主，陶色多见深灰色，纹饰除 1 件为方格纹外，余均为米字纹。

综合两次调查情况可知，遗址含新石器时代晚期至商代、西周至春秋、战国至南越国三个时期遗存。

三一　ZJLY - 401 刘屋背扶山遗址（复查）

1. 遗址概况

刘屋背扶山遗址位于增江街五星村刘屋社东侧山岗上。该山北接树吓村背扶山，刘屋村依山西坡坡脚而建，山下为农田，与太牌山相望，西南与和亭岗相望，南邻乡道 Y346，东南与调查网格 402 相邻，东邻从莞深高速公路 S29。遗址于 2011 年调查时发现，定名为刘屋背扶山遗址。

该遗址与树吓村背扶山遗址位于同一座山岗上，位于山岗的东坡，调查网格面积约 61 000 平方米，海拔约 50 米，相对高度约 25 米，坡度较为平缓。山上遍植荔枝，间有龙眼、乌榄、柿子等果树，局部有竹子、桉树等，大部分区域内杂草不多，但枯叶遍地，对调查带来一定影响。

2. 采集遗物

2011 年调查时采集少许米字纹陶片，时代应属战国至南越国时期。

本次复查在山岗西南坡采集陶器残片 2 件，均为泥质灰白陶，饰绳纹。年代应属新石器时代晚期至商时期。

综合两次调查情况，遗址含新石器时代晚期至商代、战国至南越国两个时期遗存。

三二　ZJLY - 404 太牌山遗址（复查）

1. 遗址概况

太牌山遗址位于增江街冯屋村东南侧山岗上，该山西北与杉山吓山相接，西、南接高山区蕉石岭，东侧为峡谷，冯屋村依山西北坡坡脚而建，乡道 Y346 从山岗南侧经过。2011 年调查时发现该遗址，

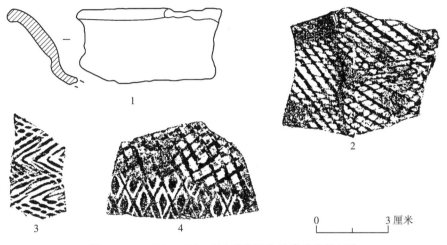

图 3 - 17　ZJLY - 404、406 采集遗物及陶片纹饰拓片

1. 陶罐口沿（ZJLY - 406：2YⅡ）　2. 网格纹（ZJLY - 404：1ZⅠ）

3. 曲折纹（ZJLY - 406：1YⅡ）　4. 方格纹 + 菱格凸块纹（ZJLY - 406：5YⅡ）

定名为太牌山遗址。

山岗平面近长条形，形体大，面积约 185 000 平方米，山顶海拔约 138 米，相对高度约 113 米。除冯屋村背后延伸部分及东坡较为平缓外，其他各山坡均较陡峭。调查集中于缓坡地带，区域内遍植荔枝，间有龙眼、橄榄、柿子等，局部有竹子、桉树，地表杂草不多，但枯叶遍地，对调查带来一定影响。

2. 采集遗物

2011 年调查时在山岗东南部近山顶处、西北部近山顶处采集少许陶器残片，纹饰见方格纹、夔纹、重圈纹、云雷纹。

本次复查在冯屋村后近顶部采集泥质灰胎网格纹陶片 1 片。（图 3 - 17）

两次调查遗物时代相同，为西周至春秋时期。

三三　ZJLY - 405 蕉石岭遗址（复查）

1. 遗址概况

蕉石岭遗址位于增江街五星村田心围社西侧山岗上，该山北邻乡道 Y346，与路对面秃光岭相望，西接牛皮峃，南接杉山吓山，东侧为地势低平的农田，与洪兴山庄西侧山（石壁仔）相望，山脚下有骏郎汽车用品厂、五星村村委会、五星村卫生站。2011 年调查时发现该遗址，定名为蕉石岭遗址。

山岗平面呈不规则长条形，形体大，面积约 104 000 平方米，山顶海拔约 115.1 米，相对高度约 95.1 米，坡度较陡峭。山岗种植有荔枝、龙眼、橄榄、柿子等，局部有竹林、桉树，地表杂草丛生，枯叶遍地，对调查带来一定影响；山腰以上区域处于荒置状态，地表杂草茂盛，无法踏查。

2. 采集遗物

2011 年调查时在汽车用品厂背后山腰采集少许方格纹、素面陶片，时代分属战国至南越国、唐宋时期。本次复查未发现文化遗物。

三四　ZJLY-406 杉山吓遗址

1. 遗址概况

杉山吓遗址位于增江街五星村樟树吓社西侧山岗上。该山北接蕉石岭、牛皮岽，西、南接蕉石岭高山区，东南与太牌山相接，东侧为农田、水塘，与乡道 Y346 相邻，可望树吓村背扶山。当地村民称该山土名杉山吓，故名杉山吓遗址。

山岗平面呈不规则形，形体大，面积约 220 000 平方米。山顶海拔约 125.2 米，相对高度约 110.2 米，坡度较陡峭。山岗种植荔枝、龙眼、柿子、橄榄等，局部有桉树、竹林、松树，地表杂草丛生，枯叶遍地，加之坡势陡峭，对调查带来较大影响。

2. 采集遗物

在山岗东南坡近坡顶采集遗物 5 件，皆为陶器残片，分布范围约 800 平方米。据遗物特征分析，可分为新石器时代晚期至商代、西周至春秋两个时期。（见图 3-17）

新石器时代晚期至商代：采集 3 片泥质细硬陶，饰曲折纹。

西周至春秋时期：采集陶片 2 片。1 件为泥质青灰素面陶片，为罐口沿残片；另 1 片为泥质灰褐陶，饰方格纹与菱格纹组合纹饰。

陶罐口沿　1 件。

ZJLY-406:2YⅡ，泥质粗硬陶，青灰色；敞口，宽折沿，口部微外卷，厚圆唇，短直肩，下弧收残缺；素面。残宽 5.9、高 3 厘米。（图 3-17，1）

三五　ZJLY-407 牛皮岽遗址

1. 遗址概况

牛皮岽遗址位于增江街布加岭村南部山岗上，其北侧西与布加岭相邻，东为香蕉林、水塘，西接蕉石岭高山区的余脉，南接杉山吓山。当地村民称之为牛皮岽，故名。

山岗平面呈不规则长条形，面积约 63 000 平方米，海拔约 98.7 米，相对高度约 73.7 米。山上种植有较多荔枝树、桉树，另有松树、杂木、竹子等，地表大部分区域杂草丛生，枯叶遍地；山岗东北坡坡脚及东坡近坡顶区域地表无杂草枯叶，利于调查。

2. 采集遗物

在山岗北坡东部近坡底采集遗物 4 件，皆为陶器残片。陶质以泥质粗硬陶为主，陶色可见灰褐、灰色，纹饰可见方格纹、重菱格纹，可辨器形、部位有瓮口沿。据遗物特征推断时代为西周至春秋时期。（彩版七八，6）

三六　ZJLY-408 布加岭遗址（复查）

1. 遗址概况

布加岭遗址位于增江街五星村布加岭社西南侧山岗上。该山北邻乡道 Y346，与珠山相望，西北与人字岭相望，西侧山脚下为下屋村，村前为农田，东侧为农田和水塘，与乡道 Y346 相邻。布加岭村依山东坡北部而建，东北可望秃光岭。遗址于 2011 年调查时发现。

山岗平面呈长条形，形体不大，面积约 61 000 平方米，海拔约 50 米，相对高度约 30 米。山势南高北低，南坡较陡峭，北坡平缓。山上种植荔枝，间有龙眼、菠萝蜜、橄榄、柿子等，局部有竹林、桉树、农作物等。果林内大部分区域杂草、枯叶遍地。

2. 采集遗物

2011 年调查时于布加岭村 10 号房屋背后采集遗物 71 件，多为陶瓷器残片，另有少量石器。（图 3－18）

（1）陶瓷器。采集陶瓷器残片 70 片。据遗物特征分析，可分为新石器时代晚期至商代、西周至春秋、战国至南越国、汉代、唐宋五个时期。

新石器时代晚期至商代：采集曲折纹陶片 1 片。

西周至春秋时期：采集陶片 18 片。多为泥质细硬陶，少量泥质粗硬陶；陶色有灰、灰褐、青灰、深灰色等；纹饰多见方格纹，另有云雷纹、重菱格纹、夔纹等。

战国至南越国时期：采集陶片 39 片。多为泥质细硬陶；陶色以灰褐为主，另有青灰、深灰色等；纹饰有方格纹、米字纹、三角格纹、方格纹加米字纹、方格纹加弦纹、锯齿纹加指甲纹加弦纹等。

汉代：采集 1 片泥质灰陶，饰弦纹。

唐宋时期：采集陶片 11 片，瓷片 1 片。陶片多为泥质细硬陶，素面居多，有少量饰弦纹，可辨器形、部位有罐口沿。

（2）石器。采集石锛 1 件。时代为新石器时代晚期至商代。

石锛　1 件。

ZJLY－408：071，灰色绿泥石片岩；尾部残缺一角，原平面近梯形，尾部圆滑，锛体下部磨制呈单面直刃，整器表面较粗糙。宽 4.8、高 8、厚 2 厘米。（图 3－18，1）

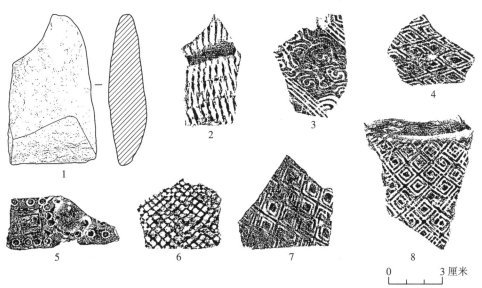

图 3－18　ZJLY－408 采集遗物及陶片纹饰拓片

1. 石锛（ZJLY－408：071）　2. 绳纹＋附加堆纹（ZJLY－408：1T）　3. 夔纹＋弦纹（ZJLY－408：9T）

4、7、8. 菱格凸块纹（ZJLY－408：5T、ZJLY－408：4T、ZJLY－408：10T）　5. 刻划云雷纹＋圆圈戳印纹

（ZJLY－408：5ZⅠ）　6. 方格纹（ZJLY－408：3T）

复查采集遗物 15 件，皆为陶器残片，分布于整座山岗，范围约 7000 平方米。据遗物特征可分为新石器时代晚期至商代、西周至春秋、战国至南越国三个时期。

新石器时代晚期至商代：仅见 1 片泥质灰白陶，陶质较细，饰绳纹加附加堆纹组合纹饰。

西周至春秋时期：采集陶片 11 片。陶质以泥质粗硬陶为主；陶色多见灰、青灰色等；纹饰可见方格纹、菱格凸块纹，以及方格纹加夔纹、夔纹加弦纹、重菱格纹加弦纹、云雷纹加圆圈纹等组合纹饰；可辨器形、部位有罐口沿。

战国至南越国时期：采集陶片 3 片，皆为泥质红褐陶，饰方格纹。

综合两次调查情况，布加岭遗址以西周至春秋、战国至南越国时期遗存为主，另有少量新石器时代晚期至商代、汉代、唐宋时期遗存。

三七 ZJLY-409 塱田后山遗址（复查）

1. 遗址概况

塱田后山遗址位于增江街五星村塱田社西侧山岗上。该山北邻乡道 Y346，与路对面人字岭相望，西与蔡顶山相邻，可望见狗仔坟，西南为农田、水塘，与山仔相邻，南邻白墓，塱田村依山东坡坡下而建，村前为农田，与布加岭相望。遗址于 2011 年调查时发现，名为塱田后山遗址。

山岗平面近椭圆形，形体较大，面积约 128 000 平方米，海拔约 81 米，相对高度约 56 米。除东坡较为平缓外，其他坡均较为陡峭。山岗遍植荔枝果林，间有橄榄、龙眼、柿子、香蕉、菠萝蜜等，局部有桉树、松树、杂木，大部分区域杂草不多，但枯叶遍地，对调查带来一定影响，仅有局部杂草全无，地表裸露，便于调查。

2. 采集遗物

2011 年调查时在山岗东坡坡脚采集到方格纹、米字纹陶片，皆为泥质硬陶。

复查在山岗东坡坡脚采集遗物 4 件，分布范围约 6000 平方米。皆为陶器残片，泥质灰黑硬陶，饰米字纹。

两次调查采集遗物内涵相同，时代为战国至南越国时期。

三八 ZJLY-410 下屋圆岭遗址

1. 遗址概况

下屋圆岭遗址位于增江街五星村布加岭社南侧。该山北侧为农田及水塘，西邻地势陡峭的荒山，东邻牛皮岽、布加岭，南接蕉石岭。当地村民称该山为圆岭，依其所属村名定名为下屋圆岭遗址。

山岗为南侧高山蕉石岭余脉的延伸，平面近椭圆形，面积约 45 000 平方米，主峰海拔约 60.1 米，相对高度约 40.1 米。山顶呈北低南高分级状，除北坡外地势较为陡峭。山上遍植果树，以荔枝为主，间有少许龙眼、橄榄、菠萝蜜等，局部有竹林、桉树等，林内大部分区域内杂草不多，但枯叶遍地，对调查带来一定影响。

2. 采集遗物

在山顶及西北坡近顶部采集遗物 3 件，分布范围约 1000 平方米，皆为陶器残片。其中 2 片为夹粗

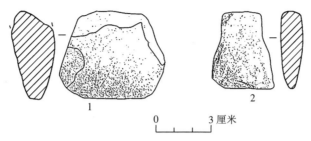

图 3 - 19　ZJLY - 411 采集遗物

1、2. 石锛（ZJLY - 411：1Z Ⅰ、ZJLY - 411：1Y Ⅱ）

砂素面陶，另有 1 片为泥质灰白陶，饰曲折纹加附加堆纹组合纹饰。年代均属新石器时代晚期至商代。

三九　ZJLY - 411 白墓遗址

1. 遗址概况

白墓遗址位于增江街五星村塱田社西侧山岗上。该山北接塱田后山，西邻山仔，西南与车畆山相望，南、东侧均为蕉石岭余脉。调查时在山岗东北坡发现一座咸丰年间重修墓葬，碑文显示本山土名白墓，故名。

山岗南、北均与山岗相接，为蕉石岭北坡余脉延伸的一部分，面积约 110 000 平方米。遗物分布位置海拔约 97.2 米，相对高度约 87.2 米。山岗上大部分区域种植荔枝，间有橄榄、龙眼、柿子等，局部有竹林、桉树、松树、杂木等，果林内杂草不多，但枯叶遍地，对调查带来一定影响。山岗西坡山腰以上杂草、枯叶均被清除，坡上开辟有一条盘山土路，利于调查。

2. 采集遗物

在山岗西坡中上部采集石锛 2 件。时代为新石器时代晚期至商代。（图 3 - 19）

石锛　2 件。

ZJLY - 411：1Z Ⅰ，灰色片岩；仅存锛体下部，为单面直刃。宽 5.7、残高 4.7、厚 2.3 厘米。（图 3 - 19，1）

ZJLY - 411：1Y Ⅱ，青灰色绿泥石片岩；平面近梯形，顶面平直，略出斜肩，两侧边向下外扩，单面直刃。宽 3.3、高 4.1、厚 1.2 厘米。（图 3 - 19，2）

四〇　ZJLY - 416 古坑遗址

1. 遗址概况

古坑（大寮米）遗址位于增江街东方村马蹄石村东侧山岗上。该山北侧为地势低平的农田、水塘及鸟畆水库，西北与车畆山（牛麻岭）相邻，南侧为农田，东接蕉石岭，马蹄石村依山西坡而建。当地村民称北侧山岗为大寮米，调查时在北侧山岗西北坡发现一座清代墓葬，碑文显示本山土名古坑，故名古坑遗址。

山岗为蕉石岭西坡余脉延伸，由两座南北相接的小山岗构成，总面积约 74 000 平方米。其中北侧山岗平面近椭圆形，形体较小，海拔约 38 米，坡度较为平缓；南侧山岗平面呈椭圆形，形体不大，海拔高度约 40.2 米，诸坡较为平缓。山岗大部分区域遍植荔枝，间有少许龙眼、柿子等，局部有竹子、桉树，地表有杂草、枯叶。

2. 采集遗物

仅发现新石器时代晚期至商代石锛1件。

石锛　1件。

ZJLY - 416：1Z Ⅰ，橙黄色凝灰岩；平面近凸字形，顶部圆弧，略出肩，锛体一侧边斜外扩，一侧边残缺，单面直刃。宽4.2、高5.8、厚1.8厘米。（图3 - 20，3）

四一　ZJLY - 417狮头岭遗址

1. 遗址概况

狮头岭遗址位于增江街东方村梁屋社西南侧山岗上。该山东北侧与县道X196东桥东路相邻，与路对面梁屋后山相望，西侧有工厂及开发用地，南邻纬六路，东南邻经三路，与鸡公山相望。地形图上标示本山为狮头岭，故名。

山岗平面近椭圆形，面积约102 000平方米，海拔约56米，相对高度约46米。主峰位于山岗南部，山势南高北低，山岗西坡、北坡坡脚均被开挖成断崖，南坡较陡峭，东坡及山岗北部较为平缓。山岗上大部分区域种植荔枝，间有龙眼、柿子、橄榄，局部有桉树、竹林，地表杂草不多，但枯叶遍地，对调查带来一定影响。

2. 采集遗物

在南坡、西南坡近顶部及山顶东部、北坡近山顶等区域采集遗物43件，其中陶器残片42件，另有1件青铜器残片。（图3 - 20；彩版一〇二，1）分布范围约17 000平方米。

（1）陶器。采集陶片42片。据遗物特征分析，可分为新石器时代晚期至商代、西周至春秋两个时期。

新石器时代晚期至商代：采集陶片24片。陶质以泥质粗硬陶、泥质细硬陶为主，有少量夹粗砂软陶、夹细砂硬陶等；陶色多为灰、青灰、黑色，另有灰黑、灰褐、灰白、橙黄色等；纹饰可见条纹、绳纹、曲折纹、篮纹、叶脉纹、长方格纹等，夹粗砂软陶多素面；可辨器形、部位多为罐口沿，少量为罐圈足。

陶罐圈足　1件。

ZJLY - 417：16Z Ⅰ，夹细砂硬陶，灰色；平底微圜，矮圈足略外撇，足跟斜直，足跟面略凹弧，内缘着地；外底饰长方格纹。残宽4、高1厘米。（图3 - 20，2）

西周至春秋时期：采集陶片18片。多为泥质粗硬陶；陶色多见灰、灰白、灰褐、深灰色等；纹饰有方格纹、夔纹、菱格纹、菱格凸块纹、网格纹、席纹，另有篦点纹加弦纹、方格纹加夔纹、夔纹加弦纹、夔纹加网格纹等组合纹饰；可辨器形、部位有罐口沿。

陶罐口沿　1件。

ZJLY - 417：9Z Ⅰ，泥质细硬陶，黄褐色；侈口，斜折沿，尖圆唇，斜直肩；肩部饰方格纹加弦纹。残宽5.2、高3.8厘米。（图3 - 20，1）

（2）铜器。采集1件青铜器残片。时代为西周至春秋时期。

青铜器残片　1件。

ZJLY - 417：18Z Ⅰ，不规则形；器形不明，器表锈蚀严重。（彩版一三六，3）

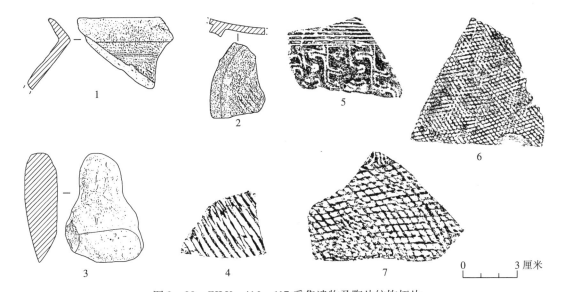

图 3 - 20　ZJLY - 416、417 采集遗物及陶片纹饰拓片

1. 陶罐口沿（ZJLY - 417：9Z Ⅰ）　2. 陶罐圈足（ZJLY - 417：16Z Ⅰ）　3. 石锛（ZJLY - 416：1Z Ⅰ）　4. 篮纹
（ZJLY - 417：14Y Ⅱ）　5. 夔纹 + 弦纹（ZJLY - 417：17Y Ⅱ）　6、7. 方格纹（ZJLY - 417：14Z Ⅰ、ZJLY - 417：19Y Ⅱ）

四二　ZJLY - 419 鸡公山遗址

1. 遗址概况

鸡公山遗址位于增江街东方村大村岭社东侧、门楼夫村西侧山岗上。该山北邻县道 X196 东桥东路，路北侧为颐养敬老院，可望蕉石岭，西北可望狮头岭，大岭村依山西坡坡下而建，村前开发为住宅小区，南邻百足钳村，门楼夫村依山东坡坡脚而建。地形图上标示本山为鸡公山，故名。

山岗平面近圆形，形体较大，面积约 134 000 平方米。主峰位于山岗中东部，海拔 50.8 米，相对高度约 40.8 米。山岗西部地势平缓，东半部略陡峭。山顶遍植松林，地表遍地菊尾草，无法踏查。其他区域遍植荔枝，间有少许龙眼、橄榄、柿子，局部有竹林、桉树，地表大部分区域杂草不多，但枯叶遍地，对调查带来一定影响。

2. 采集遗物

在山岗西部采集遗物 23 件，皆为陶器残片，分布范围约 20 000 平方米。据遗物特征可分为新石器时代晚期至商代、西周至春秋两个时期。（图 3 - 21）

新石器时代晚期至商代：采集陶片 17 片。以夹细砂硬陶、泥质细硬陶为主；陶色多为灰、橙黄色，有少量青灰、灰黑色；纹饰有绳纹、篮纹、曲折纹、条纹、叶脉纹、长方格纹，另有交错绳纹加附加堆纹、曲折纹加附加堆纹等组合纹，少量为素面；可辨器形有罐。

陶罐肩部残片　1 件。

ZJLY - 419：5Y Ⅱ，夹细砂硬陶，灰色；斜肩，直折腹，肩、腹饰交错绳纹，肩、腹相接处饰附加堆纹。残宽 4.5、高 3 厘米。（图 3 - 21，1）

西周至春秋时期：采集陶片 6 片。以泥质粗硬陶为主；陶色多见红褐、灰褐色，纹饰可见方格纹、夔纹，以及夔纹加弦纹、方格纹加篦点纹、菱格凸块纹加弦纹组合纹饰；可辨器形、部位有罐口沿。

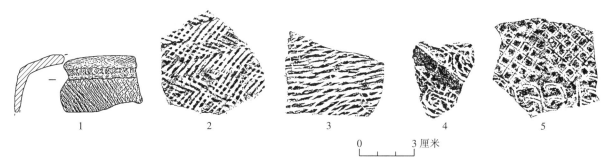

0   3 厘米

图 3 - 21 ZJLY - 419、420 采集遗物及陶片纹饰拓片

1. 陶罐肩部残片（ZJLY - 419:5YⅡ）   2. 曲折纹（ZJLY - 419:7YⅡ）   3. 篮纹（ZJLY - 419:1T）

4. 卷云纹 + 附加堆纹（ZJLY - 420:1YⅡ）   5. 方格凸块纹 + 夔纹（ZJLY - 419:5T）

四三　ZJLY - 420 荔枝墩遗址

1. 遗址概况

荔枝墩遗址位于增江街东方村荔枝墩社东侧山岗上。该山周边为农田，北望蕉石岭，西北与鸡公山相望，西望百足钳村，荔枝墩村依山西坡坡下而建，西南与百足山相望，南、东可望马鞍山。当地村民称该山为荔枝墩，故名。

山岗平面近椭圆形，形体不大，面积约 36 000 平方米，地势低矮平缓，海拔 22 米，相对高度约12 米。山岗的西半部近于荒置，东半部遍植荔枝，间有少许龙眼、柿子等，地表杂草不多，但枯叶遍地，对调查带来一定影响。

2. 采集遗物

仅采集到 1 件陶器残片，为泥质灰陶，饰卷云纹加附加堆纹组合纹饰。年代应属新石器时代晚期至商代。（图 3 - 21，4）

四四　ZJLY - 425 九尉岗遗址

1. 遗址概况

九尉岗（白石岽）遗址位于增江街陆村村练屋、郭屋东北部山岗上。该山北接寨顶山，与黄岽相望，西北与覆船岭相邻，西邻落山蛇、千窑岽，东与石龙头相邻，南望蛇尾岭。山岗由南、北两座小山岗相接构成，北侧山岗南坡近现代墓碑文显示本山土名九尉岗，故定名为九尉岗遗址。

山岗平面呈不规则形，总面积约 230 000 平方米，海拔约 58.5 米，相对高度约48.5 米，坡度较为平缓。北侧山岗西部种植荔枝等果树，地表枯叶遍地；东部荒置，有较多桉树、松树、竹子等，地表杂草、灌木丛生，无法踏查。南侧山岗西侧地势平缓，遍植荔枝，间有零星龙眼、柿子，局部有竹林、桉树等，地表枯叶遍地，对调查带来一定影响；东侧山脚种植荔枝，山腰种植桉树，山腰以上荒置，多处区域地表裸露，碎石遍地。

2. 采集遗物

共采集遗物 10 件，其中陶器残片 8 件、小型石器 2 件。（图 3 - 22）分布范围约 16 000 平方米。

（1）陶器。采集陶片 8 片。据遗物特征分析，可分为新石器时代晚期至商代、战国至南越国两个时期。

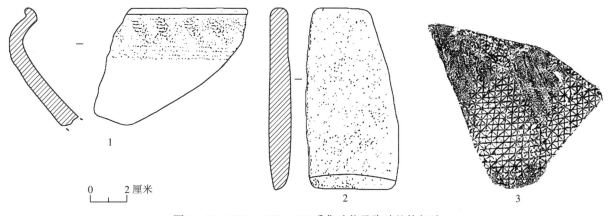

图 3 - 22　ZJLY - 425、427 采集遗物及陶片纹饰拓片
1. 陶盂口沿（ZJLY - 427：1Z Ⅰ）　2. 石锛（ZJLY - 425：4Y Ⅱ）　3. 米字纹（ZJLY - 425：1T）

新石器时代晚期至商代：采集陶片 4 片。陶质以夹细砂软陶为主，均为素面，可辨器形、部位有豆口沿。

战国至南越国时期：采集陶片 4 片。陶质以泥质细硬陶为主，纹饰可见细方格纹、方格纹、米字纹等。

（2）石器。器形见锛、残石器。时代为新石器时代晚期至商代。

石锛　1 件。

ZJLY - 425：4Y Ⅱ，橙黄色片岩；正视近梯形，上窄下宽，顶部平直，两侧面向下略外扩，单面直刃。宽 2.5、高 4.8、厚 0.6 厘米。（图 3 - 22，2）

四五　ZJLY - 427 石龙头遗址

1. 遗址概况

石龙头遗址位于增江街郭屋村东北部，其北、东北与寨顶高山区相接，东、东南与山猪岠山塘相邻，南望蛇尾岭，西南与郭屋后拢山相望，西邻九尉岗。调查时在山岗西南坡发现一座清代同治年间墓葬，碑文显示本山土名石龙头，故名。

山岗平面近三角形，山岗形体小，面积约 33 000 平方米，海拔约 46.1 米，相对高度约 22.1 米。山岗北坡较陡峭，西坡稍平缓，南坡中下部呈断崖状。山岗顶部及北坡种植荔枝，间有少许龙眼、橄榄，局部有竹子、桉树，树木稠密，杂草、枯叶遍地，能见度差，不利于调查。山岗的西坡、南坡荒置，有桉树、松树、竹子等，地表杂草丛生，调查只能在山间近现代墓葬周边进行。

2. 采集遗物

在西南坡采集泥质红褐陶 1 片，饰篦点纹与弦纹组合纹饰，器形、部位为盂口沿。推断时代为战国至南越国时期。

陶盂口沿　1 件。

ZJLY - 427：1Z Ⅰ，泥质细硬陶，红褐色；侈口，短斜折沿，圆唇，短弧鼓肩，弧折腹向下斜收；肩部饰篦点纹、弦纹。残宽 4.2、高 3.1 厘米。（图 3 - 22，1）

四六 ZJLY-429 郭屋后拢山遗址

1. 遗址概况

郭屋后拢山遗址位于增江街陆村村朱屋、郭屋村北侧山岗上。该山北邻九尉岗、九窑冚，西侧为平整后的工业开发用地，西南与国道 G324 相邻，南与鹅春岭相望，东邻蛇尾岭，朱屋、郭屋村依山南坡脚而建。当地村民称该山土名后拢山，故定名为郭屋后拢山遗址。

山岗平面近椭圆形，形体较大，面积约 57 000 平方米，海拔约 30.5 米，相对高度约 20.5 米，坡度平缓。山岗上遍植果树，以荔枝、橄榄为主，地表大部分区域杂草不多，但枯叶遍地，对调查带来一定影响。山岗南坡果树稀疏，能见度好，地表枯叶、杂草较少，利于调查。

2. 采集遗物

仅在山岗东南坡坡脚采集陶器残片 2 件，陶质分别为夹细砂灰白陶、泥质灰褐陶，分别饰篦点纹、米字纹。推断时代为战国至南越国时期。

四七 ZJLY-439 小岗篸遗址

1. 遗址概况

小岗篸遗址位于增江街五星村立新社东北侧山岗上。该山北邻亭岗，西接蕉石岭，南坡下为市职业中学，与马鞍山、荔枝坳相邻，东接屏风岭高山区。调查时在山岗南坡发现一座民国八年（1919年）墓葬，碑文显示本山土名小岗篸，故名。

山岗平面呈不规则形，形体较大，面积约 947 000 平方米，主峰海拔约 203 米，相对高度约 183米。除山岗西南部的长条形台地较平缓外，其他区域地势较陡峭。台地及南坡种植荔枝，地表杂草较少，其他大部分区域为荒山，植被茂盛，无法踏查。

2. 采集遗物

在山岗东南坡采集遗物 13 件，皆为陶器残片，分布范围约 2300 平方米。陶质以泥质细硬陶为主；陶色多见灰、灰白、青灰、灰褐色等；纹饰可见卷云纹、长方格纹、绳纹、曲折纹、梯格纹等，素面少见。据陶片特征推断时代为新石器时代晚期至商代。（图 3-23）

四八 ZJLY-441 骆冚遗址

1. 遗址概况

骆冚遗址位于增江街光辉村上扶罗社东北部山岗上。该山北邻蝴蝶山，西邻从莞深高速公路S29，与路对面宇冚相邻，南接田篸、台山顶，东接王角份。当地村民称该山土名骆冚，故名骆冚遗址。

山岗平面呈不规则形，形体较大，面积约 538 000 平方米。其周边与其他山岗连绵相接，主峰海拔约 137.7 米，相对高度约 102.7 米，诸坡较陡峭。山岗南坡坡脚下种植荔枝，间有少许龙眼、柿子，局部有竹林、桉树，果林内杂草较多，枯叶遍地，对调查带来一定影响。山岗南坡山腰以上荒置，生长较多桉树，大部分已被砍伐，地表杂草丛生，不利于调查。

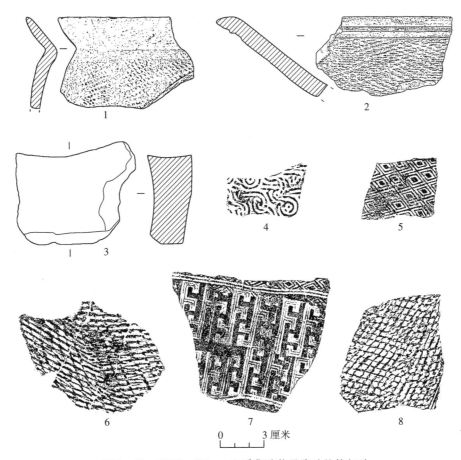

图3－23　ZJLY－439、441采集遗物及陶片纹饰拓片

1. 陶罐口沿（ZJLY－441：16T）　2. 陶瓮口沿（ZJLY－441：14ZⅠ）　3. 砺石（ZJLY－441：10T）

4. 卷云纹（ZJLY－439：2ZⅠ）　5. 菱格凸块纹（ZJLY－441：12T）　6. 长方格纹（ZJLY－439：3YⅡ）

7. 夔纹＋菱格凸块纹＋弦纹（ZJLY－441：10ZⅠ）　8. 网格纹（ZJLY－441：4ZⅠ）

2. 采集遗物

在近山顶西南侧坡地的盘山路上采集遗物33件，其中陶器残片32件、石器1件。（见图3－23；彩版一〇二，2）遗物分布范围约3000平方米。

（1）陶器。采集陶片32片。据遗物特征可分为新石器时代晚期至商代、西周至春秋两个时期。

新石器时代晚期至商代：采集陶片3片。1片为泥质细硬陶，饰曲折纹；另有2片夹细砂软陶，素面。

西周至春秋时期：采集陶片29片。陶质以泥质粗硬陶为主；陶色多见红褐、灰黑、灰色等；纹饰多见方格纹、夔纹、网格纹、菱格凸块纹，以及方格纹加夔纹、夔纹加菱格凸块纹加弦纹、长方格纹加弦纹、夔纹加弦纹加栉齿纹等组合纹饰；（彩版七八，7）可辨器形、部位有瓮、罐的口沿等。据遗物分布及陶片破损堆积情况判断，可能存在墓葬遗迹。

陶瓮口沿　1件。

ZJLY－441：14ZⅠ，泥质粗硬陶，深灰色；侈口，宽斜沿，尖圆唇；外沿上部有凹弦纹两周，其下饰方格纹。残宽9.3、高5.3厘米。（图3－23，2）

陶罐口沿　1件。

ZJLY－441：16T，泥质细硬陶，灰白色；侈口，斜折沿，尖唇，短斜直肩斜弧腹；肩、腹饰方格纹。残宽9.1、高6.1厘米。（图3－23，1；彩版一二七，8）

（2）石器。器形为砺石。时代为新石器时代晚期至商代。

砺石　1件。

ZJLY－441：10T，灰色砂岩；扁体长条形，一侧边及一平面磨制呈凹弧面。宽8.1、高6.8、厚3厘米。（图3－23，3）

四九　ZJLY－442 车岭遗址（复查）

1. 遗址概况

车岭遗址位于增江街白湖村村尾社东南部、棉湖村西南部山岗上。该山周边为地势低平的农田，北邻缸瓦岭南侧山丘（安塘岭）、钉山岭，南望增江，东南与省道S119相邻，与路对面鲤鱼尾、白湖岭、低山相望，东侧一条溪流自北向南流过，注入增江，东北与浮扶岭遗址、从莞深高速公路S29相邻。遗址于2011年调查时发现，定名为车岭遗址。

山岗平面近椭圆形，形体不大，面积约92 000平方米，海拔约18.7米，相对高度仅8.7米。现今山岗主体已被挖掘成平地，山岗周边剩余零星坡地，坡地上有零星荔枝、杂木、竹林等，地表杂草丛生，对调查带来一定影响。

2. 遗迹现象

2011年调查时发现南朝墓葬残迹，仅剩少许墓砖，破坏殆尽。

3. 采集遗物

2011年调查时在山岗西南部发现少量陶器残片和石器。（图3－24）

（1）陶器。采集少许泥质粗硬陶。陶色以灰黑色为主，有少量红褐色，纹饰有方格纹、弦纹、席纹。时代为西周至春秋时期。

（2）石器。采集石锛1件。时代与陶器相同。

石锛　1件。

ZJLY－442：06，灰褐色砂岩，石质较粗；扁体近梯形，上窄下宽，顶部漫圆，侧边略出双肩，下部磨制为单面斜弧刃。宽5、高6.2、厚2厘米。（图3－24，2）

复查采集陶器残片3件。

1片夹粗砂灰褐软陶，饰细方格纹，为陶釜残片；1片夹细砂软陶，红褐色，饰曲折纹；1片泥质粗硬陶，饰方格纹。时代为西周至春秋时期。

陶釜残片　1件。

ZJLY－442：1T，夹细砂软陶，红褐色；敛口，厚方唇，斜弧腹；饰曲折纹。残宽10.6、高6厘米。（图3－24，1）

根据两次调查情况分析，遗址时代为西周至春秋时期。

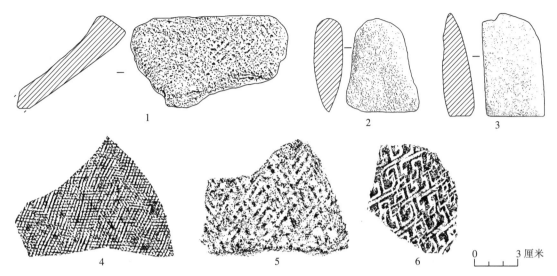

图 3 – 24　ZJLY – 442、443、444 采集遗物及陶片纹饰拓片
1. 陶釜残片（ZJLY – 442：1T）　2. 石锛（ZJLY – 442：06）　3. 砺石（ZJLY – 444：1Z Ⅰ）
4. 方格纹（ZJLY – 443：4T）　5. 曲折纹（ZJLY – 442：1T）　6. 变体夔纹（ZJLY – 443：3T）

五〇　ZJLY – 443 安塘岭遗址（复查）

1. 遗址概况

安塘岭遗址位于增江街白湖村新元社东部、棉湖村西部，北与鹤狗岽相接，西侧为地势低平的农田，西南与钉山岭相邻，南望车岭，银场水于山岗东侧自北向南流过，东与从莞深高速公路 S29 相邻。当地村民称之为低头山，调查时在山岗上发现一座清嘉庆年间墓葬，其墓碑碑文显示本山土名安塘岭，故名。遗址于 2011 年调查发现。

安塘岭平面近圆形，形体较小，总面积约 40 000 平方米，海拔高度约 27.2 米，相对高度约 12.2 米。东坡较陡峭，其余各坡较平缓。山岗上以种植荔枝为主，间有龙眼、柿子、乌榄，局部有桉树、竹林等，果林内大部分区域内杂草不多，但枯叶遍地，对调查带来一定影响。

2. 采集遗物

2011 年调查时在山岗的东南坡采集大量陶器残片，纹饰以方格纹为主。

复查在山岗的南坡、西南坡采集遗物 12 件，皆为陶器残片，分布范围约 10 000 平方米。泥质粗硬陶为主，陶色多为灰褐、灰黑色，纹饰有方格纹、夔纹、重菱格纹、弦纹等，可辨器形、部位多为罐口沿。（见图 3 – 24）

两次调查采集遗物内涵相近，时代为西周至春秋时期。

五一　ZJLY – 444 上楼遗址（复查）

1. 遗址概况

上楼遗址位于增江街白湖村白湖、上楼村东部山岗上，北望沙梨山，西眺增江，白湖、上楼村依山岗西坡而建，南邻车岭，东南与安塘岭相连，周边环绕低矮农田，东邻从莞深高速公路 S29，银场水于东部160米处流经。山岗上清代墓碑显示该山岗有鹤狗岽、庙岽、鼓岭等名称，另还有丁山、后龙山、学岽、金钟顶等多个土名，本报告以西侧村落名称命名为上楼遗址。遗址于2011年调查时发现。

山岗总体平面呈不规则长条形，东西向，由几座山岗连绵相接构成，总面积约454 000平方米。最高峰海拔高度约58米，相对高度约43米，诸坡较平缓。山岗北坡西部荒置，山坟林立，大部分区域杂草茂密；其他各坡种植有荔枝，间有少许龙眼、橄榄、柿子、香蕉、桉树、竹林、杂木等，果林内杂草不多，但枯叶遍地，局部区域内杂草灌木丛生。

2. 遗迹现象

2011年调查时在山岗东部发现有南朝墓葬，西部发现唐代墓葬。

3. 采集遗物

2011年调查时在地表采集有方格纹、米字纹陶片，时代为战国至南越国时期；另有双肩石锛、石刀等，时代为新石器时代晚期至商代。

本次调查采集砺石1件，时代为新石器时代晚期至商代。

砺石   1件。

ZJLY－444：1Z Ⅰ，橙黄色砂岩；扁体长条形，三侧边平直，一侧为断面。宽4.1、高6.7、厚2.1厘米。（图3-24，3）

据两次调查情况分析，遗址含新石器时代晚期至商代、战国至南越国、晋南朝、唐宋四个时期遗存。

五二 ZJLY－452缸瓦岭遗址（复查）

1. 遗址概况

缸瓦岭遗址位于增江街与正果镇交界处，麦村村新麦村东南山岗上，其北侧为水塘，西北与园岭相邻，西邻从莞深高速公路S29，西南眺上楼，东南望鲢鱼头，棉湖路经东侧山脚。周边为低矮农田，有溪流流经山岗东、西侧山脚。遗址于2011年发现，当时定名为缸瓦岭遗址。

缸瓦岭平面近椭圆形，形体不大，面积约30 000平方米，海拔约16米，相对高度约6米，地势较平缓。山岗大部分区域处于荒置状态，山上有杂木、桉树、绿化树、竹子、荔枝等，大部分区域杂草灌木丛生，无法详细踏查。

0 ———— 3厘米

图3-25 ZJLY-452采集陶片纹饰拓片

（水波纹＋弦纹 ZJLY-452：1T）

2. 采集遗物

2011 年调查时在该山岗四面坡地均采集到文化遗物，有夹粗砂软陶片和饰方格纹、米字纹的泥质硬陶片。

复查在山丘中部荔枝林内采集泥质灰褐硬陶 1 片，饰弦纹加水波纹。（图 3 - 25）

据两次调查采集遗物分析，该遗址时代主体为战国至南越国时期，少量遗物为新石器时代晚期至商代。

五三　ZJLY - 963 浮扶岭遗址（复查）

1. 遗址概况

浮扶岭位于增江街白湖村，是增江边的一个小山岗，遗址总面积约 10 万平方米，四周都是农田，海拔最高约 38.6 米，相对高度约 23.6 米。2009 年 8 月至 2010 年 9 月，配合增（城）从（化）高速公路建设，广州市文物考古研究所对遗址进行了抢救性勘探发掘，发掘面积约 15 000 平方米。

2. 遗迹现象

清理新石器时代晚期至元明时期的墓葬 525 座、明代砖瓦窑址 1 座。

3. 出土遗物

发掘出土重要文物标本 2000 余件（套）。

4. 遗址内涵

发掘表明，浮扶岭遗址作为专门的墓葬埋藏区延续时间近 4000 年，上迄新石器时代晚期，下至近现代。可分为新石器时代晚期至商代、西周至春秋、战国至南越国三个时期。

新石器时代晚期至商代：墓葬数量较少，以夹砂陶豆和泥质曲折纹扁圈足罐为代表。

西周至春秋时期：该期遗存最为丰富，硬陶夔纹（双 "F" 纹）瓮和罐、原始瓷豆为其特点。

战国至南越国时期：米字纹和方格纹硬陶罐或瓮是其典型特征。在遗址中部南坡坡脚发掘的 M511 是发掘区规模最大的墓葬，底铺石子，上置木椁，有典型的越人墓特征，时代大致在秦至南越国早期阶段，这也是目前岭南地区考古发现规模最大的铺石子木椁墓。

本次复查未发现遗物。

五四　ZJLY - 964 安屋村后山唐墓（复查）

1. 遗址概况

安屋村后山唐墓位于增江街安屋村后山。该山面积约 2000 平方米，海拔约 9.5 米，地势平缓。安屋村位于增江东岸，现已开发为增江街城区，原始地貌不详。

2. 遗迹现象

1993 年，增城县文化馆发掘清理唐墓。

3. 出土遗物

出土有莲花碟、瓷罐等随葬品。

本次复查未发现遗物。

五五　ZJLY－965 梅花岭东汉墓群（复查）

1. 遗址概况

梅花岭东汉墓群位于增江街四丰村梅花岭后山，西距增江约 1.5 千米，东侧有省道 S256 经过，北与发现狮头岭汉墓的龙豹汽车厂房相邻。1972 年，增江县文化馆组织有关人员对石滩镇（现为增江街）四丰村梅花岭东汉墓群进行清理，共发掘砖室墓 4 座。墓群早期被盗扰，墓群中有部分墓室仍保存较完整。1985 年，公布为增城县文物保护单位。2015 年 1 月 4 日至 20 日，广州市文物考古研究院对老虎岭东侧的中都物流项目用地开展了考古调查勘探工作，勘探面积 10 262 平方米。

梅花岭为增江东岸一独立山岗，东与牛利岭相连，被省道 S256 分隔为两座山体，总面积约 161 000 平方米，海拔约 24 米，相对高度约 18 米。梅花岭村坐落北侧山脚，西侧多为增江冲积平原，辟为农田，山岗地势平缓，种植荔枝等果树，现山岗东侧建有中都物流园厂房。

2. 出土遗物

早期发掘清理汉墓 4 座，汉墓随葬器物有陶罐、四系罐、陶壶、陶钫、陶碗等。

2015 年对中都物流园发掘时清理墓葬 3 座，均为汉晋时期的土圹竖穴砖室墓，共出土随葬器物 19 件（套）。

本次复查未发现遗物。

五六　ZJLY－966 狮头岭东汉墓（复查）

1. 遗址概况

狮头岭东汉墓位于增江街四丰村西北狮头岭西南坡，北侧为国道 G324，东侧为省道 S256，西邻增江，南与梅花岭相望，东部建有广东工业大学华立学院。

狮头岭原为小山岗，平面近圆形，调查网格面积约 47 000 平方米，海拔约 15.7 米，地势平缓。广州市宝龙集团龙豹汽车工业有限公司为兴建厂房，在征地红线东南角狮头岭山岗西南坡平整土地时发现墓葬。在增城市文化局和博物馆的前期保护下，仅墓室后部被毁，墓口和砖室顶部也被削去一部分。2003 年 3 ~ 4 月，广州市文物考古研究所对墓葬进行发掘。

2. 遗迹现象

清理东汉晚期砖室墓 1 座，平面呈串字形，由墓道、甬道、横前堂、过道、中堂和后室构成，砖室均为双隅错缝结砌。除中堂为穹隆顶外，墓室其他部分皆为券顶。

3. 出土遗物

汉墓出土陶器、铜器、玛瑙、铁器等文物 94 件（套）。

本次复查未发现遗物。

五七　ZJLY－973 岭尾山南朝墓（复查）①

1. 遗址概况

岭尾山南朝墓位于增江街西山村水东社东侧岭尾山西南坡。该山地处增江东岸，西邻一环路，其面积约 1000 平方米，海拔约 13 米，相对高度约 4.5 米，周边现已开发建设厂房和楼盘。1995 年 7 月，广州市文物考古研究所对其进行调查。1997 年 6 月，因村民取土对墓葬造成严重破坏，广州市文物考古研究所会同增城市博物馆对荔城镇（现为增江街）西山村岭尾山南朝墓进行发掘。

2. 遗迹现象

共清理砖室墓 3 座，略呈品字形分布，2 座基本被毁，1 座保存完好。墓葬墓砖规整，结构精工，内外共 4 重拱券，由甬道、前室、过道和后室构成，侧壁有直、横假窗、牙角、间柱和后柱等。

3. 出土遗物

出土器物有青瓷鸡首壶、四耳罐、碗、盘、砚及滑石猪等文物 28 件。

本次复查未发现遗物。

---

① 广州市文物考古研究所、增城博物馆：《广州增城市荔城镇岭尾山南朝墓发掘简报》，《华南考古 2》，文物出版社，2008 年，第 325~334 页。

第四章　小楼镇

　　小楼镇位于增城境北部，距荔城中心 11 千米。小楼镇以驻地小楼圩得名，"小楼"之名来源于境内的小陌村，因当地人讲增城话"陌"与"楼"语音近似，后来谐音成小楼。全镇面积 135.36 平方千米。东邻正果镇、增江街，南接荔城街，西连中新镇，北靠派潭镇。（图 4－1）

　　境内地势北高南低，中、东部是冲积平原。增江流经东南部，境内主要河流为二龙河，发源于小楼镇西部的马鞍山，自西向东流经二龙、腊圃、涩村于大楼山合派潭河汇入增江。（彩版九，2）

　　小楼镇共计调查网格 201 个，发现各时期遗址 84 个，其中新发现 79 个、复查 5 个。（图 4－2；彩版二三）

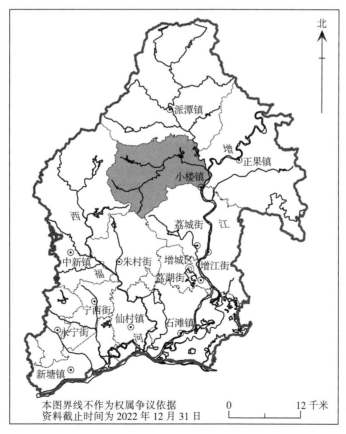

图 4－1　小楼镇位置图

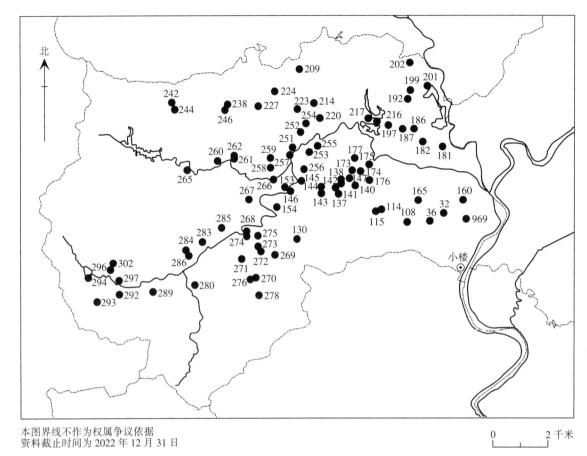

本图界线不作为权属争议依据
资料截止时间为2022年12月31日

0 ⎯⎯ 2 千米

图4-2　小楼镇遗址分布示意图

32. 黄草岭遗址　36. 大公已山遗址　108. 新桂村后龙山遗址　114. 江坳门后山遗址　115. 卜庙山遗址　130. 秋㘵遗址　137. 紫金山遗址　138. 姑秧顶遗址　140. 罗布尾西侧山遗址　141. 姑婆岭遗址　142. 蛇头岭遗址　143. 白鸡翼遗址　144. 旱塘圆岭遗址　145. 蔗排岭遗址　146. 九益村围垌山遗址　147. 虾公山遗址　153. 牛头村台地遗址　154. 老屋背扶山遗址　160. 西边月遗址　165. 东㘵遗址　173. 腊圃荔枝山遗址　174. 腊圃松仔山遗址　175. 清河岗遗址　176. 社公山遗址　177. 圣堂前遗址　181. 形河山遗址（复查）　182. 鸡腰横遗址　186. 后岭山遗址　187. 小儿坐栏遗址（复查）　192. 正潭山遗址　197. 竹银山遗址　199. 大公山遗址（复查）　201. 吓岗山遗址　202. 古椽山遗址（复查）　209. 三大窝山遗址　214. 锦绣山遗址　216. 鸟歌岭遗址　217. 溪具山遗址　220. 土地木遗址　223. 约场村对面山遗址　224. 老屋山遗址　227. 岭尾涧遗址　238. 细岭遗址　242. 禾场㟜遗址　244. 大湖洋遗址　246. 大岭遗址　251. 尖峰岭东南岗遗址　252. 横庄㘵遗址　253. 长田山遗址　254. 鸡头山北遗址　255. 腊圃后龙山遗址　256. 蟹山遗址　257. 茶园遗址　258. 波仔山遗址　259. 高地岭遗址　260. 吓围后龙山遗址　261. 三屋兜嘴遗址　262. 松头山遗址　265. 圆公头遗址　266. 正隆后龙山遗址　267. 山猪㘵遗址　268. 坑背岭北侧岗遗址　269. 备山遗址　270. 禾塘山遗址　271. 韩村背扶山遗址　272. 童年山遗址　273. 鸡心岭遗址　274. 坑背岭遗址　275. 长条㘵遗址　276. 岗贝黄遗址　278. 大㘵背扶山遗址　280. 沙岗后龙山遗址　283. 山㘵口遗址　284. 大山㘵遗址　285. 东头窝遗址　286. 旗山遗址　289. 围岭后龙山遗址　292. 黄村山背山遗址　293. 江挡山遗址　294. 长布水库台地遗址　296. 黄泥岗遗址　297. 鱼岭山遗址　302. 古坑背扶山遗址　969. 交湖墩遗址（复查）

一　ZJLY-32 黄草岭遗址

1. 遗址概况

黄草岭遗址位于小楼镇新楼村西北侧山岗上。山岗北为地势低平的农田，西邻山岭，南邻新楼后龙山，东北与西边月相邻。当地村民称该山名为黄草岭，故名。

黄草岭平面近椭圆形，山势平缓较低矮，海拔仅35.2米，相对高度约20.2米。地形经修整呈

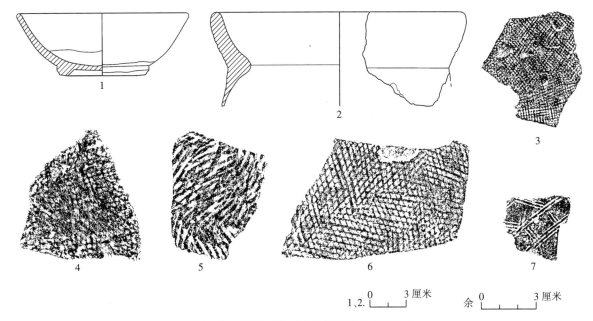

图 4 - 3 ZJLY - 32、36 采集陶器及纹饰拓片

1. 青釉瓷碗（ZJLY - 36：1Z Ⅰ） 2. 陶釜口沿（ZJLY - 32：2Z Ⅰ） 3、4. 细方格纹（ZJLY - 32：2G、ZJLY - 32：6G）

5. 交错绳纹（ZJLY - 32：3G） 6. 方格纹（ZJLY - 32：4G） 7. 刻划纹（ZJLY - 32：3Z Ⅰ）

台阶状，北坡各级梯田落差较大。山上遍植荔枝等果树，局部有竹林，地表杂草不多，但枯叶遍地。

2. 采集遗物

在北侧山坡采集遗物 13 件，计有陶器残片 12 件、石器 1 件。（图 4 - 3）分布范围约 1300 平方米。

（1）陶器。采集陶片 12 片。据遗物特征分析，可分为新石器时代晚期至商代、西周至春秋两个时期。

新石器时代晚期至商代：采集陶片 4 片。纹饰有篮纹、交错绳纹、细方格纹等，可辨器形、部位有素面釜口沿。

陶釜口沿 1 件。

ZJLY - 32：2Z Ⅰ，夹粗砂软陶，灰黑色；侈口，斜折沿，沿面凹，厚圆唇，上腹斜直；素面。复原口径 21、高 7.5 厘米。（图 4 - 3，2）

西周至春秋时期：采集陶片 8 片。陶质为泥质粗硬陶，灰白色居多，饰细方格纹、方格纹、刻划纹等。

（2）石器。采集砺石 1 件。器体较小，长方体，正面和侧面有使用磨痕。时代为西周至春秋。

二 ZJLY - 36 大公己山遗址

1. 遗址概况

大公己山遗址位于小楼镇大塘村后。大塘旧村依山北坡坡底而建，现新村围绕山之西北坡而建直至省道 S256 路边。其北、西、东均为水稻田，东北与调查网格 34 山岭连绵相接，南邻省道 S256。调查时在山之北坡发现的清光绪年间墓碑显示，本山土名大公己山，故名。

该山平面呈不规则长条形，由南侧长条形山岗、中部近圆形山峰及北部伸出的长半椭圆形山岗构成，总面积约 148 000 平方米，海拔约 69.8 米，相对高度约 44.8 米。多数区域因荒置无人管理，植被茂盛、杂草丛生，不利于调查；局部缓坡区域种植有荔枝等果树。

2. 采集遗物

采集明清时期青釉瓷碗残片 1 件。

青釉瓷碗　1 件。

ZJLY - 36：1Z Ⅰ，灰白胎，施青釉，釉层厚，冰裂纹，施釉不及底；敞口，圆唇，斜弧腹内收，圜底，下附直圈足，圈足下部斜削，足底平直。复原口径 14、底径 7、高 5 厘米。（图 4 - 3，1；彩版八三，2；彩版一四八，7）

三　ZJLY - 108 新桂村后龙山遗址

1. 遗址概况

新桂村后龙山遗址位于小楼镇新桂村南侧山岗上。该山北邻省道 S256，西邻江坳小学，南邻狗尾山，东南与舟婆岭相邻，东为大公己山，北距江坳运河约 350 米。

遗址所处山岗形体较小，面积约 134 000 平方米，海拔约 56 米，相对高度约 31 米，山势低矮，地表植被繁茂，多种植荔枝等果树，局部有竹林，大部分坡地及山顶杂草丛生，难以调查。

2. 采集遗物

在南坡采集遗物 79 件，其中陶器残片 77 件、石器 2 件。（图 4 - 4；彩版九〇，2）分布面积约 6000 平方米。

（1）陶器。采集陶片 77 片。据遗物特征分析可分为西周至春秋、战国至南越国两个时期。

西周至春秋时期：采集陶片 48 片。陶质多为泥质粗硬陶；陶色多为灰、灰褐色，少量陶片器表施青釉；纹饰多方格纹、夔纹，部分为二者的组合纹或与弦纹组合纹，另有篦点纹加弦纹、勾连云雷纹、网格纹、"S" 形纹等；可辨器形、部位有罐口沿、罐底等。

陶罐口沿　1 件。

ZJLY - 108：11Z Ⅰ，泥质细硬陶，青灰色；敞口，方唇，上腹斜直，下部残缺；饰方格纹。尺寸不详。

陶罐底　1 件。

ZJLY - 108：14Z Ⅰ，泥质细硬陶，红褐色；下腹斜收，平底；腹部饰方格纹。残宽 4.9、高 4.9 厘米。（图 4 - 4，1）

战国至南越国时期：采集陶片 29 片。陶质多为泥质粗硬陶，陶色以灰、深灰、红褐色居多，纹饰多为方格纹，米字纹仅 1 片。

（2）石器。器形见镞、砚。可分为西周至春秋、明清两个时期。

西周至春秋时期：采集石镞 1 件。

石镞　1 件。

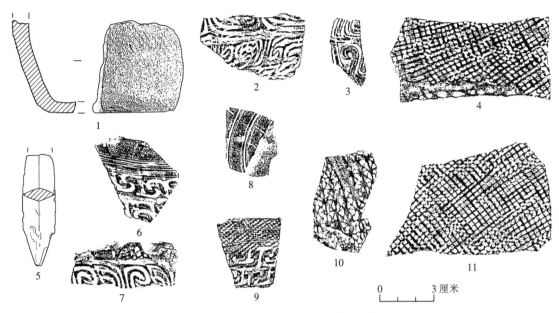

图 4 - 4 ZJLY - 108 采集遗物及陶片纹饰拓片

1. 陶罐底（ZJLY - 108：14Z Ⅰ） 2. 夔纹（ZJLY - 108：24Z Ⅰ） 3. "S" 形纹（ZJLY - 108：6Z Ⅰ） 4、11. 方格纹
（ZJLY - 108：38Y Ⅱ、ZJLY - 108：34Y Ⅱ） 5. 石镞（ZJLY - 108：40Y Ⅱ） 6. 夔纹 + 弦纹（ZJLY - 108：7Y Ⅱ）
7. 方格纹 + 夔纹（ZJLY - 108：16Y Ⅱ） 8. 篦点纹 + 弦纹（ZJLY - 108：10Y Ⅱ） 9. 方格纹 + 夔纹 + 弦纹（ZJLY -
108：38Z Ⅰ） 10. 米字纹（ZJLY - 108：3Y Ⅱ）

ZJLY - 108：40Y Ⅱ，青灰色片岩，石质细腻，磨制光滑；柳叶形，镞尖残断，镞体两面中部起脊，横截面呈菱形，两面刃，下部斜收成铤。宽 1.8、高 5.9、厚 0.7 厘米。（图 4 - 4，5）

明清时期：采集石砚 1 件。

四 ZJLY - 114 江坳门后山遗址

1. 遗址概况

江坳门后山遗址位于小楼镇江坳村上新村南侧的门后山，北邻省道 S256，西邻卜庙山，南侧为地势低平的农田，向南可望交岭嘴、圆岭等山岗，东距江坳运河约 500 米。

门后山形体较小，平面呈圆形，面积约 12 000 平方米，海拔仅约 26.9 米，相对高度仅 1.9 米，山势低矮平缓，山顶较平坦，呈台地状，山岗与周边农田呈断崖状突起。山上种植有荔枝、龙眼、橄榄等果树，另有竹子，林内杂草不多，但枯叶遍地，对调查带来一定影响。

2. 采集遗物

于门后山的南坡与西坡采集遗物 85 件，计有陶器残片 84 件、石器 1 件。（图 4 - 5；彩版九一，1）分布面积约 12 000 平方米。

（1）陶器。采集陶片 84 片。据遗物特征分析可分为新石器时代晚期至商代、西周至春秋两个时期。

新石器时代晚期至商代：采集陶片 71 片。陶质多见泥质粗硬陶、泥质细硬陶、夹细砂硬陶，部分为夹砂软陶和泥质细软陶；陶色多为灰色，另有少量灰白、灰褐、灰黑、青灰、红褐色等；纹饰多见（交错）绳纹、曲折纹、叶脉纹，另有篮纹、条纹、网格纹、长方格纹、圆圈纹、条纹、附加堆纹等；

可辨器形、部位有罐口沿、豆口沿、罐圈足、鼎足等。

陶罐口沿   1件。

ZJLY－114：35YⅡ，夹细砂硬陶，青灰色；敞口，尖圆唇，沿较高呈束颈状；颈肩相接处饰篮纹。残宽8、高5.6厘米。（图4－5，1；彩版一一四，5）

陶罐圈足   1件。

ZJLY－114：30YⅡ，夹细砂硬陶，红褐色；微圜底，下附矮圈足，圈足外撇，足底平直；外底饰曲折纹。残宽7、高2厘米。（图4－5，5；彩版一一八，2）

陶鼎足   1件。

ZJLY－114：14ZⅠ，夹粗砂软陶，灰黑色；仅存足体中部，侧扁状足，残存腹部较薄，足体斜向下收，下端残断。残宽9.4、高6厘米。（图4－5，4；彩版一二○，6）

西周至春秋时期：采集陶片13片。多为泥质粗硬陶；陶色多见灰、灰褐、灰黑色等，纹饰方格纹、夔纹、重圈纹、重方格凸点纹、网格纹、弦纹等，部分为组合纹饰；可辨器形、部位有罐口沿、罐底等。

陶罐底   1件。

ZJLY－114：17ZⅠ，泥质粗硬陶，灰褐色；弧腹向下内收，平底；腹部饰方格纹。残宽11.2、高5.4厘米。（图4－5，2；彩版一二九，1）

（2）石器。可辨器形有锛。时代为新石器时代晚期至商代。

石锛   1件。

ZJLY－114：9ZⅠ，灰色片岩，整器磨制较粗糙；扁体近梯形，上窄下宽，顶部平直，两侧面斜直，略出肩，单面斜直刃。宽3.8、高6.6、厚1.3厘米。（图4－5，3）

五   ZJLY－115卜庙山遗址

1. 遗址概况

卜庙山遗址位于仙塘村卜庙山。该山北邻松帽山，西邻横江背扶山，东邻门后山，南为地势低平的农田，与圆岭、沙梨山遥望，东南距江坳运河约300米。

卜庙山由两座连绵相接的小山岗构成，总面积约41 000平方米，海拔约28米，相对高度约3米。其中北部山岗形体稍大，南部山岗形体小，两山均低矮平缓呈台地状，与周边农田呈断崖状，山顶经平整较为平坦。山上种植有荔枝、龙眼、榄类等果树，局部有竹林。大部分地面遍布枯叶，对调查有一定影响。

2. 地层堆积

通过山岗断面观察到的文化层情况为：

①层：现代耕土层，灰沙土含颗粒砂较重，土质松散，厚约20厘米。

②层：黄土，黏性，含细沙，厚约25厘米，未见遗物。

其下为黄红黏土，接近生土。

3. 采集遗物

采集遗物7件，其中陶器残片5件、石器2件，分布较分散。（见图4－5）面积约14 000平方米。

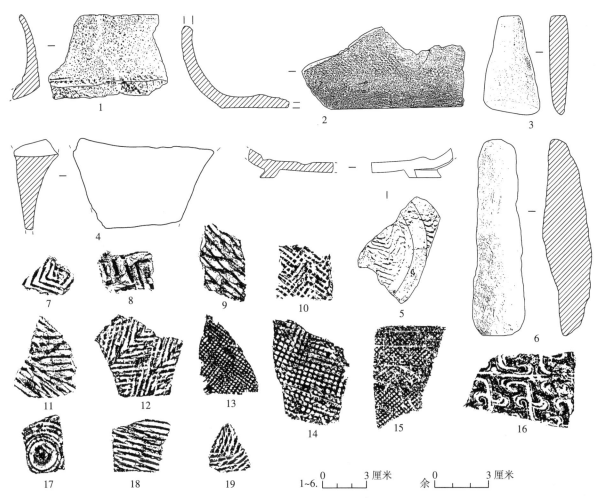

图 4 – 5　ZJLY – 114、115 采集遗物及陶片纹饰拓片

1. 陶罐口沿（ZJLY – 114：35YⅡ）　　2. 陶罐底（ZJLY – 114：17ZⅠ）　　3、6. 石锛（ZJLY – 114：9ZⅠ、ZJLY – 115：3YⅡ）
4. 陶鼎足（ZJLY – 114：14ZⅠ）　　5. 陶罐圈足（ZJLY – 114：30YⅡ）　　7、8. 曲折纹（ZJLY – 114：3YⅡ、ZJLY – 114：2YⅡ）
9. 网格纹（ZJLY – 114：55YⅡ）　　10. 交错条纹（ZJLY – 114：56YⅡ）　　11、12、19. 交错绳纹（ZJLY – 114：16YⅡ、
ZJLY – 114：26YⅡ、ZJLY – 115：2YⅡ）　　13、14. 方格纹（ZJLY – 114：1YⅡ、ZJLY – 114：27YⅡ）　　15. 方格纹＋弦纹
（ZJLY – 114：46YⅡ）　　16. 夔纹（ZJLY – 114：20YⅡ）　　17. 重圈纹（ZJLY – 114：62YⅡ）　　18. 篮纹（ZJLY – 115：3ZⅠ）

（1）陶器。采集陶片 5 片。据遗物特征分析，可分为新石器时代晚期至商代、西周至春秋两个时期。

新石器时代晚期至商代：采集陶片 4 片，纹饰有曲折纹、绳纹、篮纹、条纹加附加堆纹等。

西周至春秋时期：采集陶罐口沿 1 件，饰重菱格纹。

（2）石器。2 件石锛，其中 1 件残缺。时代为新石器时代晚期至商代。

石锛　1 件。

ZJLY – 115：3YⅡ，青灰色片岩，磨制较粗；扁体长条形，顶部圆弧，两侧边近平直，上、下面中部弧鼓，单面弧刃。宽 3.5、高 13、厚 3.3 厘米。（图 4 – 5，6）

六　ZJLY – 130 秋岽遗址

1. 遗址概况

秋岽遗址位于小楼镇九益村增洞社西部名为"秋岽"的区域内。秋岽属山岗前坡地，周边群山环绕，其北邻竹生顶，南邻赤埔山，西侧为高山区，东邻曾洞后龙山。

坡地自东向西逐渐增高，面积约149 000平方米，海拔约50米，相对高度约22米。坡地中部一条溪流自西侧高山向东流入九益河。台地上现多为农田，种植水稻、蔬菜等，间有荔枝、龙眼等果树。地表局部覆盖杂草，可视度较差。

2. 采集遗物

在台地中南部农田内采集绳纹陶片2片，陶质较硬。推断时代为新石器时代晚期至商代。

七 ZJLY-137紫金山遗址

1. 遗址概况

紫金山遗址位于小楼镇江坳村罗布尾社与九益村交界处的一处山岗上，当地村民称为"蛇潭庙"，又名紫金山。该山东与狗头山相对，南面老虎山，南邻广河高速公路S2，北与远处的姑秧顶相望，西北邻蛇头岭、姑婆岭，东南邻高天山。九益河从其北侧流经，其西北角距河流距离约30米。

紫金山由一高一低的两个小山岗组成，山岗形体较大，平面呈不规则形，面积约180 000平方米，海拔约66.8米，相对高度约41.8米，周边地形平坦，东部为农田及鱼塘，西部与北部均为低矮的农田。西侧山岗地势相对平缓，东侧山岗则呈陡坡状，大部分未经开垦，多生长桉树、竹子、杉树等，林内杂草、灌木丛生，给调查带来较大的困难。（彩版五二，2）

2. 采集遗物

采集遗物147件，计有陶器残片143件、石器4件。（图4-6、7；彩版九一，2）分布范围约67 000平方米。

（1）陶器。采集陶片143片。据遗物特征来看，时代可分为新石器时代晚期至商代、战国至南越国两个时期。

新石器时代晚期至商代：采集陶片19片。陶质硬陶和软陶各半，硬陶见夹细砂硬陶、泥质细硬陶，软陶有夹细砂软陶、泥质粗软陶、泥质细软陶；陶色有灰、青灰、红褐、灰白色；纹饰有曲折纹、方格纹、交错绳纹、篮纹、叶脉纹、圆圈凸点纹、长方格纹、附加堆纹、菱格凸块纹等；可辨器形、部位有罐口沿。（彩版七五，3）

战国至南越国时期：采集陶片124片。泥质硬陶居多，少量为软陶；陶色多见灰、红褐、灰褐色等；纹饰以方格纹、三角格纹、米字纹、素面为主，另有篦点纹、弦纹等；可辨器形、部位有罐口沿、罐底、三足盒底、鼎足、杯等。

陶罐口沿　2件。

ZJLY-137：73YⅡ，泥质粗硬陶，红褐色；侈口，斜折沿，沿面略上弧，圆唇，肩部以下残缺；素面。残宽6.9、高4.4厘米。（图4-6，1）

ZJLY-137：12YⅡ，泥质粗硬陶，灰褐色；近直口，斜方唇，唇面凹，短斜肩，直腹，下部残缺；肩部饰篦点纹，腹部饰弦纹、曲折纹。残宽4.8、高4.7厘米。（图4-6，2）

陶罐底　1件。

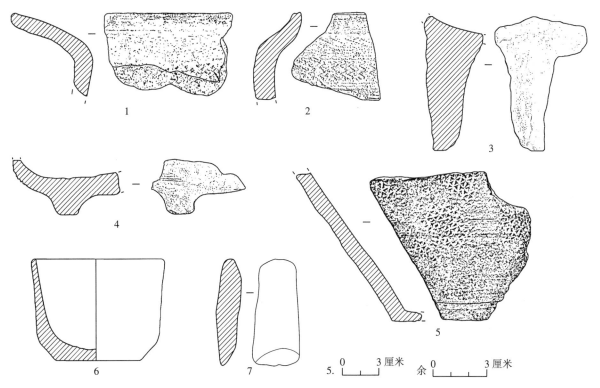

图 4 - 6 ZJLY - 137 采集遗物

1、2. 陶罐口沿（ZJLY - 137：73YⅡ、ZJLY - 137：12YⅡ） 3. 陶鼎足（ZJLY - 137：41YⅡ）

4. 陶三足盒底（ZJLY - 137：14ZⅠ） 5. 陶罐底（ZJLY - 137：6YⅡ） 6. 陶杯（ZJLY - 137：71YⅡ）

7. 石锛（ZJLY - 137：80YⅡ）

ZJLY - 137：6YⅡ，泥质粗硬陶，灰褐色；下腹斜直内收，平底；腹部饰三角格纹。残宽 13.3、高 11.8 厘米。（图 4 - 6，5；彩版一四〇，6）

陶三足盒底 1 件。

ZJLY - 137：14ZⅠ，泥质粗硬陶，灰褐色；仅存下腹及一足，下腹弧收，盒底中部略上弧，下附直矮足；腹部可见弦纹。残宽 5.1、高 2.9 厘米。（图 4 - 6，4；彩版一四三，1）

陶杯 1 件。

ZJLY - 137：71YⅡ，泥质细硬陶，灰色；敞口，圆唇，斜直腹略内弧，下部斜收，平底，内底下凹；素面，下腹见多道轮制痕。复原口径 7.3、底径 4.6、高 5.4 厘米。（图 4 - 6，6；彩版一四二，6）

陶鼎足 1 件。

ZJLY - 137：41YⅡ，泥质粗硬陶，红褐色；圆柱状，足底内侧面斜弧收窄，足跟残。残宽 5、高 7.1 厘米。（图 4 - 6，3；彩版一四六，3）

（2）石器。采集石器 4 件，器形有锛、砺石。时代为新石器时代晚期至商代。

石锛 1 件。

ZJLY - 137：80YⅡ，青灰色片岩，石质较粗；扁体近长条形，顶部上弧，两侧边向下略外斜，单面弧刃。宽 2.6、高 5.6、厚 1.3 厘米。（图 4 - 6，7）

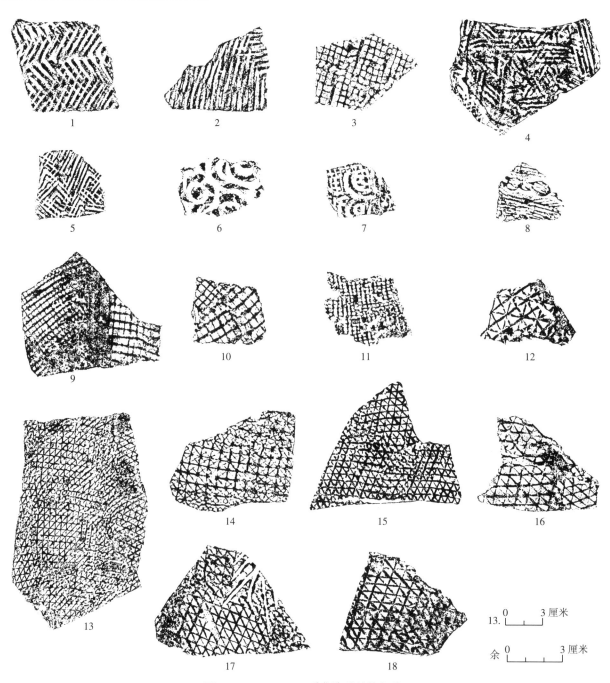

图 4 - 7　ZJLY - 137 采集陶片纹饰拓片

1. 曲折纹（ZJLY - 137：2Z Ⅰ）　　2. 篮纹（ZJLY - 137：5Z Ⅰ）　　3、9～11. 方格纹（ZJLY - 137：85Y Ⅱ、ZJLY - 137：7Y Ⅱ、ZJLY - 137：29Z Ⅰ、ZJLY - 137：53Z Ⅰ）　　4、5. 交错绳纹（ZJLY - 137：52Y Ⅱ、ZJLY - 137：51Y Ⅱ）　　6. 圆圈凸点纹（ZJLY - 137：4Z Ⅰ）　　7. 圆圈凸点纹 + 交错绳纹（ZJLY - 137：57Z Ⅰ）　　8. 长方格纹 + 附加堆纹（ZJLY - 137：40Y Ⅱ）12、14. 米字纹（ZJLY - 137：8Z Ⅰ、ZJLY - 137：9Z Ⅰ）　　13、15～18. 三角格纹（ZJLY - 137：15Z Ⅰ、ZJLY - 137：67Y Ⅱ、ZJLY - 137：26Z Ⅰ、ZJLY - 137：13Y Ⅱ、ZJLY - 137：45Y Ⅱ）

八　ZJLY - 138 姑秧顶遗址

1. 遗址概况

姑秧顶遗址位于小楼镇腊圃村中岭街西南部名为姑秧顶的山岗上。该山西连青云山，南与紫金山相望，东邻省道 S256，与荔枝山相对，北邻下横岭，西北邻田园背扶山。东南侧坡脚有九益河流经。南侧及北侧均为低洼的农田。

姑秧顶由两个小山岗组成，平面呈多边形，面积约 126 000 平方米，海拔约 51.1 米，相对高度约 31.1 米。山势西高东低，局部经后期平整呈台地，顶部平缓。山岗种有桉树、竹子、荔枝等树木，由于无人管理，地表杂草、灌木丛生。（彩版五三，1）

2. 采集遗物

在西坡养鸡场周边及荔枝林内采集遗物 92 件，其中陶器残片 91 件、石器 1 件。（图 4 - 8、9；彩版九二，1）分布范围约 37600 平方米。

（1）陶器。采集陶片 91 片。据遗物特征分析，可分为西周至春秋、战国至南越国两个时期。

西周至春秋时期：采集陶片 36 片。陶质以泥质硬陶为主，夹砂陶少见；陶色多见灰褐、灰黑色，另有灰、红褐、深灰、灰白色等；纹饰以勾连云雷纹、方格纹最多，还可见曲折纹、弦纹、菱格纹、菱格凸块纹、网格纹等，部分为组合纹饰；可辨器形、部位有罐、瓮口沿。

陶瓮口沿　2 件。

ZJLY - 138：20YⅡ，泥质细硬陶，深灰色；侈口，斜折沿，圆唇，斜直肩；外沿及肩部饰方格纹。残宽 14.6、高 10.2 厘米。（图 4 - 8，2；彩版一三三，3）

ZJLY - 138：47YⅡ，泥质细硬陶，橙黄色；侈口，宽斜折沿，唇部残缺，斜直肩；外沿及肩上部饰方格纹，下部饰勾连云雷纹。残宽 12.2、高 10.9 厘米。（图 4 - 8，1；彩版一三三，4）

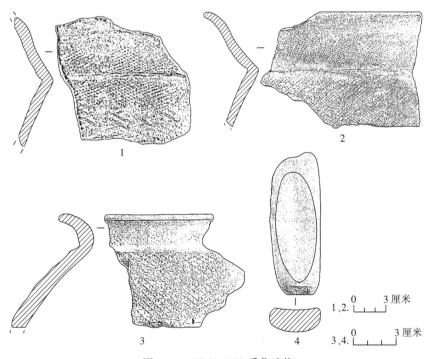

图 4 - 8　ZJLY - 138 采集遗物

1、2. 陶瓮口沿（ZJLY - 138：47YⅡ、ZJLY - 138：20YⅡ）　3. 陶罐口沿（ZJLY - 138：31ZⅠ）
4. 砺石（ZJLY - 138：10YⅡ）

战国至南越国时期：采集陶片55片。陶质多见泥质硬陶，少量为泥质软陶；陶色以灰褐、灰黑、红褐色为主，还有部分灰白、青灰、灰色等，纹饰多见方格纹、米字纹，还可见三角格纹、篦点纹等；可辨器形、部位有罐口沿、罐底。

陶罐口沿　1件。

ZJLY－138：31Z Ⅰ，泥质粗硬陶，灰褐色；侈口，卷沿，圆唇，斜弧肩；肩部饰米字纹。残宽9.6、高7.4厘米。（图4－8，3；彩版一三七，6）

（2）石器。采集砺石1件。时代为西周至春秋时期。

砺石　1件。

ZJLY－138：10Y Ⅱ，深灰色角岩，石质细腻；扁体长条形，上侧面磨制为凹弧面，其他面光滑。宽3.5、高9.4、厚1.6厘米。（图4－8，4；彩版七七，4）

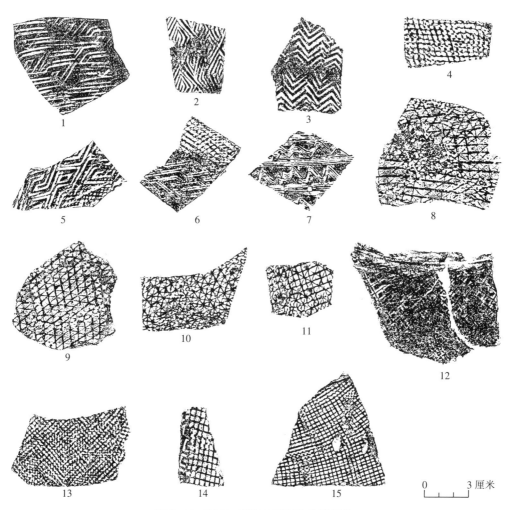

图4－9　ZJLY－138采集陶片纹饰拓片

1、2. 勾连云雷纹（ZJLY－138：18Z Ⅰ、ZJLY－138：36Y Ⅱ）　3. 曲折纹（ZJLY－138：37Y Ⅱ）　4、13～15. 方格纹（ZJLY－138：44Y Ⅱ、ZJLY－138：27Y Ⅱ、ZJLY－138：44Y Ⅱ、ZJLY－138：21Z Ⅰ）　5、6. 方格纹＋勾连云雷纹（ZJLY－138：46Y Ⅱ、ZJLY－138：50Y Ⅱ）　7. 水波纹＋弦纹（ZJLY－138：4Y Ⅱ）　8、10、11. 米字纹（ZJLY－138：25Z Ⅰ、ZJLY－138：53Y Ⅱ、ZJLY－138：26Z Ⅰ）　9. 三角格纹（ZJLY－138：24Z Ⅰ）　12. 菱格凸块纹（ZJLY－138：13Z Ⅰ）

九 ZJLY - 140 罗布尾西侧山遗址

1. 遗址概况

罗布尾西侧山遗址位于小楼镇罗布尾村西侧山岗上,东邻省道 S256,南邻狗头山、高天山,西邻紫金山,北为地势低平的农田,西北侧约 300 米处有九益河流经。广河高速公路 S2 腊圃收费站及便道从该山岗中部穿过,将山岗一分为二。

山岗形体较小,面积约 30 000 平方米,海拔约 42 米,相对高度约 22 米,坡度平缓。收费站西侧山坡多种植荔枝、乌榄、柿子等;东侧大部分区域为竹林,几乎无法入内。

2. 采集遗物

在西坡近坡底处以及北坡近收费站的荔枝林内采集遗物 5 件,皆为陶器残片,分布范围约 2500 平方米。据遗物特征分析可分为新石器时代晚期至商代、战国至南越国两个时期。

新石器时代晚期至商代:采集陶片 3 片。为夹砂陶,陶色呈灰色或青灰色,饰交错绳纹、条纹。

战国至南越国时期:采集陶片 2 片,为泥质粗硬陶。1 片饰方格纹,另 1 片为素面罐口沿残片。

一〇 ZJLY - 141 姑婆岭遗址

1. 遗址概况

姑婆岭遗址位于小楼镇腊布(圃)村名为姑婆岭的山岗上,东邻姑秧顶,南为低洼的农田,远处与紫金山(蛇潭庙)相望,西近金字山,北接青云山,南侧坡脚有九益河流经。

姑婆岭平面近圆形,面积约 45 000 平方米,海拔约 54 米,相对高度约 34 米,山势较陡峭,山顶平缓。山岗种植有松树、竹子、杉树等,林内杂草、灌木丛生。东半部山岗呈斜坡状,局部经后期平整呈台地,多种植荔枝,还有少数竹子、杉树、柿子等。西半部呈陡坡状,未经开垦,无法踏查。(彩版五三,2)

2. 采集遗物

采集遗物 93 件,为陶瓷器残片。(图 4 - 10;彩版九二,2)多分布于山岗东南坡台地,面积约 12 000 平方米。据遗物特征分析,可分为西周至春秋、战国至南越国、晋南朝三个时期。

西周至春秋时期:采集陶片 27 片。多为泥质粗硬陶;陶色多见灰、深灰、灰褐色等;纹饰可见夔纹、方格纹、勾连云雷纹、菱格纹、菱格凸点纹、曲折纹、云雷纹等;部分器表可见刻划符号。(彩版七七,5)

战国至南越国时期:采集陶片 65 片。多为泥质硬陶,少量为软陶;陶色多见深灰、灰褐色,另有红褐、灰色等;器表小部分为素面,纹饰多为方格纹、米字纹、三角格纹,还可见水波纹、条纹、刻划纹等;可辨器形、部位有罐口沿、盒口沿、罐底、器盖等。

陶盒口沿 1 件。

ZJLY - 141:16Y Ⅱ,泥质粗硬陶,灰色;敛口,圆唇,斜肩,折腹向下弧收;腹部饰水波纹、弦纹。残宽 4.3、高 3.9 厘米。(图 4 - 10,3)

陶罐口沿 1 件。

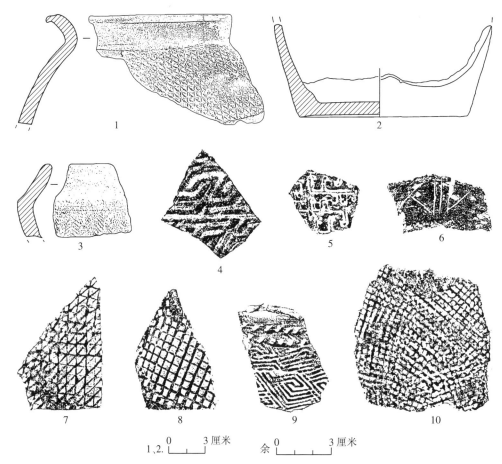

图 4 – 10　ZJLY – 141 采集遗物及陶片纹饰拓片

1. 陶罐口沿（ZJLY – 141：24ZⅠ）　2. 青瓷罐底（ZJLY – 141：1ZⅠ）　3. 陶盒口沿（ZJLY – 141：16YⅡ）
4. 勾连云雷纹（ZJLY – 141：10T）　5. 夔纹（ZJLY – 141：2ZⅠ）　6. 刻划符号（ZJLY – 141：4T）　7. 三角
格纹（ZJLY – 141：21ZⅠ）　8、10. 方格纹（ZJLY – 141：18ZⅠ、ZJLY – 141：7T）　9. 云雷纹 + 篦点纹
（ZJLY – 141：5T）

ZJLY – 141：24ZⅠ，泥质粗硬陶，灰褐色；侈口，卷沿，沿外缘略凹弧，圆唇，斜弧肩；肩部饰三角格纹。残宽 14.4、高 8.8 厘米。（图 4 – 10，1；彩版一三七，7）

晋南朝：采集 1 件青瓷罐底。

青瓷罐底　1 件。

ZJLY – 141：1ZⅠ，胎灰白，内壁和外腹部施青釉，釉色发黄；下腹斜收，平底。底径 13.6、残高 7.3 厘米。（图 4 – 10，2；彩版一四七，7）

一一　ZJLY – 142 蛇头岭遗址

1. 遗址概况

蛇头岭遗址位于小楼镇九益村河迳水街北部、旱塘老屋街东部的蛇头岭。蛇头岭为金字山的南部山岗，东南与紫金山相邻，东北与姑婆岭相邻，南与同相迳山相望，西邻圆岭。西侧有九益河流经。

山岗形体较小，面积约 42 000 平方米，海拔约 44.9 米，相对高度约 19.9 米，地势较缓，种植有

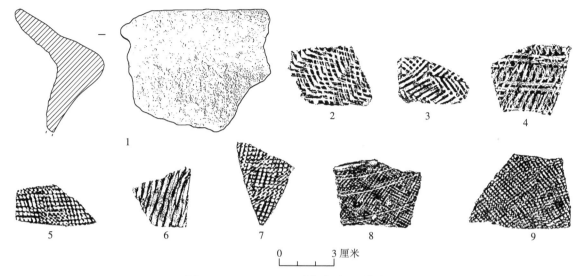

图 4 - 11 ZJLY - 142 采集陶片及纹饰拓片

1. 陶釜口沿（ZJLY - 142：2Z Ⅰ） 2、3. 曲折纹（ZJLY - 142：19Y Ⅱ、ZJLY - 142：12Y Ⅱ） 4. 交错绳纹
（ZJLY - 142：8Y Ⅱ） 5. 方格纹（ZJLY - 142：5Y Ⅱ） 6. 篮纹（ZJLY - 142：18Z Ⅰ） 7. 方格纹＋弦纹
（ZJLY - 142：25Z Ⅰ） 8. 细方格纹＋弦纹（ZJLY - 142：1Y Ⅱ） 9. 细方格纹（ZJLY - 142：22Y Ⅱ）

荔枝、龙眼、乌榄等。由于植被茂盛，枯叶遍地，大部分区域无法踏查。

2. 采集遗物

采集遗物 52 件，皆为陶器残片。（图 4 - 11；彩版九三，1）多集中分布于东坡小部分区域，范围约 960 平方米。据遗物特征分析，可分为新石器时代晚期至商代、西周至春秋、唐宋三个时期。

新石器时代晚期至商代：采集陶片 30 片。多为泥质硬陶；陶色多见灰白、青灰、灰黑色等；素面较多，纹饰有交错绳纹、方格纹、篮纹、曲折纹、条纹等；可辨器形、部位有罐、釜的口沿。

陶釜口沿 1 件。

ZJLY - 142：2Z Ⅰ，夹粗砂软陶，红色；侈口，斜折沿，沿面略凹弧，圆唇，斜肩；素面。残宽 8.1、高 6.6 厘米。（图 4 - 11，1）

西周至春秋时期：采集陶片 21 片。多为泥质粗硬陶、泥质细硬陶；陶色多为青灰、深灰色等；纹饰有方格纹加条纹、方格纹加弦纹、方格纹、细方格纹、戳印箆点纹等；可辨器形、部位有罐口沿。（彩版七七，6）

唐宋时期：采集器盖 1 件，施酱黄釉。

一二 ZJLY - 143 白鸡翼遗址

1. 遗址概况

白鸡翼遗址位于小楼镇九益村北侧白鸡翼山。该山北邻旱塘圆岭、蔗排岭，西邻围岭山，南邻阵头山、龙震山，东邻同相迳山，山岗东南侧约 90 米处有九益河流经。山岗南坡坡脚为九益村，东坡坡底为河迳社，北坡坡底为旱塘社。当地村民称该山名为背扶山、屋背山，调查时在山岗上发现一座清代墓葬，其碑文显示该山土名白鸡翼，故以此命名。

白鸡翼山岗由数座连绵起伏的山岗构成，面积约 211 000 平方米。山岗均低矮平缓，海拔约 49 米，相对高度约 24 米。其中西北部山岗大部分区域种植橘子树，利于调查，其他大部分区域为荒山，遍布竹林，地表杂草茂盛。其他几座山岗山腰以下局部区域种植荔枝、龙眼、乌榄等果树，林内杂草较多，对调查工作带来一定影响。

2. 采集遗物

采集方格纹陶片 1 片，据遗物特征判断当为战国至南越国时期。

一三　ZJLY - 144 旱塘圆岭遗址

1. 遗址概况

旱塘圆岭遗址位于小楼镇九益村旱塘新村街东部、腊圃村大邱潭街南部一座名为圆岭的小山岗上。该山东邻蛇头岭，西邻蔗排岭，南与白鸡翼山岗相望，北为大邱潭，西侧有九益河流经。

圆岭山岗形体较小，平面呈椭圆形，面积仅 19 000 平方米，海拔约 36 米，相对高度仅 11 米，地势平缓呈台地状。山岗大部分区域种植有荔枝、龙眼、乌榄、竹子等，部分区域种有桉树及其他杂树，杂草、灌木丛生，无法深入踏查。荔枝林内的杂草相对较少，但枯叶堆积较厚，对调查也带来一定影响。

2. 采集遗物

本次调查在山岗西坡至顶部的荔枝林内采集遗物 21 件，为陶器残片。（彩版九三，2）分布范围约 2600 平方米。据遗物特征分析，可分为新石器时代晚期至商代、唐宋两个时期。

新石器时代晚期至商代：采集陶片 20 片。陶质见泥质粗硬陶、泥质细硬陶、泥质细软陶、泥质粗软陶、夹粗砂软陶、夹细砂软陶；陶色多见灰、青灰、灰白、灰褐色等；纹饰有绳纹、长方格纹、曲折纹、附加堆纹、篮纹等；可辨器形、部位有罐底。

唐宋时期：采集泥质陶罐底 1 件。

一四　ZJLY - 145 蔗排岭遗址

1. 遗址概况

蔗排岭遗址位于小楼镇旱塘新村街后山的蔗排岭，东邻圆岭，东北与集贤山相望，东南邻旱塘新村街，北邻省道 S380，西侧及南侧为乡村便道，其西侧坡脚约 20 米处有二龙河流经。

蔗排岭由一大一小两座小山岗组成，平面呈长条形，总面积约 202 000 平方米，其周边多为农田。东南边的山岗较大，海拔约 56.9 米，顶部平缓，主要种植松树、桉树、荔枝等，杂草较多，局部经后期平整呈台地。西北边山岗山势较低，海拔约 49.1 米，大部分区域杂草、灌木丛生，给调查带来较大的困难。（彩版五四，1）

2. 采集遗物

采集遗物 140 件，计有陶、瓷器残片 139 件、石器 1 件。（图 4 - 12）多分布于山岗交接处，范围约 26 000 平方米。

（1）陶器。采集陶片 138 片。据遗物特征分析可分为西周至春秋、战国至南越国、唐宋、明清四个时期。

西周至春秋时期：采集陶片 10 片。多为泥质细硬陶；陶色多见灰、灰褐色；纹饰有方格凸点纹加篦点纹、方格纹加篦点纹、方格纹加夔纹加弦纹、方格纹、夔纹、菱格凸块纹等；可辨器形、部位有器盖、罐口沿。

陶器盖　1 件。

ZJLY－145：39Z Ⅰ，泥质细硬陶，灰褐色；直口微敞，圆唇，短斜壁略凹弧，漫弧顶；素面。复原口径 13.2、高 2.6 厘米。（图 4－12，2；彩版一三五，7）

陶罐口沿　1 件。

ZJLY－145：15Z Ⅰ，泥质细硬陶，灰褐色；侈口，宽斜折沿，尖圆唇，斜肩；饰方格纹、篦点纹。宽 6.3、高 4.6 厘米。（图 4－12，1；彩版一二六，6）

战国至南越国时期：采集陶片 122 片。以泥质粗硬陶为主，泥质细硬陶次之；陶色多见灰、灰褐、红褐色等；可辨器形、部位有器盖、罐口沿、盒口沿、豆口沿、鼎足等。

陶罐口沿　1 件。

ZJLY－145：12T，泥质细硬陶，红褐色；侈口，卷沿，厚圆唇，弧肩残缺；外沿及肩部饰三角格纹。残宽 6、高 3.2 厘米。（图 4－12，3）

陶鼎足　2 件。

ZJLY－145：91Z Ⅰ，夹粗砂软陶，红褐色；上、下端残断，所存为近圆柱状，上粗下细，通体素面。残宽 4.7、高 4.4 厘米。（图 4－12，4）

ZJLY－145：32Z Ⅰ，泥质粗硬陶，红褐色；扁体长条形，上端残断，内侧弧收略外撇；素面，器表有手捏制痕。残宽 4.4、高 7、厚 2.8 厘米。（图 4－12，5）

唐宋时期：采集陶片 5 片，陶片多为泥质素面硬陶。另有 1 件青釉瓷碗底。

明清时期：采集泥质素面陶 1 片。

（2）石器。采集石锛 1 件。时代为新石器时代晚期至商代。

石锛　1 件。

ZJLY－145：15T，青灰色片岩，石质较细腻；正面近凸字形，顶部平直，侧边略出肩，有段，单面直刃。宽 3.5、高 4.9、厚 1.2 厘米。（图 4－12，6）

一五　ZJLY－146 九益村围岭山遗址

1. 遗址概况

九益村围岭山遗址位于小楼镇九益村新桥社南、旱塘社西侧围岭山。该山东侧、北侧均为大片农田，东北与蔗排岭相望，南与长迳山岗相连，西侧紧贴新桥社，西北侧有二龙河流经。此山土名围岭山，因此命名该遗址为九益村围岭山遗址。

山岗由几座小山岗组成，平面呈多边形，总面积约 304 000 平方米，最高处海拔约 81 米，相对高度约 76 米，山势稍陡，山顶呈缓坡状。山岗南坡局部区域种植荔枝、橘子等果树，其他区域多荒置无法踏查。（彩版五四，2）

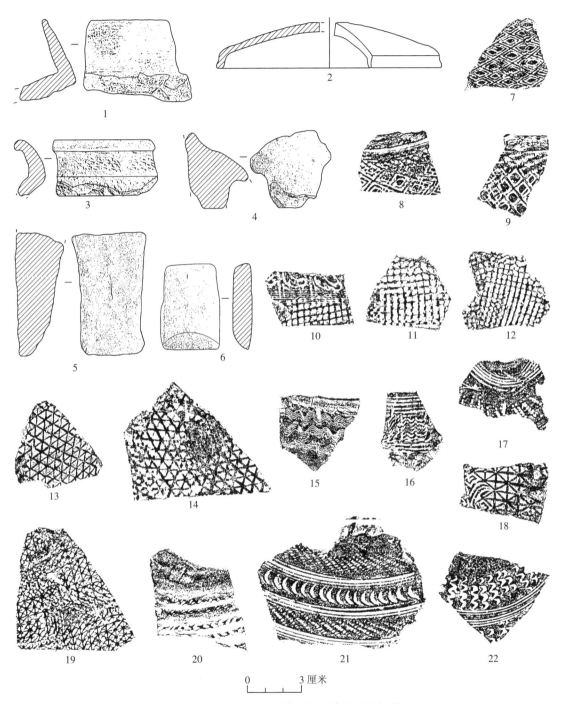

图 4 - 12　ZJLY - 145 采集遗物及陶片纹饰拓片

1、3. 陶罐口沿（ZJLY - 145：15Z Ⅰ、ZJLY - 145：12T）　2. 陶器盖（ZJLY - 145：39Z Ⅰ）　4、5. 陶鼎足（ZJLY - 145：91Z Ⅰ、ZJLY - 145：32Z Ⅰ）　6. 有段石锛（ZJLY - 145：15T）　7、8. 重菱格凸点纹（ZJLY - 145：72Z Ⅰ、ZJLY - 145：78Z Ⅰ）
9. 方格凸点纹＋篦点纹（ZJLY - 145：79Z Ⅰ）　10. 方格纹＋夔纹＋弦纹（ZJLY - 145：16Y Ⅱ）　11、12. 方格纹（ZJLY - 145：8Z Ⅰ、ZJLY - 145：55Z Ⅰ）　13、14. 三角格纹（ZJLY - 145：21Z Ⅰ、ZJLY - 145：46Z Ⅰ）　15. 水波纹（ZJLY - 145：64Z Ⅰ）
16. 水波纹＋弦纹（ZJLY - 145：37Z Ⅰ）　17. 篦点纹＋弦纹（ZJLY - 145：58Z Ⅰ）　18. 米字纹＋戳印纹（ZJLY - 145：85Z Ⅰ）
19. 米字纹（ZJLY - 145：5Z Ⅰ）　20. 附加堆纹（ZJLY - 145：51Z Ⅰ）　21. 篦点纹＋指甲纹＋弦纹（ZJLY - 145：44Z Ⅰ）
22. 锯齿纹＋弦纹（ZJLY - 145：41Z Ⅰ）

2. 采集遗物

采集遗物 21 件，计有陶器残片 20 件、石器 1 件。（图 4 - 13）多分布于西坡坡地，范围约 14 600 平方米。

（1）陶器。采集陶片 20 片。据遗物特征分析可分为新石器时代晚期至商代、西周至春秋、战国至南越国、唐宋四个时期。

新石器时代晚期至商代：采集陶片 3 片。2 片为夹砂素面软陶，1 片饰曲折纹。

西周至春秋时期：采集泥质粗硬陶 5 片。纹饰有戳印篦点纹、方格纹加夔纹加弦纹、勾连云雷纹加蝉翼纹、重菱格凸块纹。

战国至南越国时期：采集泥质粗硬陶 9 片。多饰方格纹，可辨器形、部位有罐口沿。

唐宋时期：采集泥质硬陶 3 片，皆为素面。1 片为罐口沿。

陶罐口沿　1 件。

ZJLY - 146：1Z Ⅰ，泥质细硬陶，灰色；口微敞，短立沿，平方唇，溜肩，弧腹，肩部附桥状横耳；素面。残宽 9.8、高 10 厘米。（图 4 - 13，3）

（2）石器。采集石饼 1 件。时代为新石器时代晚期至商代。

石饼　1 件。

ZJLY - 146：19T，青灰色片岩，石质较细腻；扁体圆饼状，有残缺，周壁平直，上、下面平整。直径 4.3 ~ 5.3、厚 1.2 厘米。（图 4 - 13，5）

一六　ZJLY - 147 虾公山遗址

1. 遗址概况

虾公山遗址位于小楼镇中岭南部山岗上，当地村民称为虾公山。该山西北邻姑秧顶，西邻姑婆岭，南侧为地势低平的农田，再南与紫金山、罗布尾西侧山相望，东邻省道 S256，西北坡脚距九益河约 15 米。

虾公山形体较小，平面呈不规则长椭圆形，面积约 18 000 平方米，海拔约 25.8 米，相对高度仅 5.8 米。地势低矮平缓，呈台地状。山上遍植果树，以荔枝为主，少量龙眼、乌榄，局部有竹林。整个山岗的北半部杂草较多，部分区域无法调查，南半部杂草较少，但枯叶遍地，对调查带来一定影响，东南坡有一处养鸡场。

2. 采集遗物

采集遗物 58 件，皆为陶器残片。（见图 4 - 13）主要分布于东南坡的养鸡场周边以及西北面平缓地带，范围约 6600 平方米。（彩版三六，2）据遗物特征分析，主要为战国至南越国时期，另有西周至春秋、汉代、唐宋时期。

西周至春秋时期：仅采集 1 片曲折纹陶片。

战国至南越国时期：采集陶片 52 片。陶质以泥质粗硬陶为主，泥质细硬陶次之；陶色多见灰褐、灰黑色；纹饰以米字纹、方格纹为多，少见水波纹、弦纹、条纹等；可辨器形、部位有器盖、罐口沿、罐底等。（彩版七九，4）

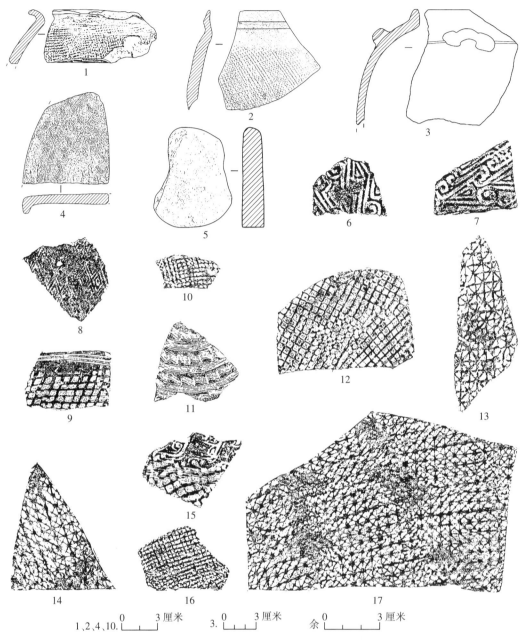

图 4－13　ZJLY－146、147 采集遗物及陶片纹饰拓片

1、2、3. 陶罐口沿（ZJLY－147：6YⅡ、ZJLY－147：3YⅡ、ZJLY－146：1ZⅠ）　4. 陶器盖口沿（ZJLY－147：5YⅡ）　5. 石饼（ZJLY－146：19T）　6、7. 勾连云雷纹＋蝉翼纹（ZJLY－146：5T、ZJLY－146：11T）8. 重菱格凸块纹（ZJLY－146：8T）　9. 方格纹＋弦纹（ZJLY－146：2T）　10. 方格纹（ZJLY－146：20T）11. 水波纹＋弦纹（ZJLY－147：17YⅡ）　12、16. 方格纹（ZJLY－147：24T、ZJLY－147：2ZⅠ）13、14、17. 米字纹（ZJLY－147：22T、ZJLY－147：14T、ZJLY－147：12T）　15. 方格纹＋夔纹＋弦纹（ZJLY－146：1T）

陶罐口沿　1 件。

ZJLY－147：6YⅡ，泥质细硬陶，深灰色；侈口，卷沿，圆唇，斜弧肩；肩部饰方格纹。残宽 9.3、高 4.2 厘米。（图 4－13，1；彩版一三七，8）

陶器盖口沿　1 件。

ZJLY－147：5Y Ⅱ，泥质细硬陶，灰褐色；直口，圆唇，短直壁，近平顶；顶部饰水波纹、弦纹。残宽7.2、高1.4厘米。（图4－13，4）

汉代：采集陶片2片。1片为饰方格纹罐口沿，另1片饰方格戳印纹。

陶罐口沿　1件。

ZJLY－147：3Y Ⅱ，泥质细硬陶，灰色；口微敛，内折沿，圆唇，微束颈，斜直肩；肩部饰方格纹。残宽8.3、高7.8厘米。（图4－13，2；彩版一四七，2）

唐宋时期：采集陶片3片。皆为素面，其中1件为罐口沿。

一七　ZJLY－153牛头村台地遗址

1. 遗址概况

牛头村台地遗址位于小楼镇正隆村牛头社东侧一座小台地上，因其紧邻牛头山，故名。该台地北邻省道S380，与正隆村相对，西侧与正隆后龙山相望，南、东侧为地势低平的农田，东南与围岭山相望，其南侧约100米处有二龙河自西向东流经。

台地平面呈椭圆形，面积约16 000平方米，海拔约31.6米，相对高度约6.9米。台地与周边农田呈断崖状相接，山顶遍植荔枝等果树，林内杂草不多，但枯叶较厚；四周陡峭的坡地上分布有竹林。

2. 采集遗物

采集遗物11件，计有陶器残片10件、石器1件。（图4－14）多分布于台地顶部，范围约2000平方米。

（1）陶器。采集陶片10片。据遗物特征分析，可分为新石器时代晚期至商代、西周至春秋、战国至南越国三个时期。

新石器时代晚期至商代：采集夹粗砂软陶5片。素面，可辨器形、部位有罐圈足、釜口沿。

西周至春秋时期：采集陶片2片。泥质灰褐硬陶，饰菱格纹、方格纹加夒纹。

战国至南越国时期：采集陶片3片。泥质粗硬陶，饰米字纹。

（2）石器。采集石锛1件。时代为新石器时代晚期至商代。

石锛　1件。

ZJLY－153：6T，灰褐色片岩，石质较细腻；扁体长条形，顶部平直，侧边较平直，单面直刃。宽4、高4.9、厚1.7厘米。（图4－14，3）

一八　ZJLY－154老屋背扶山遗址

1. 遗址概况

老屋背扶山遗址位于小楼镇老屋村东南、牛角冚村西南侧山岗上，当地村民称为背扶山。山岗位于省道S380东南侧、二龙河东侧，东与围岭相望，东南接长迳山，西南隔河与大埔坝背扶山相望。

背扶山由多个山岗组成，平面呈长条形，形体较大，总面积约233 000平方米，最高峰蜂窝岭海拔约102米，相对高度约77米。山岗东北部向外凸出的坡地较为平缓，其他坡度较陡峭。山岗部分区域种植荔枝、橘子等果树，其他区域多荒置，杂草灌木丛生无法踏查。

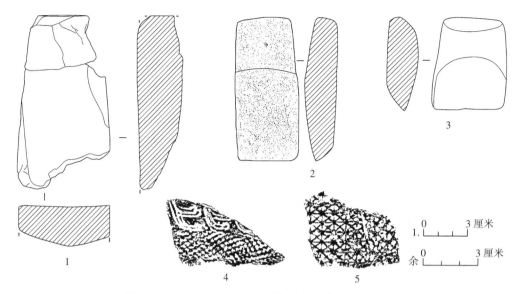

图 4 – 14　ZJLY – 153、154 采集遗物及陶片纹饰拓片

1. 砺石（ZJLY – 154∶5T）　2. 有段石锛（ZJLY – 154∶3T）　3. 石锛（ZJLY – 153∶6T）

4. 方格纹 + 夔纹（ZJLY – 153∶2Z Ⅰ）　5. 米字纹（ZJLY – 153∶2Y Ⅱ）

2. 采集遗物

采集遗物 10 件，计有陶器残片 8 件、石器 2 件。（见图 4 – 14）分布范围约 60 000 平方米。

（1）陶器。采集陶片 8 片。据遗物特征分析可分为新石器时代晚期至商代、战国至南越国两个时期。

新石器时代晚期至商代：采集夹粗砂软陶 4 片。素面，可辨器形、部位有器座、罐（釜）口沿。

战国至南越国时期：采集方格纹陶片 4 片。

（2）石器。采集石器 2 件，器形为有段石锛、砺石。时代为新石器时代晚期至商代。

有段石锛　1 件。

ZJLY – 154∶3T，青灰色片岩，石质细腻；扁体长条形，顶部斜直，两侧边平直，锛体中部略起段，单面直刃。宽 3.5、高 7.6、厚 1.7 厘米。（图 4 – 14，2）

砺石　1 件。

ZJLY – 154∶5T，灰色片岩，石质较细腻；近梯形，除残断面外，其他诸边较平直，上侧面磨制呈凹弧状。宽 6.4、高 11.5、厚 2.7 厘米。（图 4 – 14，1）

一九　ZJLY – 160 西边月遗址

1. 遗址概况

西边月遗址位于小楼镇新居村背后、西园村西侧西边月山，该山北望计江村，东隔县道 X261 与大楼山相望，南邻省道从莞深高速 S29，与高速路南侧新楼后龙山相望，西南与黄草岭相邻，西侧为地势低平的农田，山脚下有几处鱼塘，新居村依山东南坡而建。当地村民称该山为鬼峝，地形图标示为西边月，本报告以西边月遗址命名。

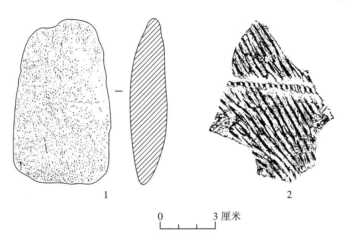

图 4-15 ZJLY-160、165 采集遗物及陶片纹饰拓片
1. 石锛（ZJLY-160:1Z Ⅰ）　　2. 篮纹+附加堆纹（ZJLY-165:14Y Ⅲ）

山岗形体较大，由两座山岗相连构成，平面呈不规则形，面积约 330 000 平方米，最高海拔 65.1 米，相对高度约 50.1 米，坡度平缓。山上遍植荔枝等果树，局部有竹林、农作物，地表杂草很少，但枯叶遍地，可见度较差。

2. 采集遗物

在北坡中部坡脚荔枝林内采集石锛 2 件，1 件较残。时代为新石器时代晚期至商代。

石锛　1 件。

ZJLY-160:1Z Ⅰ，青灰色绿泥石片岩，石质较粗糙；正面近梯形，弧顶，两侧面斜弧，锛体略弧鼓，单面弧刃。宽 5.2、高 8.8、厚 2 厘米。（图 4-15，1）

二〇　ZJLY-165 东冚遗址

1. 遗址概况

东冚遗址位于小楼镇江坳村樟村社东北侧山岗向南延伸的台地上。该山西与虎下山相接，北侧、东侧为几处较大的鱼塘，东南与龙背山的松屋嘴相接，南部为地势低平的农田，与大公己山相望。南侧坡脚约 30 米处有江坳运河流经。当地村民称该区域为东冚，故名东冚遗址。

东冚台地平面呈椭圆形，面积约 149 000 平方米，海拔约 72.9 米，相对高度约 52.9 米，地势平缓，顶部平坦。台地遍植荔枝树，果林内大部分区域杂草不多，但地表覆盖有枯叶，可视度不高。（彩版五五，1）

2. 采集遗物

共采集遗物 32 件，皆为陶器残片。（彩版九四，1）分布范围约 1300 平方米。据遗物特征分析，可分为新石器时代晚期至商代、战国至南越国两个时期。

新石器时代晚期至商代：采集陶片 31 片。陶质多见夹粗砂软陶、泥质细硬陶等；陶色多见灰褐、红褐、深灰、青灰色等；纹饰有绳纹、曲折纹、附加堆纹、长方格纹等，部分器表为素面；可辨器形、部位有罐口沿。（见图 4-15）

战国至南越国时期：采集 1 件陶杯口沿残片。

二一   ZJLY-173 腊圃荔枝山遗址

1. 遗址概况

腊圃荔枝山遗址位于小楼镇腊圃村中岭社南部山岗上。山岗北为低洼的农田，西邻省道 S256，与道路西侧姑秧顶相望，西南与虾公山相邻，东邻松仔山。当地村民称该山土名荔枝山，因邻近腊圃村，故名腊圃荔枝山遗址。

荔枝山为一座平面近圆形山岗，面积约 27 000 平方米，海拔约 35.6 米，相对高度约 15.6 米，山势平缓，山上遍植荔枝，果林内局部有杂草，地表枯叶遍地，可视度不高。

2. 采集遗物

共采集 15 件遗物，皆为陶器残片，分布面积约 8200 平方米。（彩版三七，1）据遗物特征分析，可分为新石器时代晚期至商代、战国至南越国两个时期。（图 4-16）

新石器时代晚期至商代：采集陶片 6 片。多为软陶，纹饰有曲折纹、绳纹、附加堆纹等。

战国至南越国时期：采集陶片 9 片。为泥质硬陶；陶色有灰白、灰黑、灰褐色等；纹饰多为方格纹，还可见水波纹、条纹加戳印纹等；可辨器形、部位有罐口沿、罐底等。

陶罐口沿   1 件。

ZJLY-173：3Z Ⅰ，泥质细硬陶，深灰色；侈口，斜折沿，圆唇，溜肩；素面。残宽 9、高 4.9 厘米。（图 4-16，2）

陶罐底   1 件。

ZJLY-173：1Y Ⅱ，泥质细硬陶，灰褐色；下腹弧收，近底部略内凹，平底；下腹上部饰方格纹。残宽 11.4、高 5.9 厘米。（图 4-16，1；彩版一四〇，7）

二二   ZJLY-174 腊圃松仔山遗址

1. 遗址概况

腊圃松仔山遗址位于小楼镇腊圃村中岭社东南处山岗上，其北侧为地势低平的农田、鱼塘，西邻腊布荔枝山，南邻社公山，东邻清河岗，山北坡下一条溪流自西向东流过，注入二龙河。当地村民称该山土名松仔山，因邻近腊圃村，故名腊圃松仔山遗址。

该山形体较小，平面近椭圆形，调查网格面积约 81 000 平方米，海拔约 49.1 米，相对高度约29.1 米。其北坡稍陡峭，其他山坡较为平缓。除南坡坡底局部区域、东北坡中下部局部区域为荔枝林尚可调查外，其他区域均为荒山，生长有桉树、松树等，局部有竹林，地表灌木丛生，无法进入调查。

2. 采集遗物

在东北坡近坡底荔枝林内采集陶器残片 3 件，饰米字纹、三角格纹、弦纹。时代为战国至南越国时期。（见图 4-16）

二三   ZJLY-175 清河岗遗址

1. 遗址概况

清河岗遗址位于小楼镇腊圃村中岭社东南侧山岗上，其北侧为地势低平的农田、鱼塘，九益河从

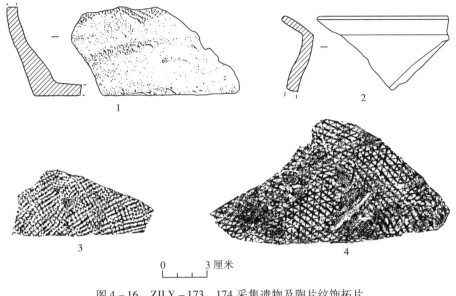

图 4 - 16 ZJLY - 173、174 采集遗物及陶片纹饰拓片
1. 陶罐底（ZJLY - 173 : 1YⅡ） 2. 陶罐口沿（ZJLY - 173 : 3ZⅠ）
3. 方格纹（ZJLY - 173 : 6ZⅠ） 4. 三角格纹（ZJLY - 174 : 1ZⅠ）

山岗北侧坡底自西向东流过，注入二龙河，西邻腊布松仔山，南邻社公山，东望虎面山。当地村民称之为清河岗，故名清河岗遗址。

山岗平面呈不规则长条形，面积约 131 000 平方米，海拔约 52 米，相对高度约 32 米，山势较平缓。除山岗北坡、南坡中下部局部有果树外，其他大部分区域均为荒山。

2. 采集遗物

采集遗物 79 件，为陶瓷器残片。分布范围约 20 000 平方米。据遗物特征分析可分为战国至南越国、唐宋两个时期。（图 4 - 17）

战国至南越国时期：采集陶片 77 片。陶质多为泥质硬陶；陶色多见灰褐、青灰、深灰色等；纹饰多见米字纹、方格纹，另有水波纹、弦纹、方格对角线纹、三角格纹等；可辨器形、部位有罐口沿、罐底等。

陶罐底 1 件。

ZJLY - 175 : 21YⅡ，泥质细硬陶，灰褐色；下腹斜弧内收，平底；下腹饰方格纹。残宽 9.1、高 6 厘米。（图 4 - 17，1）

唐宋时期：采集 1 片泥质素面陶和 1 件青釉瓷碗底。

二四 ZJLY - 176 社公山遗址

1. 遗址概况

社公山遗址位于小楼镇腊圃村罗布尾社西北侧山岗上。山岗北邻荔枝山、松仔山、清河岗，西邻虾公山、省道 S256，西南与腊圃收费站旁侧山相邻，南望狗头山，东望虎面山，九益河从山岗北侧约 220 米处流经。当地村民称该山名为社公山，故名社公山遗址。

山岗平面形状呈外弧状长条形，面积约 113 000 平方米，山体主峰位于西北部，海拔约 55.2 米，

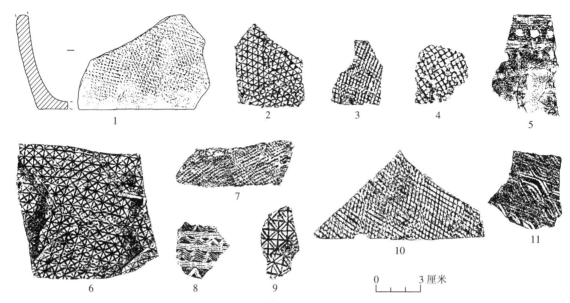

图4-17　ZJLY-175、176采集遗物及陶片纹饰拓片

1. 陶罐底（ZJLY-175:21YⅡ）　2. 三角格纹（ZJLY-175:14YⅡ）　3、4、10. 方格纹（ZJLY-175:1YⅡ、ZJLY-175:33YⅡ、ZJLY-176:1YⅡ）　5. 戳印纹+弦纹（ZJLY-175:37YⅡ）　6. 米字纹（ZJLY-175:22YⅡ）　7. 细方格纹（ZJLY-176:5ZⅠ）　8. 水波纹+弦纹（ZJLY-175:8YⅡ）　9. 方格对角线纹（ZJLY-175:43YⅡ）　11. 勾连云雷纹（ZJLY-176:2YⅡ）

相对高度约30.2米。北坡及主峰中上部较为陡峭，其他区域均较平缓。主峰中部为荒山，山上种有松树、橄榄、桉树等，地表杂草、灌木丛生，无法深入调查；山岗东南坡遍布竹林，竹林较密，有几条小路纵横其中，调查只能在小路周边沿线进行；其他区域种植荔枝树等。大部分区域杂草不多，但枯叶遍地，对调查带来一定影响。

2. 采集遗物

采集遗物18件，皆为陶器残片，集中于山岗中部南坡荔枝林内，分布范围约3500平方米。据遗物特征分析，可分为新石器时代晚期至商代、西周至春秋、唐宋三个时期。（见图4-17）

新石器时代晚期至商代：仅采集1片绳纹陶片。

西周至春秋时期：采集陶片16片。多为泥质粗硬陶，陶色多见青灰、灰褐、灰色等，器表多饰方格纹、勾连云雷纹等，可辨器形、部位有罐口沿。

唐宋时期：仅采集1片泥质青灰素面陶。

二五　ZJLY-177 圣堂前遗址

1. 遗址概况

圣堂前遗址位于小楼镇腊圃村中岭社东部山岗上。该山北侧为地势低平的农田，西邻下横岭，南邻荔枝山、松仔山，东侧有多处鱼塘，中岭村依山西坡脚而建，南侧坡脚120米处有九益河流经。调查时在山上发现民国三十五年（1946年）墓葬，碑文显示该山土名圣堂前，故名圣堂前遗址。

该山平面近椭圆形，面积约56 000平方米，山势低矮，海拔约15.4米，地势平缓。山岗西南大部分区域为荒山，山上遍布民国至现代山坟，地表杂草茂盛。山岗北坡、东坡、东南坡为果林，局部有竹林，地表大部分区域杂草丛生，对调查带来一定影响。

2. 采集遗物

采集遗物 4 件，为陶器残片，分布于北坡及东北坡，范围约 9700 平方米。（彩版三七，2）据遗物特征分析，可分为新石器时代晚期至商代、战国至南越国两个时期。

新石器时代晚期至商代：采集 1 片绳纹陶片

战国至南越国时期：采集 3 片泥质硬陶，饰米字纹、方格纹。

二六　ZJLY - 181 形河山遗址（复查）

1. 遗址概况

形河山遗址位于小楼镇庙潭村庙潭圩西侧、木路社北侧山岗上。该山北邻省道 S380，西隔从莞深高速公路 S29 与鸡腰横山相望，南部为地势低平的农田，南距广河高速公路 S2 约 230 米，东南与龟行岭相望，东侧有县道 X261 从山岗坡脚下穿过，东距派潭河约 180 米。山岗东南坡为庙潭圩村，西坡为木路村。当地村民称南侧山岗为形河山，故以形河山遗址定名。2013 年，对西气东输工程进行调查勘探时发现。

山岗平面呈椭圆形，总面积约 165 000 平方米，海拔约 50.2 米，相对高度约 35.2 米，山势较平缓。山上大部分区域种植荔枝等果树，局部区域分布竹林等。

2. 采集遗物

2013 年调查时勘探采集少许陶器残片，纹饰见方格纹、米字纹等。时代为战国至南越国时期。

本次调查采集遗物 24 件，其中陶器残片 23 件、穿孔石器 1 件。（图 4 - 18）总分布范围约 41 000 平方米。

（1）陶器。采集陶片 23 片；多为泥质粗硬陶；陶色以灰黑为主，灰褐、深灰色次之，少量为红褐色；纹饰以方格纹为主，另有箆点纹、弦纹、勾连云雷纹、席纹、网格纹、夔纹等，部分为组合纹饰；可辨器形、部位有罐口沿。据遗物特征推断时代为西周至春秋时期。

陶罐口沿　1 件。

ZJLY - 181：2YⅢ，泥质粗硬陶，灰色；侈口，斜折沿，沿面略凹弧，平方唇，溜肩；肩部饰方格纹。残宽 7.5、高 7.2 厘米。（图 4 - 18，5）

（2）石器。采集 1 件穿孔石器。时代与陶片时代相同，为西周至春秋时期。

综合两次调查情况，该遗址有西周至春秋、战国至南越国两期遗存，以前者为主。

二七　ZJLY - 182 鸡腰横遗址

1. 遗址概况

鸡腰横遗址位于小楼镇东境村路下社背后山岗上，其西北与东境村相望，西侧、南侧均为地势低平的农田，南与湖墩山相望，南侧山脚有二龙河流经，东隔广河高速公路 S2 与形河山相邻，县道 X380 从山岗北部山脚穿过。当地村民称该山土名鸡腰横，故名鸡腰横遗址。

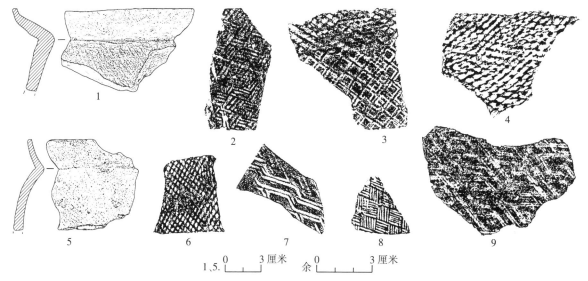

图 4-18　ZJLY-181、182 采集遗物及陶片纹饰拓片

1、5. 陶罐口沿（ZJLY-182：4Z Ⅰ、ZJLY-181：2Y Ⅲ）　　2、8. 席纹（ZJLY-181：12Y Ⅲ、ZJLY-182：4Y Ⅲ）

3. 方格凸块纹+方格纹（ZJLY-181：4Z Ⅰ）　　4. 网格纹（ZJLY-181：2Z Ⅰ）　　6. 方格纹（ZJLY-181：3Y Ⅲ）

7、9. 勾连云雷纹（ZJLY-181：8Y Ⅲ、ZJLY-182：2Z Ⅰ）

山岗平面呈长条形，面积约 141 000 平方米，海拔约 47 米，相对高度约 32 米，坡度平缓。北坡东部种植荔枝树，枯叶遍地；北坡西部大部分区域为荒山，山上竹林较多，另有杂木、桉树等，局部有荔枝等果树，地表杂草、灌木丛生。南坡较陡峭，种植荔枝等果树，地表杂草较多，枯叶遍地，对调查带来一定影响。

2. 采集遗物

在南坡西部果林内采集遗物 9 件，皆为陶器残片，分布范围约 2700 平方米。陶质均为泥质粗硬陶；陶色多见灰褐、深灰色等；纹饰以方格纹为主，还可见夔纹、勾连云雷纹、席纹等；可辨器形、部位有罐口沿。推断时代为西周至春秋时期。（见图 4-18）

陶罐口沿　1 件。

ZJLY-182：4Z Ⅰ，泥质粗硬陶，灰褐色；侈口，斜折沿，沿面外缘略上折，平方唇，斜直肩；肩部饰方格纹。残宽 10.9、高 6.6 厘米。（图 4-18，1；彩版一二六，7）

二八　ZJLY-186 后岭山遗址

1. 遗址概况

后岭山遗址位于小楼镇东境村涩村北侧山岗上。该山北邻塘家岭，南邻省道 S380，路两侧为地势低平的农田，东南与鸡腰横相邻，东邻小儿坐栏。东境村涩村依山南坡坡脚而建，村前有二龙河流经。当地村民称该山名为后岭山，故名后岭山遗址。

该山平面形状近椭圆形，面积约 80 000 平方米，海拔约 58.5 米，相对高度 38.5 米。山岗南、北坡较平缓，属东境村森林公园涵盖区域，有两条砖路弯弯曲曲延伸到山顶。整个南坡遍植樟木，树距较小，可见度较差。近山顶区域有成片的荔枝，山顶有两排桉树。

2. 采集遗物

2. 采集遗物

在山顶及周边区域采集遗物93件，其中陶器残片92件、石器1件。（图4–19；彩版九四，2）分布范围约9200平方米。

（1）陶器。采集陶片92片。陶质多为泥质硬陶，少量为夹粗砂软陶；陶色多见灰褐、红褐色等，另有深灰、青灰、灰白、灰黑色等；纹饰多见方格纹、夔纹，另有绳纹、弦纹、"卍"字纹、"S"形纹等，素面有10余片，部分器表有刻划符号；可辨器形、部位有罐、瓮的口沿等。据遗物特征分析时代为西周至春秋时期。

陶罐口沿　5件。

ZJLY–186：11YⅢ，泥质粗硬陶，灰褐色；敛口，内折沿，平方唇，唇面略凹，弧方肩；肩部饰弦纹、方格纹。残宽8.3、高4.5厘米。（图4–19，5）

ZJLY–186：16YⅢ，泥质粗硬陶，灰褐色；直口微敞，矮直领，平方唇，斜弧肩；肩部饰弦纹、方格纹。残宽4.6、高5.2厘米。（图4–19，3）

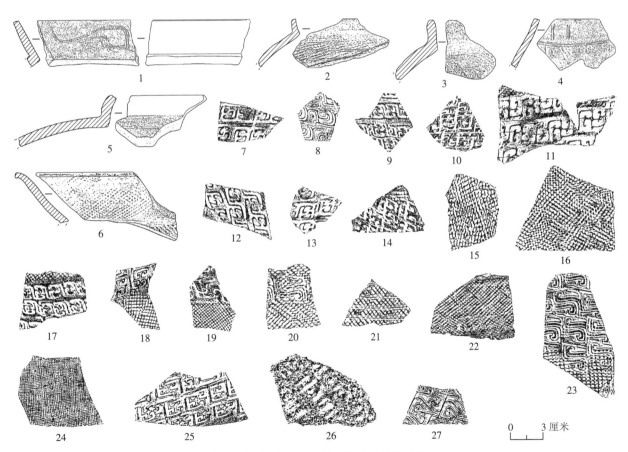

图4–19　ZJLY–186采集陶片及纹饰拓片

1~5. 陶罐口沿（ZJLY–186：21ZⅠ、ZJLY–186：57ZⅠ、ZJLY–186：16YⅢ、ZJLY–186：14ZⅠ、ZJLY–186：11YⅢ）　6. 陶瓮口沿（ZJLY–186：33ZⅠ）　7~13. 夔纹（ZJLY–186：3ZⅠ、ZJLY–186：7ZⅠ、ZJLY–186：8ZⅠ、ZJLY–186：24ZⅠ、ZJLY–186：34ZⅠ、ZJLY–186：55ZⅠ、ZJLY–186：60ZⅠ）　14. 变体夔纹（ZJLY–186：52ZⅠ）　15、16. 方格纹（ZJLY–186：32ZⅠ、ZJLY–186：5ZⅠ）17~20、23. 方格纹＋夔纹（ZJLY–186：11ZⅠ、ZJLY–186：27ZⅠ、ZJLY–186：47ZⅠ、ZJLY–186：70ZⅠ、ZJLY–186：1YⅢ）21、22. 方格纹＋弦纹（ZJLY–186：48ZⅠ、ZJLY–186：65ZⅠ）　24. 细方格纹（ZJLY–186：72ZⅠ）　25. "卍"字纹（ZJLY–186：22ZⅠ）　26. 绳纹（ZJLY–186：2YⅢ）　27. "S"形纹（ZJLY–186：69ZⅠ）

ZJLY-186:14ZⅠ，泥质细硬陶，灰褐色；敛口，平方唇，斜直肩；外沿饰刻划纹，肩部饰弦纹、方格纹。残宽7.2、高4.5厘米。（图4-19，4；彩版一二六，8）

ZJLY-186:21ZⅠ，泥质粗硬陶，灰黄胎，施酱釉；侈口，斜折沿，平方唇，肩部残；沿面内侧饰刻划纹。残宽9.5、高4厘米。（图4-19，1）

ZJLY-186:57ZⅠ，泥质细硬陶，灰褐色；侈口，短斜折沿，沿面略凹弧，平方唇，弧肩；肩部饰弦纹、方格纹。残宽8.7、高4.2厘米。（图4-19，2）

陶瓷口沿　1件。

ZJLY-186:33ZⅠ，泥质细硬陶，灰色；侈口，斜折沿，沿面略凹弧宽广，外缘略外侈，方唇，唇面有一周凹痕，斜肩；饰方格纹。残宽12.7、高6.1厘米。（图4-19，6）

（2）石器。采集砺石1件。推断与陶片时代相同。

二九　ZJLY-187 小儿坐栏遗址（复查）

1. 遗址概况

小儿坐栏遗址位于小楼镇东境村东北部，周边皆为低矮的山丘，西接调查网格186后岭山，西北与调查网格188塘家岭相邻，北、东侧与调查网格189相邻，南邻调查网格182鸡腰横，东境村坐落南坡脚。2008年，因增从高速公路调查勘探时发现。

调查网格由三个山岗连绵相接构成，总面积约111 000平方米，其中西北侧山峰形体大，海拔高，为调查网格内主峰。山岗北坡一座现代墓碑上显示该山土名小儿坐栏，故名。小儿坐栏平面呈椭圆形，海拔约49.8米，相对高度约31.8米，坡度较陡，山岗种植有荔枝、乌榄、杂树等，地表杂草茂盛。

2. 地层堆积

2008年调查勘探时，未发现文化层堆积，地层可分为2层：

①层：地表耕土层，灰黄沙黏土，较松软，厚20~40厘米。

②层：黄色黏土层，夹有一定量的细沙，较密实，厚15~50厘米。

②层下为红黄色夹沙土，较硬，为生土。

3. 遗迹现象

2008年调查勘探时，在沟山南坡发现近代砖瓦窑1座。地表发现唐宋时期墓砖，可能有砖室墓。

4. 采集遗物

2008年调查勘探时，在窑址西侧采集1片汉代方格纹陶片。

本次复查未发现文化遗存。

综合分析，该遗址有汉代、唐宋、近代三个时期遗存。

三〇　ZJLY-192 正潭山遗址

1. 遗址概况

正潭山遗址位于小楼镇西境村耕廖社南部、东境村涩村北部、庙潭村三角埔社西部山岗上。该山

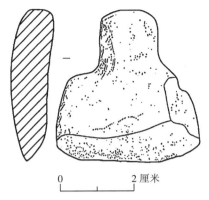

图 4 - 20　ZJLY - 192 采集双肩石锛（ZJLY - 192：3YⅢ）

西与凤林山相接，南与乡间公路相邻，北与大公山相接，山岗东侧、南侧均为大片鱼塘，西南距张山岀水库约 800 米，距木路陂河约 200 米，东北距庙潭涌约 600 米。当地村民称该山土名为正潭，故名正潭山遗址。

正潭山平面形状近圆形，总面积约 103 000 平方米，海拔约 63.5 米，相对高度约 38.5 米，坡度平缓。北坡种植有较多桉树、松树，有新筑山坟，地表杂草丛生，加之修建高速公路开挖山体呈陡坡无法踏查。南坡及西坡较为平缓，中下部有荔枝、乌榄等果树，局部有竹林，地表杂草不多，但枯叶遍地；中上部种植较多幼小果树，林间大部分区域杂草茂盛。

2. 采集遗物

在果林内采集遗物 8 件，其中陶瓷器残片 5 件、石器 3 件，分布范围约 1800 平方米。

（1）陶瓷器。采集陶瓷片 5 片。据遗物特征分析，可分为新石器时代晚期至商代、唐宋两个时期。

新石器时代晚期至商代：采集夹粗砂软陶 4 片，可辨部位有器座。

唐宋时期：采集 1 片青釉瓷碗口沿。

（2）石器。3 件。器形见锛、残石器。时代为新石器时代晚期至商代。

双肩石锛　1 件。

ZJLY - 192：3YⅢ，灰黄色凝灰岩，石质细腻；正面呈凸字形，弧顶，侧边起折肩，单面弧刃。宽 3.8、高 4、厚 1 厘米。（图 4 - 20；彩版七五，4；彩版一二三，3）

三一　ZJLY - 197 竹银山遗址

1. 遗址概况

竹银山遗址位于小楼镇西境村竹园社背后山岗上。该山北接双岭，西侧为地势低平的农田，与鸟歌岭、伟岭相望，东望后岭山。山岗西北距张山岀水库约 180 米，竹园社依山南坡坡脚而建。当地村民称之为竹银山或竹园山，本报告以竹银山遗址定名。

山岗平面形状呈不规则近椭圆形，面积约 89 000 平方米。山势不高，海拔 40.2 米，相对高度约 20.2 米。除西坡较陡峭外，余坡均较平缓。山上种植荔枝、乌榄等果树，局部有松树、桉树等。其中北坡、东坡杂草较小，但枯叶遍地，对调查带来一定影响；山顶、南坡、西坡大部分区域杂草茂盛，无法踏查。

2. 采集遗物

遗物主要分布于北坡及东坡，采集遗物90件，为陶瓷器残片，分布面积约16 600平方米。（图4-21；彩版三八，1）据遗物特征分析，可分为西周至春秋、唐宋两个时期。

西周至春秋时期：采集陶片88片，原始瓷片1片。陶质多为泥质粗硬陶，泥质细硬陶次之；陶色多见橙黄、灰褐、深灰、灰褐、红褐色等；纹饰以方格纹、夔纹为主，还可见弦纹、重圈纹、篦点纹、重菱格凸块纹等；可辨器形、部位有罐、瓮、瓿的口沿和罐圈足等。原始瓷为豆残片。（彩版七七，7、8）

陶罐口沿　1件。

ZJLY-197:11ZⅠ，泥质细硬陶，灰色；侈口，宽斜折沿，口沿微翻卷，圆唇；外沿饰方格纹。残宽5.1、高5.6厘米。（图4-21，1）

陶罐圈足　1件。

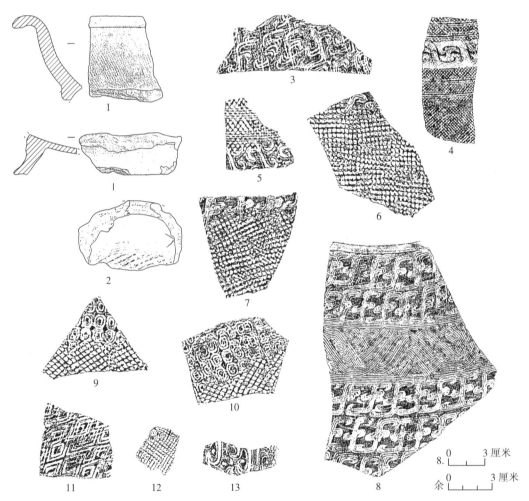

图4-21　ZJLY-197采集陶片及纹饰拓片

1. 陶罐口沿（ZJLY-197:11ZⅠ）　2. 陶罐圈足（ZJLY-197:11YⅡ）　3. 夔纹（ZJLY-197:44ZⅠ）　4、5. 方格纹+夔纹+弦纹（ZJLY-197:10ZⅠ、ZJLY-197:4YⅢ）　6、7. 方格纹+夔纹（ZJLY-197:20YⅡ、ZJLY-197:22ZⅠ）　8. 夔纹+篦划复线纹+弦纹（ZJLY-197:28YⅡ）　9. 方格纹+重圈凸点纹（ZJLY-197:23YⅡ）　10、12. 方格纹+重圈凸点纹（ZJLY-197:34ZⅠ、ZJLY-197:8YⅡ）　11. 重菱格凸块纹（ZJLY-197:5YⅢ）　13. 夔纹+圆点纹（ZJLY-197:18ZⅠ）

ZJLY－197：11YⅡ，泥质粗硬陶，红褐色；圜底下附矮圈足，圈足外撇，足墙平直，足跟面凹弧。残宽7、高2.6厘米。（图4－21，2）

唐宋时期：采集1片泥质素面陶片，1片灰瓷片。

三二　ZJLY－199 大公山遗址（复查）

1. 遗址概况

大公山遗址位于小楼镇庙潭村耕寮社、角布社背后山岗上，西邻从莞深高速公路S29，与高速公路西侧凤林山、木勺岭相对，北侧为地势低平的农田，再北可望朱埔吓，东邻吓岗山，南邻甜松岭，东距庙潭涌约30米，距派潭河约540米。当地村民称山岗为大公山，故名。2013年6~7月，开展西气东输二线管道工程调查勘探时发现。

大公山由三座山岗构成，总面积约294 000平方米。其中南侧山岗形体较小，平面形状呈长椭圆形，海拔50米，山势平缓，山上种植荔枝、乌榄等果树，局部有竹林，地表枯叶遍地。中部山岗平面形状近圆形，耕寮社依山岗北坡坡脚而建，山岗山势较低，海拔为46.5米，诸坡较平缓，山岗东南坡及西北坡局部种植荔枝、乌榄等果树，其他区域未经开荒，无法入内踏查。北侧山岗海拔46米，山势平缓，山岗大部分区域为荒山，无法入内踏查，有一条小路可通往山顶，路两侧可供调查。（彩版五五，2）

2. 采集遗物

2013年调查时于山岗西北坡采集少许唐宋时期陶瓷片。

本次复查在南部、北部山岗山顶区域采集遗物9件，计有陶器残片8件、石器1件，分布面积约6100平方米。

（1）陶器。采集陶片8片。据遗物特征分析，可分为新石器时代晚期至商代、西周至春秋两个时期。

新石器时代晚期至商代：采集陶片7片。陶质以泥质软陶、夹粗砂软陶为主；多为灰陶；纹饰可见绳纹等，少见素面；可辨器形、部位为罐（釜）口沿、圈足杯等。

陶圈足杯　1件。

ZJLY－199：1ZⅠ，夹细砂软陶，红褐色；弧壁向下内收，圜底，下附斜直圈足，足跟平直；素面。底径5.2、残高4.9厘米。（图4－22；彩版七五，5；彩版一二○，8）

西周至春秋时期：采集1片饰方格纹陶罐底。

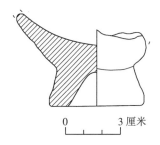

0　　　　3厘米

图4－22　ZJLY－199采集陶圈足杯（ZJLY－199：1ZⅠ）

（2）石器。采集砺石1件。时代为新石器时代晚期至商代。

综合两次调查情况，该遗址以新石器时代晚期至商代遗存为主，另有少量西周至春秋、唐宋时期遗存。

三三　ZJLY-201 吓岗山遗址

1. 遗址概况

吓岗山遗址位于小楼镇庙潭村角布社东北、耕寮社东南侧一座小山岗上。山岗东南坡脚分布房舍，其北侧为地势低平的农田，西北可望古橡山，西邻大公山。庙潭涌从山岗北侧、东侧流经，汇入派潭河。当地村民称该山名为吓岗山，故名。

吓岗山平面近椭圆形，形体不大，面积约46 000平方米，海拔约33.2米，相对高度约18.2米，山势较低，坡度较平缓。除南坡、北坡局部种植荔枝等果树外，其他区域基本上为荒山。

2. 采集遗物

在北坡近山顶处采集夹粗砂素面陶3片，分布范围约700平方米，年代为新石器时代晚期至商代。

三四　ZJLY-202 古橡山遗址（复查）

1. 遗址概况

古橡山遗址位于小楼镇庙潭村古元社、朱埔吓社背后。其北与高山区大围顶相接，西邻乡道Y324，南侧为从莞深高速公路及河洞服务区，南邻调查网格203吓枸山、调查网格199大公山，东南为地势低平的农田，可望调查网格201吓岗山，西侧坡脚为农田，有溪流自西向东汇入派潭河。庙潭村古元社依山东南坡坡脚而建，派潭镇湾吓村朱埔吓依山东坡坡脚而建，当地村民称之为后山，地形图上标示为古橡山，故名。2013年6~7月，开展西气东输二线管道工程调查勘探时发现。

调查网格内山岗平面形状呈不规则近三角形，形体较大，面积约604 000平方米。其南半部、西半部隶属于小楼镇，东北部约四分之一隶属于派潭镇。该山海拔约122米，相对高度约102.7米。除古元社背后、朱埔吓背后较为平缓外，其他诸坡均较陡峭，古元、朱埔吓背后平缓的坡地上种植果林，其他区域均为荒山，山上杂木、杂草、竹林、灌木丛生，无法深入详细踏查。

2. 采集遗物

2013年调查时在西南坡脚采集少许唐宋时期陶片，为泥质灰陶，部分可能为魂瓶残片。

本次复查未采集到遗物。

三五　ZJLY-209 三大窝山遗址

1. 遗址概况

三大窝山遗址位于小楼镇约场村黄贝岭村东北部山岗上，其西北接大佬顶山，西南邻新屋社，南邻乡道Y324，与南部的萝卜牙山相望，东接陡峭的高山。当地村民称该山岗为泥坡，山岗上现代墓碑显示该山土名三大窝山，故名。

山岗为大佬顶山东侧的延伸地带，平面呈不规则形，面积约183 000平方米，海拔约75米，相对高度约45米。北坡至山顶较陡峭，山上杂草、灌木丛生，无法入内调查。调查区域主要为大佬顶山峰东南坡平缓的坡地，坡地上种植荔枝、龙眼、乌榄等果树，局部有竹子、松树、桉树等，果林内杂草相对较少，但枯叶遍地，影响调查。

2. 采集遗物

在山岗西南部采集1片夔纹陶片，年代属西周至春秋时期。

三六 ZJLY-214 锦绣山遗址

1. 遗址概况

锦绣山遗址位于小楼镇中心围村东侧山岗上。该山北接高山区，西北邻青竹岭、槟榔公山，南与土地米山相对，东接高山白头岭。山岗西、南、东侧水塘环绕，南侧230米处有约场河自西向东流过，注入二龙河。当地村民称该山土名锦绣山，故名。

锦绣山平面呈长椭圆形，由南北两个小山岗组成，总面积约134 000平方米。北侧山岗海拔55米，相对高度约35米，除西坡外，山势较为陡峭，山顶较为平坦，东坡、北坡及山顶大部分区域为荒山，无法调查；西坡及山顶局部种植荔枝等果树，杂草不多，但枯叶遍地，影响调查。南侧山岗东坡、南部较为陡峭，其他区域较为平缓，南坡有一处养鸡场，东坡近期经过开荒，北坡及山地桉树、松树被砍伐，地表裸露，西坡除山脚外，大部分区域为荒山，无法入内详查。（彩版五六，1）

2. 采集遗物

采集遗物12件，皆为陶器残片。（图4-23；彩版九五，1）分布范围约300米。据遗物特征分析，可分为新石器时代晚期至商代、西周至春秋两个时期。

新石器时代晚期至商代：采集陶片11片。陶质多为泥质细硬陶，陶色见红褐、灰、青灰色等，纹饰有篮纹、曲折纹、绳纹、条纹、叶脉纹、圆圈纹等，可辨器形、部位有罐口沿。

陶罐口沿 1件。

ZJLY-214：1Z I，夹细砂硬陶，红褐色；敞口，高领，平方唇，外沿上部有一周凸棱，斜肩；肩部饰绳纹。残宽4.2、高5.7厘米。（图4-23，1）

西周至春秋时期：采集1片夔纹陶片。

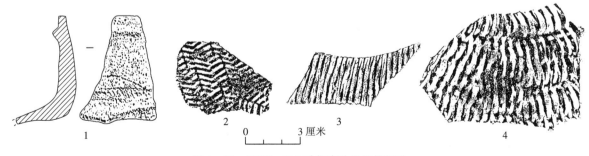

图4-23 ZJLY-214采集陶片及纹饰拓片

1. 陶罐口沿（ZJLY-214：1Z I） 2. 曲折纹（ZJLY-214：2T） 3. 篮纹（ZJLY-214：3T） 4. 叶脉纹（ZJLY-214：4T）

三七　ZJLY - 216 鸟歌岭遗址

1. 遗址概况

鸟歌岭遗址位于小楼镇西境村竹园社西北部山岗上。该山北邻张山亩水库，与牛岗斜山相望，东南与伟岭、竹银山相邻，东邻双岭，西侧为地势低平的农田，南侧有几处大的水塘，二龙河从其南侧约 270 米处自西向东流经，汇入增江。当地村民称该山为鸟歌岭，故名。

鸟歌岭山平面呈不规则长条形，由东、西两座小山岗构成，总面积约 92 000 平方米。其中东侧山岗形体略大，平面呈圆角三角形，海拔约 42.5 米，相对高度约 22.5 米，山势不高，山坡较为平缓，种植荔枝、乌榄、龙眼等果树，局部有竹子、农作物等，地表杂草不多。西侧小山岗平面呈椭圆形，海拔约 36.5 米，山势不高，其南坡、东坡因修筑乡间道路呈断崖状，北坡、西坡较为平缓，种植荔枝、龙眼等果树。山顶及周边区域为荒山，无法调查。（彩版五六，2）

2. 采集遗物

采集遗物 53 件，其中陶器残片 52 件、石器 1 件。（图 4 - 24）分布范围约 52500 平方米。（彩版三八，2）

（1）陶器。采集陶片 52 片。据遗物特征分析可分为新石器时代晚期至商代、西周至春秋、战国至南越国三个时期。

新石器时代晚期至商代：采集陶片 16 片。陶质多为夹细砂软陶、夹粗砂软陶为主，素面居多，纹饰见绳纹、叶脉纹，可辨器形、部位多为罐（釜）口沿，另有器座等。

陶罐口沿　1 件。

ZJLY - 216：10YⅡ，泥质粗硬陶，灰色；敞口，斜沿，沿面上部外侈近盘形，圆唇，肩部残缺；素面。残宽 5.3、高 5.3 厘米。（图 4 - 24，2；彩版一一四，6）

陶器座　1 件。

ZJLY - 216：6YⅡ，夹粗砂软陶，红色；束腰，下部外撇呈喇叭状，起台，足跟平直；素面。残宽 5.1、高 4.1 厘米。（图 4 - 24，4）

西周至春秋时期：采集陶片 23 片。多为泥质粗硬陶，灰褐陶居多；纹饰以夔纹、方格纹、重菱格纹为主，多为组合纹饰，另有弦纹、戳印纹、菱格凸块（点）纹等；可辨器形、部位有罐口沿。

战国至南越国时期：采集陶片 13 片。多为泥质粗硬陶，灰褐陶居多，纹饰有方格纹、米字纹、水波纹加弦纹等，可辨器形、部位有罐口沿、瓿口沿。

陶瓿口沿　1 件。

ZJLY - 216：2YⅡ，泥质粗硬陶，橙黄色；侈口，短斜折沿，斜方唇，斜弧肩；肩部饰水波纹、弦纹。残宽 9.7、高 4.2 厘米。（图 4 - 24，3；彩版一四二，1）

（2）石器。采集砺石 1 件。时代为新石器时代晚期至商代。

三八　ZJLY - 217 溪具山遗址

1. 遗址概况

溪具山遗址位于小楼镇腊圃村东北、西境村竹园社西北山岗上。该山北邻凤凰山，西邻单竹

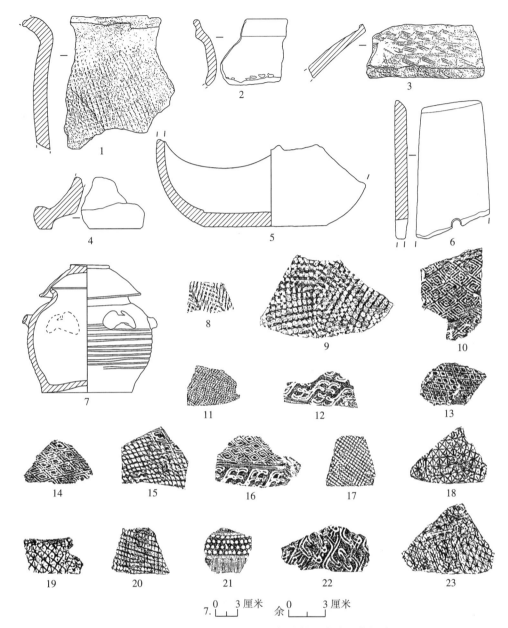

图 4 - 24　ZJLY - 216、217 采集遗物及陶片纹饰拓片

1、2. 陶罐口沿（ZJLY - 217：5YⅡ、ZJLY - 216：10YⅡ）　3. 陶瓿口沿（ZJLY - 216：2YⅡ）　4. 陶器座（ZJLY -
216：6YⅡ）　5. 瓷罐底（ZJLY - 217：16YⅡ）　6. 石戈（ZJLY - 217：1ZⅠ）　7. 带盖陶罐（ZJLY - 217：20①ZⅠ）
8. 叶脉纹（ZJLY - 216：3YⅢ）　9、17、20. 方格纹（ZJLY - 216：14ZⅠ、ZJLY - 216：8ZⅠ、ZJLY - 217：20T）
10. 重菱格纹（ZJLY - 216：11YⅢ）　11. 细方格纹（ZJLY - 216：13ZⅠ）　12、22. 夔纹（ZJLY - 216：17ZⅠ、
ZJLY - 217：18YⅡ）　13. 菱格凸块纹（ZJLY - 216：23ZⅠ）　14. 重菱格凸点纹（ZJLY - 216：15YⅡ）　15. 方格纹 +
重菱格凸点纹（ZJLY - 216：15ZⅠ）　16. 夔纹 + 重菱格凸点纹 + 弦纹（ZJLY - 216：21ZⅠ）　18、19、23. 米字纹
（ZJLY - 216：4ZⅠ、ZJLY - 217：11YⅡ、ZJLY - 217：14YⅡ）　21. 戳印圆圈纹 + 篦划纹 + 弦纹（ZJLY - 217：12ZⅠ）

候，南部为地势低平的农田，东南与鸟歌岭相邻，东侧为张山峝水库。新修西境至腊圃的乡间道路
从山岗南侧穿过，二龙河从山岗南侧 30 米处自西向东流经，汇入增江。地形图标示该山为溪具山，
故名。

山岗平面近三角形，形体较大，面积约 322 000 平方米，海拔约 102 米，相对高度约 82 米。山岗

中下部较为平缓，中上部至山顶较为陡峭。其中东坡、南坡中上部、西坡中上部为荒山，山上植被茂盛，杂草、灌木丛生，基本无法踏查。南坡、东坡中下部较平缓的坡地上种植荔枝等果树，东南坡近坡脚有一养鸡场；东部中上部至顶种植橘子树，大部分区域地表裸露，利于调查。

2. 遗迹现象

在山岗南坡中部断壁上见一处高5层单砖顺放叠砌的单隅砖墙（彩版六九，1），初步推测为东晋墓壁残存。同时该区域也发现有唐、宋时期陶砖，推测可能存在砖室墓。

3. 采集遗物

采集遗物53件，计有陶瓷器及其残片、陶砖、石器等。（见图4-24）分布范围约44 000平方米。

（1）陶瓷器。采集陶瓷器及残片、陶砖共计52件。据遗物特征分析，可分为西周至春秋、战国至南越国、晋南朝、唐宋四个时期。

西周至春秋时期：采集陶片3片。饰夔纹、重菱格纹加戳印纹、戳印圆圈纹加篦划纹加弦纹，可辨器形、部位有罐口沿。（彩版七七，9）

战国至南越国时期：采集陶片45片。陶质多为泥质粗硬陶，陶色以灰褐为主，器表纹饰可见米字纹、方格纹、水波纹、条纹等，可辨器形、部位有罐口沿、罐底。（彩版七九，5、6）

陶罐口沿　1件。

ZJLY-217:5YⅡ，泥质粗硬陶，红褐色；侈口，卷沿，唇部残缺，弧腹；腹部饰方格纹。残宽9、高10.5厘米。（图4-24，1）

晋南朝：采集黄釉瓷罐底1件、陶砖1件。

黄釉瓷罐底　1件。

ZJLY-217:16YⅡ，胎灰白，内壁施釉，釉色发黄；下腹弧收，平底；素面。底径9.9、残高7厘米。（图4-24，5；彩版八一，2；彩版一四七，8）

唐宋时期：采集六耳陶罐1件，瓷碗1件。二者为一套，推测为骨灰瓶。

陶罐　1件。

ZJLY-217:20①ZⅠ，泥质粗硬陶，胎灰色，器表为黑灰色陶衣，似釉；侈口，卷沿，圆唇，矮斜领，弧肩，圆鼓腹，平底；上腹饰对称6个桥状横耳，腹中部饰凹弦纹数周。口径10.8、底径12厘米。（图4-24，7；彩版八二，4；彩版一四八，1）

青釉瓷碗　1件。

ZJLY-217:20②ZⅠ，胎灰白，内外壁施青釉，大部分脱落；侈口，圆唇，斜腹微弧，饼足内凹。口径13.8、底径5.2厘米，与陶罐（ZJLY-217:20①ZⅠ）一套通高16.9厘米。

（2）石器。器形见戈。时代为新石器时代晚期至商代。

石戈　1件。

ZJLY-217:1ZⅠ，青灰色片岩，石质细腻；残存内部，一边斜直一边平直，顶部平直，内与援结合处断裂，可见双面对穿圆孔。宽6.1、高10.9、厚1厘米。（图4-24，6；彩版七五，6；彩版一二四，5）

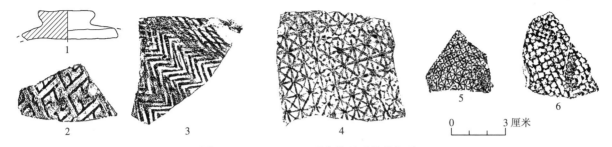

图 4 – 25　ZJLY – 220 采集陶片及纹饰拓片

1. 陶器盖（ZJLY – 220：9T）　2. 夔纹（ZJLY – 220：17T）　3. 曲折纹（ZJLY – 220：25T）
4、5. 米字纹（ZJLY – 220：21T、ZJLY – 220：13T）　6. 方格纹（ZJLY – 220：11T）

综合调查看，该遗址有新石器时代晚期至商代、西周至春秋、战国至南越国、晋南朝、唐宋五期遗存。

三九　ZJLY – 220 土地木遗址

1. 遗址概况

土地木遗址位于小楼镇腊圃村太平社东北部山岗上。该山北接白头岭高山区，东邻单竹候，西北与锦绣山相邻，南侧为地势低平的农田，东、西两侧有大片鱼塘。约场河从山岗南部自西向东流过，注入二龙河。

山岗平面呈不规则三角形，由西南部、东北部两个山岗构成，总面积 177 000 平方米。西南部山岗，海拔 64 米，相对高度约 44 米，除东南坡相对较为平缓外，其他各坡地势陡峭，山岗中下部种植荔枝等果树，中上部至山顶基本上荒置，长有松树、桉树等，地表杂草、灌木丛生，无法深入调查。东北部山岗形体较小，海拔 42.3 米，山势不高，坡度平缓，山岗中下部种植荔枝、乌榄等果树，间有养鸡场，中上部至山顶为荒山，地表杂草、灌木丛生，无法深入调查。

2. 采集遗物

在南坡坡脚处采集遗物 31 件，皆为陶器残片，分布范围约 7200 平方米。据遗物特征分析，可分为西周至春秋、战国至南越国两个时期。（图 4 – 25）

西周至春秋时期：采集 2 片泥质粗硬陶片，饰夔纹、曲折纹。（彩版七八，1）

战国至南越国时期：采集陶片 29 片。多为泥质粗硬陶。陶色以深灰、灰褐为主，器表多饰米字纹、方格纹，另有方格对角线纹、三角格纹，可辨器形、部位有器盖、罐口沿。

陶器盖　1 件。

ZJLY – 220：9T，泥质细硬陶，灰色；盖面漫鼓，正中有圆形纽，纽顶部平整。残宽 5.2、高 1.5 厘米。（图 4 – 25，1）

四〇　ZJLY – 223 约场村对面山遗址

1. 遗址概况

约场村对面山遗址位于小楼镇中心围村东侧山岗上。该山北邻青竹岭、菜园面山，西邻省道 S256，与路西侧的老屋山相望，东邻锦绣山、土地木，南侧为地势低平的农田，约场河从山脚流经，

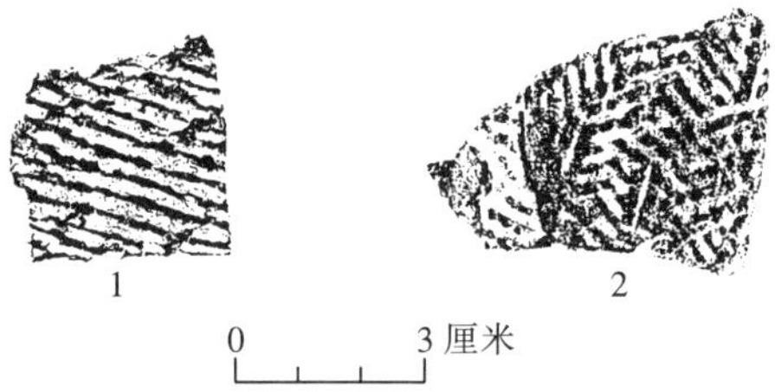

图 4 - 26　ZJLY - 223 采集陶片纹饰拓片
1. 绳纹（ZJLY - 223：2Z I）　2. 曲折纹（ZJLY - 223：11Z I）

汇入二龙河。当地村民称该山土名对面山，故名。

对面山平面近椭圆形，面积约 231 000 平方米。由南坡水塘分为东、西两部分，西侧山岗海拔 68.9 米，东侧山岗海拔 54 米，相对高度 33 ~ 49 米，坡度相对较为平缓。山岗中下部有较多竹子、松树，局部种植荔枝、橘子等果树，地表杂草较多，枯叶遍地，给调查造成一定难度。山岗中上部至山顶均为荒山，生长桉树、松树等，地表杂草、灌木丛生，有小路通往山顶通信塔。

2. 采集遗物

在西南坡、东坡采集遗物 28 件，皆为陶器残片。（图 4 - 26；彩版九五，2）分布面积约 1600 平方米。陶质多见夹细砂硬陶、泥质细硬陶；陶色以灰陶为主，还可见青灰、红褐、灰黑等；纹饰多见曲折纹、绳纹、附加堆纹、条纹，另有篮纹、长方格纹等，少见素面；可辨器形、部位有罐口沿。年代为新石器时代晚期至商代。

四一　ZJLY - 224 老屋山遗址

1. 遗址概况

老屋山遗址位于小楼镇约场村邓鹧鸪社西北侧山岗上，西邻岭尾涧山，东倚猪腰山，北邻锅望山。南邻县道 X940，东邻省道 S256，南侧坡脚 130 米处有约场河自西向东流经，汇入二龙河。当地村民称该山土名老屋山，故名。

山岗平面形状呈不规则长条形，总面积约 397 000 平方米。山岗主体由两个稍大的山岗相连而成，最高峰海拔 93.7 米，相对高度约 68.7 米。除南坡稍平缓外，余皆较为陡峭，其中山岗东坡、西坡种植荔枝等果树，北坡基本处于荒置状态，南坡及山顶生长较多桉树。调查主要沿山脚及果林内进行。

2. 采集遗物

本次调查采集陶器残片 2 件。1 片饰叶脉纹，时代为新石器时代晚期至商代；1 片饰方格纹，时代为战国至南越国时期。

四二　ZJLY - 227 岭尾涧遗址

1. 遗址概况

岭尾涧遗址位于小楼镇长岭村牛泮山社背后山岗上。该山东北与老屋山相望，西北接大屋山，北对牛栏背山，南邻县道 X924，南侧为地势低平的农田，与狮岭山遥望，约场河从其南坡坡脚约 70 米处自西向东汇入二龙河。调查时发现一座清代墓葬，碑文显示本山土名岭尾涸，故名。

岭尾涸山岗平面呈不规则形，面积约 203 000 平方米，海拔约 62 米，相对高度约 32 米。北坡较为陡峭外，遍布竹林，大部分区域内杂草、灌木丛生，对调查带来较大影响。其余诸坡均平缓呈台地状，遍植荔枝等果树，局部有竹林，地表杂草不多，但枯叶遍地。

2. 采集遗物

在山岗南部台地采集遗物 50 件，皆为陶器残片，分布范围约 11 000 平方米。据遗物特征分析，可分为新石器时代晚期至商代、战国至南越国两个时期。（图 4 - 27）

新石器时代晚期至商代：仅采集 1 件器座。

战国至南越国时期：采集陶片 49 片。陶质多为泥质粗硬陶；陶色多见深灰、灰褐、灰等；多饰方格纹、三角格纹，另有篦点纹、米字纹、水波纹、弦纹等，素面少见，部分器表可见刻划符号；可辨器形、部位有罐口沿、罐底、器盖、鼎足等。

陶罐口沿　5 件。

ZJLY - 227：6Z Ⅰ，泥质粗硬陶，灰色；侈口，沿面微外卷，圆唇，斜弧肩；肩部饰三角格纹。残宽 9、高 4.1 厘米。（图 4 - 27，4）

ZJLY - 227：3T，泥质粗硬陶，红褐色；侈口，斜折沿，斜方唇，微弧腹；腹部饰方格纹。残宽 11.9、宽 8.1 厘米。（图 4 - 27，1）

ZJLY - 227：13T，泥质粗硬陶，灰褐色；侈口，卷沿，圆唇，斜弧肩；素面。残宽 8.2、高 4 厘米。（图 4 - 27，3）

ZJLY - 227：3①Y Ⅱ，泥质细硬陶，红褐色；侈口，卷沿，外沿近平，方唇，斜弧肩；外沿、肩部饰方格纹。残宽 13、高 4.3 厘米。（图 4 - 27，5；彩版一三八，1）

ZJLY - 227：3②Y Ⅱ，泥质细硬陶，红褐色；侈口，斜折沿，圆唇，微弧腹；腹部饰方格纹。残宽 6.8、高 7.1 厘米。（图 4 - 27，2）

陶鼎足　2 件。

ZJLY - 227：8Z Ⅰ，泥质粗硬陶，红褐色；足上部微圜近平底，足呈圆柱状，下部残缺；通体素面。残宽 8.5、高 6.3 厘米。（图 4 - 27，6；彩版一四六，4）

ZJLY - 227：3Z Ⅰ，泥质粗硬陶，灰色；圆柱状，上宽下窄，足底平直。残宽 7.5、高 7.3 厘米。（图 4 - 27，7；彩版一四六，5）

四三　ZJLY - 238 细岭遗址

1. 遗址概况

细岭遗址位于小楼镇长岭村雅塱社西侧一座长条形山岗上。该山南望蔗埔村，东邻卫岭，北邻雅塱后龙山，西北与瞎岭相邻，县道 X940 从山岗的中部穿过。西、南侧皆为地势低平的农田，秀水学校位于其西侧，约场河从山岗南侧约 80 米处自西向东流经。当地村民称山岗土名为细岭，故名。

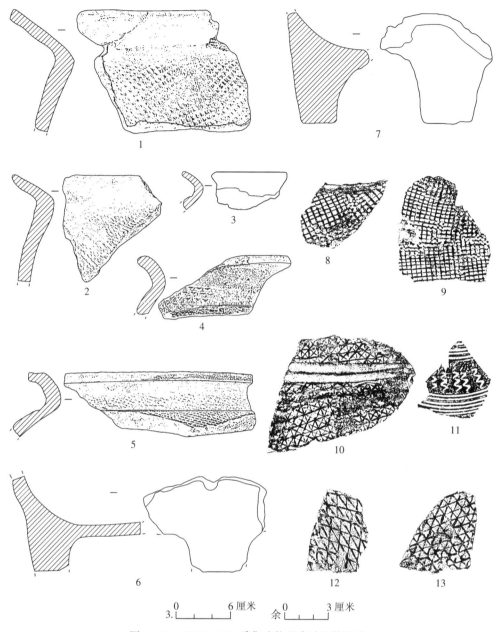

图 4 - 27　ZJLY - 227 采集遗物及陶片纹饰拓片

1 ~ 5. 陶罐口沿（ZJLY - 227：3T、ZJLY - 227：3②YⅡ、ZJLY - 227：13T、ZJLY - 227：6ZⅠ、
ZJLY - 227：3①YⅡ）　6、7. 陶鼎足（ZJLY - 227：8ZⅠ、ZJLY - 227：3ZⅠ）　8、9. 方格纹
（ZJLY - 227：15T、ZJLY - 227：7ZⅠ）　10. 米字纹（ZJLY - 227：2ZⅠ）　11. 锯齿纹 + 弦纹
（ZJLY - 227：8T）　12、13. 三角格纹（ZJLY - 227：13ZⅠ、ZJLY - 227：8Ⅱ）

　　细岭平面形状呈长椭圆形，由西北侧小山岗与东南侧台地构成，总面积约 49 000 平方米，山势不
高，坡度较为平缓。其中西北侧山岗海拔 42.8 米，相对高度约 17.8 米，山岗上种植有荔枝、乌榄等
果树，另有大量竹林，地表杂草较多，枯叶遍地，对调查带来较大影响。东南侧台地平面近椭圆形，
海拔 33 米，相对高度仅 8 米，台地上遍植荔枝、乌榄等果树，局部有竹林，地表杂草不多，但枯叶遍
地，对调查带来一定影响。

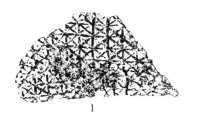 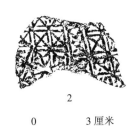 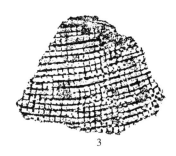

0 ____ 3 厘米

图 4 - 28　ZJLY - 238 采集陶片纹饰拓片
1. 米字纹（ZJLY - 238∶9T）　2. 方格对角线纹（ZJLY - 238∶2T）　3. 方格纹（ZJLY - 238∶1T）

2. 采集遗物

在东南侧台地上采集遗物 11 件，皆为陶器残片，分布较为集中，面积约 700 平方米。陶质多为泥质粗硬陶，陶色以灰褐色为主。器表多饰方格纹，少量为方格对角线纹、米字纹，素面少见；可辨器形、部位有罐口沿。推断时代为战国至南越国时期。（图 4 - 28）

四四　ZJLY - 242 禾场崀遗址

1. 遗址概况

禾场崀遗址位于小楼镇秀水村山寮东侧、老屋仔社西侧、上楼吓社北侧的一片坡地上，西、北、东均为高山环绕，南邻县道 X940，约场河从遗址南部约 60 米处自西向东流过。该区域为山寮、老屋、上楼下、牛轭山几个社的农田，有村民称之为秧地建。采集遗物区域内一座清代墓葬碑文显示该地土名禾场崀，故以禾场崀遗址定名。

禾场崀坡地平面呈不规则长方形，面积约 176 000 平方米，地势西北高东南低，海拔约 75 米，相对高度约 33.7 米，坡度平缓。坡地上种植橘子、荔枝、龙眼、香蕉、火龙果等果树，另有水稻、蔬菜等。大部分区域内杂草茂盛，水沟交错，对调查带来一定影响。

2. 采集遗物

在坡地东部水田的田埂上采集泥质粗软陶 2 片，饰条纹、叶脉纹。推断时代为新石器时代晚期至商代。

四五　ZJLY - 244 大湖洋遗址

1. 遗址概况

大湖洋遗址位于小楼镇秀水村上楼吓社东南侧、牛轭山村西南部山岗间的坡地。该片区域北邻县道 X940，与禾场崀隔路相望，东、南、西为坡势较陡的山岗，北侧有约场河自西向东流过。当地村民称坡地为大湖洋，故名。

坡地平面呈不规则形，为南部高山区伸出的平缓岗前坡地，面积约 89 000 平方米，海拔约 70 米，相对高度约 30 米，坡度平缓。坡上种植有橘子、荔枝、龙眼、香蕉等果树，局部有桉树，另有水稻、花生、蔬菜等，地表杂草较多，水沟交错。

2. 采集遗物

在坡地中部、东南部橘林内采集遗物 17 件，为陶瓷器残片，分布范围约 24 000 平方米。据遗物特

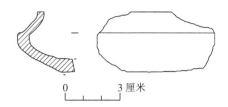

0 ____ 3 厘米

图 4 - 29　ZJLY - 246 采集陶盒口沿（ZJLY - 246∶2T）

征分析可分为新石器时代晚期至商代、战国至南越国、唐宋三个时期。

新石器时代晚期至商代：采集曲折纹陶片 4 片，泥质细硬陶。

战国至南越国时期：采集陶片 8 片，泥质粗硬陶居多，饰方格纹。

唐宋时期：采集陶片 3 片，瓷片 2 片，可辨器形、部位有陶罐底、青瓷碗圈足。

四六　ZJLY - 246 大岭遗址

1. 遗址概况

大岭遗址位于小楼镇长岭村蔗埔社西部、秀水学校南部的一处坡地上。该片区域北邻县道 X940，再北约 40 米处有约场河自西向东流经，河两岸为地势低平的农田，远眺细岭、瞎岭，西北与秀水园岭相邻，南接马鞍山高山区。当地村民称为大岭，故名。

大岭为马鞍山向北侧延伸的坡地，平面近长条形，面积约 45 000 平方米，海拔约 34 ~ 55 米，相对高度约 25 米，坡度平缓。坡地上遍植乌榄、荔枝等果树，局部有竹林、农作物，地表大部分区域杂草丛生，枯叶遍地，对调查带来一定影响。

2. 采集遗物

在坡地东北部的鱼塘边采集遗物 7 件，皆为陶器残片，分布范围约 300 平方米。陶质多为泥质粗硬陶，纹饰有方格纹、三角格纹、米字纹等，部分为素面，可辨器形、部位有罐、盒口沿。年代推断为战国至南越国时期。

陶盒口沿　1 件。

ZJLY - 246∶2T，泥质细硬陶，灰色；敛口呈子口状，平方唇，上腹近直，下腹弧收；通体素面。残宽 6.4、高 3.2 厘米。（图 4 - 29；彩版一四三，2）

四七　ZJLY - 251 尖峰岭东南岗遗址

1. 遗址概况

尖峰岭东南岗遗址位于小楼镇腊圃村太平社南部一座小山岗上。该山北邻横庄岘，西北与尖峰岭相接，西南与茶园山相对，东北与长田山相望。二龙河从山岗东南约 80 米处自西南向东北流经，汇入增江。山岗北、东、南三面为鱼塘环绕。

山岗平面形状近三角形，面积约 53 000 平方米，为尖岭风山向东南延伸的岗地，海拔 55.5 米，相对高度约 30.5 米，山势不高，坡度平缓。山岗基本处于荒置状态，其北坡、东坡遍布竹林，南坡有竹子、桉树等，地表杂草茂盛，无法入内详细踏查。

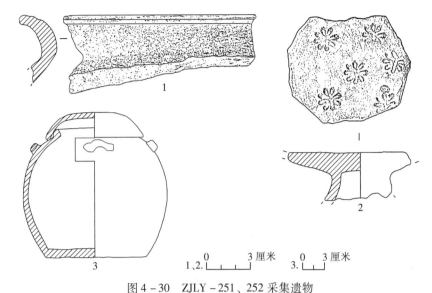

图 4 – 30　ZJLY – 251、252 采集遗物

1. 陶罐口沿（ZJLY – 251：4T）　2. 青釉瓷高圈足碗（ZJLY – 251：8T）　3. 青釉带盖陶罐

（ZJLY – 252：1②Z Ⅰ）

2. 遗迹现象

调查时在南坡坡脚断壁上发现一座被毁的唐代砖室墓。

3. 采集遗物

采集遗物 11 件，有陶瓷器残片 10 片，另有墓砖 1 件。集中分布于山岗南坡坡脚处，分布范围约 800 平方米。据遗物特征分析，可分为新石器时代晚期至商代、战国至南越国、唐宋三个时期。（图 4 – 30）

新石器时代晚期至商代：采集绳纹陶片 1 片。

战国至南越国时期：采集陶片 8 片。泥质粗硬陶居多，纹饰多为米字纹，另有方格纹；可辨器形、部位有罐口沿。

陶罐口沿　1 件。

ZJLY – 251：4T，泥质粗硬陶，深灰色；侈口，卷沿，方唇，唇面有一周凹槽，斜弧肩；肩部饰米字纹。残宽 13、高 5.1 厘米。（图 4 – 30，1）

唐宋时期：采集刻花纹青瓷高圈足碗 1 件，另有唐代墓砖 1 件。

青釉瓷高圈足碗　1 件。

ZJLY – 251：8T，胎灰白色，施青釉；平底，下附高圈足，圈足外撇残缺；内底施印花纹饰。残宽 8.5、高 3.2 厘米。（图 4 – 30，2；彩版一四八，6）

四八　ZJLY – 252 横庄㞧遗址

1. 遗址概况

横庄㞧遗址位于小楼镇腊圃村太平社南部山岗上。该山北与土地木山、对面山相望，西与尖岭风相接，东南望长田山、腊布后龙山，东北邻省道 S256。山岗东侧、北侧均为地势低平的农田，二龙河从山岗南侧约 40 米处自西南向东北流经。当地村民称该山为横庄㞧，故名。

该山由四座小山岗呈东西向相连构成，总面积约 345 000 平方米。西侧三座山岗形体较小，海拔高度约 50~59 米，诸坡平缓，当地村民称之为横庄岇。最东侧山岗形体稍大，海拔约 82 米，当地村民称其为鸡头山，该山西坡、南坡陡峭，东坡、北坡较为平缓。调查主要集中在横庄岇以及鸡头山两座山岗，大部分区域种植荔枝等果树，地表有较多杂草、枯叶。

2. 采集遗物

在西侧横庄岇与东侧鸡头山相接处采集遗物 8 件，计有带盖陶罐 1 套、陶器残片 5 件、石器 1 件。（见图 4 - 30）分布面积 3400 平方米。

（1）陶器。采集带盖陶罐 1 套、陶器残片 5 件。据遗物特征分析，可分为战国至南越国、唐宋两个时期。

战国至南越国时期：采集陶片 5 片。多为方格对角线纹，可辨器形、部位有罐底。

唐宋时期：于横庄岇荔枝林梯田断壁上发现 1 套带盖魂坛罐。

青釉陶器盖　1 件。

ZJLY - 252：1①ZⅠ，胎灰白色，施青釉；敞口，方圆唇，斜弧壁向上内收，漫长弧顶；通体素面。口径 13.2、高 3.3 厘米。（图 4 - 30，3；彩版八二，5；彩版一四八，3）

青釉陶罐　1 件。

ZJLY - 252：1②ZⅠ，泥质细硬陶，灰胎施青釉，釉大部分脱落；侈口，短斜折沿，方圆唇，弧肩圆腹，肩部附 4 个对称桥形横耳，平底。口径 10.8、底径 13、高 17.2 厘米。（图 4 - 30，3；彩版八二，5；彩版一四八，3）

（2）石器。采集石锛 1 件。时代为新石器时代晚期至商代。

四九　ZJLY - 253 长田山遗址

1. 遗址概况

长田山遗址位于小楼镇腊圃村西，其北侧为地势低平的农田，北望横庄岇，西与茶园山相对，南邻乌山，东邻腊布后龙山。二龙河从遗址西、北侧约 220 米处流经，汇入增江。山岗由东、西两座小山岗构成，当地村民称东侧山岗为长田山，故名。

山岗平面形状呈长椭圆形，总面积约 110 000 平方米。主峰位于山岗的西北侧，海拔 59.5 米，相对高度约 44.5 米，其西、北坡至山顶为荒山，山上有较多松树、竹子、樟树，另有杂木、灌木等，地表杂草丛生，无法入内详细踏查；山岗南坡及东坡较为平缓，种植荔枝、乌榄、龙眼等果树，局部有竹林，地表杂草较多，枯叶遍地，对调查带来一定影响。东侧山岗平面呈椭圆形，海拔约 46 米，相对高度约 26 米，其东坡较为陡峭，山坡上有较多竹林、松树，地表杂草丛生，植被茂盛，无法深入详细踏查；其他区域较为平缓，山上种植荔枝、乌榄、龙眼等果树，局部有竹林，地表杂草较多，枯叶遍地，对调查带来一定影响。（彩版五七，1）

2. 采集遗物

采集遗物 106 件，计有陶器残片 105 件、石器 1 件。（图 4 - 31；彩版九六，1）遗物分布于整座山岗，范围约 48 000 平方米。

（1）陶器。采集陶片 105 片。据遗物特征分析，可分为西周至春秋、战国至南越国、唐宋三个时期。

西周至春秋时期：采集陶片 30 片。多为泥质灰褐硬陶，另有少量红褐、灰褐、青灰陶；纹饰以夔纹、方格纹为主，另有方格纹加夔纹、方格纹加重菱格纹、夔纹加弦纹、夔纹加重菱格纹、网格纹、重菱格纹等；可辨器形、部位有罐口沿、簋圈足等。

陶罐口沿 1 件。

ZJLY－253∶10ZⅠ，泥质细硬陶，灰色；侈口，斜沿较宽，沿面凹弧，外沿翻卷，方唇；外沿下部饰方格纹。残宽6.8、高5.4厘米。（图4－31，4）

陶簋圈足 1 件。

ZJLY－253∶8ZⅠ，泥质粗硬陶，灰色；圜底，下附圈足，圈足较高外撇，足跟圆弧。残宽7.4、高3.6厘米。（图4－31，14；彩版一三五，3）

战国至南越国时期：采集陶片 74 片。多为泥质粗硬陶；陶色以灰褐为主，红褐、灰黑次之，少量为灰白、深灰陶，纹饰多为方格纹、三角格纹、米字纹等；可辨器形、部位有罐口沿、罐底、器盖等。

陶器盖 2 件。

ZJLY－253∶32T，泥质细硬陶，红褐色；敞口，方圆唇，短斜壁，顶部漫弧，盖面正中有圆形纽，纽顶面略凹。宽11.2、高2.7厘米。（图4－31，15；彩版一四四，1）

ZJLY－253∶45T，泥质细硬陶，深灰色；敞口，方圆唇，漫弧顶；通体素面。残宽7.8、高3厘米。（图4－31，13）

陶罐口沿 7 件。

ZJLY－253∶34①T，泥质粗硬陶，灰褐色；侈口，卷沿，圆唇，斜弧肩；肩部饰三角格纹。残宽9、高5.9厘米。（图4－31，11；彩版一三八，3）

ZJLY－253∶34②T，泥质粗硬陶，红褐色；侈口，卷沿，方圆唇，斜直肩；肩部饰三角格纹。残宽7.9、高6.2厘米。（图4－31，2）

ZJLY－253∶34④T，泥质粗硬陶，红褐色；侈口，卷沿，圆唇，斜直肩；肩部饰三角格纹。残宽12、高5.9厘米。（图4－31，5；彩版一三八，4）

ZJLY－253∶34⑦T，泥质粗硬陶，灰褐色；侈口，卷沿，圆唇，弧折肩；肩部饰三角格纹。残宽8.3、高6.9厘米。（图4－31，8）

ZJLY－253∶36T，泥质粗硬陶，灰褐色；侈口，卷沿，圆唇，斜溜肩近直，弧腹；肩、腹饰三角格纹。残宽10.6、高9.1厘米。（图4－31，7）

ZJLY－253∶38T，泥质粗硬陶，灰褐色；侈口，卷沿，圆唇，弧肩，圆腹；肩、腹饰三角格纹。残宽17.1、高11.4厘米。（图4－31，1；彩版一三八，5）

ZJLY－253∶41T，泥质粗硬陶，灰褐色；侈口，卷沿，外沿近平，方圆唇，斜弧肩；肩部饰三角格纹。残宽12.6、高5.8厘米。（图4－31，3；彩版一三八，2）

陶罐底 4 件。

ZJLY－253∶34⑤T，泥质粗硬陶，红褐色；下腹斜直内收，平底；下腹上部饰三角格纹。残宽10.6、高5.6厘米。（图4－31，9；彩版一四一，1）

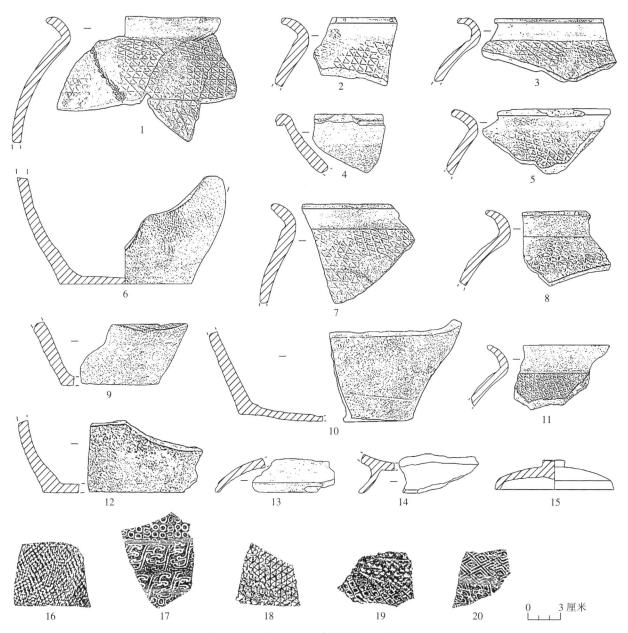

图 4 - 31　ZJLY - 253 采集陶器及纹饰拓片

1~5、7、8、11. 陶罐口沿（ZJLY - 253：38T、ZJLY - 253：34②T、ZJLY - 253：41T、ZJLY - 253：10Z Ⅰ、ZJLY - 253：34④T、ZJLY - 253：36T、ZJLY - 253：34⑦T、ZJLY - 253：34①T）　6、9、10、12. 陶罐底（ZJLY - 253：33T、ZJLY - 253：34⑤T、ZJLY - 253：43T、ZJLY - 253：42T）　13、15. 陶器盖（ZJLY - 253：45T、ZJLY - 253：32T）　14. 陶簋圈足（ZJLY - 253：8Z Ⅰ）　16. 方格纹（ZJLY - 253：22T）　17. 夔纹 + 戳印圆圈纹 + 弦纹（ZJLY - 253：14Z Ⅰ）　18. 三角格纹（ZJLY - 253：44T）　19. 菱格凸块纹 + 戳印纹（ZJLY - 253：17Z Ⅰ）　20. 夔纹 + 重菱格纹 + 弦纹（ZJLY - 253：27Y Ⅱ）

　　ZJLY - 253：33T，泥质细硬陶，灰褐色；弧腹向下内收，近底部略凹弧，平底；下腹上部饰三角格纹。底径 12.5、残高 9.7 厘米。（图 4 - 31，6；彩版一四〇，8）

　　ZJLY - 253：42T，泥质粗硬陶，灰褐色；下腹弧收，平底；下腹上部饰三角格纹。残宽 11、高 6.5 厘米。（图 4 - 31，12；彩版一四一，2）

　　ZJLY - 253：43T，泥质细硬陶，灰褐色；下腹斜直内收，底部不平微呈圜底状；下腹上部饰三角格纹。残宽 12.4、高 9.2 厘米。（图 4 - 31，10；彩版一四一，3）

唐宋时期：采集圈足碗底1件。

（2）石器。采集砺石1件。时代为西周至春秋时期。

五〇　ZJLY－254鸡头山北遗址

1. 遗址概况

鸡头山北遗址位于小楼镇腊圃村太平社东侧鸡头山北侧的一座小台地上，台地面积约17 000平方米，海拔约18.5米，地势平缓。其东、北、西侧为地势低平的农田，北望对面山，西望尖岭风，南邻横庄冚、鸡头山，东北与土地木相望。省道S256从台地北侧穿过，约场河从台地北侧约220米处自西向东流经，汇入二龙河。

遗址所处区域地势低平，区域内种植果树，西南侧有一个鱼塘，地表杂草不多，但枯叶遍地，可视度较差。

2. 采集遗物

采集遗物74件，计有陶器残片68件、石器6件。（图4－32；彩版九六，2）主要分布于鱼塘周边堤坝以及果林附近，分布范围约9800平方米。

（1）陶器。采集陶片68片。陶片多为泥质粗硬陶；陶色多为灰、灰白、灰褐色；纹饰多见曲折纹、绳纹等，素面较多，另有梯格纹、条纹、长方格纹、席纹、叶脉纹、篮纹、条纹、附加堆纹等，部分器表可见刻划符号；可辨器形、部位有罐口沿、釜口沿、罐圈足等。据遗物特征推断时代为新石器时代晚期至商代。

陶罐口沿　3件。

ZJLY－254：23T，夹细砂硬陶，灰色；内沿斜直近平，沿外缘斜折近盘形口，方唇；沿面有数周凹旋纹和一处残斜向刻划符号。残宽4.5、高2厘米。（图4－32，4）

ZJLY－254：45ZⅠ，夹细砂硬陶，灰色；侈口，斜折沿，沿外缘上折近盘口状，平方唇，斜弧肩；素面。残宽5.3、厚3.7厘米。（图4－32，2；彩版一一四，7）

陶罐圈足　1件。

ZJLY－254：25ZⅠ，夹细砂硬陶，灰色；圜底，下附矮圈足，圈足外撇，足跟平直；外底饰长方格纹。残宽5、高2厘米。（图4－32，5）

陶釜口沿　1件。

ZJLY－254：37ZⅠ，夹粗砂软陶，灰色；侈口，斜折沿成领，平方唇，斜肩；素面。残宽7.1、高4.4厘米。（图4－32，1）

（2）石器。器形有砺石、环、锛、网坠等。推断与陶片时代相同。

石锛　2件。

ZJLY－254：1ZⅠ，青灰色片岩，石质细腻，磨制光滑；扁体近方形，顶部残，两侧边平直，单面直刃。宽4.7、高4.1、厚1.6厘米。（图4－32，7）

ZJLY－254：22ZⅠ，青灰色堇青石片岩，石质较细腻，磨制较粗；扁体长方形，顶部残，两侧边平直，单面直刃。宽3.8、高5.3、厚1厘米。（图4－32，6）

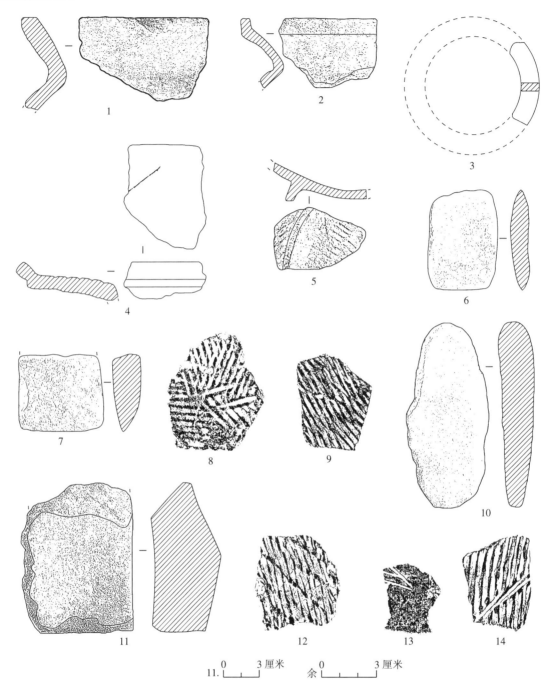

图 4 - 32　ZJLY - 254 采集遗物及陶片纹饰拓片

1. 陶釜口沿（ZJLY - 254：37ZⅠ）　2、4. 陶罐口沿（ZJLY - 254：45ZⅠ、ZJLY - 254：23T）　3. 石环（ZJLY - 254：26T）　5. 陶罐圈足　（ZJLY - 254：25ZⅠ）　6、7. 石锛（ZJLY - 254：22ZⅠ、ZJLY - 254：1ZⅠ）　8. 交错绳纹（ZJLY - 254：20T）　9. 绳纹（ZJLY - 254：32ZⅠ）　10. 石网坠（ZJLY - 254：36ZⅠ）　11. 砺石（ZJLY - 254：24ZⅠ）　12. 斜长方格纹（ZJLY - 254：38ZⅠ）　13. 刻划符号（ZJLY - 254：42ZⅠ）　14. 篮纹 + 附加堆纹（ZJLY - 254：35ZⅠ）

砺石　1件。

ZJLY - 254：24ZⅠ，深灰色砂岩，石质较细腻；扁体长条形，三面为打制断面，另一面平直，上侧面为磨制凹弧面。宽9.1、高11.8、厚5.7厘米。（图 4 - 32，11）

石环 1件。

ZJLY－254：26T，青灰色角岩，石质细腻，磨制光滑；扁体圆环形，上、下面平直。宽4.4、高1、厚0.4厘米。（图4－32，3）

石网坠 1件。

ZJLY－254：36ZⅠ，灰褐色砂岩，石质较粗；长椭圆形。宽4.5、高9.9、厚2厘米。（图4－32，10）

五一 ZJLY－255 腊圃后龙山遗址

1. 遗址概况

腊圃后龙山遗址位于小楼镇腊圃村背后山岗上，该山东邻省道S256，北侧、西北侧均为地势低平的农田，西北与鸡头山相望，西邻长田山，西南邻蟹山，南与田园背扶山、下横岭相邻，东为腊布村。约场河从其北侧约50米处流经。当地村民称该山土名后龙山，因邻近腊圃故定名为腊圃后龙山遗址。

后龙山形体较大，平面形状呈不规则长条形，面积约269 000平方米，海拔约74.5米，相对高度约50.5米，西、北坡较为陡峭，南坡、东坡较为平缓。腊布小学修建于山岗东南坡，小楼一中及一家工厂建于山岗北坡，均对山体造成了破坏。山岗中下部遍植荔枝等果树，局部有竹林，地表大部分区域杂草较多，其中南坡几家养鸡场周边及西北坡局部区域杂草较少，利于调查。山岗中部向上至山顶荒置，植被茂盛、杂草丛生，无法详细踏查。

2. 采集遗物

在西北坡杂草较少的区域内采集遗物22件，皆为陶器残片，分布范围约4300平方米。据遗物特征分析，可分为西周至春秋、战国至南越国两个时期。（图4－33）

西周至春秋时期：采集1件夔纹陶片。

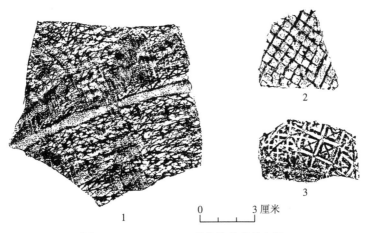

图4－33 ZJLY－255采集陶片纹饰拓片

1. 米字纹（ZJLY－255：2T） 2. 方格纹（ZJLY－255：6YⅡ）

3. 方格对角线纹（ZJLY－255：3YⅡ）

战国至南越国时期：采集陶片 21 片。多为泥质粗硬陶，陶色多见灰褐、灰、青灰陶等，饰方格纹、米字纹等，少量为方格对角线纹、条纹等。

五二 ZJLY－256 蟹山遗址

1. 遗址概况

蟹山遗址位于小楼镇腊圃村西部山岗上，北邻长田山，南邻省道 S380，与蛇岬山、大岾庙潭后龙山、集贤山相邻，东邻腊圃后龙山，与乌山相连。山岗西侧有几处鱼塘，二龙河从山岗西侧约 290 米处自南向北流经。当地村民称该山土名蟹山，故名。

蟹山平面呈长椭圆形，由两座山岗构成，总面积约 206 000 平方米。东侧山岗海拔 63.1 米，相对高度约 48.1 米，坡度平缓。西侧山岗海拔 47.1 米，相对高度约 27 米，除西坡较为陡峭外，其他山坡较为平缓。整座山岗基本上处于荒置状态，山上有竹子、樟树、松树、杂木等，地表杂草丛生，无法入内详细踏查。仅西南角平缓的坡地可供调查，坡地上种植荔枝、乌榄、龙眼等果树，但地表杂草较多，枯叶遍地，地表可视度不高。

2. 采集遗物

本次调查共采集遗物 35 件，计有陶器残片 32 件、石器 3 件。（图 4－34）多分布于西南坡坡脚处，分布范围约 16 000 平方米。

（1）陶器。采集陶片 32 片。据遗物特征可分为新石器时代晚期至商代、战国至南越国两个时期。

新石器时代晚期至商代：采集陶片 2 片。1 片为夹细砂绳纹陶，1 片为夹细砂素面软陶。

战国至南越国时期：采集陶片 30 片。陶质以泥质粗陶为主，陶质较硬；陶色多见灰、灰褐、灰黑陶等；纹饰多见米字纹、方格纹、方格对角线纹等，另有三角格纹、水波纹、素面等；可辨器形、部位有罐口沿、盒口沿、簋圈足等。

陶罐口沿　1 件。

ZJLY－256：12Z I，泥质细硬陶，灰褐色；侈口，卷沿，圆唇，斜直肩残缺；肩部饰米字纹。残宽 8.6、高 3.3 厘米。（图 4－34，2）

陶盒口沿　1 件。

ZJLY－256：24Z I，泥质细硬陶，青灰色；子口微敛，上腹斜直，下腹弧收；上腹饰水波纹。残宽 5.6、高 4.1 厘米。（图 4－34，1）

陶簋圈足　1 件。

ZJLY－256：7Z I，泥质粗硬陶，灰褐色；圜底，下附矮圈足，足底外撇起台，足跟斜直，内缘着地，着地面有凹槽一周；下腹饰方格纹。残宽 14.2、高 5.4 厘米。（图 4－34，3）

（2）石器。3 件，器形有锛、砺石、穿孔石器等。时代为新石器时代晚期至商代。

穿孔石器　1 件。

ZJLY－256：23Z I，青灰色片岩，石质细腻；扁体长条形，上部残缺，残缺处正中有一处穿孔，两侧面及底面平直。宽 2.4、高 6.1、厚 1 厘米。（图 4－34，4）

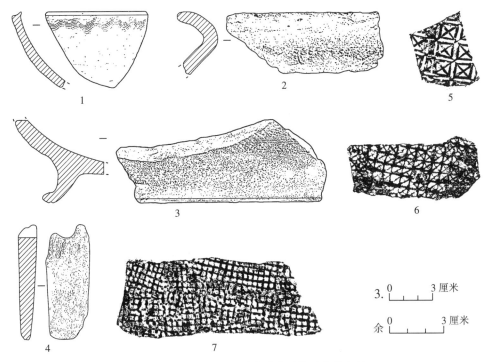

图 4-34　ZJLY-256 采集遗物及陶片纹饰拓片
1. 陶盒口沿（ZJLY-256：24Z I）　2. 陶罐口沿（ZJLY-256：12Z I）　3. 陶簋圈足（ZJLY-256：7Z I）
4. 穿孔石器（ZJLY-256：23Z I）　5. 方格对角线纹（ZJLY-256：34Z I）　6. 米字纹（ZJLY-256：20Z I）
7. 方格纹（ZJLY-256：35Z I）

五三　ZJLY-257 茶园遗址

1. 遗址概况

茶园遗址位于小楼镇潭村背后一座小山岗上。该山北邻尖岭风，西北与尖间山相接，西邻波仔山，东与长田山相望。山岗东侧、南侧均为地势低平的农田，东距二龙河约 40 米，南侧 150 米处潭村河西向东流经，注入二龙河。调查时在北坡发现一座乾隆十九年（1754 年）墓葬，其碑文显示本山土名茶园，故名。

山岗平面形状近椭圆形，面积约 208 000 平方米，海拔约 81.8 米，相对高度约 51.8 米，诸坡较为平缓。中下部种植荔枝等果树，局部有竹林，地表大部分区域杂草较多，枯叶遍地，有几家养鸡场内及其周边杂草较少，利于调查。山岗中上部至山顶荒置，有较多竹子、松树、樟树、杂木等，地表杂草茂盛，无法入内详细踏查。

2. 采集遗物

采集遗物 40 件，计有陶器残片 39 件、残石器 1 件。（图 4-35）多分布于山岗东坡、南坡以及西北坡，范围约 7000 平方米。

（1）陶器。采集陶片 39 片。据遗物特征分析，可分为西周至春秋、战国至南越国、晋南朝三个时期。

西周至春秋时期：采集陶片 11 片。多为泥质粗硬陶，陶色多见灰黑、灰褐等，纹饰有方格纹、弦

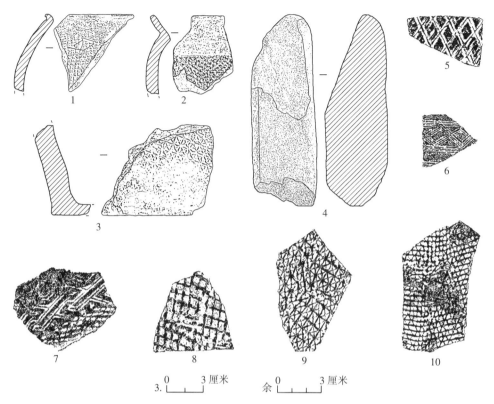

图 4 - 35　ZJLY - 257、258 采集遗物及陶片纹饰拓片

1、2. 陶罐口沿（ZJLY - 258：1YⅡ、ZJLY - 257：3ZⅠ）　3. 陶罐底（ZJLY - 257：20T）　4. 残石器
（ZJLY - 257：2YⅡ）　5. 菱格凸块纹（ZJLY - 257：1T）　6. 重菱格纹＋弦纹（ZJLY - 257：23T）
7. 勾连云雷纹＋菱格纹（ZJLY - 257：9T）　8. 方格纹（ZJLY - 257：6T）　9. 米字纹（ZJLY -
257：19T）　10. 三角格纹（ZJLY - 257：31T）

纹、夔纹、菱格纹、勾连云雷纹、回字纹等，素面少见，可辨器形、部位有罐口沿。

战国至南越国时期：采集陶片 27 片。多为泥质粗硬陶，少量为泥质细硬陶；陶色以灰黑为主，灰褐次之，另有灰、红褐、青灰、深灰等；纹饰以方格纹、米字纹为主，另有方格对角线纹、三角格纹、重回字纹、水波纹加弦纹等，素面仅 1 片；可辨器形、部位多为罐口沿，少量为罐底。（彩版七九，7）

陶罐口沿　1 件。

ZJLY - 257：3ZⅠ，泥质粗硬陶，灰褐色；侈口，斜折沿，斜方唇，溜肩，弧腹；腹部饰方格纹。残宽 4.1、高 5.2 厘米。（图 4 - 35，2）

陶罐底　1 件。

ZJLY - 257：20T，泥质粗硬陶，灰褐色；下腹略凹弧斜内收，平底；下腹上部饰米字纹。残宽 7.6、高 6 厘米。（图 4 - 35，3；彩版一四一，4）

晋南朝：采集陶罐底 1 件，素面。（彩版八一，3）

（2）石器。采集残石器 1 件。时代为西周至春秋时期。

残石器　1 件。

ZJLY - 257：2YⅡ，灰褐色云英岩，石质较粗；长条形，两端残断，四角磨制为圆角状，四侧面较为平整。宽 5.3、高 15.2、厚 5.2 厘米。（图 4 - 35，4）

五四 ZJLY-258 波仔山遗址

1. 遗址概况

波仔山遗址位于小楼镇正隆村潭村社背后山岗上。该山北与尖间山相接，与高地岭相邻，西侧为山势陡峭的荒山，南与牛头村小山相望，东北与茶园相邻。东侧与南侧均为地势低平的农田，潭村河从山岗南侧约 280 米处自西向东流经，汇入二龙河，潭村依山东坡坡脚而建。当地村民称该山土名波仔山，故名。

山岗平面形状近椭圆形，面积约 46 000 平方米，山势不高，海拔 47.3 米，相对高度约 22.3 米，诸坡较为平缓。山岗南坡下为村民的养鸡棚，大部分区域圈起无法详细踏查。山岗上种植荔枝等果树，局部有竹林，另有杂木等，地表杂草丛生，枯叶遍地，对调查带来一定影响。

2. 采集遗物

仅在山岗东南坡采集陶罐口沿 1 件，饰方格纹加戳印纹。推断为战国至南越国时期。

陶罐口沿 1 件。

ZJLY-258:1YⅡ，泥质粗硬陶，深灰色；侈口，短卷沿，圆唇，弧腹；腹部饰方格纹、戳印纹。残宽 5.5、高 5.1 厘米。（图 4-35，1；彩版一三八，6）

五五 ZJLY-259 高地岭遗址

1. 遗址概况

高地岭遗址位于小楼镇正隆村潭村社北侧背后的岗前坡地，该片坡地西、北、东为群山环绕，西、北接尖间山，西南与波仔山相邻，东南与茶园相邻。南侧为一片面积不大的谷地，距潭村河约 600 米。在山岗上发现一座清咸丰元年（1851 年）墓葬，其碑文显示本山土名高地岭，故名。

遗址所在地为尖间山向南延伸的平缓坡地，平面呈长条形，面积约 35 000 平方米，海拔约 50 米，相对高度约 20 米，地势平缓。坡地遍植荔枝等果树，局部有竹林，地表杂草不多，但枯叶遍地，对调查带来一定影响。

2. 采集遗物

采集遗物 16 件，其中陶器残片 15 件、残石器 1 件。（图 4-36）分布范围较为集中，仅 3200 平方米。

（1）陶器。采集陶片 15 片。均为泥质粗硬陶；陶色多见灰褐、灰、青灰等，还有少量红褐陶等；纹饰多见方格纹、米字纹，另有带状锯齿纹、方格对角线纹、复线几何纹、菱格纹、素面等；可辨器形、部位有罐口沿、罐底、盒等。年代为战国至南越国时期。

陶罐口沿 1 件。

ZJLY-259:1ZⅠ，泥质细硬陶，深灰色；侈口，卷沿，沿面弧鼓，圆唇，斜直肩，弧折腹；肩、腹部饰三角格纹。残宽 14.6、高 8.5 厘米。（图 4-36，1；彩版一三八，7）

陶盒 1 件。

ZJLY-259:3YⅡ，泥质粗硬陶，灰褐色；敛口，平方唇，扁鼓腹；上腹有两周凸棱及带状锯齿纹。残宽 8.3、高 7 厘米。（图 4-36，2；彩版一四三，3）

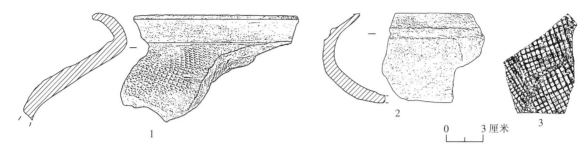

图4-36 ZJLY-259采集遗物及陶片纹饰拓片
1. 陶罐口沿（ZJLY-259:1Z Ⅰ） 2. 陶盒（ZJLY-259:3Y Ⅱ） 3. 方格纹（ZJLY-259:5Y Ⅱ）

（2）石器。采集残石器1件，器形不明。推断与陶片时代相同。

五六 ZJLY-260吓围后龙山遗址

1. 遗址概况

吓围后龙山遗址位于小楼镇罗坑村吓围社背后平缓的坡地上。该片坡地北邻何屋，西、南接石寮面山，东与三屋兜嘴、松头山相望，坡地东侧为地势低平的农田，吓围村依山东坡而建。当地村民称该坡地为后龙山，因邻近吓围社，故定名为吓围后龙山遗址。

后龙山实为西北侧石寮面高山区东南坡的延伸地带，面积约28 000平方米，地势平缓，海拔约65.6米，相对高度约25.6米。坡地上多种植荔枝、龙眼等果树，局部有竹林，地表杂草较多，枯叶遍地。周边区域基本上处于荒置状态，地表杂草丛生，植被茂盛，无法踏查。

2. 采集遗物

采集遗物6件，皆为陶器残片，分布面积约1400平方米。据遗物特征分析，可分为西周至春秋、战国至南越国两个时期。

西周至春秋时期：采集陶片2片。泥质粗硬陶，饰夔纹、方格纹。

战国至南越国时期：采集陶片4片。纹饰可见方格纹、米字纹、三角格纹，可辨器形、部位有罐口沿等。

五七 ZJLY-261三屋兜嘴遗址

1. 遗址概况

三屋兜嘴遗址位于小楼镇罗坑村卓洞村西侧山岗上。该山西北与松头山相邻，西与吓围后龙山相望，东北与卓洞村相邻。西侧与南侧均为地势低平的农田，大坑河从山岗西南侧约100米处自西北向东南流过，注入潭村河，何屋村依山岗西南坡坡脚而建。当地村民称该山三屋兜嘴，故名。

山岗由西北、东南一大一小两个山岗构成，面积约33 000平方米。其中东南侧小山岗山势不高，海拔39米，相对高度约17米。西北侧山岗海拔59.9米，相对高度34.9米。山岗仅平缓的西北坡种植荔枝等果树，局部有竹林，山坡上有养鸡场，地表杂草较少，枯叶遍地，对调查带来一定影响。其他区域遍布竹林，山势较为陡峭，无法踏查。

2. 采集遗物

在山岗北坡坡脚采集遗物 31 件，计有陶器残片 30 件、石器 1 件。（彩版九七，1）分布范围约 2500 平方米。

（1）陶器。采集陶片 30 片。据遗物特征分析，可分为新石器时代晚期至商代、西周至春秋、战国至南越国、明清四个时期。

新石器时代晚期至商代：采集陶片 6 片。多见夹粗砂软陶，陶色多见灰黑、灰白陶，纹饰可见绳纹、条纹、叶脉纹等，部分为素面，可辨器形、部位有罐（釜）口沿。

陶罐口沿 1 件。

ZJLY-261：14T，夹粗砂软陶，灰黑色；侈口，斜折沿，圆唇，肩部残缺；素面。残宽 6、高 3.2 厘米。

西周至春秋时期：采集陶片 2 片，饰方格纹、方格纹加夔纹。

战国至南越国时期：采集陶片 21 片。陶质以泥质粗硬陶为主，陶色多见灰褐、灰黑、红褐等，纹饰多见方格纹、米字纹，另有弦纹、三角格纹、篦点纹等。

明清时期：仅见 1 片泥质灰白素面陶。

（2）石器。采集砺石 1 件。时代为新石器时代晚期至商代。

五八 ZJLY-262 松头山遗址

1. 遗址概况

松头山遗址位于小楼镇卫东村东侧山岗上。该山北邻马鞍山，西侧及南侧均为地势低平的农田，西与吓围后龙山相望，东南与三屋兜嘴山相邻，东邻卓洞村。大坑河从山岗南侧约 120 米处自西向东流经，注入潭村河。当地村民称该山为松头山，故名。

山岗平面形状呈不规则椭圆形，面积约 30 000 平方米，海拔约 60.1 米，相对高度约 30.1 米，坡势较陡峭。东坡局部种植荔枝树，其他区域为荒山无法踏查。

2. 采集遗物

采集遗物 5 件，皆为陶器残片，集中分布于山岗南坡，范围约 240 平方米。陶质均为泥质粗硬陶，陶色可见灰白、灰黑、青灰、红褐等，纹饰多饰方格纹，另有米字纹、弦纹等。推断时代为战国至南越国时期。

五九 ZJLY-265 圆公头遗址

1. 遗址概况

圆公头遗址位于小楼镇竹坑村吓塘社北侧一处独立的小山岗上。该山北邻竹林小学、西邻田背心村，南邻吓塘村，山岗周边均为平坦的农田，西、北、东侧均为大坑河环绕，县道 X327 从山岗北侧、东侧经过。当地村民称该山圆公头，故名。

山岗平面呈不规则椭圆形，面积约 16 000 平方米，山势不高，海拔 57.6 米，相对高度约 17.6 米，四周呈断崖状。山岗西部大部分区域种植橘子树，地表杂草茂盛；东部种植荔枝、龙眼等果树，地表杂草、枯叶遍地，可视度不高。

2. 采集遗物

在东坡采集遗物 5 件，皆为陶器残片，分布较为集中，范围约 200 平方米。陶质多为泥质粗硬陶，陶色可见灰白、灰褐、灰等，饰方格纹、方格对角线纹、弦纹等，年代推断为战国至南越国时期。

六〇　ZJLY－266 正隆后龙山遗址

1. 遗址概况

正隆后龙山遗址位于小楼镇正隆村潭村社西侧后龙山北侧、正隆村北侧圆岭仔山西侧的坡地上。该片坡地北与波仔山相望，西接高山区，南邻省道 S380，与路对面老屋背扶山相邻，东与牛头村小山、围岭山、蔗排岭相望。坡地北侧为地势低平的农田，有潭村河自西向东流经，汇入二龙河。山岗土名后龙山，因邻近正隆村，故定名为正隆后龙山遗址。

坡地位于潭村河与后龙山、圆岭仔山之间。后龙山平面呈不规则近三角形，形体较大，面积约 194 000 平方米，海拔约 81.5 米，相对高度约 56 米。山岗基本处于荒置状态，分布大片竹林，间有杂木、松树等，仅山岗西北坡种植荔枝树，地表杂草枯叶遍地，其间有一处养鸡场，周边区域利于调查。圆岭仔山平面近椭圆形，面积约 11 000 平方米，地势陡峭，海拔约 38 米，相对高度约 18 米，山上遍植果树，山顶有几处围蔽的小型养鸡场。

2. 采集遗物

本次调查采集遗物 25 件，计有石器 2 件、陶器残片 23 件。（图 4－37）分布范围约 28 000 平方米。

（1）陶器。采集陶片 23 片，据陶片特征分析，可分为西周至春秋、战国至南越国两个时期。

西周至春秋时期：采集陶片 13 片。皆为泥质粗硬陶，陶色以灰、灰褐居多，纹饰有方格纹、勾连云雷纹、夔纹、菱格凸点纹、网格纹、篦点纹、弦纹等，可辨器形、部位有罐口沿。

战国至南越国时期：采集陶片 10 片。多为泥质粗硬陶，陶色以灰、灰褐、深灰为主，纹饰多见方格纹、米字纹，另有刻划纹等，部分有刻划符号，可辨器形、部位有鼎足。

陶鼎足　1 件。

ZJLY－266：26Z Ⅰ，泥质粗硬陶，深灰色；圆柱状，顶部为器内底部凹弧面，底部残缺；素面。残宽 3.7、高 7.5 厘米。（图 4－37，1；彩版七九，8；彩版一四六，6）

（2）石器。2 件，器形有斧、双肩石锛。时代为新石器时代晚期至商代。

石斧　1 件。

ZJLY－266：1Z Ⅰ，青灰色片岩，石质较细腻，磨制较光滑；正面近长条形，横截面呈梯形，上宽下窄，双面斜弧刃。宽 5.6、高 5.3、厚 1.2 厘米。（图 4－37，3）

双肩石锛　1 件。

ZJLY－266：8Z Ⅰ，青灰色片岩，石质较细腻；正面呈凸字形，顶部平直，短斜肩，单面直刃。宽 4.3、高 6、厚 1.8 厘米。（图 4－37，2）

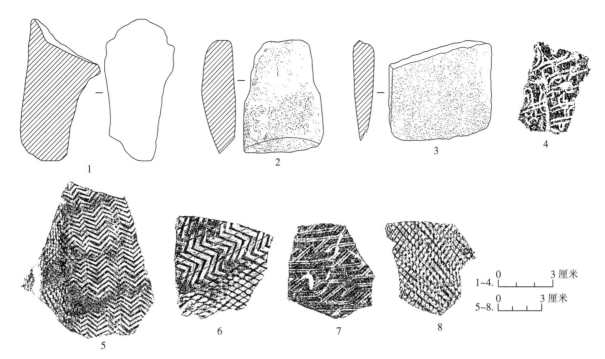

图 4 - 37　ZJLY - 266 采集遗物及陶片纹饰拓片

1. 陶鼎足（ZJLY - 266：26Z Ⅰ）　2. 双肩石锛（ZJLY - 266：8Z Ⅰ）　3. 石斧（ZJLY - 266：1Z Ⅰ）　4. 夔纹（ZJLY - 266：10Z Ⅰ）　5、6. 方格纹 + 曲折纹（ZJLY - 266：11Z Ⅰ、ZJLY - 266：23Z Ⅰ）　7. 勾连云雷纹（ZJLY - 266：9Z Ⅰ）　8. 方格纹（ZJLY - 266：14Z Ⅰ）

六一　ZJLY - 267 山猪岽遗址

1. 遗址概况

山猪岽遗址位于小楼镇正隆村田心社北侧，其北、西、南均为高山环绕，东南邻田心村，东侧为地势低平的农田，约 320 米处有二龙河、省道 S380 经过。当地村民称该区域为山猪岽，故名。

山猪岽位于北侧高山向南延伸的坡地及台地上，面积约 55 000 平方米。坡地最高海拔 50 米，相对高度约 20 米，地势平缓，种植有荔枝、龙眼等果树，局部有竹林。台地地势低平，种植水稻、瓜果蔬菜等，田埂及菜地区域可供调查。

2. 采集遗物

本次调查在台地上采集 1 片泥质灰白硬陶片，饰三角格纹。推断时代为战国至南越国时期。

六二　ZJLY - 268 坑背岭北侧岗遗址

1. 遗址概况

坑背岭北侧岗遗址位于小楼镇二龙村新屋吓东侧、韩村社北侧山岗上。该山东接长条岽，南邻坑背岭。南侧为广河高速公路 S2，北侧、西侧有省道 S380 经过。二龙河环绕山岗西侧、北侧，自西向东汇入增江。

山岗平面呈不规则长条形，面积约 56 000 平方米，海拔约 74 米，相对高度约 44 米，山势稍陡，山顶较平坦。山岗南坡种植荔枝树，果林内杂草不多，利于调查；山岗北坡坡脚现为花卉种植基地；

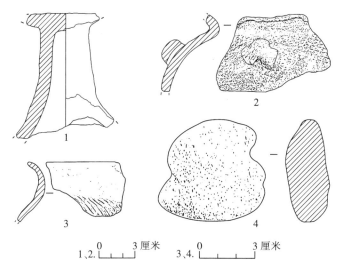

图 4-38　ZJLY-268、269、270 采集遗物
1. 陶豆圈足（ZJLY-268：4Z Ⅰ）　2、3. 陶罐口沿（ZJLY-269：2Z Ⅰ、
ZJLY-270：2T）　4. 石网坠（ZJLY-270：1T）

西坡、南坡坡脚处遍布竹林，无法调查，山腰至山顶遍植橘子树。

2. 采集遗物

采集遗物 10 件，为陶器残片。多分布于北坡及山顶区域，范围约 3300 平方米。

陶质以泥质粗硬陶为主，陶色可见灰黑、灰褐、灰、红褐等，器表部分为素面，纹饰可见网格纹、方格纹、席纹、方格纹加勾连云雷纹等，可辨器形、部位有罐口沿、豆圈足等。推断时代为西周至春秋时期。

陶豆圈足　1 件。

ZJLY-268：4Z Ⅰ，泥质细硬陶，红褐色；平底，下附高圈足，圈足外撇呈喇叭状，足跟残缺；素面。残宽 8、高 10 厘米。（图 4-38，1；彩版一三一，2）

六三　ZJLY-269 备山遗址

1. 遗址概况

备山遗址位于小楼镇二龙村吓围社东北侧山岗上。该山北、东接坡山，西、南侧为地势低平的农田，西望童年山，南望禾塘山。上湖田陂从西南侧坡脚约 70 米处自东南向西北流经，注入二龙河。当地村民称山岗为备山，故名。

山岗平面呈不规则形，面积约 28 000 平方米，海拔约 95 米，相对高度约 60 米，坡度陡峭，山顶较平坦。山岗西、南坡下部遍布竹林，无法踏查；中上部至山顶种植龙眼树，地表杂草不多，局部地表裸露，利于调查。

2. 采集遗物

在山顶及东南坡采集遗物 3 件，为陶器残片，分布范围约 1100 平方米。纹饰有曲折纹、绳纹，可辨器形、部位有罐口沿等，年代属新石器时代晚期至商代。

陶罐口沿　1 件。

ZJLY-269:2ZⅠ，夹细砂硬陶，橙黄色；侈口，卷沿，圆唇，束颈，溜肩；肩部饰绳纹。残宽 4.4、高 2.9 厘米。（图 4-38，3；彩版一一四，8）

六四　ZJLY-270 禾塘山遗址

1. 遗址概况

禾塘山遗址位于二龙村陈村社南侧禾塘山西南坡坡脚及岗前台地上。遗址东邻禾塘山，北与韩村背扶山相邻，南邻岗贝黄，西侧为地势低平的农田，西北密布鱼塘，周边水网纵横，下湖田陂从台地东侧自西南向东北流经，接上湖田陂汇入二龙河。因遗址东邻禾塘山，故以禾塘山遗址定名。

遗址所处区域平面呈不规则形，面积约 332 000 平方米，海拔约 109.3 米，相对高度约 74.3 米。地势低矮平缓，台地周边区域多为水田，台地上种植绿化草皮。

2. 采集遗物

采集遗物 2 件，时代为战国至南越国时期。其中 1 件为饰三角格纹陶罐口沿残片，1 件为石网坠。

陶罐口沿　1 件。

ZJLY-270:2T，泥质粗硬陶，深灰色；侈口，卷沿，唇部残缺，圆弧肩，肩部附桥状横耳；饰三角格纹。残宽 9.3、高 6.2 厘米。（图 4-38，2；彩版一三八，8）

石网坠　1 件。

ZJLY-270:1T，灰色砂岩，石质较粗；扁体亚腰形，横截面为近椭圆形，两侧亚腰处为打制缺口用于系绳。宽 5.8、高 5.4、厚 2.4 厘米。（图 4-38，4）

六五　ZJLY-271 韩村背扶山遗址

1. 遗址概况

韩村背扶山遗址位于小楼镇二龙村韩村社南侧山岗上。该山南邻岗贝黄，东南邻禾塘山，东与面备山、童年山、鸡心岭相望。山岗西侧、东侧均为地势低平的农田，东邻乡道 Y328，距上湖田陂约 100 米，东头山陂从山岗西侧约 40 米处自南向北流经，汇入二龙河。

该山由几座山岗连绵相接构成，总体平面形状近长条形，形体较大，面积约 387 000 平方米。主峰海拔 76 米，相对高度约 41 米，除西坡较陡峭外，余坡皆较平缓。山岗周边坡地分布大片竹林，南半部山岗上遍植松树，地表菊尾草茂盛；山岗北半部大部分区域内种植荔枝、龙眼等果树，局部荒置，地表杂草不多但枯叶遍地，对调查带来一定影响。

2. 采集遗物

在山岗西坡采集遗物 2 件，为陶器残片。陶质为泥质粗硬陶，饰方格纹、方格纹加篦纹加弦纹等，可辨器形、部位有罐口沿，年代推断为西周至春秋时期。

六六　ZJLY-272 童年山遗址

1. 遗址概况

童年山遗址位于小楼镇二龙村潘屋社北侧一处小山岗上。该山北侧为几处较大的鱼塘，东、西、南侧均为地势低平的农田，北邻鸡心岭，东望备山，南望禾塘山，上湖田陂从山岗西南侧约20米处自东南向西北流经，汇入二龙河。当地村民称该山土名童年山，故名童年山遗址。

山岗平面呈不规则三角形，面积约13 000平方米，海拔约45米，相对高度约10米，东坡较为平缓，其他诸坡较为陡峭，山顶较平缓。山上局部种植荔枝等果树，大部分区域为荒置，有竹子、樟树、桉树等，地表杂草丛生。

2. 采集遗物

在山顶高压线塔下采集遗物2件，为陶器残片。陶质均为泥质粗硬陶，饰方格纹、圆圈凸点纹，年代属西周至春秋时期。

六七　ZJLY－273鸡心岭遗址

1. 遗址概况

鸡心岭遗址位于小楼镇二龙村韩村社东侧鸡心岭。该山北邻长条岜，西北与坑背岭相邻，南望韩村背扶山，东南与童年山相邻。山岗西侧、南侧为地势低平的农田，上湖田陂从山岗东侧约70米处流经，自东南向西北注入二龙河。山岗由西北、东南两座小山岗构成，当地村民称西北侧山岗为山汤，东南侧山岗为鸡心岭，因遗物采集于鸡心岭，故以鸡心岭遗址命名。

山岗平面呈不规则形，总面积约68 000平方米。山汤山海拔43.8米，相对高度约24米，坡度平缓，山顶平坦；坡脚生长竹子及杂木，植被稠密，无法踏查，山腰至山顶种植树菠萝、荔枝等果树，地表杂草不多，利于调查。鸡心岭平面近圆形，海拔85米，相对高度约55米，山势较陡峭，山腰以上稍平缓；地表植被茂盛、杂草丛生，不利于调查。

2. 采集遗物

在鸡心岭山顶及东坡采集遗物9件，其中陶器残片8件、石器1件，分布范围约29 000平方米。

（1）陶器。采集陶片8片。均为泥质粗硬陶，陶色多见深灰、灰褐色等，纹饰可见夔纹、方格纹、重回纹、云雷纹、篦点纹等，可辨器形、部位有罐口沿、豆圈足等。据遗物特征推断时代为西周至春秋时期。

陶豆圈足　1件。

ZJLY－273：4T，泥质粗硬陶，深灰色；下腹弧收，圜底，下附高圈足，圈足较高，底部外撇；内壁饰弦纹、篦点纹。残宽13.2、高6.7厘米。（图4－39，1；彩版七八，2；彩版一三一，3）

（2）石器。采集残石器1件，器形不可辨。推断与陶片时代相同。

六八　ZJLY－274坑背岭遗址

1. 遗址概况

坑背岭遗址位于小楼镇二龙村韩村社北部山岗上。该山南望韩村背扶山，东南与山汤相邻，东与长条岜相望，北邻广河高速公路S2，与路对面新屋吓山相望。山岗东侧为一处较大的水塘环绕，西、南侧均为地势低平的农田，北距二龙河约30米，西距上湖田陂约20米。调查时在山岗南坡中下部发现一座清道光年间墓葬，其碑文显示本山土名坑背岭，故名坑背岭遗址。

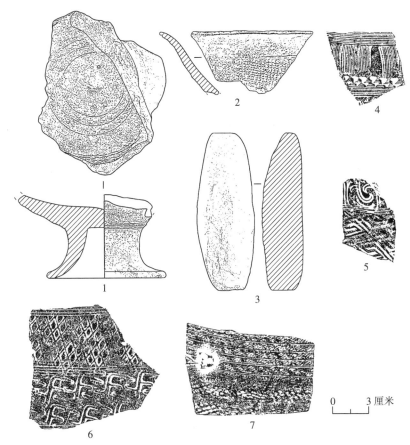

图 4–39　ZJLY–273、274 采集遗物及陶片纹饰拓片
1. 陶豆圈足（ZJLY–273∶4T）　2. 陶瓿口沿（ZJLY–274∶9ZⅠ）　3. 石砍砸器
（ZJLY–274∶6T）　4. 篦划纹＋戳印纹＋弦纹（ZJLY–274∶10YⅡ）　5. 夔纹＋
云雷纹＋弦纹（ZJLY–274∶9T）　6. 夔纹＋菱格凸块纹＋弦纹（ZJLY–274∶8T）
7. 篦点纹＋附加纽＋弦纹（ZJLY–274∶8ZⅠ）

山岗平面近三角形，面积约 23 000 平方米，海拔约 65 米，相对高度 40 米，坡势较陡峭。除西北坡荒置外，其他区域种植荔枝、龙眼等果树，地表杂草、枯叶较少。荒置区内有樟树、桉树、竹子等，地表杂草丛生，无法踏查。

2. 采集遗物

采集遗物 43 件，计有陶器残片 41 件、石器 2 件。（见图 4–39；彩版九七，2）主要分布于东北坡近山顶周边区域，面积约 3400 平方米。

（1）陶器。采集陶片 41 片。据遗物特征可分为新石器时代晚期至商代、西周至春秋、战国至南越国三个时期。

新石器时代晚期至商代：采集 2 片夹粗砂灰黑素面陶。

西周至春秋时期：采集陶片 23 片。陶质多见泥质粗硬陶，少见泥质细硬陶；陶色可见灰褐、灰、深灰、红褐陶等；纹饰见方格纹、夔纹、弦纹、云雷纹、篦点纹等，多为两至三种纹饰组合纹；可辨器形、部位有瓿口沿。（彩版七八，3）

陶瓿口沿　1 件。

ZJLY－274：9Z Ⅰ，泥质粗硬陶，灰褐色；侈口，斜折沿较高，沿面下部略凹，上部略外卷，圆唇，唇下有一周凹槽；外沿中下部饰方格纹。残宽10、高5厘米。（图4－39，2）

战国至南越国时期：采集陶片16片。多为泥质硬陶，陶色有红褐、灰、灰褐、青灰，纹饰皆为方格纹，素面少见，可辨器形、部位有罐口沿、罐底。

（2）石器。2件，器形有砍砸器、残石器。时代为新石器时代晚期至商代。

砍砸器　1件。

ZJLY－274：6T，青灰色角岩，石质细腻，磨制光滑。长条形，下端有砍砸痕。宽4.6、高12.5、厚3.3厘米。（图4－39，3；彩版一二五，5）

六九　ZJLY－275长条岽遗址

1. 遗址概况

长条岽遗址位于小楼镇二龙村韩村社东北部山岗上。该山西邻坑背岭，南与山汤山相邻，东接高山区，南邻鸡心岭、童年山。山岗原与西北侧新屋吓山相接，被广河公路S2从中分开。山岗西南为鱼塘环绕，二龙河从其北侧约200米处自西向东流经。当地村民称山岗名为长条岽，故名。

山岗平面呈长条形，面积约26 000平方米，海拔约75米，相对高度约45米，山势较陡，顶部平坦。山上荒置，地表杂草茂盛，调查只能沿山间一条盘山土路及其两侧杂草较少的区域进行。

2. 采集遗物

在近山顶处的裸露路面采集石镞1件，已残断为两截。时代为新石器时代晚期至商代。

石镞　1件。

ZJLY－275：1Y Ⅱ，青灰色片岩，石质较细腻，磨制较光滑；柳叶形，前锋、后铤残缺，镞体两面中部起脊，两面刃。宽2.3、高7、厚0.6厘米。（图4－40，1）

七〇　ZJLY－276岗贝黄遗址

1. 遗址概况

岗贝黄遗址位于小楼镇二龙村陈村社西南、老屋社西侧的岗前坡地上，坡地西侧、南侧均为高山环绕，东北邻禾塘山，东邻大岽背扶山。西侧有东头山陂流经，东距下湖田陂约70米，四周水网密布。

遗址所处坡地平面近长条形，面积约100 000平方米，地势西高东低，海拔约58米，相对高度约23.8米，坡度平缓。现为水稻田。

2. 采集遗物

在坡地中部采集遗物21件，计有陶器残片20件、石器1件。（见图4－40）分布范围约3500平方米。

（1）陶器。采集陶片20片，可分为新石器时代晚期至商代、战国至南越国两个时期。

新石器时代晚期至商代：采集陶片8片。陶质可见泥质硬陶、夹细砂硬陶等；多为灰陶；纹饰可见绳纹、绳纹加圆圈纹、条纹等，素面少见；可辨器形、部位有罐圈足。

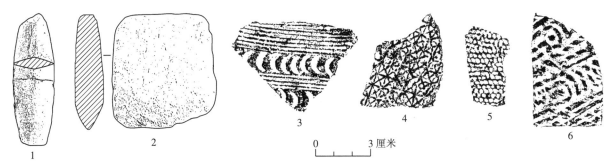

图4-40 ZJLY-275、276采集遗物及陶片纹饰拓片

1. 石镞（ZJLY-275：1YⅡ） 2. 石锛（ZJLY-276：3T） 3. 指甲纹+弦纹（ZJLY-276：15T） 4. 米字纹

（ZJLY-276：4ZⅠ） 5. 方格纹（ZJLY-276：1ZⅠ） 6. 交错绳纹+圆圈纹（ZJLY-276：9T）

南越国时期：采集陶片12片。陶质以泥质粗硬陶为主，陶色可见灰、青灰、灰褐等，纹饰多见方格纹、米字纹，还可见三角格纹、指甲纹、弦纹等，可辨器形、部位有钵口沿等。

（2）石器。采集石锛1件。时代为新石器时代晚期至商代。

石锛 1件。

ZJLY-276：3T，青灰色绿泥石片岩，石质较粗；正面近正方形，扁体状，顶部平直，侧边外斜，单面斜弧刃。宽5.6、高6.1、厚1.5厘米。（图4-40，2）

七一 ZJLY-278 大岽背扶山遗址

1. 遗址概况

大岽背扶山遗址位于小楼镇坑坝社、老屋社东侧山岗的岗前坡地，北与禾塘山相望，东北、东、南侧均与高山相接，东接背扶山，西邻岗贝黄山，西侧村落前为大片地势低平的农田。下湖田陂从其西侧流经。当地村民称东侧山岗为背扶山，地形图标注地名为大岽，以大岽背扶山遗址定名。

遗址所处坡地平面呈长条形，面积约101 000平方米，地势东高西低，海拔86米，相对高度约36米，坡度较为平缓，地形经修整呈台阶状。坡地上有较多竹子，另有荔枝、龙眼、乌榄、柿子等，局部有零星松树、桉树等，果林内杂草较多，枯叶遍地，对调查带来一定影响。

2. 采集遗物

本次调查在坡地南侧采集遗物3件，皆为陶器残片，分布面积约2000平方米。陶质为泥质硬陶，饰方格纹、米字纹、三角格纹。年代属战国至南越国时期。

七二 ZJLY-280 沙岗后龙山遗址

1. 遗址概况

沙岗后龙山遗址位于小楼镇沙岗村东侧山岗的岗前坡地，北邻对门江背扶山，东邻竹岽山，北邻广河高速公路S2，西坡坡脚为沙岗村，西侧约160米处有大汾水陂自南向北流经，注入二龙河，南侧为地势低平的农田。因其东接后龙山，本报告以邻近村庄定名为沙岗后龙山遗址。

遗址所处坡地平面形状近长椭圆形，面积约54 000平方米，地势东高西低，海拔约56.2米，相对

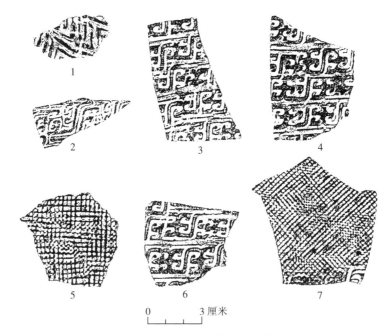

图 4 - 41　ZJLY - 280 采集陶片纹饰拓片

1. 曲折纹（ZJLY - 280：31T）　2~4、6. 夔纹（ZJLY - 280：8ZⅠ、ZJLY - 280：13T、ZJLY - 280：10T、ZJLY - 280：21T）
5. 方格纹（ZJLY - 280：1YⅡ）　7. 方格纹 + 夔纹（ZJLY - 280：9T）

高度约 16.2 米，坡度稍为陡峭。坡地遍植绿化草木，但疏于管理，局部杂草丛生，地表可见度不高。（彩版五七，2）

2. 采集遗物

共采集遗物 45 件，皆为陶器残片。（图 4 - 41；彩版九八，1）主要分布于坡地南侧，范围约 7300 平方米。据遗物特征分析，可分为新石器时代晚期至商代、西周至春秋两个时期。

新石器时代晚期至商代：采集陶片 17 片。陶质多见夹粗砂软陶、夹细砂硬陶，另有泥质软陶、泥质硬陶等；陶色以灰、红褐为主；纹饰可见长方格纹、绳纹、曲折纹、交错绳纹、条纹、圆圈纹、附加堆纹等，部分为素面。

西周至春秋时期：采集陶片 28 片。陶质为泥质硬陶；多为灰陶，还有少量青灰、红褐陶；纹饰多见方格纹、夔纹等；可辨器形、部位有瓮口沿。

七三　ZJLY - 283 山㘵口遗址

1. 遗址概况

山㘵口遗址位于小楼镇二龙村田心社北侧山㘵口山的岗前坡地，坡地北接山㘵口，南坡下为田心村，东南与锣鼓岭相邻，西侧为狭长的谷地，与白面石山相对。南邻省道 S380，二龙河从坡地南侧约 200 米处自西向东流经。当地村民称之为山㘵口，故名山㘵口遗址。

遗址所处坡地为山㘵口南坡，平面近三角形，面积约 101 000 平方米。地势西高东低，海拔约 90 米，相对高度约 55 米，坡度平缓。坡地上种植荔枝、龙眼等果树，林内分布养蜂场，局部有竹子、柿子等，地表杂草不多，但枯叶遍地，对调查带来一定影响。

2. 采集遗物

采集遗物 5 件，皆为陶器残片，分布范围约 1300 平方米。陶质均为泥质硬陶，纹饰可见方格纹、米字纹、锯齿纹加弦纹等。依遗物特征推断时代为战国至南越国时期。

七四　ZJLY - 284 大山岽遗址

1. 遗址概况

大山岽遗址位于小楼镇沙岗村赖田头社北侧、二龙村田心社西侧的岗前台地，其北侧为狭长的谷地，西接大山岽，西、南邻高山白面石，南邻旗山，东南为地势低平的农田，周边水网纵横，东南距二龙河约 440 米。因西接大山岽，故以大山岽遗址定名。

遗址为大山岽向东延伸的岗前台地，平面呈半圆形，面积约 14 000 平方米。地势西高东低，海拔约 66 米，相对高度 21 米，地势平缓，呈台阶状。地表现种植有绿化树木，局部有竹林，地表杂草茂盛。

2. 采集遗物

采集米字纹陶片 1 片，依遗物特征推断时代为战国至南越国时期。

七五　ZJLY - 285 东头窝遗址

1. 遗址概况

东头窝遗址位于小楼镇二龙村新屋吓社北侧、新屋仔社东侧山岗上。该山北侧、东侧均与高山相接，南侧、西侧为地势低平的农田，南邻省道 S380，二龙河从山岗南坡坡脚约 260 米处自西向东流经。当地村民称山岗名为东头窝，故名东头窝遗址。

东头窝山平面近椭圆形，面积约 54 000 平方米，海拔约 80 米，相对高度约 50 米，坡度较为平缓。山岗山脚区域分布大片竹林，无法入内详细踏查。西南坡局部种植乌榄、荔枝、龙眼等，地表杂草不多，但枯叶遍地。山腰至顶部基本处于荒置状态，有竹子、桉树、杂木等，地表杂草、灌木丛生，无法踏查。

2. 采集遗物

共采集遗物 48 件，皆为陶器残片。（图 4 - 42；彩版九八，2）多分布于山岗南坡，范围约 7100 平方米。据遗物特征分析，可分为西周至春秋、战国至南越国两个时期。

西周至春秋时期：数量占绝大多数，采集陶片 44 片。陶质均为泥质硬陶；陶色以灰、青灰、灰褐为主；纹饰多见方格纹、夔纹，另有方格纹与弦纹、方格纹与夔纹组合纹饰，素面少见，部分器表可见刻划符号；可辨器形、部位多为罐口沿，另有豆圈足等。

陶罐口沿　4 件。

ZJLY - 285：17①ZⅠ，泥质细硬陶，灰褐色；侈口，斜折沿，沿面略凹弧，斜方唇，斜弧肩较广；肩部饰方格纹、弦纹。残宽 16、高 7 厘米。（图 4 - 42，2；彩版一二七，1）

ZJLY - 285：17②ZⅠ，泥质细硬陶，灰色；侈口，卷沿，沿面残缺，溜肩，弧腹；肩、腹饰方格纹加弦纹。残宽 11.5、高 10.2 厘米。（图 4 - 42，4；彩版一二七，2）

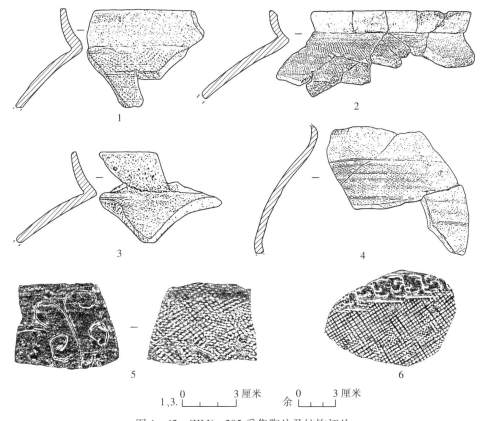

图4-42 ZJLY-285采集陶片及纹饰拓片

1~4. 陶罐口沿（ZJLY-285:17③ZⅠ、ZJLY-285:17①ZⅠ、ZJLY-285:18ZⅠ、ZJLY-285:17②ZⅠ）
5. 方格纹（外）+刻划符号（内）（ZJLY-285:5YⅡ）   6. 方格纹+夔纹（ZJLY-285:9YⅡ）

ZJLY-285:17③ZⅠ，泥质细硬陶，红褐色；侈口，斜折沿，沿面略凹弧，平方唇，斜弧肩；肩部饰方格纹、凹弦纹。残宽6.4、高5.2厘米。（图4-42，1）

ZJLY-285:18ZⅠ，泥质细硬陶，灰褐色；侈口，斜折沿，沿面凹弧，方圆唇，斜弧肩；肩部饰方格纹、弦纹。残宽6.8、高4.8厘米。（图4-42，3；彩版一二七，3）

战国至南越国时期：采集4片陶片，皆为泥质硬陶，饰方格纹、米字纹。

七六 ZJLY-286旗山遗址

1. 遗址概况

旗山遗址位于小楼镇沙岗村沙岗小学北侧、赖田头社北侧的山前坡地。该山西接旗山，西北邻大山岜，东北与田心村相望，东侧、北侧均为地势低平的农田，东与省道S380相邻，东南约200米处有二龙河自西南向东北流经。

遗物采集区位于旗山向东北侧延伸的平缓坡地，坡地面积约39 000平方米。地势西高东低，最高点海拔约50米，相对高度15米，坡度平缓。坡地遍植荔枝、龙眼等果树，局部有竹子、松树、桉树，地表杂草不多，但枯叶遍地，对调查带来一定影响。

2. 采集遗物

坡地北侧一户村民房屋后采集陶器残片2件，饰三角格纹。推断时代为战国至南越国时期。

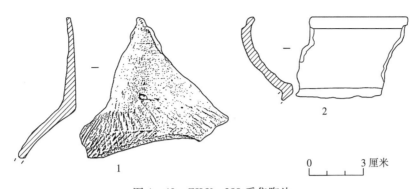

图 4 – 43　ZJLY – 289 采集陶片
1、2. 陶罐口沿（ZJLY – 289：15T、ZJLY – 289：17T）

七七　ZJLY – 289 围岭后龙山遗址

1. 遗址概况

围岭后龙山遗址位于小楼镇沙岗村乌石田社西南侧一座小山岗上。该山西邻高排山，南邻火顶头，东北与一座荒山相接，东南侧为地势低平的农田，广河高速公路 S2 从山岗北侧经过，北距二龙河约270 米。山岗东南坡坡脚处原为围岭村，现已搬迁。

山岗平面呈不规则形，面积约 50 000 平方米，海拔约 84 米，相对高度约 34 米。西坡、北坡较为陡峭，东坡中部向山岗内部凹收，形成凹谷，东南坡较为平缓。西坡、北坡处于荒置状态，山上有大片竹林，另有樟树、桉树、荔枝等，地表杂草茂盛，基本上无法踏查。东坡种植橘子树幼苗，山岗经过修整，大部分地表裸露，利于调查。

2. 采集遗物

采集遗物 27 件，皆为陶器残片，集中分布于东坡近山顶处，面积约 1000 平方米。陶质多见泥质硬陶、夹细砂硬陶，还有部分夹粗砂软陶、泥质软陶等；陶色以灰、青灰为主；纹饰较为丰富，可见长方格纹、篮纹、绳纹、曲折纹、叶脉纹、附加堆纹等，少见素面；可辨器形、部位有罐口沿。据遗物特征推断时代为新石器时代晚期至商代。（图 4 – 43）

陶罐口沿　2 件。

ZJLY – 289：15T，夹细砂硬陶，青灰色；敞口，平方唇，高束颈，溜肩；肩部饰篮纹。残宽 8、高7.4 厘米。（图 4 – 43，1；彩版一一五，1）

ZJLY – 289：17T，夹细砂硬陶，红褐色；近盘形口，沿面凹弧，上沿略内敛，圆唇，唇下有凹槽一周；素面。残宽 6.2、高 4.3 厘米。（图 4 – 43，2）

七八　ZJLY – 292 黄村山背山遗址

1. 遗址概况

黄村山背山遗址位于小楼镇黄村村长布社东南侧高山的山前坡地，其南侧、东侧接高山区，西邻坚当山，北为地势低平的农田，北坡有广河高速公路 S2、省道 S380 经过，与路对面鱼岭山相望。山背村依山北坡坡脚而建，村前二龙河自西向东流经。当地村民称坡地为山背山，故名黄村山背山

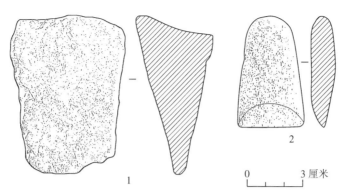

图 4 - 44　ZJLY - 293、294 采集石器
1. 石器（ZJLY - 293：1T）　2. 石锛（ZJLY - 294：1T）

遗址。

遗址位于山背山北坡近村庄较平缓的坡地，该坡地呈长条状，面积约 138 000 平方米。地势南高北低，东高西低，最高海拔约 74.5 米，相对高度约 24.5 米。坡上种植荔枝等果树，局部有竹林、农作物，地表杂草不多，但枯叶遍地；另西半部地表碎石裸露，土壤较为贫瘠。

2. 采集遗物

在坡地上一处村民新建房屋周边采集遗物 3 件，皆为陶器残片，分布范围约 400 平方米。据遗物特征分析可分为新石器时代晚期至商代、战国至南越国两个时期。

新石器时代晚期至商代：采集陶片 2 片，饰绳纹。

战国至南越国时期：采集陶片 1 片，饰三角格纹。

七九　ZJLY - 293 江挡山遗址

1. 遗址概况

江挡山遗址位于小楼镇黄村村湴塱社南侧、乌石尾社东北侧山岗上。该山东邻山背山，南接澄鸡山高山区，北侧村前为地势低平的农田，与省道 S380、广河高速公路 S2 相邻。总面积约 25 000 平方米，海拔约 71.7 米，相对高度约 41.7 米。当地村民称该山土名江挡山，故名。

遗址位于南侧高山区北坡村庄周边平缓的坡地，坡地大部分区域均荒置，生长竹子、松树、灌木等，杂草丛生，无法调查。仅局部区域种植荔枝、乌榄等果树，地表杂草较多，枯叶遍地。

2. 采集遗物

在山岗中下部采集石器 1 件，器形不明。时代为新石器时代晚期至商代。

石器　1 件。

ZJLY - 293：1T，灰色石英砂岩，石质较粗；正面近梯形，上宽下窄，顶部平直，两侧边向下斜直略内收，横截面近三角形。宽 6.4、高 8.4、厚 4.3 厘米。（图 4 - 44，1）

八〇　ZJLY - 294 长布水库台地遗址

1. 遗址概况

长布水库台地遗址位于小楼镇黄村村长布社西北侧、长布水库南侧的岗前台地，该台地西、北均接连绵的山岗，东侧为面积较大的梯田，北距长布水库约 70 米。因紧邻长布水库，故定名为长布水库台地遗址。

遗址所处台地平面略呈三角形，面积约 38 000 平方米，海拔高度约 95.1 米，相对高度约 30.1 米，地势较平缓。台地上遍植橘子树，林内杂草较少，有两条盘山路贯穿其中，土地地表裸露，利于调查。

2. 采集遗物

采集遗物 6 件，其中陶器残片 5 件、石器 1 件。（见图 4-44）集中分布于台地中北部，面积约 350 平方米。

（1）陶器。采集陶片 5 片。陶质较硬，纹饰可见绳纹、曲折纹、篮纹。推断时代为新石器时代晚期至商代。

（2）石器。采集石锛 1 件。与陶片时代相同。

石锛　1 件。

ZJLY-294:1T，青灰色片岩，石质稍粗；正面近梯形，上窄下宽，顶部圆弧，两侧边斜直外张，单面直刃。宽 3.6、高 5.9、厚 1.4 厘米。（图 4-44，2；彩版一二二，4）

八一　ZJLY-296 黄泥岗遗址

1. 遗址概况

黄泥岗遗址位于小楼镇黄村村长布社北侧山岗上。该山北邻古坑背扶山，东南与鱼岭山相接，东侧、西南侧均为地势低平的农田。一条溪流从山岗东侧坡脚自西北向东南流经，汇入二龙河。当地村民称该山土名黄泥岗，故名黄泥岗遗址。

山岗平面形状近椭圆形，面积约 35 000 平方米，海拔约 75.1 米，相对高度约 20.1 米，诸坡相对较陡峭。山岗西半部基本上处于荒置状态，山上竹林、杂木较多，另有少许樟树、松树、桉树等，地表杂草灌木丛生，无法调查。山岗东半部种植橘子树苗，局部有竹林、农作物，地表杂草不多，利于调查。

2. 采集遗物

共采集遗物 6 件，其中陶器残片 5 件、石器 1 件，多见于山岗东坡，分布范围约 5000 平方米。

（1）陶器。采集陶片 5 片。据遗物特征分析，可分为新石器时代晚期至商代、战国至南越国、唐宋三个时期。

新石器时代晚期至商代：采集陶片 3 片，夹砂素面软陶。

战国至南越国时期：采集 1 片三角格纹陶片。

唐宋时期：采集 1 片陶钵口沿残片。

（2）石器。采集砺石 1 件。时代为新石器时代晚期至商代。

砺石　1 件。

ZJLY-296:2T，灰褐色绢云母片岩，石质较细腻；正面呈不规则长条形，横截面近三角形，上下侧面为磨砺面，上侧面有磨制纵向小沟槽，下侧面为凹弧面。宽 12.6、高 13、厚 4.3 厘米。（图 4-45，1）

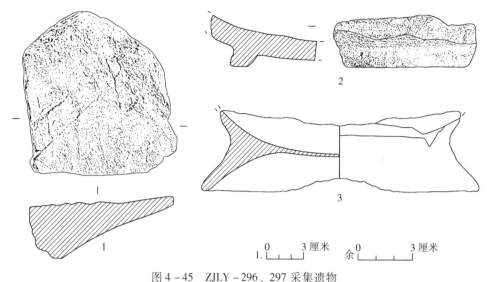

图4－45　ZJLY－296、297采集遗物

1. 砺石（ZJLY　296·2T）　　2、3. 陶罐圈足（ZJLY－297：3ZⅠ、ZJLY－297：10ZⅠ）

八二　ZJLY－297鱼岭山遗址

1. 遗址概况

鱼岭山遗址位于小楼镇黄村村长布社东侧、上黄村西侧山岗上。该山西北与黄泥岗相接，东与梅㟲三相望，北望马古坑村，东侧、南侧均为地势低平的农田，南邻省道S380，一条溪流自西北向东南从山岗东侧流经，汇入二龙河。调查时在该山岗南坡发现一座现代墓，墓碑显示本山土名鱼岭山，故名鱼岭山遗址。

该山由三座山岗连绵相接构成，平面呈不规则形，总面积约114 000平方米，海拔约87米，相对高度约37米，山坡较陡峭。其西北侧山岗除东南坡种植橘子树可以调查外，其他区域皆为荒山，长有竹林、桉树等，地表杂草、灌木丛生，基本上无法踏查。东侧山岗南半部遍植荔枝、龙眼等果树，局部有竹子、乌榄、柿子等，地表杂草不多，可供调查；北半部为荒山，山上有竹林、杂木、樟树、桉树、松树，地表杂草灌木丛生，基本无法入内踏查。东南侧小山岗除西坡局部荒置外，大部分区域种植橘子树，局部有桉树、松树，果林内杂草不多，利于调查。

2. 采集遗物

采集遗物16件，皆为陶器残片，多分布于东南侧小山岗，面积约6500平方米。据遗物特征分析可分为新石器时代晚期至商代、战国至南越国两个时期。

新石器时代晚期至商代：采集陶片14片。陶质见泥质细硬陶、夹粗砂软陶、夹细砂硬陶等；陶色以灰、灰黑、红褐为主；纹饰可见曲折纹、篮纹、附加堆纹，素面较少；可辨器形、部位有罐圈足等。

陶罐圈足　2件。

ZJLY－297：3ZⅠ，夹细砂硬陶，橙黄色；底凹，下附矮圈足，圈足略外撇，足跟平直；外底饰长方格纹。残宽7.7、高2.8厘米。（图4－45，2；彩版一一八，3）

ZJLY－297：10ZⅠ，夹粗砂软陶，灰黑色；圜底，下附圈足，圈足外撇较高，足跟圆弧；素面。

底径 15.1、残高 4.2 厘米。(图 4 - 45，3；彩版一一八，4)

战国至南越国时期：采集泥质粗硬陶 2 片，饰米字纹、方格纹。

八三 ZJLY - 302 古坑背扶山遗址

1. 遗址概况

古坑背扶山遗址位于小楼镇黄村村长布社北侧、马古坑社西北侧山岗南坡。该山西邻长埔岭，南邻黄泥塘，东侧有狭长的谷地，与峡谷对面陡峭的高山相对。一条溪流从谷地中部自西北向东南流经，注入二龙河。当地村民称该山为背扶山，因邻近古坑村，故定名为古坑背扶山遗址。

山岗平面呈长条形，面积约 117 000 平方米，海拔约 92 米，相对高度约 33.1 米，北部较陡峭，南坡较缓。山岗南部种植荔枝和农作物，局部有竹林，地表杂草不多，枯叶遍地。山岗中部遍植橘子树，局部有松树，地表杂草较多。其余区域荒置，山上有较多松树、桉树、杂木等，地表杂草较多，可视度不高。

2. 采集遗物

在山岗南坡采集陶器残片和石器各 1 件。

（1）陶器。采集泥质深灰硬陶片 1 片，饰条纹。时代为唐宋时期。

（2）石器。采集石斧 1 件。时代为新石器时代晚期至商代。

石斧 1 件。

ZJLY - 302：1T，青灰色绿泥石片岩；正面近正方形，顶部略平，两侧边较直，双面斜弧刃。宽 5.8、高 6.3、厚 1.7 厘米。（图 4 - 46）

八四 ZJLY - 969 交湖墩遗址（复查）

1. 遗址概况

交湖墩遗址位于小楼镇西园村西南部，西邻交湖社，东北与西园学校相望，北侧有东西向溪流流经，周边皆为低矮的农田。2008 年，因增从高速公路调查勘探时发现，公路从山岗北坡穿过，山岗仅存西南一部分。

交湖墩为增江西岸一独立小山丘，平面近椭圆形，形体较小，总面积约 9000 平方米，海拔约 54.1 米，相对高度约 39.1 米。其地势较平缓，修筑为梯田，种植有荔枝等果树，地表覆盖杂草、枯叶。

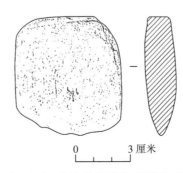

0   3 厘米

图 4 - 46 ZJLY - 302 采集石斧（ZJLY - 302：1T）

2. 地层堆积

经勘探，未见文化层，地层可分为3层：

①层：为地表耕土层，灰沙土，含有大量的青灰、褐灰色土颗粒及小石子，结构疏松，质较硬，厚15～36厘米。

②层：为较纯的灰沙土夹少量的黄沙土，质较硬，厚5～13厘米。

③层：为黄色沙土，夹少量的灰沙土，含大量的砂石颗粒，结构紧密，厚10～20厘米。

其下为黄沙生土层。

3. 采集遗物

地表采集有汉代、明清时期陶瓷片。

第五章　正果镇

　　正果镇位于增城东北部，南距荔城中心14千米，东北连龙门、博罗两县，西接派潭、小楼两镇，南邻增江街，面积239.41平方千米。正果一名起源于当地的证果寺。寺建于宋代，传说有牧童余宾于皇祐年间削发为僧，后坐化于瑞山石上，"得成证果"，后人就地建证果寺（简称为正果寺）。

　　正果镇属山地丘陵区，平原占30%左右，南、北地势高，中部增江干流两岸地势较低。（图5-1）增江于东北部流入境内，由东北向西南曲折流经镇内10个行政村和正果圩。除增江外，境内主要河流还有西部的派潭河下游和中部的和平水。和平水（又称银场水、九曲水和到蔚水），为增江支流，发源于正果银场马鼻岭，自东向西合冷水坑水汇入增江，河道两岸多平原、缓丘。古代交通主要靠水运，正果曾是增城、龙门两地货物转运站。

　　正果镇共计调查网格225个，发现各时期遗址117个，其中新发现92个、复查遗址25个。（图5-2；彩版二四）

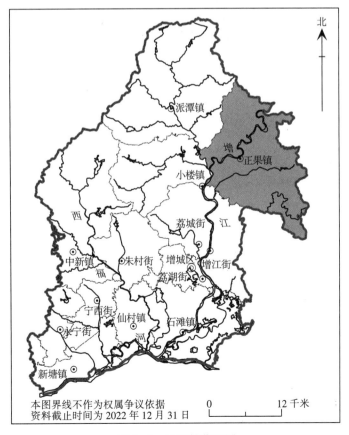

图5-1　正果镇位置图

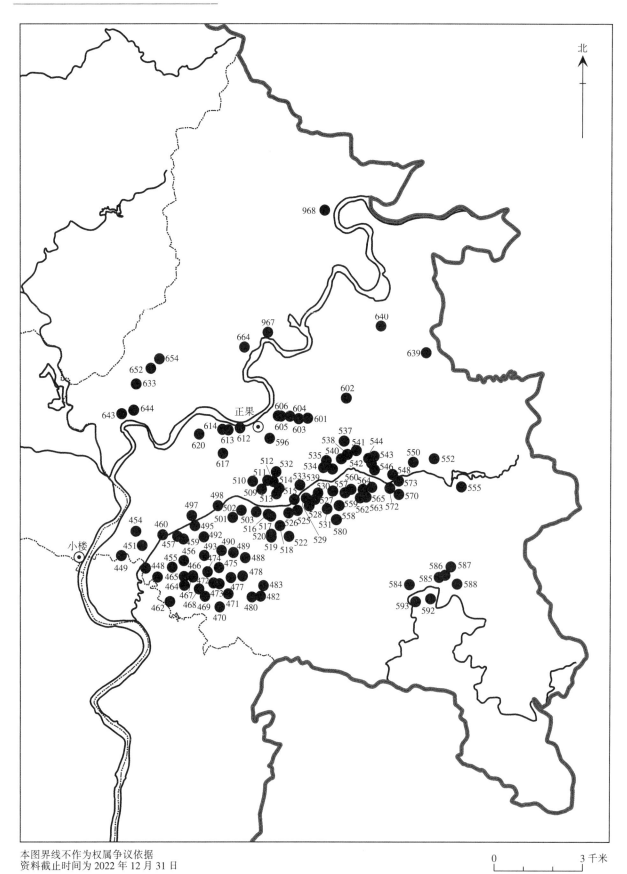

图 5 - 2　正果镇遗址分布示意图

447. 沙梨园遗址（复查） 448. 面岭山遗址（复查） 449. 鲢鱼头遗址 451. 菠萝山遗址（复查） 454. 下岽山遗址 455. 黄份田山遗址（复查） 456. 火烧排遗址（复查） 457. 石塘后龙山遗址 459. 背扶山遗址（复查） 460. 新围遗址（复查） 462. 老鼠岽遗址（复查） 464. 车岭背遗址 465. 谢屋亭西北岗遗址（复查） 466. 谢屋亭东南岗遗址（复查） 467. 坳子头遗址（复查） 468. 山洞山遗址（复查） 469. 牛都山岗遗址 470. 石子布遗址（复查） 471. 何屋岽遗址 472. 老珠岽遗址（复查） 473. 新珠岽遗址（复查） 474. 虾尾遗址 475. 黄布村西遗址 477. 黄布村东南遗址 478. 怡祥山遗址 480. 屋场岗遗址（复查） 482. 沟壁窝山遗址（复查） 483. 汤拔山遗址（复查） 488. 担水窝遗址 489. 上迳山遗址 490. 低迳山遗址（复查） 492. 杉排山遗址 493. 霞公塘遗址 495. 叶屋山遗址（复查） 497. 园山遗址 498. 鹅泥坳遗址 501. 社吓山遗址 502. 鸭公山遗址（复查） 503. 老鼠岭遗址 509. 斜背遗址（复查） 510. 社山遗址 511. 马头岭西遗址（复查） 512. 高岭山遗址 513. 岽尾遗址 514. 岽尾左遗址 515. 黄洞山遗址 516. 木易岭遗址 517. 银船浪遗址 518. 耙船浪尾遗址 519. 新塘岽遗址 520. 火烧山遗址 522. 黄排遗址 525. 猪岭遗址 526. 老窑背扶山遗址 527. 岭见遗址 528. 韩山吓遗址 529. 金鱼山遗址 530. 上坑山遗址 531. 观山遗址 532. 窑洞遗址 533. 窑洞山遗址 534. 矮岭背底山遗址 535. 山仔遗址 537. 杬岽遗址 538. 太安山遗址 539. 独岗遗址 540. 塘面圆山遗址 541. 平顶山遗址 542. 江坳后背山遗址 543. 杨梅岽遗址 544. 长岗嘴遗址 546. 元洞遗址 548. 茅岽墩后背山遗址 550. 担水井火坪顶遗址 552. 杨子梅遗址 555. 高排背后山遗址 557. 落叶山遗址 558. 苍吓遗址 559. 围懂山遗址 560. 燕岗顶遗址 562. 汤屋岽底遗址 563. 榄树林遗址 564. 高地山遗址 565. 廖塱岽遗址 570. 古洞遗址 572. 老张田遗址 573. 油岽门前田遗址 580. 潭源岭遗址 584. 大山遗址 585. 天皇岽山前一号遗址 586. 天皇岽山前二号遗址 587. 天皇岽遗址 588. 天王山遗址 592. 山吓后背山遗址 593. 塘坑遗址 596. 邓屋塱遗址 601. 新高浪后山遗址 602. 磨刀山遗址 603. 竹林后山遗址 604. 庙头后山遗址 605. 白面石山遗址 606. 莲塘遗址 612. 塘面山遗址 613. 莲藕山遗址 614. 圭湖山遗址 617. 狮山遗址 620. 圭湖西遗址 633. 猪腰凹遗址 639. 大坝山遗址 640. 大份田山遗址 643. 凤岗尾山遗址 644. 赤眼塘大岭遗址 652. 屈头山遗址 654. 虎陂西南山遗址 664. 牛尾岭遗址 967. 河口后龙山遗址（复查） 968. 猪头山遗址（复查）

一 ZJLY-447 沙梨园遗址（复查）

1. 遗址概况

沙梨园遗址位于正果镇麦村村新麦社南侧山岗上，其北、西、南均为地势低平的农田，增江于山岗西北约150米处自东北向西南流过，南望上楼，东与下岙山隔从莞深高速公路S29相望，麦村依山岗东北坡脚而建。山岗西南坡唐代墓葬显示山岗名为沙梨山，故名。遗址于2011年发现。

山岗总体平面呈不规则曲尺形，由大小不等的四座小山岗构成，分别为麦村西侧的后龙山，后龙山南侧的岙岇（该山西坡清光绪六年〔1880年〕墓碑碑文显示本山名岙岇），岙岇南侧的沙梨山以及沙梨山东侧赤□岭（该山南坡坡脚墓葬碑文显示本山名赤□岭），总面积约262 000平方米。麦村后龙山平面呈不规则形，山岗形体较小，海拔约42.5米，除西坡较陡外，其余诸坡较平缓。山上遍植果树，以荔枝为主，间有少许龙眼、橄榄，局部有竹林，果林内大部分区域枯叶遍地。岙岇平面近圆形，形体较小，海拔约35米，诸坡平缓，山岗西坡山坟林立，除山坟所在区域地表较干净外，其他区域杂草灌木丛生，并种植有荔枝等。沙梨山平面近椭圆形，山岗形体不大，海拔约32米，诸坡平缓。山顶及山坡中上部种植桉树无法调查，其他区域主要种植荔枝，间有橄榄、橘子等，局部有较多竹林，山岗上大部分区域内杂草丛生，枯叶遍地。赤□岭平面呈椭圆形，山岗形体不大，海拔约29米，诸坡较平缓。山岗北部遍地竹林，无法踏查，南部遍植荔枝，局部种植橘树，另有竹林、桉树等，大部分区域内杂草丛生，枯叶遍地。

2. 遗迹现象

2011年调查时在沙梨山西南坡发现唐宋时期墓葬。

3. 采集遗物

两次调查均未发现文化遗物。

二 ZJLY-448 面岭山遗址（复查）

1. 遗址概况

面岭山遗址位于正果镇棉湖、岭背村的北部，东邻棉湖村，南邻浮扶岭遗址，岗尾社坐落山岗西坡脚，北近远尾岭，东侧有大片鱼塘，周边皆为低矮的农田。2007年底至2008年初，对增从高速公路进行调查勘探时发现。

调查网格由三座小山岗构成，总面积约64 000平方米。黄塘岗位于东部，由东西两座小山丘构成，海拔约27.7米，相对高度约12.7米，地势平缓。山坡修筑为梯田，种植大量荔枝、龙眼等，地表杂草丛生。西部为一独立小山岗，平面呈椭圆形，地势平缓，种植荔枝等，大部分区域杂草丛生。

2. 地层堆积

2008年，勘探发现文化层堆积，具体可分为2层：

①层：为地表耕土层，土质松散，含沙量较高，呈灰黄色，局部包含物有少量的草根和现代的杂物，厚约20~40厘米。

②层：红黄色沙泥土，土质较硬稍密，内含有少量的砂石颗粒，局部包含有碎砖瓦块、陶片等，

略带有黏性，厚约 60 ~ 100 厘米。

②层下为风化花岗岩石土，土质较硬且纯，结构紧密，为生土。

3. 采集遗物

2008 年调查勘探在地表采集遗物见墓砖、陶瓷片等。据遗物特征分析，可分为汉代、唐宋、明清三个时期。

汉代：采集遗物见墓砖。

唐宋时期：采集遗物见陶瓷片，陶片可辨器形有陶罐。

明清时期：采集遗物有碎砖瓦块，陶瓷片等。

本次复查未采集到遗物。

三　ZJLY - 449 鲢鱼头遗址

1. 遗址概况

鲢鱼头遗址位于正果镇棉湖村西部山岗上，北与菠萝山隔棉湖路相望，西北邻缸瓦岭，西邻从莞深高速公路 S29，南侧为地势低平稻田，可望浮扶岭遗址，东为棉湖村及村前水塘。山岗西北侧有溪流流经，东南距银场水约 320 米。当地村民称此山为鲢鱼头，故名。

鲢鱼头山岗平面近椭圆形，形体较大，总面积约 44 000 平方米。主峰位于山岗东北部，海拔约 26.7 米，相对高度约 16.7 米，整体地势东北高西南低。山岗东坡被开挖平整后开发建设工厂，北坡东部较陡峭，其余各坡较平缓。山岗上种植较多果树，以荔枝为主，间有少许龙眼、橄榄、柿子等，局部有桉树、竹林，山岗中部以上处于荒置状态，杂草丛生，难于调查。

2. 采集遗物

采集遗物 22 件，皆为陶器残片，主要集中于山岗南坡，分布范围约 18 000 平方米。据遗物特征分析可分为西周至春秋、战国至南越国两个时期。（图 5 - 3；彩版七八，8）

西周至春秋时期：采集陶片 19 片。除 1 片为泥质细软陶外，其余皆为泥质粗硬陶；陶色以灰褐色为主，有少量红褐、灰白、灰、深灰色；纹饰以方格纹、夔纹为主，另有少量弦纹、圆圈纹；可辨器形、部位有陶罐口沿等。

战国至南越国时期：采集陶片 3 片。泥质粗硬陶，灰褐色，饰方格纹、弦纹，可辨器形、部位有陶罐口沿。

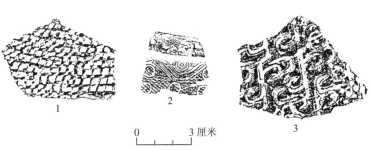

0 ____ 3 厘米

图 5 - 3　ZJLY - 449 采集陶片纹饰拓片

1. 方格纹（ZJLY - 449：2 Y Ⅱ）　　2. 复线曲波纹 + 弦纹 + 方格纹 + 圆圈戳印纹（ZJLY - 449：11 Y Ⅱ）

3. 夔纹（ZJLY - 449：19 Y Ⅱ）

四　ZJLY-451 菠萝山遗址（复查）

1. 遗址概况

菠萝山遗址位于正果镇麦村村新麦村社东部。其北侧为地势低平的农田，与下冚山相望，西侧为农田、水塘，与棉湖路及从莞深高速公路 S29 相邻，西南与缸瓦岭相邻，南望鲢鱼头，东南坡下有一条溪流自东北流向西南，与溪流对面盘申山相望，东侧为农田，与佰亚岭相望，东北可望见新围遗址。2011 年调查时发现该遗址，当时定名为菠萝山遗址。

菠萝山平面呈圆形，形体不大，总面积约 160 000 平方米，海拔约 73 米，相对高度约 58 米，诸坡平缓。山上遍地荔枝、橘子等果木，局部有竹林，除山顶有较多的枯草外，其他区域内杂草很少，局部区域枯叶遍地，利于调查。

2. 采集遗物

2011 年调查时在菠萝山东南坡采集到方格纹陶片，推断时代为战国至南越国时期。本次复查未采集到遗物。

五　ZJLY-454 下冚山遗址

1. 遗址概况

下冚山遗址位于正果镇麦村村新麦村东北山岗上，西邻增江，从莞深高速公路 S29 从山岗西侧由西北向东南穿过，新麦村依山南坡而建，与村前棉湖园岭及菠萝山相邻，东与新围遗址相邻，东北有白湖山塘，北接上冚山。地形图显示该山名下冚山，故名。

下冚山平面呈不规则三角形，山岗形体较大，总面积近 540 000 平方米。主峰居东部，海拔约 103.1 米，相对高度约 88.1 米，整体地势东北高西南低，坡度较陡。整个山岗高大树木几乎不见，处于荒置状态，长有竹子、桉树及其他杂木，间有荔枝、龙眼、柿子等果树。

2. 采集遗物

本次调查在山岗主峰顶部西侧采集新石器时代晚期至商代石镞 1 件。

石镞　1 件。

ZJLY-454：1YⅡ，青灰色角岩；柳叶形，前锋、后铤残断，前部两面中部起脊，两面刃，横截面呈菱形，后部横截面呈六边形。宽 1.3、高 5、厚 0.6 厘米。（图 5-4）

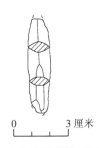

0 ———— 3 厘米

图 5-4　ZJLY-454 采集石镞（ZJLY-454：1YⅡ）

六　ZJLY-455 黄份田山遗址（复查）

1. 遗址概况

黄份田山遗址位于正果镇中西村黄份田村北侧后山岗上，东与火烧排相连，新田村、黄份田村依山西、南坡脚而建，村前为地势低平农田，东邻省道 S119。距上社陂约 180 米。遗址于 2011 年发现，当时定名为黄份田山遗址。

黄份田山平面呈不规则椭圆形，山岗形体较大，总面积约 55 000 平方米。主峰位于山岗中西部，海拔约 40.8 米，相对高度约 15.8 米，坡度平缓。山岗北坡处于荒置状态，种植有较多竹子、桉树、杂木等，地表杂草丛生，无法踏查；山岗西坡、南坡坡下有较多竹林，坡上及山顶遍植荔枝，果林内杂草不多，枯叶遍地；山岗东坡中下部现代山坟林立，树木很少，周边区域地表无杂草，利于调查。（彩版六一，1）

2. 采集遗物

2011 年调查时在山岗东北坡现代山坟间采集遗物 19 件，计有陶器残片 16 件、石器 3 件。

（1）陶器。采集陶片 16 片。据遗物特征分析可分为新石器时代晚期至商代、西周至春秋两个时期。

新石器时代晚期至商代：采集 1 片泥质灰陶，饰间断条纹。

西周至春秋时期：采集陶片 15 片。泥质粗硬陶、泥质细硬陶各半，陶色有深灰、灰褐、灰色，纹饰见方格纹、夔纹，可辨器形、部位有陶瓮口沿。

陶瓮口沿　1 件。

ZJLY-455∶019，泥质粗硬陶，灰褐色；敞口，方唇外卷，宽折沿微外凸，沿外饰方格纹。残宽 19.1、高 7.3 厘米。（图 5-5，2；彩版一三四，3、4）

（2）石器。3 件，器形有斧、锛、砺石。时代为新石器时代晚期至商代。

石斧　1 件。

ZJLY-455∶017，灰色片岩；平面呈梯形，顶部为斜断面，两侧边向下外张，斧体下端磨制，为双面弧刃，器表较粗糙。宽 5.5、高 6、厚 1.7 厘米。（图 5-5，7；彩版一二四，2）

石锛　1 件。

ZJLY-455∶018，青灰色角岩；平面近长方形，顶部较平，刃部残缺，表面风化较严重。宽 6.2、高 6.9、厚 3.5 厘米。（图 5-5，9）

复查采集遗物 43 件，见石器 2 件、陶器残片 41 件。（彩版一○三，1）主要分布在主峰峰顶、西坡、南坡，遗物分布范围约 17 000 平方米。

（1）陶器。采集陶片 41 片。据遗物特征初步分析可分为新石器时代晚期至商代、西周至春秋、战国至南越国三个时期。

新石器时代晚期至商代：采集陶片 2 片，均饰曲折纹。泥质粗软陶、泥质细硬陶各 1 片，灰陶。

西周至春秋时期：采集陶片 33 片。多为泥质粗硬陶，泥质细硬陶次之，有少量泥质粗软陶；陶色以灰色为主，灰褐色次之，有少量红褐、青灰、深灰色等；纹饰多为方格纹，次为夔纹，有少量勾连云雷纹、弦纹；可辨器形、部位有瓮口沿、罐底、器耳、瓶等。

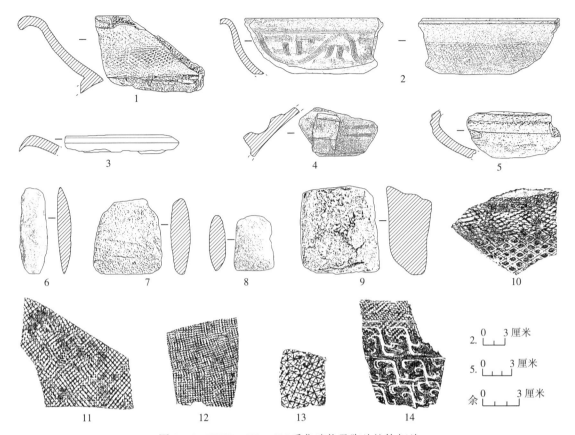

图 5 - 5　ZJLY - 455、456 采集遗物及陶片纹饰拓片

1 ~ 3. 陶瓮口沿（ZJLY - 455：1T、ZJLY - 455：019、ZJLY - 455：9Z Ⅰ）　4. 陶器耳（ZJLY - 455：22T）　5. 陶瓿（ZJLY - 455：32T）　6. 石凿（ZJLY - 455：29T）　7. 石斧（ZJLY - 455：017）　8、9. 石锛（ZJLY - 455：17T、ZJLY - 455：018）　10. 菱格凸块纹 + 网格纹（ZJLY - 456：1Z Ⅰ）　11、12. 方格纹（ZJLY - 455：6T、ZJLY - 455：18T）　13. 方格纹 + 夔纹 + 弦纹（ZJLY - 455：31T）　14. 米字纹（ZJLY - 455：1Z Ⅰ）

陶瓮口沿　2 件。

ZJLY - 455：1T，泥质粗硬陶，灰褐色；敞口，宽斜折沿呈高领，沿外缘外翻卷，圆唇，斜直肩；外沿及肩部饰方格纹。残宽 9、高 6.1 厘米。（图 5 - 5，1；彩版一三四，2）

ZJLY - 455：9Z Ⅰ，泥质粗硬陶，灰色；侈口斜沿，沿外缘翻卷，尖唇；外沿饰方格纹。残宽 9.4、高 1.5 厘米。（图 5 - 5，3）

陶器耳　1 件。

ZJLY - 455：22T，泥质粗硬陶，灰色；斜弧肩，肩部有一直耳残缺；肩部饰方格纹、弦纹。残宽 6.4、高 3.9 厘米。（图 5 - 5，4；彩版一三五，5）

陶瓿　1 件。

ZJLY - 455：32T，泥质粗硬陶，灰黄色；斜直肩，直腹，下腹弧收；腹部有两周凹槽，肩部饰带状刻划纹。残宽 9.5、高 4.6 厘米。（图 5 - 5，5）

战国至南越国时期：采集陶片 6 片。泥质粗硬陶，陶色以灰黑色为主，有少量红褐、灰褐、灰色，纹饰有方格纹、米字纹、弦纹。

（2）石器。2 件，器形有锛、凿。时代为新石器时代晚期至商代。

石锛　1件。

ZJLY - 455：17T，深灰色片岩；正视近梯形，上窄下略宽，顶部圆弧，两侧面向下略外扩，单面直刃。宽3.3、高4.4、厚1.4厘米。（图5 - 5，8）

石凿　1件。

ZJLY - 455：29T，深灰色片岩；扁体长条形，顶部略斜直，两侧边略直，单面直刃，上下平面弧鼓。宽2.2、高6.8、厚1.1厘米。（图5 - 5，6；彩版一二五，6）

综合两次调查情况，遗址有新石器时代晚期至商代、西周至春秋、战国至南越国三期遗存。

七　ZJLY - 456 火烧排遗址（复查）

1. 遗址概况

火烧排遗址位于正果镇中西村西部后山火烧排。其北接佰亚岭，西邻黄份田山，村落环绕山岗东、南坡脚而建，东邻省道 S119，南面开阔的低矮农田。距上社陂约280米。遗址于2011年发现，地形图显示该山名火烧排，故名。

火烧排山岗平面呈不规则长条形，形体较大，总面积约215 000平方米。主峰位于山岗中东部，海拔约58米，相对高度约43米，诸坡相对较为平缓。山岗大部分区域内种植果树，以荔枝为主，间有少许龙眼、橄榄、柿子等，局部有桉树、竹林、樟树、松树等，果林内杂草较少，但落叶遍地；山顶处荒置状态，杂草灌木丛生。

2. 采集遗物

2011年调查时采集少许方格纹陶片。

本次复查在山岗东南坡采集陶器残片2件。泥质粗硬陶，灰褐色，1片饰菱格凸点纹加方格纹，1片饰菱格凸点纹加夔纹。（见图5 - 5）

两次调查采集遗物内涵相同，时代为西周至春秋时期。

八　ZJLY - 457 石塘后龙山遗址

1. 遗址概况

石塘后龙山遗址位于正果镇石塘村西侧后山岗上。其北侧有一条水渠自东向西流过，水渠对面为石龙排山，可望石溪小学，西侧为地势低平的农田，西南与佰亚岭相接，石塘村依山南坡脚而建，东坡下有厂房，与省道 S119 相邻。距石溪河约30米。当地村民称该山为后龙山，故名。

后龙山平面近圆形，山岗形体不大，总面积约20 000平方米，山顶海拔约40.6米，相对高度约15.6米。北坡地势较陡，其余各坡较缓。山顶及南坡中部种植荔枝，枯叶遍地；南坡中下部有较多樟树，树木稠密，能见度差；其他区域基本处于荒置状态，有较多桉树、竹林及杂木，地表杂草丛生。

2. 采集遗物

在山顶及南坡近山顶处发现遗物9件，残石器2件、陶器残片7件，分布范围约2500平方米。

（1）陶器。采集陶片7片。多为泥质粗硬陶，有少量泥质粗软陶；灰白陶、青灰陶各半；器表多饰方格纹，另有弦纹或素面。据遗物特征推断时代为西周至春秋。

（2）石器。2件，器形有镞、残石器。与陶片时代相同。

九　ZJLY-459背扶山遗址（复查）

1. 遗址概况

背扶山遗址位于正果镇石溪村韩村社南侧后山岗上，西与后龙山遗址隔省道S119相望，东连山岗，北面小片开阔农田，韩村、五星村依山北坡脚而建，南坡山下为沙场。距石溪河230米。遗址于2011年发现，当时定名为背扶山遗址。

背扶山平面近圆形，山岗形体较小，总面积约33 000平方米，山顶海拔约39米，相对高度约24米，山岗西、北坡较陡峭，南、东坡较平缓。山岗山坡及山顶种植荔枝、橄榄、橘子等果树，局部有农作物，果林内杂草较少，落叶被清理，利于调查；坡脚及周边坡地种植较多桉树、竹子，地表杂草丛生，无法踏查。

2. 采集遗物

2011年调查时在山岗西南坡山腰以上及山顶采集遗物9件，皆为陶器残片。据遗物特征分析可分为4个时期。

新石器时代晚期至商代：采集陶片2片。泥质细软陶，灰白色，饰绳纹。

西周至春秋时期：采集陶片3片。2片饰方格纹，1片饰夔纹，可辨器形、部位有陶簋圈足。

陶簋圈足　1件。

ZJLY-459：09，夹细砂硬陶，青灰色；下腹微弧，圈足外撇，足跟残缺，腹部饰方格纹。残宽8.6、高5.4厘米。（图5-6，1；彩版一三五，4）

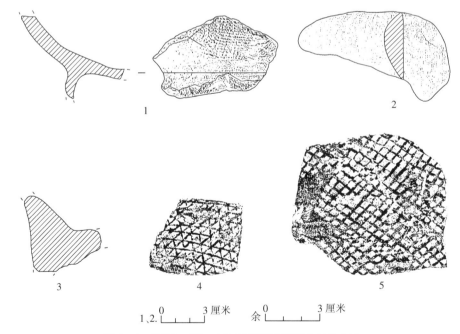

图5-6　ZJLY-459、460采集遗物及陶片纹饰拓片

1. 陶簋圈足（ZJLY-459：09）　2. 石镰（ZJLY-460：1ZⅠ）　3. 陶器足（ZJLY-460：6ZⅠ）

4. 三角格纹（ZJLY-460：3ZⅠ）　5. 方格纹（ZJLY-460：2ZⅠ）

战国至南越国时期：采集陶片 2 片。泥质粗硬陶，灰黑色，饰米字纹。

唐宋时期：采集素面陶片 2 片。泥质粗硬陶，1 片器表施酱黄釉。

本次复查山岗西南坡采集陶器残片 2 件。仅指甲盖大小，泥质粗软陶，灰色，饰有绳纹。据遗物特征分析属新石器时代晚期至商代。

综合两次调查情况，遗址有新石器时代晚期至商代、西周至春秋、战国至南越国、唐宋四期遗存。

一〇　ZJLY-460 新围遗址（复查）

1. 遗址概况

新围遗址位于正果镇石溪村新围村东北部山岗上。其东接石龙排，东南与后龙山相望，南面地势低平农田，石溪河于田间自东北流向西南，与遗址相距约 25 米，西北方隔山有一水库。遗址于 2011 年调查时发现，因近新围村而得名。

山岗平面近圆形，形体小，面积约 11 000 平方米，顶部较平坦，海拔高度约 24 米，相对高度约 9 米，周边各坡呈断崖状。山岗基本处于荒置状态，有较多桉树、荔枝、竹子等；西坡及山脚平地被开辟为木材加工场，对遗址本体构成破坏。

2. 采集遗物

2011 年调查时于山岗南面坡采集 1 片方格纹陶片，泥质灰陶。时代为战国至南越国时期。

本次复查在山顶南部采集遗物 8 件，计有石器 1 件、陶器残片 7 件，分布范围约 1200 平方米。时代皆为战国至南越国时期。（见图 5-6）

（1）陶器。采集陶片 7 片。为泥质粗硬陶；陶色以灰褐色为主，仅 1 片红褐陶；纹饰见方格纹、三角格纹，另有 1 片素面。

陶器足　1 件。

ZJLY-460∶6Z I，泥质粗硬陶，红褐色；器足上侧面为器内原始面，凹弧，足体呈圆柱状残缺；素面。残宽 4.3、高 4 厘米。（图 5-6，3）

（2）石器。采集 1 件石镰。

石镰　1 件。

ZJLY-460∶1Z I，青灰色砂岩；扁体曲折形，下侧面平直，上侧面弧鼓，单面斜直刃。宽 10.3、高 5.9、厚 1.3 厘米。（图 5-6，2）

综合两次调查情况，该遗址皆为战国至南越国时期遗存。

一一　ZJLY-462 老鼠冚遗址（复查）

1. 遗址概况

老鼠冚遗址位于正果镇中西村新上社西南部，万安园西侧马路对面。其北侧为地势低平的农田，与省道 S119 相邻，西侧为几处水塘，与从莞深高速公路 S29 相邻，南侧为地势低平的荒地，东邻乡道 YE01，与万安园相邻。距上社陂 150 米。遗址于 2011 年发现，本次复查在山顶北坡发现一清代灰砂墓，其墓碑碑文显示本山名老鼠冚，故名。

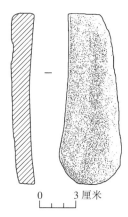

0 ____ 3 厘米

图 5 - 7　ZJLY - 462 采集砺石（ZJLY - 462:02）

老鼠冚山岗为一处较为独立的小山丘，由南北两座山丘组成，形体不大，总面积约 35 000 平方米，地势南高北低。南侧山丘海拔约 39.6 米，相对高度约 24.6 米。岗顶被开挖推平，处荒置状态，局部有桉树、杂草；东坡呈断崖状；西、北坡荒置，种植有果树、桉树等，地表杂草丛生；南坡遍植荔枝，果林内杂草丛生。北侧山丘，呈台地状，大部分区域荒置，局部有少许荔枝、桉树等，地表杂草茂盛。

2. 采集遗物

2011 年调查时在山顶采集遗物 2 件。其中方格纹陶片 1 片，泥质粗硬陶，红褐色；另有砺石 1 件。据遗物特征分析时代为西周至春秋时期。

砺石　1 件。

ZJLY - 462:02，红褐色片岩；不规则长方体，一端圆滑，一端残断，有两面磨砺为凹弧面。残宽 5.1、高 13.5、厚 1.9 厘米。（图 5 - 7；彩版一三六，5）

本次复查未采集到遗物。

一二　ZJLY - 464 车岭背遗址

1. 遗址概况

车岭背遗址位于正果镇中西村上社新屋、大岭吓东北部山岗上。其北侧为地势低平农田，与调查网格 465 所在山岗隔田相望，有省道 S119 经过，东、南连数座山丘。西北距上社陂约 150 米。当地村民称山岗为车岭背，故名。

车岭背山岗平面近曲尺形，形体较小，面积约 21 000 平方米，海拔约 36.3 米，相对高度约 21 米。山顶较平坦，西北坡较陡峭，其他诸坡较平缓。山岗上遍植果树，以荔枝为主，间有少许龙眼、橄榄，局部有竹林、桉树等。西北坡果林内杂草丛生，无法踏查；山顶及东坡果林内大部分区域无杂草、枯叶，利于调查；其他区域杂草不多，但枯叶遍地，对调查带来一定影响。

2. 采集遗物

于山岗南部采集遗物 11 件，皆为陶器残片，分布范围约 5300 平方米。陶片以泥质细硬陶为主，有少量夹粗砂软陶、泥质粗硬陶；陶色以灰色居多，有少量灰白、灰黑色；纹饰有（交错）绳纹、梯格纹、叶脉纹、长方格纹、素面。据遗物特征推断时代为新石器时代晚期至商代。

一三　ZJLY－465 谢屋亭西北岗遗址（复查）

1. 遗址概况

谢屋亭西北岗遗址位于正果镇中西村上社老屋西北侧山丘。西邻省道S119，北与黄份田山、火烧排相望，南眺与车岭背，东与谢屋亭东南侧山丘遗址相连。上社陂（棉湖涌）于山岗北、西侧流过，山岗北、西、南侧周边为地势低平农田。该遗址于2011年发现，当时定名为谢屋亭西北侧遗址，本报告沿用其名。

山岗平面呈椭圆形，东西向，山岗形体不大，面积约24 000平方米。山顶海拔约46米，相对高度约21米，各坡皆较陡峭。山岗上遍植荔枝，局部有竹林、桉树等，果林内大部分区域内杂草不多但枯叶遍地，对调查带来一定影响。（彩版七四，1）

2. 采集遗物

2011年调查时于山岗东南坡采集遗物4件，陶器残片3件、石器1件。

（1）陶器。采集陶片3片。泥质粗硬陶，灰色，纹饰见夔纹、方格纹加戳印纹加弦纹、菱格凸块纹等。时代为西周至春秋时期。

（2）石器。采集石杵1件。时代为新石器时代晚期至商代。

复查在山坡及山顶采集遗物29件，其中陶器残片26件、石器3件。（图5-8；彩版一〇三，2）分布范围约7300平方米。

（1）陶器。采集陶片26片。据遗物特征分析可分为新石器时代晚期至商代、西周至春秋两个时期。

新石器时代晚期至商代：采集陶片14片。陶质可见夹粗砂软陶、夹细砂软陶、泥质粗硬陶、泥质细硬陶、夹细砂硬陶；陶色以灰白、灰褐色为主，另有灰、青灰、灰黑、红褐色等；陶片多素面，纹饰有曲折纹、梯格纹、条纹、方格纹、交错绳纹等；可辨器形、部位有罐口沿、釜口沿等。

陶釜口沿　1件。

ZJLY－465：10Z Ⅰ，夹细砂软陶，灰褐色；敛口，斜方唇，斜弧肩，肩部有一周折棱；通体素面。残宽6.5、高2.5厘米。（图5-8，2；彩版一一九，7）

西周至春秋时期：采集陶片12片。以泥质粗硬陶为主，有少量泥质细硬陶；陶色以灰色为主，另有灰白、青灰、灰黑、灰褐、红褐色等；纹饰可见细方格纹、细方格纹加重菱格纹、重菱格凸点纹、网格纹、方格纹、席纹、勾连云雷纹、素面等，陶豆圈足内壁有刻划符号；可辨器形、部位有豆口沿、豆圈足等。

陶豆口沿　1件。

ZJLY－465：7Z Ⅰ，泥质粗硬陶，灰白色；敞口，尖唇，曲壁，下腹残缺。残宽7.5、高4.3厘米。（图5-8，1；彩版一三〇，1）

陶豆圈足　1件。

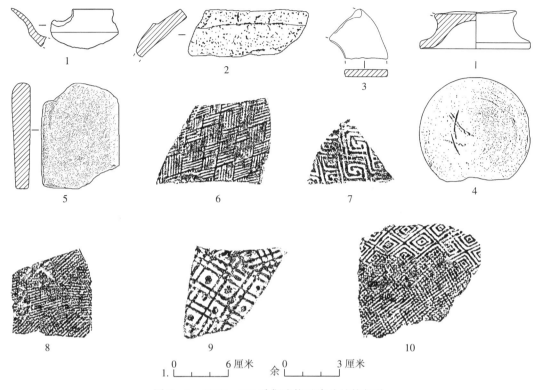

图 5-8 ZJLY-465 采集遗物及陶片纹饰拓片

1. 陶豆口沿（ZJLY-465:7ZⅠ）　2. 陶釜口沿（ZJLY-465:10ZⅠ）　3. 陶豆圈足（ZJLY-465:8YⅡ）　4. 石环（ZJLY-465:1ZⅠ）　5. 残石器（ZJLY-465:11ZⅠ）　6. 席纹（ZJLY-465:3YⅡ）　7. 勾连云雷纹（ZJLY-465:4YⅡ）　8. 细方格纹（ZJLY-465:5ZⅠ）　9. 方格纹＋重菱格凸点纹（ZJLY-465:15YⅡ）　10. 细方格纹＋重菱格凸点纹（ZJLY-465:12YⅡ）

ZJLY-465:8YⅡ，泥质细硬陶，灰色；豆盘残缺，仅存下附圈足，较粗矮，外撇起台，圈足上侧面为较规整的断面，应为与器腹粘接面；圈足内侧有刻划纹。复原底径6、残高2.1厘米。（图5-8，3；彩版一三二，3、4）

（2）石器。3件，器形有环、残石器。时代为新石器时代晚期至商代。

石环　1件。

ZJLY-465:1ZⅠ，深灰色角岩；扁体环状，残存一小部分。残长3.1、宽2.4、厚0.4厘米。（图5-8，4）

残石器　1件。

ZJLY-465:11ZⅠ，红褐色砂岩；扁体长条形，两侧边较平直，两端残断，上、下平面较平。宽4.3、高5.6、厚1厘米。（图5-8，5）

综合两次调查情况，遗址有新石器时代晚期至商代、西周至春秋两期遗存。

一四　ZJLY-466 谢屋亭东南岗遗址（复查）

1. 遗址概况

谢屋亭东南岗遗址位于正果镇中西村上社老屋北侧、谢屋亭东南侧山岗上，西邻调查网格465谢屋亭西北侧山丘遗址，上社老屋依山岗南坡坡脚而建（现已整体搬迁），西南望车岭背，东接坳子头，北面开阔农田。上社陂（棉湖涌）于山岗北侧流过。遗址于2011年发现，当时定名为谢屋亭东南侧遗址，本报告沿用其名。

山岗为上社老屋东北侧坳子头山岗向西延伸出的缓坡，自东向西呈舌状，面积约10 000平方米，海拔约50米，相对高度约25米，北坡陡峭，南坡地势平缓。山体经开垦呈阶梯状，遍植荔枝树，局部有竹林等，荔枝林内大部分区域杂草不多，但枯叶遍地，对调查带来一定影响。

2. 采集遗物

2011年调查时在西坡采集遗物8件，皆为陶器残片。据遗物特征分析可分为新石器时代晚期至商代、西周至春秋两个时期。

新石器时代晚期至商代：采集陶片5片。多为泥质细软陶，另有泥质粗软陶、夹细砂软陶；陶色以灰色为主，1片灰黑色；纹饰以云雷纹为主，绳纹、素面各1片。（彩版七五，8）

西周至春秋时期：采集陶片3片。泥质粗硬陶，灰、灰黑、灰白陶各1片，器表皆饰网格纹。

本次复查采集遗物23件，其中陶器残片21片、石器2件。（图5-9）分布范围约6000平方米。

（1）陶器。采集陶片21片。据遗物特征分析可分为新石器时代晚期至商代、西周至春秋两个时期。

新石器时代晚期至商代：采集陶片6片。泥质陶居多，有泥质粗硬陶和泥质粗软陶之分；陶色以灰白色为主，另有灰、灰黑色；纹饰见（交错）绳纹、曲折纹、条纹、长方格纹加绳纹、素面等；可辨器形、部位有罐口沿、罐圈足等。

西周至春秋时期：采集陶片15片。以泥质粗硬陶为主，有少量泥质细硬陶；陶色以灰、灰褐色为主，另有灰白、深灰、灰褐、灰黑色等；纹饰以夔纹为主，另有网格纹加菱格凸块纹、重菱格纹、夔纹加弦纹、方格纹、篦点纹加弦纹、夔纹加菱格纹加弦纹、篦点纹、弦纹、素面等；可辨器形、部位有罐口沿、豆口沿等。

陶罐口沿　1件。

ZJLY-466：8ZⅠ，泥质粗硬陶，灰色；敞口，方圆唇，直领，溜肩，圆鼓腹；肩部饰篦点纹、弦纹。残宽9.2、高7.1厘米。（图5-9，1；彩版一二八，1）

陶豆口沿　2件。

ZJLY-466：1T，泥质粗硬陶，灰色；敞口，平方唇，唇面有一周凹弦纹，微束颈，弧腹向下内收；颈下饰篦点纹。残宽5.8、高5.9厘米。（图5-9，2）

ZJLY-466：11ZⅠ，泥质细硬陶，灰褐色；直口微敞，平方唇，上腹近直，下折弧收；上腹饰弦纹。残宽9.1、高3.8厘米。（图5-9，4；彩版一三〇，2）

（2）石器。2件，器形有戈、双肩石斧。时代为新石器时代晚期至商代。

石戈　1件。

ZJLY-466：11YⅡ，青灰色角岩；扁体长条形，中部起脊，一端为残断面，断面正中有一单面穿孔。宽3.2、高5.3、厚1厘米。（图5-9，3；彩版一二四，7）

双肩石斧　1件。

ZJLY-466：9ZⅠ，青灰色片岩；正视呈凸字形，顶部平直，斜直肩，两侧边斜直外扩，双面弧

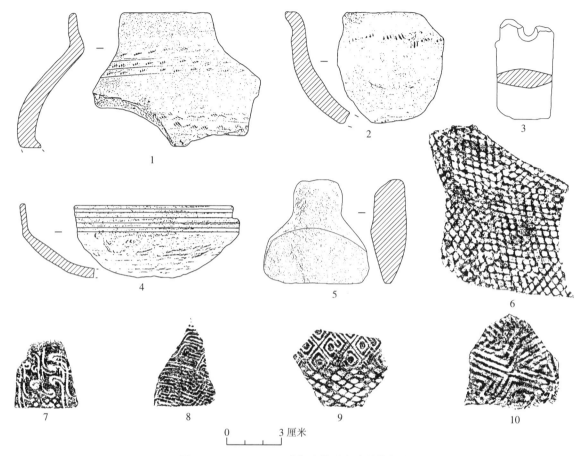

图 5 - 9　ZJLY - 466 采集遗物及陶片纹饰拓片

1. 陶罐口沿（ZJLY - 466:8Z Ⅰ）　　2、4. 陶豆口沿（ZJLY - 466:1T、ZJLY - 466:11Z Ⅰ）　　3. 石戈（ZJLY - 466:11Y Ⅱ）
5. 双肩石斧（ZJLY - 466:9Z Ⅰ）　　6. 方格纹（ZJLY - 466:10Y Ⅱ）　　7、8. 夔纹（ZJLY - 466:10Z Ⅰ、ZJLY - 466:4Y Ⅱ）
9. 菱格凸块纹 + 网格纹（ZJLY - 466:1Z Ⅰ）　　10. 曲折纹（ZJLY - 466:1Y Ⅱ）

刃。宽 5.8、高 5.5、厚 2 厘米。（图 5 - 9，5；彩版一二四，3）

综合两次调查情况，遗址有新石器时代晚期至商代、西周至春秋两期遗存。

一五　ZJLY - 467 坳子头遗址（复查）

1. 遗址概况

坳子头遗址位于正果镇中西村上社老屋东北侧山岗上，光明育群小学西南部，西接调查网格 466 谢屋亭东南侧山丘，西南与调查网格 463 中西大岭村山丘相接，南邻山洞山，东望虾尾，北侧为地势低平的农田。上社陂（棉湖涌）流经遗址北侧山脚。遗址于 2011 年调查时发现，当时定名为坳子头，本次复查沿用其名。

山岗平面呈不规则长条形，南北向，西南与其他山岗相接，总面积约 47 000 平方米，山顶海拔约 56.3 米，相对高度约 31.3 米。山岗西坡北部、东北坡较为平缓，其他区域稍陡峭，山顶较平坦。山上遍植荔枝，地表杂草不多，但落叶较厚，给调查造成一定困难。

2. 采集遗物

2011 年调查时采集遗物 4 件，皆为陶器残片。泥质粗硬陶 3 片，1 片为夹细砂软陶；陶色以灰色为主，1 片为青灰色；纹饰见夔纹、夔纹加弦纹、菱格凸块纹、重圈纹加重菱格纹加弦纹。

本次复查采集遗物 8 件，其中陶器残片 7 件、石器 1 件，分布范围约 3300 平方米。

（1）陶器。采集陶片 7 片。陶质有泥质粗硬陶、夹粗砂软陶；陶色以灰色为主；纹饰以方格纹为主，另有夔纹加菱格凸块纹加弦纹、菱格凸块纹。

（2）石器。采集石镞 1 件。

石镞　1 件。

ZJLY-467：1Z I，青灰色角岩；扁体三角形，两端残断，两侧边斜直，上、下面两外侧磨制为双面斜刃。宽 1.5、高 2.5、厚 0.4 厘米。（图 5-10，3）

两次采集遗物内涵相近，据遗物特征分析时代为西周至春秋时期。

一六　ZJLY-468 山洞山遗址（复查）

1. 遗址概况

山洞山遗址位于正果镇中西村山洞村西侧后山岗上，北连坳子头，西接大岭村山丘，南邻牛都山岗。山洞村依东坡坡脚而建，村前为地势低平的农田，与老珠岙路东遗址、新珠岙村北遗址相望，北距上社陂约 200 米。遗址于 2011 年调查时发现，当时定名为山洞山，本次复查沿用该名。但本次调查时，山岗北坡清光绪年间重修墓葬碑文显示本山土名官岙，东坡光绪十三年（1883 年）墓葬碑文显示本山土名圭头塘。

山洞山平面呈不规则长条形，南北向，山岗形体大，总面积约 112 000 平方米。主峰位于中西部，海拔约 86.5 米，相对高度约 61.5 米。山岗西、南坡较陡峭，东、北坡较平缓。山岗的西、南、东坡南部及山顶为荒置区，区内种植有桉树、松树、竹林等，地表杂草丛生，无法踏查；东坡大部、北坡大部分区域内遍植果树，以荔枝为主，间有橄榄、柿子、龙眼等，局部有竹林、桉树，果林内大部分区域杂草不多，枯叶遍地，对调查带来一定影响。

2. 采集遗物

2011 年调查时发现少许陶片，泥质粗硬陶，深灰色，饰方格纹。时代为西周至春秋时期。

本次复查在山岗主峰峰顶及主峰东坡中上部采集遗物 13 件，其中陶器残片 12 件、石器 1 件。（图 5-10）遗物分布范围约 2700 平方米。

（1）陶器。采集陶片 12 片。以泥质软陶为主，泥质粗软陶、泥质细软陶居多，有少量泥质粗硬陶、泥质细硬陶、夹细砂软陶；陶色以灰白色为主，另有红褐、灰褐、灰黑、灰色等；纹饰以曲折纹居多，次为素面，另有叶脉纹、条纹、绳纹、条纹、曲折纹加绳纹、曲折纹加条纹等；可辨器形、部位多为陶罐（釜）口沿。据遗物特征分析时代为新石器时代晚期至商代。

陶罐口沿　2 件。

ZJLY-468：1T，泥质粗硬陶，灰色；敞口，斜折沿，沿面凹弧，平方唇，唇面略外侈。残宽 4.3、高 3.1 厘米。（图 5-10，2；彩版一一五，5）

ZJLY-468：7T，泥质粗硬陶，灰褐色；敞口，圆唇，束领；素面。残宽 7.5、高 5 厘米。（图 5-10，1；彩版一一五，6）

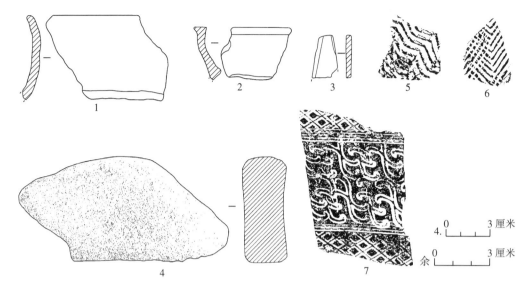

图 5 – 10　ZJLY – 467、468 采集遗物及陶片纹饰拓片

1、2. 陶罐口沿（ZJLY – 468：7T、ZJLY – 468：1T）　3. 石镞（ZJLY – 467：1Z Ⅰ）　4. 砺石（ZJLY – 468：3Y Ⅲ）

5、6. 曲折纹（ZJLY – 468：2T、ZJLY – 468：4T）　7. 夔纹＋菱格凸块纹＋弦纹（ZJLY – 467：1Y Ⅱ）

（2）石器。采集砺石 1 件。时代为新石器时代晚期至商代。

砺石　1 件。

ZJLY – 468：3Y Ⅲ，红褐色砂岩；扁体长条形，仅一侧边为原始边，其他均为断面，上、下侧面磨制为凹弧面。宽 14.5、高 7、厚 3.1 厘米。（图 5 – 10，4）

综合两次调查情况，遗址有新石器时代晚期至商代、西周至春秋两期遗存。

一七　ZJLY – 469 牛都山岗遗址

1. 遗址概况

牛都山岗遗址位于正果镇中西村石子布社西部山岗上，北接山洞山，西侧为万安园，南接坳背高山区，东南方为一小型山坳谷，谷底为农田，石子布村、梯横村坐落其间，东侧山脚有小溪流自南向北流入上社陂，北距上社陂约 760 米。调查时在山岗东坡发现一座清光绪年间墓葬，其墓碑碑文显示本山土名牛都山岗，故名。

山岗平面呈不规则近长条形，南北向，形体较大，总面积约 158 000 平方米。南、北与其他山岗相接，主峰位于中西部，海拔约 90.2 米，相对高度约 65.2 米。山岗西坡陡峭，东坡中部向下较平缓。除山岗东坡中下部区域内种植果树外，其他区域均荒置，果树以荔枝为主，间有少许龙眼，局部夹杂竹林、桉树，果林内大部分区域杂草不多，但枯叶遍地，对调查带来一定影响；荒置区内有较多桉树、松树，另有杂木、竹子等，地表杂草丛生，无法踏查。

2. 采集遗物

在东坡中部坡脚采集遗物 3 件，皆为陶器残片。据遗物特征分析，可分为新石器时代晚期至商代、西周至春秋两个时期。

新石器时代晚期至商代：采集陶片 2 片，皆为泥质陶，灰色，饰曲折纹、菱格纹加重圈纹。

西周至春秋时期：采集 1 片泥质粗硬陶，灰黑色，饰方格纹。

一八 ZJLY-470 石子布遗址（复查）

1. 遗址概况

石子布遗址位于正果镇中西村石子布、梯横村南部，北面山间小坳谷，谷底为地势低平农田，西北与牛都山岗相接，南侧为坳背高山区，东侧亦为高山区。遗址北距上社陂约 1200 米。遗址于 2011 年调查时发现，定名为石子布，本报告沿用其名。本次复查在山岗西北坡山下发现一清代墓葬，墓碑文显示本山土名为狗眠岭。

遗址所在位置为石子布村南坳背山北坡平缓的坡地，平面形状呈东西向长条形，总面积约 283 000 平方米，海拔约 75 米，相对高度 45 米，整体地势南高北低，坡度平缓。坡地东部种植大面积绿化树木，其间灌溉水沟纵横交错，地表杂草丛生，无法踏查；其他大部分区域种植有果树，以荔枝为主，间有龙眼、橄榄、柿子、黄皮等，局部有竹林、农作物，果林内大部分区域杂草不多，但枯叶遍地，对调查带来一定影响。

2. 采集遗物

2011 年调查时在山岗东南面山腰以下坡地及山脚农田中采集少许陶器残片，泥质粗软陶，青灰色，饰绳纹加附加堆纹、曲折纹等。

本次复查在中部伸出的小山岗北坡采集陶器残片 2 件，为泥质粗硬陶，陶色为灰白、青灰色，饰指甲纹、长方格纹。

两次调查采集遗物时代相同，为新石器时代晚期至商代。

一九 ZJLY-471 何屋岪遗址

1. 遗址概况

何屋岪遗址位于正果镇中西村梯横社东北部山岗上。其北邻老珠屋路东遗址，西邻乡道 Y291，西面山间小坳谷，谷底为地势低平农田，南眺石子布遗址，东接高山区。西侧山脚有溪流流经，向北注入上社陂，北距上社陂约 940 米。调查时在山岗北坡发现一座道光年间墓葬，其墓碑碑文显示本山土名何屋岪，故名。

山岗平面呈长舌形，东西向，总面积约 85 000 平方米。整体地势东高西低，东部最高点海拔约 82.5 米，相对高度约 57 米。山岗东接高山，高山区坡度较大，基本处于荒置状态；西侧地势平缓，区域内遍植果树，以荔枝、乌榄为主，间有零星龙眼、柿子等，局部杂有竹林、桉树等，果林内大部分区域杂草不多，但枯叶遍地，对调查带来一定影响。

2. 采集遗物

在东北坡坡脚采集陶器残片 1 件，泥质细硬陶，青灰色，饰曲折纹。时代为新石器时代晚期至商代。

二○ ZJLY-472 老珠岪遗址（复查）

1. 遗址概况

老珠岪遗址位于正果镇中西村老珠岪社东侧后山岗上。其北眺虾尾，西邻新珠岪遗址，老珠岪村依山岗西坡坡脚而建，南接高山区，北距上社陂约480米。遗址于2011年调查时发现，以邻近村落老珠𪨶名之。

山岗由三座山岗连绵相接构成，平面近曲尺形，北部呈南北向，南部呈东西向，总面积约130 000平方米。主峰位于中部，海拔约77米，相对高度约52米，区域内山岗诸坡较陡峭。山岗中下部种植较多果树，以荔枝为主，间有龙眼、橄榄、柿子，局部有桉树、竹林，果林内大部分区域杂草丛生，枯叶遍地，加之山势陡峭，对调查带来一定影响；山岗中部以上为荒置区，其内有杂木、桉树、竹林、松树等，地表杂草灌木丛生，无法踏查。遗址位于"曲尺"北部，呈南北长条形，海拔约59米，西坡稍平缓，北、东坡较陡峭，山顶平坦，山岗上遍植果树，以荔枝为主，间有少许龙眼、橄榄，局部有竹林。

2. 采集遗物

2011年调查时在山岗西坡山腰位置采集少许方格纹陶片，遗物特征不明显，大体属于西周至春秋时期。

本次复查未发现文化遗物。

二一　ZJLY-473 新珠𪨶遗址（复查）

1. 遗址概况

新珠𪨶遗址位于正果镇中西村新珠𪨶社北部山岗上，北与虾尾山岗隔沟谷相望，新珠𪨶村依山南坡坡脚而建，东接老珠𪨶遗址，西邻乡道Y291，西面山间坳谷，谷底为地势低平农田，北距上社陂约380米。调查时于山岗南坡发现一座光绪年间墓葬，其墓碑碑文显示本山土名珍𪨶下□。遗址于2011年调查时发现，本报告以邻近村名命名为新珠𪨶遗址。

山岗平面近椭圆形，形体较小，总面积约25 000平方米，山顶海拔约38米，相对高度约13米。山岗西坡、南坡因新村建设开挖山体呈断崖状，北坡较陡峭，东与其他山岗连绵相接，山顶平坦。山上遍植果树，以荔枝、橄榄为主，局部有竹林，果林内大部分区域杂草不多，但枯叶遍地，对调查带来一定影响。

2. 采集遗物

2011年调查时在山顶采集大量遗物，有陶器残片、石器。（图5-11）

（1）陶器。可分为新石器时代晚期至商代、西周至春秋两个时期。

新石器时代晚期至商代：采集陶片饰曲折纹、绳纹等。

西周至春秋时期：采集陶片饰方格纹、夔纹。

（2）石器。3件，器形有锛、戈、残石器。时代为新石器时代晚期至商代。

石戈　1件。

ZJLY-473:09，青灰色角岩；扁体长条形，内后缘斜直，中部有一圆形穿孔，援残断。残宽3.9、高7.8、厚1.2厘米。（图5-11，5；彩版一二四，8）

石锛　1件。

ZJLY-473:010，灰黄色片岩；锛体呈三角形，横截面呈椭圆形，锛体后部斜收成铤，铤横截面呈

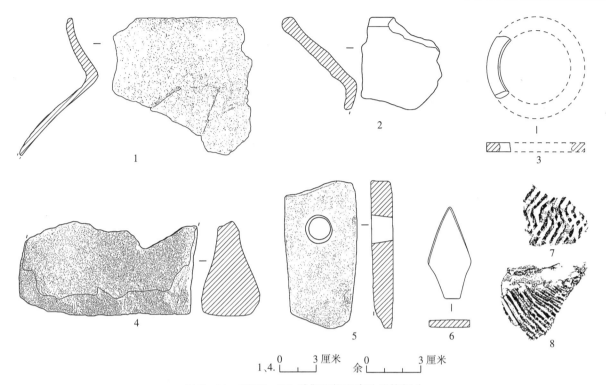

图 5－11　ZJLY－473 采集遗物及陶片纹饰拓片

1. 陶釜口沿（ZJLY－473：6T）　2. 陶罐口沿（ZJLY－473：5ZⅠ）　3. 石环（ZJLY－473：1ZⅠ）　4. 砺石（ZJLY－473：4T）

5. 石戈（ZJLY－473：09）　6. 石镞（ZJLY－473：010）　7. 曲折纹（ZJLY－473：2ZⅠ）　8. 篮纹（ZJLY－473：1T）

椭圆形，刃部未经磨制。宽 2.3、高 4.8、厚 0.4 厘米。（图 5－11，6；彩版一二五，3）

本次复查在山顶及南坡采集遗物 11 件，陶器残片 9 件、石器 2 件，遗物分布范围约 3000 平方米。

（1）陶器。采集陶片 9 片。泥质陶和夹砂陶比例相当，夹砂陶有夹细砂软陶、夹粗砂软陶，泥质陶有泥质细软陶、泥质细硬陶、泥质粗硬陶；陶色多灰黑色，另有深灰、灰、青灰、灰白、灰黄、黄褐色等；陶片多素面，纹饰见曲折纹、绳纹、条纹；可辨器形、部位有罐、釜的口沿等。时代为新石器时代晚期至商代。

陶罐口沿　1 件。

ZJLY－473：5ZⅠ，泥质粗硬陶，灰黄色；侈口，斜折沿，沿面中部略鼓、厚圆唇；素面。残宽 4.4、高 4.9 厘米。（图 5－11，2；彩版一一五，7）

陶釜口沿　1 件。

ZJLY－473：6T，夹粗砂软陶，灰黑色；敞口，斜折沿，沿面略凹弧近盘口状，平方唇，斜弧肩；素面。残宽 11.3、高 11 厘米。（图 5－11，1）

（2）石器。2 件，器形有环、砺石。推断与陶片时代相同。

石环　1 件。

ZJLY－473：1ZⅠ，青灰色角岩；圆环状，两端残断，横截面近方形，外缘平直，内缘中部弧鼓。残宽 3.3、高 0.7、厚 0.5 厘米。（图 5－11，3）

砺石　1 件。

ZJLY－473：4T，黄褐色砂岩；长条形，仅一侧边较平直，其他均为断面，上、下侧面磨制为凹弧

状。宽 14.3、高 7.5、厚 4.7 厘米。（图 5 – 11，4）

综合两次调查情况，遗址有新石器时代晚期至商代、西周至春秋两期遗存。

二二　ZJLY – 474 虾尾遗址

1. 遗址概况

虾尾遗址位于正果镇中西村坡头岭社东侧后山岗上。其北面为地势低平的开阔农田，其间有棉湖涌（上社陂）自东向西流过，相距约 110 米，西邻乡道 Y291，与路对面谢屋亭东南侧山丘、坳子头遗址相望，南眺新珠㙟、老珠㙟遗址，坡头岭、虾尾、虾公坝等村落房屋环绕山岗坡脚而建。地形图标示该山岗名虾尾，故名。

山岗平面呈不规则形，形体较大，略东西向，总面积约 163 000 平方米。山岗主峰海拔约 68.3 米，相对高度约 43.3 米。除西坡及南坡西部较平缓外，余皆陡峭。坡度平缓区域遍植果树，以荔枝为主，间有橄榄、龙眼等，局部有竹林，果林内杂草不多，但枯叶遍地，对调查带来一定影响；地势陡峭区域大部分荒置，种植有较多桉树，另有樟树、松树、杂木、竹林等，地表杂草灌木丛生，无法踏查。

2. 采集遗物

在山岗西坡采集遗物 21 件，其中陶器残片 20 件、石器 1 件。（图 5 – 12）分布范围约 7700 平方米。

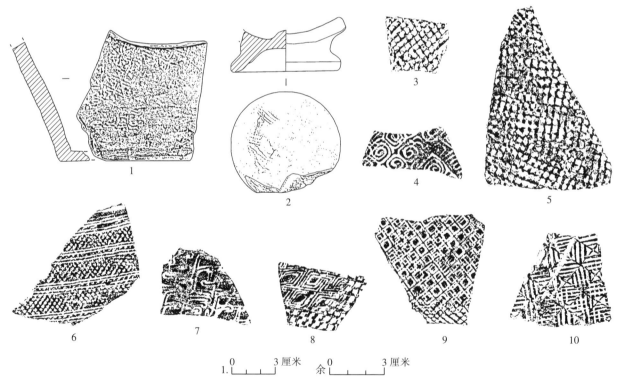

图 5 – 12　ZJLY – 474、475 采集遗物及陶片纹饰拓片

1. 陶罐底（ZJLY – 474∶1T）　2. 陶豆圈足（ZJLY – 475∶9ZⅠ）　3、5. 方格纹（ZJLY – 475∶2ZⅠ、ZJLY – 474∶6YⅡ）　4. 云雷纹（ZJLY – 474∶16YⅡ）　6. 细方格纹 + 弦纹（ZJLY – 474∶5YⅡ）　7. 夔纹（ZJLY – 475∶3ZⅠ）　8. 方格纹 + 重菱格凸块纹（ZJLY – 474∶5T）　9. 方格纹 + 菱格凸块纹（ZJLY – 475∶4ZⅠ）　10. 重方格对角线纹（ZJLY – 474∶2T）

（1）陶器。采集陶片 20 片。据遗物特征分析可分为西周至春秋、战国至南越国两个时期。

西周至春秋时期：采集陶片 12 片。以泥质粗硬陶为主，有少量泥质细硬陶，仅 1 片夹细砂软陶；陶色以灰色为主，红褐色次之，另有灰褐、深灰、灰白色等；纹饰以方格纹、重菱格纹居多，其他还有云雷纹、弦纹、方格纹加重菱格凸块纹、细方格纹加弦纹等。

战国至南越国时期：采集陶片 8 片。泥质粗硬陶为主，有少量泥质细硬陶；陶色多灰褐色，还有灰黑、深灰、灰、红色等；纹饰以米字纹或重方格对角线纹为主，另有方格纹；可辨器形、部位有罐底。

陶罐底　1 件。

ZJLY-474:1T，泥质细硬陶，灰褐色；下腹斜直内收，平底；下腹上部饰米字纹。残宽 9.1、高 8.6 厘米。（图 5-12，1）

（2）石器。采集残石器 1 件。推断时代为西周至春秋时期。

二三　ZJLY-475 黄布村西遗址

1. 遗址概况

黄布村西遗址位于正果镇东汾村黄布村西侧山岗上。其北面开阔平地，棉湖涌（上社陂）环绕其西、南、东侧，周边为地势低平的农田，西眺虾尾遗址，东南与调查网格 477 号黄布村东南遗址相邻。山岗地名不知，依地理方位定名为黄布村西遗址。

山岗平面呈椭圆形，呈东北西南向，形体小，总面积约 14 000 平方米。山岗海拔约 32.8 米，高出周边农田约 2.8 米，地势低矮平缓，三面溪流环绕。山岗上遍植荔枝，局部有竹林，果林内杂草不多，但枯叶遍地，对调查带来一定影响。

2. 采集遗物

于山顶周边及山岗西南坡新开辟的土路上采集遗物 9 件，皆为陶器残片，分布范围约 1000 平方米。陶片皆为泥质陶，质地见泥质粗硬陶、泥质细硬陶、泥质细软陶等；陶色以灰色为主，红褐、灰褐色各 1 片；纹饰有方格纹、夔纹、细方格纹、方格纹加夔纹、菱格凸块纹、素面等，陶豆圈足内壁见刻划符号；可辨器形、部位有豆圈足、罐口沿。据遗物特征分析，时代为西周至春秋时期。（见图 5-12）

陶豆圈足　1 件。

ZJLY-475:9ZⅠ，泥质细硬陶，灰色；弧腹向下内收，圜底，底部正中高起，下附矮圈足，圈足较粗外撇，圈足内侧面有刻划纹。复原底径 6、高 2.8 厘米。（图 5-12，2；彩版一三二，5、6）

二四　ZJLY-477 黄布村东南遗址

1. 遗址概况

黄布村东南遗址位于正果镇东汾村黄布村东南侧山岗上。其北面开阔农田，坡脚有棉湖涌（上社陂）自东向西流过，相距约 70 米，西北邻黄布村西遗址，西侧为低洼的山谷，西南与老珠岀遗址相望，南接荒山区，东邻怡祥山。山岗名称未知，依地理方位将该遗址定名为黄布东南遗址。

山岗平面呈不规则圆角三角形，形体大，总面积约 93 000 平方米。山顶海拔约 97.5 米，相对高度约62.5米，诸坡较陡峭。山岗西坡中南部坡地上种植果树，以荔枝为主，间有橘子、龙眼等，局部有桉树、竹林，果林内大部分区域杂草不多，但枯叶遍地，加之山坡陡峭，对调查带来一定影响；其他区域基本处于荒置状态，长有较多桉树、樟树、杂木、竹林等，地表杂草灌木丛生，无法踏查。

2. 采集遗物

采集遗物5件，皆为陶器残片，主要集中在西坡中部近山顶处，分布范围约700平方米。陶片皆为夹粗砂陶，素面；软陶占多数，陶色为灰黑色；硬陶仅1片，灰白色；可辨器形、部位有罐（釜）口沿。据遗物特征分析时代为新石器时代晚期至商代。

陶罐（釜）口沿　1件。

ZJLY-477：3ZⅠ，夹粗砂软陶，灰黑色；侈口，斜折沿，圆唇，斜肩；素面。残宽6.5、高4.9厘米。（图5-13，1；彩版一一五，8）

二五　ZJLY-478 怡祥山遗址

1. 遗址概况

怡祥山遗址位于正果镇东汾村鸡公屋社西北方山岗上。其北坡山脚为怡祥村，村前有棉湖涌（上社陂）自东向西流过，相距约10米，进村石板桥谓之怡祥桥，属增城登记保护文物单位，西邻调查网格477黄布村东南遗址，南接高山，东面地势为低平的开阔农田、村庄。当地村民称山岗为怡祥山，故名。

怡祥山平面呈长条形，南北向，总面积约34 000平方米。山顶呈屋脊状，海拔约69.8米，相对高度约39.8米。整体地势南高北低，南与其他山岗相接，北坡因修建房屋开挖山体呈断崖状，东、西两侧山坡较陡峭。山岗北坡种植有较多竹林，地表杂草丛生；东西两侧山坡及山顶遍植果树，以荔枝为主，间有少许龙眼，局部有竹林、杂木等，果林内大部分区域杂草不多，但枯叶遍地，对调查带来一定影响。

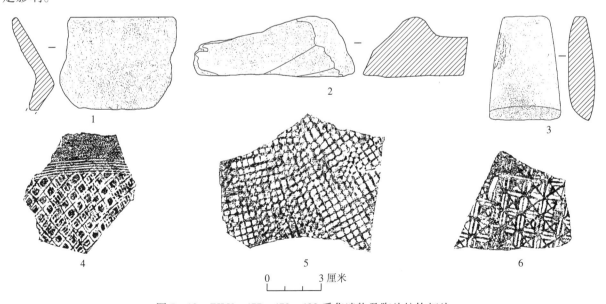

0　　　　　3厘米

图5-13　ZJLY-477、478、480采集遗物及陶片纹饰拓片

1. 陶罐（釜）口沿（ZJLY-477：3ZⅠ）　2. 砺石（ZJLY-478：13T）　3. 石锛（ZJLY-480：05）　4. 菱格凸块纹＋弦纹（ZJLY-478：12T）　5. 方格纹（ZJLY-478：10T）　6. 方格对角线纹（ZJLY-478：3ZⅠ）

2. 采集遗物

在山顶中部采集遗物 20 件，其中陶器残片 19 件、石器 1 件。（见图 5 – 13）遗物分布范围约 1000 平方米。

（1）陶器。采集陶片 19 片。据遗物特征分析，可分为新石器时代晚期至商代、西周至春秋、战国至南越国三个时期。

新石器时代晚期至商代：采集 1 片绳纹灰陶片，泥质粗硬陶。

西周至春秋时期：采集陶片 14 片。陶片以泥质粗硬陶为主，有少量泥质细硬陶；陶色多灰褐色，另有灰、红褐、红色等；纹饰以方格纹为主，另有菱格纹、网格纹、菱格纹加弦纹、戳印纹加弦纹、菱格凸块纹、素面等；可辨器形、部位有罐口沿等。

战国至南越国时期：采集陶片 4 片，泥质粗硬陶、灰黑色，饰方格对角线纹。（彩版八〇，5）

（2）石器。采集砺石 1 件。时代为新石器时代晚期至商代。

砺石　1 件。

ZJLY – 478∶13T，红褐色绢云母片岩；长条形，两端残断，一侧面磨制为三个凹弧面。宽 8.9、高 3.2、厚 5.7 厘米。（图 5 – 13，2）

二六　ZJLY – 480 屋场岗遗址（复查）

1. 遗址概况

屋场岗遗址位于正果镇东汾村新宝贝岽社西侧山岗上，北邻鸡公屋村，西北与调查网格 479 栗沙岽山相邻，西侧为狭长的谷地，石麻岽村坐落其间，南接高山区，东面地势低平的开阔农田，白湖陂溪流从田间自南向北流过，与山岗相距约 90 米。遗址于 2011 年发现，本次调查时在山岗南部发现一座清康熙年间墓葬，其墓碑碑文显示本山土名屋场岗，故名。

屋场岗山岗平面呈长条形，南北向，山岗形体大，总面积约 77 000 平方米。山岗主峰位于南部，海拔约 84.5 米，相对高度约 39.5 米，整体地势南高北低，除东坡较陡峭，余皆较平缓。山上遍植果树，以荔枝、橄榄为主，局部有桉树、竹林等，除局部荒置外，大部分区域内杂草不多，但枯叶遍地，对调查带来一定影响。

2. 采集遗物

2011 年调查时在山体南坡及山顶采集少许陶器残片和石器。

（1）陶器。据遗物特征分析，可分为新石器时代晚期至商代、战国至南越国两个时期。

新石器时代晚期至商代：采集少许夹细砂软陶，陶色以灰色为主，纹饰见绳纹、长方格纹、叶脉纹等。

战国至南越国时期：采集少许泥质粗硬陶片，灰褐色居多，纹饰见方格纹、米字纹、三角格纹等。

（2）石器。器形见锛、镞、残石器等。时代为新石器时代晚期至商代。

石锛　1 件。

ZJLY – 480∶05，灰黑色片岩；平面近梯形，顶部平直，侧边斜直，单面弧刃，整器磨制较好。宽 3.9、高 5.5、厚 1.5 厘米。（图 5 – 13，3；彩版一二二，5）

本次复查在山顶中部及西坡中北部采集遗物 14 件，皆为陶器残片，分布范围约 7000 平方米。据遗物特征分析，可分为新石器时代晚期至商代、战国至南越国两个时期。

新石器时代晚期至商代：采集陶片 10 片。皆为泥质陶，质地以泥质粗软陶为主，有少量泥质细软陶、泥质细硬陶；陶色以灰、灰褐色为主，另有灰白、深灰色等；纹饰以绳纹为主，另有曲折纹、叶脉纹、云雷纹以及素面等。

战国至南越国时期：采集陶片 4 片。陶质有泥质粗硬陶、泥质粗软陶；陶色见灰褐、灰白、红褐色等；纹饰以方格纹为主，还可见弦纹。

综合两次调查情况，遗址有新石器时代晚期至商代、战国至南越国两期遗存。

二七　ZJLY-482 沟壁窝山遗址（复查）

1. 遗址概况

沟壁窝山遗址位于正果镇东汾村老宝贝㘵社北侧山岗上。其北、西为地势低平的山间谷地，农田、村落分布其间，山脚下北侧、西侧有北湖陂流过，在西北侧交汇，西眺屋场岗，北望汤拔山，南、东接高山区，乡道 Y287 低迳路从山岗东北穿过。遗址于 2011 年调查时发现，定名为沟壁窝山遗址。

山岗平面近长条形，东北—西南向，形体大，总面积约 102 000 平方米。主峰位于山岗中南部，海拔约 134 米，相对高度约 79 米。整体地势南高北低，南部高山区坡度较大，北部地势较平缓。山岗上遍植果树，以荔枝、橄榄为主，间有零星龙眼、柿子，局部有竹林、桉树、杂木等，果林内大部分区域杂草不多，但枯叶遍地，对调查带来一定影响。山岗南部进入高山荒置区，荒置区内种植大量桉树，间有杂草、竹林，地表杂草灌木丛生，无法踏查。

2. 采集遗物

2011 年调查时在北部平缓坡地顶部采集少许陶器残片，泥质粗硬陶居多，陶色多灰褐色，纹饰见方格纹、米字纹。据遗物特征推断时代为战国至南越国。

本次复查未发现文化遗存。

二八　ZJLY-483 汤拔山遗址（复查）

1. 遗址概况

汤拔山遗址位于正果镇东汾村统新屋社东部山岗上，北侧为地势低平的农田谓之山村㘵，西邻乡道 Y287 低迳路，与栗沙㘵山、屋场岗等遗址相望，西南与沟壁窝山相邻，南侧山坳底白湖陂自东向西流过，与山岗相距约 60 米，向东进入高山区。调查时在山岗南坡发现一座民国年间重修墓葬，其墓碑碑文显示本山土名狗眠至。遗址于 2011 年调查时发现，定名为汤拔山遗址。

汤拔山平面呈长方形，东西向，山岗形体大，总面积近 86 000 平方米，主峰海拔约 90 米，高于周边区域约 40 米。山岗诸坡较为陡峭，种植较多果树，以荔枝为主，间有零星龙眼，局部有桉树、竹林等，果林内大部分区域内杂草不多，但枯叶遍地，对调查带来一定影响；山体南部部分区域及北坡大部分区域处于荒置状态，荒置区内有桉树、竹林、杂木、松树等，地表杂草灌木丛生，无法入内踏查。

2. 采集遗物

2011 年调查时在山岗西南坡半山腰采集少许陶器残片。据遗物特征分析，可分为新石器时代晚期至商代、战国至南越国两个时期。

新石器时代晚期至商代：采集陶片为泥质细硬陶，器表饰绳纹、叶脉纹，陶色见灰、灰白色等。

战国至南越国时期：采集 1 片方格纹陶片。

本次复查未采集到遗物。

二九　ZJLY - 488 担水窝遗址

1. 遗址概况

担水窝遗址位于正果镇东汾村长窝排社北侧后山岗上，北接高山荒置区，西邻上迳山，上迳、长窝排村依山南坡脚而建，村前为地势低平的农田，与乡道 Y287 低迳路相邻，南望怡祥山，东南与调查网格 487 山村排相邻，东接高山区。南距白湖陂约 100 米。山岗南坡东部一座现代墓墓碑显示本山土名古塘窝角，但当地村民称之为担水窝，在此以担水窝定名。

山岗由数座山岗连绵相接构成，整体平面呈不规则形，东西向，形体较大，总面积约 338 000 平方米。区域内最高海拔约 113.8 米，相对高度约 80.3 米。总体来看，山岗坡势均较陡峭。南坡大部分区域内种植果树，以荔枝为主，间有龙眼、柿子等，局部有桉树、竹林，果林内有杂草与杂草很少的区域各近半，但枯叶遍地，对调查带来一定影响。

2. 采集遗物

在西北侧长条形山岗南坡近山顶处采集陶瓷口沿残片 1 件，泥质粗硬陶，灰褐色，饰方格纹。据陶片特征推断时代应为西周至春秋时期。

三〇　ZJLY - 489 上迳山遗址

1. 遗址概况

上迳山遗址位于正果镇东汾村蔚头沥（永新）社西北侧后山岗上，北邻调查网格 508，西邻低迳山，上迳村部分村居依山南坡脚而建，村前为地势低平的农田，南邻乡道 Y287 低迳路，东望担水窝。南距北湖陂约 80 米。山岗名称未知，以邻近村名定名为上迳山遗址。

山岗平面呈不规则四边形，形体较大，总面积约 223 000 平方米，山顶海拔约 111.1 米，相对高度约 76.1 米，诸坡较为陡峭。山岗北部及山顶荒置，有较多桉树、杂木，另有竹林、松树、樟树等，地表杂草灌木丛生，无法踏查；山岗南部大部区域种植果树，以荔枝为主，间有少许龙眼、橄榄、柿子等，局部有竹林、桉树，果林内大部分区域有杂草，枯叶遍地，对调查带来一定影响。

2. 采集遗物

在山岗西南坡近山顶发现并采集网格纹陶片 1 片，泥质粗硬陶，深灰色。据陶片特征判断当为西周至春秋时期。

三一　ZJLY - 490 低迳山遗址（复查）

1. 遗址概况

低迳山遗址位于正果镇中西村低迳社北侧后山岗上。其北、西与调查网格 491 低迳后龙山相接，低迳村依山南坡脚而建，村前为地势低平的农田，与乡道 Y287 低迳路相邻，南望黄布村西遗址，东邻上迳山，南距上社陂约 350 米。遗址于 2011 年调查时发现，定名为低迳山遗址。

低迳山山岗平面近"8"字形，由南、北两座山岗连绵相接而成，山岗形体较大，总面积约 71 000 平方米。南侧山岗海拔约 69.1 米，相对高度约 34.6 米。其西坡稍陡峭，其他各坡较平缓。山顶及北坡处荒置状态，有较多桉树，地表菊尾草丛生，除其间一条小路可以通行外，其他区域无法踏查；其他各坡遍植果树，以荔枝为主，间有少许龙眼、橄榄等，局部有竹林、桉树，果林内杂草不多，但枯叶遍地，对调查带来一定影响；其中南坡坡脚竹林较多，西坡上种植较多橘子。

2. 采集遗物

2011 年调查时在山岗南坡发现并采集少许陶器残片，皆为泥质粗硬陶，陶色有灰褐、灰、灰黑色等，纹饰可见方格纹、弦纹、重圈纹等。据遗物特征推断时代为西周至春秋。

本次调查在南侧山岗南坡近坡顶及西坡中上部采集遗物 8 件，皆为陶器残片，分布范围约 8000 平方米。陶片有夹细砂硬陶、夹粗砂软陶、泥质粗硬陶；陶色有灰黑、灰白、黄褐、红褐、灰色等；纹饰有曲折纹、绳纹、素面；可辨器形、部位有罐口沿、罐圈足等。时代为新石器时代晚期至商代。（图 5-14）

陶罐口沿　1 件。

ZJLY-490：2T，夹细砂硬陶，灰白色；敞口，长颈微束，口沿外一周凸棱，斜弧肩；肩部饰绳纹。残宽 7.6、高 5.3 厘米。（图 5-14，1；彩版一一六，1）

陶罐圈足　1 件。

ZJLY-490：6ZⅠ，夹细砂硬陶，灰白色；圜底下附矮圈足，圈足外撇，足跟斜直，外缘着地；器底饰曲折纹。残宽 6.7、高 1.4 厘米。（图 5-14，3；彩版一一八，7）

综合两次调查情况，遗址有新石器时代晚期至商代、西周至春秋两期遗存。

三二　ZJLY-492 杉排山遗址

1. 遗址概况

杉排山遗址位于正果镇中西村白九㘵社北侧后山岗上，南半部属中西村，北半部属石溪村。山岗北接金彩岭，西北侧山下为地势低平的农田，与叶屋山相望，西接调查网格 494 瞎古岭，西南与调查网格 493 霞公塘相邻，白狗㘵村依山南坡脚而建，村前为地势低平的农田，与乡道 Y287 低迳路相邻，东接调查网格 491 低迳后龙山，南距银场水约 440 米。当地村民称调查采集遗物区域为山凹山，地形图标示本山为杉排山，本报告以杉排山定名。

山岗总体平面近圆形，形体大，由几座山峰连绵相接构成，总面积约 338 000 平方米。主峰位于山岗的北部，海拔约 82.5 米，相对高度约 62.5 米。南半部山岗相对较平缓，其顶部连绵相接呈长条形，顶部及南坡的山坳内基本上处于荒置状态，种植有桉树、松树、竹林等，局部有荔枝树，地表杂草丛生，大部分区域无法踏查；南坡伸出坡地上遍植果树，以荔枝为主，间有少许龙眼、橄榄、柿子等，局部有竹林、桉树，果林内大部分区域杂草不多，但枯叶遍地，对调查带来一定影响；北半部山岗诸坡相对陡峭，其东部的杉排山基本上处于荒置状态，无法踏查；西部山岗土名为山凹山，平面形

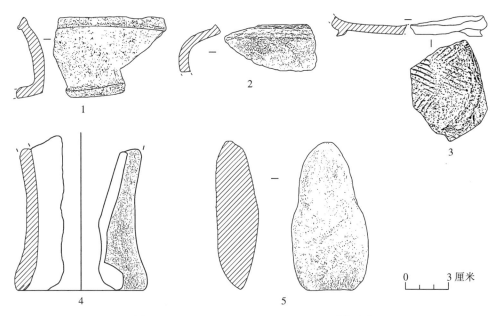

图 5 - 14 ZJLY - 490、492、493、498 采集遗物

1. 陶罐口沿（ZJLY - 490∶2T） 2. 陶盂（ZJLY - 498∶4Z Ⅰ） 3. 陶罐圈足（ZJLY - 490∶6Z Ⅰ）
4. 陶器座（ZJLY - 493∶1T） 5. 双肩石锛（ZJLY - 492∶1Z Ⅰ）

状近椭圆形，西坡稍平缓，山上遍植荔枝，其余各坡较陡峭，均荒置。

2. 采集遗物

在山凹山北坡近山顶处采集双肩石锛1件，在山顶采集夹细砂软陶片1片。据遗物特征推断时代为新石器时代晚期至商代。

双肩石锛 1件。

ZJLY - 492∶1Z Ⅰ，橙黄色砂岩；正视近凸字形，顶部圆弧，斜肩略出，两侧面平直，单面平直刃，中部有凹缺。宽5.4、高9.7、厚2.8厘米。（图5 - 14，5）

三三 ZJLY - 493 霞公塘遗址

1. 遗址概况

霞公塘遗址位于正果镇中西村虾公塘社东部、中西市场后山岗上，北邻杉排山、瞎古岭，西邻省道S119，隔路与火烧排相望，南坡下有新白狗岜村依山而建，村前为地势低平的农田，与乡道Y287低迳路相邻。南距上社陂约340米。当地村民称山岗为霞公塘，故名。

山岗平面近长条形，东西向，形体较大，总面积约107 000平方米，海拔约37.6米，相对高度约12.6米，顶部平坦呈屋脊状，诸坡较平缓。山岗西、东部遍植荔枝，局部有桉树、竹林等，果林内杂草不多，但枯叶遍地，对调查带来一定影响；中部区域种植绿化树木，局部有荔枝，地表有枯叶、枯草，对调查带来一定影响。

2. 采集遗物

采集遗物4件，皆为陶器残片，遗物分布范围约3000平方米。据遗物特征分析可分为新石器时代晚期至商代、西周至春秋两个时期。

新石器时代晚期至商代：在中东部南坡荔枝林内采集陶片 3 片，皆为软陶，素面，可辨器物部位有器座。

陶器座　1 件。

ZJLY－493:1T，夹细砂软陶，橙黄色；中空亚腰形，上部残，足跟圆弧；素面。底径 9、高 10.2 厘米。（图 5－14，4）

西周至春秋时期：在山岗中部山顶采集方格纹陶片 1 片，泥质细软陶，深灰色。

三四　ZJLY－495 叶屋山遗址（复查）

1. 遗址概况

叶屋山遗址位于正果镇石溪村叶屋山社东北侧后山岗上，北眺园山遗址，叶屋山村依山西坡脚而建，山岗西、南坡下为地势低平的农田，与韩村、杉排山、瞎古岭等相望，东靠金彩岭高山，北距银场水约 70 米，省道 S119 于北坡山脚经过。遗址于 2011 年调查时发现，定名为叶屋山遗址。

山岗平面近椭圆形，形体不大，总面积约 25 000 平方米，山顶海拔约 38 米，相对高度约 13 米。其北坡较陡峭，西南坡因修筑房屋开挖山体而呈断崖状，其余诸坡较平缓。山上遍植果树，以荔枝为主，间有少许龙眼、橄榄，局部有竹林，果林内大部分区域杂草不多，但枯叶遍地，对调查带来一定影响。

2. 采集遗物

2011 年调查时在山南面坡脚采集少许米字纹陶片，据遗物特征推断时代为战国至南越国。本次复查未发现文化遗物。

三五　ZJLY－497 园山遗址

1. 遗址概况

园山遗址位于正果镇石溪村四丰社、老屋社北侧后山岗上，北接调查网格 499 连水坳，四丰、老屋村舍依山西、南坡脚而建，东靠太只顶高山，南距银场水约 120 米。遗址于 2011 年调查时发现，定名为园山遗址。

山岗总体平面呈不规则长条形，由太只顶南部主峰及其西南部园山构成，总面积约 364 000 平方米。园山平面近圆形，形体小，北与太只顶相接，海拔约 116 米，相对高度约 96 米。山顶近平坦，西部呈陡峭近断崖状。西、西南坡种植较多竹子，其他区域种植较多果树，以荔枝为主，间有橄榄、柿子，果林内大部分区域杂草不多，但枯叶遍地，对调查带来一定影响。

2. 采集遗物

2011 年调查时在山岗西面坡脚采集少许方格纹陶片，泥质粗硬陶，灰色。时代大致为战国至南越国时期。

本次复查园山及西坡坡脚下采集遗物 4 件，为陶器残片，分布范围约 3500 平方米。据遗物特征分析，可分为新石器时代晚期至商代、战国至南越国两个时期。

新石器时代晚期至商代：采集 2 片夹粗砂软陶，为器座残片。

战国至南越国时期：采集 2 片泥质硬陶，饰米字纹、方格纹。

综合两次调查情况，遗址有新石器时代晚期至商代、战国至南越国两期遗存。

三六　ZJLY－498 鹅泥坳遗址

1. 遗址概况

鹅泥坳遗址位于正果镇石溪村老屋社东部、象狮岾村南部山岗上，西靠太只顶山岗，北侧东部为地势低平的农田，西南与调查网格 496 金彩岭相望，银场水于山岗南侧坡脚自东向西流过，与省道 S119 相邻，东望尉村。当地村民称山岗为鹅泥坳，故名。

山岗平面近椭圆形，形体不大，总面积约 44 000 平方米，山顶海拔约 42.2 米，相对高度约 22.2 米。山岗地势较平缓，诸坡坡度较小。山岗山顶、北坡种植桉树、松树等，局部有荔枝，地表杂草丛生，大部分区域无法踏查；南坡遍植荔枝，局部有杉树、桉树、竹林、农作物等，果林内大部分区域杂草不多，但枯叶遍地，对调查带来一定影响。

2. 采集遗物

在山岗南坡近顶部及中上部采集遗物 10 件，皆为陶器残片，分布范围约 10 000 平方米。据遗物特征分析，可分为新石器时代晚期至商代、西周至春秋、战国至南越国三个时期。

新石器时代晚期至商代：采集陶片 2 片。夹粗砂软陶，红褐、灰色各 1 片，1 片饰曲折纹，1 片素面。

西周至春秋时期：采集陶片 4 片。陶质皆为泥质粗硬陶，陶色见红褐、灰褐、灰黑、灰色，纹饰有菱格纹、方格纹、勾连云雷纹加方格纹。

战国至南越国时期：采集陶片 4 片。多泥质粗硬陶，1 片泥质细硬陶；陶色有灰褐、灰黑、红褐色等；纹饰有方格纹、米字纹、水波纹、素面等；可辨器形有陶盂。

陶盂　1 件。

ZJLY－498：4ZⅠ，泥质粗硬陶，灰褐色；敛口，短沿，斜方唇，弧肩，鼓腹；肩部饰水波纹。残宽 6.2、高 3.1 厘米。（图 5－14，2；彩版一四五，3）

三七　ZJLY－501 社吓山遗址

1. 遗址概况

社吓山遗址位于正果镇到蔚村龚迳社西北部山岗上，周边为地势低平的农田，西眺调查网格 496 金彩岭，北邻省道 S119，一条乡间公路经过东边田间，东北与鸭公山相望。西北距银场水约 120 米。山岗南坡民国时期墓碑显示本山土名社吓山，故名。

山岗平面近椭圆形，东北西南向，山岗形体较大，总面积约 99 000 平方米。山岗地势低矮平缓，山顶海拔约 54 米，相对高度约 35.4 米。山岗岗顶、东北部基本处于荒置状态，长有较多竹子，局部有松树、桉树等，地表杂草灌木丛生，无法踏查；其他区域种植荔枝等果树，间有少许龙眼、橄榄，局部有桉树、杂木、竹子，果林内大部分区域有杂草，枯叶遍地，对调查带来一定影响。

2. 采集遗物

在山岗东坡南部采集陶片 1 片，泥质粗硬陶，深灰色，饰三角格纹。据遗物特征推断时代为战国至南越国时期。

三八 ZJLY - 502 鸭公山遗址（复查）

1. 遗址概况

鸭公山遗址位于正果镇到蔚村鸦岗社东侧后山岗上。鸦岗村依山岗西北坡而建，村前及山岗周边为地势低平的农田，西邻省道 S119，西南与社吓山相望，南眺调查网格 505 隔塘山、调查网格 506 思草山，东南与老鼠岭相邻，北距银场水约 140 米。遗址于 2011 年调查时发现，定名为鸭公山遗址。

山岗由两座小山岗相接构成，东西向，总面积约 52 000 平方米。其中西侧山岗形体较大，平面近椭圆形，海拔约 39.8 米，相对高度约 17.4 米，西北坡大部分为村庄所占，山上遍植荔枝等果树，局部有竹子、桉树、松树等，地表杂草很少，但枯叶遍地，对调查带来一定影响；东侧山岗形体小，平面形状呈椭圆形，山势低矮平缓，山上遍植荔枝等果树，局部有竹林、桉树，除山顶有较多杂草外，其他区域杂草较少，但枯叶遍地，对调查带来一定影响。

2. 采集遗物

2011 年调查时在西侧山岗采集大量遗物，见陶器残片和石器。

（1）陶器。初步分析可分为新石器时代晚期至商代、西周至春秋两个时期。

新石器时代晚期至商代：陶片为夹细砂软陶和泥质粗软陶；陶色见灰白、深灰色，纹饰见绳纹、曲折纹、叶脉纹；可辨器形、部位有罐圈足。

西周至春秋时期：陶片多为泥质粗硬陶；陶色有灰白、深灰、灰黑色等；纹饰见弦纹、方格纹、夔纹；可辨器形有罐。

（2）石器。器形有砺石、锛等。时代为新石器时代晚期至商代。

本次复查在山岗顶部周边采集遗物 11 件，有陶器残片 10 件、石器 1 件。（图 5 - 15）分布范围约 17 000 平方米。（彩版四〇，1）

（1）陶器。采集陶片 10 片。据遗物特征分析，可分为新石器时代晚期至商代、西周至春秋两个时期。

新石器时代晚期至商代：采集夹细砂灰硬陶片 1 片，饰交错绳纹加附加堆纹加弦纹。

西周至春秋时期：采集陶片 9 片。以泥质粗硬陶为主，有少量泥质细硬陶、泥质粗软陶；陶色有红褐、灰褐、深灰、灰、灰黑色等；纹饰以方格纹为主，另有夔纹、刻划纹、戳印纹加弦纹等。

（2）石器。器形见锛。时代为新石器时代晚期至商代。

石锛 1 件。

ZJLY - 502：5Z I，青灰色片岩；呈梯形，顶部斜直，两侧向下斜外扩，单面直刃。宽 4.2、高 6.9、厚 1.7 厘米。（图 5 - 15，1；彩版一二二，6）

综合两次调查情况，遗址有新石器时代晚期至商代、西周至春秋两期遗存。

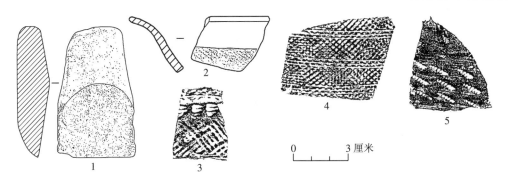

图 5 – 15　ZJLY – 502、503 采集遗物及陶片纹饰拓片

1. 石锛（ZJLY – 502：5Z Ⅰ）　　2. 陶罐口沿（ZJLY – 503：4Y Ⅱ）　　3. 交错绳纹＋附加堆纹＋弦纹（ZJLY – 502：3Y Ⅱ）
4. 方格纹＋弦纹（ZJLY – 503：3Y Ⅱ）　　5. 戳印纹＋弦纹（ZJLY – 502：5Y Ⅱ）

三九　ZJLY – 503 老鼠岭遗址

1. 遗址概况

老鼠岭遗址位于正果镇到蔚村凌角塘社东北部山岗上。其北、东、西侧为地势低平的农田，西与鸭公山相望，南望调查网格 504 龚狗岭，东南侧与山岗相连，东邻木易岭遗址，银场水于遗址北侧约170 米处自东向西流经。遗址于 2011 年调查时发现，定名为老鼠岭遗址。

山岗总体平面近圆形，由几座小山峰连绵相接构成，形体较大，面积约 88 000 平方米。其主峰位于中南部，海拔约 64.8 米，相对高度约 44.2 米。整个山岗坡势较平缓，大部分区域处于荒置状态，山上有较多竹子、桉树、松树等，地表杂草灌木丛生，大部分区域无法踏查。

2. 采集遗物

2011 年调查时在西侧山岗采集少许陶器残片，据遗物特征分析分属新石器时代晚期至商代、西周至春秋两个时期。

新石器时代晚期至商代：陶片为夹细砂软陶或泥质粗软陶，陶色以灰、青灰色居多，纹饰可见叶脉纹、绳纹、曲折纹、梯格纹等，可辨器形、部位有罐颈部残片。

西周至春秋时期：陶片多泥质粗硬陶，灰褐色，器表饰方格纹、夔纹、云雷纹等，可辨器形、部位有瓮口沿。

本次复查在西北坡、西坡、东坡采集遗物 5 件，为陶器残片。（见图 5 – 15）分布范围约 7800 平方米。（彩版四〇，2）陶质为泥质粗硬陶；陶色为灰、灰褐、灰黑色；纹饰有方格纹、方格纹加弦纹；可辨器形、部位有罐口沿。据遗物特征分析，时代为西周至春秋时期。

陶罐口沿　1 件。

ZJLY – 503：4Y Ⅱ，泥质细硬陶，灰色；侈口，宽斜沿，沿面中部弧鼓，圆唇；外沿下部饰方格纹。残宽 5.8、高 3.8 厘米。（图 5 – 15，2）

综合两次调查情况，遗址有新石器时代晚期至商代、西周至春秋两期遗存。

四〇　ZJLY – 509 斜背遗址（复查）

1. 遗址概况

斜背遗址位于正果镇到蔚村马头岭社西部山岗上，北侧为小片农田，西连社山，南坡脚有一处卖

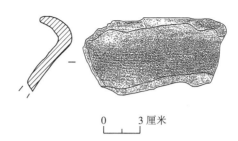

0   3 厘米

图 5 - 16   ZJLY - 509 采集陶罐口沿（ZJLY - 509：1Z Ⅰ）

沙场，县道 X293 经南坡脚而过，路对面为大片地势低平的农田，东与高岭山相邻，一方水塘坐落山岗东南角。南距银场水约 480 米。遗址于 2011 年调查时发现，山岗南坡坡脚一座清道光六年墓葬碑文显示本山土名斜背，故名。

山岗平面近长条形，南北向，形体较大，总面积约 108 000 平方米。山岗海拔约 65.1 米，相对高度约 40.3 米。岗顶平坦，南坡较平缓，其他诸坡稍陡峭。山岗南坡、西坡多种有荔枝、橘子等果树，间有少许橄榄，局部有竹子、桉树等，地表较大，落叶遍地，对调查带来一定影响；东坡、北坡多荒置，有竹子、桉树、其他杂木等，地表杂草丛生，无法踏查。

2. 采集遗物

2011 年调查时采集陶片 1 片，泥质粗硬陶，饰篦点纹加弦纹。据特征推断时代为西周至春秋时期。另采集网纹砖 1 块，青灰色，为晋南朝时期特征。

本次复查在山岗南坡、西南坡、西坡采集遗物 7 件，皆为陶器残片，遗物分布范围约 14 000 平方米。陶片皆为泥质陶，泥质粗硬陶、泥质细硬陶各半；陶色以灰褐色为主，另有灰、深灰、青灰色等；器表皆饰方格纹；可辨器形有罐口沿。据遗物特征推断时代为西周至春秋时期。

陶罐口沿   1 件。

ZJLY - 509：1Z Ⅰ，泥质粗硬陶，灰褐色；侈口，卷沿，唇部残，斜直肩；肩部饰方格纹。残宽11.7、高 6 厘米。（图 5 - 16）

综合两次调查情况，遗址有西周至春秋、晋南朝两期遗存。

四一   ZJLY - 510 社山遗址

1. 遗址概况

社山遗址位于正果镇到蔚村吓角岭社东北部山岗上，锦绣星河东南侧。其北侧为小片农田，山脚下有增城玉柱装饰材料店，西邻省道 S119，南邻县道 X293，路南侧为地势低平的农田，东侧与斜背遗址相邻，南距银场水约 430 米。调查时在西北侧山岗南坡发现一座清同治三年墓葬，其墓碑碑文显示本山土名为社山，故名。

山岗平面呈不规则长条形，由南北两座山岗连绵相接构成，面积约 87 000 平方米，海拔约 53.9米，相对高度约 27.4 米。其中南侧山岗平面近椭圆形，形体较大，山势不高，诸坡较为平缓，山上遍植荔枝，间有少许龙眼、橄榄，局部有竹林、桉树、松树等，除山顶及北坡杂草较多外，山岗其他区域地表杂草均较少。北侧山岗平面呈不规则形，山势不高，诸坡较平缓，山岗南坡、西坡遍植荔枝，间有少许龙眼、橄榄，局部有竹林、桉树、松树等，地表有较多枯草，落叶不多，较利于调查；山岗东坡、北坡基本上处于荒置状态，有较多杂木、桉树、竹林等，地表杂草灌木丛生，无法踏查。

2. 采集遗物

在西北侧山岗南坡中部采集陶器残片 2 件，泥质粗软陶，灰白色，饰方格纹。据遗物特征推断时代为战国至南越国时期。

四二　ZJLY－511 马头岭西遗址（复查）

1. 遗址概况

马头岭西遗址位于正果镇到蔚村马头岭社西北部山岗上。山岗北侧为小片农田，西接斜背遗址，南距银场水约 750 米，南侧坡下有一方水塘及地势较缓的台地，可望县道 X293，东接高岭山。遗址于 2011 年调查时发现，依山岗与马头岭村相对位置而名为马头岭西遗址。

山岗平面近椭圆形，南北向，面积约 94 000 平方米。山岗海拔约 86.7 米，相对高度约 57.8 米，东、西两侧与周边山岗连绵相接，诸坡较平缓。山上遍植果树，以荔枝为主，间有橘林、龙眼、橄榄等，局部有竹林、桉树，果林内大部分区域杂草不多，但枯叶遍地，对调查带来一定影响。

2. 采集遗物

2011 年调查时在西南坡山腰采集少许陶片，据遗物特征分析分属西周至春秋、战国至南越国两个时期。

西周至春秋时期：陶片为泥质粗硬陶，青灰色，饰弦纹加方格纹。

战国至南越国时期：陶片有泥质粗硬陶、泥质细硬陶，陶色见黄褐、灰褐色，饰方格纹。

本次复查采集遗物 4 件，皆为陶器残片，散布不同山坡，分布范围约 14 000 平方米。据遗物特征分析，可分为西周至春秋、战国至南越国两个时期。

西周至春秋时期：采集陶片 3 片，皆为泥质粗硬陶，饰方格纹。

战国至南越国时期：采集 1 片泥质粗硬陶，饰米字纹。

综合两次调查情况，遗址有西周至春秋、战国至南越国两期遗存。

四三　ZJLY－512 高岭山遗址

1. 遗址概况

高岭山遗址位于正果镇到蔚村马头岭社东北侧后山岗上，北依高山区，与窑洞遗址相邻，西接马头岭西遗址，马头岭村依山西南坡脚而建，村东侧山下为木材加工场，南面大片地势低平的农田，距银场水约 650 米，东邻数座小山岗。当地村民称山岗为高岭山，故名。

山岗为遗址北侧高山区南向延伸出的坡地，平面形状近椭圆形，面积约 63 000 平方米，海拔约 100 米，相对高度约 72.5 米。山之南坡、西坡种植较多橄榄树，间有少许荔枝、桉树、竹子等，果林内杂草不多，利于调查；岗顶及东坡基本上处于荒置状态，长有竹子、桉树、杂木等，地表杂草丛生，除其间现代墓周边因除草地表裸露可以踏查外，其他区域无法调查。

2. 采集遗物

采集遗物 48 件，有青釉四系罐及陶器残片。（图 5－17；彩版一〇四，1）主要见于西南坡，南坡

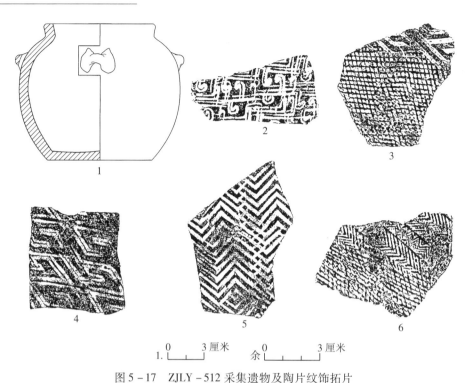

图 5 - 17　ZJLY - 512 采集遗物及陶片纹饰拓片

1. 青釉四系罐（ZJLY - 512：10YⅢ）　2. 夔纹（ZJLY - 512：5YⅢ）　3. 方格纹 + 勾连云雷纹（ZJLY - 512：4YⅢ）　4. 勾连云雷纹（ZJLY - 512：2YⅢ）　5. 曲折纹（ZJLY - 512：3YⅡ）
6. 方格纹 + 曲折纹（ZJLY - 512：2YⅡ）

次之，分布范围约 16 000 平方米。据采集遗物特征分析，可分为西周至春秋、唐宋两个时期。

西周至春秋时期：采集陶片 47 片。陶质绝大多数为泥质粗硬陶，有少量泥质细硬陶；陶色以红褐、灰黑色为主，少量为黑、灰、灰褐、深灰色；纹饰以方格纹为主，另有方格纹加戳印纹加弦纹、方格纹加勾连云雷纹、方格纹加曲折纹、勾连云雷纹、夔纹、曲折纹、网格纹、素面等；可辨器形有罐口沿。

陶罐口沿　1 件。

ZJLY - 512：13ZⅠ，泥质粗硬陶，灰褐色；斜折沿，斜直肩；肩部饰方格纹。

唐宋时期：采集 1 件青釉四系罐。

青釉四系罐　1 件。

ZJLY - 512：10YⅢ，胎灰白色，施青釉，釉大部分脱落；小口略敞，平方唇，短立领，弧鼓腹，肩部附四个对称横耳，平底。复原口径 9.2、底径 8.6、高 10.8 厘米。（图 5 - 17，1；彩版八二，8；彩版一四八，2）

四四　ZJLY - 513 屻尾遗址

1. 遗址概况

屻尾遗址位于正果镇大冚村凤辉社北侧后山岗上，北接荒置的高山区，西侧坡下有一处木材加工场，南面大片农田，距银场水约 330 米，凤辉村依山南坡下而建，村前为县道 X293，东侧山坡下有几方水塘，与屻尾左遗址相邻。当地村民称山岗为屻尾，故名。

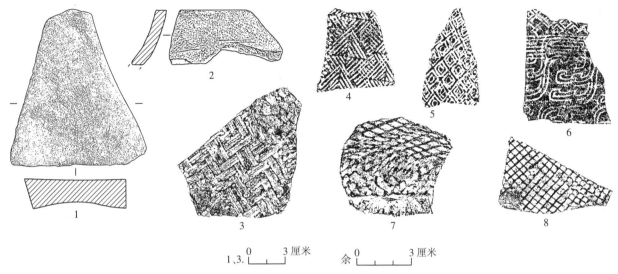

图 5 – 18　ZJLY – 513 采集遗物及陶片纹饰拓片

1. 砺石（ZJLY – 513：11Z Ⅰ）　2. 陶罐口沿（ZJLY – 513：10Z Ⅰ）　3. 席纹（ZJLY – 513：15Y Ⅱ）　4. 重菱格连线纹
（ZJLY – 513：8Y Ⅱ）　5. 重菱格凸点纹（ZJLY – 513：7Y Ⅱ）　6. 夔纹 + 菱格凸块纹 + 弦纹（ZJLY – 513：20Y Ⅱ）
7. 网格纹（ZJLY – 513：4Y Ⅱ）　8. 方格纹（ZJLY – 513：5Y Ⅱ）

山岗平面呈长条形，西北东南向，面积约 52 000 平方米，海拔约 51.9 米，相对高度约 21.9 米。山岗山势不高，诸坡较平缓。北坡与高山区相接的区域为荒山，长有桉树、竹子等，地表菊尾草丛生，无法踏查；东坡北部坡地上种植较多松树、桉树、竹子，地表杂草较多；其他区域遍植果树，以荔枝为主，间有少许龙眼、橄榄及农作物，果林内大部分区域杂草不多，但枯叶遍地，对调查带来一定影响。（彩版六一，2）

2. 采集遗物

采集遗物 38 件，其中陶器残片 37 件、石器 1 件。（图 5 – 18）分布于整个山岗，范围约 16 000 平方米。

（1）陶器。采集陶片 37 片。据遗物特征分析，以西周至春秋时期遗物为主，少量属战国至南越国时期。

西周至春秋时期：采集陶片 33 片。陶片以泥质粗硬陶为主，有少量泥质细硬陶、泥质粗软陶；陶色以灰褐色为主，灰色次之，另有红褐、灰白、灰黑、青灰色等；纹饰多见方格纹，另有方格纹加弦纹、方格纹加夔纹、方格纹加网格纹、重菱格连线纹、夔纹加重菱格纹加弦纹、菱格纹、曲折纹、重圈纹等；可辨器形、部位有罐口沿和陶器圈足。

陶罐口沿　1 件。

ZJLY – 513：10Z Ⅰ，泥质细硬陶，灰色；敛口，平方唇，斜弧肩略凹弧；肩部饰方格纹。残宽 6.2、高 2.9 厘米。（图 5 – 18，2）

战国至南越国时期：采集陶片 4 片，泥质粗硬陶，灰褐、灰陶各 2 片，饰米字纹、方格纹，可辨器形、部位有罐口沿。

（2）石器。器形见砺石。时代为西周至春秋。

砺石　1 件。

ZJLY – 513：11Z Ⅰ，青灰色砂岩，扁体近三角形，侧面平直，上、下侧面磨制呈凹弧面。宽 11、

高 12.4、厚 2.4 厘米。（图 5 - 18，1；彩版一三六，6）

四五　ZJLY - 514 氹尾左遗址

1. 遗址概况

氹尾左遗址位于正果镇大冚村凤辉社东北部。其北侧与荒置高山区相接，西侧、南侧坡脚有几方水塘，西与氹尾相望，南眺开阔的农田，距银场水约 490 米，东侧相邻数座山丘。调查时在山岗南坡发现一座民国时期重修墓葬，其墓碑碑文显示本山土名氹尾左，故名。

山岗平面形状近圆形，形体不大，面积约 26 000 平方米。山顶海拔约 43.6 米，相对高度约 19 米。山岗地势不高，除南坡被开挖呈断崖状外，其他诸坡较平缓。山岗南部种植有橄榄，周边有竹子、桉树等，地表有较多杂草、枯叶，对调查带来一定影响；山岗北半部近乎荒置，山上长有较多桉树，地表杂草茂盛，无法踏查。

2. 采集遗物

在山顶中南部采集陶片 1 片，泥质粗硬陶，红褐色，饰方格纹，初步判断时代为战国至南越国时期。

四六　ZJLY - 515 黄洞山遗址

1. 遗址概况

黄洞山遗址位于正果镇大冚村老窑吓社东北部、大冚村生态农业体验园背后山岗上，北侧为地势低平的农田，可望见和平窑洞村，西侧山脚下开发为大冚村生态农业体验园，南侧与县道 X293 相邻，银场水从山岗东南坡下自东北向西南流过，河对岸有一处较大的厂房。当地村民称山岗为黄洞山，故名。

山岗平面形状近椭圆形，形体不大，面积约 23 000 平方米。山顶海拔约 37.8 米，相对高度约 14.1 米，地势低矮平缓。山岗西坡开发为生态庄园，山坡上种植有荔枝等，地表为绿化草皮，对调查带来较大影响；其他区域遍植果树，以荔枝为主，间有橄榄，局部有樟树、桉树、竹林，地表杂草丛生，大部分区域无法踏查。

2. 采集遗物

在山岗西坡、山顶南部采集遗物 11 件，皆为陶器残片。分布范围约 2700 平方米。据遗物特征分析，大致可分为新石器时代晚期至商代、西周至春秋两个时期。（图 5 - 19）

新石器时代晚期至商代：采集陶片 4 片。陶质多泥质细硬陶，仅 1 片夹粗砂硬陶；陶色见灰、灰黑、青灰色；纹饰有曲折纹、曲折纹加附加堆纹、绳纹。

西周至春秋时期：采集陶片 7 片。多为泥质粗硬陶，有少量泥质细硬陶；陶色以灰褐色为主，少见红褐、灰色；纹饰有方格纹、夔纹、戳印纹、菱格纹、篦点纹加弦纹、曲折纹等；可辨器形、部位有罐口沿。

陶罐口沿　1 件。

ZJLY -515：4T，泥质细硬陶，灰褐色；侈口，短斜折沿，斜方唇，斜弧肩；肩部饰篦点纹、弦

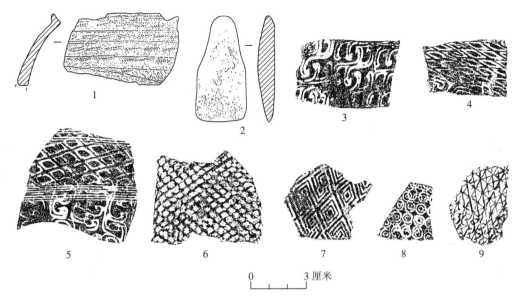

图 5-19 ZJLY-515、516 采集遗物及陶片纹饰拓片

1. 陶罐口沿（ZJLY-515:4T） 2. 石锛（ZJLY-516:23YⅡ） 3. 夔纹（ZJLY-516:5T） 4. 夔纹＋菱格凸点纹（ZJLY-515:5T） 5. 夔纹＋菱格凸块纹＋弦纹（ZJLY-516:14YⅡ） 6. 方格纹（ZJLY-516:22YⅡ） 7. 重菱格凸点纹（ZJLY-516:8YⅡ） 8. 圆圈凸点纹（ZJLY-516:19YⅡ） 9. 米字纹（ZJLY-516:8ZⅠ）

纹。残宽 6.2、高 3.8 厘米。（图 5-19，1；彩版一二八，2）

四七　ZJLY-516 木易岭遗址

1. 遗址概况

木易岭遗址位于正果镇大冚村塘底社西南部。其北侧为地势低平的农田，西邻老鼠岭遗址，南接荒置高山区，东望银船浪遗址，北部距银场水约 110 米。当地村民称山岗为木易岭，故名。

山岗平面呈不规则近手掌状，西侧山岗向北侧伸出平缓的长舌状坡地，形似手掌的拇指部分，总面积约 28 000 平方米，山顶海拔约 42.1 米，相对高度约 20.5 米。西侧山岗北半部种植橘子，地表杂草不多，利于调查，南半部近乎荒置，种植有较多桉树，地表杂草丛生，无法踏查。东侧山岗平面近椭圆形，形体较大，山势稍高，诸坡较陡峭，西半部遍植荔枝，局部有桉树、竹林，地表杂草不多，有枯叶，较利于调查；东半部山岗荒置，遍植桉树，局部有竹林，地表杂草灌木丛生，无法踏查。

2. 采集遗物

在东侧山岗南部、西侧山岗采集遗物 57 件，其中陶器残片 56 件、石器 1 件。（见图 5-19）分布范围约 20 000 平方米。（彩版四一，1）

（1）陶器。采集陶片 56 片。据遗物特征分析，可分为新石器时代晚期至商代、西周至春秋、战国至南越国、唐宋四个时期。

新石器时代晚期至商代：采集陶片 5 片。陶片有泥质细硬陶、泥质粗软陶、夹粗砂软陶；陶色见红褐、红、灰白、青灰、黑色等；纹饰有曲折纹、绳纹、篮纹、素面等；可辨器形、部位有陶罐

（釜）口沿。

西周至春秋时期：采集陶片42片。陶质以泥质粗硬陶为主，有少量泥质粗软陶、泥质细硬陶；陶色以灰、灰褐色为主，另有红褐、红、橙黄、灰黑、青灰、深灰色等；纹饰以方格纹为主，次为夔纹、菱格纹，方格纹、夔纹、菱格纹、弦纹多组合出现，另有菱格凸块纹、圆圈纹、重菱格纹、方格圆点纹、戳印纹、素面等；可辨器形、部位有罐口沿。

战国至南越国时期：采集陶片7片，多为泥质粗硬陶，有少量泥质细硬陶；陶色见灰黑、青灰、灰褐、红褐色；纹饰以米字纹为主，另有水波纹、弦纹、方格纹等；可辨器形、部位有罐口沿。

唐宋时期：采集泥质灰硬陶罐残片2片，素面。

（2）石器。器形见锛。时代为新石器时代晚期至商代。

石锛　1件。

ZJLY-516：23YⅡ，青灰色片岩，整体近凸字形，顶部圆弧，两侧略出肩，两侧边近直，单面直刃。宽2.7、高5.6、厚0.9厘米。（图5-19，2）

四八　ZJLY-517银船浪遗址

1. 遗址概况

银船浪遗址位于正果镇大冚村塘底社南侧后山岗上，北侧为地势低平的林地，距银场水约250米，塘底村依山西北坡脚而建，西与木易岭遗址之间为农田，南眺火烧山遗址，东与大冚叶屋山相接。调查时在山岗西坡发现一座清道光年间重修墓葬，其墓碑碑文显示本山土名银船浪，故名。

山岗平面呈不规则凹字形，西坡中部内凹，形体较大，面积约44 000平方米，海拔约59.2米，相对高度约33.2米。山岗山势不高，山顶较平坦，诸坡较陡峭。山上遍植果树，以荔枝为主，间有龙眼、黄皮等，局部有桉树、竹林，果林内大部分区域杂草很少，但枯叶遍地，对调查带来一定影响。

2. 采集遗物

在地表采集遗物10件，皆为陶器残片，分布范围约8000平方米。陶片以泥质粗硬陶为主，有少量泥质细硬陶、泥质粗软陶；陶色有灰、灰褐、青灰、灰白、红褐色等；纹饰以米字纹、方格纹居多，另有水波纹加弦纹、方格纹加弦纹等；可辨器形、部位有罐口沿、罐底。据遗物特征推断时代为战国至南越国时期。

陶罐底　1件。

ZJLY-517：1T，泥质细硬陶，灰褐色；弧腹，下腹斜直内收，平底；腹部饰水波纹、弦纹。残宽9.1、高12.5厘米。（图5-20；彩版一四一，7）

四九　ZJLY-518耙船浪尾遗址

1. 遗址概况

耙船浪尾遗址位于正果镇大冚村吓屋社西南部，老屋塘社南侧后山岗上。山岗北邻大冚叶屋山，

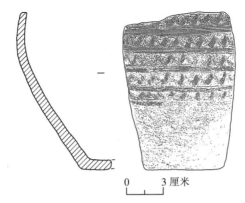

0 　　3 厘米

图 5 - 20　ZJLY - 517 采集陶罐底（ZJLY - 517：1T）

距银场水约 500 米，老屋塘村依山北坡脚而建，西邻火烧山，西南与新塘岽相接，东面一南北狭长形山谷，东坡坡脚建有房屋，村前为南北向乡村公路。调查时在山岗西北坡发现一座光绪年间墓葬，其墓碑碑文显示本山土名耙船浪尾，故名。

山岗平面呈曲尺形，南北向，形体较大，总面积约 108 000 平方米，海拔约 85.5 米，相对高度约 55.5 米，地势较陡，诸坡坡度较大。山岗上遍植果树，基本上为荔枝，间有龙眼、柿子等，山顶局部有桉树、松树，山脚周边有竹林，果林内大部分区域杂草不多，但枯叶遍地，对调查带来一定影响。

2. 采集遗物

在山岗西北坡荔枝林内采集陶片 1 片，泥质粗硬陶，橙黄色，饰三角格纹。时代为战国至南越国。

五〇　ZJLY - 519 新塘岽遗址

1. 遗址概况

新塘岽遗址位于正果镇大岽村窑佛岽社西南部一座山岗上。山岗西侧山脚有几方水塘，南、东侧均为高山区，北与火烧山相邻，距银场水约 960 米，东北与耙船浪尾遗址相接。调查时在山岗东部山坳坡地上发现一座清道光七年（1827 年）墓葬，其墓碑碑文显示本山土名新塘岽，故名。

山岗平面呈圆边三角形，形体较大，面积约 48 000 平方米，海拔约 69 米，相对高度约 39.3 米。山岗地势较陡峭，诸坡坡度较大。北坡遍植荔枝，间有龙眼、柿子等，局部有竹林、桉树，果林内大部分区域有较多杂草，枯叶遍地，对调查带来较大影响；岗顶周边及南半部基本处于荒置状态，有较多桉树、杂木，另有少许荔枝，地表杂草灌木丛生，无法踏查。

2. 采集遗物

山岗北坡中部一现代墓周边采集陶器残片 2 件，泥质陶，质地较硬，灰色，饰绳纹、交错绳纹。据遗物特征推断时代为新石器时代晚期至商代。

五一　ZJLY - 520 火烧山遗址

1. 遗址概况

火烧山遗址位于正果镇大岽村窑佛岽社西部山岗上，南邻新塘岽，东邻耙船浪尾，北邻木易岭、银船浪，距银场水约 730 米，西北侧与荒山相接，西侧山脚下有几方水塘，水塘对面有龚狗岭。当地村民称山岗为火烧山，故名。

山岗平面近长条形，西北东南向，因西北侧山体荒置无法踏查，调查网格划定为山岗东南部。山岗形体大，总面积约 124 000 平方米，海拔约 76.9 米，相对高度约 48.3 米。除东南部与耙船浪尾相接区域稍平缓外，其他诸坡较陡峭。山岗西部为荒山，遍植桉树，局部有竹林、杂木，地表杂草丛生，无法踏查；山岗东北坡亦为荒山，地表杂草灌木丛生，无法踏查；东南部大部分区域种植荔枝，另有少量橘子，地表杂草不多，有枯叶，对调查带来一定影响；中部山坳坡地遍植橘子，林间有杂草，局部区域杂草被清理干净。

2. 采集遗物

在山岗南坡脚水泥路旁采集陶片 1 片，夹细砂软陶，灰黑色，饰附加堆纹。据遗物特征推断时代为新石器时代晚期至商代。

五二 ZJLY－522 黄排遗址

1. 遗址描述

黄排遗址位于正果镇大冚村窑佛冚村南侧。其北侧为地势低平的村庄，西北与耙船浪尾相邻，西与调查网格 519 新塘冚相望，南接荒山区，东侧山坡下为地势低平的峡谷，与峡谷对面调查网格 523 松见、调查网格 524 大元党相望。当地村民称之为黄排，故名。

山岗平面近椭圆形，形体较大，总面积约 86 000 平方米，海拔约 98.8 米，相对高度约 68.8 米，诸坡较陡峭。山岗东坡大部分区域种植荔枝等果树，地表杂草、枯叶较多，其他区域多荒置，无法踏查。

2. 采集遗物

采集泥质粗软陶片 1 片，素面。推断时代为新石器时代晚期至商代。

五三 ZJLY－525 猪岭遗址

1. 遗址概况

猪岭遗址位于正果镇和平村韩山吓社西南部山岗上，山岗西接老窑背扶山遗址，南邻大元党，东侧山下有几方水塘，北侧为地势低平的农田、水塘，毗邻县道 X293，与公路对面黄洞山相望，距银场水约 230 米。调查时在南侧山岗北坡发现一座民国三十六年（1947 年）重修墓葬，其墓碑碑文显示本山土名猪岭，故名。

山岗由南侧近圆形山岗及北侧长条形山岗连绵相接构成，总体平面呈不规则形，山岗形体大，面积约 133 000 平方米，海拔约 79.7 米，相对高度约 52.8 米，诸坡较陡峭。其中南侧山岗大部分区域处于荒置状态，仅北坡西部及与北侧山岗相接的山坳处种植荔枝、橘子等，荒置区域有较多桉树、杂木、松树、竹林，地表杂草灌木丛生，无法踏查；果林内杂草不多，有枯叶，对调查带来一定影响。北侧长条形山岗山顶及东坡遍植橘子，西坡遍植荔枝，坡脚局部有桉树、竹林，地表杂草较多，对调查带来一定影响。

2. 采集遗物

在地表采集遗物 20 件，其中陶器残片 18 件、石器 2 件。（图 5 – 21）分布范围约 14 000 平方米。

（1）陶器。采集陶片 18 片。据遗物特征分析，大部分属新石器时代晚期至商代，少量属西周至春秋时期。

新石器时代晚期至商代：采集陶片 15 片。泥质和夹细砂陶各半，以夹细砂软陶居多，另有夹粗砂软陶、泥质粗软陶、泥质粗硬陶、泥质细软陶等；陶色多见灰白色，另有橙黄、黑、红、灰、红褐、灰褐、灰黑、青灰、深灰色等；陶片多素面，纹饰见曲折纹；可辨器形、部位有罐口沿、器座等。

陶器座 1 件。

ZJLY – 525：5Z Ⅰ，夹粗砂软陶，红褐色；中空亚腰形，底部向下外撇，足跟圆弧，胎体较厚；素面。残宽 9.5、高 6.5 厘米。（图 5 – 21，4）

西周至春秋时期：采集陶片 3 片，泥质粗硬陶，灰色，饰方格纹。

（2）石器。2 件，器形见镞、杵。时代为新石器时代晚期至商代。

石镞 1 件。

ZJLY – 525：5T，青灰色片岩；平面呈菱形，镞尖残缺，镞锋中部起脊，横截面呈菱形，两面刃，下部内收为铤。残宽 3.3、高 1.2、厚 0.4 厘米。

石杵 1 件。

ZJLY – 525：6Z Ⅰ，灰褐色砂岩；圆柱状，除下侧面为打击使用斜面，其他均为磨制光面。宽 5.1、高 14.5、厚 3.6 厘米。（图 5 – 21，1；彩版一二五，8）

五四 ZJLY – 526 老窑背扶山遗址

1. 遗址概况

老窑背扶山遗址位于正果镇大冚村老窑吓社东侧后山岗上，北侧为地势低平的农田，银场水从山岗北约 80 米处自东向西流过，老窑村依山西坡脚而建，南接调查网格 524 大元党，东与猪岭相邻。当地村民称山岗为背扶山，依村名定名为老窑背扶山。

山岗平面近椭圆形，南北向，形体大，总面积约 89 000 平方米，海拔约 78 米，相对高度约 54.4 米。山岗地势较陡，诸坡坡度较大。山岗西坡、北坡及山顶北部遍植荔枝，局部有竹子、桉树，果林内大部分区域杂草不多，利于调查；山顶南部、南坡、东坡处于荒置状态，荒置区内有较多桉树，另有竹林、杂木、松树等，地表杂草灌木丛生，无法踏查。

2. 采集遗物

在地表采集遗物 39 件，其中陶器残片 36 件、石器 3 件。（见图 5 – 21）其中山岗北部遗物分布丰富，范围约 35 000 平方米。

（1）陶器。采集陶片 36 片。据遗物特征分析，以新石器时代晚期至商代为主，少量属西周至春秋时期。

新石器时代晚期至商代：采集陶片 23 片。多为泥质陶，以泥质细硬陶为主，另有泥质细软陶、泥

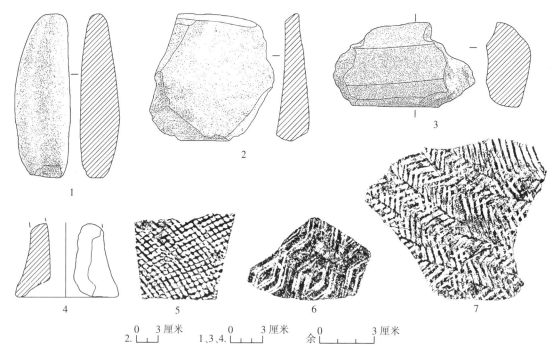

图 5 - 21　ZJLY - 525、526 采集遗物及陶片纹饰拓片

1. 石杵（ZJLY - 525：6Z I）　　2、3. 砺石（ZJLY - 526：17T、ZJLY - 526：15T）　　4. 陶器座（ZJLY - 525：5Z I）
5. 方格纹（ZJLY - 526：14T）　　6. 勾连云雷纹（ZJLY - 526：7T）　　7. 叶脉纹（ZJLY - 526：8T）

质粗硬陶、泥质粗软陶、夹细砂硬陶、夹粗砂软陶等；陶色有灰、灰白、灰褐、灰黑、灰黄、青灰、深灰、红褐、红、橙黄色等；纹饰以曲折纹、绳纹居多，次为叶脉纹，另有方格纹、栉齿纹、篮纹、云雷纹、素面等。（彩版七五，9）

西周至春秋时期：采集陶片 13 片。以泥质粗硬陶为主，仅 1 片泥质细硬陶；陶色有深灰、灰褐、灰、橙黄、青灰、灰黑色等；纹饰有方格纹、勾连云雷纹、戳印纹、戳印纹加贴塑纹加菱格纹加弦纹、方格纹加夔纹、方格纹加菱格凸块纹、素面等；可辨器形、部位有罐口沿。

（2）石器。3 件，器形有半成品锛、砺石等。时代为新石器时代晚期至商代。

砺石　2 件。

ZJLY - 526：15T，青灰色片岩；扁体长条形，两端残断，上侧面起脊，磨制为几个凹弧面。宽 12.8、高 7.4、厚 4 厘米。（图 5 - 21，3）

ZJLY - 526：17T，灰黄色片岩；扁体不规则形，上侧面磨制呈凹弧面。宽 17.2、高 16.9、厚 4.5 厘米。（图 5 - 21，2；彩版一二一，5）

五五　ZJLY - 527 岭见遗址

1. 遗址概况

岭见遗址位于正果镇和平村张屋社南侧后山岗上，山岗东侧与上坑山相邻，西、南邻韩山吓遗址，北面为地势低平的农田，距银场水约 320 米，张屋村依北坡脚而建，县道 X293 于村北约 200 米经过。调查时在山岗北坡发现一座民国二十四年（1935 年）重修墓葬，其墓碑碑文显示本山土名岭见，故名。

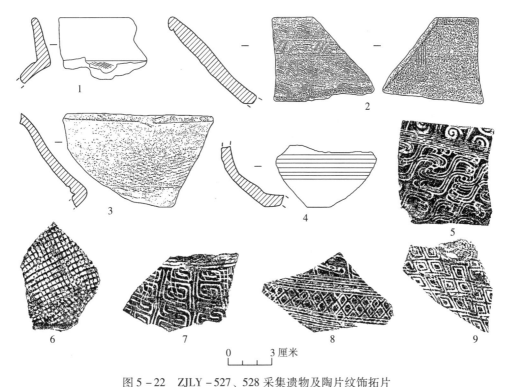

图 5 - 22　ZJLY - 527、528 采集遗物及陶片纹饰拓片

1. 陶罐口沿（ZJLY - 528：2ZⅠ）　　2、3. 陶瓮口沿（ZJLY - 527：1YⅡ、ZJLY - 527：4ZⅠ）　　4. 陶钵底
（ZJLY - 527：6ZⅠ）　　5. 夔纹 + 弦纹 + 卷云纹（ZJLY - 527：2YⅡ）　　6. 方格纹（ZJLY - 527：5ZⅠ）
7. 夔纹 + 弦纹（ZJLY - 527：5YⅡ）　　8. 夔纹 + 菱格纹 + 弦纹（ZJLY - 527：3ZⅠ）　　9. 菱格凸块纹
（ZJLY - 527：6T）

山岗平面呈椭圆形，形体较大，面积约 58 000 平方米，海拔约 56.8 米，相对高度约 26.8 米。岗顶较平坦，诸坡较平缓。山岗南部、北部遍植果树，以荔枝为主，间有龙眼、橘子等，局部有桉树、竹林，果林内杂草、落叶不多，利于调查。山岗中部大部分区域荒置，遍植桉树，局部有杂木、竹子等，地表杂草丛生，无法踏查。

2. 采集遗物

在地表采集陶器残片 23 件。（图 5 - 22，彩版一〇四，2）北坡较丰富，分布范围约 24 000 平方米。陶片以泥质粗硬陶为主，有少量泥质细硬陶、泥质粗软陶、夹细砂软陶；陶色以灰褐色为主，次为灰色，有少量灰白、灰黑、青灰、深灰色；纹饰多见方格纹、夔纹、菱格纹，但多以组合纹形式出现，有方格纹加水波纹加复线篦划纹、方格纹加菱格凸块纹、夔纹加菱格凸块纹加弦纹、夔纹加菱格纹加弦纹、夔纹加弦纹、夔纹加弦纹加卷云纹，另有菱格凸块纹、重圈纹、素面等；可辨器形、部位有钵底、瓮口沿、陶器圈足等。据遗物特征分析，时代为西周至春秋时期。

陶瓮口沿　2 件。

ZJLY - 527：4ZⅠ，泥质细硬陶，深灰色；侈口，斜折沿，方唇，口沿外一周凸棱；外沿饰方格纹。残宽 10.1、高 6.1 厘米。（图 5 - 22，3；彩版一三四，5）

ZJLY - 527：1YⅡ，泥质粗硬陶，灰色；宽斜沿，圆唇；内沿饰弦纹、水波纹、云雷纹，外沿饰方格纹、复线篦划纹。残宽 7、高 5.5 厘米。（图 5 - 22，2）

陶钵底   1件。

ZJLY－527:6Z Ⅰ，泥质细硬陶，灰褐色；弧腹向下内收，平底；腹部饰几周凹弦纹。残宽6.9、高4.1厘米。（图5－22,4）

五六   ZJLY－528 韩山吓遗址

1. 遗址概况

韩山吓遗址位于正果镇和平村韩山吓社南侧后山岗上，当地村民称之为背后山。其北侧为地势低平的农田，韩山吓村依山北坡脚而建，村前有县道X293，西北与金鱼山相邻，西、南坡脚环绕数个水塘，水塘对面为岭见遗址。山岗北坡一座现代墓墓碑碑文显示该山土名韩山吓，故名。

山岗由几座山岗连绵相接构成，平面呈不规则形，山岗形体大，面积约179 000平方米，海拔约76.7米，相对高度约51米，山岗诸坡均较陡峭。山岗南半部荒置，有较多桉树、杂木，另有松树、竹子等，地表杂草灌木丛生，无法踏查；北部大部分区域种植果树，以荔枝为主，间有龙眼、柿子、橘子等，局部有桉树、杂木、松树等，果林内大部分区域有杂草，枯叶遍地，对调查带来一定影响。

2. 采集遗物

在地表采集遗物10件，皆为陶器残片，分布范围约11 000平方米。陶质以泥质粗硬陶为主，有少量泥质细软陶、泥质细硬陶；陶色有灰褐、灰、红褐、灰黄色；纹饰以方格纹为主，另有方格纹加戳印纹加弦纹、重菱格凸块纹、夔纹、菱格凸块纹、菱格纹等；可辨器形、部位有罐口沿。据遗物特征分析，时代为西周至春秋时期。

陶罐口沿   1件。

ZJLY－528:2Z Ⅰ，泥质细硬陶，灰色；侈口，宽斜折，圆唇，弧肩残缺；肩部饰菱格纹。残宽5.9、高4.1厘米。（图5－22,1；彩版一二八,3）

五七   ZJLY－529 金鱼山遗址

1. 遗址概况

金鱼山遗址位于正果镇和平村韩山吓社西北侧山岗上。山岗西眺黄洞山，南邻韩山吓，东南与岭见相望，东侧山下为农田，北与县道X293相邻，公路对面为地势低平的农田，距银场水约210米。当地村民称山岗为金鱼山，故名。

山岗平面近椭圆形，形体不大，面积约12 000平方米，海拔约32.4米，相对高度约8.6米。山顶较平坦，北坡因修筑县道X293开挖山体而呈断崖状，其他诸坡较陡峭。岗顶种植荔枝、橄榄等果树，地表杂草不多，但枯叶遍地，对调查带来一定影响；山坡基本上荒置，长有较多竹子，地表杂草丛生，加之较陡峭，大部分区域无法踏查。

2. 采集遗物

在地表采集陶器残片4件，皆为泥质粗硬陶，灰黑色，饰米字纹。据遗物特征分析时代为战国至南越国时期。

五八 ZJLY-530 上坑山遗址

1. 遗址概况

上坑山遗址位于正果镇和平村上坑社东部后山岗上。该山南接观山，西邻岭见，其北、东面为开阔农田，东距上坑陂约40米，上坑村依山东坡脚而建，县道 X293 经过村前。当地村民称山岗为上坑山，故名。

山岗与南侧观山实为同一座山岗，为便于调查管理，分为两个调查网格。上坑山平面呈长条形，南北向，总面积约82 000平方米，海拔约50米，相对高度约24米，地势呈南高北低阶级状，诸坡较平缓。山岗东坡北部、西坡南部基本处于荒置状态，长有较多桉树、竹子等，地表杂草丛生，无法踏查；其他区域遍植果树，以荔枝为主，间有橄榄、橘子等，局部有桉树、竹子，果林内地表杂草、落叶较少，利于调查。（彩版六二，1）

2. 采集遗物

在山岗北半部采集陶器残片26件，分布范围约19 000平方米。据遗物特征分析，可分为新石器时代晚期至商代、西周至春秋、战国至南越国三个时期。（图5-23）

新石器时代晚期至商代：采集陶片6片。陶质有泥质细硬陶、夹细砂硬陶、夹细砂软陶、夹粗砂硬陶、夹粗砂软陶；陶色见灰白、橙黄、灰褐、灰黑、青灰色等；纹饰有绳纹、叶脉纹、曲折纹、云雷纹、素面等；可辨器形、部位有罐圈足。

陶罐圈足 1件。

ZJLY-530：3T，夹细砂硬陶，灰褐色；圜底下附圈足，圈足较矮、外撇，足跟平直；饰曲折纹。底径6、残高1.6厘米。（图5-23，6）

西周至春秋时期：采集陶片12片。以泥质粗硬陶为主，有少量泥质细软陶；陶色多见灰褐、灰黑、灰、深灰色，另有橙黄、红褐色等；纹饰多见方格纹、夔纹、菱格纹，但多以组合纹形式出现，有方格纹加勾连云雷纹、方格纹加栉齿纹、重菱格纹、夔纹加弦纹、菱格凸块纹、菱格纹加菱格凸块纹、弦纹等；可辨器形、部位有豆、罐的口沿。

陶豆 1件。

ZJLY-530：3YⅡ，泥质细软陶，红褐色；曲壁圜底，下附喇叭状圈足，足跟圆弧。底径6、残高7.4厘米。（图5-23，3；彩版七八，9；彩版一三〇，3）

战国至南越国时期：采集陶片8片。以泥质粗硬陶为主，有少量泥质细硬陶、夹细砂软陶；陶色多见灰褐、灰褐色，少量为青灰、橙黄色；纹饰多为米字纹，少量为方格纹、弦纹、素面；可辨器形、部位有钵、罐的口沿。

陶钵口沿 1件。

ZJLY-530：7T，泥质细硬陶，灰色；直口微敛，圆唇，上腹弧鼓，向下弧收；上腹饰弦纹。残宽6、高4.1厘米。（图5-23，2；彩版一四二，7）

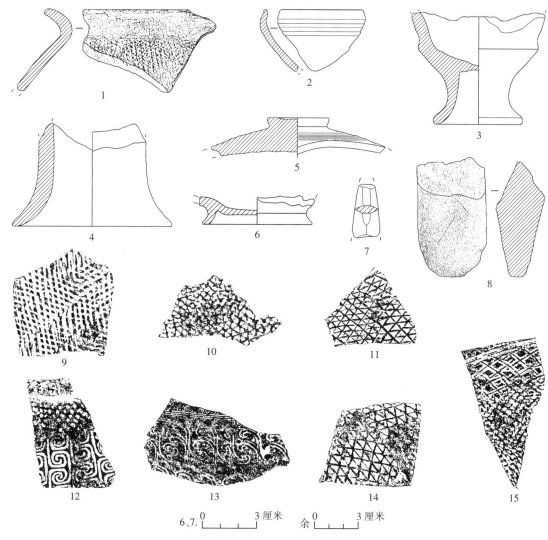

图 5 - 23　ZJLY - 530、531 采集遗物及陶片纹饰拓片

1. 陶罐口沿（ZJLY - 531：22T）　2. 陶钵口沿（ZJLY - 530：7T）　3. 陶豆（ZJLY - 530：3YⅡ）　4. 陶器座
（ZJLY - 531：1ZⅠ）　5. 陶器盖（ZJLY - 531：10T）　6. 陶罐圈足（ZJLY - 530：3T）　7. 残石锛（ZJLY - 531：14T）
8. 残石器（ZJLY - 531：2YⅡ）　9. 叶脉纹（ZJLY - 530：5T）　10. 米字纹（ZJLY - 530：8YⅡ）　11、14. 三角格纹
（ZJLY - 531：15T、ZJLY - 531：3T）　12. 方格纹 + 云雷纹（ZJLY - 531：5T）　13. 夔纹 + 弦纹（ZJLY - 530：2ZⅠ）
15. 菱格纹 + 菱格凸块纹 + 弦纹（ZJLY - 530：6YⅡ）

五九　ZJLY - 531 观山遗址

1. 遗址概况

观山遗址位于正果镇和平村上坑社南部山岗上。该山北接上坑山，西北与岭见相邻，西邻韩山吓，南邻问路下，县道 X293 经过东坡脚，隔公路与苍吓相望。调查时在山岗东坡发现一座清道光三十年（1850 年）墓葬，其墓碑碑文显示本山土名观山，故名。

山岗平面呈长条形，南北向，该山形体大，面积约 119 000 平方米，海拔约 75.3 米，相对高度约 45.3 米，诸坡较陡峭。山岗大部分区域遍植果树，以荔枝为主，间有橄榄、橘子，局部有桉树、竹林、杂木，果林内杂草不多、但枯叶遍地，对调查带来一定影响；山顶局部及西坡中上部区域荒置，

长有较多桉树，地表杂草灌木丛生，无法踏查。（彩版六二，2）

2. 采集遗物

在地表采集遗物23件，其中陶器残片21件、石器2件。（见图5-29）分布范围约15 000平方米。

（1）陶器。采集陶片21片。据遗物特征分析，可分为新石器时代晚期至商代、西周至春秋、战国至南越国三个时期。

新石器时代晚期至商代：采集陶片2片，皆为素面，夹粗砂软陶，为陶器座残片。

陶器座　1件。

ZJLY-531:1ZⅠ，夹粗砂软陶，橙黄色；亚腰中空状，下部外撇，足跟尖圆；通体素面。底径10.9、残高6.8厘米。（图5-23，4）

西周至春秋时期：采集陶片11片。陶质以泥质粗硬陶为主，有少量泥质细硬陶、泥质细软陶；陶色多见灰褐、青灰、深灰色，少量灰色，部分器表可见酱釉；纹饰以方格纹为主，另有方格纹加云雷纹、素面；可辨器形、部位有罐口沿、器盖。

陶罐口沿　1件。

ZJLY-531:22T，泥质粗硬陶，青灰色；侈口，卷沿，圆唇，斜肩略弧；肩部饰方格纹。残宽9.2、高5.5厘米。（图5-23，1；彩版一二八，4）

陶器盖　1件。

ZJLY-531:10T，泥质粗硬陶，灰褐胎施酱釉；口部残缺，漫弧顶，顶正中有圆形器纽，纽顶部略凹；饰多道弦纹。残宽11.8、高2.6厘米。（图5-23，5；彩版一三五，8）

战国至南越国时期：采集陶片8片，皆为泥质粗硬陶；陶色以灰褐色为主，另有红褐、深灰色；纹饰以三角格纹为主，另有弦纹、方格纹、素面等。

（2）石器。2件，器形有镞、残石器。时代为新石器时代晚期至商代。

石镞　1件。

ZJLY-531:14T，深灰色角岩；残存近三角形，两端残断，上、下面中部起平台，两面斜直刃，横截面呈六边形。宽1.5、高2.9、厚0.4厘米。（图5-23，7）

残石器　1件。

ZJLY-531:2YⅡ，灰褐色砂岩；长条形，上部残断，两侧边平直，下端为圆弧状，横截面近三角形，上宽下窄。宽4.6、高7.8、厚3.3厘米。（图5-23，8）

六〇　ZJLY-532窑洞遗址

1. 遗址概况

窑洞遗址位于正果镇和平村窑洞社西北部山岗上，北侧有小片农田，西与马头岭西遗址相邻，南侧与东侧皆为荒山区，西南与窑洞村间有长条形山坳。南距银场水约710米。当地村民称遗址所在山坳周边为窑洞，故名。

山岗平面呈不规则长条形，西北东南向，形体大，总面积约62 000平方米，海拔约153米，相对高度约 124.2 米，地势北高南低，诸坡陡峭。山岗东坡南部局部种植橘子、荔枝等；东坡北部种植较多桉树，近期因砍伐木材而开辟山路，地表裸露可供调查；其他区域均为荒山，地表杂草丛生，几乎无法踏查。

2. 采集遗物

采集夹粗砂软陶 1 片，灰黑色，素面。另有残石器 1 件。时代为新石器时代晚期至商代。

六一　ZJLY-533 窑洞山遗址

1. 遗址概况

窑洞山遗址位于正果镇和平村窑洞社北侧后山岗上。其北、东侧与荒置的高山区相接，西侧为地势低平的狭长谷地，南距银场水约 190 米，窑洞村依山南坡脚而建，村前为农田。当地村民称山岗为窑洞山，故名。

山岗平面近椭圆形，形体不大，面积约 43 000 平方米，海拔约 75 米，相对高度约 49.1 米，地势北高南低，诸坡较为陡峭。山岗北与高山区相依，坡脚有较多竹子；东坡荒置，无法详细踏查；南坡、西坡遍植荔枝、橄榄等果树，间有橘子、龙眼、柿子等，果林内大部分区域杂草较多，枯叶遍地，对调查带来一定影响。

2. 采集遗物

在山岗南坡坡脚采集陶器残片 2 件。据遗物特征分析，分属战国至南越国、唐宋两个时期。

战国至南越国时期：采集陶罐底残片 1 件。

唐宋时期：采集泥质粗硬陶片 1 件，灰褐色。

六二　ZJLY-534 矮岭背底山遗址

1. 遗址概况

矮岭背底山遗址位于正果镇和平村矮岗社东侧后山岗上。山岗北接荒置的高山区，东北与山仔相邻，东侧有几方水塘，西侧坡下为地势低平的农田，南距银场水约 180 米，矮岭村依山南坡脚而建，村前为农田。当地村民称山岗为背底山，本报告以矮岭背底山定名。

山岗实为北侧高山区向南伸出的山前岗地，平面呈长条形，形体不大，面积约 52 000 平方米，海拔约 44.7 米，相对高度约 14.7 米，整体地势北高南低，山顶呈倾斜状，诸坡较平缓。山上遍植果树，以荔枝为主，间有橄榄、龙眼等，局部有竹子、桉树。南部果林内杂草枯叶较少，利于调查；其他区域杂草枯叶遍地，难于调查。（彩版六三，1）

2. 采集遗物

在地表采集遗物 41 件，其中陶器残片 39 件、石器 2 件。（图 5-24；彩版一○五，1）主要见于南坡，分布范围约 7500 平方米。

（1）陶器。采集陶片 39 片，据陶片特征分析，可分为西周至春秋、战国至南越国两个时期。

西周至春秋时期：采集陶片 14 片。以泥质粗硬陶为主，仅 1 片泥质粗软陶；陶色以灰色为主，另有灰褐、灰黑色；纹饰以方格纹为主，但多与其他纹饰组合出现，见方格纹加夔纹、方格纹加弦纹、

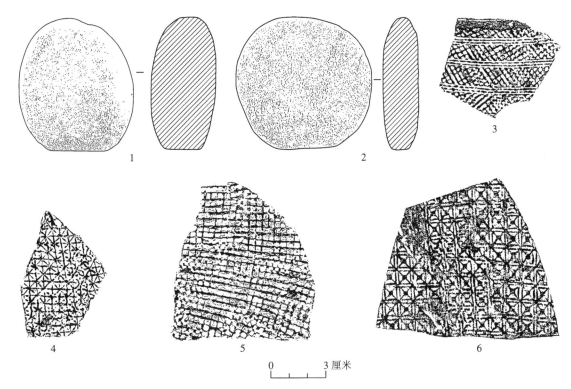

图 5 - 24　ZJLY - 534 采集遗物及陶片纹饰拓片

1. 研磨器（ZJLY - 534：11YⅡ）　　2. 石饼（ZJLY - 534：14YⅡ）　　3. 方格纹 + 弦纹（ZJLY - 534：4ZⅠ）
4. 米字纹（ZJLY - 534：3YⅡ）　　5. 方格纹（ZJLY - 534：13ZⅠ）　　6. 复线米字纹（ZJLY - 534：3ZⅠ）

方格纹加圆圈纹等，另有重菱格凸块纹、夔纹、夔纹加菱格纹加弦纹、素面等；可辨器形、部位有罐圈足。

战国至南越国时期：采集陶片 25 片。以泥质粗硬陶为主，有少量泥质粗软陶、泥质细硬陶；陶色以灰黑、红褐色为主，另有黑、灰、灰白、灰褐、青灰色等；纹饰以方格纹为主，次为米字纹，方格纹多与其他纹饰组合出现，有方格纹加方格对角线纹、方格纹加条纹、方格纹加弦纹等，其他纹饰还见方格凸块对角连线纹、复线米字纹、米字纹加弦纹、三角格纹、素面等；可辨器形、部位有罐底。（彩版八○，6）

（2）石器。2 件，器形有研磨器、饼。时代为西周至春秋时期。

研磨器　1 件。

ZJLY - 534：11YⅡ，灰褐色砂岩；扁体近圆形，除下侧面为磨制平面外，余皆为自然面。宽 6.2、高 7、厚 3.5 厘米。（图 5 - 24，1）

石饼　1 件。

ZJLY - 534：14YⅡ，褐色片岩；扁体圆饼状。直径 7 ~ 7.4、厚 3.5 厘米。（图 5 - 24，2）

六三　ZJLY - 535 山仔遗址

1. 遗址概况

山仔遗址位于正果镇和平村佛岭吓社西部、矮岭社东北部山岗上，山岗西半部属矮岭社，东半部属佛岭吓社，其北、西侧接荒置的高山区，西南与矮岭背底山相邻，东、南侧坡下为地势低平的农田、水塘，东坡下有水泥村道通往佛岭吓社，南距银场水约 620 米。调查时在山岗南坡发现一座清嘉庆年间墓葬，其墓碑碑文显示本山土名矮岭，当地村民称之为山仔，以山仔名之。

山岗为北侧高山向南延伸出的山前岗地，平面呈不规则凹字形，南坡中部北凹，形体不大，面积约 48 000 平方米，海拔约 66.1 米，相对高度约 35.1 米，顶部呈北高南低倾斜状，诸坡较平缓。山岗东部遍植果树，以荔枝为主，间有橄榄、龙眼等，局部有桉树、竹子、农作物等，果林内大部分区域杂草、枯叶不多，利于调查；山岗西部呈低矮的台地状，顶部近平，基本处于荒置状态，种植有少许荔枝，另有桉树、杂木、竹子等，地表杂草灌木丛生，无法踏查。

2. 采集遗物

采集遗物 41 件，其中陶器残片 32 件、石器 9 件。（图 5 - 25）见于南坡、山顶、西坡等区域，分布范围约 11 000 平方米。

（1）陶器。采集陶片 32 片。据遗物特征分析，可分为新石器时代晚期至商代、西周至春秋、战国至南越国。

新石器时代晚期至商代：采集陶片 13 片，以泥质细硬陶为主，泥质粗硬陶次之，另有少量夹细砂软陶、夹粗砂软陶；陶色以灰色为主，有少量灰白、灰黑色；纹饰多见曲折纹、素面，另有绳纹、绳纹加附加堆纹、卷云纹等。

西周至春秋时期：采集陶片 15 片，以泥质粗硬陶为主，有少量泥质细硬陶；陶色以灰褐、灰色为主，有少量深灰、青灰、红色等；纹饰以方格纹为主，另见方格纹加弦纹、菱格纹等；可辨器形、部位有罐口沿等。

战国至南越国时期：采集陶片 4 片，皆为泥质粗硬陶；陶色有灰褐、灰白、红褐色；纹饰见方格纹、米字纹。

（2）石器。9 件，可辨器形有砍砸器、锛、戈、镞、砺石、半成品石器等。时代为新石器时代晚期至商代。

石锛　3 件。

ZJLY - 535:4Z Ⅰ，灰黑色片岩；正视近梯形，顶部较斜，两侧边较直，刃部磨制为单面直刃。宽 3.7、高 7、厚 0.7 厘米。（图 5 - 25，3）

ZJLY - 535:12Z Ⅰ，青灰色片岩；扁体呈凸字形，顶部斜，两侧斜直肩，两侧边向下略外张，单面直刃。宽 6.4、高 11.3、厚 1.8 厘米。（图 5 - 25，1；彩版一二三，4）

ZJLY - 535:16Z Ⅰ，青灰色绿泥石片岩；正视近梯形，扁体状，顶部圆弧，两侧边向下外张，单面弧刃。宽 5.3、高 7.8、厚 2 厘米。（图 5 - 25，2）

砺石　2 件。

ZJLY - 535:3Y Ⅱ，浅灰色片岩；不规则形，上、下面残断，其他侧面有几个磨制的凹弧面。宽 11.3、高 6.6、厚 6.5 厘米。（图 5 - 25，6）

ZJLY - 535:7Y Ⅱ，青灰色砂岩；不规则扁体状，上、下面磨制为凹弧面。宽 7.4、高 5.9、厚 2.3 厘米。（图 5 - 25，7）

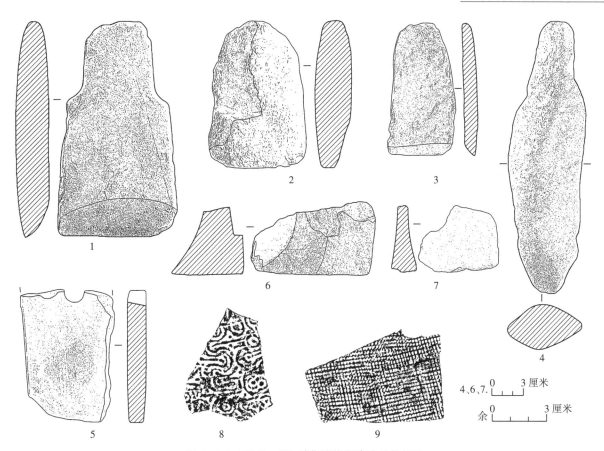

图 5 - 25　ZJLY - 535 采集遗物及陶片纹饰拓片

1. 双肩石锛（ZJLY - 535:12Z Ⅰ）　2、3. 石锛（ZJLY - 535:16Z Ⅰ、ZJLY - 535:4Z Ⅰ）　4. 砍砸器（ZJLY - 535:6Z Ⅰ）
5. 石戈（ZJLY - 535:24Y Ⅱ）　6、7. 砺石（ZJLY - 535:3Y Ⅱ、ZJLY - 535:7Y Ⅱ）　8. 卷云纹（ZJLY - 535:8Y Ⅱ）
9. 方格纹（ZJLY - 535:13Y Ⅱ）

石戈　1 件。

ZJLY - 535:24Y Ⅱ，青灰色片岩；扁体长条形，仅一侧边为原始磨制直边，其他边为断裂面，上端残断面正中有圆形单面穿孔。宽 5.1、高 7、厚 1 厘米。（图 5 - 25，5）

砍砸器　1 件。

ZJLY - 535:6Z Ⅰ，青灰色砂岩；不规则长条形，横截面近菱形。宽 6.9、高 24、厚 4 厘米。（图 5 - 25，4）

六四　ZJLY - 537 杬岀遗址

1. 遗址概况

杬岀遗址位于正果镇水围村塘面社西侧居民区北侧后山岗上。山之北、东侧连荒置的高山区，西邻塘上，东南与太安山相邻，南距银场水约 520 米，塘面村依山南坡脚而建，村前为地势低平的农田。调查时在山南坡下发现一座墓葬，其墓碑碑文显示本山土名杬岀，故名。

山岗平面呈不规则形，调查网格内区域呈南北长方形，形体大，面积约 137 000 平方米，海拔约 264.7 米，相对高度约 230.9 米，南坡陡峭。山岗上遍植桉树、杂木，局部有竹林，地表杂草丛生，除

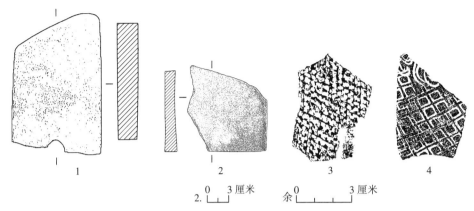

图 5 – 26　ZJLY – 537 采集遗物及陶片纹饰拓片

1. 石戈（ZJLY – 537：8Y Ⅱ）　2. 砺石（ZJLY – 537：10Z Ⅰ）　3. 方格纹（ZJLY – 537：1Z Ⅰ）

4. 夔纹 + 菱格凸块纹（ZJLY – 537：5Y Ⅱ）

了为砍伐桉树而开辟的盘山路上可以调查外，其他区域荒置无法踏查。

2. 采集遗物

在山坡中部盘山土路采集遗物 23 件，其中石器 3 件、陶器残片 20 件。（图 5 – 26）分布范围约 12 000 平方米。

（1）陶器。采集陶片 20 片。据遗物特征分析，分属新石器时代晚期至商代、西周至春秋两个时期。

新石器时代晚期至商代：采集陶片 10 片。泥质陶、夹砂陶各半，有泥质粗硬陶、泥质细硬陶、泥质细软陶，夹细砂软陶、夹粗砂软陶等；灰陶、灰黑陶各半；陶片多素面，纹饰见曲折纹、叶脉纹等；可辨器形、部位有罐口沿。

西周至春秋时期：采集陶片 10 片。泥质粗硬陶为主，有少量泥质细硬陶；陶色有灰、灰白、灰褐、灰黑、深灰、红色等；纹饰以方格纹为主，另有方格纹加夔纹加弦纹、夔纹加菱格凸块纹、菱格凸块纹、网格纹、素面等。

（2）石器。3 件，见砺石、石戈、残石器。时代为新石器时代晚期至商代。

石戈　1 件。

ZJLY – 537：8Y Ⅱ，青灰色片岩；扁体长条形，两侧边平直，顶部斜直，下端残断面正中有一圆形单面穿孔。宽 4.9、高 7.5、厚 1.2 厘米。（图 5 – 26，1）

砺石　1 件。

ZJLY – 537：10Z Ⅰ，灰褐色砂岩；扁体不规则形，两个侧面为磨制平直面，其他为断面，上、下侧面磨制为凹弧状。宽 18.3、高 19.1、厚 2.8 厘米。（图 5 – 26，2）

六五　ZJLY – 538 太安山遗址

1. 遗址概况

太安山遗址位于正果镇水围村塘面社老村北侧太安山上，山岗北接荒置的高山区，东邻平顶山遗

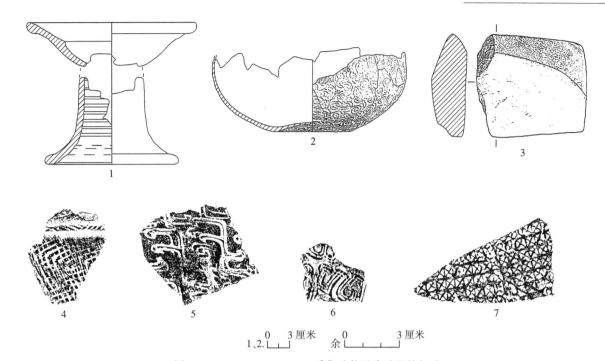

图 5-27　ZJLY-538、539 采集遗物及陶片纹饰拓片

1. 陶圈足豆（ZJLY-538:8①T）　2. 陶罐底（ZJLY-538:8②T）　3. 砺石（ZJLY-539:2YⅡ）　4. 曲折纹 + 附加堆纹（ZJLY-539:6ZⅠ）　5、6. 夔纹（ZJLY-539:9T、ZJLY-540:2YⅡ）　7. 米字纹（ZJLY-539:5YⅡ）

址，西北与杭岽相接，西南与塘面圆山相邻，南距银场水约 310 米，塘面村依山南坡脚而建，村前为地势低平的农田。当地村民称之为太安山，故名。

山岗为其北侧高山向南延伸出的岗地，平面呈不规则近椭圆形，面积约 63 000 平方米，海拔约 93.2 米，相对高度约 58.1 米，整体地势北高南低，坡度陡峭。山上遍植果树，以荔枝为主，间有桉树、竹子、杂木等，果林内大部分区域杂草丛生，枯叶遍地，对调查带来一定影响。

2. 采集遗物

在山岗南坡采集陶器残片 10 件，分布范围约 900 平方米。据遗物特征分析，分属新石器时代晚期至商代、战国至南越国两个时期。（图 5-27）

新石器时代晚期至商代：采集陶片 5 片。皆为泥质灰陶，陶质多较硬，见泥质细硬陶、泥质粗硬陶、泥质细软陶；纹饰有圆圈纹、素面两种；可辨器形有豆、罐。

陶圈足豆　1 件。

ZJLY-538:8①T，泥质细软陶，灰白色；大敞口，厚圆唇，微曲壁，下附圈足，圈足粗、高，下部外撇呈喇叭状，足底圆弧。复原口径 22.8、底径 18、高 18.8 厘米。（图 5-27，1；彩版一一九，3）

陶罐底　1 件。

ZJLY-538:8②T，泥质细硬陶，灰色；器上部残缺，圆鼓腹，下腹弧收，凹圜底；饰圆圈纹。底径 10.2、残高 11.1 厘米。（图 5-27，2；彩版一一七，8）

战国至南越国时期：采集陶片 5 片。皆为泥质粗硬陶。陶色有灰黑、灰褐、灰色；纹饰以方格纹为主，1 片为素面。

六六　ZJLY-539 独岗遗址

1. 遗址概况

独岗遗址位于正果镇和平村独岗社东北侧后山岗上，其周边为地势低平的农田。北眺调查网格536塘上，西北与矮岭背底山、山仔遗址相望，独岗村依山西南坡脚而建，水泥村道经过东南坡脚，路对面有数座水塘，银场水于山岗以南约270米处自西北向东南流过。山岗名称不详，因邻近独岗村而名为独岗。

山岗平面呈不规则形，面积约19 000平方米，岗顶海拔约29米，相对高度约2.5米，山势低矮平缓呈台地状。山上种满果树、竹子，果树以荔枝为主，间有橄榄、龙眼等，地表杂草不多，但枯叶遍地，对调查带来一定影响。

2. 采集遗物

在山岗上采集遗物33件，其中陶器残片31件、石器2件。（见图5-27）分布范围约6500平方米。

（1）陶器。采集陶片31片。据遗物特征分析，多数属西周至春秋、战国至南越国时期，少量属新石器时代晚期至商代。

新石器时代晚期至商代：采集陶片5片。陶片多为泥质陶，陶质较硬，有泥质粗硬陶、泥质细硬陶、夹粗砂软陶等；陶色有灰、灰白、灰黑色等；纹饰有曲折纹、曲折纹加附加堆纹、篮纹、叶脉纹、素面等。

西周至春秋时期：采集陶片16片。陶片以泥质粗硬陶为主，有少量泥质细硬陶；陶色以灰褐色为主，另有灰、红褐、深灰、橙黄色等；纹饰多见方格纹、夔纹，另有夔纹加菱格纹加弦纹、菱格纹等。

战国至南越国时期：采集陶片10片。陶片以泥质粗硬陶为主，有少量泥质细硬陶；陶色以灰黑色为主，另有灰褐、红褐色等；纹饰多见米字纹、三角格纹，另有方格纹、方格纹加弦纹、方格纹加刻划纹等。

（2）石器。2件，器形有锛、砺石。石锛为双肩石锛的柄部，残损严重，时代为新石器时代晚期至商代。砺石为西周至春秋时期遗物。

砺石　1件。

ZJLY-539:2YⅡ，青灰色砂岩；不规则长条形，上侧面为磨制斜凹弧面。宽6、高5.4、厚1.9厘米。（图5-27，3；彩版一三六，7）

六七　ZJLY-540 塘面圆山遗址

1. 遗址概况

塘面圆山遗址位于正果镇水围村塘面社西南部、35号房屋西南侧山岗上。山岗周边为地势低矮的农田，北邻杬岠，西北望塘上，东北与太安山相邻，西眺山仔，西南与独岗相望，银场水于南侧约350米农田中部流过。当地村民称山岗为圆山，定为塘面圆山遗址。

山岗平面呈椭圆形，山岗形体不大，面积约 14 000 平方米，海拔约 44.6 米，相对高度约 12.6 米。山岗地势低矮平缓，周边坡脚遍布竹林，山上遍植果树，以荔枝为主，间有龙眼、橄榄等，局部有桉树，果林内有杂草、枯叶，对调查带来一定影响。

2. 采集遗物

在山岗东北部采集陶片 4 片、残石器 1 件。（图 5 - 28）分布范围约 2900 平方米。

（1）陶器。采集陶片 4 片。据遗物特征分析，可分为西周至春秋、汉代两个时期。

西周至春秋时期：采集陶片 3 片。泥质粗硬陶；陶色见灰、灰褐色；纹饰有方格纹、夔纹、方格纹加夔纹加弦纹；器形、部位可见罐口沿等。

陶罐口沿 1 件。

ZJLY - 540：1YⅡ，泥质粗硬陶，灰黑色；侈口，斜折沿，沿面略凹弧，方圆唇，弧广肩；肩部饰方格纹、夔纹、弦纹。残宽 6.9、高 3 厘米。（图 5 - 28，2；彩版一二八，5）

汉代：采集 1 件陶罐口沿残片。

陶罐口沿 1 件。

ZJLY - 540：3YⅡ，泥质粗硬陶，灰褐色；近直口、厚斜方唇，口沿外一周凸棱，矮直领，斜直肩略弧；肩部饰方格纹加戳印纹。残宽 7.1、高 7.5 厘米。（图 5 - 28，3；彩版一四七，4）

（2）石器。1 件。时代为西周至春秋时期。

残石器 1 件。

ZJLY - 540：1ZⅠ，青灰色片岩；扁体近方形，两侧边为磨制平直边，另两侧边为断面，上、下面为磨制平面。宽 3.4、高 4.1、厚 0.9 厘米。（图 5 - 28，5）

六八 ZJLY - 541 平顶山遗址

1. 遗址概况

平顶山遗址位于正果镇水围村大厂社北侧后山岗上，当地村民称为平顶山。其北依荒置的高山区，西邻杭岽、太安山，南距银场水约 480 米，大厂村依山南坡脚而建，村前为地势低平的农田，东侧不远有十余方水塘。

山岗平面近椭圆形，形体大，面积约 73 000 平方米，山顶海拔约 91 米，相对高度约 56.6 米，诸坡较陡峭。山上遍植果树，以荔枝为主，间有龙眼、橄榄、柿子等，局部有竹子、桉树、松树、杂木等；果林内大部分区域杂草丛生，枯叶遍地，对调查带来一定影响；岗顶及东坡局部区域杂草不多，有枯叶，利于调查。

2. 采集遗物

在山顶采集砺石 2 件，无伴出陶片。推断时代为新石器时代晚期至商代。

砺石 2 件。

ZJLY - 541：1T，灰褐色绿泥石片岩；长条圆柱状，一侧面磨制为两面凹弧面，其他为原始自然面。宽 9.5、高 28.2、厚 11.5 厘米。（图 5 - 28，1）

ZJLY - 541：2T，灰褐色片岩；扁体长条形，一端为断面，两侧边平直，下侧面为原始自然面，上

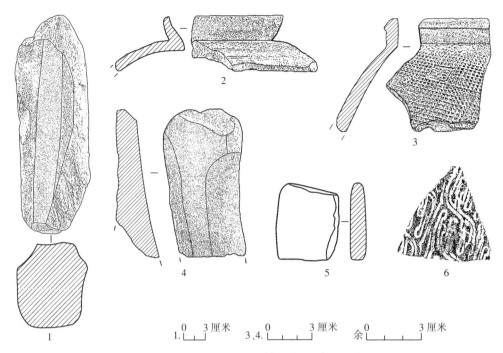

图 5 - 28　ZJLY - 540、541 采集遗物及陶片纹饰拓片

1、4. 砺石（ZJLY - 541：1T、ZJLY - 541：2T）　2、3. 陶罐口沿（ZJLY - 540：1YⅡ、ZJLY - 540：3YⅡ）

5. 残石器（ZJLY - 540：1ZⅠ）　6. 夔纹（ZJLY - 539：2T）

侧面为磨制面。残宽 5.5、高 9.8、厚 3 厘米。（图 5 - 28，4）

六九　ZJLY - 542 江坳后背山遗址

1. 遗址概况

江坳后背山遗址位于正果镇水围村江坳坝社东侧后山岗上，其北接杨梅岽，西北与长岗嘴相邻，西与元岭仔相望，江坳村依山西坡脚而建，南侧为地势低平的农田，距银场水约 240 米，东南与元洞相邻。当地村民称山岗为后背山，本报告定名为江坳后背山遗址。

山岗平面呈长椭圆形，近南北向，面积约 33 000 平方米，山顶海拔约 55.5 米，相对高度约 23.7 米。山顶平缓呈屋脊状，北高南低，诸坡较陡峭。山之西坡种植樟树、竹子、桉树等，植被稠密，较难调查；山顶及东坡遍布荔枝，局部有竹子，地表杂草不多，枯叶遍地，对调查带来一定影响。

2. 采集遗物

在山顶中部采集遗物 3 件，为陶器残片。据遗物特征分析，可分为新石器时代晚期至商代、西周至春秋两个时期。

新石器时代晚期至商代：采集 1 片泥质粗硬陶，灰色，饰绳纹。

西周至春秋时期：采集 2 片泥质粗硬陶，灰色，饰方格纹加弦纹，为陶瓮口沿。

陶瓮口沿　1 件。

ZJLY - 542：1T，泥质粗硬陶，灰色；大敞口，宽折沿微外卷，方唇，斜直肩较垂；外沿及肩部饰方格纹、弦纹。残宽 21.4、高 8.9 厘米。（图 5 - 29，2；彩版一三四，6）

七〇　ZJLY - 543 杨梅㟷遗址

1. 遗址概况

杨梅㟷遗址位于正果镇水围村江坳坝社东北部山岗上，当地村民称该山为高山。山岗西邻长岗嘴，北侧为几处大水塘，南与江坳后背山相接，距银场水约570米，东侧为荒置山岗无法踏查。调查时在山岗北坡发现一座清乾隆年间墓葬，其墓碑碑文显示本山土名杨梅㟷，故名。

山岗为江坳山西北部余脉的延伸，平面不规则近凹字形，"凹"字口在山岗西坡中部，形体大，面积约59 000平方米。山岗海拔约130.8米，相对高度约94.2米，诸坡较陡峭。山岗西、南坡中下部遍植果树，以荔枝为主，间有橄榄、橘子等，局部有桉树、竹子，中上部杂草丛生，枯叶遍地，地表可见度差；山顶、北坡、东坡大部分区处于荒置状态，有较多桉树、松树、竹子等，地表杂草灌木丛生，无法踏查。

2. 采集遗物

在山岗西坡坡脚采集遗物2件，其中砺石1件，饰夔纹陶器残片1件（见图5-29）。据遗物特征分析时代为西周至春秋时期。

砺石　1件。

ZJLY - 543：1T，青灰色绢云母片岩；不规则条形，横截面近菱形，有两个磨制的凹面。宽12.4、高10.2、厚5厘米。（图5-29，1；彩版一三六，8）

七一　ZJLY - 544 长岗嘴遗址

1. 遗址概况

长岗嘴遗址位于正果镇水围村江坳坝社北侧山岗上，当地村民称此山岗为长金布。山岗东侧有小片农田，与杨梅㟷相邻，北侧有几处较大的水塘，西北与大厂背后山（平顶山）相望，西侧为农田，南距银场水约430米，江坳村部分民居依山南坡而建。调查时在山岗南坡发现一座清光绪三十一年（1905年）重修墓葬，其墓碑碑文显示本山土名长岗嘴，故名。

山岗平面近椭圆形，呈台地状，面积约18 000平方米，海拔约42.4米，相对高度约10.4米。山上种植有较多荔枝、竹子，另有桉树及其他杂木。山岗南部杂草不多，较好调查；北部地表杂草丛生，枯叶遍地，对调查带来较大影响。

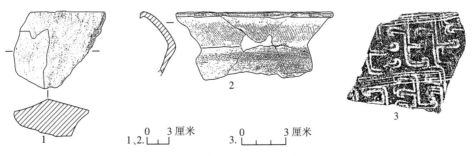

图5-29　ZJLY - 542、543采集遗物及陶片纹饰拓片

1. 砺石（ZJLY - 543：1T）　2. 陶瓮口沿（ZJLY - 542：1T）　3. 夔纹 + 弦纹（ZJLY - 543：2T）

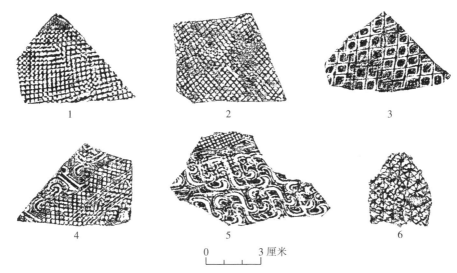

图 5－30　ZJLY－544、546 采集陶片纹饰拓片

1、2. 方格纹（ZJLY－546：6YⅡ、ZJLY－544：3T）　3. 菱格凸块纹（ZJLY－546：5T）　4、5. 方格纹＋

夔纹＋弦纹（ZJLY－544：3YⅡ、ZJLY－546：4YⅡ）　6. 米字纹（ZJLY－546：3T）

2. 采集遗物

在山岗南部采集遗物 13 件，皆为陶器残片，分布范围约 1500 平方米。陶质以泥质粗硬陶为主，仅 1 片夹粗砂软陶；泥质陶陶色为灰褐、灰色，夹砂陶陶色为灰黑色；夹砂陶为素面，泥质陶纹饰以方格纹为主，另有方格纹加刻划纹、方格纹加夔纹、方格纹加夔纹加弦纹、方格纹加弦纹、菱格凸块纹等。时代为西周至春秋时期。（图 5－30）

七二　ZJLY－546 元洞遗址

1. 遗址概况

元洞遗址位于正果镇水围村江坳坝社东南部、老新屋、新岭村背后山岗上。山岗东接江坳山，北接江坳山的荒置高山区，西邻江坳后背山，南距银场水约 160 米，新岭、老新屋村依山南坡脚而建，村前为地势低平的农田。当地村民称山岗为元洞，故名。

山岗由西北、东南两座山岗连绵相接构成，总面积约 62 000 平方米，其中西北侧山岗当地村民称之为元洞，东南侧山岗当地村民称之为山顶。元洞平面近圆形，山岗形体较大，海拔约 70.1 米，相对高度约 38.1 米。诸坡较平缓，山上遍植荔枝、橄榄等，局部有竹子、桉树，地表杂草、枯叶较少，利于调查。山顶平面近长条形，地势呈东北高、西南低的倾斜状，诸坡较陡峭，山上遍植果树，以荔枝为主，间有橄榄、橘子等，局部有桉树、竹子，其中西南部杂草较少，枯叶较多，对调查带来一定影响；东北部杂草丛生，枯叶遍地，难以调查。

2. 采集遗物

在地表采集遗物 13 件，其中陶器残片 12 件、石器 1 件。（见图 5－30）分布范围约 8700 平方米。

（1）陶器。采集陶片 12 片，据陶片特征分析，大部分属西周至春秋时期，少量属战国至南越国时期。

西周至春秋时期：采集陶片 8 片。以泥质粗硬陶为主，有少量泥质细硬陶；陶色以红褐、灰褐色

为主，另有灰白、橙黄色；纹饰以方格纹为主，另有方格纹加夔纹加弦纹、方格纹加弦纹、菱格凸块纹、菱格凸块纹加戳印纹等；可辨器形、部位有罐口沿。

战国至南越国时期：采集陶片 4 片。皆为泥质粗硬陶；陶色以红褐色为主，灰褐色仅 1 片；纹饰有米字纹、方格纹、素面。

（2）石器。采集砺石 1 件。时代为西周至春秋时期。

七三　ZJLY – 548 茅岽墩后背山遗址

1. 遗址概况

茅岽墩后背山遗址位于正果镇水围村茅岽段社北侧后山岗上，山岗北接江坳山、社会山，东侧为林地，西南侧为大片农田，茅岽墩村依山南坡脚而建。银场水、乡道 Y288 经过村南农田间，距遗址约 120 米。当地村民称山岗为后背山，依所在村定名为茅岽墩后背山遗址。

山岗平面近长条形，东西向，山岗形体大，总面积约 135 000 平方米，海拔约 68.1 米，相对高度约 33.6 米，诸坡较平缓。除山岗东北部荒置外，其他区域遍植果树。果树有荔枝、橄榄、龙眼等，山坡下有大片竹林，局部有桉树，果林内大部分区域内有杂草、枯叶，对调查带来一定影响；荒置的东北部山上有较多杉树、桉树、竹子及其他杂木，地表杂草灌木丛生，无法踏查。

2. 采集遗物

在山岗南坡采集遗物 12 件，其中陶器残片 7 件、石器 5 件。（图 5 – 31）分布范围约 9000 平方米。

（1）陶器。采集陶片 7 片。据遗物特征分析，分属新石器时代晚期至商代、西周至春秋两个时期。

新石器时代晚期至商代：采集陶片 3 片。陶质有泥质粗硬陶、夹粗砂软陶；灰陶；纹饰有交错绳纹、曲折纹、素面等。

西周至春秋时期：采集陶片 4 片。陶片皆为泥质粗硬陶；灰色为主，1 片灰褐色；纹饰有方格纹、夔纹；可辨器形、部位有瓮口沿。

陶瓮口沿　1 件。

ZJLY – 548：4T，泥质粗硬陶，灰色；敞口，平方唇，凹弧腹向下内收；腹部饰方格纹。残宽 7.7、高 6.6 厘米。（图 5 – 31，6；彩版一三四，7）

（2）石器。5 件，器形有砺石、镞等。时代为新石器时代晚期至商代。

砺石　4 件。

ZJLY – 548：2T，灰色片岩；扁体长方形，两端为断面，其他面为磨制面。宽 6.8、高 3.8、厚 1.9 厘米。（图 5 – 31，4）

ZJLY – 548：5T，青灰色片岩；长条形，两端断，下侧边为圆弧状，两侧面及上侧面磨制为凹弧刃。宽 12.8、高 8.4、厚 6.9 厘米。（图 5 – 31，1）

ZJLY – 548：6T，灰褐色绢云母片岩；长条形，侧面为原始自然面，上、下面磨制为凹弧面。宽 5、高 10.7、厚 4.2 厘米。（图 5 – 31，3）

ZJLY – 548：9T，褐色片岩；长方体形，横截面近正方形，一端残，其他面为原始自然面。宽 4.8、高 10、厚 4.2 厘米。（图 5 – 31，2）

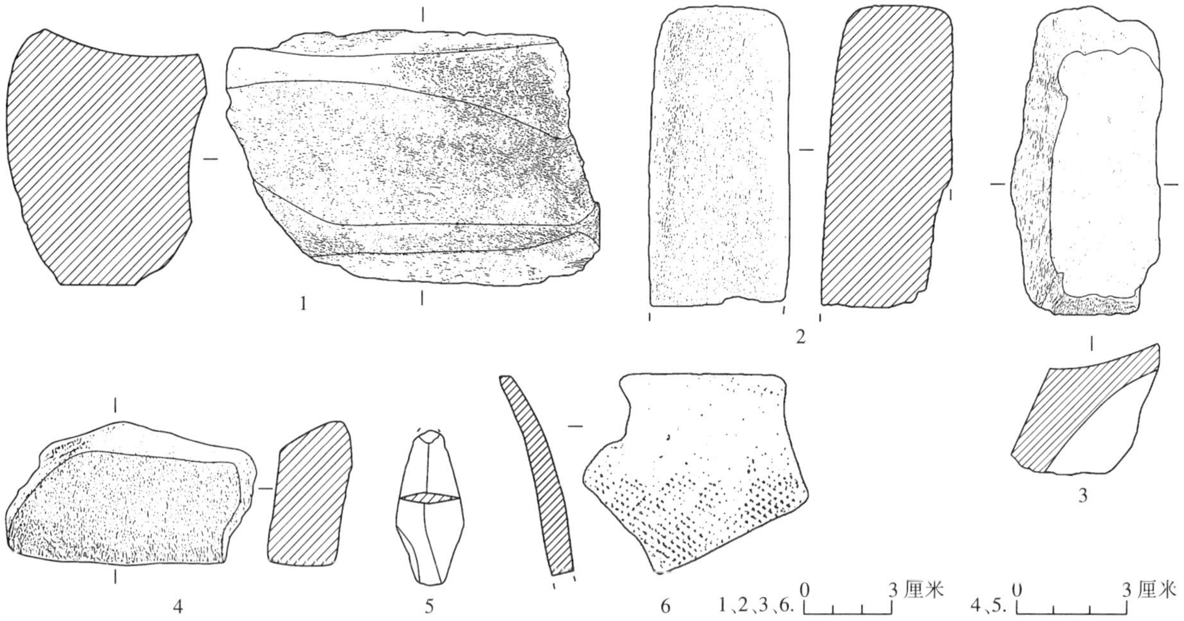

图 5-31 ZJLY-548 采集遗物

1~4. 砺石（ZJLY-548:5T、ZJLY-548:9T、ZJLY-548:6T、ZJLY-548:2T） 5. 石镞（ZJLY-548:10T） 6. 陶瓮口沿
（ZJLY-548:4T）

石镞 1 件。

ZJLY-548:10T，深灰色角岩；近柳叶形，镞尖残断，横截面呈菱形，中部起脊，两面直刃。宽
1.9、高 4.1、厚 0.3 厘米。（图 5-31，5）

七四 ZJLY-550 担水井火坪顶遗址

1. 遗址概况

担水井火坪顶遗址位于正果镇亮星村大和堂社北侧后山岗上。山岗东接人面㟍，北侧与荒置的高
山区相连，西接社会山，大和堂村依山南坡脚而建，村前为地势低平的农田，银场水于山岗南约 190
米田间流经。调查时在大佛山北侧山坳内发现一座民国时期墓葬，其墓碑碑文显示本山土名担水井火
坪顶，故名。

调查网格由北侧高山南坡及与山坡相连的大佛山构成，总面积约 113 000 平方米。北侧高山南
坡，坡势较陡峭，坡地上遍植果树，以荔枝、橄榄为主，间有龙眼、柿子等，地表杂草不多，但枯
叶遍地，加之山势较陡峭，石块林立，对调查带来较大影响。南侧大佛山平面呈椭圆形，海拔高度
约 115 米，相对高度约 90 米，诸坡较陡峭。山岗上遍植果树，以荔枝为主，间有橄榄、龙眼、柿子
等，局部有桉树、竹子、杂木；东坡杂草灌木丛生无法踏查，其他区域杂草、落叶较少，利于
调查。

2. 采集遗物

在地表采集陶器残片 2 件。皆为泥质粗硬陶，红褐、灰黑色各 1 片，器表饰绳纹、绳纹加附加堆
纹。据遗物特征分析，时代为新石器时代晚期至商代。

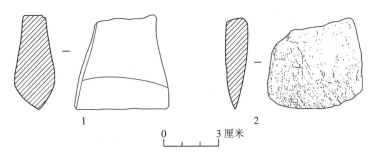

图 5 - 32　ZJLY - 552、555 采集遗物

1. 砺石（ZJLY - 555：2T）　2. 石斧（ZJLY - 552：1T）

七五　ZJLY - 552 杨子梅遗址

1. 遗址概况

杨子梅遗址位于正果镇亮星村营子沥（新屋）社东北侧后山岗上，其北、东侧接荒置的高山区，南接长块麻背后山，距银场水约 260 米，西邻人面岽，营子沥村依山岗西南坡脚而建。当地村民称之为背后山，亦有称之为杨子梅，本报告以杨子梅定名。

山岗为高山区南坡局部，平面呈不规则长条形，总面积约 151 000 平方米。调查区域最高峰海拔约 150 米，相对高度约 85 米，整体地势东北高、西南低，诸坡较陡峭。山上遍植果树，以荔枝为主，间有龙眼、橄榄、柿子等，局部有桉树、竹子及其他杂木，果林内大部分区域杂草、枯叶较少，利于调查。

2. 采集遗物

在中部区域近顶部采集新石器时代晚期至商代石斧 1 件。

石斧　1 件。

ZJLY - 552：1T，灰色片岩；正视呈梯形，顶部为斜断面，两侧边向下外张，两面圆弧刃。宽 5.2、高 4.8、厚 1.2 厘米。（图 5 - 32，2）

七六　ZJLY - 555 高排背后山遗址

1. 遗址概况

高排背后山遗址位于正果镇银场村高排社东侧后山岗上。山岗北侧为银场水库，与水库对面的水库山相望，西北与黄挡山相邻，大墩、高排依山西坡脚而建，村前为小片谷地，山之南、东与荒置的高山区相接。当地村民称山岗为背后山，因邻近高排村，定为高排背后山。

山岗由数座山岗连绵相接构成，为高山区西北角局部，总体平面呈不规则形，总面积约 249 000 平方米，主峰海拔约 162 米，相对高度约 92 米，山势较陡峭。山岗大部分区域荒置，局部种植荔枝、橘子等果树。荒置区长有较多桉树、松树、杉树、竹子及其他杂木，地表杂草灌木丛生，无法踏查；果林内仅局部区域杂草、枯叶很少，调查不便。

2. 采集遗物

在主峰西北坡采集砺石 2 件。时代为新石器时代晚期至商代。

砺石　1 件。

ZJLY－555：2T，灰褐色砂岩；不规则近梯形，除一侧面为断面外，余皆为磨制面。宽5.1、高5、厚2.2 厘米。（图5－32，1；彩版一二一，6）

七七　ZJLY－557 落叶山遗址

1. 遗址概况

落叶山遗址位于正果镇和平村油柑亩社东侧后山岗上，山岗南接苍吓山，东侧为小片农田，与燕岗顶相望，北邻乡道 Y288，距银场水约 180 米，西部远眺上坑山，柚甘亩村依山西坡脚而建，村前为地势低平的农田，田间有县道 X293 及小溪流经。当地村民称山岗为落叶山，故名。

落叶山与南侧苍吓山相接，实为同一座山岗，为便于调查管理我们从中部将其划分出来。山岗平面近椭圆形，南北向，面积约 35 000 平方米，海拔约 48.8 米，相对高度约 22 米，山势低矮平缓。山上遍植荔枝，局部有竹子，地表杂草、落叶较少，较利于调查。（彩版六三，2；彩版七四，2）

2. 采集遗物

采集遗物 77 件，其中陶器残片 75 件、石器 2 件。（图5－33；彩版一〇五，2）分布范围约 16 000 平方米。

（1）陶器。采集陶片 75 片。据遗物特征分析，可分为新石器时代晚期至商代、西周至春秋、战国至南越国三个时期。

新石器时代晚期至商代：采集陶片 2 片，夹粗砂软陶，素面，可辨器形为器座。

陶器座　1 件。

ZJLY－557：16YⅡ，夹粗砂软陶，红褐色；中空亚腰形，胎体较厚，底部略外撇，足跟圆弧。底径 7、高 8.2 厘米。（图5－33，6）

西周至春秋时期：采集陶片 26 片。陶质以泥质粗硬陶为主，有少量泥质细硬陶、泥质粗软陶、夹粗砂硬陶；陶色以灰褐色为主，灰黑色次之，其他有红褐、灰、灰白、青灰、深灰色等；纹饰以夔纹、方格纹居多，但多以组合纹形式出现，见方格纹加圆圈刻划纹、方格纹加夔纹加栉齿纹、方格纹加夔纹加弦纹、夔纹加弦纹、夔纹加戳印纹、菱格凸块纹、素面等；可辨器形、部位有罐口沿。

战国至南越国时期：采集陶片 47 片。陶质以泥质粗硬陶为主，有少量泥质细硬陶、泥质粗软陶；陶色以红褐色为主，约占半数，另有灰褐、灰黑、青灰、灰、灰白、深灰、红、橙黄色等；纹饰以方格纹、米字纹多见，另有戳印纹加弦纹、方格纹加弦纹、三角格纹、弦纹、素面等；可辨器形、部位有罐（瓮）口沿、器盖、罐（瓮）底、鼎足、盒口沿等。

陶罐口沿　3 件。

ZJLY－557：4YⅡ，泥质细硬陶，灰褐色；侈口，卷沿，尖圆唇，弧鼓腹；腹部饰三角格纹。残宽 3.5、高 4.6 厘米。（图5－33，2；彩版一三九，3）

ZJLY－557：12T，泥质粗硬陶，灰褐色；侈口，斜折沿呈领，沿面有三周凹槽，方唇，唇面凹弧，斜弧肩；肩部饰方格纹。残宽 12.9、高 6.5 厘米。（图5－33，3）

ZJLY－557：21T，泥质细硬陶，灰褐色；侈口，卷沿，圆唇，圆弧肩；肩部饰方格纹。残宽7.1、高5.5厘米。（图5－33，1；彩版一三九，4）

陶器盖　1件。

ZJLY－557：22T，泥质细硬陶，褐色；敞口，平方唇，斜凹弧壁，漫弧顶；顶部有三周凹弦纹。残宽19、高5.4厘米。（图5－33，5）

陶鼎足　1件。

ZJLY－557：10T，泥质粗硬陶，灰色；圆柱状，上侧为器内壁，为凹弧状，下端断。残宽5.5、高6.6厘米。（图5－33，4）

（2）石器。2件，器形为戈、残石器。时代为新石器时代晚期至商代。

石戈　1件。

ZJLY－557：15ZⅠ，青灰色片岩；扁体长条形，两侧面平直，另外两侧面为断面。宽6.1、高10.8、厚1.6厘米。（图5－33，7）

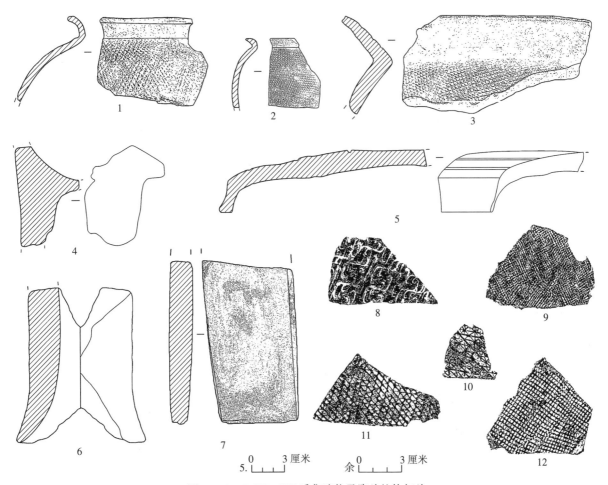

图5－33　ZJLY－557采集遗物及陶片纹饰拓片

1～3. 陶罐口沿（ZJLY－557：21T、ZJLY－557：4YⅡ、ZJLY－557：12T）　4. 陶鼎足（ZJLY－557：10T）

5. 陶器盖（ZJLY－557：22T）　6. 陶器座（ZJLY－557：16YⅡ）　7. 石戈（ZJLY－557：15ZⅠ）　8. 夔纹

（ZJLY－557：9T）　9、12. 方格纹（ZJLY－557：3YⅡ、ZJLY－557：17YⅡ）　10. 米字纹（ZJLY－557：7ZⅠ）

11. 三角格纹（ZJLY－557：37T）

七八　ZJLY–558苍吓遗址

1. 遗址概况

苍吓遗址位于正果镇和平村油柑冚社东南部山岗上，其东接围懂山，北接落叶山，南与塘窝相连，西侧为南北向坳谷，谷底分布农田，并与上坑山、观山相望，距上坑陂约90米。当地村民称之为苍吓，故名。

山岗平面近曲尺形，形体较大，面积约76 000平方米。北侧山岗呈南北向，南侧呈东西向，海拔约73.7米，相对高度约42.7米，山坡稍陡峭。山上近半区域种植果树，以荔枝为主，间有橘子、龙眼、橄榄等，果林内大部分区域杂草、落叶较少，利于调查。其他区域有桉树、竹子及其他杂木，地表杂草灌木丛生，无法踏查。

2. 采集遗物

采集遗物15件，皆为陶器残片，分布范围约6500平方米。据遗物特征分析，多数属西周至春秋时期，少量属战国至南越国时期。（图5–34）

西周至春秋时期：采集陶片12片。皆为泥质粗硬陶；陶色以灰褐色为主，另有灰、橙黄、灰黑色等；纹饰以方格纹为主，另有戳印纹加弦纹、方格纹加梳齿纹、夔纹、条纹、素面等；可辨器形、部位有罐、钵的口沿等。

陶钵口沿　1件。

ZJLY–558：5T，泥质粗硬陶，灰褐色；敛口，圆唇，圆弧鼓腹；腹部饰方格纹。残宽7.5、高5.7厘米。（图5–34，1；彩版一三六，1）

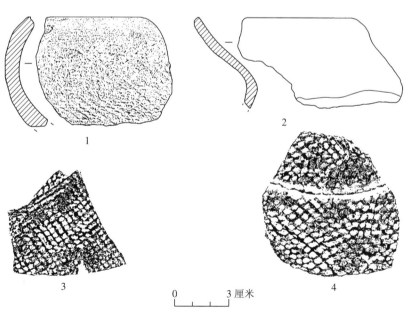

图5–34　ZJLY–558、559采集遗物及陶片纹饰拓片

1. 陶钵口沿（ZJLY–558：5T）　2. 陶罐口沿（ZJLY–559：2T）

3. 方格纹（ZJLY–558：8T）　4. 方格纹＋附加堆纹（ZJLY–558：4YⅡ）

战国至南越国时期：采集陶片 3 片。皆为泥质粗硬陶；陶色见橙黄、灰褐色等；纹饰有方格纹、米字纹、方格纹加附加堆纹等。

七九　ZJLY - 559 围懂山遗址

1. 遗址概况

围懂山遗址位于正果镇和平村麦村咀社 37 号房南侧后山岗上，当地村民称之为围懂山。围懂山西接苍吓，南连调查网格 561 塘窝，东邻燕岗顶，北距银场水约 320 米，北坡下为麦村咀社，村前为地势低平的农田，与乡道 Y288 相邻，西北与落叶山相邻。

山岗平面呈不规则形，由东侧围懂山、西侧长懂牌及两山相接处的杨梅树吓构成，总面积约 198 000 平方米，最高峰海拔约 91.4 米，相对高度约 56.4 米。围懂山，平面呈长条形，南北向，山势不高，诸坡较平缓，山顶平坦，近半区域种植荔枝等果树，果林内较好调查；其他区域荒置，长有较多桉树、竹子，杂草丛生，无法踏查。长懂牌山，呈东西向，大部分区域荒置，有较多桉树、松树、竹子等，地表杂草灌木丛生，无法踏查，仅山岗中部东坡局部及北坡局部种植荔枝、橄榄等果树。杨梅树吓，大致呈南北向，大部分区域荒置无法调查，长有桉树、松树、杉树等，地表杂草灌木丛生，仅北坡东部区域种植荔枝等果树。

2. 采集遗物

在围懂山东坡一断壁采集遗物 4 件，皆为陶器残片。1 片泥质粗硬陶，饰曲折纹；3 片夹细砂软陶，素面；可辨器形、部位有罐口沿。据遗物特征分析，时代为新石器时代晚期至商代。此外，据一村民讲述，其在山上劳作时曾捡到斧头类石器，据其描述特征应为石锛或石斧。

陶罐口沿　1 件。

ZJLY - 559：2T，夹细砂软陶，灰黑色；侈口，宽斜折沿，沿面略凹弧，斜方唇；素面。残宽 9、高 4.7 厘米。（图 5 - 34，2；彩版——六，2）

八〇　ZJLY - 560 燕岗顶遗址

1. 遗址概况

燕岗顶遗址位于正果镇和平村麦村咀社东部后山岗上，山岗南邻围懂山，东部为地势低平的农田、水塘，西南侧有小型长条形坳谷，麦村咀村依山西坡脚而建，北面是开阔的农田，坡下为乡道 Y288，银场水于山岗北约 260 米田间自东向西流过。当地村民称山岗为燕岗顶，故名。

山岗平面呈不规则长条形，南北向，形体较大，面积约 68 000 平方米，海拔约 49.2 米，相对高度约 16.4 米，山势低矮平缓。山上大部分区域遍植果树，以荔枝为主，间有橄榄、橘子等，局部有竹子，果林内大部分区域杂草不多，但枯叶遍地，对调查带来一定影响；北坡荒置，遍布竹子，其他荒置区有桉树、杂木等，地表杂草丛生，枯叶遍地，几乎无法踏查。（彩版六四，1）

2. 采集遗物

采集遗物 46 件，山岗中南部为多，有陶器残片 45 件、石器 1 件。（图 5 - 35）分布范围约 20 000 平方米。

（1）陶器。采集陶片45片，据陶片特征分析，可分为新石器时代晚期至商代、西周至春秋、战国至南越国三个时期。

新石器时代晚期至商代：采集陶片2片。1片泥质细硬陶，饰曲折纹；1片泥质粗软陶，饰长方格纹。

西周至春秋时期：采集陶片15片。皆为泥质粗硬陶；陶色有灰褐、灰黑、青灰、灰色等；纹饰多见方格纹、夔纹、菱格（凸块）纹，多以组合纹形式出现，有方格纹加戳印纹加弦纹、方格纹加菱格纹、夔纹加菱格纹加弦纹、夔纹加菱格凸块纹加弦纹、菱格凸块纹加弦纹、重菱格纹、细方格纹、戳印纹等；可辨器形、部位有罐类器口沿、豆圈足。

战国至南越国时期：采集陶片28片。陶质以泥质粗硬陶为主，有少量泥质粗软陶、泥质细硬陶；陶色以红褐色为主，另有橙黄、灰、灰白、灰褐、灰黑、灰黄、深灰色等；以素面为主，纹饰多见方格纹、米字纹，另有弦纹、三角格纹、水波纹加弦纹、条纹等；可辨器形、部位有瓮口沿、盏、盒、器盖、三足盘足、罐底等。

陶罐口沿　3件。

ZJLY－560：13YⅡ，泥质粗硬陶，灰褐色；敛口，平方唇，斜直肩，肩下部胎体变厚，有凹槽呈粗弦纹。残宽7.1、高4.5厘米。（图5－35，3）

ZJLY－560：14YⅡ，泥质粗硬陶，褐色；侈口，宽斜折沿，方唇，唇面凹弧，斜直肩；肩部饰方格纹。残宽10.2、高7厘米。（图5－35，2）

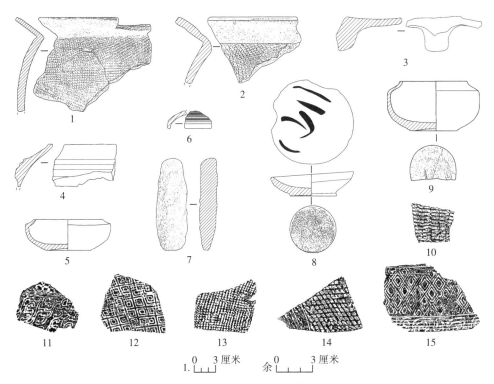

图5－35　ZJLY－560采集遗物及陶片纹饰拓片

1~3. 陶罐口沿（ZJLY－560：7①T、ZJLY－560：14YⅡ、ZJLY－560：13YⅡ）　4、5. 陶盒（ZJLY－560：8T、ZJLY－560：16YⅡ）　6. 陶三足盘足（ZJLY－560：7⑥T）　7. 陶器盖口沿（ZJLY－560：6YⅡ）　8. 陶盏（ZJLY－560：12YⅡ）　9. 残石器（ZJLY－560：3ZⅠ）　10. 长方格纹（ZJLY－560：4YⅡ）　11. 夔纹＋菱格纹＋弦纹（ZJLY－560：4ZⅠ）　12. 重菱格纹（ZJLY－560：15YⅡ）　13. 细方格纹（ZJLY－560：5ZⅠ）　14. 方格纹＋戳印纹＋弦纹（ZJLY－560：12ZⅠ）　15. 菱格凸块纹＋弦纹（ZJLY－560：10ZⅠ）

ZJLY－560：7①T，泥质粗硬陶，红褐色；侈口，斜折沿，斜方唇，弧腹；腹部饰方格纹。残宽17.3、高12.5厘米。（图5－35，1；彩版一三九，5）

陶盒　2件。

ZJLY－560：8T，泥质粗硬陶，灰黄色；敛口，平方唇，斜凹弧肩，直折腹，下腹向下弧收，平底内凹；素面，外底有刻划纹。复原口径7.4、底径4.9、高5.2厘米。（图5－35，4；彩版一四三，5）

ZJLY－560：16YⅡ，泥质细硬陶，灰褐色；子口内敛，平方唇，直腹，下腹向下弧收，平底内凹，通体素面。复原口径7.6、底径4.8、高3.3厘米。（图5－35，5；彩版一四三，6）

陶器盖口沿　1件。

ZJLY－560：6YⅡ，泥质粗硬陶，灰褐色；直口微敛，圆唇，直壁凹弧，圆弧顶；顶部饰弦纹数周。残宽3、高1.9厘米。（图5－35，7）

陶盏　1件。

ZJLY－560：12YⅡ，泥质粗硬陶，灰色；敞口，圆唇，弧腹向下内收，平底略内凹。复原口径9、底径5、高2.6厘米。（图5－35，8；彩版一四四，5、6）

陶三足盘足　1件。

ZJLY－560：7⑥T，泥质粗硬陶，灰褐色；仅存一足，上侧为凹圜底，下附扁体状方足，足外撇。残宽8.3、高3.7厘米。（图5－35，6；彩版一四六，1）

（2）石器。1件。时代为新石器时代晚期至商代。

残石器　1件。

ZJLY－560：3ZⅠ，青灰色片岩；扁体长条形，横截面近菱形，下端为单面斜直面。宽4.3、高12.2、厚2.4厘米。（图5－35，9）

八一　ZJLY－562汤屋岅底遗址

1. 遗址概况

汤屋岅底遗址位于正果镇和平村上竹林社东南部地势低平的农田里，农田所在区域土名汤屋岅底，故名。该地北、西、南侧均为地势低平的农田，西邻围懂山，西南与塘窝相邻，东毗邻榄树林遗址，北距银场水约940米。

调查网格范围较小，面积约8000平方米，海拔约37.3米，相对高度约1.5米，地势低平。遗址内以种植瓜果蔬菜为主。

2. 采集遗物

采集绳纹陶片1片，泥质细硬陶，灰白色。据遗物特征分析，时代为新石器时代晚期至商代。

八二　ZJLY－563榄树林遗址

1. 遗址概况

榄树林遗址位于正果镇和平村上竹林社东北部、高地老屋村南侧后山上。山岗北接高地山，距银

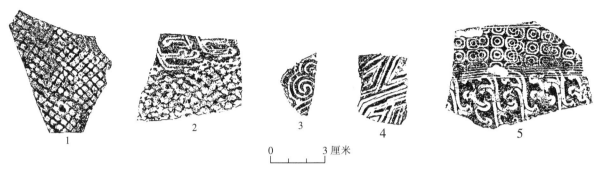

图 5 – 36　ZJLY –563、564 采集陶片纹饰拓片

1. 方格纹（ZJLY –564：1Y Ⅱ）　2. 方格纹 + 夔纹（ZJLY –563：8T）　3. 重圈纹（ZJLY –563：1T）　4. 勾连云雷纹
（ZJLY –563：2Y Ⅱ）　5. 夔纹 + 重圈纹 + 弦纹（ZJLY –564：3Z Ⅰ）

场水约 840 米，西侧坡下为地势低平的农田，与汤屋峀底相邻，南、东侧为大片荒置山岗。调查时在山岗西南坡发现一座清光绪二十九年（1903 年）墓葬，其墓碑碑文显示本山土名榄树林，故名。

山岗平面呈圆形，形体大，面积约 50 000 平方米，海拔约 85 米，相对高度约 49.2 米。地势中部高四周低，诸坡陡峭。除东南部荒置外，其他区域遍植果树，其中北部、东部以荔枝为主，西坡南部区域种植橘子，果林内杂草、落叶不多，较利于调查。

2. 采集遗物

在山岗西南坡橘子林内采集遗物 16 件，皆为陶器残片，分布范围约 2600 平方米。陶片以泥质粗硬陶为主，仅 1 片为夹粗砂软陶；陶色以红褐色为主，另有灰、灰褐、灰黑、青灰色等；纹饰多见夔纹、方格纹，但多以组合纹形式出现，有方格纹加戳印纹、方格纹加夔纹、方格纹加弦纹、夔纹加戳印纹加弦纹等，另有勾连云雷纹、云雷纹、重圈纹、素面等；可辨器形、部位有罐口沿。据遗物特征分析，时代为西周至春秋时期。（图 5 – 36）

八三　ZJLY –564 高地山遗址

1. 遗址概况

高地山遗址位于正果镇水围村高地社老屋南侧后山岗上，当地村民称此山为高地山。山岗西侧为地势低平的农田，南与榄树林相接，东邻廖塱峀，北距银场水约 400 米、高地村依山北坡脚而建，村前为乡道 Y288。

山岗平面近椭圆形，形体较大，面积约 32 000 平方米，海拔约 67.3 米，相对高度约 32.6 米，北坡较陡峭，其他山坡较平缓。山岗上遍植荔枝等果树，局部有桉树、竹子，果林内大部分区域杂草不多，但枯叶遍地，对调查带来一定影响。

2. 采集遗物

在山岗西坡中部、北坡西部采集遗物 7 件，皆为陶器残片，分布范围约 2500 平方米。陶片皆为泥质硬陶，有泥质粗硬陶和泥质细硬陶之分；陶色以灰色为主，另有红、灰褐色；纹饰以方格纹为主，另有夔纹加重圈纹加弦纹、素面等；可辨器形、部位有罐口沿。据遗物特征分析，时代为西周至春秋时期。（见图 5 – 36）

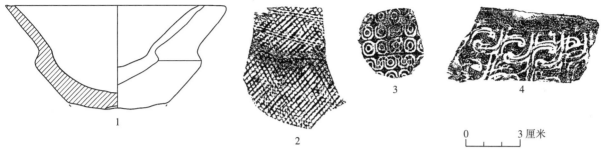

图 5 - 37 ZJLY - 565 采集遗物及陶片纹饰拓片

1. 陶豆盘（ZJLY - 565：6T） 2. 方格纹 + 弦纹（ZJLY - 565：7T） 3. 圆圈纹（ZJLY - 565：3YⅢ） 4. 夔纹（ZJLY - 565：1T）

八四 ZJLY - 565 廖塱峃遗址

1. 遗址概况

廖塱峃遗址位于正果镇水围村上窑社东南侧后山岗上。山岗北面为开阔的农田，距银场水约 230 米，上窑村依山北坡脚而建，村前为乡道 Y288，西面邻榄树林山，南面与高陂山相接，东侧山下为地势低平的农田和村庄。调查时在山岗北坡发现一座清光绪二十四年（1898 年）墓葬，其墓碑碑文显示本山土名廖塱峃，故名。

山岗包含上窑村背后廖塱峃和黄屋背后黄屋山，平面呈不规则形，形体大，面积约 147 000 平方米，海拔约 90.6 米，相对高度约 52.9 米。廖塱峃山形体大，形状呈不规则形，大部分区域处于荒置状态，长有桉树、松树等，杂草灌木丛生，无法踏查；西北部种植荔枝、橄榄等果树区域可以踏查。黄屋山平面呈长椭圆形，山坡陡峭，诸坡近荒置，有较多竹子、桉树及其他杂木，岗顶大部分区域遍植荔枝、橄榄等果树，杂草丛生，枯叶遍地，对调查带来一定影响。

2. 地层堆积

山岗西南坡断壁地层可分为 2 层：

①层：灰褐色表土层，土质较疏松，含较多植物根系等，厚 20 ~ 45 厘米，未见文化遗物出土。该层下发现两个灰坑（彩版七〇，2），圜底，填土呈深灰色，较疏松。

②层：为黄褐色土，土质较纯净，清理部分厚 45 ~ 60 厘米，未见文化遗物出土。

3. 采集遗物

采集遗物 15 件，皆为陶器残片。多分布于西北山顶周边区域，范围约 7800 平方米。据遗物特征分析，大部分属西周至春秋时期，少量属新石器时代晚期至商代。（图 5 - 37）

新石器时代晚期至商代：采集 1 片泥质绳纹硬陶片，1 片夹粗砂素面软陶片。

西周至春秋时期：采集陶片 13 片。陶质以泥质粗硬陶为主，有少量泥质细硬陶；陶色以灰色为主，灰褐、青灰色次之；纹饰以方格纹为主，另有方格纹加夔纹、方格纹加弦纹、戳印纹、夔纹、圆圈纹等；可辨器形、部位有罐口沿、豆盘。

陶豆盘 1 件。

ZJLY - 565：6T，泥质粗硬陶，灰色；敞口，平方唇，唇面凹弧，曲壁，圜底，下部圈足残缺；素面。复原口径 11.9、残高 5.5 厘米。（图 5 - 37，1；彩版一三〇，4）

八五　ZJLY-570古洞遗址

1. 遗址概况

古洞遗址位于正果镇水围村花园冚社北部山岗上。山岗周边群山环绕，其北侧邻浪窝，距银场水约450米，西邻金竹山，南侧、东侧为地势陡峭的高山荒置区。山岗多座清代墓葬碑文显示本山土名古洞，故名。

山岗由东、西两座长条形山岗构成，平面呈不规则形，形体大，面积约336 000平方米。其中东侧山岗海拔约144.8米，相对高度约91.3米，坡度较大。山上经开辟梯田，种植橘子树，地表枯草较多，对调查带来一定影响。西侧山岗西半部为荒山，长有桉树、竹子及其他杂木，无法踏查；东半部遍植橘子树，局部种植有荔枝等，地表较多杂草，加之山势陡峭，对调查带来较大影响。

2. 采集遗物

在地表采集遗物9件，其中石器1件，陶器残片8件。分布范围约10 000平方米。

（1）陶器。采集陶片8片，据陶片特征分析，可分为西周至春秋、战国至南越国两个时期。

西周至春秋时期：采集1片泥质粗硬陶，灰褐色，饰夔纹加方格纹。

战国至南越国时期：采集陶片7片。陶质以泥质粗硬陶为主，有少量泥质细硬陶；陶色以灰褐色为主，另有红褐、青灰色；纹饰多见方格纹、三角格纹，仅1片素面；可辨器形、部位有罐口沿。

陶罐口沿　1件。

ZJLY-570:5T，泥质细硬陶，红褐色；侈口，卷沿，尖圆唇，斜直肩较垂；肩部饰方格纹。残宽8.4、高6.8厘米。（图5-38，1）

（2）石器。采集新石器时代晚期至商代有段石锛1件。

有段石锛　1件。

ZJLY-570:9T，灰色砂岩；正视近梯形，顶部圆弧，两侧略出肩，锛体两侧边平直，中部起段，单面直刃。宽4.6、高7.2、厚2.3厘米。（图5-38，2）

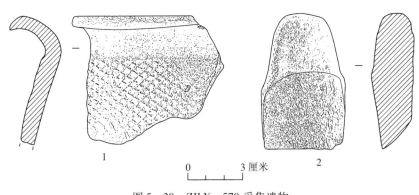

0　　　3厘米

图5-38　ZJLY-570采集遗物

1. 陶罐口沿（ZJLY-570:5T）　2. 有段石锛（ZJLY-570:9T）

八六　ZJLY－572 老张田遗址

1. 遗址概况

老张田遗址位于正果镇水围村水围社（坪田）南侧后山岗上，山岗南邻金竹山，东接浪窝，东北侧为油冚门前田遗址，北面开阔农田，坡下为乡道 Y288 及银场水，与河流相距约 80 米，油新村依山西北坡脚而建，村前为地势低平的农田，西侧山坡下为地势低平的果林、农田，与廖塱冚相望，西南与石坑山相邻。调查时在山岗东坡发现一座民国二十三年（1934 年）重修墓葬，其墓碑碑文显示本山土名老张田，故名。

调查网格包含山岗及西坡下地势低平的台地，平面近椭圆形，形体较大，总面积约 74 000 平方米，海拔约 94.2 米，相对高度约 54.2 米，山势陡峭。西坡遍植果树，以荔枝为主，间有橄榄、黄皮、龙眼等，坡脚有大片竹林，局部有桉树，果林内大部分区域杂草丛生，枯叶遍地，对调查带来一定影响；其他区域基本上处于荒置状态，杂草、树木丛生，无法踏查。山岗西坡下地势低平的台地面积不大，与山岗连为一体，台地上种植荔枝树，局部有农作物、蔬菜，果林内杂草很少，有枯叶，对调查带来一定影响。

2. 采集遗物

采集陶器残片 2 件。1 片为泥质粗硬陶，灰褐色，饰三角格纹；1 片为泥质细硬陶，青灰色，饰方格纹。据遗物特征推断时代为战国至南越国时期。

八七　ZJLY－573 油冚门前田遗址

1. 遗址概况

油冚门前田遗址位于正果镇亮星村油冚村前农田上，原属水围村管辖，因银场水库建设用地调配，将其划拨给亮星村布洞社。遗址北侧与乡道 Y288 及银场水河相邻，乡道两侧为地势低平的农田，西南与老张田相邻，南侧为油冚村，与村背后的浪窝相邻。因位于油冚村前，故名。

调查网格所属区域为山岗北坡脚阶地，北与银场水两岸阶地相连，平面呈长椭圆形，东西向，面积约 25 000 平方米，海拔约 37.4 米，相对高度约 0.4 米。调查时地块内正种植菜心，由于灌溉及农作物较大，无法入内详细踏查，仅对田间小路、田埂进行局部踏查。

2. 采集遗物

在中部田间土路路面及侧断面上采集遗物 9 件，皆为陶器残片，分布范围约 300 平方米。陶质以泥质细硬陶为主，有少量泥质粗硬陶；陶色有灰、灰褐、青灰、灰白、红褐色等；多为素面，纹饰见方格纹、米字纹、三角格纹、篦划纹加弦纹、弦纹等；可辨器形、部位有盒、器盖的口沿等。据遗物特征分析，时代为战国至南越国时期。（图 5－39；彩版八〇，7）

陶盒口沿　1 件。

ZJLY－573：1YⅡ，泥质细硬陶，灰色；敛口，平方唇，斜凹弧肩，近直腹，下腹弧收；通体素面。残宽 5.9、高 3.6 厘米。（图 5－39，1）

陶器盖口沿　1 件。

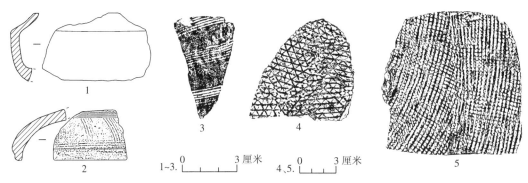

图 5-39　ZJLY-573 采集陶器及纹饰拓片

1. 陶盒口沿（ZJLY-573:1YⅡ）　2. 陶器盖口沿（ZJLY-573:2YⅡ）　3. 弦纹（ZJLY-573:3YⅡ）　4. 三角格纹（ZJLY-573:5YⅡ）　5. 方格纹（ZJLY-573:1ZⅠ）

ZJLY-573:2YⅡ，泥质细硬陶，灰白色；直口，圆唇，凹曲壁，顶部圆弧；盖顶饰篦划纹、弦纹。残宽 4.1、高 2.6 厘米。（图 5-39，2）

八八　ZJLY-580 潭源岭遗址

1. 遗址概况

潭源岭遗址位于正果镇水口村结光社北部的潭源岭上。山岗北邻塘窝，西望问路下，县道 X293 经过西侧山脚，南望炭窑窝，坡下分布农田，东南与羊窝山相接。调查时在北坡西部发现一座清嘉庆年间墓葬，其墓碑碑文显示本山土名潭源岭，故名。

山岗平面近长条形，东西向，形体大，面积约 76 000 平方米。主峰位于东部，海拔约 75 米，相对高度约 43.1 米，诸坡均较陡峭。山岗东部大部分荒置，长有较多桉树、松树、竹子及其他杂木，地表杂草灌木丛生，无法踏查；西部多种植果树，以荔枝为主，间有橄榄、龙眼，杂草、落叶较少，利于调查。

2. 采集遗物

在山岗西部采集遗物 21 件，皆为陶器残片，分布范围约 16 000 平方米。据遗物特征分析，绝大多数为战国至南越国时期，少量为新石器时代晚期至商代、西周至春秋时期。（图 5-40）

新石器时代晚期至商代：采集 1 片夹粗砂软陶，灰黑色，素面。

西周至春秋时期：采集陶片 2 片。泥质粗硬陶、泥质细硬陶各 1 片；陶色有灰褐、灰色各 1 片；纹饰为方格纹、菱格凸块纹。

战国至南越国时期：采集陶片 18 片。泥质粗硬陶为主，有少量泥质细硬陶；陶色以灰褐色为主，有少量深灰、灰、红褐色等；纹饰以方格纹为主，米字纹和三角格纹次之，另有篦点纹加弦纹、戳印纹、素面等；可辨器形、部位有罐口沿。

陶罐口沿　2 件。

ZJLY-580:1T，泥质细硬陶，灰褐色；敛口，圆唇，圆弧肩；肩部饰篦点纹、弦纹。残宽 3.1、高 2.5 厘米。（图 5-40，3）

ZJLY-580:4T，泥质粗硬陶，灰褐色；直口，平方唇，短斜肩，直凹曲腹，下腹向下弧收；肩、

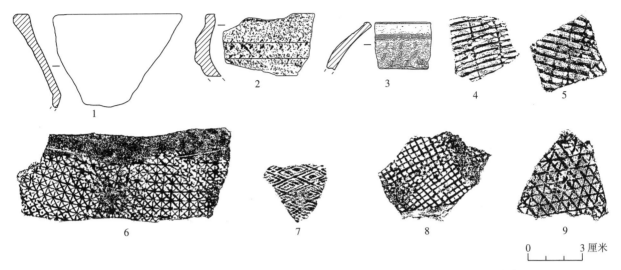

图 5 – 40　ZJLY – 580、584 采集陶片及纹饰拓片

1 ~ 3. 陶罐口沿（ZJLY – 584：1T、ZJLY – 580：4T、ZJLY – 580：1T）　4、5. 长方格纹（ZJLY – 584：9T、ZJLY – 584：6T）
6. 米字纹（ZJLY – 580：7YⅡ）　7. 菱格凸块纹（ZJLY – 580：6T）　8. 方格纹（ZJLY – 580：8YⅡ）　9. 三角格纹
（ZJLY – 580：4ZⅠ）

腹饰戳印纹。残宽 5、高 3.3 厘米。（图 5 – 40，2）

八九　ZJLY – 584 大山遗址

1. 遗址概况

大山遗址位于正果镇兰溪村梅冚社西北侧后山岗上。山岗西北与高山区相接，北、东北与南面兰溪村所在山间坳谷，谷底分布农田，兰溪河于距离坡脚约 100 米处的田间自东向西流过，梅冚村、古寺村依山南坡脚而建，西坡下有一片农田。县道 X293 途经山岗的北、东北面，下凉山坐落于县道 X293 的另一侧。调查时在山岗南坡发现一座民国二十年（1931 年）墓葬，其墓碑碑文显示本山土名大山，故名。

山岗由西北部山岗主体和南侧延伸出的两座小山丘组成，平面近凹字形，总面积约 112 000 平方米。西北山岗主体为高山余脉，形体大，海拔约 162.5 米，相对高度约 52.5 米，坡度较平缓，大部分区域种植荔枝、橘子等，局部有桉树、竹子，地表杂草、枯叶不多，利于调查。南侧小山丘东西各一座，西南侧山岗土名古寺戎，海拔约 135 米；东北侧山岗土名古寺，海拔约 138 米，山岗上多种植荔枝等果树，局部荒置。

2. 采集遗物

在山岗主体南坡近顶部区域采集遗物 12 件，其中陶器残片 11 件、石器 1 件。（见图 5 – 40）遗物分布范围约 3000 平方米。

（1）陶器。采集陶片 11 片。陶质以夹粗砂软陶为主，泥质细软陶次之，另有泥质粗硬陶、泥质细硬陶、泥质粗软陶等；陶色以灰色为主，红褐色次之，另有灰黑、青灰色等；素面陶居多，可见长方格纹、绳纹、曲折纹；可辨器形、部位有罐、釜的口沿。据遗物特征推断，时代为新石器时代晚期至商代。

陶罐口沿　1 件。

ZJLY-584:1T, 泥质粗软陶, 灰色; 敞口, 宽斜折沿, 平方唇, 肩部及以下残; 素面。残宽7、高5厘米。(图5-40, 1; 彩版一一六, 3)

(2) 石器。采集1件石器毛坯, 器形不可辨。(彩版七六, 1) 推断与陶片时代相同。

九〇 ZJLY-585 天皇岽山前一号遗址

1. 遗址概况

天皇岽山前一号遗址位于正果镇兰溪村天王社北部、兰林路北侧山岗上, 北接高耸的大岭山, 西侧为兰溪林场, 南邻社山, 距兰溪河约90米, 东接天皇岽山前二号遗址, 东北与天皇岽相望。当地村民将天皇岽遗址、天皇岽山前一号、二号遗址所在区域统称为天皇岽, 为与该区域其他遗址区分, 本遗址命名为天皇岽山前一号遗址。

山岗平面近椭圆形, 为北侧大岭山南坡余脉, 地势北高南低, 总面积约39 000平方米, 海拔约225米, 相对高度约100米。山上遍植荔枝、橘子等果树, 局部有竹子、桉树及其他杂木, 地表杂草、枯叶很少, 利于调查。

2. 采集遗物

在山岗南坡近顶部区域采集遗物3件。皆为陶器残片; 陶质为夹细砂硬陶, 灰色, 1片饰条纹, 2片为素面; 可辨器形、部位有釜口沿。据遗物特征分析, 时代为新石器时代晚期至商代。

九一 ZJLY-586 天皇岽山前二号遗址

1. 遗址概况

天皇岽山前二号遗址位于正果镇兰溪村天王社北部、兰林路北侧山岗上。山岗北、东接天皇岽, 西连天皇岽山前一号遗址, 南距兰溪河约360米。南侧山下为地势低平的林地, 一条溪流自东北向西南流经。为与天皇岽山前一号遗址区分, 命名为天皇岽山前二号遗址。

山岗为西北侧高山延伸出的山前岗地, 平面近椭圆形, 形体不大, 面积约17 000平方米, 海拔约200米, 相对高度约75米, 顶部近平, 诸坡较平缓。山岗遍植荔枝、橘子等果树, 地表杂草落叶较少, 利于调查。

2. 采集遗物

在山岗北坡采集陶器残片2件。皆为夹细砂硬陶; 1片饰曲折纹, 1片为素面, 为罐口沿。据遗物特征分析, 时代为新石器时代晚期至商代。

陶罐口沿 1件。

ZJLY-586:1T, 夹细砂硬陶, 灰色; 侈口, 宽斜折沿, 沿面凹弧, 圆唇, 外沿上部有一周折棱, 斜肩残缺; 素面。残宽6.3、高4.2厘米。(图5-41, 1; 彩版一一六, 4)

九二 ZJLY-587 天皇岽遗址

1. 遗址概况

天皇岽遗址位于正果镇兰溪村天王社东北部、兰林路北侧山岗上, 北接荒置的高山区, 西接大山岭，西南邻天皇岽山前一号、天皇岽山前二号遗址，距兰溪河约 450 米，南侧为东北—西南向的天王岽山坳，东侧与另一山岗相接。当地村名称该区域为天皇岽，故名。

山岗平面呈不规则长条形，为北侧高山区的南坡局部，形体大，面积约 118 000 平方米，海拔约 338 米，相对高度约 208.4 米，各坡均较陡峭。山岗北部高海拔区域地势陡峭，植被茂盛，无法踏查；南部大部分区域种植有橘子，西部有较多荔枝，局部有桉树、竹子，杂草、枯叶不多，但山势陡峭，对调查带来一定影响。

2. 采集遗物

在山岗南坡东部盘山路表采集遗物 31 件，其中陶器残片 30 件、石器 1 件。（见图 5–41）分布范围约 8000 平方米。

（1）陶器。采集陶片 30 片。以泥质陶为主，夹砂陶次之，其中泥质细硬陶最多，泥质粗硬陶次之，另有泥质细软陶、泥质粗软陶、夹细砂硬陶、夹粗砂硬陶、夹粗砂软陶等；陶色以灰色为主，青灰色次之，另有灰黄、橙黄、红褐色等；纹饰以曲折纹为主，另有长方格纹、叶脉纹、网格纹、网格纹加附加堆纹、梯格纹、绳纹、交错绳纹、间断条纹、方格纹、素面等；可辨器形、部位有罐口沿。据遗物特征分析，时代为新石器时代晚期至商代。（彩版七六，2、3）

陶罐口沿　2 件。

ZJLY–587∶10ZⅠ，夹细砂硬陶，浅灰色；盘形口，斜折沿，方圆唇，斜肩。残宽 3、高 2.8 厘米。（图 5–41，3）

ZJLY–587∶4ZⅠ，夹细砂硬陶，灰黄色；敞口、高斜折沿呈领，沿面下部弧鼓，上部凹曲，圆唇；素面。残宽 5.7、高 3.5 厘米。（图 5–41，2；彩版一一六，5）

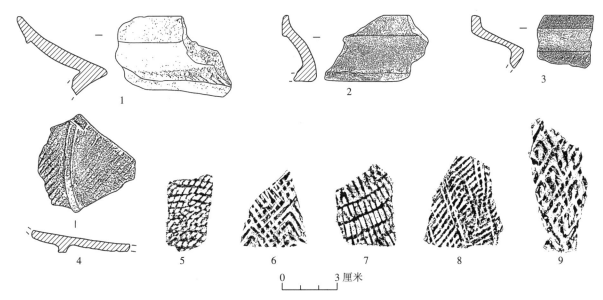

0　　　3 厘米

图 5–41　ZJLY–586、587、588 采集陶片及纹饰拓片

1～3. 陶罐口沿（ZJLY–586∶1T、ZJLY–587∶4ZⅠ、ZJLY–587∶10ZⅠ）　4. 陶罐圈足（ZJLY–588∶1YⅢ）　5. 网格纹（ZJLY–587∶1YⅡ）　6. 曲折纹（ZJLY–587∶2T）　7. 长方格纹（ZJLY–587∶8T）　8. 梯格纹（ZJLY–587∶4YⅡ）　9. 重菱格纹（ZJLY–587∶7T）

（2）石器。采集砺石1件。时代与陶片相同。

九三　ZJLY－588 天王山遗址

1. 遗址概况

天王山遗址位于正果镇兰溪村天王社东侧天王山上。其北侧为狭长的天王岽山坳，谷底一条溪流自东北流向西南，峡谷对面为天皇岽一号遗址、天皇岽二号遗址、天皇岽遗址，西与县道X293相邻，距兰溪河约10米，面向兰溪所在小盆地，天王村依山西坡脚而建，东部与风车潭相连。

山岗平面呈不规则长条形，形体大，面积约320 000平方米。主峰位于山岗中部，海拔约198.6米，相对高度约73.6米，诸坡较陡峭。山岗北半部遍植果树，以荔枝、橘子为主，间有橄榄、龙眼等，局部有桉树、竹子，果林内大部分区域杂草、枯叶不多，利于调查；山岗南半大部分区域处于荒置状态，仅东部种植橘子、荔枝等，荒置区长有较多桉树、竹子及其他杂木，地表杂草灌木丛生，基本无法踏查。

2. 采集遗物

在山岗南坡中东部采集陶器残片4件。陶质见泥质细硬陶、泥质细软陶、夹细砂硬陶，陶色有橙黄、红褐、青灰色等，皆饰曲折纹，可辨器形、部位有罐圈足。据遗物特征分析，时代为新石器时代晚期至商代。

陶罐圈足　1件。

ZJLY－588：1YⅢ，夹细砂硬陶，灰色；圜底下附矮圈足，圈足近直略外撇，足跟平直；外底饰曲折纹。残宽5.1、高1.1厘米。（图5－41，4；彩版一一八，8）

九四　ZJLY－592 山吓后背山遗址

1. 遗址概况

山吓后背山遗址位于正果镇兰溪村山吓社西侧后山岗上，当地村民称之为背后山。山岗东眺天王山，南邻兰溪松树岭，西连塘坑，北面兰溪所在小盆地，分布大片农田，谷塘村、山吓村建于北坡、东北坡坡脚，兰溪河自南向北流经山岗东坡。

该山岗与西侧塘坑为同一山体，为便于调查管理人为将其分成2个调查网格。其北坡中部内凹，平面呈不规则形，形体较大，面积约180 000平方米。地势南、北高，中部低，南侧海拔约174.3米，相对高度约69.3米；北侧海拔约171米，相对高度约72米。山岗东坡较陡峭，近乎荒置，有较多桉树、竹子等，杂草灌木丛生，无法踏查。北、西、南坡较平缓，其中南坡、北坡西部近乎荒置，有桉树、橘子、竹子等，地表杂草丛生，可调查区域很少；北坡东部遍植果树，以荔枝为主，间有少许橄榄、橘子等，地表杂草很少，利于调查。

2. 采集遗物

在地表采集遗物21件，其中陶器残片18件、石器3件。（图5－42）分布范围约1000平方米。

（1）陶器。采集陶片18片。陶质以夹粗砂软陶为主，泥质细硬陶次之，另有泥质粗软陶、泥质细软陶；陶色有灰、灰褐、灰黑、橙黄、青灰色等，各陶色数量相近；纹饰以曲折纹为主，部分为素面，

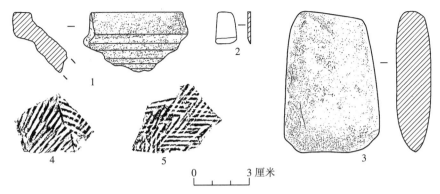

图 5 - 42　ZJLY - 592、593 采集遗物及陶片纹饰拓片

1. 陶罐口沿（ZJLY - 592:6YⅡ）　2. 石锛（ZJLY - 592:6ZⅠ）　3. 石斧（ZJLY - 593:1T）
4. 叶脉纹（ZJLY - 592:6T）　5. 曲折纹（ZJLY - 592:3ZⅠ）

另有叶脉纹、条纹、曲折纹加附加堆纹等；可辨器形、部位有釜口沿。据遗物特征分析，时代为新石器时代晚期至商代。

陶罐口沿　1 件。

ZJLY - 592:6YⅡ，夹粗砂软陶，灰黑色；侈口，斜折沿，沿外缘上折近盘口状，平方唇。残宽5.7、高 3.2 厘米。（图 5 - 42，1；彩版一一六，6）

（2）石器。3 件，器形见锛、锛。与陶片时代相同。

石锛　1 件。

ZJLY - 592:6ZⅠ，灰色片岩；形体较小，正视近梯形，顶部斜直，两侧边向下外扩，单面直刃。宽 1.1、高 1.7、厚 0.2 厘米。（图 5 - 42，2）

九五　ZJLY - 593 塘坑遗址

1. 遗址概况

塘坑遗址位于正果镇兰溪村木磊社西南侧后山岗上。山岗东接山吓后背山，南邻担水凼，东南毗邻兰溪松树岭。其北、西侧山下为地势低平的农田，兰溪河于田间自东向西流过，在山岗西北部折而向南，距山体约 90 米；坪山、樟木磊村依山西坡脚而建。调查时在山岗北坡发现一座清道光三年（1823 年）墓葬，其墓碑碑文显示本山土名塘坑，故名。

山岗平面呈不规则近长条形，南北向，形体较大，面积约 140 000 平方米，山顶海拔约 169.8 米，相对高度约 89.8 米，诸坡较为平缓。山岗中上部至岗顶遍植桉树，地表杂草丛生，无法踏查；中部向下遍植果树，以荔枝为主，间有橘子等，局部有竹林，地表杂草不多，但枯叶遍地，对调查带来一定影响。

2. 采集遗物

在山顶采集夹粗砂软陶 1 片、石斧 1 件。推断时代为新石器时代晚期至商代。

石斧　1 件。

ZJLY - 593:1T，黄褐色片岩；正视近梯形，顶部斜直，两侧边向下外张，单面直刃。宽 5.3、高7.5、厚 1.9 厘米。（图 5 - 42，3；彩版一二四，4）

九六　ZJLY-596 邓屋塱遗址

1. 遗址概况

邓屋塱遗址位于正果镇南部，正果洋村黄草潭社南侧后山岗上。山岗北面正果镇，距正果洋约 270 米，黄草潭村依山北坡脚而建，村前为地势低平的农田，与正洋路相望；西邻省道 S119，池田村依山西坡南部坡下而建；南侧有小片农田，与斜背遗址、社山遗址、马头岭西遗址相望。调查时在山岗西坡北部发现一座民国二十五年（1936 年）墓葬，其墓碑碑文显示本山土名邓屋塱，故名。

山岗平面近长条形，南北向，由三座山岗连绵相接而成，其间无明显谷地，面积约 364 000 平方米。主峰位于山岗南部，海拔约 100.5 米，相对高度约 79.8 米。主峰东坡原为采石场，被开挖成断崖状，其他山坡较平缓。山岗中下部大部分区域种植果树，以荔枝为主，间有橄榄、橘子、龙眼等，局部有桉树、杂木、竹子、地表杂草较多，枯叶遍地，对调查带来一定影响；山岗中上部至岗顶区域多荒置，长有桉树、竹子、松树及零星荔枝树等，地表杂草丛生，其间除现代墓葬周边地表较干净外，其他区域无法踏查。

2. 采集遗物

在山岗西坡北部一处现代墓葬断面采集陶器残片 2 件。均为夹粗砂软陶，饰曲折纹，陶片分布集中，特征相近，推断应为同一件器物。时代为新石器时代晚期至商代。

九七　ZJLY-601 新高浪后山遗址

1. 遗址概况

新高浪后山遗址位于正果镇正果洋村新高塱社北侧后山岗上。山岗北接荒置的高山区，西眺竹林后山遗址，南邻陂头路，远眺岭头山、金竹后山，东南与罗迳水库相邻。山之西、南侧为地势低平的农田，正果洋于田间自东向西流过，距遗址约 290 米。当地村民称山岗为后山，本报告依遗址所处方位而定名为新高浪后山。

山岗由两座山岗连绵相接而成，呈东西向，体量较大，总面积约 205 000 平方米。其北与高山区相接，从山谷处将其分隔开来，为山前岗地。其中东侧山岗平面呈椭圆形，诸坡较陡峭，海拔约 96 米，南坡近乎荒置，长有桉树、竹子等，杂草丛生，无法踏查；东坡及山顶遍植果树，以荔枝为主，间有少许龙眼、橄榄，地表杂草较多，枯叶遍地，对调查带来一定影响。西侧山岗平面形状近椭圆形，西南坡较平缓，其他诸坡较陡峭，海拔约 105.2 米，大部分区域种植果树，以荔枝为主，间有少许龙眼，局部荒置，地表大部分区域杂草丛生，对调查带来一定影响。

2. 采集遗物

在地表采集遗物 16 件，其中陶器残片 12 件、石器 4 件。（图 5-43）分布范围约 6000 平方米。

（1）陶器。采集陶片 12 片。据陶片特征分析，可分为西周至春秋、战国至南越国两个时期。

西周至春秋时期：采集陶片 11 片。泥质细硬陶为主，有少量泥质粗硬陶；陶色有灰、灰褐、青灰、深灰色等；纹饰以方格纹为主，另有重菱格凸块纹、菱格凸块纹、菱格凸块纹加篦点纹、重圈纹、

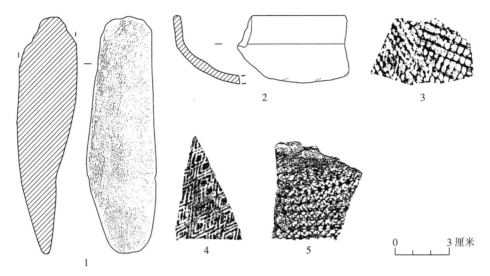

图 5－43　ZJLY－601 采集遗物及陶片纹饰拓片
1. 残石器（ZJLY－601：4T）　2. 陶豆口沿（ZJLY－601：1Z I）　3. 方格纹（ZJLY－601：10T）
4. 菱格凸块纹（ZJLY－601：1T）　5. 米字纹（ZJLY－601：3T）

素面等；可辨器形、部位有豆口沿等。

陶豆口沿　1 件。

ZJLY－601：1Z I，泥质细硬陶，灰褐色；直口微敞，圆唇，上腹近直，下折弧收；素面。残宽 6、高 3.6 厘米。（图 5－43，2）

战国至南越国时期：采集 1 片饰米字纹泥质硬陶。

（2）石器。4 件，器形有砺石、网坠、残石器等。参照遗址所出陶片内涵推断时代为西周至春秋时期。

残石器　1 件。

ZJLY－601：4T，深灰色片岩；不规则长条形，顶部残，上部较厚，下部斜收呈直刃状。宽 3.8、高 12.5、厚 3.1 厘米。（图 5－43，1）

九八　ZJLY－602 磨刀山遗址

1. 遗址概况

磨刀山遗址位于正果镇正果洋村下罗迳社、罗迳水库东北部山岗上，周边为高山区，多荒置无法调查；南部为峡谷，谷底一条溪流自东向西流入罗迳水库内。当地村民称之为磨刀山，故名。

山岗为该区域高山区的局部，周边高山连绵相接，调查区域山势陡峭，总面积约 498 000 平方米。主峰海拔高度约 210.2 米，相对高度约 160.2 米。山坡上遍植橘子，局部有桉树、竹林等，地表枯草遍地，加之坡势陡峭，对调查带来较大影响。

2. 采集遗物

在西部近山顶区域采集遗物 4 件，其中陶器残片 3 件、石器 1 件。

（1）陶器。采集陶片 3 片。陶片有泥质粗硬陶、泥质细硬陶、夹细砂硬陶各 1 片；陶色有灰、青灰色两种；纹饰见曲折纹加附加堆纹、交错绳纹等。据遗物特征分析，时代为新石器时代晚期至商代。

（2）石器。采集 1 件砺石，与陶片时代相同。

九九 ZJLY - 603 竹林后山遗址

1. 遗址概况

竹林后山遗址位于正果镇正果洋村河亩口社北侧后山岗上，北接荒置的高山区，东邻新高浪后山遗址、西邻庙头后山遗址；南面地势低平的农田，竹林、河亩口等村落依山南坡脚而建，与正洋路相邻，距正果洋约 200 米。当地村民称之为后山，本报告依所处方位定名为竹林后山。

山岗平面近椭圆形，北与高山区相接，形体较大，总面积约 123 000 平方米，整体地势北高南低，东、西坡较陡，南坡南部延伸部分较平缓。山岗主峰靠北，海拔约 88.5 米，相对高度约 63.5 米。山岗西坡坡脚近荒置，有较多桉树、杂木、松树、竹林等，地表杂草丛生；西坡上半部遍植荔枝等果树，间有少许龙眼、橄榄等，地表杂草不多，但枯叶遍地，对调查带来一定影响。山岗东南部延伸出一椭圆形小山岗，其上遍植荔枝等果树，间有少许橄榄、龙眼，局部有桉树、竹林，果林内大部分区域杂草不多，但枯叶遍地，对调查带来一定影响，局部现代墓葬地表杂草枯叶被清除，比较利于调查工作开展（彩版六四，2）。

2. 遗迹现象

调查时在山岗西坡发现一座被毁的东汉砖室墓。在山岗东坡坡脚发现 1 件明代石雕像（彩版七一，2），推测可能为墓葬石像生。

3. 采集遗物

地表采集遗物 51 件，皆为陶器残片。（图 5 - 44；彩版一〇六，1）分布范围约 16 000 平方米。陶质皆为泥质硬陶，有泥质粗硬陶、泥质细硬陶之分；陶色以青灰、灰褐、灰色居多，另有少量红褐、深灰色等；纹饰多见方格纹、夔纹、菱格（凸块）纹，但还有较多以组合形式出现，有方格纹加复线篦划纹、方格纹加夔纹、方格纹加夔纹加弦纹、方格纹加弦纹、方格纹加重菱格纹、夔纹加菱格纹、夔纹加弦纹、夔纹加菱格纹加弦纹、菱格凸块纹加弦纹，另有篦点纹加弦纹、回字纹、弦纹、素面等；可辨器形、部位有罐口沿、豆圈足等。时代为西周至春秋时期。

陶豆圈足 1 件。

ZJLY - 603：13T，泥质细硬陶，灰色；圈足较粗矮，下部外撇呈喇叭状，足跟圆弧，略起台。底径 7.3、残高 3.6 厘米。（图 5 - 44，1）

一〇〇 ZJLY - 604 庙头后山遗址

1. 遗址概况

庙头后山遗址位于正果镇正果洋村庙头社北侧后山岗上，北接荒置的高山区，西邻白面石山遗址，庙头村依山南坡脚而建，村前为地势低平的农田，与正洋路相邻，南距正果洋约 210 米，东邻竹林后山遗址。当地村民称之为后山，本报告依所处方位定名为庙头后山。

山岗平面近长条形，南北向，形体较大，总面积约 72 000 平方米。山岗最高峰居北，海拔约 95 米，相对高度约 75 米，整体地势北高南低。其中北部为较陡峭的山前坡地，多荒置，种植有松树、竹

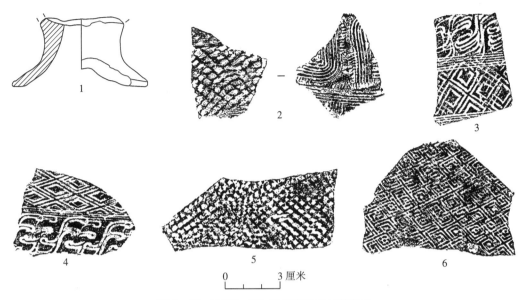

图 5 - 44　ZJLY - 603 采集陶器及纹饰拓片

1. 陶豆圈足（ZJLY - 603：13T）　2. 外侧方格纹 + 内侧复线篦划纹（ZJLY - 603：21YⅡ）　3、4. 夔纹 + 菱格纹 +
弦纹（ZJLY - 603：8YⅡ、ZJLY - 603：22YⅡ）　5. 方格纹（ZJLY - 603：7T）　6. 菱格纹（ZJLY - 603：6ZⅠ）

子等，地表杂草较多；东西侧山坡种植有荔枝、橘子等果树，地表杂草、枯叶较多。山岗南部延伸出
一座低矮椭圆形小山岗，种植荔枝、橘子等，另有桉树、松树、杂木、竹林等，大部分区域杂草丛生，
局部近乎荒置，果林内部分区域杂草不多，但枯叶遍地，对调查带来一定影响。

2. 采集遗物

在山岗东坡坡脚采集米字纹陶片 1 片，泥质细硬陶，灰色。据遗物特征分析，时代为战国至南越国时期。

一〇一　ZJLY - 605 白面石山遗址

1. 遗址概况

白面石山遗址位于正果镇正果洋村白面石社北侧后山岗上，北接调查网格 606 莲塘，南面为地势
低平的农田，距正果洋约 20 米，白面石村依山南坡脚而建，村前为正洋路，东邻调查网格 604 庙头
山。当地村民称之为后山或白面石山，以白面石山名之。

山岗平面近椭圆形，形体不大，总面积约 34 000 平方米。山顶海拔约 42.2 米，相对高度约 22.2
米，山顶平缓，各坡较陡峭。山岗南部遍植竹林、桉树，地表杂草丛生，基本上无法踏查；北半部遍
植荔枝等果树，间有少许橄榄、橘子，地表杂草不多，但枯叶遍地，对调查带来一定影响。

2. 采集遗物

在山岗东北坡采集陶器残片 2 件，泥质细硬陶，灰色，饰方格纹、方格纹加弦纹。据遗物特征分
析，时代为西周至春秋时期。

一〇二　ZJLY - 606 莲塘遗址

1. 遗址概况

莲塘遗址位于正果镇正果洋村莲塘社背后山岗上，北接荒置的高山区，西邻正果镇、增江，南侧

山坡下为地势低平的农田，与调查网格 605 白面石山、正洋路相邻，东接调查网格 604 庙头山。调查时在山岗南坡发现一座清光绪年间墓葬，其墓碑碑文显示本山土名莲塘，故名。

山岗平面呈不规则长条形，东北—西南向，为北侧高山的延伸岗地，总面积约 149 000 平方米。山岗主峰海拔约 100 米，相对高度约 75 米，山坡较陡峭。东部与调查网格 604 庙头山相接的区域山坡上遍植橘子等果树，间有荔枝，另有少许桉树、竹林、农作物等，果林内杂草较多，枯叶遍地，对调查带来一定影响；其他区域大部分处于荒置状态，长有较多松树、桉树、杂木、竹子等，间有少许荔枝等果树，地表杂草灌木丛生，无法深入详细踏查。

2. 采集遗物

在山岗坡脚采集方格纹陶片 1 片，泥质粗硬陶，灰褐色。据遗物特征分析，时代为战国至南越国。

一〇三　ZJLY-612 塘面山遗址

1. 遗址概况

塘面山遗址位于正果镇圭湖村塘面社东北部山岗上，北邻增江，距增江约 10 米的北坡山脚有乡道 Y292 经过，西邻莲藕山，东南与调查网格 607 下晒山相望，东邻正果镇。山岗名未知，因近塘面村而名之为塘面山。

山岗平面呈缺口椭圆形，形体较大，总面积约 72 000 平方米，山顶海拔约 64.8 米，相对高度约 39.8 米，诸坡较陡峭。山岗遍植荔枝，局部有桉树、竹林，果林内杂草较少，但有枯叶，山间有盘山土路，利于调查（彩版四一，2）。

2. 采集遗物

采集遗物 32 件，其中陶器残片 30 件、石器 2 件。（图 5-45；彩版一〇六，2）遗物遍布整个山岗，分布范围约 14 000 平方米。（彩版六五，1）

（1）陶器。采集陶片 30 片。据遗物特征分析，大部分时代为西周至春秋，少量属新石器时代晚期至商代。

新石器时代晚期至商代：采集陶片 5 片。陶质有泥质细硬陶、泥质粗硬陶、夹粗砂软陶；陶色以灰色为主，另有灰黑色 1 片；纹饰有篮纹加附加堆纹、曲折纹、素面等。

西周至春秋时期：采集陶片 25 片。以泥质粗硬陶和泥质细硬陶为主，少量泥质粗软陶；陶色以深灰色为主，灰褐色次之，另有红褐、灰、青灰、橙黄色等；纹饰以方格纹为主，另有方格纹加重圈纹、卷云雷纹、夔纹、菱格纹、曲折纹、云雷纹等；可辨器形、部位有陶瓮口沿。

陶瓮口沿　1 件。

ZJLY-612：13YⅡ，泥质细硬陶，灰色；近盘形口，斜折沿，沿面凹曲，斜弧肩；外沿饰方格纹，肩部饰方格纹、重圈纹。残宽 16.1、高 8.5 厘米。（图 5-45，1；彩版一三四，8）

（2）石器。2 件残石器。时代为新石器时代晚期至商代。

一〇四　ZJLY-613 莲藕山遗址

1. 遗址概况

莲藕山遗址位于正果镇圭湖村塘面社北部。其北侧紧邻增江，西接圭湖山，乡道 Y292 经过南坡坡

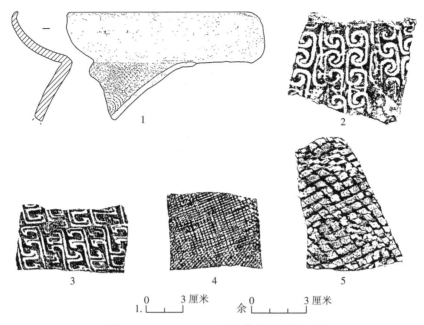

图 5-45　ZJLY-612 采集陶片及纹饰拓片

1. 陶瓮口沿（ZJLY-612：13YⅡ）　2. 卷云雷纹（ZJLY-612：11YⅡ）　3. 夔纹（ZJLY-612：8ZⅠ）

4. 细方格纹（ZJLY-612：8YⅡ）　5. 方格纹（ZJLY-612：1T）

脚，路对面为地势低平的农田，东邻塘面山。当地村民称之为莲藕山，故名。

山岗平面呈不规则形，形体较大，总面积约 97 000 平方米，海拔约 53 米，相对高度约 38 米，诸坡较平缓。大部分区域种植荔枝等果树，间有少许橘子、龙眼、桉树、松树、竹子等，地表杂草较多，枯叶遍地，对调查带来一定影响；局部为荒置区，长有较多桉树、松树、杂木等，地表杂草丛生，无法踏查。

2. 采集遗物

在山岗南坡中部（信号塔所在位置下面的坡地上）采集夹粗砂软陶 1 片，素面，灰黑色。据遗物特征分析，可能属于新石器时代晚期至商代。

一〇五　ZJLY-614 圭湖山遗址

1. 遗址概况

圭湖山遗址位于正果镇圭湖村东侧山岗上，北侧紧邻增江，圭湖村依山西坡脚而建，西南与调查网格 615 坐头岭相邻，南侧为地势低平的农田，与乡道 Y292 相邻，东连莲藕山。当地村民称该山与调查网格 613 两座山岗为莲藕山，为便于遗物信息管理，以圭湖山名之。

山岗平面呈长椭圆形，西北—东南向，形体较大，面积约 53 000 平方米，海拔约 30.8 米，相对高度约 15.8 米，山势低矮平缓。山上遍植荔枝等果树，间有少许橄榄，局部有桉树、竹林，地表杂草不多，但枯叶遍地，对调查带来一定影响。

2. 采集遗物

在地表采集遗物 3 件。皆为陶器残片，陶质为泥质硬陶，灰褐色，饰方格纹、夔纹。据遗物特征分析，时代为西周至春秋时期。（图 5-46）

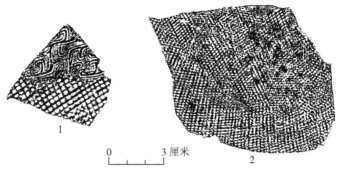

图 5 - 46　ZJLY - 614 采集陶片纹饰拓片

1. 方格纹 + 夔纹（ZJLY - 614∶1Z Ⅰ）　　2. 细方格纹（ZJLY - 614∶1Y Ⅱ）

一〇六　ZJLY - 617 狮山遗址

1. 遗址概况

狮山遗址位于正果镇圭湖村塘面社西部山岗上，北侧为地势低平的农田，距增江约 120 米，与乡道 Y292 相邻，与圭湖山相望，西北与调查网格 615 坐头岭相邻，西接高海拔荒山，南接蓝头岭，东邻调查网格 616 邓屋岽。当地村民称之为狮山，故名。

山岗由南、北两座山岗相接构成，总体平面近 "8" 字形，形体较大，面积约 114 000 平方米。南侧山岗海拔约 50.2 米，北侧约 36 米，整体地势较平缓，各坡坡度不大。山岗大部分区域种植有荔枝，山坡局部有较多竹林，山顶有较多松树，果林大部分区域内地表杂草不多，但有较多枯叶，对调查带来一定影响，松树林内杂草不多，利于踏查。

2. 采集遗物

在南侧山岗南坡采集方格纹陶片 1 片，泥质细硬陶，深灰色。据遗物特征分析，时代为战国至南越国。

一〇七　ZJLY - 620 圭湖西遗址

1. 遗址概况

圭湖西遗址位于正果镇圭湖村西南山岗上，四周为地势低平的农田，北望增江，西南与龙角岭相邻，南邻调查网格 618 高原山，东南与调查网格 615 坐头岭相邻，东北与圭湖村及圭湖山遗址相望。北距圭湖涌约 20 米。山岗名称未知，本报告依所处圭湖村方位定名为圭湖西遗址。

山岗平面近圆形，形体不大，面积约 49 000 平方米，海拔约 33.7 米，高于周边农田约 18.7 米，山势低矮平缓。山岗南半部种植荔枝等果树，间有少许龙眼、橘子、橄榄，局部有桉树、竹林，果林内地表杂草不多，但枯叶遍地，对调查带来一定影响；山岗北半部荒置，长有较多松树、桉树、杂木，局部有竹林，地表杂草丛生，大部分区域无法踏查。

2. 采集遗物

在山岗南坡采集遗物 6 件。皆为陶器残片，泥质粗硬陶，灰褐色，饰米字纹。据遗物特征分析，时代为战国至南越国。

一〇八　ZJLY－633 猪腰凹遗址

1. 遗址概况

猪腰凹遗址位于正果镇庙尾村蜞岭社东部山丘。其北靠琴蜞岭山岗，周边为地势低平的农田，西距长窿尾排洪渠约40米，乡间公路从中部穿过，岳村依山岗南坡坡脚而建。调查时在山岗西坡发现一座清光绪二十一年（1895年）墓葬，其墓碑碑文显示本山土名猪腰凹，故名。

山岗由三座小山丘呈不规则品字形连绵相接而成，形体较大，总面积约73 000平方米，最高峰海拔约29.9米，相对高度约14.9米，山势低矮平缓。其中西北侧山岗平面呈长条形，山顶近平，山上有较多竹林，桉树，局部有荔枝，地表杂草、枯叶较多，对调查带来较大影响；南侧山岗形体小，北坡遍植荔枝，果林内杂草不多，南坡近荒置，长有较多桉树、竹林、杂木，地表杂草丛生，无法踏查；东侧山岗遍植荔枝等，间有少许橄榄，局部有桉树、竹林，地表杂草不多，但枯叶遍地，对调查带来一定影响。

2. 采集遗物

采集遗物3件，分布在不同山岗。

（1）陶器。东侧山岗南坡采集陶器残片2件。据遗物特征分析，可分为战国至南越国、汉代两个时期。

战国至南越国时期：采集1片米字纹泥质硬陶，为陶罐口沿残片。

陶罐口沿　1件。

ZJLY－633∶1Z Ⅰ，泥质粗硬陶，灰褐色；侈口，卷沿，斜肩略凹弧；肩部饰米字纹。残宽8.4、高5.1厘米。（图5－47，2）

汉代：采集1片泥质素面硬陶，可能为东汉遗物。

（2）石器。在西北侧山岗山顶中部采集新石器时代晚期至商代残石器1件。

残石器　1件。

ZJLY－633∶1T，褐色砂岩；长条形，两端残断，横截面近圆角方形。宽3.1、高7、厚2.4厘米。（图5－47，1）

一〇九　ZJLY－639 大坝山遗址

1. 遗址概况

大坝山遗址位于正果镇乌石头村大坝社东北侧山岗上。该山北、东、东南侧均与高山相接，西南距县道X283约90米，坡下为地势低平的农田，西侧环绕几处较大的水塘，与南侧筋竹坑河相连。本报告依村名定名为大坝山遗址。

山岗北接石牙顶高山，实为石牙顶高山南侧延伸的一处小山岗。山岗平面呈不规则形，面积约60 000平方米，海拔约110米，相对高度约75米，坡度较陡峭。山岗的南部山坡上遍植橘子，地表杂草较多，对调查带来一定影响。山岗北部遍植桉树，局部有竹林，地表杂草丛生，除新开辟的两条盘山路及山顶局部可以调查外，余皆无法踏查。

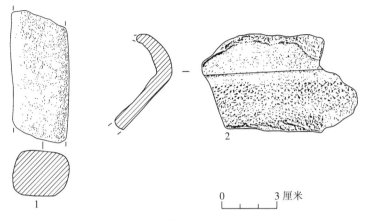

图 5 - 47　ZJLY - 633 采集遗物
1. 残石器（ZJLY - 633：1T）　2. 陶罐口沿（ZJLY - 633：1Z Ⅰ）

2. 采集遗物

在山岗顶部及近山岗盘山路地表采集遗物 13 件，其中陶器残片 11 片、石器残片 2 片，分布范围约 2500 平方米。

（1）陶器。采集陶片 11 片。陶质以泥质细硬陶为主，另有泥质粗硬陶、泥质细软陶、泥质粗软陶、夹细砂硬陶；陶色见青灰、灰黄、灰褐、灰、灰白色等；纹饰有曲折纹、篮纹、绳纹、素面等；可辨器形、部位有罐的口沿、圈足等。据遗物特征分析，时代为新石器时代晚期至商代。

（2）石器。采集残石器 2 件，与陶片时代相同。

一一〇　ZJLY - 640 大份田山遗址

1. 遗址概况

大份田山遗址位于正果镇乌石头村大份田社北侧、高排社南侧山岗上。该山北邻县道 X261，与高排村隔路相望，西侧山坡下有小面积地势低平的农田，与对面山岗相对，南侧与高山破塘山相接，东邻乡道 Y283，距筋竹坑河约 20 米。山岗土名不详，本报告依所属村庄定名为大份田山遗址。

山岗平面形状呈不规则形，形体较大，面积约 82 000 平方米，海拔约 56.5 米，相对高度约 31.5 米，坡度平缓。山上大部分区域遍植果树，以荔枝为主，间有少许橄榄、龙眼、橘子，局部有桉树、杂木，果林内杂草较多，枯叶遍地，对调查带来一定影响，山顶大部区域为荒置区无法踏查。

2. 采集遗物

在北部区域顶部采集米字纹陶片 1 片，泥质粗硬陶，深灰色。年代为战国至南越国时期。

一一一　ZJLY - 643 凤岗尾山遗址

1. 遗址概况

凤岗尾山遗址位于正果镇岳村村赤咸塘社南侧小山岗上。山岗北、西、南均为地势低平的农田，东、西为水塘所环绕，东与赤眼塘大岭相邻，南距增江约 160 米。山岗西坡坡脚为凤尾岗村，当地村民称该山土名凤尾岗山，故名凤岗尾山遗址。

山岗平面形状呈椭圆形，形体不大，面积约 39 000 平方米，海拔约 35.1 米，相对高度约 20.1 米，诸坡较平缓。山上大部分区域内遍植果林，以荔枝果树为主，间有少许橄榄、龙眼，山岗西坡有较多竹林，局部有桉树，果林内大部分区域内杂草不多，但枯叶遍地，对调查带来一定影响。

2. 采集遗物

在山顶采集遗物 4 件，为陶器残片，分布面积约 2000 平方米。陶质均为泥质粗硬陶，灰、灰褐色，纹饰可见方格纹、方格纹加夔纹加弦纹。据遗物特征分析年代为西周至春秋时期。

一一二 ZJLY－644 赤眼塘大岭遗址

1. 遗址概况

赤眼塘大岭遗址位于正果镇岳村村横排岭社南侧山岗上。该山北望猪腰凹、元刘后山，西邻凤尾岗，东邻社公隐，南距增江约 230 米，与广河高速公路 S2 相邻。其北、西、南侧均为地势低平的农田，西侧为几处水塘环绕，东侧坡脚为石坔排洪渠。当地村民称该山为大顶山，调查时在遗物采集区内发现一座清代墓葬，墓碑碑文显示本山土名赤眼塘大岭，故名。

山岗平面呈品字形，由三座山岗连绵相接构成，总体形体较大，面积约 123 000 平方米，最高海拔约 47 米，相对高度约 32 米，山势低矮平缓。其中西北侧山岗遍植果林，以荔枝果树为主，间有少许龙眼、橄榄，局部有桉树、竹林，地表杂草不多，局部有枯叶。东北侧山岗种植有荔枝果树、桉树、杂木、竹林等，地表杂草丛生，无法详细踏查。南侧山岗遍植桉树，地表杂草丛生，调查沿新开辟盘山土路进行。

2. 采集遗物

在南侧山岗山顶周边盘山路地表采集遗物 15 件，皆为陶器残片，分布范围约 2800 平方米。陶质以泥质细硬陶为主，还有部分泥质细软陶、夹粗砂软陶；陶色以灰色为主，另有青灰、灰黑色等；纹饰可见间断条纹、交错绳纹、交错条纹、篮纹、篮纹加附加堆纹、曲折纹、绳纹加附加堆纹、素面等。据遗物特征分析，时代应属新石器时代晚期至商代。（图 5－48）

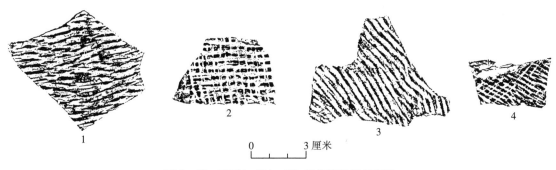

图 5－48 ZJLY－644、652 采集陶片纹饰拓片

1. 交错条纹（ZJLY－644：5ZⅠ） 2. 绳纹（ZJLY－644：6ZⅠ） 3. 条纹（ZJLY－652：4T）

4. 绳纹＋附加堆纹（ZJLY－644：3ZⅠ）

一一三　ZJLY-652 屈头山遗址

1. 遗址概况

屈头山遗址位于正果镇庙尾村庙尾社北侧、塘角社东侧、庙尾小学南侧山岗上。该山北邻庙尾村委背后山、书塘山，西邻塘角山，南邻省道 S380，与路对面庙尾后山相邻，东侧为地势低平的果园，距石坐排洪渠 150 米。当地村民称该山土名屈头山，故名屈头山遗址。

山岗平面呈不规则形，形体较大，面积约 108 000 平方米，海拔约 52.2 米，相对高度约 32.2 米，诸坡较平缓。山岗的南部遍植果树，以荔枝为主，间有少许橄榄、龙眼，局部有桉树、松树、竹林，地表杂草不多，枯叶遍地，对调查带来一定影响。山岗北半部大部分区域处于荒置状态，山上有较多松树、桉树，山坡下有较多竹林，地表杂草灌木丛生，无法入内踏查。

2. 采集遗物

在东坡中部向外伸出的山岗上采集遗物 7 件，皆为陶器残片，分布面积约 600 平方米。陶片多为泥质细硬陶，有少量泥质粗硬陶；陶色以灰色为主，另有深灰、红褐、橙黄色等；纹饰有交错绳纹、曲折纹、绳纹、条纹等。据遗物特征推断，时代为新石器时代晚期至商代。（见图 5-48）

一一四　ZJLY-654 虎陂西南山遗址

1. 遗址概况

虎坡西南山遗址位于正果镇庙尾村虎陂社西南侧山岗上。该山西北邻庙尾村委背后山，西南与书塘相邻，南侧平台上有几栋正在修建的村居，东邻虎陂后山，东坡坡脚为地势低平的农田，石坐排洪渠从此处自北向南流经，汇入增江。山岗土名未知，本报告依地理方位定名为虎陂西南山遗址。

山岗平面形状呈椭圆形，形体较大，面积约 93 000 平方米，海拔约 67.5 米，相对高度约 42.5 米，诸坡较陡峭。山岗上基本上处于荒置状态，种植较多桉树、松树，局部有竹林、杂木，地表杂草丛生，基本上无法踏查。山岗东坡南部经开挖，有盘山土路。

2. 采集遗物

在山岗南坡近山顶处采集陶器残片 2 件，泥质粗硬陶，饰曲折纹。时代为新石器时代晚期至商代。

一一五　ZJLY-664 牛尾岭遗址

1. 遗址概况

牛尾岭遗址位于正果镇高楼墩社北部山岗上。该山为高山青山向东南方向的延伸岗地，北、西、西南均接荒置的高山，仅东坡下为地势低平的农田。山岗东南与广河高速公路 S2 相邻，东北与打蛇岽相邻。调查时在山岗东北坡发现一座民国时期重修墓葬，其墓碑碑文显示本山土名牛尾岭，故名。

遗址所处山岗平面形状呈长条形，形体较大，面积约 54 000 平方米。最高海拔 85 米，相对高度约 60 米，北坡较陡峭，东、南坡较平缓。山上遍植果树，以荔枝为主，间有少许橄榄、龙眼，局部有桉树、杂木、竹子等，地表杂草不多，局部有枯叶，对调查带来一定影响。

2. 采集遗物

在山岗东南坡中下部采集遗物 2 件，皆为陶器残片。1 片泥质粗硬陶，饰方格纹，时代应为战国至南越国时期；另 1 片为明清时期。

一一六　ZJLY－967 河口后龙山遗址（复查）

1. 遗址概况

河口后龙山遗址位于正果镇河口村北侧后山，北接龙迳山，省道 S119 从北坡脚经过，西侧有溪流自北向南注入增江，南邻增江。2007 年，对广河高速公路 S2 进行调查勘探时发现。2011 年 8 月进行抢救性发掘，发掘面积 500 平方米。

后龙山为龙迳山西南端一独立小山丘，原平面呈椭圆形，面积约 15 000 平方米，海拔约 39.8 米，相对高度约 24.8 米，坡度平缓。东坡和山顶种植荔枝，北坡和西坡竹林、杂草密布。山岗东南坡因修建广河高速公路 S2，山岗中部开挖山体建工厂，使得山体破坏严重。

2. 地层堆积

经发掘，地层可分为 2 层：

①层：耕土层，灰土，土质较疏松，包含物极少，厚 10～40 厘米。

②层：新石器时代晚期文化层，可细分为 4 层。为较致密的黄土，含少量的沙砾，距地表深 20～140、厚 15～80 厘米。整体呈东高西低遍布遗址中心区域，包含文化遗物有饰绳纹、曲折纹、重圈纹的陶片。

②层下为生土，为风化山岗土。

3. 采集遗物

遗址出土遗物见石器和陶片。石器有石球、石环、石芯、砺石、石斧等。陶器有夹砂黑陶和泥质陶，泥质陶中灰陶最多，白陶次之；纹饰以曲折纹为主，绳纹和长方格纹次之，部分见附加堆纹；器物有泥质陶罐、矮圈足器及夹砂釜等。此外，地层中还见少量夔纹陶片。推断时代为新石器时代晚期至商代、西周至春秋。

本次复查未发现遗物。

一一七　ZJLY－968 猪头山遗址（复查）

1. 遗址概况

猪头山遗址位于正果镇浪拔村东部猪头山东北坡脚，北邻浪拔小学和横岭村，面朝梳脑河口小平原，西距省道 S119 约 400 米，南接高大的师爷山，东邻增江。2006～2007 年，对广河高速公路 S2 进行调查勘探时发现该遗址；2008 年 5～6 月，对工程施工范围进行了抢救性考古发掘，发掘面积 500 平方米。

猪头山地处增江西岸，为师爷山北坡延伸，平面呈锥形，南北向，总面积约 49 000 平方米，海拔约 123 米，相对高度约 103 米，地势南高北低，坡度较大。山坡经开垦，种植荔枝等果树，现已荒废，广河高速公路 S2 从猪头山北坡脚经过。

2. 地层堆积

经发掘，地层堆积相当简单，整个遗址发掘区都是斜坡状分布3层：

①层：为耕土层，灰土，土质较疏松，包含物很少，厚10～30厘米。

②层：为文化层，较致密的黄土，含少量的沙砾，距现地表深20～90、厚15～55厘米。基本上呈南高北低遍布遗址中心区域，部分探方地层中间夹裹一层石块沙砾，但土质土色及包含物没有任何变化，推测是雨水冲刷短时间堆积而成。出土遗物有饰绳纹、方格纹、叶脉纹的陶片和石锛、镞等，数量不多，且没有其他生产生活的遗迹。

该层下为生土层，黄土夹杂大量的石块、沙砾，应为风化的山岗土。

3. 出土遗物

猪头山遗址发掘出土的文化遗物有陶器和石器两类，数量不多，且复原器少。

（1）陶器。多为陶器残片，可复原器较少。陶质以泥质陶为主，有少量夹砂陶；陶色多为灰色，其次为灰白和红色；纹饰以绳纹为主，叶脉纹、旋涡纹次之，部分绳纹上施加附加堆纹、弦纹等；可辨器形、部位有矮圈足罐、矮圈足杯、夹砂釜、支座等。

（2）石器。器形见锛、斧、镞、砺石、环等。

猪头山遗址发掘未见遗迹现象，出土遗物较残碎。结合遗存特征推断时代为新石器时代晚期至商代。

本次复查未发现遗物。

第六章　派潭镇

派潭镇位于增城北部，东北与龙门县接壤，西北与从化相邻，南接中新、小楼、正果镇，总面积约288.52平方千米。（图6-1）派潭相传在宋代太平兴国年间已经设圩，一度被废，清康熙年间始复圩。派潭一名起源于当地盛产的木材外运时结成木排放于河潭中，叫"排潭"，后演变成"派潭"。

境内山峦起伏，河谷盆地交错，山丘约占总面积70%。地势北高南低，北部是南昆山脉的延长，有牛牯嶂、正在顶等8座海拔超过1000米的山峰在边界上。其中与龙门交界的牛牯嶂海拔1084.3米，是全市第一高峰。

境内最大河流为派潭河，属增江支流，发源于南昆山马坑嶂，由高滩、灵山、车洞、高埔、小径等水系组成，自北向南流经派潭圩、湾吓、庙潭，于小楼镇的大楼山处合二龙河汇入增江。

派潭镇共计调查294个网格，发现遗址93个，其中新发现88个、复查5个。（图6-2；彩版二五）

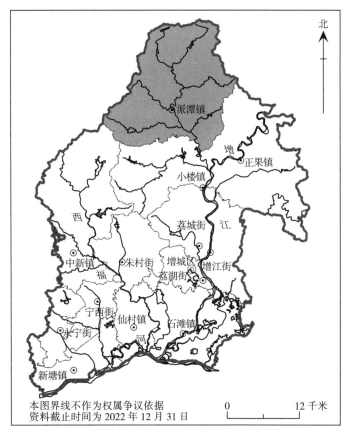

图6-1　派潭镇位置图

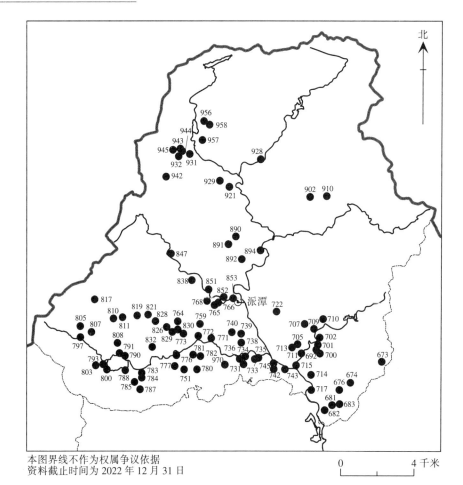

本图界线不作为权属争议依据
资料截止时间为 2022 年 12 月 31 日

0   4 千米

图 6－2 派潭镇遗址分布示意图

673. 谷岙高遗址 674. 白庙后龙山遗址 676. 新坳塘围遗址 681. 新村六巷后山遗址 682. 新村二巷后山遗址 683. 马骨山遗址 692. 岭头岭遗址 700. 县篮省遗址 701. 岭头岭西北岗遗址 702. 刘王洞遗址 705. 石珑山遗址 707. 圆墩岭遗址 709. 乌石埔后山遗址 710. 关山大顶遗址 711. 小山仔遗址 713. 京山岙遗址 714. 黄岗头后山遗址 715. 彭屋园遗址 717. 鹿寨山遗址 722. 福船江遗址 731. 塘耙岭遗址 733. 围园林果场西南岗遗址 734. 葫芦地圆岭遗址 735. 梧桐岭遗址 736. 西沙岭遗址 738. 殡葬山遗址 739. 甘头山遗址 740. 大埔村后龙山遗址 742. 红顶山遗址 743. 迳山遗址 745. 猪粪岭遗址 751. 莲塘山遗址 759. 圆面岭遗址（复查） 764. 仙人岑遗址 765. 刘屋后山遗址 766. 荔果山遗址 768. 蛟尾岙园岭仔遗址 771. 石村山遗址 772. 打石岭遗址（复查） 773. 晒谷吓遗址 776. 围梁山遗址 777. 全井山遗址 780. 蕉坑山遗址 781. 蕉坑背扶山遗址 782. 山寮遗址 783. 湖岗遗址 784. 邓尾遗址 785. 溪头遗址 787. 坟前岭遗址 788. 磨谷石遗址 790. 鸭鹾游遗址 791. 龙归庙后山遗址 793. 牛骨山遗址 797. 生花岭遗址 800. 高埔水库遗址 803. 石子山遗址 805. 坡麻岭遗址 807. 灯吓山遗址 808. 林洞山遗址 810. 石粉排遗址 811. 拖罗背扶山遗址 817. 拖罗水库山遗址 819. 龙圳背扶山遗址 821. 斗光山遗址（复查） 826. 西草岭遗址（复查） 828. 凤鸡山遗址 829. 王洞岭遗址 830. 十字塘猫岭遗址 832. 太山遗址 838. 杉山下遗址 847. 铁高墩遗址 851. 飞鹅岭遗址 852. 江鼻头遗址 853. 西岭山遗址 890. 大坑岙遗址 891. 水坑田遗址 892. 牛眠丛遗址 894. 花果山遗址 902. 大背林遗址 910. 正帐遗址 921. 迳口岭遗址 928. 背阴村委旁侧山遗址 929. 大园岭遗址 931. 松毛吓遗址 932. 秧地遗址 942. 古田见遗址 943. 黄吓遗址 944. 石墙遗址 945. 榕树吓门后山遗址 956. 下九陂遗址 957. 门口田遗址 958. 高围凸遗址 970. 井头山遗址（复查）

一　ZJLY-673 谷岽高遗址

1. 遗址概况

谷岽高遗址位于派潭镇万能村江屋社背屋岽南部山岗上，罗塘水库东侧高山区内，周边均为荒山。山岗西坡坡脚有进村的乡间公路，罗塘涌从山岗西坡下自北向南流经，山岗东坡下有河坑山塘。调查时在山岗西坡发现一座民国十七年（1928年）墓葬，其墓碑碑文显示本山土名谷岽高，故名谷岽高遗址。

遗址位于一座高山的南部区域，平面呈长条形，山岗形体较大，面积约 287 000 平方米，海拔约122米，相对高度约72米，诸坡较陡峭。山岗西坡刚经过开荒，梯田上种植橘子幼苗，地表杂草很少，利于调查；山岗东坡原种植较多桉树，现在大部分被砍伐，地表杂草较多，可视度不高。

2. 采集遗物

在山顶及周边采集遗物42件，其中陶器残片41件、残石器1件。（图6-3；彩版一〇七，1）分布范围约5000平方米。

（1）陶器。采集陶片41片。陶质以泥质粗硬陶为主，另见部分泥质细软陶及少量夹砂软陶；陶色多见灰白、青灰、灰、灰褐色等，纹饰有绳纹、方格纹、曲折纹、叶脉纹、条纹、附加堆纹等，少见素面；可辨器形、部位有罐口沿。依遗物特征推断年代当属新石器时代晚期至商代。

陶罐口沿　1件。

ZJLY-673：3YⅡ，泥质粗硬陶，灰色；侈口，斜折沿，沿面凹曲，上缘上折，厚圆唇，斜肩残；素面。残宽7.8、高4厘米。（图6-3，2；彩版一一六，7）

（2）石器。采集残石器1件。时代与陶片相同。

残石器　1件。

ZJLY-673：15T，青灰色片岩；扁体长条形，两端为断面，横截面近梯形。宽2.1、高4.1、厚0.6厘米。（图6-3，1）

二　ZJLY-674 白庙后龙山遗址

1. 遗址概况

白庙后龙山遗址位于派潭镇万能村白庙社西北侧山岗上。该山西、北侧邻塘口社西侧山岗、白庙岽山，东、南侧为地势低平的农田。罗塘涌从山岗东侧自东北向西南流经，汇入派潭河，县道X292从山岗东北侧经过。当地村民称该山土名后龙山，本报告依村名定名为白庙后龙山遗址。

山岗由两座山岗连绵相接构成，平面呈长椭圆形，形体较大，面积约 54 000 平方米，海拔约37.5米，相对高度约17.5米，山势低矮平缓。山岗大部分区域种植荔枝，间有少许橄榄、龙眼，局部有竹林、桉树、杂木，果林内大部分区域杂草丛生，枯叶遍地，地表可视度不高，对调查有较大影响。

2. 采集遗物

采集遗物2件。其中在山岗西北侧采集方格纹陶片1片，年代应属战国至南越国时期；另在山岗东北侧南坡采集陶罐残片1片，年代属唐宋时期。

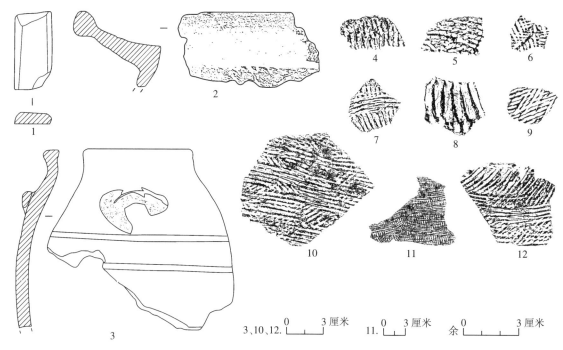

图 6 - 3　ZJLY - 673、674 采集遗物及陶片纹饰拓片

1. 残石器（ZJLY - 673：15T）　2、3. 陶罐口沿（ZJLY - 673：3YⅡ、ZJLY - 674：1ZⅠ）　4、9、10. 条纹（ZJLY - 673：8ZⅠ、
ZJLY - 673：16ZⅠ、ZJLY - 673：11ZⅠ）　5. 长方格纹（ZJLY - 673：8T）　6. 叶脉纹（ZJLY - 673：10T）　7. 间断条纹
（ZJLY - 673：2YⅡ）　8. 斜长方格纹（ZJLY - 673：1YⅡ）　11. 梯格纹（ZJLY - 673：5YⅡ）　12. 绳纹（ZJLY - 673：10ZⅠ）

陶罐口沿　1 件。

ZJLY - 674：1ZⅠ，泥质细硬陶，灰黄色；近直口，厚方唇内侈，长弧腹，上腹附桥形横耳；素面。残宽 15.5、高 14.4 厘米。（图 6 - 3，3）

三　ZJLY - 676 新坳塘围遗址

1. 遗址概况

新坳塘围遗址位于派潭镇黄洞村江段社北，其北部与东南部均为开阔的农田，北与调查网格 678 黄竹塘相望，东北与塘口社西侧山岗、白庙后龙山相望，西与调查网格 677 大顶山隔乡村公路相对，南侧约 100 米处有增江自东北向西南流经。地图上标示该地为塘围。

山岗为一处独立的小山岗，平面近圆形，面积约 69 000 平方米，海拔约 46.5 米，相对高度约 26.5 米，坡度较平缓。部分区域种植有树木，地表多覆盖茂密的灌木及杂草，调查主要集中于山腰及山脚处。

2. 采集遗物

在东侧山腰中下部小路上采集 1 片米字纹灰陶片，年代应属战国至南越国时期。

四　ZJLY - 681 新村六巷后山遗址

1. 遗址概况

新村六巷后山遗址位于派潭镇黄洞村彭塘社新村六巷南侧山岗上，东、西两侧均为地势低平的河

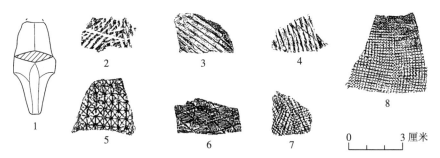

图 6 - 4 ZJLY - 681、682 采集石器及陶片纹饰拓片

1. 石镞（ZJLY - 682∶1T）　　2、3. 长方格纹（ZJLY - 681∶3T、ZJLY - 681∶2T）　　4. 篮纹（ZJLY - 681∶5T）

5. 米字纹（ZJLY - 681∶4Y Ⅱ）　　6. 重方格对角线纹（ZJLY - 681∶2Y Ⅱ）　　7、8. 方格纹（ZJLY - 681∶1Z Ⅰ）

谷平原，北接鸡公山，南接新村二巷后山，东望马骨山，距罗塘涌约 50 米，西距派潭河约 180 米。山岗土名未知，因其位于新村六巷背后，本报告以新村六巷后山遗址定名。

山岗包含两座小山丘，平面呈不规则形，面积约 129 000 平方米，最高处海拔约 45 米，相对高度约 30 米，坡度平缓。山岗东南坡坡脚种有荔枝及蔬菜，地面杂草不多。山腰处有较多竹林，地面覆盖较多杂草及落叶。山腰以上生长有较多松树及桉树，地表覆盖铁蕨等灌木，仅有山间小路可供行走，调查较为困难。

2. 采集遗物

在两座小山岗坡脚相接处采集遗物 15 件，皆为陶器残片，多见于村民的菜地及周边区域，分布面积约 2000 平方米。据遗物特征分析可分为新石器时代晚期至商代、战国至南越国两个时期。（图 6 - 4）

新石器时代晚期至商代：采集陶片 7 片。多为泥质粗硬陶，陶色以灰陶为主，纹饰可见长方格纹、叶脉纹、篮纹等，素面少见。

战国至南越国时期：采集陶片 8 片。陶质以泥质粗硬陶为主，纹饰多见方格纹、米字纹等，素面较少，可辨器形、部位有罐的底、口沿等。

五　ZJLY - 682 新村二巷后山遗址

1. 遗址概况

新村二巷后山遗址位于派潭镇黄洞村周新村社新村二巷后山，该山北接新村六巷后山，东、西、南均为地势低平的河谷平原，东距罗塘涌约 50 米，与马骨山、岭头山相望，西南距派潭河约 40 米。因其位于新村二巷后山，本报告定名为新村二巷后山遗址。

该山由两个小山岗组成，被一处鱼塘隔开。山岗平面呈不规则形，面积约 186 000 平方米，最高处海拔约 47.5 米，相对高度约 32.5 米，地形经修整呈台阶状，坡度较缓。北部小山岗东坡种植荔枝，地面覆盖杂草较多，南坡种植橘树，地表覆盖物较少；南部小山岗北坡种植橘子树，地表覆盖物较少，利于调查。

2. 采集遗物

在北部小山岗南坡山腰处发现新石器时代晚期至商代残石镞 1 件。

石镞 1件。

ZJLY－682：1T，深灰色角岩；近柳叶形，镞尖残断，中部起脊，磨制为两面直刃，横截面成菱形，镞体后部斜收成铤，铤横截面呈扁六边形。宽2.4、高5、厚0.6厘米。（图6－4，1；彩版一二五，4）

六 ZJLY－683 马骨山遗址

1. 遗址概况

马骨山遗址位于派潭镇黄洞村兴畬社门口岭社旧屋后山，该山北接门口岭后山，东北邻荒置的高山区，西、南侧均为地势低平的农田，西与鸡公山、新村六巷后山、新村二巷后山相望。当地村民称该山土名马骨山，故名马骨山遗址。

山岗平面近椭圆形，面积约154 000平方米，海拔约56.3米，相对高度约44米左右，地形经修整呈台阶状，南坡及东坡较平缓。南坡种植有荔枝、橄榄、竹子，西坡为荔枝林，东北坡未经开荒无法调查，东坡生长有荔枝树、竹子及桉树，地面落叶较多。

2. 采集遗物

本次调查在南坡、东南坡共采集遗物3件，皆为陶器残片，陶质均为泥质粗硬陶，饰方格纹、米字纹。时代为战国至南越国时期。

七 ZJLY－692 岭头岭遗址

1. 遗址概况

岭头岭遗址位于派潭镇涩汾村东北、石街头南侧、炳妹屋西侧山岗上，北接一处小山岗，更北处与石离头高山相接，东、西、南均为地势低平的农田，南与县（音）篮山相邻。东坡坡脚有陆寨涌自北向南流过，西坡350米处有小迳河流经。当地村民称之为岭头岭，故名岭头岭遗址。

山岗平面近长条形，形体大，面积约228 000平方米，海拔约67米，相对高度约47米，诸坡较平缓。山岗南坡坡脚处大部分区域种植果树，地表杂草丛生，枯叶遍地，对调查带来一定影响。其他区域基本上处于荒置状态，长有较多杂木，地表杂草、灌木丛生，无法踏查。

2. 采集遗物

在山岗西南部西坡采集遗物9件，皆为陶器残片，分布范围约4000平方米。陶质多为泥质粗硬陶，陶色以灰褐色为主，纹饰有方格纹、方格纹加夔纹、方格纹加弦纹、菱格纹、圆圈凸点纹等，少量为素面。推断时代为西周至春秋时期。（图6－5）

八 ZJLY－700 县篮遗址

1. 遗址概况

县篮遗址位于派潭镇涩汾村东侧一处小山岗上。该山四周地势较为低平，北邻岭头岭，西侧为鱼塘环绕，南与黄岗头后山相对，东南邻一处小台地。台地西距小迳河约470米，东距陆寨涌约400米。当地村民称该山岗名为县（音）篮，故名县篮遗址。

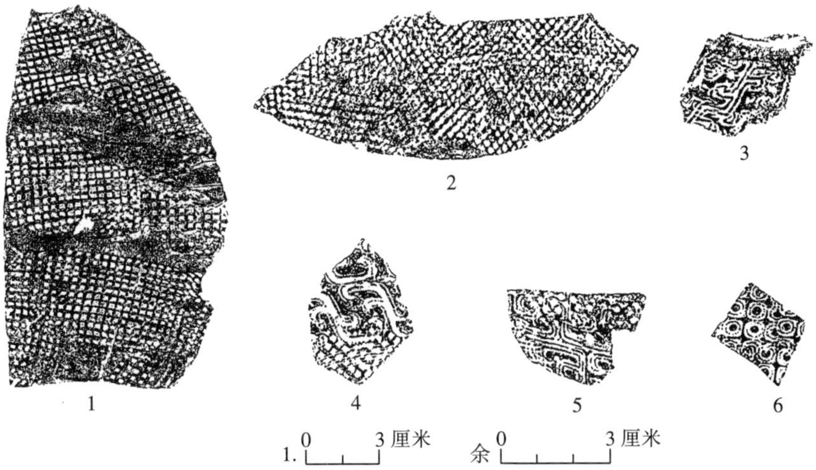

图6－5　ZJLY－692、700采集陶片纹饰拓片

1、2. 方格纹（ZJLY－700∶2T、ZJLY－692∶4T）　3. 夔纹（ZJLY－700∶1T）
4、5. 方格纹＋夔纹（ZJLY－692∶1T、ZJLY－692∶4ZⅠ）　6. 圆圈凸点纹（ZJLY－692∶3ZⅠ）

山岗平面呈弯月形，形体较小，面积约26 000平方米，海拔约29.2米，相对高度约13米，坡度平缓，经修整呈梯田状。山岗东坡种有荔枝、橄榄、龙眼等果树，未经管理，林内杂草、枯叶较多。西坡多为香樟树、杂木等，局部种有竹子、香蕉，堆积泥土及废气砖瓦等，无法调查。

2. 采集遗物

在山顶位置采集陶器残片2件，泥质粗硬陶，饰夔纹、方格纹。时代为西周至春秋时期。（见图6－5）

九　ZJLY－701岭头岭西北岗遗址

1. 遗址概况

岭头岭西北岗遗址位于派潭镇湴汾村东北的小山岗上，其东南与岭头岭相接，属岭头岭西北侧延伸出的一处岗地，山岗北与刘王洞相对，西侧为开阔的农田，小迳河从西坡坡脚约150米处流经，汇入派潭河。因其位于岭头岭西北侧，本报告定名为岭头岭西北岗遗址。

山岗平面呈圆形，形体较小，面积约17 000平方米，海拔约40米，相对高度约15米，山岗顶部平坦，地形经人工修整呈台阶状，坡度较缓。种植荔枝，还有少许桉树、龙眼、橄榄等，地面杂草较少，但落叶较多，可视度不高。山腰处分布有竹林，林内杂草、灌木茂盛，难以踏查。

2. 采集遗物

在山岗顶部采集遗物17件，其中陶器残片16件、石器1件。（图6－6）分布范围约2700平方米。

（1）陶器。采集陶片16片。据遗物特征分析，可分为新石器时代晚期至商代、西周至春秋两个时期。

新石器时代晚期至商代：采集陶片7片。多为泥质硬陶，陶色以灰白、灰褐为主，部分陶片饰曲折纹、条纹、交错绳纹、条纹加附加堆纹等。（彩版七六，4）

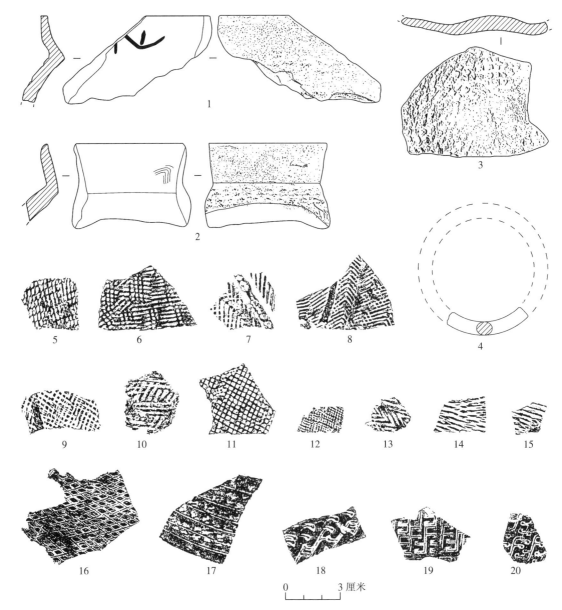

图 6-6　ZJLY-701、702 采集遗物及陶片纹饰拓片

1、2. 陶罐口沿（ZJLY-702：9YⅡ、ZJLY-702：18T）　3. 陶凹圜底罐底（ZJLY-702：6YⅡ）　4. 石环（ZJLY-701：12YⅡ）
5、6. 长方格纹（ZJLY-702：12T、ZJLY-702：11T）　7～9. 曲折纹＋附加堆纹（ZJLY-702：23T、ZJLY-701：6YⅡ、
ZJLY-701：2ZⅠ）　10. 叶脉纹（ZJLY-702：15T）　11、12. 方格纹（ZJLY-701：7YⅡ、ZJLY-701：1ZⅠ）　13. 曲折纹
（ZJLY-701：1YⅡ）　14. 绳纹（ZJLY-702：25T）　15. 条纹（ZJLY-701：10YⅡ）　16. 菱格凸块纹（ZJLY-702：3ZⅠ）
17. 外侧篦点纹＋弦纹（内）（ZJLY-702：11YⅡ）　18～20. 夔纹（ZJLY-702：9T、ZJLY-702：14T、ZJLY-702：8YⅡ）

　　西周至春秋时期：采集陶片 9 片。多为泥质粗硬陶，有少量泥质细硬陶；陶色多为灰白色，有少量灰黑、灰褐、青灰色；纹饰有方格纹、菱格凸块纹、重菱格纹。

　　（2）石器。采集新石器时代晚期至商代石环 1 件。

　　石环　1 件。

　　ZJLY-701：12YⅡ，灰黑色角岩；圆环形，两端断，横截面呈椭圆形。外径 7、内径 5.5、厚 0.7厘米。（图 6-6，4；彩版一二三，8）

一〇 ZJLY - 702 刘王洞遗址

1. 遗址概况

刘王洞遗址位于派潭镇小迳村石街头社北侧山岗上，南与岭头岭相对，东北与榄树吓后山相邻。山岗北侧、西侧均为地势低平的农田，小迳河从山岗西坡坡脚约 50 米处自北向南流经，汇入派潭河。

该山为一处独立山岗，形体较小，面积约 77 000 平方米，海拔约为 59.9 米，相对高度约 35.9 米。地形经修整呈台阶状，山顶较平坦，南坡较平缓。大部分区域种植荔枝，杂草较少，地表覆盖较多落叶；部分区域生长有桉树及竹子，杂草较茂密。山顶生长有香樟树，杂草茂密，落叶较多，难以调查。

2. 采集遗物

在南坡采集遗物 40 件，其中陶器残片 39 件、残石器 1 件。（见图 6 - 6；彩版一〇七，2）分布面积约 15 000 平方米。

（1）陶器。采集陶片 39 片，据陶片特征分析，可分为新石器时代晚期至商代、西周至春秋、战国至南越国三个时期。

新石器时代晚期至商代：采集陶片 20 片。陶质多见泥质硬陶，也可见少量夹细砂硬陶、夹粗砂软陶；陶色有灰、灰白、灰褐等；纹饰多见绳纹、曲折纹、长方格纹、篮纹、叶脉纹、附加堆纹等，素面少见；可辨器形、部位有罐底。

陶凹圜底罐底 1 件。

ZJLY - 702∶6YⅡ，泥质粗硬陶，灰色；下腹弧收，凹圜底，外底饰方格纹。残宽 7.9、高 1.1 厘米。（图 6 - 6，3）

西周至春秋时期：采集陶片 18 片。以泥质粗硬陶为主；陶色多为灰、灰褐色；纹饰多见夔纹、方格纹，另有菱格凸点纹、网格纹、细方格纹、篦点纹加弦纹、戳印纹加弦纹、方格纹加夔纹等；可辨器形、部位有罐口沿等。

陶罐口沿 2 件。

ZJLY - 702∶9YⅡ，泥质粗硬陶，灰褐色；敞口，斜折沿，沿面凹弧，平方唇，斜弧肩，沿内面有刻划符号；肩部饰戳印纹、弦纹。残宽 8.2、高 4.6 厘米。（图 6 - 6，1）

ZJLY - 702∶18T，泥质粗硬陶，灰色；敞口，斜折沿，尖圆唇，斜弧肩，内沿有刻划符号；肩部饰戳印纹、贴塑圆圈纹。残宽 6.8、高 4.4 厘米。（图 6 - 6，2）

战国至南越国时期：仅见 1 片米字纹陶片。

（2）石器。采集新石器时代晚期至商代残石器 1 件，器形不明。

一一 ZJLY - 705 石珑山遗址

1. 遗址概况

石珑山遗址位于派潭镇邓村村石屋社西侧山岗上。该山北接遥员岽山，东北、西北分别与湖田埔公园后山、高山森木岽顶相连，增城市文保单位石屋北门楼位于南侧坡脚下，山之东侧则为地势低平的农田，小迳河从距离东南坡坡脚约50米处自东北向西南流经，汇入派潭河。当地村民称之为石珑山，故名石珑山遗址。

山岗由南北两个山岗构成，形体较大，面积约504 000平方米，海拔约118米，相对高度约93米。经后期人工改造成为梯田，顶部平坦，山势较陡峭，仅南部山岗东坡平缓。山坡种植茂密的竹林，零星有荔枝、龙眼等果树，林内杂草丛生，难以踏查。山顶在建旅游景点，有新修的公路可通往山顶，调查集中在公路附近及山顶处（彩版六五，2）。

2. 采集遗物

在东坡坡脚公路旁的堆土上、在山岗顶部采集遗物55件，其中陶器残片51件、石器4件。（图6-7；彩版一○八，1）分布面积约60 000平方米。

（1）陶器。采集陶片51片。据遗物特征分析可分为新石器时代晚期至商代、西周至春秋两个时期。

新石器时代晚期至商代：采集陶片31片。陶质可见夹砂软陶、泥质软陶、泥质硬陶等；陶色多见灰黑、灰白、灰陶等；器表大部分为素面，部分饰曲折纹、绳纹、条纹、圆圈纹、叶脉纹等；可辨器形、部位有豆、罐口沿、釜口沿、罐圈足等。

陶罐口沿　1件。

ZJLY-705：13T，泥质粗硬陶，灰白色；敞口，平方唇，斜沿，沿面凹弧；素面。残宽5.1、高3.1厘米。（图6-7，4；彩版一一六，8）

陶罐圈足　1件。

ZJLY-705：25T，泥质细软陶，橙黄色；敞口，斜沿，沿面凹弧、厚圆唇；素面。残宽11.2、高5厘米。（图6-7，5）

陶釜口沿　1件。

ZJLY-705：12YⅡ，夹粗砂软陶，灰黑色；敞口，折沿，沿内侧近平，直腹微弧；素面。残宽10.3、高5.9厘米。（图6-7，1）

陶豆　1件。

ZJLY-705：13YⅡ，夹粗砂软陶，浅灰色；口部残，微曲壁，内底为圜底，圈足残；素面。残宽13.7、高4.2厘米。（图6-7，6；彩版一一九，4）

西周至春秋时期：采集陶片20片。陶质均为泥质粗硬陶；陶色以灰、灰褐陶为主；纹饰多见方格纹，还有夔纹、菱格凸块纹、戳印纹、篦点纹等；可辨器形、部位有罐的口沿、底等。

陶罐口沿　2件。

ZJLY-705：18YⅡ，泥质粗硬陶，青灰色；侈口，斜折沿呈领，尖圆唇，斜直肩；肩部饰方格纹、菱格凸块纹、篦点纹。残宽8.9、高5.5厘米。（图6-7，2；彩版一二八，6）

ZJLY-705：22YⅡ，泥质粗硬陶，灰色；敞口，凹曲沿，圆唇，外沿饰篦点纹。残宽4.2、高3.1厘米。（图6-7，3）

（2）石器。4件。可辨器形有锛、砺石、残石器。时代为新石器时代晚期至商代。

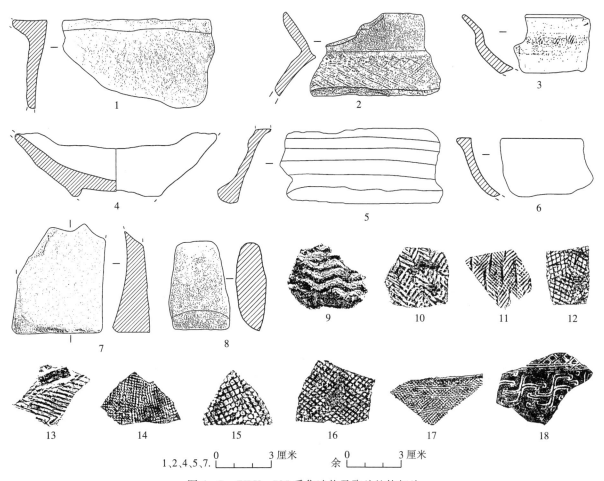

图 6-7　ZJLY-705 采集遗物及陶片纹饰拓片

1. 陶釜口沿（ZJLY-705：12YⅡ）　2～4. 陶罐口沿（ZJLY-705：18YⅡ、ZJLY-705：22YⅡ、ZJLY-705：13T）
5. 陶罐圈足（ZJLY-705：25T）　6. 陶豆（ZJLY-705：13YⅡ）　7. 砺石（ZJLY-705：9T）　8. 石锛（ZJLY-
705：5YⅡ）　9、10. 曲折纹（ZJLY-705：14YⅡ、ZJLY-705：19T）　11. 叶脉纹（ZJLY-705：11YⅡ）　12. 篮纹＋
附加堆纹（ZJLY-705：20T）　13～16. 方格纹（ZJLY-705：15T、ZJLY-705：16YⅡ、ZJLY-705：23YⅡ、ZJLY-
705：23T）　17. 方格纹＋弦纹（ZJLY-705：3T）　18. 夔纹＋菱格纹＋弦纹（ZJLY-705：21YⅡ）

石锛　1 件。

ZJLY-705：5YⅡ，青灰色片岩；正视近梯形，顶部平直，两侧面向下外张，单面直刃。宽 3.3、高 4.7、厚 1.6 厘米。（图 6-7，8）

砺石　1 件。

ZJLY-705：9T，灰色千枚岩；扁体长条形，一端断，其他边较平直，上、下面磨制为凹弧面。宽 6.1、高 7.2、厚 2.5 厘米。（图 6-7，7）

一二　ZJLY-707 圆墩岭遗址

1. 遗址概况

圆墩岭遗址位于派潭镇邓村村湖田埔社北侧、乌石埔社西侧山岗上。该山北接森木嶂顶东侧山岗，西接遥员嶂山，南与湖田布公园后山相望，东为地势低平的农田，一条溪流从山岗东坡坡脚流经，汇入小迳河。在山岗东南坡坡脚发现一座清道光十二年（1840 年）墓葬，碑文显示此山名为圆墩岭，故名圆墩岭遗址。

山岗平面近椭圆形，形体较小，面积约 50 000 平方米，海拔约 73.8 米，相对高度约 53.6 米。山顶及西北坡未经开荒，植被以桉树、竹子为主，杂草、灌木丛生，无法踏查。东南坡地形经修整呈台阶状，种植有橘子树，局部有荔枝，地面有一定杂草，可视度较好。

2. 采集遗物

在南坡坡脚处发现 1 片泥质粗软陶，饰绳纹加附加堆纹。时代为新石器时代晚期至商代。

一三　ZJLY-709 乌石埔后山遗址

1. 遗址概况

乌石埔后山遗址位于派潭镇邓村村乌石埔背后，是关山大顶的南部延伸地带的一处小型山岗。其西南、南、东南均为地势低平的农田，其南面刘王洞，西南、东南分别与湖田布公园后山、榄树吓后山相望，小迳河从山岗东南坡坡脚流经。

山岗形体不大，面积约 145 000 平方米，海拔约 95.3 米，相对高度 70.1 米，坡度较陡峭。山岗长有大量松树、竹子、杂草、灌木丛生，难以踏查。南坡坡脚下种有数棵荔枝、龙眼、橄榄等果树，另有刚开挖的空地，地表裸露。（彩版六六，1）

2. 采集遗物

采集遗物 39 件，其中陶器残片 34 件、石器 5 件。（图 6-8；彩版一○八，2）分布范围约 5000 平方米。

（1）陶器。采集陶片 34 片。据遗物特征分析可分为新石器时代晚期至商代、西周至春秋两个时期。

新石器时代晚期至商代：采集陶片 29 片。陶质以泥质粗软陶和夹粗砂软陶为主，另有夹细砂软陶、泥质硬陶等；陶色以灰、灰白、灰褐为主；器表多为素面，少部分饰方格纹、叶脉纹、曲折纹、篮纹等；可辨器形、部位有罐口沿、釜口沿、器座、罐圈足、纺轮等。（彩版七六，6）

陶罐口沿　1 件。

ZJLY-709:7T，泥质细硬陶，灰白色；敞口，高斜沿呈领，沿外缘斜折近平，厚方唇；素面。残宽 5.2、高 3.6 厘米。（图 6-8，1；彩版一一七，1）

陶罐圈足　1 件。

ZJLY-709:10Z I，泥质粗软陶，灰色；圈足外撇，足跟平直；素面。残宽 6.1、高 3.5 厘米。（图 6-8，2）

陶纺轮　1 件。

ZJLY-709:8Z I，夹细砂软陶，黑色；圆饼状，外缘平直，中空。外径 3、内径 0.4、厚 0.8 厘米。（图 6-8，3）

西周至春秋时期：采集陶片 5 片。陶质以泥质粗硬陶为主，陶色多为灰黑色，纹饰可见方格纹、方格纹加夔纹加弦纹。

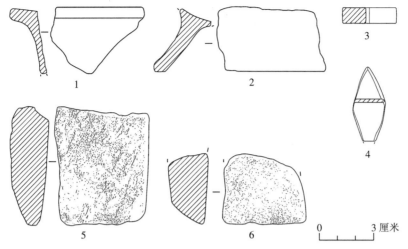

图 6 - 8　ZJLY - 709 采集遗物

1. 陶罐口沿（ZJLY - 709：7T）　2. 陶罐圈足（ZJLY - 709：10Z I）　3. 陶纺轮（ZJLY - 709：8Z I）
4. 石镞（ZJLY - 709：1Z I）　5、6. 石锛（ZJLY - 709：3Y II、ZJLY - 709：12T）

（2）石器。5 件。可辨器形有锛、镞、残石器。时代为新石器时代晚期至商代。

石锛　2 件。

ZJLY - 709：3Y II，青灰色片岩；扁体长条形，上部残断，两侧平直，单面直刃。宽 5.2、高 6.4、厚 2.1 厘米。（图 6 - 8，5）

ZJLY - 709：12T，灰白色砂岩；仅存锛体下部，为单面直刃。宽 4.7、高 3.8、厚 2.2 厘米。（图 6 - 8，6）

石镞　1 件。

ZJLY - 709：1Z I，青灰色角岩；扁体菱形，横截面呈扁六边形。宽 1.8、高 4、厚 0.2 厘米。（图 6 - 8，4；彩版七六，5）

一四　ZJLY - 710 关山大顶遗址

1. 遗址概况

关山大顶遗址位于派潭镇小迳村关山社南侧，该山处于高山关山大顶的向东延伸地带，西南紧接乌石埔南山，北、东、南均为地势低平的农田，调查网格 703 榄树吓后山位于其东南部，小迳河流经山岗东坡下，向东南汇入派潭河。

山岗由南北两座小山岗组成，平面呈椭圆形，形体较大，面积约 176 000 平方米，海拔约 113 米，相对高度约 86.9 米。山顶种植有橘树，地形经修整呈台阶状，地面杂草较少，可供调查。南侧山岗大部分区域未经开荒，东坡、西坡、北坡种有桉树、松树及杂木等，南坡局部种有竹子，还有少量樟树、杉树等，林内杂草、灌木丛生，难以踏查。北部山岗遍布竹林，仅东坡较平缓，山腰处有一条约 2 米宽的河谷，现已干涸，河谷旁有山间土路可通往山顶。

2. 采集遗物

在北侧山岗近顶部采集遗物 5 件，皆为陶器残片，分布较为集中。陶片以泥质细陶为主，陶色可见灰白、灰色等，器表多为素面，纹饰可见曲折纹加附加堆纹、条纹。推断时代为新石器时代晚期至商代。

一五　ZJLY－711 小山仔遗址

1. 遗址概况

小山仔遗址位于派潭镇邓村村邓屋社北侧、县道 X292 南侧一处小台地上。台地北邻石珑山，东、南侧均有平坦广阔的农田，还有几处小鱼塘，光山、涩汾村新屋社分别位于其西部和东南部。小迳河从距离台地东南坡脚约 40 米处流经，向西南汇入派潭河。当地村民称台地土名小山仔，又称篦仔山，本报告定名为小山仔遗址。

台地形体较小，面积约 10 000 平方米，海拔较低，约 28.1 米，相对高度约 8.1 米，坡度十分平缓。山岗种植荔枝树，林内落叶较厚，可视度不高。

2. 采集遗物

在荔枝林内采集遗物 7 件，其中陶器残片 4 件、残石器 3 件，分布范围约 1000 平方米。

（1）陶器。采集陶片 4 片。均为泥质粗硬陶，陶色多为灰褐陶，纹饰可见方格纹、夔纹、戳印纹、圆点纹等，可辨器形、部位有罐口沿。推断时代为西周至春秋时期。

（2）石器。3 件，器形不明。参考陶片推断时代为西周至春秋时期。

一六　ZJLY－713 京山冚遗址

1. 遗址概况

京山冚遗址位于派潭镇派潭村原鹅兜村东侧、县道 X292 北侧山岗上。该山东邻石珑山，西邻陈屋后山，北侧、南侧均为地势低平的农田。北坡坡脚有几处鱼塘，东南坡距小迳河约 480 米，东距派潭河约 500 米。地形图标示本山地名为京山冚，故名。

山岗平面呈椭圆形，面积约 144 000 平方米，海拔约为 69.8 米，相对高度约 41.9 米。地形经修整呈台阶状，坡度较缓。山岗东北部有一片区域种植荔枝树，其余大部分地区未经开荒，山腰以下区域杂草较少，但落叶较多，山腰以上杂草丛生，难以踏查。

2. 采集遗物

在山岗东北坡坡脚邻近水塘的竹林内采集 1 片夹粗砂灰黑素面软陶，年代应属新石器时代晚期至商代。

一七　ZJLY－714 黄岗头后山遗址

1. 遗址概况

黄岗头后山遗址位于派潭镇湾吓村黄岗头社东侧、湾吓社北侧山岗上，为高山区向南延伸的小山岗，东与大顶山相对，西望彭屋园。其东侧、西侧、南侧均为地势低平的农田，山岗东坡坡脚下有几处较大的鱼塘，派潭河从距离西南坡约 200 米处自西北向东南流经，小迳河从距离山岗东南坡约 80 米处流经，自东北向西南汇入派潭河。当地村民称该山为后山，因遗址位于黄岗头村背后，故定名为黄

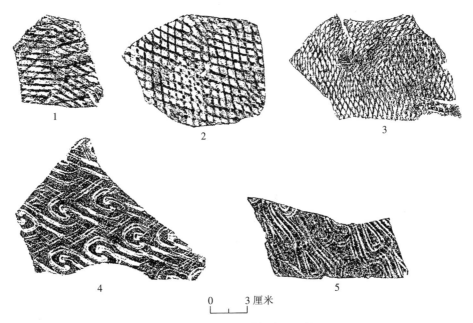

图 6 - 9　ZJLY - 714 采集陶片纹饰拓片

1. 网格纹（ZJLY - 714:3Z I）　　2、3. 方格纹（ZJLY - 714:8T、ZJLY - 714:1T）
4、5. 勾连云雷纹（ZJLY - 714:4Z I、ZJLY - 714:3T）

岗头后山遗址。

山岗平面呈不规则形，形体较大，面积约 441 000 平方米。主峰位于山岗中部，海拔约 98 米，相对高度约 78 米。北部、南部山坡较为平缓，种植有较多果林，以荔枝为主，间有少许龙眼、橘子，局部有竹林、杂木，果林内大部分区域内杂草较多，枯叶遍地，对调查带来一定影响。其他区域地势较陡峭，且未经开荒，荒置区内有较多杉树、竹子、桉树等，地表杂草、灌木丛生，无法踏查。

2. 采集遗物

在山岗西坡、黄岗头村背后山坡采集遗物 13 件，皆为陶器残片，分布范围约 2500 平方米。陶质均为泥质粗硬陶，陶色可见灰黑、灰褐色等，纹饰多为方格纹，另有勾连云雷纹、夔纹、网格纹等。据遗物特征推断时代为西周至春秋时期。（图 6 - 9）

一八　ZJLY - 715 彭屋园遗址

1. 遗址概况

彭屋园遗址位于派潭镇湾吓村田心村一座小台地上，北望小山仔、光山，西望黄岗头后山，南距派潭河约 120 米，小迳河从山岗西北坡坡脚流经，折而向东南汇入派潭河。台地四周均为地势低平的农田。调查时在山岗上发现一座清代墓葬，其墓碑碑文显示本山土名彭屋园，故名彭屋园遗址。

台地平面呈椭圆形，形体不大，面积约 32 000 平方米，海拔约 24.3 米，相对高度约 4.3 米，顶部平坦。台地遍布竹林，间有杂木、樟树等，西侧局部有荔枝树，林内杂草丛生，大部分区域无法踏查。

2. 采集遗物

调查在山岗南坡西部现代墓附近裸露地表采集遗物 3 件，为陶器残片，均为泥质粗硬陶，分别饰方格纹、方格纹加弦纹、方格纹加弦纹加戳印纹，可辨器形、部位有罐口沿。推断时代为西周至春秋时期。

一九 ZJLY-717 鹿寨山遗址

1. 遗址概况

鹿寨山遗址位于派潭镇湾吓村鹿寨社西侧、派潭河南侧一座独立小山岗上，山岗东邻鸡公山，派潭河流经北坡、西坡下，山岗北、西、南侧均为地势低平的农田。本报告以邻近村名定名为鹿寨山遗址。

山岗平面呈椭圆形，形体较小，面积约 65 000 平方米。诸坡较陡峭，海拔 60.3 米，相对高度约 45.3 米。山岗北坡荒置，有较多竹子、杂木等，地表杂草丛生，无法踏查。其他区域遍植荔枝等果树，局部有竹子、桉树等。山腰以上区域内杂草不多，但枯叶遍地，坡脚果林内杂草、枯叶较多，对调查带来一定影响。

2. 采集遗物

在南坡西部近山顶采集方格纹陶片 1 片，为泥质灰胎硬陶，饰细方格纹。推断时代为西周至春秋时期。

二〇 ZJLY-722 福船江遗址

1. 遗址概况

福船江遗址位于派潭镇派潭村原鹅兜村一处山前台地，遗址东、北侧均为大头岽山所环绕，南侧有正岽社。其西侧为开阔的农田，有一条小溪流自北向南合湾吓排洪渠汇入派潭河。

调查网格由北侧山岗及南侧台地构成，呈东西向，总面积约 633 000 平方米，海拔约 104.2 米，相对高度 79.2 米。遗址位于南部台地上，海拔约 25 米，地势平坦。台地大部分区域杂草较多，部分区域被开垦为菜地，种有蔬菜等农作物，地表可视度较差。

2. 采集遗物

在台地近山岗处采集 1 片条纹灰陶片，推断时代为新石器时代晚期至商代。

二一 ZJLY-731 塘耙岭遗址

1. 遗址概况

塘耙岭遗址位于派潭镇围园村莲塘迳社西侧、围园社南侧一座独立的小山岗上。该山周边为群山环绕，北邻葫芦地圆岭，西北邻西沙岭，西南邻茶窝山，东南邻新围村山头，东侧为一处较大的水塘，与调查网格 733 相对。当地村民称该山土名塘耙岭（音），故名。

山岗平面呈圆形，形体不大，面积约 95 000 平方米，海拔约 59 米，相对高度约 39 米，山势低矮，山体经修整呈台阶状，坡度平缓。东南坡种植有橘子树。西坡山脚处建有别墅，局部种植荔枝，林内

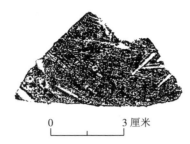

0 ┣━━━┫ 3厘米

图6-10　ZJLY-733采集陶片纹饰拓片（刻划符号ZJLY-733：1Y Ⅱ）

杂草、灌木丛生，无法踏查。南坡有村民正在开荒，种植果树，地表可视度较好。

2. 采集遗物

在西侧山脚荔枝林及民居旁的沟渠附近采集陶片2片，分别饰米字纹、方格纹。推断时代为战国至南越国时期。

二二　ZJLY-733围园林果场西南岗遗址

1. 遗址概况

围园林果场西南岗遗址位于派潭镇围园村莲塘迳社西侧、围园社南侧一座独立小山岗上，该山东北有围园林果场，西有葫芦地圆岭，南有南蛇岀山塘，东有樟木岀山。西坡坡脚有一条小溪流从南蛇岀山塘流出，自南向北汇入高埔河。因其位于围园林果场西南侧，本报告定名为围园林果场西南岗遗址。

山岗形体较小，平面呈圆形，面积约39 000平方米，海拔约37.9米，相对高度约12.9米，坡度平缓。山岗南坡种植有荔枝，林内杂草较少，但覆盖较厚的落叶，地表可视度不高。北坡种植竹子，山顶及北坡地表均生长茂盛的灌木及杂草，无法踏查。

2. 采集遗物

在山岗北侧山前村民的菜地中采集遗物6件，皆为陶器残片，分布面积约1200平方米。陶片以泥质粗硬陶为主；陶色可见灰、灰黄、红褐等；纹饰可见方格纹、米字纹、弦纹，部分陶片有刻划符号（图6-10）；可辨器物部位有器耳、口沿等。推断时代为战国至南越国时期。

二三　ZJLY-734葫芦地圆岭遗址

1. 遗址概况

葫芦地圆岭遗址位于派潭镇大埔村东埔社东南、围园村莲塘迳社西侧山岗上。该山南邻塘耙岭，东邻西沙岭和围园林果场，北为地势低平的农田。高埔河从山岗西北侧自西向东流经，汇入派潭河。在东北侧山脚发现一座清光绪年间墓葬，墓碑标注该山土名葫芦地圆岭，故名。

山岗由两座相接的小山岗组成，平面呈蝶状，总面积约96 000平方米，海拔约58.2米，相对高度约33米，山势低矮平缓。山岗南坡种植有荔枝，林内杂草较少，但落叶较厚。东北侧山岗生长有竹子、荔枝等，但杂草和灌木茂密，无法踏查；西北侧山岗生长有桉树、樟树、荔枝等，未经管理，杂草较多。

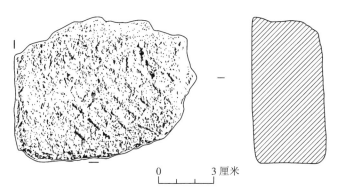

0   3 厘米

图 6 – 11　ZJLY – 735 采集残陶砖（ZJLY – 735：3Z I）

2. 采集遗物

在西北侧山岗山坡近山顶的土路上发现 1 片方格纹陶片，推断时代为西周至春秋时期。

二四　ZJLY – 735 梧桐岭遗址

1. 遗址概况

梧桐岭遗址位于派潭镇围园村莲塘迳社西侧、围园社南侧一座小台地上。台地北邻高埔河，西望樟木㟟，往南有南蛇㟟山塘周边群山，往东有葫芦地圆岭，其周边均为平坦的低地。村民称其为梧桐岭，故定名为梧桐岭遗址。

台地形体较小，平面呈椭圆形，面积仅 10 000 平方米，海拔约 29.3 米，相对高度约 13.2 米。地形经修整呈台阶状，地势平缓。山上种植有荔枝，林内杂草及落叶较少，利于调查。

2. 采集遗物

采集遗物 9 件，陶器残片 8 件，另有墓砖 1 块。据遗物特征分析，可分为战国至南越国、晋南朝两个时期。

战国至南越国时期：采集陶片 8 片。以泥质粗硬陶为主，陶色主要为灰、灰褐色，纹饰多为方格纹。

晋南朝：采集 1 件网格纹砖。

砖　1 件。

ZJLY – 735：3Z I，泥质粗硬陶，灰黄色；饰网格纹。残宽 10、高 7.6、厚 4 厘米。（图 6 – 11；彩版八一，5）

二五　ZJLY – 736 西沙岭遗址

1. 遗址概况

西沙岭遗址位于派潭镇大埔村东埔社南侧山岗上。该山东邻葫芦地圆岭，南邻塘耙岭，西侧与松仔岭相连，高埔河从距离北坡坡脚约 50 米处自西向东流经，汇入派潭河。当地村民称该山土名西沙岭。

山岗平面呈椭圆形，形体不大，面积约 78 000 平方米，海拔约 58.2 米，相对高度约 41.8 米，坡

0　　　　3厘米

图 6 - 12　ZJLY - 738 采集陶片纹饰拓片（方格对角线纹 ZJLY - 738∶2T）

度较为陡峭。山岗东北角种植有一小片荔枝树，林内杂草不多，但落叶较厚，地表可视度不高。其余区域生长橄榄、松树等，杂草茂密，调查较困难。山顶有一处养鸡场，种植有松树及荔枝树，地表杂草及落叶较少，便于调查。

2. 采集遗物

在东坡及山顶养鸡场各发现陶片 1 片，分别饰方格纹、夔纹，年代为西周至春秋时期。

二六　ZJLY - 738 殡葬山遗址

1. 遗址概况

殡葬山遗址位于派潭镇大埔村新屋仔社东侧、东埔社北侧山岗上。该山北望甘头山，东邻峰湖岭，南距高埔河约 440 米，北、西、南侧均为地势低平的农田。当地村民称该山土名殡葬山，故名殡葬山遗址。

山岗由两座相近的小山岗组成，中间有一条南北向水泥路穿过。形体较小，总面积约 124 000 平方米，海拔约 33.9 米，相对高度约 18 米，坡度平缓。山上分布密集的现代坟墓，坟墓周边地表经人工修整局部裸露，可供调查；其他区域均覆盖较多杂草及灌木，可视度不高。

2. 采集遗物

在山岗间的水泥路西侧扰动土壤地表采集遗物 14 件，皆为陶器残片，集中分布于数十平方米的范围内。（彩版四二，1）据遗物特征分析，可分为西周至春秋、战国至南越国两个时期。

西周至春秋时期：采集陶片 7 片。多为泥质粗硬陶，灰陶居多；纹饰以方格纹为主，另有方格纹加夔纹、素面等。

战国至南越国时期：采集陶片 7 片。以泥质粗硬陶为主，灰陶居多；纹饰可见方格纹、三角格纹、方格对角线纹（图 6 - 12）等。

二七　ZJLY - 739 甘头山遗址

1. 遗址概况

甘头山遗址位于派潭镇大埔村东部一座独立的山岗上，北有腊田埔后龙山，南有殡葬山，东有峰湖岭，其西、北、南侧均为地势低平的农田。北边有一条小溪流自西向东流经，汇入东侧距离坡脚约 400 米处的派潭河。当地村民称该山名为甘头山，在南侧山脚发现一座晚清墓葬，墓碑标注本山土名倒地银，本报告以甘头山遗址定名。

山岗平面呈椭圆形，形体不大，面积约 56 000 平方米，海拔约 40.2 米，相对高度约 20.2 米，地势北高南低，南坡平缓呈台地状。山岗南坡种植较多竹子，地表覆盖较厚的杂草及落叶，部分区域种有荔枝树，地表杂草较少，但落叶较厚，可视度不高。山岗北坡有较多现代坟墓，坟墓周边局部地表裸露；其余区域未经开荒，杂草及灌木茂盛，无法踏查。

2. 采集遗物

在南坡一小片荔枝树附近采集遗物4件（彩版四二，2），为陶器残片，陶质均为泥质粗硬陶，纹饰可见方格纹、菱格纹等。推断时代为西周至春秋时期。

二八　ZJLY－740 大埔村后龙山遗址

1. 遗址概况

大埔村后龙山遗址位于派潭镇大埔村北侧，为一处独立小山岗。该山西与翁姓后龙山隔着派潭大道相望，南坡坡脚有大埔村，东与甘头山相对，周边均为地势低平的农田，东部坡脚还有鱼塘环绕。山之北有一条溪流自西向东流经，汇入往东约840米处的派潭河。当地村民称该山土名后龙山，本报告定名为大埔村后龙山遗址。

该山平面呈椭圆形，形体不大，面积约79 000平方米，海拔约39.8米，相对高度约17.9米，坡势平缓。山岗中部有一条东西向的水泥路穿过，水泥路南侧区域地势较低平，遍植荔枝树，林内落叶较厚。北侧区域地势稍高，经修整呈台阶状，种有荔枝及竹子，落叶较厚，给调查造成一定困难。

2. 采集遗物

在南侧荔枝林内采集遗物3件，其中陶器残片2片、石器1件。（彩版四三，1）

（1）陶器。采集陶片2片。均为泥质粗硬陶，1片饰方格纹，1片为素面。推断时代为西周至春秋时期。

（2）石器。采集砺石1件。推断与陶片时代相同。

二九　ZJLY－742 红顶山遗址

1. 遗址概况

红顶山遗址位于派潭镇围园村莲塘迳社东南侧山岗的岗前台地，其南、西侧均为山岗环绕，南部为红顶山、大围顶高山，西部为南蛇岽山塘东侧山脉，北侧则为宽阔低平的农田。派潭河从台地往北约450米处自西北向东南流经，汇入增江。因南靠红顶山，故名红顶山遗址。

山岗总面积约436 000平方米，海拔约115.4米，相对高度约99.3米。台地平面形状较为狭长，海拔约18米，略高于周边低地。大部分区域开垦为农田，种植水稻、蔬菜、甘蔗等农作物，局部区域未经管理，地表覆盖杂草。台地中部有一小片荔枝林，林内杂草、落叶相对较少。

2. 采集遗物

在山岗西侧山脚荔枝林内采集1片泥质灰硬陶片，素面，为陶罐圈足残片。推断时代为新石器时代晚期至商代。

三〇　ZJLY－743 迳山遗址

1. 遗址概况

迳山遗址位于派潭镇围园村莲塘迳社东南侧、红顶山东侧的山岗上。该山北侧为宽阔低平的洼地，西与红顶山紧密相接，东部为高山。派潭河从山岗北坡坡脚处自西向东流经，汇入增江。当地村民称该山土名迳山，故定名为迳山遗址。

山岗平面近圆形，形体较小，面积约 67 000 平方米，海拔约 185 米，相对高度约 60 米，地势低矮平缓。山岗北坡种植竹子，地面覆盖较厚的杂草及落叶。南坡种植有树苗，地形经修整呈台阶状，地表杂草、灌木及枯枝较多，可视度不高。山顶处生长有数棵香樟及其他杂木等，地表杂草、灌木丛生，难以踏查。

2. 采集遗物

在南坡山腰处采集遗物 5 件，皆为陶器残片，分布范围约 1000 平方米。陶质以泥质粗硬陶为主，陶色多见灰黑、灰陶，纹饰可见方格纹、曲折纹、夔纹加弦纹等。推断时代为西周至春秋时期。

三一　ZJLY-745 猪粪岭遗址

1. 遗址概况

猪粪岭遗址位于派潭镇围园村莲塘迳社东侧一座独立的小山岗上，该山北侧为宽阔平坦的农田，派潭河流经此处，西邻樟木㘵山，乡道 Y313 从山下经过，南部则为红顶山。当地村民称该山土名猪粪岭，故名猪粪岭遗址。

该山平面近椭圆形，形体较小，面积约 24 000 平方米，海拔约 41.8 米，相对高度约 25.7 米，坡度平缓。北坡山脚部分区域种植荔枝，山腰及山顶种植竹子，林内杂草及落叶较多，南坡山腰亦遍植竹子，难以踏查。山脚处种有一小片荔枝树，林内杂草较少，地表覆盖较厚的落叶，可视度不高。

2. 采集遗物

采集遗物 5 件，皆为陶器残片，其中南侧山脚现代坟墓附近分布 3 件，在荔枝林内分布 2 件。陶片均为泥质粗硬陶，纹饰可见方格纹、夔纹。推断时代为西周至春秋时期。

三二　ZJLY-751 莲塘山遗址

1. 遗址概况

莲塘山遗址位于派潭镇邓路吓村与利迳村蕉坑社交界处，其山顶为空军供养基地，周围群山环绕，西北有全井山，东北有蕉坑山，西部邻苞荳㘵山，南部邻老虎闻山，东南接西瓜岭。山岗发现的晚清民国时期墓碑显示土名有长山、莲塘等名，当地村民亦称其有长山、莲塘、老虎斗、芒㘵等，本报告以莲塘山遗址定名。

该山形体较大，平面近圆形，面积约 469 000 平方米，海拔约 102.1 米，相对高度约 67.1 米，坡度平缓。山岗南坡以种植竹子为主，林内杂草茂盛，难以调查。西坡坡脚有一处养鸡场，北侧种有竹子、松树等，杂草及灌木茂盛；山脚区域多开垦为菜地及果园。

2. 采集遗物

在西北坡山脚养鸡场北侧采集方格纹陶片 1 片，为夹细砂软陶。推断时代为西周至春秋时期。

三三　ZJLY-759 圆面岭遗址（复查）

1. 遗址概况

圆面岭遗址位于派潭镇田心围村瓦窑吓社东北部，西气东输二线管道工程以东，南部邻打石岭遗址，分布着小片农田，距高埔河约370米；西部邻晒谷吓遗址，从莞深高速公路经过此处。2013年6～7月，开展西气东输二线管道工程调查勘探时发现了该遗址。

圆面岭由数个山丘相连构成，四周为小山岗环绕，平面为不规则圆形，总面积约566 000平方米，海拔约82.1米，相对高度约57.1米。山顶地势较陡，山坡地势较平缓。采集遗物区域位于西南部，为舌状延伸，海拔约28米，地势平缓，地表因无人耕种杂草丛生，植被茂盛；其中南坡种植少量荔枝、龙眼、松树等。西气东输二线管道自西北向东南穿过山岗南坡。

2. 地层堆积

经勘探，未发现文化层堆积，仅有1层：

①层：地表耕土层，灰黄色沙杂土，含沙量高，土质较为疏松，内夹含有大量的植物根系，未发现文化遗物，厚约40～50厘米。

该层下为红色沙质生土。

3. 采集遗物

2013年调查时在地表发现大量宋代墓砖、少许红砂岩石构件，及唐宋时期的陶片等。推测可能有唐宋时期墓葬。

本次复查未发现遗物。

三四   ZJLY-764仙人岑遗址

1. 遗址概况

仙人岑遗址位于派潭镇佳松岭村吓塱社南部山岗上。该山为群山环绕，北有吓塱后山，西有马鞍岭，西南部为猫岭，东南部为瓦窑吓山，东部邻近潮山上围山。乡道Y278、佛（山）清（远）从（化）高速公路S16分别从北部、南部经过，山岗以北约220米处刘家涌自西向东流经。当地村民称该山土名西亚岭、太岙岭，调查时在山岗南坡发现一座现代墓，墓碑标注该山土名仙人岑，故以仙人岑遗址定名。

山岗平面近椭圆形，中部略凹形如马鞍，总面积约206 000平方米，诸坡较为平缓。主峰位于山岗的北部，海拔约71.6米，相对高度约41.5米。山岗北坡、东坡及山顶遍植竹子，地表杂草丛生，对调查带来较大影响。山岗的南坡、西坡种植较多荔枝树，局部有绿化树木，果林内杂草很少，地表近期经过平整，西坡坡脚处有一条新开挖的土路通往山顶。

2. 采集遗物

在山岗西坡山脚采集遗物21件，皆为陶器残片。（图6-13；彩版一〇九，1）分布面积约800平方米。陶质以泥质粗硬陶为主，另有少量泥质细硬陶；纹饰多见米字纹，另有少量方格纹；可辨器形、部位有罐、盂的口沿等。据遗物特征推断时代为战国至南越国时期。

陶罐口沿   1件。

ZJLY-764：7YⅡ，泥质细硬陶，灰褐色；侈口，斜折沿微外卷，斜方唇，唇面凹，斜方肩；肩部饰米字纹。残宽14.5、高7.2厘米。（图6-13，2；彩版一三九，6）

陶盂口沿   1件。

ZJLY-764：11YⅡ，泥质细硬陶，青灰色；敛口，矮斜折沿近无，弧腹，下腹弧收；腹部饰方格

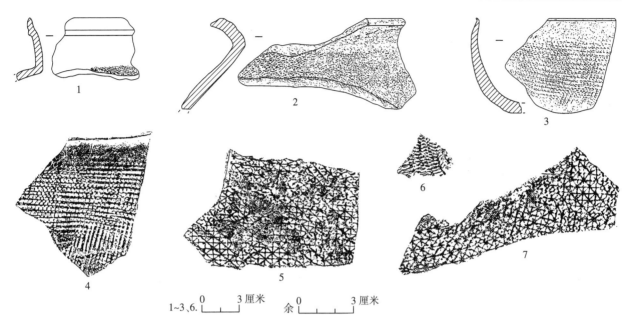

图 6 - 13 ZJLY - 764、765 采集遗物及陶片纹饰拓片

1、2. 陶罐口沿（ZJLY - 765:17Z I、ZJLY - 764:7Y II） 3. 陶盂口沿（ZJLY - 764:11Y II） 4. 方格纹（ZJLY - 764:11Y II）
5、7. 米字纹（ZJLY - 764:12Y II、ZJLY - 764:7Y II） 6. 叶脉纹（ZJLY - 765:2Z I）

纹。残宽9.1、高7.5厘米。（图6 - 13，3；彩版一四五，4）

三五 ZJLY - 765 刘屋后山遗址

1. 遗址概况

刘屋后山遗址位于派潭镇刘屋村以西、新蛟尾冚村东南侧山岗上。该山北邻圆岭仔山，西邻矫尾冚后山，东邻荔果山，省道 S256、文政路分别经过其南侧与北侧。

山岗平面呈不规则形，形体不大，面积约 86 000 平方米，海拔约 70.8 米，相对高度约 30.8 米，地势较陡峭。山岗南坡为松树林，局部有荔枝、香蕉等，有较多瓦房；西坡及东北坡有较多荔枝树，另有竹子、杉树、松树等，林内杂草丛生；山顶长有松树，周边为茂密的菊草，无法踏查，仅山岗小片荔枝林及信号塔周边区域可供踏查。

2. 采集遗物

采集遗物21件，其中陶器残片16件、石器5件。（见图6 - 13；彩版一〇九，2）主要见于山顶区域，分布范围约4000平方米。

（1）陶器。采集陶片16片，以夹细砂硬陶为主，另见少量泥质软陶、夹粗砂软陶；陶色多见青灰、灰褐、灰色等；纹饰可见绳纹、曲折纹、篮纹、间断条纹、长方格纹、叶脉纹等，部分为素面；可辨器形、部位有罐口沿。据遗物特征推断时代为新石器时代晚期至商代。

陶罐口沿 1件。

ZJLY - 765:17Z I，夹细砂硬陶，红褐色；敞口，高斜折沿呈领，沿外有凸棱，尖圆唇，斜弧肩；肩部饰篮纹。残宽7.2、高4.9厘米。（图6 - 13，1；彩版一一七，2）

（2）石器。5件，有砺石、残石器等。与陶片时代相同。

三六 ZJLY－766 荔果山遗址

1. 遗址概况

荔果山遗址位于派潭镇洪田村北部、刘屋后山遗址以东，该山西部与刘屋后山相接，北与江鼻头山相对，东部邻文政西路，车洞河从山岗以北约40米处自西向东汇入派潭河。当地村民称之为荔果山，故名荔果山遗址。

山岗平面近圆形，面积约51 000平方米，海拔约54米，相对高度约23.8米，东北坡较陡峭，其他诸坡较平缓。山坡上大部分区域分布有竹林，局部有荔枝树；山顶种植较多荔枝，局部有松树、杂木等，除山顶果林内杂草不多，利于调查外，其他区域地表杂草丛生，可视度不高。

2. 采集遗物

在山岗顶部及东北坡采集遗物20件，其中陶器残片17件、石器3件。（图6－14）分布范围约7000平方米。

（1）陶器。采集陶片17片。多见泥质硬陶和夹粗砂软陶，有少量夹细砂硬陶；陶色多见灰、青灰、灰黑色等；器表大部分为素面，部分饰曲折纹、绳纹、梯格纹、条纹等；可辨器形、部位有罐（釜）口沿。据遗物特征推断时代为新石器时代晚期至商代。

（2）石器。3件，器形有砺石、网坠、镬。推断与陶片时代相同。

砺石 1件。

ZJLY－766:17ZⅠ，灰褐色砂岩；不规则长条形，侧边为原始自然面，上、下面为磨制凹弧面。宽14.6、高6.8、厚4.5厘米。（图6－14，2）

石镬 1件。

ZJLY－766:18ZⅠ，灰褐色片岩；扁体长条形，顶部圆弧，下端残断，横截面呈椭圆形。宽9.8、高19.2、厚5.7厘米。（图6－14，1；彩版一二五，7）

石网坠 1件。

ZJLY－766:3ZⅠ，褐色石英岩；扁体亚腰凸字形。宽6.5、高6.2、厚2.3厘米。（图6－14，3；彩版一二五，2）

三七 ZJLY－768 蛟尾岇园岭仔遗址

1. 遗址概况

蛟尾岇园岭仔遗址位于派潭镇蛟尾岇村北侧、秧地头村东南侧山岗上。该山南邻刘屋后山，东、西、北侧均为地势低平的农田。文政西路从山岗中部穿过，车洞河自西北向东南流经北坡坡脚，汇入派潭河。当地村民称该山土名园岭仔，本报告定名为蛟尾岇园岭仔遗址。

山岗由东、西两座山峰构成，平面呈长椭圆形，形体不大，总面积约52 000平方米。主峰位于东部，海拔约49.8米，相对高度约24.8米。北坡陡峭，其他山坡较为平缓。山岗东半部遍布竹林，局部有果树、松树；山岗西半部种植较多荔枝树，局部有竹子、杂木等，果林内大部分区域杂草较多，竹林内植被茂盛。

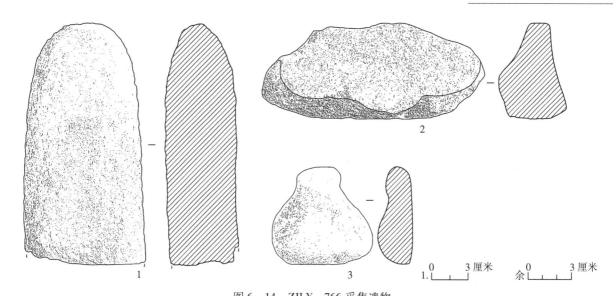

图 6 - 14　ZJLY - 766 采集遗物
1. 石锛（ZJLY - 766∶18Z Ⅰ）　2. 砺石（ZJLY - 766∶17Z Ⅰ）　3. 石网坠（ZJLY - 766∶3Z Ⅰ）

2. 采集遗物

采集遗物 4 件，皆为陶器残片。据遗物特征可分为新石器时代晚期至商代、战国至南越国两个时期。

新石器时代晚期至商代：在东侧山峰西北坡近顶部采集夹砂陶片 1 片。

战国至南越国时期：在西侧山峰北坡地表采集 3 片方格纹陶片。

三八　ZJLY - 771 石村山遗址

1. 遗址概况

石村山遗址位于派潭镇刘家村简屋社南侧山岗上。该山北接简屋后山，东邻石村，西坡下有几处水塘，与斜古头隔塘相望。高埔河从南坡坡脚自西向东流经，汇入派潭河。因邻近石村得名石村山遗址。

山岗平面呈椭圆形，形体较大，面积约 122 000 平方米，海拔约 56 米，相对高度约 33.7 米，坡度较平缓。山岗多数区域荒置，西北部种植较多松树，松树林内遍地菊尾草，调查只能沿山间小路进行。东南部山岗上有较多竹林，间有杂木、灌木等，地表杂草丛生，基本无法踏查。山岗周边近坡脚局部有荔枝树，果林内大部分区域有杂草，局部杂草被清除（彩版六六，2）。

2. 采集遗物

在山岗南坡采集遗物 37 件，皆为陶器残片。（图 6 - 15；彩版一一〇，1）分布范围约 8900 平方米。陶质以泥质粗硬陶为主，另见少量泥质细硬陶；陶色有灰褐、红褐、青灰等；纹饰多见方格纹、三角格纹、弦纹、米字纹等，还有少量素面；可辨器形、部位有器盖、罐口沿、罐底等。据遗物特征推断时代为战国至南越国时期。

陶罐口沿　1 件。

ZJLY - 771∶13Y Ⅱ，泥质粗硬陶，灰褐色；侈口，卷沿，圆唇，斜直肩较垂；肩部饰方格纹。残宽 14.3、高 6.6 厘米。（图 6 - 15，1）

陶罐底　1 件。

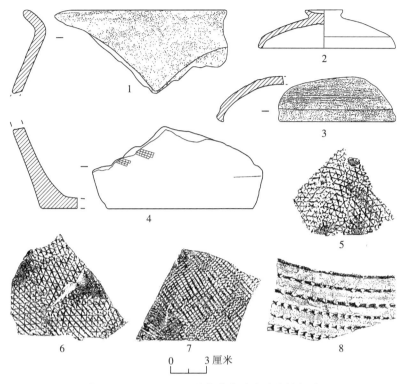

图 6 - 15　ZJLY - 771 采集遗物及陶片纹饰拓片
1. 陶罐口沿（ZJLY - 771：13YⅡ）　2、3. 陶器盖（ZJLY - 771：1YⅡ、ZJLY - 771：4YⅡ）
4. 陶罐底（ZJLY - 771：2YⅡ）　5、6. 三角格纹（ZJLY - 771：6ZⅠ、ZJLY - 771：3YⅡ）
7. 方格纹（ZJLY - 771：12YⅡ）　8. 戳印纹 + 轮线纹（ZJLY - 771：8YⅡ）

ZJLY - 771：2YⅡ，泥质粗硬陶，灰褐色；下腹斜直内收，平底；下腹局部饰方格纹。残宽14、高6.4 厘米。（图 6 - 15，4）

陶器盖　2件。

ZJLY - 771：1YⅡ，泥质细硬陶，橙黄色；敞口，圆唇，短斜壁，漫弧顶，顶正中有圆形纽，纽顶面为凹圜状；素面。复原口径11.1、高3.1 厘米。（图 6 - 15，2；彩版一四四，2）

ZJLY - 771：4YⅡ，泥质粗硬陶，灰褐色；敞口，尖圆唇内敛，短曲壁，圆弧顶；顶部饰多道弦纹。残宽9.5、高3.5 厘米。（图 6 - 15，3；彩版一四四，3）

三九　ZJLY - 772 打石岭遗址（复查）

1. 遗址概况

打石岭遗址位于派潭镇大田围村瓦窑吓村东侧山岗上。该山北邻圆面岭，东邻斜古头山，西部与晒谷吓、蚌壳岭隔着从莞深高速公路 S29 相望。高埔河从山岗南侧自西向东流经，汇入派潭河。当地村民称该山土名打石岭，故名。2008 年，对增从高速公路进行调查勘探时发现；2013 年，对西气东输工程进行调查勘探。

该山由南、北两座山岗相接构成，形体较大，总面积约 125 000 平方米，海拔约 47.9 米，相对高度约 28 米。除南侧山岗南坡较陡峭外，其他区域皆较平缓。两座山岗基本上处于荒置状态，山上遍布竹林，间有少许松树、荔枝等，可供调查的区域很少。山岗中部有西气东输工程呈南北向穿过，工程范围内植被较少，利于调查。

2. 遗迹现象

2008 年调查勘探时，发现明清时期砖瓦窑一座。

3. 采集遗物

2008 年调查时采集 2 片西周至春秋时期陶片。

2013 年，开展西气东输工程建设，勘探试掘出土一些陶器残片。多为泥质粗硬陶，纹饰见夔纹、方格纹、菱格凸块纹、篦点纹、弦纹等，可辨器形、部位有罐口沿；另有原始瓷罐口沿等。据遗物特征分析时代为西周至春秋时期。（图 6 - 16）

陶罐口沿 1 件。

ZJLY - 772TG②：1，夹粗砂软陶，黑灰色；侈口，高斜折沿呈领，圆唇，外沿中部高起成凸棱，斜肩略凹弧。残宽 15.2、高 7.3 厘米。（图 6 - 16，1）

原始瓷罐口沿 1 件。

ZJLY - 772TG②：2，胎呈灰黄色，青釉大部分脱落；敞口，斜折沿呈领，尖圆唇，唇面凹弧，斜肩；沿面及外沿饰篦点纹。残宽 9.7、高 4.8 厘米。（图 6 - 16，3）

本次复查在北侧山岗的南坡近坡底西气东输工程范围内采集三角格纹陶片 1 片，时代为战国至南越国时期。

综合两次调查勘探情况，该遗址以西周至春秋时期遗存为主，另有少量战国至南越国时期、明清时期遗存。

四〇 ZJLY - 773 晒谷吓遗址

1. 遗址概况

晒谷吓遗址位于派潭镇大田围村瓦窑吓社西侧、晒谷石社北侧山岗上。该山北接瓦窑吓山，东南邻蚌壳岭，隔着从莞深高速公路 S29 与东部的打石岭相望。拖罗涌于山之南部自西向东流过汇入高埔河。当地村民称该山土名晒谷吓，故名晒谷吓遗址。

山岗平面呈不规则形，由西北侧主体山岗及向南、东南延伸出的两座小山岗相接构成，主峰平面近圆形。山岗整体形体较大，总面积约 143 000 平方米，海拔约 55.8 米，相对高度约 35.3 米，诸坡较平缓。山岗上遍布竹林，间有少许松树、荔枝等，可调查区域很少。

2. 采集遗物

在山岗的西北坡坡脚下新平整的土路路面采集遗物 10 件，皆为陶器残片，分布范围约 900 平方米。陶质以泥质粗硬陶为主，灰陶居多；纹饰可见米字纹、方格纹、三角格纹、戳印纹、水波纹、弦纹等。据遗物特征推断时代为战国至南越国时期。（见图 6 - 16）

四一 ZJLY - 776 围梁山遗址

1. 遗址概况

围梁山遗址位于派潭镇温水贝村东侧山岗上。该山南部与全井山相接，东、西、北侧均为地势低

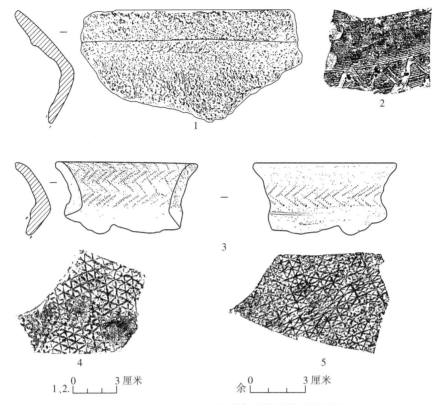

图 6-16　ZJLY-772、773 采集遗物及陶片纹饰拓片

1. 陶罐口沿（ZJLY-772TG②:1）　2. 水波纹+弦纹（ZJLY-773:5YⅡ）　3. 原始瓷罐口沿（ZJLY-772TG②:2）
4. 三角格纹（ZJLY-773:1ZⅠ）　5. 米字纹（ZJLY-773:1YⅡ）

平的农田。高埔河从山岗北坡坡脚自西向东流过，汇入派潭河。山岗由两座小山岗东西相接构成，其中西侧山岗当地村民称之为围梁山，东侧山岗当地村民称之为马台山，调查时在围梁山上首先发现遗物，故定名为围梁山遗址。

山岗总面积约 195 000 平方米，海拔约 52.5 米，相对高度约 27.5 米。其中围梁山平面呈椭圆形，形体不大，西、北坡较为陡峭，东、南坡较为平缓。西、北坡及山顶遍布竹林，地表杂草灌木丛生，无法踏查；东、南坡大部分区域种植荔枝、橄榄等，间有少许竹林、杂木，地表杂草不多，部分区域新翻过土，利于调查。马台山平面呈椭圆形，形体稍大，北坡较为陡峭外，遍布竹林；其他区域地势较平缓，大部分区域种植果树，局部荒置，地表有杂草、枯叶。

2. 采集遗物

在两座山岗及山岗相接的山坳处采集陶器残片 56 件、石器 3 件。（图 6-17）分布范围约 55 000 平方米。

（1）陶器。采集陶片 56 片。据遗物特征分析，多数为西周至春秋时期，仅 1 片为唐宋时期。

西周至春秋时期：采集陶片 55 片。均为泥质硬陶；陶色以灰、灰褐、青灰、深灰为主；纹饰多见方格纹、夔纹、菱格凸块纹，少量为曲折纹、云雷纹，另有篦点纹加弦纹、方格纹加菱格凸点（块）纹、夔纹加菱格纹加弦纹、菱格凸块纹加弦纹等组合纹饰；可辨器形、部位有罐口沿、瓮口沿、器盖、豆等。

陶豆　1件。

ZJLY－776：17ZⅠ，泥质粗硬陶，青灰色；敞口，平方唇，唇面外缘略高起，斜腹，下腹弧收圜底状，下附圈足残缺；通体素面。残宽12、高6厘米。（图6－17，1；彩版一三〇，5）

唐宋时期：采集1片泥质灰褐硬陶，饰刻划纹。

（2）石器。3件。可辨器形有斧、砺石。推断时代为西周至春秋时期。

石斧　2件。

ZJLY－776：1ZⅠ，黄褐色凝灰岩；正视近凸字形，弧顶，溜肩，双面直刃。宽5.1、高7、厚2.3厘米。（图6－17，2）

ZJLY－776：9ZⅠ，黄褐色凝灰岩；正视近凸字形，弧顶，斜肩，锛体短，双面弧刃。宽4.2、高4、厚1.5厘米。（图6－17，3）

四二　ZJLY－777全井山遗址

1. 遗址概况

全井山遗址位于派潭镇邓路吓村邓路吓社东北侧、大田围村水背社东南侧山岗上，北接围梁山，南邻莲塘山、苞荳岽，其西侧、东侧均为地势低平的农田。地形图标示本山为全井山，故名全井山遗址。

山岗平面形状呈不规则形，形体较大，面积约282 000平方米，由东、西两山岗连绵相接构成，海拔约60.5米，相对高度约39米，坡势平缓。其中东侧山峰山腰至顶遍植松树，地表菊尾草遍地，东坡中下部有较多桉树，其他区域内遍布竹林，局部种植荔枝等果树，地表杂草丛生，局部区域进行过修整。西侧山岗形体较小，山上遍布竹林，局部有杂木，无法踏查。

2. 采集遗物

在山岗西南坡坡脚下（古庙南侧），采集陶器残片3件，泥质硬陶，饰米字纹、锯齿纹加弦纹。时代为战国至南越国时期。

四三　ZJLY－780蕉坑山遗址

1. 遗址概况

蕉坑山遗址位于派潭镇利迳村蕉坑社东南侧山岗上。该山北邻蕉坑背扶山、山寮山，南接荒置山岗，西南、东南分别有莲塘山和利迳山，东部则为地势低平的农田。当地村民称该山土名蕉坑山，故名蕉坑山遗址。

山岗平面近椭圆形，形体较大，面积约131 000平方米，海拔约63.1米，相对高度约33.1米，坡度较平缓。山岗东坡有一处养鸡场，南坡荒置，无法踏查。西坡中下部有荔枝、龙眼，少许橄榄，间有较多竹子，杂草枯叶较多；中下部多荒置，无法踏查。

2. 采集遗物

在山岗西坡坡脚采集方格纹陶片2片，推断时代为西周至春秋时期。

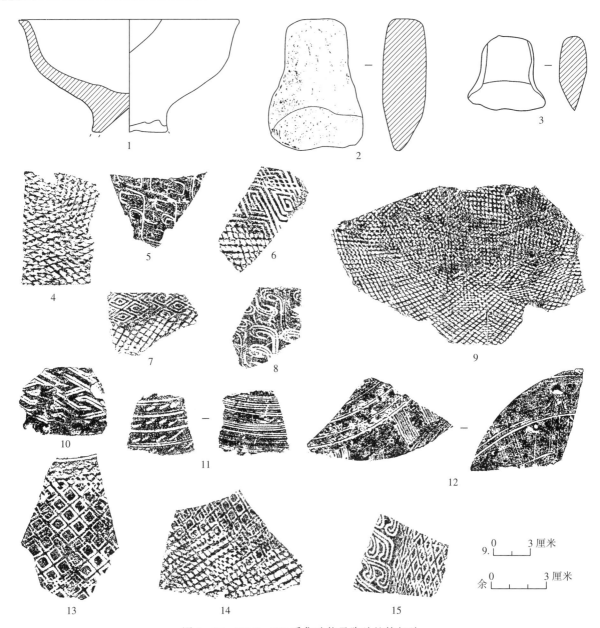

图6-17　ZJLY-776采集遗物及陶片纹饰拓片

1. 陶豆（ZJLY-776:17ZⅠ）　2. 石斧（ZJLY-776:1ZⅠ）　3. 双肩石斧（ZJLY-776:9ZⅠ）　4、9. 方格纹
（ZJLY-776:20YⅡ、ZJLY-776:20ZⅠ）　5、8. 夔纹（ZJLY-776:22YⅡ、ZJLY-776:12ZⅠ）　6、7. 方格纹+
菱格纹（ZJLY-776:18YⅡ、ZJLY-776:5YⅡ）　10. 勾连云雷纹（ZJLY-776:14YⅡ）　11. 篦点纹+弦纹（外）、
弦纹（内）（ZJLY-776:3ZⅠ）　12. 篦划纹+弦纹（内、外）（ZJLY-776:1YⅡ）　13. 菱格凸块纹（ZJLY-
776:35YⅡ）　14. 方格纹+菱格凸点纹（ZJLY-776:37YⅡ）　15. 夔纹+菱格凸块纹+弦纹（ZJLY-776:36YⅡ）

四四　ZJLY-781蕉坑背扶山遗址

1. 遗址概况

蕉坑背扶山遗址位于派潭镇利迳村蕉坑社东侧山岗上。该山南邻莲塘山、蕉坑山，东邻山寮，西与围梁山、全井山相望，其北、西侧均为地势低平的农田。高埔河从山岗以北约80米处自西向东流经，汇入派潭河。当地村民称该山土名背扶山，本报告定名为蕉坑背扶山遗址。

山岗由三座小山岗南北一字排开连绵相接构成，总面积约110 000平方米，各山岗形体较小，山势低矮平缓，最高海拔约41.9米，相对高度约21.9米。其中南侧山岗上遍布竹林，间有少许杂木，地表可视度较差。中部和北侧山岗的西坡有较多荔枝树，果林区大部分区域杂草较多，枯叶遍地，仅局部做了杂草清理工作；其他区域近乎荒置，地表杂草灌木丛生，可视度较差。

2. 采集遗物

在中、北两座山岗相接山坳处的荔枝林内发现陶片1片，饰曲折纹。推断时代为西周至春秋时期。

四五　ZJLY - 782 山寮遗址

1. 遗址概况

山寮遗址位于派潭镇利迳村罗家庄新屋社南侧山岗上。该山西邻蕉坑背扶山，南邻利迳山、蕉坑山，东邻下山贝社。新屋村依山北坡坡脚而建，村前为地势低平的农田。高埔河从山岗北侧自西向东流经，汇入派潭河。调查时在山岗东南坡坡脚发现一座清代墓葬，碑文显示本山土名山寮，故名山寮遗址。

山岗平面呈不规则近椭圆形，形体较大，面积约271 000平方米，海拔约68.9米，相对高度约45.2米。东坡较陡峭，其他各坡较平缓。山岗大部分区域处于荒置状态，山腰以上遍植松树，林间菊尾草遍地，调查只能沿山间小路进行。坡中下部种植有较多荔枝、龙眼，间有少许橄榄、枇杷，另有较多竹子分布其间，果林内大部分区域地表有较多杂草，枯叶遍地，仅局部地表裸露。

2. 采集遗物

在山岗北坡与东坡坡脚采集遗物14件，皆为陶器残片，分布范围约21 000平方米。陶质以泥质粗硬陶为主；陶色多见灰褐、深灰色；纹饰多见米字纹、方格纹等，少量为素面；可辨器形、部位有瓿口沿等。据遗物特征推断时代为战国至南越国时期。

四六　ZJLY - 783 湖岗遗址

1. 遗址概况

湖岗遗址位于派潭镇新高埔村小埔圩社以南、高埔水库西南侧一处独立的小山岗上，该山南接邓尾山，东、西、北侧均为地势低平的农田，东部邻近雷埔岭。高埔河从山岗北侧坡脚处自西向东流经，合拖罗涌汇入派潭河。调查时在东坡坡脚发现一座清道光年间墓葬，碑文显示本山土名湖岗，故名湖岗遗址。

山岗由南北两座山岗相接构成，平面呈不规则形，形体较大，面积约72 000平方米，最高海拔46.5米，相对高度约16.5米，北坡、西坡陡峭，其他山坡较平缓。山岗南半部种植较多荔枝，有一处养鸡场，调查沿养鸡场周边进行。山岗北半部原为荒山，长有较多竹子，另有少许杂木，近期经开荒种植橘子树，地表裸露，利于调查（彩版六七，1）。

2. 采集遗物

在山岗北半部采集遗物38件，其中石器2件、陶器残片36件。（图6-18；彩版一一〇，2）分布范围约 18 000 平方米。

（1）陶器。采集陶片 36 片，内涵相近。陶质以泥质粗硬陶、泥质细硬陶为主；陶色多见灰褐、深灰、青灰等，纹饰多见方格纹、米字纹、三角格纹，另有水波纹加弦纹、篦点纹加弦纹等，素面少见；可辨器形、部位有罐、瓿、瓮的口沿和罐底等。推断时代为战国至南越国时期。

陶罐口沿 1 件。

ZJLY－783：17Z I，泥质粗硬陶，深灰色；侈口，短斜折沿，方唇，斜直肩；肩部饰米字纹。残宽 8.6、高 3.4 厘米。（图 6－18，1）

陶罐底 1 件。

ZJLY－783：19Y II，泥质细硬陶，青灰色，局部发红；下腹呈凹弧向下斜收状，凹弧底；下腹饰米字纹。底径 23、残高 10.3 厘米。（图 6－18，5；彩版一四一，8）

陶瓿（口沿） 3 件。

ZJLY－783：3Y II，泥质细硬陶，深灰色，器表黑色陶衣，似釉；敛口，圆唇，斜弧肩，圆弧腹，下腹向下斜直内收，平底；肩部饰篦点纹、弦纹。残宽 10.2、高 8.1 厘米。（图 6－18，3；彩版一四二，3）

ZJLY－783：6Y II，泥质细硬陶，浅灰色；敛口，圆唇，斜弧肩，圆鼓腹，下腹弧收，平底；肩部饰篦点纹、弦纹。复原口径 18、底径 13、高 7.5 厘米。（图 6－18，4；彩版一四二，4）

ZJLY－783：11Z I，泥质粗硬陶，灰褐色；敛口，圆唇，斜弧肩，弧腹；肩、腹饰水波纹、弦纹。残宽 7.5、高 3.6 厘米。（图 6－18，2）

（2）石器。见砺石 2 件。推断与陶片时代相同。

四七 ZJLY－784 邓尾遗址

1. 遗址概况

邓尾遗址位于派潭镇新高埔村小埔圩社南侧、邓路吓村路边陈社西南侧山岗上。该山北邻湖岗山，西南邻柯木塱山、坟前岭，东北邻雷埔岭，柑田自然村依西坡坡脚而建，再往西见溪头山，山之南、东侧均为地势低平的农田。高埔河从山岗以北约 280 米处自西向东流经，汇入派潭河。调查时在山岗东坡前发现一座民国九年（1920 年）墓葬，其墓碑碑文显示本山土名邓尾，故名邓尾遗址。

山岗平面呈不规则形，形体较大，面积约 248 000 平方米，海拔约 82.2 米，相对高度约 47.2 米，坡度较平缓。山岗北坡有数家养鸡场，无法入内踏查。西坡坡脚及南坡部分区域种植荔枝，间有橄榄、龙眼等，果林内大部分区域杂草不多，但枯叶遍地，对调查带来一定影响。山岗其他区域基本上处于荒置状态，山上遍布竹林，另有杂木、松树、桉树等，地表杂草灌木丛生，无法入内踏查。

2. 采集遗物

在山岗北坡坡脚果林内采集泥质硬陶片 2 片，分别饰米字纹、方格纹。推断时代为战国至南越国时期。

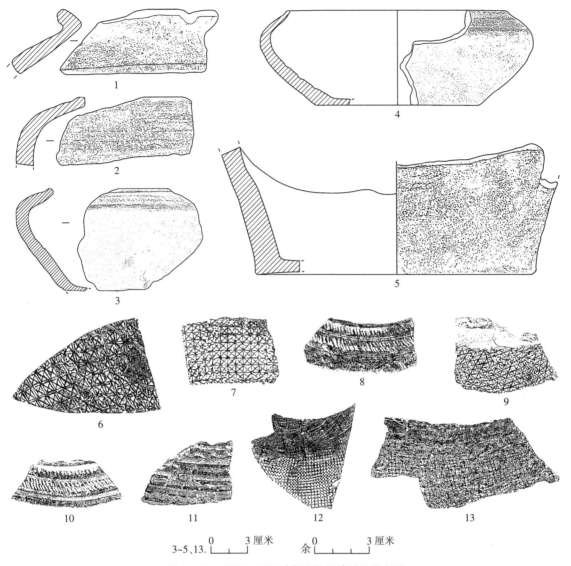

图 6 - 18 ZJLY - 783 采集遗物及陶片纹饰拓片

1. 陶罐口沿（ZJLY - 783：17Z I ） 2. 陶瓿口沿（ZJLY - 783：11Z I ） 3、4. 陶瓿（ZJLY - 783：3Y II 、ZJLY - 783：6Y II ）
5. 陶罐底（ZJLY - 783：19Y II ） 6、7、9、13. 米字纹（ZJLY - 783：16Y II 、ZJLY - 783：9Y II 、ZJLY - 783：21Y II 、ZJLY - 783：19Y II ） 8、10. 篦点纹 + 弦纹（ZJLY - 783：6Y II 、ZJLY - 783：3Y II ） 11. 水波纹 + 弦纹（ZJLY - 783：11Z I ）
12. 方格纹（ZJLY - 783：14Z I ）

四八 ZJLY - 785 溪头遗址

1. 遗址概况

溪头遗址位于派潭镇新高埔村老带贝社东南侧山岗上。该山西北邻磨谷石山、高埔水库，西邻牛围山，南邻柯木塱，东邻邓尾山。东侧坡脚为柑田自然村，北侧为地势低平的农田。高埔河从山岗北侧约 20 米处自西向东流经，汇入派潭河。调查时在山岗东南坡发现一座清光绪年间墓葬，碑文显示本山土名溪头，故名。

山岗由东、西两座山岗相接构成，形体较小，面积约 85 000 平方米。东侧山岗形体稍大，海拔高度约 47 米，山岗的东坡、山顶及南坡种较多荔枝树，果林内杂草不多，但枯叶遍地，对调查带来一定

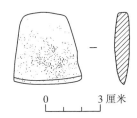

0 ____ 3 厘米

图 6 - 19 ZJLY - 785 采集石锛（ZJLY - 785：1YⅡ）

影响；其他区域基本上处于荒置状态，荒置区内有较多竹林，另有杂木，地表菊尾草遍地，基本上无法踏查。西侧山岗形体小，海拔高度约 51.2 米，除南坡坡脚局部为荔枝林外，其他区域荒置，荒置区内有较多竹林，地表杂草丛生，可调查区域很少。

2. 采集遗物

在东侧山岗的东南坡采集新石器时代晚期至商代石锛 1 件。

石锛　1 件。

ZJLY - 785：1YⅡ，青灰色片岩；正视呈梯形，弧顶，两侧边平直向下外张，单面弧刃。宽 3.7、高 3.8、厚 0.8 厘米。（图 6 - 19）

四九　ZJLY - 787 坟前岭遗址

1. 遗址概况

坟前岭遗址位于派潭镇高埔水库东南侧、柑田村花果山巷南侧小山岗上。该山北邻邓尾山，西邻柯木塱山，南侧、东侧为地势低平的农田，分别与和尚山、鹰蛇山相望。调查时在山岗东坡发现一座清乾隆年间墓葬，碑文显示本山土名坟前岭，故名坟前岭遗址。

山岗平面近椭圆形，形体不大，面积约 37 000 平方米，海拔约 46 米，相对高度约 11 米，山势低矮平缓。山上遍植荔枝，另有龙眼、橄榄等，间有较多竹林、杂木，果林内杂草丛生，对调查带来较大影响。

2. 采集遗物

在山岗东北坡橄榄林内采集泥质硬陶片 2 片，饰米字纹。推断时代为战国至南越国时期。

五○　ZJLY - 788 磨谷石遗址

1. 遗址概况

磨谷石遗址位于派潭镇新高埔村老带贝社西侧、高埔水库东南侧山岗上，西邻大崩岗，南邻牛围山、溪头山，东侧为地势低平的农田，与湖岗相望。高埔河从山岗北坡坡脚流经。调查时在山岗南坡发现一座清乾隆年间墓葬，碑文显示本山土名黎山，地形图标示本山为磨谷石，本报告以磨谷石遗址定名。

山岗平面为不规则长条形，形体较大，面积约 310 000 平方米，海拔约 130.1 米，相对高度约 91.1 米，坡度较陡峭。山岗东坡、南坡坡脚种植较多果树，以荔枝为主，间有少许龙眼、橄榄、枇杷等。山顶、西坡、南坡山腰以上区域及北坡大部区域荒置，地表杂草灌木丛生，无法踏查。

2. 采集遗物

采集遗物 5 件，皆为陶器残片。据遗物特征分析，可分为新石器时代晚期至商代、西周至春秋、战国至南越国三个时期。

新石器时代晚期至商代：采集 1 片夹细砂灰陶，饰篮纹。

西周至春秋时期：采集 3 片泥质硬陶，饰夔纹、菱格凸块纹、方格纹。

战国至南越国时期：采集 1 片米字纹陶片。

五一　ZJLY－790 鸭嵫游遗址

1. 遗址概况

鸭嵫游遗址位于派潭镇新高围村背后，其北侧为地势低平的农田，南邻高埔水塘，新高埔村依山东坡坡下而建。山岗南坡墓碑碑文显示本山土名鸭嵫游，故名。

山岗平面呈椭圆形，形体较大，总面积约 172 000 平方米，海拔高度约 84.9 米，相对高度约 44.9 米，诸坡较平缓。山上遍植荔枝树，局部有竹林、杂木，果林内大部分区域杂草较多，对调查带来一定影响。

2. 采集遗物

在山岗南坡采集遗物 5 件，其中陶器残片 4 件、石器 1 件。分布范围约 5000 平方米。

（1）陶器。采集陶片 4 片。陶质为夹细砂硬陶，陶色有橙黄、青灰、灰褐色，纹饰有条纹加附加堆纹、绳纹、曲折纹、弦断曲折纹等。据遗物特征推断时代为新石器时代晚期至商代。（图 6－20）

（2）石器。1 件，器形为锛，残损严重。时代与陶片相同。

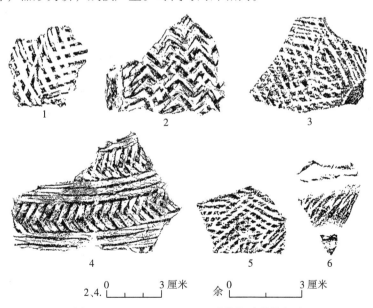

图 6－20　ZJLY－790、791 采集陶片纹饰拓片

1、2. 曲折纹（ZJLY－791：9YⅡ、ZJLY－790：3ZⅠ）　3. 交错条纹（ZJLY－791：11YⅡ）　4. 弦断曲折纹（ZJLY－790：2ZⅠ）

5. 交错绳纹（ZJLY－791：1YⅡ）　6. 篮纹＋附加堆纹（ZJLY－791：3YⅡ）

五二　ZJLY - 791 龙归庙后山遗址

1. 遗址概况

龙归庙后山遗址位于派潭镇新高埔村牛骨岭新屋背后，东邻调查网格 790 鸭嬷游，西邻调查网格 792 穿光山。其北侧山坡下为地势低平的农田，南坡下新屋、龙归古庙依山而建，村前为高埔水库。当地村民称之为龙归庙后山，故名。

山岗平面呈椭圆形，山岗形体较大，总面积约 118 000 平方米，海拔约 74.7 米，相对高度约 32.2 米，诸坡较平缓。山岗上遍植荔枝、橘子等果树，间有少许竹林、杂木等，地表杂草、枯叶较多，橘子树区域地表裸露。

2. 采集遗物

采集遗物 14 件，皆为陶器残片，分布范围约 500 平方米。据遗物特征分析，可分为新石器时代晚期至商代、汉代两个时期。（见图 6 - 20）

新石器时代晚期至商代：采集陶片 13 片。陶质多为夹细砂硬陶和泥质粗硬陶，陶色多为灰、青灰、深灰色，纹饰见方格纹、交错绳纹、交错条纹、篮纹、曲折纹、附加堆纹等，可辨器形、部位有罐圈足。

汉代：仅采集 1 片泥质橙黄陶片，素面。

五三　ZJLY - 793 牛骨山遗址

1. 遗址概况

牛骨山遗址位于派潭镇旧高埔村牛骨岭社西侧小山岗上。该山北为地势低平的农田，与长山相望，西邻石子山、高埔水库，南邻大下山。北坡坡脚有一条溪流自西北向东南流经，汇入高埔水库。当地村民称该山土名牛骨山，故名牛骨山遗址。

山岗平面近长方形，形体较小，面积约 26 000 平方米，海拔约 63.5 米，相对高度约 21.5 米，诸坡较陡峭。山岗中下部分布较多竹林，中部以上遍植荔枝，果林内杂草较多，枯叶遍地，对调查带来较多影响。

2. 采集遗物

在山岗南坡采集遗物 6 件，皆为陶器残片，分布范围约 4000 平方米。据遗物特征分析，可分为新石器时代晚期至商代、战国至南越国两个时期。

新石器时代晚期至商代：采集 5 片陶片。陶质以夹细砂陶为主，部分为素面，纹饰可见绳纹、曲折纹，可辨器形、部位有釜口沿。

战国至南越国时期：采集 1 片方格纹陶片。

五四　ZJLY - 797 生花岭遗址

1. 遗址概况

生花岭遗址位于派潭镇旧高埔村草洞社东侧、寒洞水库东南侧山岗上。该山东接山花岭，西接荒山区，北侧、南侧均为地势低平的农田，乡道 Y320 从南侧经过，山岗南坡前有溪流自西向东流经，汇入高埔水库。调查时在山岗东南坡坡脚发现一座民国二十一年（1932 年）墓葬，碑文显示本山土名生花岭，故名生花岭遗址。

生花岭实为一座大山的东侧山岗，平面呈不规则形，形体较大，总面积约 91 000 平方米，海拔约 124.4 米，相对高度约 44.4 米，诸坡较平缓。山岗上遍植荔枝树，局部有竹林，南坡山脚下有少许桉树，果林内杂草不多，但枯叶遍地，对调查带来一定影响，山岗的南坡及东北坡近期开挖一条盘山土路。

2. 采集遗物

在南坡土路上及东坡开荒区域采集遗物 8 件，皆为陶器残片，分布范围约 6600 平方米。陶质以夹细砂陶为主，陶色多见灰、青灰等，器表多为素面，纹饰可见曲折纹、长方格纹，可辨器形、部位有釜口沿。依遗物特征推断年代当属新石器时代晚期至商代。

五五　ZJLY－800 高埔水库遗址

1. 遗址概况

高埔水库遗址位于派潭镇旧高埔村牛骨岭社东南侧、高埔水库西岸的山前平原。该区域北望宇光山、光山，西接牛骨山，南接大下山、大崩岗，东濒高埔水库。

遗址所处区域海拔 36 ~ 42 米，地势平缓。地表因修筑水库堤坝进行了翻整，调查区域西侧、北侧均为绿化草坪，难以踏查。库区西岸上有一条土路，遗物采集区位于堤坝土路的内侧，该区域原为水库淹没区，因水位下降，地表裸露。

2. 采集遗物

采集遗物 28 件，其中陶瓷片 27 件、石器 1 件。（图 6 – 21；彩版一一一，1）分布范围约 15 000 平方米。

（1）陶瓷器。采集陶片 26 片，瓷片 1 片。据遗物特征分析可分为新石器时代晚期至商、战国至南越国、唐宋、明清四个时期。

新石器时代晚期至商代：采集陶片 2 片。均为夹细砂陶，1 件为素面，1 件饰绳纹。

战国至南越国时期：采集陶片 22 片。陶质以泥质粗硬陶、泥质细硬陶为主，陶色多见灰褐、深灰色，纹饰多见方格纹、米字纹，少量为素面和弦纹，可辨器形、部位有罐口沿、盒底等。

陶罐口沿　2 件。

ZJLY－800：4YⅡ，泥质细硬陶，灰褐色；侈口，卷沿，圆唇，斜弧肩；肩部饰米字纹。残宽 12.2、高 8.5 厘米。（图 6 – 21，4）

ZJLY－800：8T，泥质细硬陶，青灰色；敞口，卷沿，方圆唇，唇面凹弧，斜弧肩；肩部饰方格纹。残宽 7.2、高 8.3 厘米。（图 6 – 21，2）

陶盒底　1 件。

ZJLY－800：7YⅡ，泥质粗硬陶，灰色；斜弧肩，斜直腹，下腹斜直内收，平底；肩部饰篦点纹，腹部饰弦纹。残宽 11.5、高 5.5 厘米。（图 6 – 21，1；彩版一四三，7）

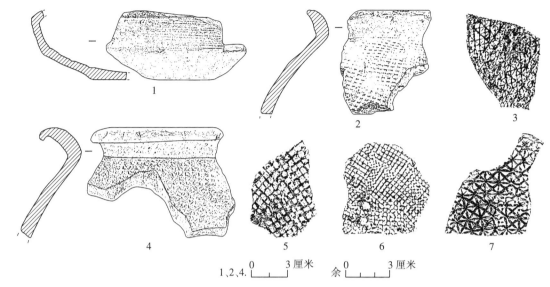

图 6-21 ZJLY-800 采集陶器及纹饰拓片
1. 陶盒底（ZJLY-800：7YⅡ） 2、4. 陶罐口沿（ZJLY-800：8T、ZJLY-800：4YⅡ）
3、7. 米字纹（ZJLY-800：1ZⅠ、ZJLY-800：4T） 5、6. 方格纹（ZJLY-800：1YⅡ、ZJLY-800：10T）

唐宋时期：采集陶罐口沿残片 1 片、青釉瓷片 1 片。

明清时期：采集泥质素面陶片 1 片。

（2）石器。采集砺石 1 件。时代为新石器时代晚期至商代。

五六　ZJLY-803 石子山遗址

1. 遗址概况

石子山遗址位于派潭镇旧高埔村新路口社北侧山岗上。该山北侧为地势低平的农田，西邻黄塘山，南邻庙古岭，东望牛骨山，东南望大下山。当地村民称该山土名石子山，故名石子山遗址。

山岗平面呈长条形，形体较大，面积约 117 000 平方米，海拔约 106.8 米，相对高度约 64.8 米，坡度较陡峭。山上遍植果树，以荔枝为主，局部为橘子林，间有少许竹林、松树、杂木等。荔枝果林内杂草较多，枯叶遍地，加之山势陡峭，枝叶茂盛能见度低，对调查有较大影响。橘子林内杂草、枯叶被清除干净，利于调查。

2. 采集遗物

在山岗西北部采集遗物 6 件，皆为陶器残片，分布范围约 1000 平方米。陶质可见夹细砂硬陶、泥质软陶等；器表多为素面，纹饰可见曲折纹、篮纹；可辨器形、部位有釜口沿等。推断时代为新石器时代晚期至商代。

五七　ZJLY-805 坡麻岭遗址

1. 遗址概况

坡麻岭遗址位于派潭镇旧高埔村米洞社寒洞水库北岸山岗上。该山北、东、西侧均与高山区相接，东接鸟歌岭，南邻寒洞水库，与生花岭相望。当地村民称该山土名坡麻岭，故名坡麻岭遗址。

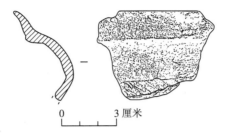

图 6 – 22　ZJLY – 807 采集陶罐口沿（ZJLY – 807：2T）

山岗平面近长条形，形体较大，面积约 121 000 平方米，海拔约 132 米，相对高度约 54.5 米，坡度较陡峭。山岗南坡大部分区域经修整呈台阶状，现种植橘树，除果苗周边杂草做了清除外，其他大部分区域杂草丛生。南坡东部及东坡种植有荔枝，果林内杂草不多，枯叶较少，利于调查。山岗北坡遍植杉树苗，地表杂草较多，可视度不高。

2. 采集遗物

在山岗的东南坡荔枝林内采集陶罐圈足残片 1 件，饰绳纹。依遗物特征推断时代为新石器时代晚期至商代。

五八　ZJLY – 807 灯吓山遗址

1. 遗址概况

灯吓山遗址位于派潭镇旧高埔村米洞社西北部山岗上。该山北邻高山区，西接鸟歌岭，东接林洞山，南坡坡脚为地势低平的农田，与山花岭相望。山岗北距拖罗涌约 200 米，派街高速公路 S16 从山岗北侧经过。当地村民称该山土名灯吓山，故名灯吓山遗址。

山岗平面近圆形，山岗形体较大，面积约 174 000 平方米，海拔约 128 米，相对高度约 70.2 米，坡度较陡峭。山岗南坡中下部遍植荔枝，另有橘子、橄榄等，果林内大部分区域杂草不多，但枯叶遍地，对调查带来一定影响。南坡山腰以上及其他区域荒置，生长较多杂木、竹林、松树等，地表杂草灌木丛生，无法踏查。

2. 采集遗物

在山岗南坡坡脚的断壁上采集遗物 4 件，皆为陶器残片，分布范围约 3000 平方米。陶质均为夹细砂硬陶，陶色多见青灰、灰色，纹饰可见叶脉纹、篮纹、曲折纹、素面等，可辨器形、部位有罐口沿。依遗物特征推断年代属新石器时代晚期至商代。

陶罐口沿　1 件。

ZJLY – 807：2T，夹细砂硬陶，浅灰色；侈口，卷沿，沿面下部弧鼓，上部凹曲呈盘口状，尖圆唇，斜肩较垂；肩部饰篮纹。残宽 6.4、高 4.7 厘米。（图 6 – 22；彩版七六，7；彩版一一七，3）

五九　ZJLY – 808 林洞山遗址

1. 遗址概况

林洞山遗址位于派潭镇旧高埔村禾岭头社北侧山岗上。该山西接灯吓山，东北接陈佛山，南侧为地势低平的河谷平原,与龙归庙后山、罕光山相对,东邻老虎岽、江田尾社。山之北有拖罗涌、S16派街高速公路经过,山之东有乡道Y320、Y329。地形图上标示本山为林洞山,故名。

山岗平面呈长条形,形体大,面积约651 000平方米,主峰海拔高度142.1米,相对高度约97.1米,诸坡较陡峭。山岗大部分区域处于荒置状态,有较多杂木、竹林、松树、桉树等,地表杂草灌木丛生,无法踏查。仅南坡种植有荔枝,另有少许橘子、橄榄、龙眼等果树,地表杂草不多,但枯叶遍地,对调查带来一定影响。

2. 采集遗物

在山岗东南坡坡脚荔枝林内采集米字纹陶片1片,年代属战国至南越国时期。

六〇　ZJLY–810石粉排遗址

1. 遗址概况

石粉排遗址位于派潭镇拖罗村上拖罗社东北侧、玉枕村凤岭社东侧山岗上。该山西邻蕉头吓山,东邻拖罗背扶山,南坡坡脚为地势低平的河谷平原,与陈佛山相望。省道S256从山岗北侧经过,拖罗涌从山岗东北侧自西北向东南流经,汇入派潭河。调查时在山岗南坡发现一座民国二十六年(1937年)墓葬,碑文显示本山土名石粉排,故名石粉排遗址。

石粉排山形体较大,总面积约636 000平方米,海拔约143米,相对高度约109米,坡度陡峭。遗址位于山岗南侧低矮的缓坡地带,海拔约45米,相对高度约10米。遗址所处区域种植有较多果树,以荔枝为主,间有龙眼、橄榄、黄皮等,局部有竹林、杂木,果林内大部分区域杂草不多,但枯叶遍地,对调查带来一定影响。

2. 采集遗物

在山岗南坡近坡脚采集遗物8件,皆为陶器残片。分布范围约36 000平方米。陶质均为泥质粗硬陶,陶色可见灰、灰褐等,纹饰有米字纹、方格纹、水波纹加弦纹、三角格纹等,可辨器形有盒。依遗物特征推断时代为战国至南越国时期。(图6–23)

陶盒　1件。

ZJLY–810：1YⅢ,泥质粗硬陶,浅灰色;敛口,平方唇,唇面略凹,短凹弧肩,直腹,下腹弧收,圈底状,下附扁体外撇状足,现仅存一足;素面。残宽8.1、高5.5厘米。(图6–23,3;彩版一四三,8)

六一　ZJLY–811拖罗背扶山遗址

1. 遗址概况

拖罗背扶山遗址位于派潭镇拖罗村上拖罗社东侧、龙圳社北侧山岗上。该山西接石粉排山,南望陈佛山社,东邻龙圳背扶山,其东北、南侧均为地势低平的农田。省道S256从北侧经过,拖罗涌从东北侧自西北向东南流经,汇入派潭河。当地村民称该山土名背扶山,本报告以村名定名为拖罗背扶山遗址。

山岗平面近圆形,形体较大,面积约176 000平方米,海拔约112米,相对高度约79.5米,除南坡较平缓外,其他诸坡较陡峭。山岗的西坡、北坡近乎荒置,长有较多樟树、桉树等,地表杂草、灌

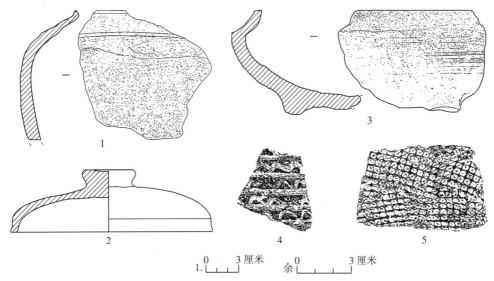

0　3厘米
1.└┴┴┘　余　0　3厘米
└┴┴┘

图6-23　ZJLY-810、811采集遗物及陶片纹饰拓片
1. 陶罐口沿（ZJLY-811：2ZⅠ）　2. 陶器盖（ZJLY-811：1ZⅠ）　3. 陶盒（ZJLY-810：1YⅢ）
4. 水波纹＋弦纹（ZJLY-810：2ZⅠ）　5. 米字纹（ZJLY-810：2T）

木丛生，无法调查。南坡、东坡大部分区域种植荔枝，间有少许龙眼、橄榄，局部有竹林，果林内杂草不多，但枯叶遍地，对调查带来一定影响。

2. 采集遗物

在山岗南坡近坡底采集遗物3件，其中陶罐口沿、陶器盖各1件，另有1片泥质素面陶。据遗物特征推断时代为战国至南越国时期。

陶罐口沿　1件。

ZJLY-811：2ZⅠ，泥质粗软陶，红色；敛口，尖唇，斜弧肩，肩部有一周凸棱，长弧腹；肩、腹饰方格纹。残宽12.1、高11.3厘米。（图6-23，1）

陶器盖　1件。

ZJLY-811：1ZⅠ，泥质细硬陶，灰黄色；直口微敞，平方唇，短曲壁，漫弧顶，顶中部有圆形纽，纽面略凹弧；素面。复原口径11、高3.3厘米。（图6-23，2；彩版八〇，8；彩版一四四，4）

六二　ZJLY-817 拖罗水库山遗址

1. 遗址概况

拖罗水库山遗址位于派潭镇玉枕村下围社、上围社西侧山岗上。该山西接石古窝，西北接仰狗望天山，南邻荒塘山，西南邻拖罗水库。其北坡下为地势低平的农田，东侧为玉枕村，地势宽阔低平，与石粉排山相望。刘家涌从山岗北侧自西向东流经，省道S256从山岗北坡坡脚经过。山岗地名未知，本报告以邻近拖罗水库定名为拖罗水库山遗址。

山岗平面呈不规则长条形，面积约194 000平方米，海拔约126米，相对高度约67.5米。山岗南坡种植有橘子，另有荔枝、乌榄，其间有较多竹子、杂木，地表杂草丛生，枯叶遍地，对调查带来一定影响。其他区域荒置，生长有较多杉树、竹子等，地表杂草、灌木丛生，无法踏查。

2. 采集遗物

在山顶新开垦的橘子林内采集陶片 1 片，夹细砂硬陶，饰附加堆纹。推断时代为新石器时代晚期至商代。

六三　ZJLY－819 龙圳背扶山遗址

1. 遗址概况

龙圳背扶山遗址位于派潭镇拖罗村龙圳社北侧山岗上。该山为一座独立山岗，东邻梅㟦山、斗光山，西邻拖罗背扶山，南与马草塘山相望，北侧为连绵的高山区，南、北均为地势低平的河谷平原。省道 S256 经过山岗北侧，拖罗涌、刘家涌分别从山岗南侧、北侧自西向东流经，汇入派潭河。当地村民称该山土名背扶山，本报告依村名定名为龙圳背扶山。

山岗由几座山峰连绵相接构成，平面近圆形，形体大，面积约 373 000 平方米，最高海拔约 116 米，相对高度约 84 米。其中山岗的南坡，东坡坡地及山顶较为平缓，西、北坡较为陡峭。山岗上果林成片分布，其间以竹林相隔。果树以荔枝为主，间有龙眼、橘树、乌榄，果林区内大部分区域杂草不多，但有较多枯叶，对调查带来一定影响。竹林内生长有少量杉树、桉树、樟树等，地表杂草、灌木丛生，无法踏查。

2. 采集遗物

在龙圳村文化活动室背后山岗南坡采集遗物 6 件，皆为陶器残片，分布范围约 1500 平方米。陶质多为夹细砂硬陶，陶色多为灰、青灰色，纹饰有斜长方格纹、曲折纹。据遗物特征推断时代为新石器时代晚期至商代。（图 6－24）

六四　ZJLY－821 斗光山遗址（复查）

1. 遗址概况

斗光山遗址位于派潭镇佳桐岭村斗光村北侧一座独立的小山岗上，北邻梅㟦，东与佳桐岭山、凤鸡山相望，西与龙圳背扶山相望，山岗东、西、南侧均为地势低平的农田。乡道 Y278 从山岗北侧经过，刘家涌从山岗南侧约 420 米处自西向东流经，与拖罗涌一并汇入派潭河。当地村民称该山土名斗光山，故名斗光山遗址。2008 年，对增从高速公路进行调查勘探时发现。

山岗平面呈椭圆形，形体较小，面积约 48 000 平方米，海拔约 52.2 米，相对高度约 27.1 米，诸坡平缓。山上荒置区较多，山顶、东坡有较多果树，以种植荔枝为主，间有橄榄、龙眼等，地表杂草不多，有枯叶。荒置区内有较多竹子、樟树、桉树等，地表杂草较多，对调查带来一定影响。

2. 地层堆积

经勘探，地层可分为 2 层：

①层：表土层，黄褐色沙黏土，厚 20～50 厘米。

②层：黄色黏土，较软，含碎陶片，厚 40～120 厘米。

②层下为红褐色沙土，密实，为生土。

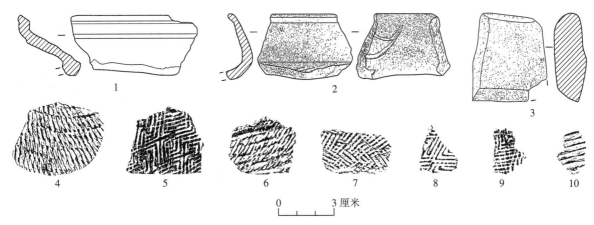

图 6 - 24　ZJLY - 819、821 采集遗物及陶片纹饰拓片

1、2. 陶罐口沿（ZJLY - 821：14T、ZJLY - 821：8Z Ⅰ）　3. 石锛（ZJLY - 821：12T）　4. 斜长方格纹（ZJLY - 819：1T）

5、7~9. 曲折纹（ZJLY - 821：13T、ZJLY - 821：10T、ZJLY - 821：20T、ZJLY - 821：18T）　6. 长方格纹 + 附加堆纹

（ZJLY - 821：15T）　10. 条纹（ZJLY - 821：16T）

3. 采集遗物

2008 年调查勘探时，地表和第②层出土少许碎陶片，有泥质陶和夹砂陶之分，纹饰有绳纹、曲折纹、曲折纹加方格纹、素面等。据遗物特征分析，时代为新石器时代晚期至商代。

本次复查在山岗西坡一处现代墓周边及东北坡坡脚果林内采集遗物 28 件，有陶器残片 26 件、石器 2 件。（见图 6 - 24）分布面积约 16 000 平方米。

（1）陶器。采集陶片 26 片。陶质以夹砂陶为主，泥质陶较少见；陶色以灰、青灰为主；器表部分素面，纹饰可见曲折纹、长方格纹，以及曲折纹与附加堆纹、长方格纹与附加堆纹组合；可辨器形、部位有罐口沿、釜口沿、罐圈足等。据遗物特征推断时代为新石器时代晚期至商代。

陶罐口沿　2 件。

ZJLY - 821：14T，夹细砂硬陶，青灰色。侈口，斜折沿成领，下沿斜直，沿面有凹旋纹，上沿上折近盘口状，斜方唇，肩部残缺。残宽 6.8、高 3.1 厘米。（图 6 - 24，1；彩版一一七，4）

ZJLY - 821：8Z Ⅰ，夹细砂硬陶，灰色；敞口，斜折沿成领，圆唇，斜肩；肩部饰绳纹，沿面有刻划符号。残宽 5.1、高 3.4 厘米。（图 6 - 24，2；彩版一一七，5、6）

（2）石器。2 件，可辨器形有砺石、锛。时代为新石器时代晚期至商代。

石锛　1 件。

ZJLY - 821：12T，灰褐色片岩；正视近梯形，顶部斜直，两侧略出肩，中部起段，单面直刃。宽 4.1、高 4.7、厚 1.7 厘米。（图 6 - 24，3）

六五　ZJLY - 826 西草岭遗址（复查）

1. 遗址概况

西草岭遗址位于派潭镇大田围村落光岭社北侧山岗上。该山东邻马鞍山、松树坳、猫岭，北邻新堂后山，西邻佳桐岭山、凤鸡山，南为地势开阔的农田。乡道 Y278 从山岗北侧经过，派街高速公路 S16 穿过山岗中南部。拖罗涌从山岗南侧约 100 米处自西向东流经，汇入派潭河。调查时在山岗东坡

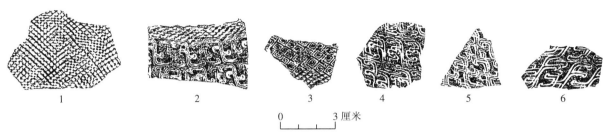

0 ——————— 3 厘米

图 6 - 25　ZJLY - 826 采集陶片纹饰拓片

1. 方格纹（ZJLY - 826：16Z I）　2. 方格纹 + 夔纹（ZJLY - 826：5T）　3. 方格纹 + 菱格凸块纹（ZJLY - 826：14Z I）

4 ~ 6. 夔纹（ZJLY - 826：1T、ZJLY - 826：17Z I、ZJLY - 826：8Z I）

发现一座清末墓葬，碑文显示本山土名西草岭，当地也有村民称之为旱嶂个，本报告以西草岭遗址定名。2013 年，对西气东输工程进行调查勘探时发现。

山岗由三座山峰连绵相接构成，平面近长条形，形体较大，面积约 263 000 平方米，海拔约 65.1 米，相对高度约 39.1 米，坡度较平缓。派街高速公路 S16 从中间穿过将其分为南、北两个区域，其中 S16 南侧区域的西坡遍植竹林，东坡及山顶原遍植橘树，调查时值伐树，地表杂草不多，调查较为便利。S16 北侧为派潭果场用地，山上大部分区域遍植橘子，林内杂草不多，但枝叶茂盛，给调查造成一定困难。

2. 采集遗物

2013 年采集大量陶器残片，多为泥质硬陶，纹饰见方格纹、夔纹等。

本次调查在山岗东南坡采集遗物 24 件，皆为陶器残片。（彩版一一一，2）分布范围约 2700 平方米。（彩版四三，2）陶质均为泥质硬陶，陶色多见灰、深灰色等，纹饰可见方格纹、夔纹、菱格凸点纹等，可辨器形、部位有罐口沿。（图 6 - 25）

两次调查采集遗物特征相同，推断为西周至春秋时期。

六六　ZJLY - 828 凤鸡山遗址

1. 遗址概况

凤鸡山遗址位于派潭镇大田围村墩头社东侧山岗上。该山北邻佳桐岭山，西北邻斗光山，东邻西草岭，西、南侧均为地势低平的河谷平原，大田围村依山南坡坡下而建。拖罗涌从山岗南侧 280 米处自西北向东南流经，汇入派潭河，派街高速公路 S16 从山岗中南部东西向穿过。当地村民称该山土名凤鸡山，故名凤鸡山遗址。

山岗由三座山峰连绵相接构成，平面呈长条形，形体较大，面积约 278 000 平方米，诸坡平缓，海拔 59 米，相对高度约 37 米。山岗上有较多果树，以荔枝为主，间有少许橘林、龙眼、橄榄等，果林内大部分区域杂草、枯叶遍地，地表可视度不高。山岗东坡有几家养鸡、鸭场，养殖内地表杂草、枯叶不多可供踏查。其余区域荒置，生长有较多竹子、松树等，地表杂草、灌木丛生，无法踏查。

2. 采集遗物

在山岗西坡采集遗物 9 件，其中陶器残片 8 件、残石器 1 件，分布范围约 5200 平方米。

（1）陶器。采集陶片 8 片。陶质以泥质粗硬陶为主，另见 1 片夹粗砂软陶；陶色以灰、灰褐为主；

纹饰大多为方格纹，还可见方格纹与菱格凸点纹组合纹饰。依遗物特征推断年代应属西周至春秋时期。

（2）石器。1件，器形不明。时代为西周至春秋时期。

六七　ZJLY－829 王洞岭遗址

1. 遗址概况

王洞岭遗址位于派潭镇大田围村元丰社东北侧山岗上。该山北接猫岭，东邻猫岭南侧山岗，西北与西草岭相望，西、南侧均为地势低平的河谷平原，种植有大量橘树。拖罗涌从山岗西南坡坡脚自西北向东南流经，汇入派潭河。当地村民称该山土名王洞岭，调查时在西南坡发现一座清代墓葬，碑文显示本山土名玉贝冚，本报告以王洞岭遗址定名。

山岗由两座小山岗南北相接构成，形体不大，面积约 86 000 平方米。其中南侧山岗平面呈长椭圆形，坡度稍陡峭，海拔约 46 米；北侧山岗实为猫岭向南延伸的一处坡地，坡度平缓，海拔约 45 米。南侧山岗整体处于荒置状态，山上种植较多竹子，松树，西坡坡下有少许果林，地表菊尾草遍地，可调查区域很少。北侧山岗与猫岭相接区域被挖掘平整，其他区域荒置，种植少许竹子、松树等，地表菊尾草遍地，基本上无法踏查。

2. 采集遗物

采集遗物 54 件，其中陶器残片 53 件、砺石 1 件。（图 6－26 ~ 6－27；彩版一一二，1）分布范围约 41 000 平方米。（彩版四四）

（1）陶器。采集陶片 53 片。据遗物特征分析，可分为新石器时代晚期至商代、西周至春秋、战国至南越国三个时期。

新石器时代晚期至商代：采集交错绳纹陶片 1 片。

西周至春秋时期：采集陶片 7 片。泥质硬陶，纹饰可见云雷纹、夔纹、菱格凸块纹等。

战国至南越国时期：采集陶片 45 片。均为泥质硬陶；陶色多见灰、灰褐、深灰等；纹饰可见米字纹、方格纹、复线米字纹、三角格纹，以及方格纹与篦点纹组合等；可辨器形、部位有罐、瓮、盒的口沿等。

陶罐口沿　2 件。

ZJLY－829:1ZⅠ，泥质粗硬陶，灰褐色；侈口，短卷沿，圆唇，弧鼓腹；腹部饰米字纹。复原口径 27、高 13 厘米。（图 6－26，1）

ZJLY－829:10ZⅠ，泥质粗硬陶，灰色；侈口，短卷沿，圆唇，弧肩；肩部饰三角格纹。复原口径 24、高 9 厘米（彩版八〇，9；彩版一三九，7）。

陶盒口沿　1 件。

ZJLY－829:28T，泥质粗硬陶，橙黄色；敛口，圆唇，短斜肩，直折腹，下腹向下弧收；素面。残宽 6.3、高 3.8 厘米。（图 6－26，4）

陶瓮口沿　1 件。

ZJLY－829:20T，泥质粗硬陶，深灰色；侈口，卷沿，方唇略下垂，斜直肩；肩部饰米字纹。残宽 16.1、高 8.1 厘米。（图 6－26，3）

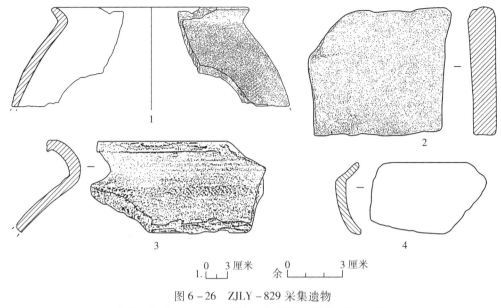

图 6 - 26 ZJLY - 829 采集遗物
1. 陶罐口沿（ZJLY - 829：1Z Ⅰ）　2. 砺石（ZJLY - 829：14T）
3. 陶瓮口沿（ZJLY - 829：20T）　4. 陶盒口沿（ZJLY - 829：28T）

（2）石器。1 件，器形为砺石。时代为新石器时代晚期至商代。

砺石　1 件。

ZJLY - 829：14T，红褐色砂岩；扁体近方形，一侧面为断面，其他面均为磨制面。宽 7.8、高 6.8、厚 1.5 厘米。（图 6 - 26，2；彩版一二一，7）

六八　ZJLY - 830 十字塘猫岭遗址

1. 遗址概况

十字塘猫岭遗址位于派潭镇大田围村落光岭社东部山岗上。该山为群山环绕，北邻仙人岑、松树坳，东邻瓦窑吓山，西北邻落光岭，南与王洞岭相接，派街高速公路 S16 从山岗北侧经过。调查时在山岗东南坡发现一座民国年间墓葬，碑文显示本山土名十字塘猫岭，故以十字塘猫岭遗址定名。

山岗平面近椭圆形，形体较大，面积约 192 000 平方米，海拔约 75.6 米，相对高度约 52.6 米。地形经修整呈台阶状，坡度平缓。山岗南坡及山顶近期进行了开荒平整，仅局部种有少量竹子、松树，梯田上种植牧草，对调查工作较为有利。山岗北半部完全荒置，无法踏查。

2. 采集遗物

在山岗东南坡的土路上采集遗物 9 件，其中陶器残片 8 件、石器 1 件。分布较为集中，约 300 平方米。

（1）陶器。采集陶片 8 片。据遗物特征分析，可分为新石器时代晚期至商代、西周至春秋、战国至南越国三个时期。

新石器时代晚期至商代：采集陶片 8 片。多为夹细砂陶，陶质较硬，陶色多见灰、灰褐等，纹饰可见绳纹、弦断绳纹、曲折纹等。依遗物特征推断时代为新石器时代晚期至商代。

（2）石器。采集砺石 1 件。时代为新石器时代晚期至商代。

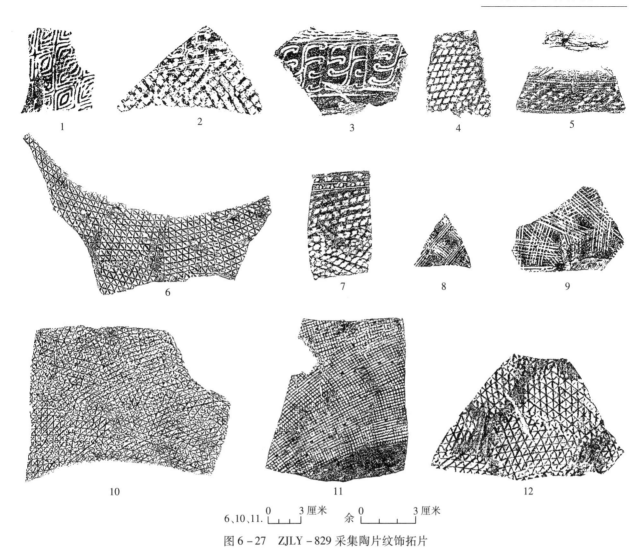

图 6-27 ZJLY-829 采集陶片纹饰拓片

1. 菱格凸块纹（ZJLY-829:23T） 2. 方格纹+夔纹（ZJLY-829:32T） 3. 夔纹（ZJLY-829:6T） 4、5. 方格纹（ZJLY-829:4ZⅠ、ZJLY-829:10T） 6. 三角格纹（ZJLY-829:10ZⅠ） 7. 方格纹+篦点纹（ZJLY-829:12T） 8. 篦划纹（ZJLY-829:24T） 9. 刻划纹（ZJLY-829:42T） 10. 米字纹（ZJLY-829:1ZⅠ） 11. 方格纹（ZJLY-829:36T） 12. 三角格纹（ZJLY-829:40T）

六九 ZJLY-832 太山遗址

1. 遗址概况

太山遗址位于派潭镇大田围村湖边山社南侧山岗上。山岗西北邻花苑山，西南邻邦岗山，东南与温水贝新屋后山相接，南、北、东侧均为地势低平的农田，南侧坡脚为水贝鱼苗场。高埔河从山岗南侧约 200 米处自西向东流经，拖罗涌从山岗东北侧约 170 米处自西向东流经，汇入派潭河。当地村民称该山土名太山，故名太山遗址。

山岗由两座小山岗连绵相接构成，平面呈长条形，形体较大，面积约 291 000 平方米。最高海拔 67 米，相对高度约 37 米，诸坡平缓。西北侧小山岗东坡坡脚以种植荔枝为主，间有橄榄，林内杂草不多，但枯叶遍地，地表可视度不高；南坡坡脚处进行了除草平整，地表裸露，利于调查。东南侧小山岗南坡局部种植荔枝、橘子，林内杂草不多，但枯叶遍地，可视度不高。山岗其余区域均荒置，生

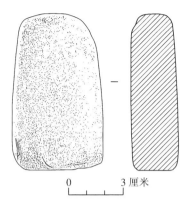

0 ⎯⎯ 3 厘米

图 6 - 28　ZJLY - 838 采集石器（ZJLY - 838∶1Z Ⅰ）

长有较多竹子、松树、桉树等，地表菊尾草遍地，无法踏查。

2. 采集遗物

在西北侧小山岗南坡坡脚裸露地表采集陶片 2 片，均为泥质粗硬陶，分别饰米字纹、方格纹。年代当属战国至南越国时期。

七〇　ZJLY - 838 杉山下遗址

1. 遗址概况

杉山下遗址位于派潭镇刘家村瑶前面社西侧山岗上。该山北与木鱼岭、狗高岽相望，西接塘贝山山脉，南邻松柏塱山，山岗北、东侧均为地势低平的河谷平原。车洞河从山岗北侧坡脚自西向东流经，在山岗东侧折向东南，汇入派潭河。山岗北、西侧分别邻近乡道 Y312、从莞深高速公路 S29。地形图上标示本山为杉山下，故名。

山岗平面呈不规则形，形体较大，面积约 367 000 平方米，海拔约 122.6 米，相对高度约 72.6 米，诸坡陡峭。山岗东南坡脚分布大片竹林，地表杂草丛生，无法踏查；山腰向上至山顶种植橘子、荔枝，地表杂草、枯叶均被清除，利于调查；山岗西南部区域遍布桉树林，地表杂草丛生，无法踏查；山岗的东北部区域有较多樟树、竹林，植被稀疏，杂草不多，但覆盖较厚的枯叶，对调查带来一定影响；其他区域荒置，生长有较多竹子、桉树、松树等，地表杂草、灌木丛生，无法踏查。

2. 采集遗物

在山岗的南坡橘子林内发现新石器时代晚期至商代半成品石器 1 件。

石器　1 件。

ZJLY - 838∶1Z Ⅰ，青灰色片岩；扁体梯形，弧顶，两侧边略弧向下外张，底部平直。宽 5、高 8.3、厚 2.5 厘米。（图 6 - 28）

七一　ZJLY - 847 铁高墩遗址

1. 遗址概况

铁高墩遗址位于派潭镇车洞村大围社西北侧一处独立小山岗上，四周均为高山环绕，北接凹地山、大岽山，东邻南排山，南临河谷，隔着车洞河与小娘山相望，仅西侧有一小块地势低平的河谷

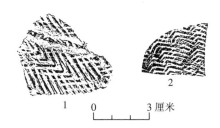

图 6-29　ZJLY-847 采集陶片纹饰拓片

1. 曲折纹 + 附加堆纹（ZJLY-847：7Z I）　2. 曲折纹（ZJLY-847：1Z I）

平原。乡道 Y312、从莞深高速公路 S29 途经其西部、南部。地形图上标示本山为铁高墩，故名铁高墩遗址。

山岗平面形状呈椭圆形，形体不大，面积约 38 000 平方米，海拔 106.5 米，相对高度约 56.5 米，诸坡较陡峭。山岗的南坡、西坡种植荔枝，局部有竹林，地表杂草、枯叶较多，加之山势陡峭，对调查带来一定影响。其他山坡荒置，长有竹林，另有桉树等杂木，地表杂草、灌木丛生，无法踏查。

2. 采集遗物

在山岗西坡近顶处的高压线塔下采集遗物 15 件，皆为陶器残片。陶质均为夹细砂陶，陶质较硬；陶色以青灰为主；纹饰多见曲折纹、绳纹，以及曲折纹与附加堆纹组合等。据遗物特征推断时代为新石器时代晚期至商代。（图 6-29；彩版七六，8）

七二　ZJLY-851 飞鹅岭遗址

1. 遗址概况

飞鹅岭遗址位于派潭镇刘家村田寮社东北部山岗上。该山东、北均与荒置的高山相接，西、南侧为地势低平的河谷平原，车洞河自西向东流经山岗南坡坡脚。调查时在山岗西坡发现两座民国时期墓葬，碑文显示本山土名飞鹅岭，故名飞鹅岭遗址。

山岗平面形状近圆形，形体较小，面积约 28 000 平方米，海拔约 44.6 米，相对高度约 19.6 米，坡度较陡峭。山岗上大部分区域种植荔枝，间有不少竹子，地表杂草较多，枯叶遍地，可视度不高，对调查带来一定影响。

2. 采集遗物

在山岗的南坡采集遗物 5 件，皆为陶器残片。据遗物特征分析可分为新石器时代晚期至商代、西周至春秋两个时期。

新石器时代晚期至商代：采集陶片 4 片。陶质多见夹粗砂软陶、泥质粗硬陶，陶色可见青灰、灰黑、红等，纹饰有曲折纹、长方格纹等。

西周至春秋时期：采集 1 片泥质粗硬陶，灰褐色，饰方格纹。

七三　ZJLY-852 江鼻头遗址

1. 遗址概况

江鼻头遗址位于派潭镇高村村江鼻头社北侧山岗上。该山北侧与荒置的高山区相邻，西面、西南面分别与圆岭仔、荔果山相望，东侧邻近派潭大道，山的东、西、南侧均为地势低平的农田，车洞河从山岗的西侧、南侧蜿蜒流过。当地村民称该山土名江鼻头，故名江鼻头遗址。

山岗平面近椭圆形，形体不大，面积约 52 000 平方米，海拔约 52.6 米，相对高度约 30.6 米，除西坡坡脚处较为平缓外，其他诸坡均陡峭。山岗西坡种植较多荔枝、橄榄，林内有少许竹子等杂木，地表杂草较少，但覆盖有较多枯叶，对调查有一定影响。其他区域均荒置，生长有较多竹子、樟树、杉树等，地表杂草、灌木丛生，无法踏查。

2. 采集遗物

在山岗西坡采集遗物 7 件，皆为陶器残片。陶质均为泥质粗硬陶，陶色可见灰褐、红褐、深灰等，纹饰多见米字纹、方格纹等，依遗物特征推断时代为战国至南越国时期。

七四　ZJLY - 853 西岭山遗址

1. 遗址概况

西岭山遗址位于派潭镇高村村西岭社北侧一座独立的小山岗上，周边地势低平，北、西、东三侧均为车洞河环绕，西邻派潭镇医院、派潭大道，东与文政路相邻，南坡下为派潭中学及西岭村。派潭河从山岗东侧约 200 米处流经。当地村民称该山土名西岭山，故名西岭山遗址。

山岗平面近椭圆形，形体不大，面积约 47 000 平方米，海拔 49 米，相对高度约 26.9 米。除东坡挖掘呈断崖状外，其他诸坡均较陡峭。东坡种植较多竹子，其他区域遍植荔枝等果树，间有少许龙眼、橘子，果林内大部分区域杂草、枯叶遍地，对调查带来一定影响

2. 采集遗物

采集遗物 29 件，有陶器残片 27 件、石器 2 件。（图 6 - 30；彩版一一二，2）分布于整个山岗，面积约 7600 平方米。

（1）陶器。采集陶片 27 片。从陶片特征来看，可分为新石器时代晚期至商代、西周至春秋、战国至南越国三个时期。

新石器时代晚期至商代：采集陶片 8 片。陶质以夹粗砂软陶为主，少见泥质陶，陶色多见灰、灰黑等，纹饰可见曲折纹、网格纹、长方格纹等。

西周至春秋时期：采集陶片 18 片。陶质以泥质粗硬陶为主，少见泥质细硬陶；陶色多见青灰、灰等，还有少量橙黄陶，纹饰多见方格纹、夔纹，以及方格纹与夔纹、方格纹与菱格凸块纹、夔纹与圆圈点纹等组合纹饰；可辨器形、部位有罐圈足等。

战国至南越国时期：仅见 1 片米字纹陶。

（2）石器。有砺石、残石器各 1 件。时代为新石器时代晚期至商代。

七五　ZJLY - 890 大坑岽遗址

1. 遗址概况

大坑岽遗址位于派潭镇汉湖村廖宅社西北侧、双头村洞尾社东侧山岗的岗前坡地，台地北接水牛肚山，西接长岭后山，东接望夫岽山，东南邻炉塘山，南坡坡脚为地势低平的河谷平原，汉湖河自西

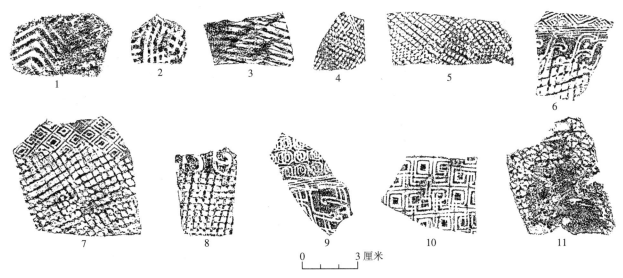

图 6 - 30　ZJLY - 853 采集陶片纹饰拓片

1. 曲折纹（ZJLY - 853∶4T）　2. 间断条纹（ZJLY - 853∶6T）　3. 长方格纹（ZJLY - 853∶16ZⅠ）　4、5. 方格纹（ZJLY - 853∶2ZⅠ、ZJLY - 853∶2T）　6. 方格纹 + 夔纹 + 弦纹 + 菱格纹（ZJLY - 853∶7ZⅠ）　7. 方格纹 + 菱格凸块纹（ZJLY - 853∶19ZⅠ）　8. 方格纹 + 夔纹（ZJLY - 853∶10T）　9. 夔纹 + 重圈纹 + 弦纹（ZJLY - 853∶5T）　10. 回字纹（ZJLY - 853∶7T）　11. 米字纹（ZJLY - 853∶9T）

向东流经此处汇入派潭河。调查时在山岗南坡坡脚遗物采集点附近发现一座民国二十一年（1932 年）墓葬，碑文显示本山土名大坑冚，故名大坑冚遗址。

遗址所处坡地属水牛肚山的南坡，坡地平面呈长条形，总面积约 422 000 平方米，海拔高度 35 ~ 75 米，相对高度约 39.9 米。平缓的坡地上种植有大量橘子、番石榴等果树，局部有荔枝林、农作物等，果林内大部分区域有较多杂草，地表可视度不高。

2. 采集遗物

在坡地南端的石榴果林内采集陶器残片 3 件，均为泥质细硬陶。据遗物特征分析可分为战国至南越国、汉代两个时期。

战国至南越国时期：采集 1 片三角格纹陶片。

汉代：采集 2 片素面陶片。

七六　ZJLY - 891 水坑田遗址

1. 遗址概况

水坑田遗址位于派潭镇汉湖村南坑社西南侧，南坑山的北坡坡脚。遗址东邻牛眠岰，南接南坑山，西为荒置的高山区及地势低平的农田，北侧有汉湖涌自西向东流过，与对面大坑冚隔河相望，乡道 Y306 从遗址中部穿过。当地村民称该地名为水坑田，故名水坑田遗址。

遗址位于南坑山北坡坡脚处，坡地平面近长条形，面积约 386 000 平方米，海拔约 100 米，相对高度约 68 米，坡度平缓。山坡上种植较多石榴树，另有农作物，水稻等，地表杂草不多，可视度较好，利于调查。

2. 采集遗物

采集遗物 32 件，皆为陶器残片。（图 6 - 31，彩版一一三，1）多分布于乡道 Y306 南侧果林内，

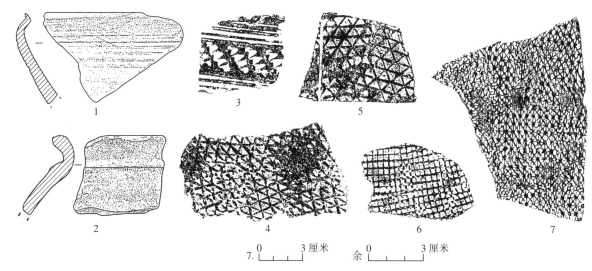

图 6 - 31　ZJLY - 891 采集陶片及纹饰拓片

1. 陶盂口沿（ZJLY - 891：7T）　2. 陶罐口沿（ZJLY - 891：8T）　3. 锯齿纹 + 弦纹（ZJLY 891：1P）　4、5. 三角格纹
（ZJLY - 891：2P、ZJLY - 891：11Z I）　6. 方格纹（ZJLY - 891：8Z I）　7. 米字纹（ZJLY - 891：4P）

在南坑村西侧农田内也有零星分布，总分布范围约 80 000 平方米。据遗物特征分析可分为新石器时代晚期至商代、战国至南越国、汉代三个时期。

新石器时代晚期至商代：采集 1 件夹细砂青灰胎曲折纹陶片。

战国至南越国时期：采集陶片 30 片。陶质以泥质粗硬陶、泥质细硬陶为主，陶色多见青灰、灰、灰褐等，纹饰有米字纹、方格纹、三角格纹等，可辨器形、部位多为罐口沿，另有盂口沿。

陶盂口沿　1 件。

ZJLY - 891：7T，泥质细硬陶，青灰色；侈口，短斜折沿，尖唇，短弧肩，弧鼓腹，下腹向下斜收；肩腹饰粗弦纹。残宽 7.6、高 4.8 厘米。（图 6 - 31，1）

陶罐口沿　1 件。

ZJLY - 891：8T，泥质细硬陶，青灰色；敞口，卷沿，圆唇，斜弧肩较垂；肩部饰方格纹。残宽 5、高 4.2 厘米。（图 6 - 31，2）

汉代：采集 1 件泥质灰胎素面陶片。

七七　ZJLY - 892 牛眠氹遗址

1. 遗址概况

牛眠氹遗址位于派潭镇汉湖村南坑社与高桥社之间的坡地，其北侧为地势低平的水稻田，与炉塘山相望，西北与水坑田相接，南为南坑山高山区，东侧有派潭河、县道 X292。汉湖涌从距遗址东北侧约 100 米处自西北流向东南，汇入派潭河。调查时在坡地上发现一座清道光年间墓葬，碑文显示山岗土名牛眠氹，另有一座近现代墓葬碑文显示该山土名鸭仔氹，本报告以牛眠氹遗址定名。

遗址位于南坑山北坡，坡地平面呈长条形，面积约 214 000 平方米，中心区域海拔高度约 130 米，地势平缓。坡地上种植有荔枝、农作物等，局部种植较多竹子，地表覆盖有杂草及落叶，可视度不高，对调查有一定影响。

2. 采集遗物

在坡地中部采集遗物 12 件，皆为陶器残片，分布范围约 10 000 平方米。据遗物特征分析，可分为新石器时代晚期至商代、战国至南越国两个时期。

新石器时代晚期至商代：采集 1 片夹细砂青灰陶，饰交错绳纹。

战国至南越国时期：采集陶片 11 片，陶质均为泥质硬陶，陶色多见深灰、灰褐等，纹饰可见方格纹、米字纹、复线米字纹等，可辨器形、部位有罐口沿。

七八　ZJLY－894 花果山遗址

1. 遗址概况

花果山遗址位于派潭镇汉湖村莲塘社东侧、车田村北侧山岗上。此处为一座独立小山岗，西望炉塘山，东望旁皮岭，周边均为地势低平的农田。派潭河环绕山岗北、东侧自北向南流经，县道 X292 从山岗北、西侧经过。当地村民称该山土名花果山，故名花果山遗址。

花果山平面近圆形，形体较大，面积约 109 000 平方米，海拔 56 米，相对高度 30.5 米，诸坡平缓。山岗的东半部基本上处于荒置状态，有较多竹子、樟树、桉树，地表杂草丛生，枯叶遍地，对调查带来一定影响。山岗西半部种植较多果树，以荔枝、黄皮、橘子为主，另有少许农作物，果林内地表杂草很少，有的区域地表有翻动，利于调查（彩版六七，2）。

2. 采集遗物

在山岗西坡采集遗物 41 件，其中陶片残片 40 件、石器 1 件。（图 6－32；彩版一一三，2）分布范围约 12 000 平方米。

（1）陶器。采集陶片 40 片。依遗物特征分析，可分为新石器时代晚期至商代、战国至南越国、明清三个时期。

新石器时代晚期至商代：采集陶片 17 片。陶质以夹细砂、泥质粗陶为主，陶质多见灰、红褐、黄褐、青灰色等，纹饰可见交错条纹、方格纹、绳纹、梯格纹等，以及曲折纹与附加堆纹、斜方格纹与附加堆纹等组合纹饰。

战国至南越国时期：采集陶片 22 片。陶质以泥质粗硬陶为主，陶色多见深灰、灰褐等，纹饰以米字纹、方格纹为主，可辨器形、部位有罐口沿等。

陶罐口沿　1 件。

ZJLY－894：23T，泥质粗硬陶，灰褐色。侈口，卷沿，短束颈，圆唇，斜肩较垂；肩部饰三角格纹。残宽 13.5、高 6.6 厘米。（图 6－32，2；彩版一三九，8）

明清时期：采集 1 片刻划纹灰陶片。

（2）石器。采集砺石 1 件。时代为新石器时代晚期至商代。

砺石　1 件。

ZJLY－894：22T，褐色砂岩；长条形，一端为断面，侧边为原始自然面，上、下面为磨制凹弧面。宽 9、高 12、厚 5.4 厘米。（图 6－32，1）

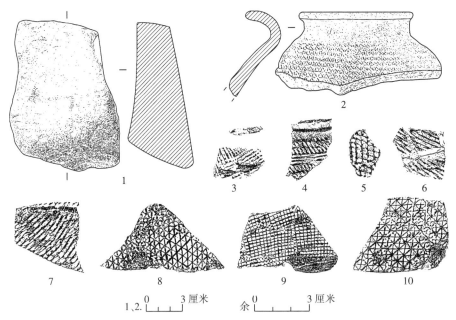

图 6 – 32　ZJLY – 894 采集遗物及陶片纹饰拓片

1. 砺石（ZJLY – 894：22T）　2. 陶罐口沿（ZJLY – 894：23T）　3、4. 斜长方格纹（ZJLY –
894：10ZⅠ、ZJLY – 894：3ZⅠ）　5、9. 方格纹（ZJLY – 894：7ZⅠ、ZJLY – 894：16ZⅠ）
6. 条纹 + 附加堆纹（ZJLY – 894：21T）　7. 曲折纹 + 附加堆纹（ZJLY – 894：1ZⅠ）
8. 三角格纹（ZJLY – 894：14ZⅠ）　10. 米字纹（ZJLY – 894：18T）

七九　ZJLY – 902 大背林遗址

1. 遗址概况

大背林遗址位于派潭镇亚口𪥰村大和堂社东北部山岗上。该山北望横岭村，西邻石下尾，南坡下为地势低平的农田，东坡为鱼塘环绕。新陂坑河自西北向东南流经山岗北坡坡脚。当地村民称该山土名大背林，故名大背林遗址。

山岗平面呈椭圆形，面积约 42 000 平方米，海拔约 63.8 米，相对高度仅 8.3 米，顶部近平，地势低矮平缓呈台地状。山岗上遍植果树，以荔枝为主，间有龙眼、柿子，局部有竹林、杂木，地表杂草、枯叶均较少，利于调查。

2. 采集遗物

在中部采集遗物 15 件，其中陶片残片 13 件、石器 2 件。分布范围约 1300 平方米。

（1）陶器。采集陶片 13 片。陶质以夹细砂硬陶为主，另见少量泥质陶，陶色多见灰、青灰色，纹饰可见曲折纹、长方格纹、叶脉纹、卷云纹、梯格纹、交错绳纹等。据遗物特征推断时代为新石器时代晚期至商代。

（2）石器。2 件，有刀、锛。与陶片时代相同。

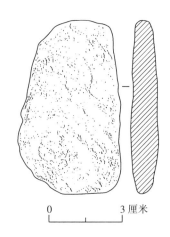

图 6 – 33　ZJLY – 902 采集石锛
（ZJLY – 902：3T）

石锛 1件。

ZJLY-902:3T，青灰色绿泥石片岩，石质较粗；扁体近梯形，上窄下宽，顶部弧鼓，两侧面斜直，单面斜弧刃，整器磨制粗糙。宽4.2、高6.9、厚1.2厘米。（图6-33）

八〇 ZJLY-910 正帐遗址

1. 遗址概况

正帐遗址位于派潭镇七境村瓦窑前北部山岗上。该山北接荒置的高山区，西与横岭、六公山相望，南与方地相接，东接竹头岽。调查时在山岗南坡发现一座清嘉庆八年墓葬，碑文显示本山土名正帐，故名正帐遗址。

遗址位于北侧高山区南坡，调查区域平面呈不规则长条形，总面积约150 000平方米，海拔约103米，相对高度约53米。其中南部属坡前台地，地势平缓，种植番石榴，地表无杂草、枯叶，利于调查。北部属坡地，稍陡峭，海拔高度约50~150米，种植较多荔枝、龙眼等，局部有杂木、松树，林间有养鸡场，果林内大部分区域杂草不多，利于调查。

2. 采集遗物

在山岗南部坡前台地上采集遗物4件，皆为陶器残片。陶质可见泥质粗硬陶、夹细砂硬陶，陶色可见灰白、青灰色，纹饰有叶脉纹、条纹、云雷纹等。依遗物特征推断当属新石器时代晚期至商代。

八一 ZJLY-921 迳口岭遗址

1. 遗址概况

迳口岭遗址位于派潭镇石岭村西南部山岗上。该山北邻乡道Y301，西接荒山，东邻县道X292、调查网格920山口岭。当地村民称之为迳口岭，故名。

遗址位于西侧高山区东坡，调查区域平面形状近椭圆形，总面积约59 000平方米，海拔约88米，相对高度约47.9米，诸坡较平缓。山岗的南坡、北坡东部遍植荔枝等果树，间有少许龙眼、柿子等，地表杂草不多，有部分枯叶，对调查带来一定影响。其余区域均荒置，种植较多松树，另有少许竹子、桉树等，地表杂草丛生，无法踏查。

2. 采集遗物

在山岗南坡采集遗物6件，皆为陶器残片。陶质均为夹细砂硬陶，陶色可见灰、青灰色等；纹饰有曲折纹、叶脉纹、间断条纹等，还有部分素面；可辨器形、部位有罐口沿。据遗物特征推断时代为新石器时代晚期至商代。

八二 ZJLY-928 背阴村委旁侧山遗址

1. 遗址概况

背阴村委旁侧山遗址位于派潭镇背阴村委东侧山岗上。该山北侧为地势低平的农田，与背阴村、温屋村相邻，西侧为地势平缓的坡地，南邻乡道及派潭河，东侧山坡下为地势低平的农田。山岗地名未知，以邻近村庄命名为背阴村委旁侧山遗址。

山岗平面呈椭圆形，形体较小，总面积约 13 000 平方米，海拔约 62 米，相对高度约 11.1 米，地势平缓。山岗的东北坡遍植荔枝，地表杂草不多，枯叶遍地，可视度不高。其他区域基本上处于荒置状态，生长有较多竹子、杂木等，地表杂草丛生，无法踏查。

2. 采集遗物

在山岗东北坡采集遗物 3 件，皆为陶器残片。陶质均为夹细砂硬陶，陶色可见灰、青灰、灰褐色，纹饰有曲折纹、条纹、绳纹，依遗物特征推断时代为新石器时代晚期至商代。

八三　ZJLY－929 大园岭遗址

1. 遗址概况

大园岭遗址位于派潭镇高滩村山塘社南部山岗上。该山北邻称硝岭，南邻绿园，东邻迳口岭，乡道 Y301 从山岗北侧经过。调查时在山岗北坡发现一座民国年间墓葬，其墓碑文显示本山土名大园岭，故名大园岭遗址。

山岗平面呈不规则长条形，形体较大，面积约 300 000 平方米，海拔 134.6 米，相对高度约 86.6 米。北坡坡脚处山势平缓，坡前有平缓的坡式台地，其他诸坡较陡峭。山岗北坡坡脚及坡前台地上遍植果树，以荔枝为主，间有少许龙眼、柿子，局部有农作物、竹林、杂木，果林内大部分区域杂草不多，但有枯叶，对调查带来一定影响。其他区域荒置，种植有较多松树、桉树、竹子等，地表杂草、灌木丛生，无法踏查。

2. 采集遗物

在坡前台地的北侧发现米字纹陶片 1 片，为泥质青灰陶。推断时代为战国至南越国时期。

八四　ZJLY－931 松毛吓遗址

1. 遗址概况

松毛吓遗址位于派潭镇坳头村背后山岗上。该山北侧为地势低平的台地，西与秧地相接，南邻乡道 Y301。当地村民称该地名为松毛吓，故名松毛吓遗址。

遗址位于高山区杨屋山北坡，调查区域平面形状呈长条形，地势平缓，面积约 129 000 平方米，海拔约 98 米，相对高度约 36 米。山坡上遍植荔枝树，间有少许龙眼、火龙果，另有少许竹子等，大部分区域杂草不多，但果树稠密，枯叶遍地，能见度差。

2. 采集遗物

在荔枝果林内采集米字纹陶片 1 片，推断时代为战国至南越国时期。

八五　ZJLY－932 秧地遗址

1. 遗址概况

秧地遗址位于派潭镇高滩村坳头村西部杨屋山北坡西部，东接松毛吓，高滩河支流细墩陂流经山岗以北约 90 米处，乡道 Y301 经过山岗南侧。当地村民称该地名为秧地，故名。

遗址位于杨屋山北坡，属山前平缓的坡地。坡地面积约 107 000 平方米，海拔约 120.2 米，相对高度约 49.2 米。山坡上种植较多荔枝，间有少许龙眼、火龙果，局部有竹林、农作物等，果林内大部分区域杂草、枯叶遍地，对调查带来一定影响。山之北侧、西侧均荒置，无法踏查。

2. 采集遗物

在北部农作物区域采集遗物 5 件，皆为陶器残片，分布面积约 1000 平方米。陶片陶质均为泥质硬陶，陶色可见灰、青灰、红褐色等，纹饰均为方格纹。依遗物特征推断时代为战国至南越国时期。

八六　ZJLY－942 古田见遗址

1. 遗址概况

古田见遗址位于派潭镇密石村徐屋社西侧、禾塘建社南侧、西吓社东部。其北侧为地势低洼的荒地，西邻荒山，南接高山区密石坳，东邻乡道 Y301。北距高滩河约 1400 米。当地村民称该地区为古田见，故名。

调查区域位于南侧密石坳向北侧延伸的山前坡地，平面形状近圆形，面积约 118 000 平方米。海拔约 193 米，相对高度约 26 米，地势平缓。山坡及坡下农田内大部分区域种植农作物，田间杂草不多，利于调查。

2. 采集遗物

在东侧梯田断面上采集新石器时代晚期至商代砺石 1 件。

八七　ZJLY－943 黄吓遗址

1. 遗址概况

黄吓遗址位于派潭镇榕树吓村榕树吓社东南部台地上，台地东邻石墙遗址，南邻秧地，西南邻门后山，高滩河支流细墩陂自西南向东北流经台地东侧。当地村民称之为黄吓，故名黄吓遗址。

黄吓遗址位于西南侧门后山东北坡坡前台地，平面近三角形，面积约 101 000 平方米，海拔约 71 米，相对高度约 10 米，山岗地势平缓。台地北部为果林区，种植较多荔枝，间有少许龙眼、竹子、农作物等。台地南部大部分区域种植农作物，地表杂草不多，利于调查。

2. 采集遗物

采集遗物 8 件，皆为陶器残片，分布范围约 4200 平方米。据遗物特征分析，可分为新石器时代晚期至商代、战国至南越国、汉代三个时期。

新石器时代晚期至商代：采集 1 片夹细砂青灰陶，饰条纹加附加堆纹。

战国至南越国时期：采集陶片 6 片。陶质为泥质粗硬陶，多饰方格纹、米字纹或水波纹与弦纹组合。

汉代：采集 1 件泥质灰陶罐口沿，素面。

八八　ZJLY－944 石墙遗址

1. 遗址概况

石墙遗址位于派潭镇榕树吓村榕树吓社东南部台地上，西邻黄吓遗址，南接秧地，北为地势低平的荒地。高滩河支流细墩陂从台地西侧自西南向东北流经，东侧有几处水塘。该区域过去有一段石墙，当地村民称之为石墙，故名石墙遗址。

台地位于杨屋山北坡，调查区域平面近三角形，面积约 94 000 平方米，中心区域海拔高度约 55.4 米，相对高度仅 4.4 米左右，地势平缓。台地种植农作物，地表杂草不多，利于调查。

2. 采集遗物

采集遗物 12 件，皆为陶器残片，分布面积约 19 000 平方米。陶质均为泥质粗硬陶；陶色多见红、深灰、灰褐色等；纹饰以方格纹为主，另见米字纹、复线米字纹、水波纹与弦纹组合等纹饰。依遗物特征推断时代为战国至南越国时期。

八九　ZJLY - 945 榕树吓门后山遗址

1. 遗址概况

榕树吓门后山遗址位于派潭镇榕树吓村榕树吓社南侧山岗上。该山西接榕树吓山，南接荒置的高山区，东邻黄吓遗址。山岗东北侧有高滩河支流细墩陂自西南向东北流经。当地村民称该山名为门后山，故名。

门后山实为南侧高山区北侧的山前岗地，总面积约 88 000 平方米，海拔高度约 116 米，相对高度约 55 米，坡度较为平缓。山上遍植果树，以荔枝为主，间有少许龙眼、柿子、竹子等，果林内地表杂草、枯叶较多，地表可视度不高，对调查带来较大影响。

2. 采集遗物

在山岗东坡发现新石器时代晚期至商代砺石 1 件。

砺石　1 件。

ZJLY - 945：1T，灰褐色云英岩，石质较细腻；长条形，底面打制成平面，有两个侧面磨制呈凹弧状，两端面为打制断面，其他面为原始自然面。宽 5.8、高 18、高 8.3 厘米。（图 6 - 34；彩版一二一，8）

图 6 - 34　ZJLY - 945 采集砺石
（ZJLY - 945：1T）

九〇　ZJLY - 956 下九陂遗址

1. 遗址概况

下九陂遗址位于派潭镇上九陂村下九陂社东侧低地，北邻大尖山，西邻石马龙水库，东侧有上九陂河自北向南流经，与河流对面高围凸相望。地名未知，本报告依其所属村社定名为下九陂遗址。

遗址位于地势低平的农田区，农田平面呈长条形，面积约 81 000 平方米，海拔约 71 米，相对高度约 7 米。地表种植有水稻、瓜果蔬菜等，局部有荔枝树，地表杂草不多，利于调查。

2. 采集遗物

在中北部木薯田间发现米字纹陶片 1 片，另有 1 片素面夹砂陶片。依遗物特征判断年代当属战国至南越国时期。

九一　ZJLY - 957 门口田遗址

1. 遗址概况

门口田遗址位于派潭镇上九陂村石新村南侧台地，台地西邻一处较大水塘，南邻省道 S355，东侧有上九陂河自北向南流经。当地村民称台地名为门口田，故名。

遗址所处台地地势平整，面积约 38 000 平方米，海拔约 57 米，相对高度约 11 米。台地上遍植果树，以荔枝为主，间有少许龙眼、柿子，局部种植有瓜果蔬菜等，大部分区域地表杂草不多，但有部分枯叶，对调查带来一定影响。

2. 采集遗物

在荔枝林内农作物区域发现米字纹陶片 2 片。依遗物特征判断年代当属战国至南越国时期。

九二　ZJLY - 958 高围凸遗址

1. 遗址概况

高围凸遗址位于派潭镇上九陂村山枣坛社北侧山岗上，北接荒置的高山区，东接高山热水岭，南侧为地势低平的农田，西邻石马龙水库，上九陂河自北向南流经此处，河流西岸为下九陂遗址。调查时在山岗南坡发现一座清墓，碑文显示本山土名高围凸，故名。

山岗实为东侧热水岭西坡的局部坡地及岗前台地，平面近椭圆形，面积约 254 000 平方米。东北侧坡地较为平缓，海拔约 125.3 米，大部分区域属荒山，局部种植荔枝果林，林内杂草丛生，枯叶遍地，对调查带来较大影响。西南侧台地地势平整，中心区域海拔高度约 70 米，台地上遍植水稻、瓜果蔬菜等，地表杂草少，利于调查。

2. 采集遗物

在中南部小山岗间土路地表采集新石器时代晚期至商代石锛 1 件。

石锛　1 件。

ZJLY - 958：1Z Ⅰ，青灰色角岩，石质细腻；扁体近梯形，上窄下宽，顶部平直，两侧边外弧，单面弧刃。宽 5.2、高 8、厚 1.7 厘米。（图 6 - 35；彩版七六，9）

九三　ZJLY - 970 井头山遗址（复查）

1. 遗址概况

井头山遗址位于派潭镇洪桥村东南面，北与洪桥山相望，南面与上岭围山相连，东北坡建有工厂，东侧有水塘，西南侧有高速公路收费站，从莞深高速公路从中部呈南北向穿过。2008 年，对增从高速公路进行调查勘探时发现。

井头山为一独立小山丘，平面呈椭圆形，总面积约 27 000 平方米，原海拔约 42.4 米，相对高度约 17.4 米。东北坡、中部因工程建设已被破坏，残存部分分布荔枝、杉树、杂草等。

2. 地层堆积

经勘探，未发现文化层，可分为 2 层：

①层：地表耕土层，灰黄色黏土，含细沙，厚 10 ~ 30 厘米。

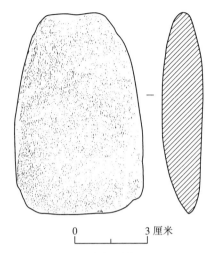

图6-35　ZJLY-958采集石锛（ZJLY-958：1Z I）

②层：黄色黏土，夹沙，厚50~120厘米。

②层下为生土。

3. 采集遗物

2008年调查时，在井头山南坡脚山坳处采集1件汉陶罐残片。本次复查未发现遗物。

第七章 石滩镇

石滩镇位于增城南部，荔城之南，西与仙村相邻，东与博罗县为界，南临东江与东莞隔江相望，总面积约 94.4 平方千米。（图 7-1）石滩地处增江下游，因河床底部多石而得名，属增江三角洲平原，除东北角和西北角有低矮丘陵外，地势平坦，增江由中部自北向南汇入东江，东江自其南界流经，河网密布。

石滩镇复查 8 个遗址，新发现 1 个遗址。其中金兰寺、围岭、岗尾村大岗汉墓等经过考古发掘工作。（图 7-2；彩版二六）

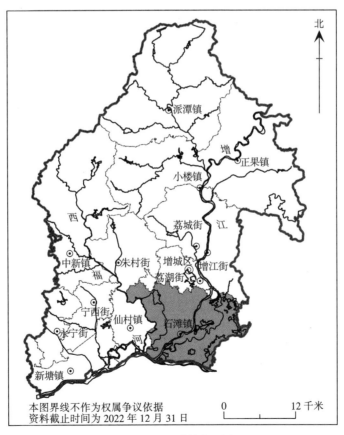

图 7-1 石滩镇位置图

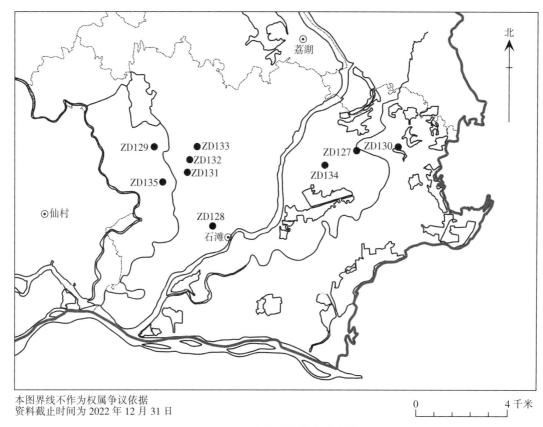

本图界线不作为权属争议依据
资料截止时间为 2022 年 12 月 31 日

0　　　　4 千米

图 7 - 2　石滩镇遗址分布示意图

ZD127. 金兰寺遗址（复查）　　ZD128. 天麻山遗址（复查）　　ZD129. 围岭遗址（复查）

ZD130. 岗尾村大岗汉墓（复查）　　ZD131. 中心岗遗址（复查）　　ZD132. 草扣岗遗址（复查）

ZD133. 东菇岭遗址（复查）　　ZD134. 元岗遗址　　ZD135. 铁头岗遗址（复查）

一　ZDZJLY - 127 金兰寺遗址（复查）[①]

1. 遗址概况

金兰寺遗址位于石滩镇金兰寺村，因该村立村前此处已有金兰寺，远近闻名，唯寺早废，故此村以寺为名。遗址位于村北高约 10 米的土墩上，北临刘王涌，东距县江 30 米，四周是一片开阔的冲积平原，间亦有小土墩。遗址范围长、宽均达 100 米。由于旧时在此挖掘贝壳，堆积暴露，遗物散布地表，俯拾皆是。其中遗址的东北部已被破坏殆尽，仅西、南部保存尚算较好，但亦被现今村屋与晒谷场叠压。

1956 年 7 月，广东省文化局文物工作队与中山大学历史学系合作组成粤东文物普查工作队，在梁钊韬、区家发带领下，在增城县金兰寺村发现贝丘遗址。1958 年 8 月至 1961 年 8 月的 3 年间，广东省博物馆文物工作队会同相关单位，先后对该遗址进行了 3 次发掘。第一次发掘于 1958 年 8 ~ 9 月，省博物馆文物工作队与中山大学历史学系合作进行，开探沟 7 条，发掘面积 60 平方米；第二次发掘于 1960 年 8 月，

[①]　莫稚：《广东考古调查发掘的新收获》，《考古》1961 年第 12 期；广东省文物管理委员会：《广东增城金兰寺汉墓发掘报告》，《考古》1966 年第 1 期；莫稚：《广东珠江三角洲贝丘遗址》，《南粤文物考古集》，文物出版社，2003 年；陈建华：《广州市文物普查汇编·增城市卷》，广州出版社，2008 年；莫稚：《增城东莞贝丘遗址最近又有重要发现》，《羊城晚报》1961 年 9 月 14 日。

由省博物馆文物工作队带领专区、市、县文物博物馆的专职干部进行，开 7 条探沟，面积 40 平方米；第三次发掘于 1961 年 7~8 月，由省博物馆文物工作队与暨南大学历史系合作进行，参加发掘的单位还有中国科学院古脊椎动物与古人类研究所、广州哲学社会科学研究所、增城县文化馆等共 31 人，开探方 6 个，发掘面积 116 平方米。3 次发掘共开探方、探沟 20 个，合计发掘面积 216 平方米。

2. 遗迹现象

1958~1961 年发掘发现新石器时代晚期、战国至南越国、汉代三个时期的墓葬、柱洞、窖穴等遗迹。

探方中，在②A、②B 文化层之间有 4 座长方形浅坑墓，其内保留有完整的人骨架。除 M4 墓主胸部佩戴 1 件磨光骨牌，右膝旁有 1 件方格印纹灰色软陶缶随葬外，其余 3 座墓葬均无随葬品。

在第①文化层的底部还发现有 12 个柱洞和 4 个窖穴。柱洞深入生土，没有一定的排列规则。洞中为贝壳和红色黏沙土填满，部分夹杂有夹砂粗陶片，未见朽木痕迹。窖穴不见炭屑和用火痕迹，当不是火塘，而是用作贮存物品的窖穴。

此外，还发现 3 座东汉墓。

3. 地层堆积及出土遗物

整个遗址的地层堆积情况基本一致，可分为三个不同时期的四个叠压文化层。在地表深 0.25~0.6 米的第③文化层，出土有以米字印纹为主要特征的几何印纹硬陶器和釉陶器及碎片，器形多为瓮、罐、缶类。还出土有春秋战国青铜镞、汉代布纹瓦、东汉墓砖、唐宋以后的陶瓷和瓦片。

再往下为第②文化层，可细分为 A、B 两层。A 层厚 0.2~0.75 米，出土有新石器时代晚期磨光的石、骨器及其废弃的骨料、陶器以及贝壳、动物骨骼等。石器多为磨光器，是以一种新工艺制成的，即先磨光石料，再切割成材，最后按器形磨边、角、背、刃。器形有斧、锛和凿、锯、镰形刀、铲、矛、镞、环等。其种类繁多、型式复杂、制作技术优良，是早期石器不能与之相提并论的。骨器用兽骨、鱼骨磨光制成，器形有锛、凿、镞、锥、佩牌、珠饰等。陶片有夹砂粗陶、几何印纹软陶和磨光陶，器形多是罐、缶、钵类的圜底器，还有器座、捻线的纺轮、制陶工具杆、压槌和印模等。贝壳以淡水蚬为多，也有鱼、龟、鹿、牛、猪骨。B 层厚 0.18~0.95 米，所出文化遗物和其他遗物均与 A 层接近，唯几何印纹软陶在全部陶器中所占的比例较之 A 层更少，而磨光陶则增多。

第三层为第①文化层，厚 0.3~0.65 米，出土有新石器时代中期的磨制石、骨器及废弃的骨料、陶器以及贝壳、动物骨骼等。石器的石料均为灰色的细砂岩和变页岩，均是半磨石器，未见通体磨光者，器形有斧、锛两种。骨器均用牛骨磨光制成，器形有凿、锥两种。陶片全部都是夹砂粗陶、磨光红陶，还出有彩陶，没有几何印纹软陶，器形以瓮、罐、缶类为最多，还有圜底钵、直圈足豆和平底盘。贝壳亦以淡水蚬为多，也有鱼、龟、鹿、牛、猪和象骨。

金兰寺贝丘遗址的发现及发掘，最终解决了此重要遗址三个不同时期四个叠压文化层的先后关系，为广东史前时期考古学的编年序列提供了重要的地层证据。该遗址已于 1984 年被增城县人民政府公布为文物保护单位。

二 ZDZJLY - 128 天麻山遗址（复查）[①]

天麻山遗址位于石滩镇岗贝村天麻山。岗贝村位于增城区南部，东南距增江 850 米，属冲积平原地貌，地势平坦，海拔约 10 米，相对高度约 5 米，周边有小型山岗分布。1976 年 12 月，农民在石滩镇岗贝村天麻山采集到战国编钟 2 件。

本次复查未发现遗物。

三 ZDZJLY - 129 围岭遗址（复查）[②]

1. 遗址概况

围岭遗址位于石滩镇沙陇村东部，麻车村西北，北面为增塘水库，南面为大片农田，东南距大滨河约 440 米，东距金兰寺遗址约 3 千米。广惠高速公路经过山岗南坡。围岭是一座略呈东西向的山岗，由 3 座小山丘构成，主岗高约 24.3 米，相对高度约 19.3 米，坡度平缓，其北面、西面连着小山岗。1999 年 9 ~ 11 月，广东省文物考古研究所在广（州）惠（州）高速公路沿线调查时，发现夹砂陶片和夔纹陶片等，经过试掘后确认为一处先秦遗址。2000 年 1 月，广州市文物考古研究所与增城市博物馆进行抢救性发掘，布 10 个探方，面积 750 平方米。此外在探方外发掘东汉墓葬 7 座，合计发掘面积 850 平方米。

2. 地层堆积

发掘未发现先秦时期文化层堆积，以 T5 西壁为例，地层可分为 5 层：

①层：厚 6 ~ 12 厘米，有石块、青花瓷片、瓦片和云雷纹、方格纹、刻划纹陶片，还有"乾隆通宝" 1 枚。北面有 3 个扰坑（K11 ~ K13），内有胶纸等杂物。为现代耕土层。

②层：厚 10 ~ 15 厘米，开口在此层下有分布规则的方形树坑、长沟（G4、G6）等现代耕作遗迹。为近现代耕土层。

③层：厚 10 ~ 15 厘米，有青花瓷片、瓦片等。为近现代耕土层。

④层：厚 12 ~ 30 厘米，含青瓷片、板瓦、石块等。为清至民国时期文化层。

⑤层：厚 5 ~ 18 厘米，只分布于探方南部，有青瓷器残片。推测为宋代文化层。

⑤层下为生土层。遗迹皆开口于上述地层下，直接打破生土。

3. 遗迹现象

共清理商时期和东周时期的灰坑 31 个、柱洞 3 处、灶坑 1 个、基槽 1 条，东汉砖室墓 10 座。

4. 出土遗物

先秦时期遗物以灰褐色夹砂陶为主，另有少量泥质灰陶和釉陶。根据遗物器形、特征及出土单位情况，可分为商代、西周至春秋时期。

商代陶器只见圜底器和圈足器，有大口尊、折腹罐、釜、豆、盘、碗、器座等；纹饰以绳纹居多，还有曲折纹、云雷纹、梯格纹、菱格凸点纹等。另有少量壶、豆等釉陶器在口沿下穿孔，具有明显的

① 广州市文物考古研究所：《广州考古六十年》，广东人民出版社，2013 年，第 217 页；杨昊：《秦置博罗县石湾镇铁场考古春秋》，岭南美术出版社，2007 年，第 24 页。

② 广州市文物考古研究所：《增城石滩围岭遗址发掘简报》，《羊城考古发现与研究（一）》，文物出版社，2005 年。

浮滨文化特征。石器有双肩石斧、锛、矛头、穿孔石镞、戈等。围岭遗址商时期的部分陶器纹饰与东莞村头遗址的文化面貌接近，又吸收了粤东浮滨文化的因素。

西周至春秋时期陶器，多为印纹硬陶，胎色紫灰；以圜平底或凹底的罐为主，还有豆；多组合纹饰，单体纹样有夔纹、勾连夔龙纹、菱格纹、方格凸点纹、圆形凸点纹、篦点纹、方格纹、菱格凸点纹等。

本次发掘的另一项重要收获是在灰坑里发现一件商时期的石范，是继珠海平沙棠下环遗址之后又一件经科学发掘出土的铸铜石范，为岭南青铜时代肇始阶段的研究提供了新的物证。

四　ZDZJLY－130 岗尾村大岗汉墓（复查）

1. 遗址概况

岗尾村大岗汉墓位于石滩镇岗尾村东部大岗山岗南坡，北侧山脚有村庄，东、南面为大片冲积平原，辟为农田、水塘，西南距县江约 800 米，广惠高速公路从山岗南坡横穿。2000 年 11 月，为配合广惠高速公路建设，对大岗南坡发现汉墓进行考古发掘。

大岗为增江东岸一独立山岗，平面近圆形，海拔约 40 米，相对高度约 35 米，坡度平缓。汉墓发现于南坡，地势北高南低。地表原种植有荔枝等果树，发掘时已被清理。

2. 遗迹现象

清理东汉砖室墓 5 座，1 座朝西、4 座朝南。墓葬形制有三种：一是中字形穹隆顶单室墓，一是直券顶单室墓，一是横前堂并连双室墓。

3. 出土遗物

随葬品皆为陶器，可辨识器形有罐、碗、鼎、魁、卮、屋、器盖等。

本次复查未发现遗物。

五　ZDZJLY－131 中心岗遗址（复查）

1. 遗址概况

中心岗遗址位于石滩镇麻车村东南部，中心岗东部，北邻鹧鸪岭，东距大滨河约 360 米，从莞深高速公路自山岗中部经过，东部称为禾塘岗，西部称为蛇山。2004 年 4～5 月，为配合北三环先行工程建设，对麻车村路段进行调查勘探时发现。

中心岗为增江、西福河之间的一小山丘，平面近椭圆形，海拔约 24.6 米，相对高度约 19.6 米，坡度平缓，地表种植荔枝、桉树等，局部有菜地，地表分布较多山坟，植被茂盛。

2. 采集遗物

2004 年调查时在地表采集少许西周至春秋时期陶片，为泥质灰硬陶，纹饰见方格纹、夔纹、云雷纹等。本次复查在东部禾塘岗东北坡脚采集少许唐宋时期陶片。

六　ZDZJLY－132 草扣岗遗址（复查）

1. 遗址概况

草扣岗遗址位于石滩镇麻车村东部草扣岗上，北邻东菇岭，南望鹧鸪岭，东距大滨河约 300 米，山脚分布鱼塘、水田等，中心岗村坐落于西南山脚，从莞深高速公路自山岗中部经过。2004 年 4～5 月，为配合北三环先行工程建设，对麻车村路段进行调查勘探时发现。

草扣岗为增江、西福河之间的一小山丘，平面近椭圆形，海拔约 15.9 米，相对高度约 10.9 米，坡度平缓。山岗中部已建起大片厂房和房舍，对原始地貌破坏较严重，局部种植有荔枝等果树，分布较多现代坟墓。

2. 采集遗物

2004 年调查时在地表采集到陶片 49 件，可分为西周至春秋、战国至南越国、汉、唐宋四期。

西周至春秋时期：采集陶片 33 件。陶质以泥质细硬陶为主，另有泥质粗硬陶，个别泥质细软陶；陶色以灰色为主，另有青灰、深灰、红褐、红等；纹饰以方格纹为主，另有夔纹，个别见勾连云雷纹、方格凸点纹、弦纹、曲折纹、素面、菱格纹等；可辨器形、部位有罐口沿。

战国至南越国时期：采集陶片 7 件。有泥质粗硬陶和泥质细硬陶，陶色有灰、青灰、深灰、红褐，纹饰见米字纹、方格纹、弦纹、素面。

汉代：采集陶片 5 件。以泥质细硬陶为主，另有泥质粗硬陶，陶色有红、红褐、灰色，纹饰有方格纹、素面。可辨器形、部位有罐口沿。

唐宋时期：采集陶片 4 件。以泥质细硬陶为主，另有泥质粗硬陶，陶色以灰陶为主，另有青灰色，均为素面，可辨器形、部位有罐口沿。

本次复查未发现遗物。

七　ZDZJLY‑133 东菇岭遗址（复查）

1. 遗址概况

东菇岭遗址位于石滩镇麻车村东部东菇岭上，南邻草扣岗，东距大滨河 160 米，北侧为从莞深高速公路与广惠高速公路立交桥，从莞深高速公路自山岗东部经过。2004 年 4～5 月，为配合北三环先行工程建设，对麻车村路段进行调查勘探时发现。

东菇岭为增江、西福河之间的一小山丘，平面近椭圆形，海拔约 19 米，相对高度约 9 米，坡度平缓，地表种植荔枝等果树，植被茂盛。

2. 采集遗物

2004 年调查时在地表采集到陶片 27 件，可分为新石器时代晚期至商代、西周至春秋两期。

新石器时代晚期至商代：采集 1 片泥质细硬陶，饰附加堆纹。

西周至春秋时期：采集陶片 26 件。以泥质粗硬陶为主，另有泥质细硬陶；陶色以灰色为主，另有灰褐、青灰、深灰；纹饰以方格纹为主，另有夔纹、篦划纹、重圈纹、篦点纹、菱格纹、弦纹、素面、菱格凸块纹等。

本次复查未发现遗物。

八　ZDZJLY‑134 元岗遗址

1. 遗址概况

元岗遗址位于石滩镇元岗村西北侧元岗上。该山岗为增江下游冲积平原上一座独立小山岗，四周为广阔低平的农田区，西距增江约 1.7 千米，南距县江约 2.2 千米，北距济广高速公路 G35 约 1 千米，东北距金兰寺遗址约 1.4 千米。沙路、元岗村坐落山岗南坡脚，周边为地势低矮的农田、水塘等。2018 年 8 月 17 日，对金兰寺村周边进行调查时发现。

山岗由四座小山岗相连组成，平面近似椭圆形，南北长约 650 米，东西宽约 400 米，总面积约 20 000 平方米，海拔约 20 米，相对高度约 15 米。山岗中南部约一半面积被围墙圈闭，用途不明，地表被机械开挖，山体裸露，局部杂草丛生，堆积建筑垃圾。

2. 采集遗物

在山岗围闭区南部发现两处汉代遗存。1 处地表暴露约 4 件陶器，较完整，分布范围约 4 平方米，推测为汉墓，但被破坏殆尽，仅存底部；1 处地表暴露较多青灰砖，采集有器盖残片，分布面积约 6 平方米，推测为东汉墓，但破坏殆尽，仅存底部。此外，在山岗其他区域亦采集少许汉代陶仓、钵、器盖等残片。

本次复查未发现遗物。

九　ZDZJLY – 135 铁头岗遗址（复查）

1. 遗址概况

铁头岗遗址位于石滩镇麻车村南部、省道 S379 西侧的铁头岗上。该岗为西福河东岸平原上一座独立小山岗，西距西福河支流约 70 米，周边为低矮的农田，种植蔬菜。2004 年 4 ~ 5 月，在对北三环先行工程麻车村路段进行调查勘探时，由村民提供的线索而发现了该遗址。

铁头岗平面近椭圆形，海拔约 18.1 米，相对高度约 13.1 米，坡度平缓，种植荔枝等果树，植被较茂盛，地表分布较多红褐色石块。

2. 采集遗物

2004 年在山岗地表发现有数座砖室墓，局部已出露地表。地表采集陶片 30 余片，多数为西周至春秋时期，泥质硬陶，纹饰见夔纹、方格纹、菱格纹、菱格凸块纹、云雷纹等。少量为战国至南越国时期，泥质硬陶，纹饰见米字纹、方格纹等。

2018 年底，经复查，在山岗西坡发现少许陶片、墓砖。陶片为泥质硬陶，灰色、灰褐色，纹饰有方格纹、夔纹，器形见罐等。墓砖为灰胎，据特征推断时代为东汉。

综合两次调查情况，遗址有西周至春秋、战国至南越国、汉代三期遗存。

本次复查未发现遗物。

第八章　仙村镇

　　仙村镇位于增城南部，东邻石滩镇，北邻朱村，西与新塘、永宁接壤，南与东莞隔东江相望。（图8-1）西福河流经镇东界，仙村涌流经南部。境内地势自北向南倾斜，北部山丘起伏，南部是珠江三角洲平原的一部分，河流纵横，土地肥沃。

　　仙村镇共发现9个遗址，新发现2个、复查7个。其中老虎岭遗址经考古发掘，发现汉墓。（图8-2；彩版二七）

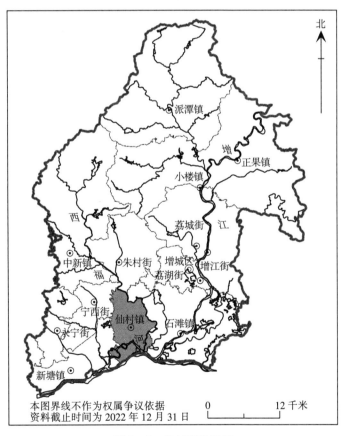

图 8-1　仙村镇位置图

一　ZDZJLY-136 老虎岭遗址（复查）

1. 遗址概况

　　老虎岭遗址位于仙村镇沙滘村北侧老虎岭上，东距西福河约140米，南侧为荔新公路。为配合省

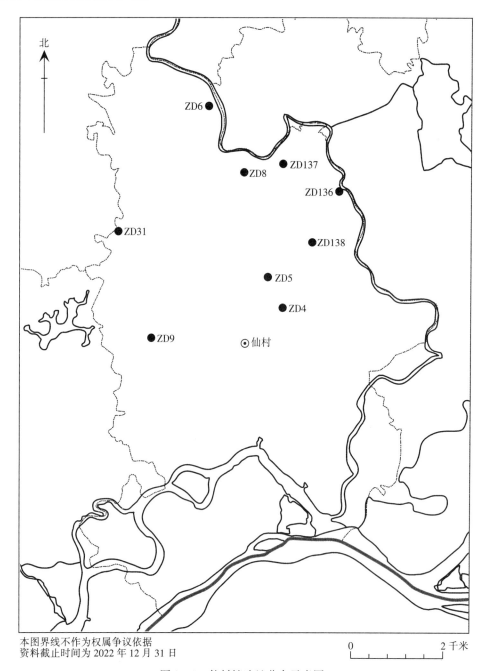

图 8-2 仙村镇遗址分布示意图

ZD136. 老虎岭遗址（复查）　ZD6. 沙河坊顶遗址（复查）　ZD137. 碧潭山遗址（复查）　ZD8. 潮山果场遗址（复查）　ZD5. 筲箕岭遗址（复查）　ZD4. 乌石岗遗址（复查）　ZD31. 黄义岭遗址（复查）　ZD138. 仙村园区遗址　ZD9. 沙头村后山遗址

道 S119 线荔城至新塘段改扩工程，广州市文物考古研究所与增城市博物馆于 2005 年 12 月 14 日至 2006 年 3 月 30 日对该工程沿线施工范围进行了考古勘探，并对沙窑段的老虎岭、庙岭、石坟山的古遗址、古墓葬进行了抢救性考古发掘。

2. 遗迹现象

本次考古发掘共计清理墓葬 6 座。

在老虎岭东南坡发掘汉代砖室墓 1 座，南坡顶发掘汉代土坑墓 1 座。

在老虎岭西南侧的石坟山发掘东汉砖室墓 1 座、明代灰砂墓 2 座。

在石坟山西侧的庙岭发掘东汉土坑墓 1 座。

3. 出土遗物

老虎岭遗址西南坡脚发掘一个 9 米 × 9 米的探方；在南坡顶发掘四条宽 3 米、长 10 ～ 15 米的探沟。地层出土石器、陶器、骨器等文物 64 件，另有陶器碎片一批。陶器可辨器形、部位有釜、盆、壶、罐、器座等；石器器形有锛、斧、刀、凿、砺石等。时代为新石器时代晚期至商代。

汉墓出土遗物有陶屋、四系罐、直身罐、瓮、壶、五连罐、匏壶、簋、灯、釜、樽、钵、盅、囷、纺轮、案、碗等陶器 39 件，铜卮 1 件，玛瑙饰 113 颗。

明墓出土随葬品有银簪、耳坠、指环，铜镜、铜钱，陶罐、陶魂瓶等。

本次复查未发现遗物。

二　ZDZJLY-6 沙河坊顶遗址（复查）

1. 遗址概况

沙河坊顶遗址位于仙村镇岳湖村沙河坊北侧的山岗上，西邻朱仙路，北望打水坑窑址，南望潮山果场遗址、碧潭山遗址，东距西福河约 170 米，北、西、南面为地势低平的农田区，沙河坊村便坐落于山岗南侧坡脚。2012 年 7 月，对增城新塘镇地下文物埋藏进行调查时发现。

沙河坊顶所在山岗平面近椭圆形，东西向，长约 300 米，宽约 200 米。海拔约 35.7 米，相对高度约 18.7 米，北坡较陡，南坡较缓。山岗上草木繁茂，种植有荔枝、龙眼、竹子、桉树等。

2. 采集遗物

2012 年调查时采集遗物有新石器时代晚期至商代的夹砂黑陶片、方格纹和曲折纹泥质硬陶片、陶纺轮、穿孔石器残件等，共 30 余件，多见于山南面及东面，分布面积约 40 000 平方米。

本次复查采集到陶片 10 件，年代为新石器时代晚期至商代和明清。（图 8-3）

新石器时代晚期至商代：陶片 6 件。陶质以夹细砂硬陶为主，还有泥质细硬陶、泥质粗硬陶；陶色以灰色为主，还有灰黄、灰白色；纹饰有绳纹、曲折纹、席纹、篮纹，还有 1 件陶片为素面；可辨器形、部位有罐圈足。

明清时期：陶片 4 件。以泥质粗硬陶为主，还有 1 件泥质细硬陶；陶色有灰白、灰、紫褐色；多为素面，仅 1 件饰方格纹。

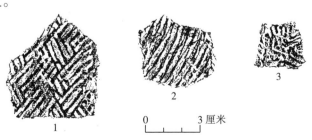

图 8-3　ZDZJLY-6 采集陶片纹饰拓片

1. 席纹（ZDZJLY-6:2ZⅡ）　2. 篮纹（ZDZJLY-6:1L）　3. 曲折纹（ZDZJLY-6:1ZⅡ）

三　ZDZJLY - 137 碧潭山遗址（复查）

1. 遗址概况

碧潭山遗址位于仙村镇碧潭村西侧的碧潭山上，南邻碧潭石场、老虎岭，西望潮山果场，北距西福河约 300 米。其东面是低平的农田，上、下碧潭分别依山岗西、东坡坡脚而建。2012 年 7 月，对增城新塘镇地下文物埋藏进行调查时发现。

山岗平面呈长条卵形，南北向，形体较大，南北长约 800 米，东西长约 400 米，中间高，两边低，南北两侧各有一个小山头，北边小山头海拔约 30 米，南边小山头海拔约 37 米，中间主体山岗海拔约 65.4 米，整体相对高度约 55.4 米。山岗北侧及中间主体山岗坡度较陡，主体山岗与两边小山头之间各有一缓坡。山上草木繁盛，种植有桉树、竹子等植物，局部裸露黄色黏土。该山岗现已辟为公园。

2. 遗迹现象

山岗东坡发现汉代砖室墓 2 座，其中 M1 保存较为完整，仍有完整券顶；M2 在挖建水沟时被破坏严重，剖面上可见墓砖。

3. 采集遗物

2012 年调查时，在山坡上采集到汉代墓砖。根据调查所见情况及采集的遗物判断此为一处汉代墓葬群，面积约 33 000 平方米。

本次复查未发现遗物。

四　ZDZJLY - 8 潮山果场遗址（复查）

1. 遗址概况

潮山果场遗址位于仙村镇碧潭村西边的山岗上，其西面和南面均邻起伏的山岗，东北距西福河约 340 米，碧潭山遗址位于其东部。2012 年 7 月，对增城新塘镇地下文物埋藏进行调查时发现了该遗址。

潮山果场遗址所在山岗由中间东西两座山头与南边一座小山头相连而成，平面近三角形，东西长约 300 米，南北长约 450 米。中间两座山头海拔分别约为 50 米、55 米，南侧小山头海拔约 47 米，整体山岗的相对高度约 50 米。中间两座山头之间以及东侧与南侧两座山头之间，各有一条山脊，整体而言山岗南坡和西坡较陡，北坡和东坡较缓。山上林木茂盛，种植荔枝等经济作物。该遗址现为广东现代产业农业荔枝示范基地用地。

2. 采集遗物

2012 年调查时，采集遗物 7 件，皆为唐宋时期的碗底等陶瓷残片，多见于山体西北坡。

本次复查未发现遗物。

五　ZDZJLY - 5 筲箕岭遗址（复查）

1. 遗址概况

筲箕岭遗址位于仙村镇基岗村东侧的筲箕岭上。该山岗四周皆为起伏和缓的丘陵山地，西福河流经山岗西、南、东三面，荔新公路与广惠高速公路于西北部穿山脚而过，南边山脚开辟了鱼塘。2012

年 7 月，对增城新塘镇地下文物埋藏进行调查时发现。

筲箕岭平面近圆形，形体小，东西长约 430 米，南北长约 350 米，海拔约 46.3 米，相对高度约 36 米。山体坡面呈梯田状，逐次降低，北坡平缓，南坡陡峭。山岗上果林密布，杂草较多，土壤较肥沃，土质疏松，含沙量较大，土色红褐色，现用于耕种。

2. 采集遗物

2012 年调查时在山岗南面坡地采集到西周至春秋时期陶器残片 2 件。

本次复查采集明清时期瓷片 3 件。其中 2 件为白胎、透明釉、素面，分别为碗口沿、碗圈足残片；另 1 件为灰白胎、青灰釉，饰青花。

六 ZDZJLY-4 乌石岗遗址（复查）

1. 遗址概况

乌石岗遗址位于仙村镇基岗村东侧的乌石岗上，该山岗四周皆与起伏和缓的丘陵山地相连，西福河流经山岗西、南、东三面，其北部便是筲箕岭遗址。2012 年 7 月，对增城新塘镇地下文物埋藏进行调查时发现。

乌石岗平面近正方形，西北—东南向，面积约 40 000 平方米，海拔约 54.3 米，相对高度约 25 米。地表呈梯田状分布，由高到低逐次降低，东面与南面坡地较缓，北面与西面坡地较陡，北、西侧山脚为一长段谷地。山岗全被龙眼树覆盖，同时林子里枯草较多，树叶深厚。

2. 采集遗物

2012 年于山岗西面坡地断面上发现有陶器残底、清代瓦当及瓦片堆积，依据遗物特征判断此处为清代生活遗址。

本次复查采集到明清时期青花瓷片 5 件，主要为灰白胎，另有白胎和青灰胎；以透明釉为主，另有 1 件青灰釉；可辨器形、部位有碗、碟的口沿。还采集到明清时期陶片 1 件，泥质细硬陶，灰黑色，素面。

综合两次调查情况，遗址有较丰富的明清时期遗存。

七 ZDZJLY-31 黄义岭遗址（复查）

1. 遗址概况

黄义岭遗址位于仙村镇沙头村耕寮西侧的黄义岭上。该山岗西接罗岜山，东望白石岭，北邻西福河支流，山的北、西侧为山岗，东、南侧则为低平的农田。北坡建有一混凝土搅拌站，仙宁路在山岗的东北角穿山而过。2012 年 7 月，对增城新塘镇地下文物埋藏进行调查时发现了该遗址。

黄义岭遗址所在山岗由西边主体山头与东边低矮台地组成，平面近椭圆形，东西向，南北长约 450 米，东西长约 250 米，海拔约 27 米，相对高度约 16 米。坡面呈梯田状分布，诸坡均缓。此山岗果林密布，电塔较多。

2. 遗迹遗物

2012 年调查时，于山岗北面坡地一电塔脚下发现有宋代墓砖残块 3 件，应为电塔修建时遭破坏残留。依据调查情况判断该处应有古代墓葬分布。

本次复查未发现遗物。

八　ZDZJLY–138 仙村园区遗址

1. 遗址概况

仙村园区遗址位于仙村镇沙滘村西南部，东望西福河，北邻荔新公路，南近广惠高速公路，其西南部有筲箕岭遗址。为配合增城经济技术开发区仙村园区建设，2017年8～9月，广州市文物考古研究院对增城经济技术开发区仙村园区南区进行了考古调查。

2. 遗迹遗物

2017年调查时，在沙滘村西侧两座山岗上，均发现一些汉代、明清时期陶片，推断有汉代墓葬分布。

九　ZDZJLY–9 沙头村后山遗址

1. 遗址概况

沙头村后山遗址位于仙村镇沙头村，西邻新宁路，南邻荔新公路，东边和南边山脚各有一个小水塘。

遗址所在山岗平面近圆形，形体较大，东西长约400米，南北长约500米，海拔约34.6米，相对高度约20米。东、南两坡各有一条山脊，西坡较陡，北坡缓。山脚到山腰主要种植竹林，山顶小片荔枝林和杂树交错存在，山上杂草丛生。

2. 采集遗物

采集新石器时代晚期至商代陶片2件。其中1件为深灰色夹细砂硬陶，素面，另1件为黄褐色泥质细软陶，素面。

第九章　新塘镇

新塘镇位于增城西南部，西邻黄埔区，北邻永宁街，东邻仙村镇，南邻东江，与东莞隔江相望。（图9-1）境内河网密布，水源充足北部为低矮丘陵，南部属珠江三角洲平原，地势北高南低。约在明代中叶，已形成圩市，人们砌堤围塘，扩展陆地，取名新塘。

新塘镇复查遗址共5个，多数经考古发掘，主要为汉墓。（图9-2；彩版二八）

一　ZDZJLY-139 大统岗东汉墓（复查）

1. 遗址概况

大统岗东汉墓位于新塘镇坭紫村光华工业加工区东南角。据早期地形图显示，该区域地处东江北

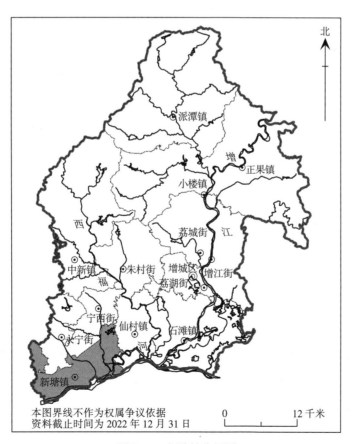

图9-1　新塘镇位置图

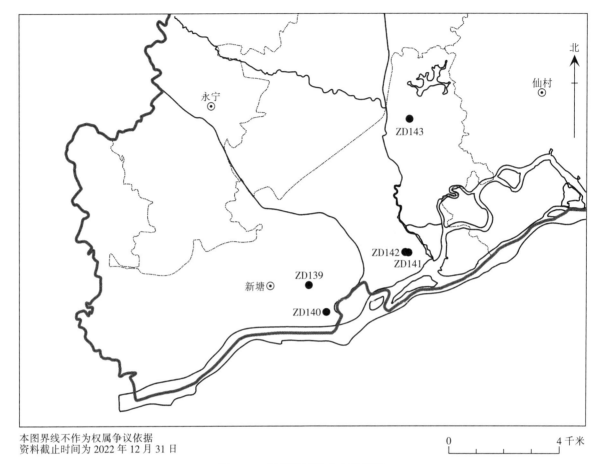

本图界线不作为权属争议依据
资料截止时间为2022年12月31日

图9-2 新塘镇遗址分布示意图
ZD139. 大统岗东汉墓（复查） ZD140. 麻笠墩古窑址（复查） ZD141. 卢山西汉墓（复查）
ZD142. 新塘自来水厂西汉墓（复查） ZD143. 金鸡岭汉墓（复查）

岸，南距东江1.5千米，原分布较多小山岗。其中大统岗海拔10余米，坡度平缓，山下原为冲积平原，分布有农田和村落。现周边已开发建设工业厂房和住宅区。

2. 遗迹遗物

1988年6月，广州市文物管理委员会考古队和增城博物馆在新塘镇大统岗发掘2座东汉墓，出土陶罐、壶、屋、灶、釜等文物29件。

本次复查未发现遗物。

二 ZDZJLY-140 麻笠墩古窑址（复查）

1. 遗址概况

麻笠墩古窑址位于新塘镇坭紫村麻笠墩。坭紫村地处东江北岸，南距东江500米，官湖河于东部自北向南汇入东江。遗址南部为沿江冲积平原，境内原有东西向数座小山岗，后被城市开发建设所平整。

2. 遗迹遗物

1988年6月，在新塘镇坭紫乡麻笠墩发现大批青釉瓷碗、盆、瓮、罐等碎片。广州市文物管理委员会考古队勘查鉴定为北宋古窑。

本次复查未发现遗物。

三 ZDZJLY-141 卢山西汉墓（复查）

卢山西汉墓位于新塘镇大墩村，东北距雅瑶河570米。1993年2月，广州市文管会对新塘镇大敦村卢山西汉墓进行考古发掘，出土陶器10多件。

本次复查未发现遗物。

四 ZDZJLY-142 新塘自来水厂西汉墓（复查）

1. 遗址概况

新塘自来水厂西汉墓位于新塘镇大墩村北的象颈岭山岗上。象颈岭地处东江北岸，东北距雅瑶河640米，为一西北—东南向山岗，形体较大，海拔约65.8米，相对高度约50.8米。西北与数座小山岗相连，东、南、西侧地势低矮，其中南侧、西侧现为居民区、工厂，东侧尚存少许农田，大墩大道经过南坡山脚，西邻锦屏古寺，自来水厂建于山岗南部。

2. 遗迹遗物

1994年8月，广州市文物管理委员会考古队在增城县新塘镇自来水厂清理西汉中期木椁墓1座，出土器物20多件。此前水厂取土时采集到器物10余件。

本次复查未发现遗物。

五 ZDZJLY-143 金鸡岭汉墓（复查）

1. 遗址概况

金鸡岭汉墓位于新塘镇沙埔荔新公路南侧金鸡岭南坡。金鸡岭东邻沙埔，北距荔新公路约200米，西距雅瑶河800米，其四周丘陵环绕。该山海拔约41.8米，相对高度约26.8米，地表种植荔枝树。

该墓于广本汽车厂建设取土时发现，曾遭严重破坏，器物被盗。受广州市文化局委派，广州市文物考古研究所立即派员赶往现场调查，协助公安部门取证，并会同增城博物馆组织专业人员于2005年4月1日进场对古墓进行抢救性考古清理。

2. 遗迹现象

经过考古清理，发现这是一座长方形木椁叠垒结构墓葬，是南越国时期贵族墓葬中常见的形制。墓口东西长6.75米，南北宽4.82米，方向272°。墓坑仅剩东边墓口下椁外填土及椁板、东侧底板、墓底东部垫土等局部未被破坏，其余部分皆因取土被严重破坏。

3. 出土遗物

在墓坑填土及扰土中共清理出铜器残片20包、陶器残碎片8包，另有铜镜、玉璧、漆盘等残件。通过拼接、修复，整理出陶鼎、陶器盖、铜鼎、铜瓿、铜镜、铜铺首、鎏金铜器、玉璧、漆盘等一批文物。

本次复查未发现遗物。

第十章 永宁街

永宁街位于增城西南部，北邻中新镇，南邻新塘镇，东邻仙村、朱村，西与黄埔区接壤。（图 10-1）境内地势略北高南低，广东三樵之一的南香山坐落于东北部，雅瑶河、官湖河自北向南流经境内。地处国家级增城经济技术开发区核心区，南部开发强度较大，地形地貌改变较多。

共发现遗址 34 个，新发现 7 个、复查 27 个。（图 10-2；彩版二九）其中简岭、松丁山、排墩岭等 10 余个遗址经考古发掘。

一 ZDZJLY-2 新东遗址（复查）

1. 遗址概况

新东遗址位于永宁街新东村东边的山岗上，东邻香山大道，南接碧水岗（现已被平整），西接新

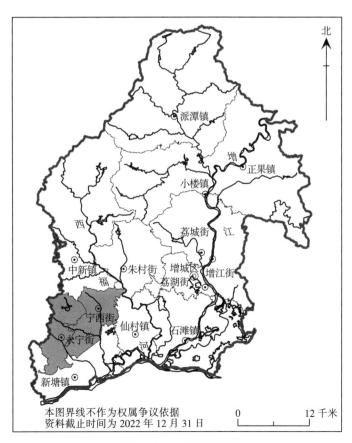

图 10-1 永宁街位置图

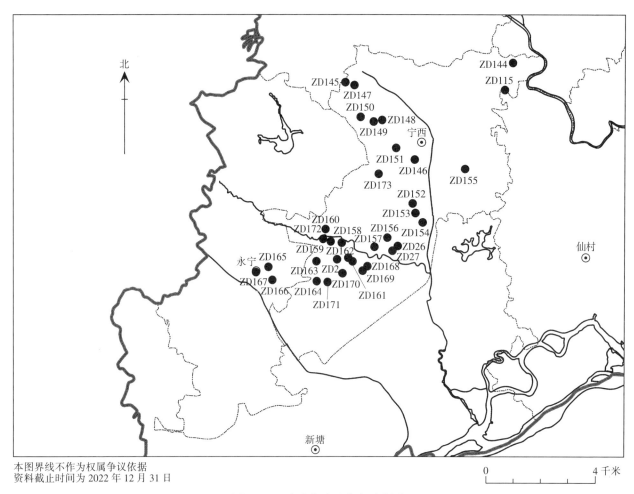

图 10-2　永宁街遗址分布示意图

ZD2. 新东遗址（复查）　　ZD26. 龙井村 5 号岗遗址（复查）　　ZD27. 龙井村遗址　　ZD115. 石迳岙遗址　　ZD144. 打水坑砖窑遗址（复查）　　ZD145. 简岭遗址（复查）　　ZD146. 老鼠斜遗址（复查）　　ZD147. 竹园岭遗址（复查）　　ZD148. 松丁山遗址　ZD149. 松丁山西 1 号岗遗址　　ZD150. 松丁山西 2 号岗遗址　　ZD151. 松丁山南遗址　　ZD152. 金鸡岭遗址（复查）　　ZD153. 九顶岭遗址（复查）　　ZD154. 排墩岭遗址（复查）　　ZD155. 温屋岭遗址（复查）　　ZD156. 龙井山遗址（复查）　　ZD157. 九丰岭遗址（复查）　　ZD158. 塘边岭遗址（复查）　　ZD159. 廖屋山遗址（复查）　　ZD160. 庙吓山遗址（复查）　　ZD161. 水口山遗址（复查）　　ZD162. 狮头岭遗址（复查）　　ZD163. 铜锣梁遗址（复查）　　ZD164. 大岭山遗址（复查）　　ZD165. 永和龟山遗址（复查）　ZD166. 齐岭遗址（复查）　　ZD167. 荔枝园后龙山遗址（复查）　　ZD168. 鲤鱼岗遗址（复查）　　ZD169. 大岗遗址（复查）　ZD170. 碧水岗遗址（复查）　　ZD171. 马尾岗遗址（复查）　　ZD172. 廖屋西遗址（复查）　　ZD173. 莲花书院遗址

本图界线不作为权属争议依据
资料截止时间为 2022 年 12 月 31 日

　　东村所坐落的山头，北邻新建的创业大道，距雅瑶河约 700 米。遗址地处增城经济技术开发区核心区西南部，于 2011 年 11 月对增城经济技术开发区核心区域进行考古调查时发现，2012 年 11 月再次对该文物埋藏点进行复查。

　　新东遗址所在山岗原先由一座较大的山头与其东北角一座小山头相连而成，平面近似椭圆形，呈东北—西南走向，东北—西南长约 550 米，西北—东南长约 300 米，大山头海拔约 43 米，小山头海拔约 28 米，整体山岗的相对高度约 30 米。两座山头之间形成山脊，其余各坡较缓。山上杂草丛生，种植竹子、香蕉等经济作物。山岗现已被平整不存。

　　2. 遗迹现象

　　首次调查时发现山岗西北面坡地上有一清代家族墓地，共有 6 座墓葬，均坐东向西。分两排，东面一排共 5 座墓葬、西面仅 1 座。由于杂草过于茂盛难以进入。后复查时通过墓葬碑文可知，此处为钟氏家族墓地，宋代该族迁居于此；共有墓葬 14 座，其中正中央墓葬规模最大，可惜碑文漫漶不清，难以确认墓主人身份。

3. 采集遗物

首次调查时还采集陶片 4 件，主要分布于东坡。陶片年代均为西周至春秋，以灰褐色的泥质粗硬陶为主，另有 1 件灰色的泥质细硬陶，有方格纹、夔纹、菱格凸块纹。

本次复查未发现遗物。

二　ZDZJLY - 26 龙井村 5 号岗遗址（复查）

1. 遗址概况

龙井村 5 号岗遗址位于永宁街九如龙井村东边的山岗上。该山岗北邻龙井山遗址，西望永宁公路，南邻创强路，西南距雅瑶河约 460 米，规划中的创业大道将东西向由山岗北部穿过。遗址地处增城经济技术开发区核心区东北部，2011 年 11 月，对增城经济技术开发区核心区域进行考古调查时发现，现已被全部平整。

遗址原所在山岗平面近椭圆形，东西向，形体较小，海拔约 22.4 米，相对高度约 11 米，各坡均较缓，西坡最平缓。原先山北面有一鱼塘，北面山脚为养猪场，山顶有一养鸡场，山上种植荔枝，裸露红黄色黏土。

2. 采集遗物

2011 年调查时，在山西面坡地采集陶器残片 20 余件，包括夹砂软陶片，以及饰有绳纹、曲折纹、方格纹、菱格纹、夔纹等纹饰的泥质陶片，另有 1 片青釉瓷片。根据现场采集遗物推断遗址有新石器时代晚期至商代、西周至春秋、晋南朝三期遗存。

本次复查未发现遗物。

三　ZDZJLY - 27 龙井村遗址

1. 遗址概况

龙井村遗址位于永宁街九如龙井村东边的山岗上，南邻创强路，西望永宁公路，西南距雅瑶河210 米，其东北部恰与龙井村 5 号岗遗址所在山岗相接。遗址所在区域为增城经济技术开发区核心区东北部，现已被全部平整，新建的永宁路和新誉北路在此处相交。

遗址所在山岗为一小台地，平面近椭圆形，东西向，形体小，海拔约 17 米，相对高度约 9 米，诸坡平缓，台地上灌木丛生。

2. 采集遗物

采集墓砖 2 件，瓷碗口沿、陶罐底、器盖各 1 件。年代分为晋南朝、明清两期。

晋南朝：墓砖 2 件。

ZDZJLY - 27：1J，灰白胎，灰褐色；总体呈长方体状；饰网格纹。长 24.3、宽 15、厚 4.4 厘米。（图 10 - 3，2；彩版八一，6；彩版一四七，5）

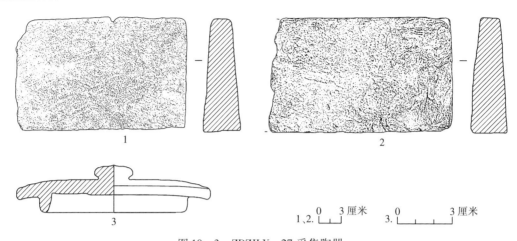

图 10 - 3　ZDZJLY - 27 采集陶器
1、2. 陶砖（ZDZJLY - 27：1L、ZDZJLY - 27：1J）　3. 陶器盖（ZDZJLY - 27：1YⅠ）

ZDZJLY - 27：1L，白胎，红褐色；总体呈长方体状；饰网格纹。长 23.1、宽 14.6、厚 4.8 厘米。（图 10 - 3，1；彩版一四七，6）

明清时期：采集瓷碗口沿残片 1 件、酱釉陶罐底 1 件、银白釉陶器盖 1 件。

陶器盖　1 件。

ZDZJLY - 27：1YⅠ，泥质粗硬陶，灰褐色，局部有银白色釉；近直口，圆唇，直壁，壁面凹弧，漫弧顶；饰弦纹。复原盖径 10.7、高 1.3 厘米，纽直径 2、高 0.7 厘米。（图 10 - 3，3）

四　ZDZJLY - 115 石迳岜遗址

1. 遗址概况

石迳岜遗址位于永宁街斯庄村新屋南侧山岗的山顶，南邻石迳岜山塘，东北距西福河 730 米，其周边地形为山岗。

石迳岜遗址所在区域海拔约 127.4 米，相对高度约 30.9 米，坡度陡峭。南坡山脚处由于修建公路，其洞口处有裸露地表。上部山体上有稀疏的荔枝林，树立着十多根高压线塔。其他地方则生长着茂密的灌木和杂草。

2. 采集遗物

采集战国至南越国时期的陶器盖残片 2 件，为灰色泥质细硬陶，饰弦纹和水波纹。

五　ZDZJLY - 144 打水坑砖窑遗址（复查）

1. 遗址概况

打水坑砖窑遗址位于永宁街斯庄村西北侧打水坑山（土名鸡石山）南坡。打水坑山南邻县道 X268，东南距西福河 735 米，北距朱村街约 3 千米。山之南、北两侧皆为冲积平原，斯庄村坐落于南侧山脚，县道 X936 呈南北向穿过山岗东部。

打水坑山海拔约 27.2 米，相对高度约 17.2 米。窑址所在南坡地势北高南低，坡度较缓，地表植被茂盛。

2. 遗迹现象

山岗南坡分布 7 座宋代砖窑，沿着山边排列，相距 5 ~ 6 米不等。窑室是从山边向里掏挖而成，长 5.7 ~ 6 米不等，底平。窑口收窄，宽 1.6、高 1.8 米，往里渐扩宽，至窑尾处宽 2.7、高 2.1 米，顶呈圆弧形，后壁平直，壁间挖有 3 条垂直的烟道直通岗面，烟道宽 20 厘米，凹入 15 厘米。窑内已空无一物。周壁因长时期高温烧结形成硬壳，偶有局部呈釉块状的窑汗。在附近地面偶可见到零星的残断砖块，完整的极少，其中一个长 32、宽 20、厚 7 厘米，青灰色，扁平面上打有"广州修城砖" 5 个楷书的长条形戳印，现场亦有打有增城字样的残砖。砖窑群前不远是西福河的旧河道，当时出窑的成品砖可由此水路运广州，如今河位已前移 300 多米了。

在广州博物馆藏古砖和砖文拓本资料中，不少有文字或宋代纪年的城砖，包括肇庆、德庆两府和广、韶、循、连、南雄、英、封、新、康、惠等 10 州及南海、番禺、增城等 18 县。说明当时为广州府城的修建、烧砖的动员面是极为广阔的。

本次复查未发现遗物。

六　ZDZJLY - 145 简岭遗址（复查）

1. 遗址概况

简岭遗址位于永宁街冯村北部的华南农业大学实验基地内，东北邻南香路，西接吓头岭，南侧为大山水库，东南侧为竹园岭遗址，西北侧有水泥管厂，东北距雅瑶河 550 米。为配合花莞高速公路建设，2011 年 11 月 1 日至 2012 年 1 月 6 日对施工红线范围内进行调查勘探；2017 年 10 ~ 11 月，对简岭遗址进行考古发掘，面积 200 平方米。

简岭为一座近圆形小山岗，海拔约 60.3 米，相对高度约 20.3 米，坡度较缓。因农业实验，将山岗开垦成阶级梯田，铺设水泥排水沟和水管，对地表造成较大破坏。种植有木瓜、火龙果等水果，局部杂草丛生。花莞高速公路从该岗近岗顶的北坡经过。

2. 地层堆积

简岭遗址地层堆积较简单，总趋势自山岗南部山顶向北部山脚倾斜状堆积，地层厚度也随山势大致呈南薄北厚倾斜状，因修筑梯田种植果树，使得堆积呈阶梯状。整体上可分为 3 层，以 T1612 地层为例：

①层：厚约 5 ~ 55 厘米。为表土层，灰褐色夹黄褐色杂土，质地松软，结构较疏松。包含物有植物根系、碳粒、烧土粒、腐败树枝树叶等。该层分布于整个探方，堆积不均匀，总体由南向北倾斜状堆积，因修筑梯田使得该层呈两级阶梯状堆积。该层下未见遗迹出露，地层中无遗物出土。时代为现代。

②层：距地表约 5 ~ 55 厘米，厚 0 ~ 40 厘米。黄褐色黏质土，略含沙，土质较细腻，较纯净，结构较紧密，质地较硬。包含物有植物根系、零星炭粒等。除探方中部因梯田断坎、修筑灌溉水渠的破坏及探方北部因现代种植果木挖掘的树坑造成该层有缺失外，其他区域均有分布，堆积不甚均匀。与①层相似由南向北呈两级阶梯状倾斜堆积。该层清理出土数十片新石器时代晚期至商代的陶片，以泥质粗陶为主，有少许夹砂陶，其中泥质粗陶片质地较硬，夹砂陶质地软；陶色以浅灰陶为主，有少许黑灰陶、黄灰、红褐陶；纹饰有曲折纹、重圈纹、重圈纹加堆纹等；可辨器形、部位有高斜领罐口沿

残片。时代为新石器时代晚期至商代。开口于该层下的遗迹有 H2。该层下探方北部为红褐色沙质土，也即生土层。

③层：距地表 30～72 厘米，厚 0～25 厘米。土色为褐色，含沙较多，较纯净，结构紧密，质地硬。包含有零星碳粒和红烧土颗粒。分布于探方南部，堆积不甚均匀，大致由南向北呈倾斜状堆积。清理该层未见文化遗物。开口于该层下的遗迹有 H3。时代为新石器时代晚期至商代。该层下其他区域为红褐色沙质土层及风化岩层，即生土层。

3. 遗迹现象

本次发掘共清理新石器时代晚期至商代灰坑 3 个。

4. 出土遗物

调查勘探时在地表采集少许新石器时代晚期至商代陶片、石器等遗物，内涵与发掘出土遗物相同。此外，山岗地表还发现宋代魂瓶残片，推测有宋代墓葬。另有少许唐代、明清时期陶瓷片。

发掘在地表采集及探方地层中出土双肩石锛、印纹陶片等遗物。其中 T1612②层、剖面 4②层出土遗物较多。石器可见双肩石锛，层凝灰岩，磨制细腻。陶片以泥质粗硬陶为主，有少量夹粗砂软质陶，陶色有浅灰、褐灰、黑灰色，纹饰有曲折纹、圆圈纹、条纹等，可辨器形、部位有罐口沿、豆圈足等。时代为新石器时代晚期至商代。

综合调查勘探发掘情况分析，简岭遗址以新石器时代晚期至商代遗存为主体，另有少量唐宋、明清时期遗存。

本次复查未发现遗物。

七　ZDZJLY‑146 老鼠斜遗址（复查）

1. 遗址概况

老鼠斜遗址位于永宁街路边村西部，西接南香山，东邻沙宁路，距雅瑶河 570 米。东北坡脚为坑底山塘，东南为大片农田，原花莞高速公路主干道从东北坡经过。2011 年 11 月 1 日至 2012 年 1 月 6 日进行了调查勘探；后线路向南调整，经过山顶区域，于 2017 年 4 月 20 日至 5 月 29 日进行勘探。

山岗平面大致呈椭圆形，最高点海拔约 63.3 米，相对高度约 43.3 米。东北坡修整为多级台地，山上植被茂密，杂草丛生。山坡间种植有荔枝和龙眼等果树。山坡下农田肥沃，村民种植有蔬菜和香蕉及玉米等。

2. 地层堆积

2011～2012 年，在东南坡、东坡、东北坡三个区域进行勘探，东南坡的二级台地上发现有唐宋时期的地层堆积，东坡和东北坡均未发现任何遗迹现象；2017 年勘探，在山顶未发现文化层堆积。

东南坡二级平台上发现文化层堆积，可分为 3 层：

①层：地表土，褐色杂土，质软且杂，夹红色锈土斑，近底层包含的碎瓦片增多，厚 40 厘米左右。

②层：黄褐色沙性土，质稍硬，结构较密，土质较纯净。该层的层表上发现大量的建筑废弃物，主要为泥质红陶瓦和灰陶素面瓦的碎片，分布相对密集，堆积面较平，推测是人为铺垫而成。该层堆积至地表深度为 120～150 厘米，当为唐宋时期的人为垫土层。本山岗东南坡的二级台地上均有该层堆

积，分布范围约 600 平方米。

③层：灰色沙土，质地松散，土质较纯净，未发现任何文化遗物，至地表深度为 170 厘米，属自然堆积层。

③层下为生土。

3. 遗迹现象

在山岗东北坡发现 5 座明清时期的墓葬。

4. 采集遗物

地表采集有战国至南越国时期的方格纹、米字纹陶片，以及唐宋、明清时期陶瓷片。

本次复查未发现遗物。

八　ZDZJLY - 147 竹园岭遗址（复查）

1. 遗址概况

竹园岭遗址位于永宁街冯村村北部华南农业大学实验基地内一独立小山岗上，东邻南香路，西邻冯村水库，北与简岭遗址相望，东北距雅瑶河约 540 米。2011 年 11 月至 2012 年 1 月，对花莞高速公路进行调查勘探时发现了该遗址。

山岗平面呈椭圆形，海拔约 52.4 米，相对高度约 32.4 米。东坡较陡峭，其余各坡地势稍缓。地表种植荔枝、桉树、香蕉等。现因花莞高速公路施工，已不存。

2. 地层堆积

经勘探，地层可分为 3 层：

①层：耕土层，灰细沙土，土质疏松，未见包含物，厚 20 ~ 25 厘米。

②层：近代层，灰沙土，土质松散，层内夹有少量的瓦片及南宋瓷片等遗物，厚 25 ~ 70 厘米。

③层：黄色黏性土，土质紧密，无任何遗物，厚 25 ~ 40 厘米。

③层下为黄红土夹颗粒砂生土层。

3. 采集遗物

2011 ~ 2012 年，在地表采集唐代陶瓷口沿，地层发现南宋时期瓷片等遗物。该遗址有唐宋时期遗存。

本次复查未发现遗物。

九　ZDZJLY - 148 松丁山遗址

1. 遗址概况

松丁山遗址位于永宁街冯村的南部，花莞高速公路永宁服务区用地红线占据山岗西北角，松丁山为南香山东北坡脚一独立小山岗。山岗东望雅瑶河，北望冯村。广东省农业科学院位于其东部，环境园艺研究所宁西实验基地则坐落于南部，附近还有农场管理区住处房、鱼塘，西北部则是低洼的农田。2016 年 4 月，对花莞高速公路改线区域进行调查时发现了该遗址，2017 年 4 ~ 5 月进行了勘探，2018 年 6 ~ 8 月进行考古发掘，发掘面积 421 平方米。

山岗平面为椭圆形，形体较小，海拔约 22.4 米，相对高度约 6 米，呈缓坡状，山顶及周边都建有养鸡场，部分区域因修建鸡场而平整，并种植有大量的荔枝、龙眼，零星的黄皮、芒果等果树；西边有少部分桉树，局部杂草丛生。

2. 地层堆积

发掘区位于松丁山西北角，整体地层可分为6层：

①层：现代耕土层，含少许陶瓷片。

②层：明清文化层，含较多陶瓷片。

③层：春秋战国文化层，出土方格纹、夔纹、绳纹、曲折纹等陶片，另有少量残石器。

④层：新石器时代晚期至商代文化层，出土大量碎陶片，纹饰有长方格纹、绳纹、曲折纹、叶脉纹、交错绳纹、圆圈凸点纹、篮纹、间断条纹等；另有石锛、石镞等石器。

⑤层：新石器时代晚期文化层，出土零星的陶片，见夹砂灰黑陶及泥质灰陶等。

⑥层：红黄土，夹风化基岩土，未见文化遗物。

⑥层下为生土。

3. 遗迹现象

2018年发掘发现灰坑15个、墓葬10座、灰沟1条、柱洞4个。时代涵盖新石器时代晚期至商代、春秋战国、宋代、明清。

4. 出土遗物

该遗址以新石器时代晚期至商代遗存最丰富，出土遗物主要是陶片及少量石器。陶片以夹粗砂软陶、泥质硬陶、夹细砂陶为主，纹饰见绳纹、曲折纹等，器物有夹粗砂软陶罐（釜）、高领矮圈足罐、圜底罐（釜）、豆、鼎足等。遗址内还有少量属西周至春秋、战国至南越国时期的遗存，唐宋、明清时期亦有遗存分布。

一〇 ZDZJLY－149 松丁山西1号岗遗址

1. 遗址概况

松丁山西1号岗遗址位于永宁街冯村西南约700米处的山岗上，西靠南香山，东望雅瑶河，松丁山遗址位于其东南部。遗址位于花莞高速公路永宁服务区施工范围内，于2016年4月对花莞高速公路改线区域进行调查时发现；2017年4～5月，对山岗施工红线范围进行勘探。

山岗为南香山东坡脚延伸的坡地，平面呈凸舌状，东北—西南向，海拔约50米，相对高度为21.2米。地势西南高东北低，坡度平缓。2017年调查勘探时，地表种植龙眼、荔枝等果树，地面杂草较盛，西面坡脚有家禽养殖场。现已被花莞高速公路施工破坏不存。

2. 地层堆积

经勘探，未见文化层堆积，地层仅1层：

①层：现代表土层，灰褐色杂土，土质较致密，内包含物有大量的植物根系等，厚10～50厘米。

该层以下为红色黏土，土质细腻，结构致密，系生土层。

3. 采集遗物

在山岗泥土小路采集1片泥质灰陶，饰绳纹。时代为新石器时代晚期至商代。

一一 ZDZJLY - 150 松丁山西 2 号岗遗址

1. 遗址概况

松丁山西 2 号岗遗址位于永宁街冯村村西部约 700 米处的山岗上，西靠南香山，东望雅瑶河，东南邻松丁山遗址，西北邻松丁山西 1 号岗遗址，在建花莞高速公路从北侧坡脚经过。2018 年 5 月，开展松丁山遗址发掘，对周边进行调查时发现。

山岗为南香山东坡脚延伸的坡地，平面呈凸舌状，海拔约 143 米，相对高度约 103 米，地势西高东低，坡度平缓。调查时，花莞高速公路施工已清表，红褐色含沙土，局部有大石头，东坡脚有一方水塘。

2. 采集遗物

在山岗西侧坡顶采集遗物 10 件，其中陶器残片 9 件、石器 1 件，总分布范围百余平方米。

（1）陶器。采集陶片 9 片。以泥质粗硬陶为主，仅 1 片为夹粗砂灰黑陶，泥质陶为灰色，器表纹饰见绳纹、曲折纹等，器形不可辨。

（2）石器。采集 1 件残砺石，红褐色。

据遗物特征推断，遗址时代为新石器时代晚期至商代。

一二 ZDZJLY - 151 松丁山南遗址

1. 遗址概况

松丁山南遗址位于永宁街路边村西部约 1000 米处的山岗上。该山西靠南香山，东望雅瑶河与路边村所在平原，南邻老鼠斜遗址，北邻松丁山遗址。遗址位于花莞高速公路施工范围内，于 2018 年 5 月开展松丁山遗址发掘对周边进行调查时被发现。

山岗为南香山东坡脚延伸的岗地，海拔约 67.4 米，相对高度约 43.9 米，地势西高东低，岗顶较平缓，各坡较陡峭。调查时，花莞高速公路施工已清表，分布较多石块。

2. 采集遗物

在岗顶和东坡采集遗物 15 件，皆为陶器残片，分布范围数百平方米。陶质以泥质粗硬陶为主，灰色，纹饰见曲折纹、绳纹、附加堆纹等；少量为夹粗砂软陶，素面。据遗物特征推断时代为新石器时代晚期至商代。

一三 ZDZJLY - 152 金鸡岭遗址（复查）

1. 遗址概况

金鸡岭遗址位于永宁街湖中村金鸡石南侧，坐落在南香山东南坡脚，南邻九顶岭遗址，东距雅瑶河约 600 米。猪牯岜水库等水塘分布于山的西面，永宁公路从南面穿过山岗。遗址因靠近金鸡石村而得名。2011 年 11 月，对增城经济技术开发区核心区域进行考古调查时发现了该遗址。

金鸡岭平面近似椭圆形，南北向，形体较大，海拔约 75.5 米，相对高度约 65.5 米。种植荔枝、竹子等经济作物，裸露黄红色黏土。

2. 采集遗物

2011 年调查时，在山南坡采集有唐宋时期陶瓷片，或有墓葬分布。

本次复查未发现遗物。

一四 ZDZJLY－153 九顶岭遗址（复查）

1. 遗址概况

九顶岭遗址位于永宁街湖中村河背社西侧的九顶岭上，九顶岭为南香山东南坡脚的一座独立小山岗，北连金鸡岭，东望沙宁路，距雅瑶河 580 米。山下村舍环绕，永宁公路于北侧经过。遗址南部为增城经济技术开发区核心区，2011 年 11 月对其进行考古调查时发现了该遗址。

九顶岭平面近哑铃状，东西向，海拔约 48.7 米，相对高度约 23.7 米，坡度较平缓。周边低地农田种植水稻，山上种植荔枝，地表裸露黄色黏土，含沙石。遗址采集遗物较丰富，保存情况较好，面积约 72 000 平方米。

2. 采集遗物

在山岗南坡采集到西周至春秋时期方格纹、夔纹陶片，砺石等；另有宋代陶瓷片。山上还有民国时期墓葬分布。

本次复查未发现遗物。

一五 ZDZJLY－154 排墩岭遗址（复查）

1. 遗址概况

排墩岭遗址位于永宁街湖中村河背社南面、增城经济技术开发区核心区东北部，东望沙宁路，北邻九岭顶，南侧为创业大道，东距雅瑶河约 370 米。2011 年 11 月，对增城经济技术开发区核心区域进行考古调查时发现了该遗址，位于经济技术开发区内阿里巴巴项目范围内，2011 年 12 月 29 日至 2012 年 1 月 18 日，对排墩岭进行了抢救性考古发掘。

遗址由两个山头相接构成，平面近"8"字形，东侧为下背岭，海拔约 25 米，西侧为排墩岭，海拔约 29.9 米，相对高度约 14.9 米，坡度均较缓。地表裸露红色黏土，种植乌榄、荔枝等经济作物，杂草丛生。因工程建设，遗址现已不存。

2. 遗迹现象

考古发掘共计面积 432 平方米。发掘清理商至西周时期的灰坑 5 座、房基 2 处，春秋至战国时期的墓葬 1 座，晋、南朝时期墓葬 5 座，南汉时期房基 1 座，明代土坑墓 3 座。另在排墩岭南坡发现清代灰砂墓葬。

3. 出土遗物

（1）陶器。据遗物特征分析，可分为新石器时代晚期至商代、西周至春秋、战国至南越国、汉代、晋南朝、唐宋、明清七期。

新石器时代晚期至商代：出土少许夹粗砂软陶片。

西周至春秋时期：出土陶片 20 余片。多为泥质硬陶，纹饰见夔纹、重菱格纹、方格纹，可辨器形、部位有罐口沿等。

战国至南越国时期：出土陶片 400 余片，多出于东部下背岭。多为泥质硬陶，纹饰以方格纹、米字纹为主，另有复线方格纹（方格对角线纹）、弦纹、水波纹等，可辨器形、部位多为罐口沿。

汉代：出土少量方格纹或素面泥质陶片，可辨器形、部位有罐、器盖等。

晋南朝：墓葬出土少量遗物，如滑石猪等。

唐宋时期：出土少量泥质硬陶罐、青瓷碗等。

明清时期：墓葬出土釉陶罐，青花瓷杯、碗等遗物。

（2）石器。出土锛、砺石、戈等。时代为新石器时代晚期至商代。

本次复查未发现遗物。

一六　ZDZJLY－155 温屋岭遗址（复查）

1. 遗址概况

温屋岭遗址位于永宁街湖东村温屋村北侧，东望雅瑶河，西邻施峝山塘，仙宁路于北侧经过，山脚下有数间废弃的民房，周边为众多低矮的小山岗环绕，间有农田等。2011 年 11 月，对增城经济技术开发区核心区域进行考古调查时发现。

温屋岭平面近圆形，海拔约 29.3 米，相对高度约 9.3 米，坡度平缓。山上草木繁盛，种植有竹子、桉树、龙眼等经济作物。土质松软，为红褐色土。

2. 遗迹现象

2011 年，于山岗西南坡脚断面上发现长约 12 米的宋代瓦片堆积，由于村民房屋及屋后排水沟的修建而受到了一定的破坏。推测可能存在宋代建筑基址。

本次复查未发现遗物。

一七　ZDZJLY－156 龙井山遗址（复查）

1. 遗址概况

龙井山遗址位于永宁街九如村龙岗围南侧，龙井村北侧，增城经济技术开发区核心区东北部，西邻永宁公路，东望排墩岭遗址，南距雅瑶河 800 米，规划建设的创业大道经过山岗南侧。于 2011 年 11 月，对增城经济技术开发区核心区域进行考古调查时发现。遗址位于增城经济技术开发区核心区汽车零部件产业园一期用地范围内，2016 年 11 月 1 日至 12 月 25 日对项目用地龙井山、松仔岗进行抢救性考古发掘工作。

遗址地处南香山南侧，由北侧松仔岗、南侧龙井山相连构成，呈东北—西南向，形体较大，松仔岗海拔约 47 米，龙井山海拔约 46.9 米，相对高度约 31.9 米，东坡较陡，西坡较缓。山上种植荔枝、竹子、香蕉等经济作物。考古发掘结束后已被平整土地，永久破坏。

2. 遗迹遗物

2011 年调查时采集战国至南越国时期方格纹、米字纹陶片 20 余片，另有新石器时代晚期至商代砺石，明清时期瓷碗、碟等遗物。

龙井山发现墓葬 17 座，清理墓葬 15 座。其中包括商代墓葬 3 座，均为长方形竖穴土坑墓，主要出土陶器及少量石器等；东汉墓葬 1 座，为长方形竖穴土坑墓，出土器物有陶罐和铜器；晋南朝时期墓葬 10 座，均为砖室墓，出土器物有青釉器碗、钵、鸡首壶、盘和陶罐；明代墓葬 1 座，为灰砂墓；晚清土坑葬 2 座。

松仔岗发掘共清理墓葬 9 座，均坐北朝南，以南坡较为集中。其中晋南朝时期的墓葬 8 座，均有破坏和盗洞的迹象，大部分规模较大，且券室结构保存较好，以多重券居多，随葬遗物主要出土青釉碗、钵、盘、鸡道壶、三足砚、熏炉及陶罐、铁器等。唐代墓葬 1 座，为长方形竖穴砖室墓，出土器物有青釉碗、盏、碟和罐等。共计遗物 85 件（套）。

综合调查、发掘情况看，该遗址有新石器时代晚期至商代、战国至南越国、汉代、唐宋、明清五期文化遗存。

本次复查未发现遗物。

一八　ZDZJLY - 157 九丰岭遗址（复查）

1. 遗址概况

九丰岭遗址位于永宁街蔡村南边的山岗上，北望猪腰山，东望龙井山遗址，西南距雅瑶河 360 米。山岗周边为平地，东部平地以东原本有连片丘陵山地，现已被平整开发。蔡村位于山岗北侧，九丰公路、永宁公路分别途经其东侧、北侧，规划中的新建北路将呈南北向穿过山岗中部。遗址地处增城经济技术开发区核心区东部，于 2011 年 11 月对增城经济技术开发区核心区域进行考古调查时发现。

九丰岭遗址所在山岗原为一低矮台地，平面近三角形，南北向，南北长约 320 米，东西长约 170 米，海拔约 22.4 米，相对高度约 12.4 米，诸坡均平缓。山上种植荔枝、龙眼、竹子、桉树等经济作物，杂草丛生。现大部分土地已被平整，仅余中部山体。

2. 采集遗物

2011 年调查时采集陶器残片 4 件，集中分布于山岗南面坡脚，可分为西周至春秋、战国至南越国两期。

西周至春秋时期：陶片 1 件，灰褐色的泥质细硬陶，饰夔纹。

战国至南越国时期：陶片 3 件。有泥质细硬陶和泥质粗硬陶，陶色见灰、灰褐、青灰，纹饰有米字纹、水波纹、弦纹等。

本次复查未发现遗物。

一九　ZDZJLY - 158 塘边岭遗址（复查）

1. 遗址概况

塘边岭遗址位于永宁街九如村仙村塱侧山岗上。山岗北临雅瑶河，西接廖屋山，西南侧邻九如小学，东隔鱼塘望瑶吓塘边村，仙村塱环南边山脚而建。遗址地处增城经济技术开发区核心区中部偏北，于 2011 年 11 月对增城经济技术开发区核心区域进行考古调查时发现。

塘边岭遗址所在山岗平面近椭圆形，东西向，东西长约 400 米，南北长约 200 米，海拔约 32.8 米，相对高度约 17.8 米，南北两坡较陡，东西两坡平缓。山上杂草丛生，断面可见红黄色黏土含沙石。已为建设创优路取土破坏，仅余西侧、南侧山体。

2. 采集遗物

在现存山体采集陶片 28 件。据遗物特征分析，可分为新石器时代晚期至商代、西周至春秋、战国至南越国三期。

新石器时代晚期至商代：采集陶片 11 片。多为泥质细软陶和夹粗砂软陶；纹饰见长方格纹、叶脉纹、方格纹等，素面居多；可辨器形、部位有釜口沿。

西周至春秋时期：采集陶片 8 件。陶质有泥质粗硬陶和泥质细硬陶，多为青灰色，纹饰为方格纹，部分为素面，可辨器形、部位有罐口沿。

战国至南越国时期：采集陶片 9 件。多为泥质粗硬陶，陶色有灰、红褐色两种，纹饰见米字纹、方格纹。

本次复查未发现遗物。

二〇　ZDZJLY－159 廖屋山遗址（复查）

1. 遗址概况

廖屋山遗址位于永宁街廖屋村东侧小山岗上，东接塘边岭，西望庙屋西遗址，北隔雅瑶河与庙吓山相望，香山大道位于其西侧，廖屋村环西侧山脚而建。遗址地处增城经济技术开发区核心区中部偏北，于 2011 年 11 月对增城经济技术开发区核心区域进行考古调查时发现。

廖屋山平面呈长卵形，呈东北—西南向，形体较小，海拔约 21.9 米，相对高度约 6.9 米，诸坡皆缓，山上草木丛生。由于村民自建房较多，对遗址主体造成破坏。

2. 采集遗物

2011 年，采集遗物 7 件，包括陶器残片和墓砖，陶片纹饰见方格纹等。主要分布于山体西坡。据遗物特征分析可分为战国至南越国、南朝、宋代三个时期，或有南朝、宋代墓葬分布。

本次复查未发现遗物。

二一　ZDZJLY－160 庙吓山遗址（复查）

1. 遗址概况

庙吓山遗址位于永宁街庙吓村与对面村之间的山岗上。山岗坐落于雅瑶河北岸，东西两边皆为平地，北部有大片丘陵山地。香山大道北段从该山岗中部穿过，并在山北面与九丰公路相交，庙吓村、对面村分别依西面山脚、东面山脚而建。遗址地处增城经济技术开发区核心区中部偏北，于 2011 年 11 月对增城经济技术开发区核心区域进行考古调查时发现。

原庙吓山平面近椭圆形，东西向，海拔约 31.6 米，相对高度约 16.6 米，各坡皆缓，山上草木丛生。由于香山大道的建设，山岗主体现已被挖平。

地层堆积

选取山体东南坡断面进行清理，该断面长 190 厘米，可分 3 层：

①层：黄色沙土，土质疏松，约厚 80 厘米，含唐代釉陶片，为现代耕作层。

②层：厚 25～30 厘米，为冲积沙层。

③层：红色黏土含沙，土质较致密，厚 40～60 厘米，夹砂陶片、泥质陶片多出于该层，为文化层。

③层以下为生土层。

2. 采集遗物

2011 年调查时，在东西两侧残余山坡上均采集到丰富的遗物，包括陶片 93 件、砺石 1 件，年代包括新石器时代晚期至商代、西周至春秋、战国至南越国、汉代。

新石器时代晚期至商代：采集夹粗砂灰黑软陶片 3 件，素面，为陶釜残片。另有砺石 1 件。

西周至春秋时期：采集陶片 63 件。泥质粗硬陶和泥质细硬陶各占一半；陶色以灰、深灰、青灰色为主；纹饰有方格纹、夔纹、菱格纹、弦纹、篦点纹等，部分以两至三种组合纹出现；可辨器形、部位有罐、瓮的口沿等。

战国至南越国时期：采集陶片 24 件。陶质见泥质粗硬陶和泥质细硬陶；灰色、深灰色陶居多；纹饰以米字纹、方格纹为主；可辨器形、部位有罐圈足等。

汉代：采集泥质红褐素面陶片 3 件。时代为东汉。

本次复查未发现遗物。

二二   ZDZJLY－161 水口山遗址（复查）

1. 遗址概况

水口山遗址位于永宁街水口村西侧山岗上。山岗西北接狮头岭，东南望鲤鱼岗遗址，东北距雅瑶河约 360 米，水口村环绕北坡与东坡山脚而建，新建的新和北路与创业大道在水口山西北角交汇。遗址地处增城经济技术开发区核心区中部，于 2011 年 11 月对增城经济技术开发区核心区域进行考古调查时发现。2012 年 1 月 9 日至 2012 年 1 月 18 日，由于日立汽车项目工程的建设需要在此取土，进行抢救性考古勘探、发掘。

原水口山平面近圆形，形体较小，海拔约 20.2 米，相对高度约 10.2 米。顶部较为平坦，四面从上至下呈台地式缓坡状。山岗上杂草丛生，种植有荔枝、龙眼、黄皮、竹子、芒果等经济作物。现山岗已被平整不存。

2. 地层堆积

水口山遗址文化堆积厚 70～120 厘米，范围较大，分布整个山岗，仅西坡少部分地方未发现遗存；在南坡及顶部取土现场都能采集大量陶片，堆积最广泛的是东南部及顶部；在北坡断面的表面有一层明清瓦片堆积。地层可分 3 层：

①层：耕土层，可分为①a、①b 层。

①a 层：灰沙土，土质疏松，厚 8～30 厘米。出土有少许早期夹砂陶、泥质陶、汉陶、唐宋陶瓷片和明清的青花瓷片及瓦片，以及现代杂物。

①b 层：灰沙土，土质较疏松，厚 10～25 厘米。出土较多早期夹砂陶、泥质陶、唐宋陶瓷片和明清的青花瓷片及瓦片等遗物。

②层：黄土黏性强，土质较紧密，厚 0～25 厘米。出土大量的早期夹砂陶、泥质陶，饰有绳纹、叶脉纹、方格纹等，还有几片汉代陶片。

③层：黄灰黏性土，土质较紧密，沙性，厚 0～20 厘米。该层陶片较少，零星的夹砂陶、泥质陶碎片、炭渣等，陶片纹饰有绳纹、叶脉纹、网格纹等。该层以下为生土层。

根据地层堆积的包含物分析，自下而上可以划分为新石器时代晚期至商代、西周至春秋、唐宋—明清时期三个时期。

3. 遗迹现象

清理出灰坑 17 个、较明显的柱洞 20 个。

4. 出土遗物

地表及地层出土较多陶片及部分石器。据遗物特征分析，可分为新石器时代晚期至商代、西周至春秋、唐宋、明清四期。

新石器时代晚期至商代：遗物见陶器残片和石器。陶片纹饰种类繁多，有绳纹、网格纹、叶脉纹、旋涡纹、绳纹等，多数为组合纹，可辨器物有釜、器座、纺轮等。石器可见锛、砺石等。

西周至春秋时期：遗物见陶器残片，纹饰有夔纹、篦点纹、方格纹、网格纹、云雷纹、刻划纹等。

唐宋时期：地层及地表出少许泥质硬陶片。

明清时期：在北坡断面地表发现瓦片堆积，可能存在明清时期房址。

本次复查未发现遗物。

二三 ZDZJLY‑162 狮头岭遗址（复查）

1. 遗址概况

狮头岭遗址位于永宁街九如村南边的狮头岭上。山岗南望碧水岗（现已被平整开发），西邻新东遗址，东南与水口山相连，东北距雅瑶河约 350 米，新建的新和北路与创业大道在此处交汇。遗址地处增城经济技术开发区核心区中部，于 2011 年 11 月对增城经济技术开发区核心区域进行考古调查时发现，后对其进行考古勘探。

原狮头岭平面近圆形，山体不大，海拔约 29.7 米，相对高度约 19.7 米，东坡和北坡陡峭，南坡和西坡则相对较缓。山岗上局部杂草丛生，种植有荔枝。由于公路的建设，山体已被平整，遗址也不复存在。

2. 采集遗物

狮头岭文化层厚 80～110 厘米，堆积较为简单，包含物不丰富，内含夹砂陶、泥质陶残片等。2011 年采集陶瓷残片近 10 件，集中分布于山岗西南坡。据遗物特征分析，该遗址有新石器时代晚期至商代、西周至春秋、唐宋三期遗存。

本次复查未发现遗物。

二四 ZDZJLY‑163 铜锣梁遗址（复查）

1. 遗址概况

铜锣梁遗址位于永宁街新东村北侧山岗上。该山北邻永宁路，东邻香山大道，西邻新耀北路，距雅瑶河约 180 米。山岗四周为平地，南面山脚下为新东村民居。遗址地处增城经济技术开发区核心区西南部，于 2011 年 11 月对增城经济技术开发区核心区域进行考古调查时发现。

铜锣梁遗址所在山岗在平整以前，平面近椭圆形，西北—东南走向，形体较小，西北—东南长约 170 米，东北—西南长约 150 米，海拔约 26.1 米，相对高度约 16.1 米。各面皆为和缓的坡地。山上杂草丛生，种植荔枝、竹子等经济作物，地表裸露黄红色沙土。山岗恰好在广州晶正鑫光电有限公司项目建设用地范围内，现已被平整。

2. 采集遗物

2011 年，采集有唐、宋时期的陶瓷片 10 余件，主要发现于东坡。

本次复查未发现遗物。

二五　ZDZJLY－164 大岭山遗址（复查）

1. 遗址概况

大岭山遗址位于永宁街陂头村东边的山岗上，南邻创强路，东邻香山大道，西距雅瑶河 250 米，山体被新耀北路南北向一分为二，四周为平地。遗址地处增城经济技术开发区核心区西南部，于 2011 年 11 月对增城经济技术开发区核心区域进行考古调查时发现，现已被推平。

原大岭山由两座平面呈椭圆形的山头相连而成，整体呈东北—西南走向，两座山头海拔分别约为 31.2、26 米，整体相对高度约 21.2 米，两山头相连处形成山脊，各坡均较和缓。山上杂草丛生，偶见荔枝、竹子等经济作物。

2. 采集遗物

2011 年调查时采集部分陶瓷片和墓砖等遗物，据遗物特征分析，可分为西周至春秋、战国至南越国、唐宋三个时期。

西周至春秋时期：采集陶片 33 件。以泥质粗硬陶为主，个别泥质细硬陶；陶色以灰色为主，个别红褐色；纹饰以方格纹、夔纹为主，少量为篦点纹、菱格凸块纹、条纹、弦纹等。

战国至南越国时期：采集陶片 10 余件，纹饰见方格纹、米字纹等。

唐宋时期：采集少许泥质黑硬陶片和青瓷碗残片，另有少许墓砖。

本次复查未发现遗物。

二六　ZDZJLY－165 永和龟山遗址（复查）

1. 遗址概况

永和龟山遗址位于永宁街永和东侧的龟山上。该山北邻永宁路，南接齐岭，西南距官湖河 950 米，山岗周边地形主要为丘陵山地，东西两面坡脚工厂林立。遗址地处增城经济技术开发区核心区西侧外缘，于 2011 年 11 月对增城经济技术开发区核心区域进行考古调查时发现。

原龟山由南北两座山头相接而成，平面呈长条卵形，呈西北—东南走向，西北—东南长约 360 米，西南—东北长约 200 米，海拔约 38.3 米，相对高度约 23.3 米，各坡皆较缓。山上种植竹子、松树、大花紫薇等经济林木，山顶处有 500KV 北增乙线 88 号高压电塔。现南部山体已被平整，仅余北部山体。

2. 采集遗物

2011 年，采集陶片 30 余件，陶质见夹砂、泥质两类，纹饰有曲折纹、绳纹、叶脉纹、方格纹等。据遗物特征分析，该遗址有新石器时代晚期至商代、战国至南越国两期遗存，以前者为主。

本次复查未发现遗物。

二七　ZDZJLY－166 齐岭遗址（复查）

1. 遗址概况

齐岭遗址位于永宁街永和东侧的齐岭上。山岗北接龟山，西接道齐岭，南邻永和变电站，西南距官湖河约 700 米，西北侧有公路穿山而过，规划中的创业大道在山西侧呈南北向穿过，并在此与规划中的新园路交汇。遗址地处增城经济技术开发区核心区西侧外缘，于 2011 年 11 月对增城经济技术开发区核心区域进行考古调查时发现。

原齐岭平面近四边形，东西长约 470 米，南北长约 320 米，海拔约 41.4 米，相对高度约 21.4 米，除西北侧由于公路建设呈断崖外，其余各坡皆和缓。山岗上种植有桉树、松树等经济林木。现中部山体已被平整。

2. 采集遗物

2011 年调查时在山的东北面坡地采集到陶片 2 件，均为泥质粗硬陶。其中 1 件为青灰色，饰方格纹和菱格纹；另 1 件为深灰色，饰夔纹。年代均为西周至春秋时期。

本次复查未发现遗物。

二八　ZDZJLY－167 荔枝园后龙山遗址（复查）

1. 遗址概况

荔枝园后龙山遗址位于永宁街永和荔枝园村东侧的后龙山上。山岗北接熊黑岭，东邻齐岭遗址、龟山遗址，西南距官湖河 480 米。山的西面坡脚下为荔枝园村，山岗以北可见永和医院、永宁公路，规划中的新园路南北向穿过东侧山体。遗址地处增城经济技术开发区核心区西侧外缘，于 2011 年 11 月对增城经济技术开发区核心区域进行考古调查时发现。

荔枝园后龙山遗址所在山岗平面近椭圆形，呈东西向，东西长约 450 米，南北长约 300 米，海拔约 64.2 米，相对高度约 44.2 米，各坡均略陡。山上种植桉树、松树等经济林木，山西面坡脚下有荔枝林，东面坡脚工厂林立。由于地表杂草茂盛，很多地方难以进入。

2. 采集遗物

2011 年，在山的东北面坡地采集石锛 2 件，时代为新石器时代晚期至商代。

本次复查未发现遗物。

二九　ZDZJLY－168 鲤鱼岗遗址（复查）

1. 遗址概况

鲤鱼岗遗址位于永宁街白水村西北边的鲤鱼岗上。该山岗西南接大岗（现已被平整开发），东北距雅瑶河 150 米。创强路从山体中部东西向横穿而过，新建北路在东南侧山体南北向穿过，此二路在此处交汇。遗址地处增城经济技术开发区核心区中部偏东，属于日立汽车项目用地取土范围，2011 年 11 月 30 日至 12 月 20 日对鲤鱼岗实施了考古勘探工作。现山岗已被完全推平开发，遗址也不复存在。

原鲤鱼岗平面近椭圆形，西北—东南向，海拔约 23.5 米，相对高度约 13.5 米。山的南面为长条形缓坡，西坡亦缓，北坡和东坡较陡。山岗西侧杂草丛生，种植有竹子。对该山岗进行考古勘探时，山岗南面已破坏严重，仅余保护一高压电塔的土墩，其余山体均被施工取土。

2. 地层堆积

勘探结果显示，山岗的西坡文化层堆积较厚，最厚处达 52 厘米，北、东坡文化层堆积较浅，只有 15 厘米，北坡地表能看到裸露的岩石。地层堆积可分 2 层：

①层：耕土层，呈灰黄色，土质疏松，厚 6~22 厘米，其西南部较厚。出土有大量早期陶片，多为泥质硬陶，夹砂软陶极少；纹饰种类繁多，多数为组合纹，纹饰有方格纹、网格纹、云雷纹、夔纹、篦点纹、绳纹及刻划纹等；器形有罐、釜类等，多数陶片较碎看不出器形。另有少量石器出土。

②层：黄褐色黏土，土质较紧密，含有较多小砂粒，距地表深 6~22 厘米，厚 11~42 厘米，越往西北堆积越厚。出土陶片较少，主要是泥质硬陶，也有极少量夹砂软陶；纹饰有方格纹、云雷纹、夔纹及绳纹等，饰绳纹陶片均是夹砂软陶；多数陶片较碎看不出器形。

②层下发现灰坑 1 座及房基 1 处，向下打破生土。

3. 遗迹遗物

该遗址文化遗存较丰富，据遗物特征分析可分为新石器时代晚期至商代、西周至春秋、战国至南越国、宋代、明代五期。

新石器时代晚期至商代：遗迹见灰坑和房基。地层出土大量陶器残片和石器。陶器纹饰种类繁多，见绳纹、曲折纹、方格纹等，多数为组合纹；可辨器形、部位有陶罐、釜、器座等。石器见斧、锛、凿等。

西周至春秋时期：采集陶片 100 余片，纹饰见网格纹、夔纹、云雷纹、重菱格纹、方格纹、蝉翼纹、篦点纹等。此外采集有陶牛、铜渣等。

战国至南越国时期：采集少量饰米字纹、水波纹、方格纹的陶片。

宋代：发掘清理宋代魂瓶墓 1 座，墓具为一青釉魂瓶。

明代：清理明代墓 2 座。一墓出土有青釉罐残片及 2 件青釉器盖，另一墓出有青釉盖罐 1 件。

本次复查未发现遗物。

三〇 ZDZJLY-169 大岗遗址（复查）

1. 遗址概况

大岗遗址位于永宁街白水村西北方的大岗上。大岗东邻新建北路，东北接鲤鱼岗（现已被平整），东北距雅瑶河 370 米，南边、西边原本均与连片丘陵山岗（现已被平整开发）相接，创强路东西向穿越山体而过。2011 年 11 月，对增城经济技术开发区核心区的日立汽车项目用地进行考古调查勘探，2013 年 3 月，对大岗东北坡的南宋黄氏灰砂墓和商代土坑墓进行抢救性考古发掘。由于创强路的建设及周边的开发，山岗现已被平整，遗址不复存在。

原大岗平面近似圆形，海拔约 36.9 米，相对高度约 26.9 米，诸坡坡度大体一致，坡度中等。

2. 遗迹现象

2011 年，在大岗东北坡发现南宋墓及商代土坑墓各一座。

本次复查未发现遗物。

三一 ZDZJLY－170 碧水岗遗址（复查）

1. 遗址概况

碧水岗遗址位于永宁街新东村东南边的山岗上。山岗北邻新东遗址，西南邻马尾岗遗址，东北望雅瑶河，新和北路、创强路分别在东面山脚、南面山体穿过。遗址地处增城经济技术开发区核心区中部，属珠江钢琴国家文化产业示范基地项目建设用地范围内，于 2011 年 11～12 月进行了勘探试掘，并对发现的唐代砖室墓进行清理。现山岗已被全部平整开发，遗址也不复存在。

遗址原所在山岗由南北两座山头相接而成，平面近似椭圆形，西北—东南向，形体较大，海拔约 54.7 米，整体山岗的相对高度约 34.7 米，北坡平缓，其余三坡较陡。山岗上杂草丛生，有较多的高压电塔。建设方在山体西面进行取土作业时可见山岗裸露红黄色黏土及灰白色沙土。

2. 地层堆积

碧水岗遗址文化堆积厚 10～100 厘米，堆积较厚，可分为 2 层：

①层：地表土，黄灰色杂土，质地疏散。有大量植物根系，包含物有近现代碎砖瓦和先秦时期夹砂陶片、泥质陶片及石器。厚 10～30 厘米。

②层：黄褐色沙性土，夹杂白色沙粒，质地疏松。包含物不多，偶见泥质陶碎片。该层堆积深度 10～30 厘米，厚 30～70 厘米。

②层下为生土。

3. 遗迹遗物

该遗址文化遗存内涵丰富，遗物分布范围约 50 000 平方米，遍及整个山岗，仅东坡部分地方未发现有遗物和遗迹现象。可分为新石器时代晚期至商代、唐代、明清三期。

新石器时代晚期至商代：山腰部以上地表发现大量夹砂陶片，有灰陶、黑陶、白陶、红陶等，部分陶片饰有绳纹。另采集有砂岩石器、砺石等。

唐代：清理砖室墓 1 座，位于山岗南坡中部。

明清时期：清理灰砂墓 3 座。

本次复查未发现遗物。

三二 ZDZJLY－171 马尾岗遗址（复查）

1. 遗址概况

马尾岗遗址位于永宁街新东村南边的马尾岗上。该山是马山北端的一座小山头，北望新东遗址，西邻碧水岗遗址、香山大道，遥望雅瑶河，南侧山体为创强路东西向穿山而过。遗址地处增城经济技术开发区核心区中部，属珠江钢琴国家文化产业示范基地项目建设用地范围内，2011年11~12月对该地进行了考古勘查并清理了一座宋代墓葬。现山岗已被推平开发，遗址不复存在。

原马尾岗为一平面近圆形的低矮台地，海拔约21米，相对高度约11米，各坡皆陡，岗上及南面坡脚均有高压电塔。进行调查勘探时，山岗已被建设方清表，取土，原生堆积及西面山体已被破坏。

2. 遗迹遗物

在岗地西面坡地均有宋代墓砖、红砂岩条石散落。后在西北坡发现并清理了一座宋代古墓，出土魂瓶1件，随葬有铜钱32枚、漆木器1件、铜镜1件、鎏金银饰器1件、铁环2件、墓志砖1块。

在M1填土中出土较多汉代泥质素面硬陶片。

综合调查、发掘情况，遗址有汉代、唐宋两期遗存。

本次复查未发现遗物。

三三　ZDZJLY－172 廖屋西遗址（复查）

1. 遗址概况

廖屋西遗址位于永宁街廖屋村西侧山岗上。山岗坐落在雅瑶河南岸，北望庙吓山遗址，西邻廖屋山遗址，其西面、南面为平地。遗址地处增城经济技术开发区核心区中部偏北，于2011年11月对增城经济技术开发区核心区域进行考古调查时发现。调查时该山岗已为建设香山大道推平，成为一台地。

在推平以前，遗址所在山岗平面近椭圆形，西北—东南向，海拔约18.7米，相对高度约3.7米。西坡山体被人为取土平整过，东、南两坡较缓，北坡略陡。

2. 采集遗物

本次复查在东侧台地上采集少许战国至南越国时期的方格纹、米字纹陶片。

三四　ZDZJLY－173 莲花书院遗址

1. 遗址概况

莲花书院遗址位于永宁街南香山东南山麓，毗邻雅瑶河，西距广州古城中心约36千米。2016年9月、2017年2~3月、2018年3~6月，受永宁街道办事处的委托，为配合莲花书院复建工程，广州市文物考古研究院对莲花书院遗址进行考古调查、勘探和发掘。

南香山为新塘镇境内唯一一座高山，也是"广东三樵"之一的南樵，海拔约433.2米，相对高度约410米。因靠近东江，山势突显巍峨。书院所在位置为山岗地貌，地势较高，坡度较缓。南、北面各有一条小溪流经，两条小溪交汇处为一处五级缓坡台地，台地内杂草丛生。山岗都较好地保留了原始地貌。

2. 地层堆积

经发掘，地层可分为4层：

①层：表土层，浅灰色，土质疏松，包含物有大量的植物根系、少量浅黄色瓦残片和部分砂粒；厚约5~20厘米。为近代活动所形成的堆积。

②层：废弃后堆积，深灰色，土质疏松，包含少量浅黄色残瓦片，厚约 0～15 厘米。为建筑倒塌废弃后所形成的堆积。

③层：倒塌堆积，黄灰色，土质致密，含有少许陶瓦残片，厚 10～35 厘米。为莲花书院倒塌时所形成的堆积。

④层：建筑前堆积层（或垫土层），黄褐色，土质致密，包含少量的石块，厚 5～20 厘米。为建筑兴建时平整地面而形成的堆积。

④层以下为原土或基岩。

3. 遗迹遗物

经发掘，莲花书院遗址共发现房址 4 座（F1～F4）、石墙 43 段（Q1～Q43）、台阶 4 处（T1～T4）、灰坑 2 个（H1、H2）、排水孔 2 个及路面 1 处（L1）、红砂岩柱础 21 个、麻石柱础 9 个。除 F1 为晚期遗存外，其他皆为明代莲花书院的组成部分。

出土各类文物标本共计 80 件（套）。其中红砂岩残碑刻 8 件（套），牡丹纹瓦当、滴水 29 件（套），器盖、瓷碗等陶瓷器 19 件（套），方砖、墙砖 11 件（套），筒瓦、板瓦 12 件（套）及铜钱 1 枚。

第十一章　朱村街

朱村街位于增城中部，因境内最大的自然村朱村而得名，东与荔城街接壤，西与中新镇相邻。（图11-1）境内山地占比超50%，平原约占40%，地势北高南低。主要属西福河流域，西福河干流流经西部，境内有东北向西南汇入西福河的支流。

朱村街发现遗址10个，其中新发现5个、复查5个。（图11-2；彩版三〇）

一　ZDZJLY-32 凤岭1号岗遗址

1. 遗址概况

凤岭1号岗遗址位于朱村街朱村凤岭北侧山岗上，西望西福河，南邻广汕公路（朱村大道西）。北部地形为山岗，西、南、东三面俱为广阔低平的农田，隔着农田分别与庄水村、西福河、朱村相望，

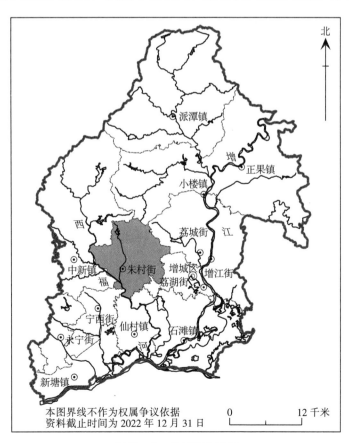

图 11-1　朱村街位置图

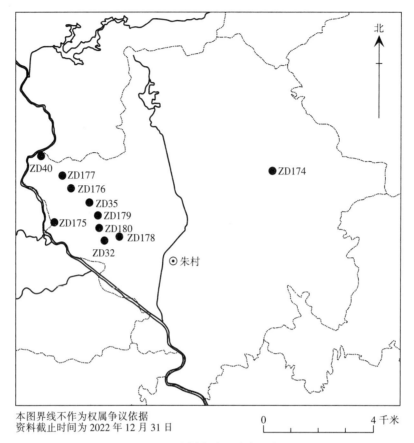

图 11-2　朱村街遗址分布示意图

ZD32. 凤岭 1 号岗遗址　ZD35. 石古岭遗址　ZD40. 辟乐拉爬迳遗址　ZD174. 墨依山遗址

ZD175. 凤岗后龙山遗址（复查）　ZD176. 场山遗址（复查）　ZD177. 曾屋遗址（复查）

ZD178. 凤岭遗址（复查）　ZD179. 新屋岭遗址（复查）　ZD180. 凤岗村遗址

凤岭村沿南边山麓而建。现周边农田区及凤岭村驻地、部分山体多已开发为房地产，仅余中部山体。

遗址原所在山岗平面呈椭圆形，西北—东南向，形体较大，海拔约 48.8 米，相对高度约 37.9 米，东坡缓，其余三坡较陡。地表杂草较多，种植有荔枝林。

2. 采集遗物

采集明清时期青花瓷片 1 片，白胎，透明釉。

二　ZDZJLY-35 石古岭遗址

1. 遗址概况

石古岭遗址位于朱村街凤岗村官庄北部的山岗上，西望西福河、蕉冚村，南邻县道 X290、官庄村（现已拆迁平整土地），东北进入浅山区，西北有鱼塘，南边为低平的农田区与建设用地。

石古岭遗址所在山岗平面近椭圆形，南北向，南北长约 500 米，东西长约 280 米，海拔约 54.3 米，相对高度约 36.3 米，北坡陡，南坡缓，东西两坡形成较缓的山脊。地表杂草丛生，种植有桉树及少量荔枝树。

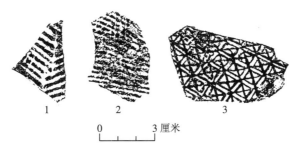

图 11 - 3　ZDZJLY - 35、40 采集陶片纹饰拓片

1. 叶脉纹（ZDZJLY - 40:31F）　2. 绳纹（ZDZJLY - 40:20J）　3. 方格对角线纹（ZDZJLY - 35:21YⅠ）

2. 采集遗物

采集战国至南越国时期的陶片 1 件，泥质细硬陶，灰色，饰方格对角纹。（图 11 - 3）

三　ZDZJLY - 40 辟乐拉爬迳遗址

1. 遗址概况

辟乐拉爬迳遗址位于朱村街秀山村辟乐北部拉爬迳山岗上，西面毗邻中新镇安良村，东连大片山地丘陵，县道 X290 经过东坡脚，西福河环山体北、西两侧流经而过，南北两侧为西福河两岸阶地。

拉爬迳为西福河东岸一近椭圆形小山岗，东西向，长约 400 米，宽约 230 米，海拔约 48.3 米，相对高度约 30 米，北坡较陡，南坡平缓。地表杂草丛生，种植茂密灌木丛和荔枝树。

2. 采集遗物

采集新石器时代晚期至商代陶片 2 件。1 件为夹细砂硬陶，灰褐色，饰绳纹；1 件为泥质细硬陶，灰白色，饰叶脉纹。（见图 11 - 3）

四　ZDZJLY - 174 墨依山遗址①

1. 遗址概况

墨依山遗址位于朱村街官田村北，北距西福河支流 320 米，西南距西福河约 6.5 千米，东距增江约 11 千米。墨依山属珠江三角洲北部的丘陵，海拔约 60.6 米，相对高度约 32.2 米。遗址位于墨依山西南面坡地，原种植荔枝、桉树等经济林木，西、南两侧山坡下为开阔的农田。为配合广州增城沙庄至花都北兴公路二期工程（即北三环高速公路）建设，2016 年 7 月至 2017 年 1 月，广州市文物考古研究院对墨依山遗址进行了抢救性考古发掘，此次发掘共布 10 米×10 米的探方 22 个，揭露面积约 1650 平方米。

2. 地层堆积

墨依山遗址的地层为坡状堆积，自中部山岗向西、南倾斜，依附山体地面由高向低冲积而成。地层堆积以 T1511 南壁为例：

①层：耕土层，黄灰色杂土，疏松，厚 30～45 厘米。包含少量青花瓷片、夔纹陶片等。

②层：疏松黄褐色沙质土，含碎石子和风化土。分布于探方东南部，南厚北薄坡状堆积，距地表

①　广州市文物考古研究院：《广州增城墨依山遗址两座出土玉牙璋的商代墓葬》，《东南文化》2018 年第 3 期。

深30~45厘米，厚5~25厘米。包含陶罐、釜残片等。打破该层的遗迹有M65，该层下开口的遗迹有M14、M63、M64、M66、M69、M70、M118、M124，年代均为商代。

③层：致密黄红沙质土，含云母片。主要分布于探方西南部，自北向南坡状堆积，距地表深35~70厘米，厚15~25厘米。包含夹砂陶釜、鼎、泥质陶罐、大口尊残片等。打破该层的遗迹有M63、M64、M66、M69、M70、M118、M124等，该层下开口的遗迹有M35，年代为商代。

③层下即是风化基岩，质硬且纯。

3. 遗迹现象

发现并清理商周时期至明清古墓葬127座，其中晚商时期墓葬76座、西周时期墓葬1座、南越国时期墓葬1座、明清时期墓葬49座；时代不明的灰坑10个、灰沟1条。

4. 出土遗物

出土陶器、石器、玉器、铜器、银器等文物197件（套）。

墨依山是广州地区发现的第一个具有相当规模的晚商时期墓地，填补了广州地区考古学文化序列的空白，对研究增江流域早期文明、研究广州地区历史文化源流有着十分重要的意义。以大口尊、"T"字形玉环、牙璋等为代表的出土文物，显示增江流域晚商时期文化与粤东闽南地区的浮滨文化具有密切关系，是黄河流域、长江流域商文化南渐与岭南文化融合的历史见证。

牙璋被认作是中原地区商文明的因素，M66、M70出土的牙璋丰富了环珠江口地区的相关材料，为探讨这一地区考古发现的牙璋年代提供了重要标尺，也为研究牙璋自北向南的传播过程及其与周边文化的融合提供了重要考古资料。

五　ZDZJLY－175 凤岗后龙山遗址（复查）

1. 遗址概况

凤岗后龙山遗址位于朱村街凤岗村西边的小山岗上，西距西福河330米，周边为低平的农田区。为配合教育城一期工地建设，2013年9月6日至20日在此地进行考古调查时发现了该遗址，现山岗部分已被平整。

原后龙山在平面呈长条卵形，西北—东南向，形体较小，海拔约22米，相对高度约12米，为低缓的台地，山体地表植被茂盛。

2. 遗迹遗物

2013年，发现1座唐代砖室墓、2座清代墓葬。唐墓出土青釉陶罐残片。

本次复查未发现遗物。

六　ZDZJLY－176 场山遗址（复查）

1. 遗址概况

场山遗址位于朱村街西北、凤岗村北部一座近圆形小山岗上。山岗北邻环山路，东邻盛德大道，南邻学林路，西邻致信路。该山岗东、南面为地势低平的农田区，西福河支流流经北、西两面。遗址位置属广州交通运输职业学校规划用地内，为配合广州教育城一期工程建设，2013年11月14日至20

日，广州市文物考古研究所在该区域内进行了考古调查勘探。

场山海拔约 64.8 米，相对高度约 44.8 米，山上植被十分茂盛，种植有龙眼、荔枝等经济作物，山顶种桉树。

2. 遗迹遗物

在山岗发现两座唐代砖室墓，并于 2014 年 5 月 27 日至 31 日进行考古试掘。两座墓葬形制相同，方向相近，东西并列，初步判断为夫妻异穴合葬墓。无出土遗物。

本次复查未发现遗物。

七　ZDZJLY‑177 曾屋遗址（复查）

1. 遗址概况

曾屋遗址位于朱村街秀山村，西南邻县道 X290，西邻秀山曾屋，南距西福河支流 200 米，山坡脚下为秀山赖屋，再南为秀山江排，东、北部进入浅山区，北侧为教育城一期用地的边界。遗址位置属城市职业技术学院用地范围内，2013 年 12 月 4 日至 13 日，广州市文物考古研究所对城市职业技术学院用地范围进行了考古调查勘探。遗址所在用地范围大部分区域被一座不规则长方形山岗覆盖，山之主峰位于地块东北部，海拔高度约 100.4 米，相对高度约 80.4 米。山岗的中上部以下种有荔枝，龙眼等经济作物，山顶种植桉树，地表覆盖植被十分茂盛。

2. 遗迹遗物

2014 年 5 月 31 日至 6 月 15 日，在北部山岗西坡中下部清理唐代砖室墓一座，出土随葬器物 8 件（套）。另有少许明清至民国时期陶瓷片。

本次复查未发现遗物。

八　ZDZJLY‑178 凤岭遗址（复查）

1. 遗址概况

凤岭遗址位于朱村街朱村西北 5.6 千米处，遗址所在区域东部为连绵的丘陵山地，向北进入浅山区，距西福河支流 110 米，西部为地势低平的农田，南部原为农田区，现已开发成建设用地，广汕公路途经此处。2014 年 4 月 11 日至 15 日、2014 年 7 月 16 日至 28 日，为配合新区建设，广州市文物考古研究院对工业和信息化部电子第五研究所增城总部新区项目用地进行了考古调查勘探，勘探面积 20 000 平方米。凤岭原为海拔 15～31 米的山岗，相对海拔约 15.8 米，现因工程建设已平整。

2. 遗迹遗物

本次调查时在地块中部的主体山岗西侧断崖上发现残存的唐墓，由于早期建设广汕公路取土而破坏，仅残留少数墓砖。

九　ZDZJLY‑179 新屋岭遗址（复查）

1. 遗址概况

新屋岭遗址位于朱村街凤岭村北部，南邻广汕公路，距西福河支流约 190 米，东北部有平面近梯形的低矮山岗，其余部分均为地势低平的农田、村庄用地。为配合广州教育城一期建设，2013 年 12 月 23 日至 28 日，广州市文物考古研究院对广州教育城一期中轴线项目建设用地进行了考古调查勘探。在地块内东北部梯形山岗东南部的新屋岭南坡发现砖室墓一座，2014 年 8 月 8 日至 21 日对此墓进行发掘清理。

新屋岭山势较为平缓，呈北高南低之势，区域海拔 13.2～15 米，整体相对高度约 1.8 米，周边分布近现代山坟。

2. 遗迹遗物

2013 年在新屋岭南坡发现南朝时期砖室墓 1 座。该墓早期被盗扰，2014 年发掘出土随葬品 8 件，有釉陶四系罐、釉陶钵、滑石猪、釉陶瓯、釉陶唾壶、酱釉陶四系罐、釉陶杯等。

本次复查未发现遗物。

一〇　ZDZJLY－180 凤岗村遗址

1. 遗址概况

凤岗村遗址位于朱村街凤岗村东部，南部为朱村大道，东部靠近凤岭东路，西距西福河支流约 250 米。南部和西部地势低平，为建设用地和农田；北部进入浅山区，低山连绵起伏。2017 年 10～12 月，为配合凤岗村 543.508 亩地块收储出让工作，对其进行考古调查勘探，完成勘探面积 57 000 平方米。地块范围为一处隆起的小山包，此山包现已因工程建设而被平整。

该山包在平整前，海拔约 32.2 米，相对高度约 22.2 米，地势和缓，山上草木茂盛。

2. 遗迹遗物

2017 年 10 月勘探时，发现唐代砖室墓 1 座。墓葬出土瓷碗 4 件，四耳陶罐、葡萄海兽铜镜各 1 件。发现清代竖穴土圹墓 3 座，其中一座墓出土部分人骨遗骸和银戒指 1 枚。

第十二章　中新镇

中新镇位于增城西部，东邻小楼、朱村，西与黄埔区接壤，地处西福河流域中段，北、西、南三面环山，中部为平原，中杂低丘。（图12－1）因地处增城西部的石桥、坑贝、大同、福新等几个圩场之中而得名中新圩。

共发现37个遗址，新发现32个、复查5个。（图12－2；彩版三一）

一　ZDZJLY－19 大众岭遗址

1. 遗址概况

大众岭遗址位于中新镇大田村大竹峃东北侧平地上，东北距西福河135米，该平地西边为一小块低平的农田区和村落，北、东、西与山岗相邻，南边为沿省道S118公路而建的建设用地。遗址所在平

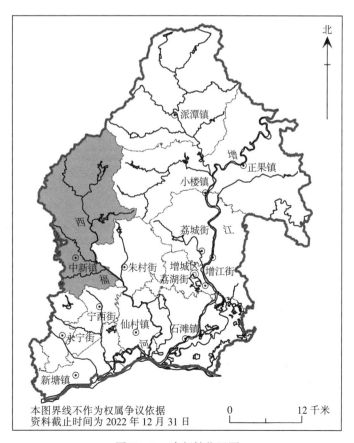

图12－1　中新镇位置图

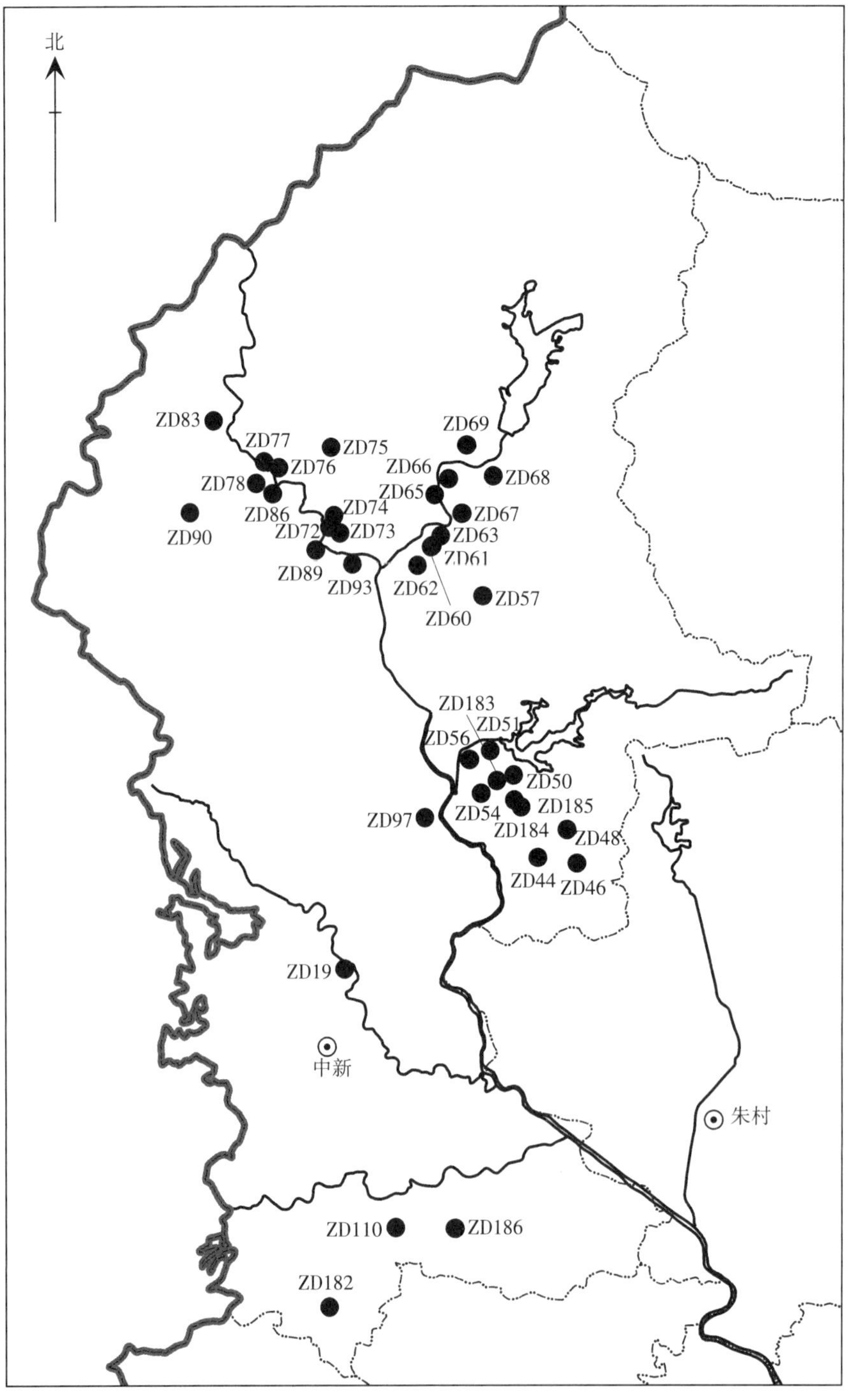

北

本图界线不作为权属争议依据
资料截止时间为 2022 年 12 月 31 日

0   3 千米

图 12-2 中新镇遗址分布示意图

ZD19. 大众岭遗址   ZD44. 朱屋北山遗址   ZD46. 上坑岽北山遗址   ZD48. 陈岗头遗址   ZD50. 木头塘后山遗址

ZD51. 岑心路南山遗址   ZD54. 九阴山遗址   ZD56. 益丰堂遗址   ZD57. 禾堂岭遗址   ZD60. 福田后山遗址

ZD61. 福田西北岭遗址   ZD62. 汤村后山遗址   ZD63. 石坳岭遗址   ZD65. 上南向遗址   ZD66. 双塘月形遗址

ZD67. 大新屋后山遗址   ZD68. 禾狸沙遗址   ZD69. 羊角咀遗址   ZD72. 汾村西 1 号岗遗址   ZD73. 汾村西 2 号岗遗址

ZD74. 汾村西 3 号岗遗址   ZD75. 头排遗址   ZD76. 濠迳村后山遗址   ZD77. 竹园山遗址   ZD78. 濠迳村山塘遗址

ZD83. 叶屋后山遗址   ZD86. 濠迳村围岭遗址   ZD89. 水贝遗址   ZD90. 五担田遗址   ZD93. 林柏舫后山遗址

ZD97. 下花路国岭遗址   ZD110. 蔗寮下遗址   ZD182. 沙泥坳遗址（复查）   ZD183. 乌石岭遗址（复查）

ZD184. 大岭顶遗址（复查）   ZD185. 担水坳遗址（复查）   ZD186. 慈岭遗址（复查）

1　　　　　　　2　　　　　　　3　　　　　4

0 ┗━━┛ 3 厘米

图 12 - 3　ZDZJLY - 44 采集陶片纹饰拓片

1、2. 夔纹（ZDZJLY - 44∶14ZⅡ、ZDZJLY - 44∶11ZⅡ）　3. 夔纹 + 方格纹（ZDZJLY - 44∶8YⅠ）

4. 夔纹 + 弦纹 + 方格纹（ZDZJLY - 44∶14F）

地海拔约 15.6 米，相对高度约 1 米。地表杂草较茂盛，种植经济林木。

2. 采集遗物

采集明清时期青花瓷碗口沿残片 1 件，白胎，透明釉。

二　ZDZJLY - 44 朱屋北山遗址

1. 遗址概况

朱屋北山遗址位于中新镇五联村朱屋东北侧山岗上，山岗北望陈岗头村，南望杨梅峏村，西南邻牛栏岗村，西北距西福河 320 米，朱屋村沿西南侧山脚而建。北、东、南边隔低平的农田区与低山区相望，西边为广阔的农田区。

遗址所在山岗平面近似椭圆形，东西向，形体小，东西长约 250 米，南北长约 230 米，海拔约 33.5 米，相对高度约 19 米，诸坡皆缓。山岗地表杂草丛生，枯叶较多，种植荔枝树。

2. 采集遗物

采集遗物 18 件，皆为陶器残片。据遗物特征分析，可分为新石器时代晚期至商代、西周至春秋、唐宋三个时期。（图 12 - 3）

新石器时代晚期至商代：采集陶片 1 片，夹细砂硬陶，黄褐色，饰叶脉纹。

西周至春秋时期：采集陶片 16 片。以泥质粗硬陶为主，少量为泥质细硬陶；陶色多为灰黄色，另有灰褐、灰、深灰色等，部分陶片器表有酱釉；纹饰多见方格纹、夔纹，另有少量条纹、弦纹，部分为素面；可辨器形、部位有罐口沿。

唐宋时期：采集 1 片泥质粗硬陶片，深灰色，素面。

三　ZDZJLY - 46 上坑峏北山遗址

1. 遗址概况

上坑峏北山遗址位于中新镇五联村新围东边、上坑峏北部的山岗上，南距西福河 60 米，北、东、南面接连浅山区，西边为低平的农田区及村落，中新朱屋北山遗址、新围村、杨梅峏村皆坐落在其西部。

遗址所在山岗海拔约 185.4 米，相对高度约 165 米，各坡皆十分陡峭。地表灌木、杂草丛生，种植有桉树。

2. 出土遗物

采集陶片 20 件、原始瓷片 1 件、石器 4 件，年代可分为新石器时代晚期至商代、西周至春秋两期。（图 12 − 4）

新石器时代晚期至商代：采集石器 3 件。

石锛　3 件。

ZDZJLY − 46：5Y Ⅰ，凝灰岩，灰黄色；正面近梯形，顶部圆弧，两侧边斜直向下，单面直刃。宽 4.2、高 6.7、厚 1.7 厘米。（图 12 − 4，2；彩版一二二，8）

ZDZJLY − 46：1F，岩质不详，青灰色；正面近梯形，顶部圆弧，两侧边向下外扩，单面直刃。宽 5.6、高 10.1、厚 2 厘米。（图 12 − 4，4；彩版一二二，7）

ZDZJLY − 46：7Y Ⅰ，双肩石锛，凝灰岩，灰黄色；正面呈凸字形，顶部平直，一侧肩为溜肩，另一侧肩为折肩，锛体近长方形，两侧边平直，单面弧刃。宽 4、高 7.5、厚 1.3 厘米。（图 12 − 4，3；彩版一二三，5）

西周至春秋时期：采集陶片 20 件。陶质以泥质细硬陶为主，另有泥质粗硬陶；陶色有灰褐、灰黄、深灰、红褐色等；纹饰以方格纹为主，还有夔纹、云雷纹、重弦纹、弦纹等，少量陶片为素面；可辨器形、部位有器盖、罐口沿、瓮口沿、豆圈足。原始瓷片 1 件，灰白胎，青釉，饰夔纹和弦纹。采集石器 1 件，砺石，青灰色。

陶罐口沿残片　1 件。

ZDZJLY − 46：2Y Ⅰ，泥质粗硬陶，灰褐色；方唇，敞口，斜直沿，束颈，溜肩；饰云雷纹。残宽 10.2、高 7.4 厘米。（图 12 − 4，1；彩版一二八，7）

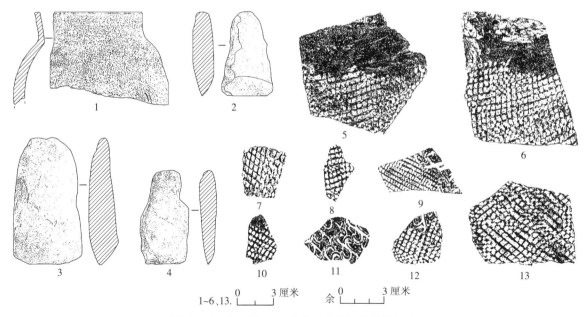

图 12 − 4　ZDZJLY − 46 采集遗物及陶片纹饰拓片

1. 陶罐口沿（ZDZJLY − 46：2Y Ⅰ）　2 ~ 4. 石锛（ZDZJLY − 46：5Y Ⅰ、ZDZJLY − 46：7Y Ⅰ、ZDZJLY − 46：1F）　5 ~ 7、9、10、13. 方格纹（ZDZJLY − 46：2Z Ⅱ、ZDZJLY − 46：1③Z Ⅱ、ZDZJLY − 46：1④Z Ⅱ、ZDZJLY − 46：1Y Ⅰ、ZDZJLY − 46：3F、ZDZJLY − 46：4F）　8. 夔纹（ZDZJLY − 46：1②Z Ⅱ）　11、12. 方格纹 + 夔纹（ZDZJLY − 46：1①Z Ⅱ、ZDZJLY − 46：3Z Ⅱ）

四 ZDZJLY-48 陈岗头遗址

1. 遗址概况

陈岗头遗址位于中新镇五联村陈岗头东边的平地上，西北距西福河 520 米，与陈岗头村之间隔着低平的农田区，北、东、南边与山岗相邻，北面有公路经过，南部毗邻中新朱屋北山遗址和中新上坑岽北山遗址。海拔约 27.3 米，地势低缓。因工程施工，地表裸露。

2. 出土遗物

采集陶片 4 件，年代分为新石器时代晚期至商代、西周至春秋、唐宋及明清四个时期。

新石器时代晚期至商代：采集陶罐口沿 1 件，夹粗砂软陶，灰黄色，素面。

西周至春秋时期：采集陶片 1 件，泥质粗硬陶，灰褐色，饰方格纹。

唐宋时期：采集陶罐底 1 件，泥质细硬陶，灰胎，青釉，素面。

明清时期：采集陶片 1 件，泥质粗硬陶，灰白色，素面。

五 ZDZJLY-50 木头塘后山遗址

1. 遗址概况

木头塘后山遗址位于中新镇五联村木头塘北侧山岗上，北临白洞水库，西邻县道 X290，东南邻白洞村，南距西福河约 150 米，木头塘依南侧山脚而建。山岗东部连接另一座山头，南边和西边隔低平的农田区与其他山岗相望。

木头塘后山由主体山体与东边一座小山包相接而成，东西向，平面近椭圆形，东西长约 500 米，南北长约 300 米，主体山体海拔约 69.8 米，东边小山包海拔约 47.8 米，整体山岗的相对高度约 44.8 米，各坡皆陡峭，北边有一条山脊，南边有两条山脊，主体山体与小山包相接处形成一条山谷。地表种植有荔枝树和灌木杂草。

2. 出土遗物

采集陶片 42 件、原始瓷片 1 件，年代分别是西周至春秋、战国至南越国及明清。（图 12-5）

西周至春秋时期：采集陶片 14 件。陶质以泥质粗硬陶为主，还有少量泥质细硬陶；陶色有灰、深灰、灰褐、灰白色等，部分陶片饰酱釉或青釉；纹饰有方格纹、重菱格凸块纹、重菱格凸点纹、重菱格纹、夔纹、圆圈纹、篦点纹、云雷纹、弦纹等，少量陶片为素面；可辨器形、部位有器盖、豆。采集原始瓷片 1 件，为豆圈足，泥质粗硬陶，灰黄色，青釉，素面。

ZDZJLY-50:1J，陶豆圈足，泥质细硬陶，灰褐色；仅存下半部分圈足，足墙外撇，足跟圆弧；素面，有刻划符号。复原底径 6.5、残高 2.3 厘米。（图 12-5，1）

战国至南越国时期：采集陶片 24 件。泥质细硬陶与泥质粗硬陶参半；陶色以灰色为主，还有灰褐、深灰、青灰、灰黑、黑褐、红褐色等；纹饰以米字纹为主，还有方格纹、方格对角线纹等，部分陶片为素面，少量陶片施有酱釉；可辨器形、部位为豆等陶器的口沿。

明清时期：采集陶片 4 件。以泥质粗硬陶为主，另有泥质粗软陶；陶色有灰黄、深灰、灰白、红褐色；其中 3 件为素面，另 1 件饰布纹。

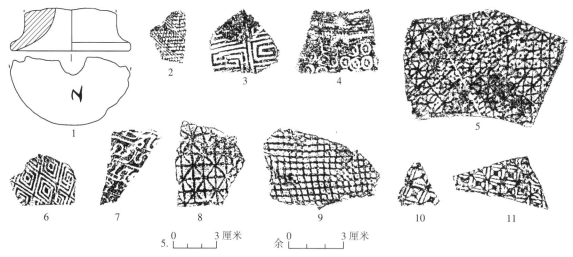

图 12 - 5 ZDZJLY - 50 采集陶器及纹饰拓片

1. 陶豆圈足（ZDZJLY - 50：1J） 2. 方格纹 + 弦纹（ZDZJLY - 50：7Y I） 3. 云雷纹（ZDZJLY - 50：6Y I） 4. 圆圈纹 + 篦点纹（ZDZJLY - 50：2Z II） 5、8. 米字纹（ZDZJLY - 50：12Y I、ZDZJLY - 50：5F） 6. 重菱格凸点纹（ZDZJLY - 50：9J） 7. 夔纹（ZDZJLY - 50：13Z II） 9. 方格纹（ZDZJLY - 50：16Z II） 10、11. 方格对角线纹（ZDZJLY - 50：8Z II、ZDZJLY - 50：8F）

六 ZDZJLY - 51 岑心路南山遗址

1. 遗址概况

岑心路南山遗址位于中新镇五联村岑心路南侧的山岗上，东临白洞水库，南邻县道 X290，北距西福河 230 米。其西侧、北侧与山岗相连，南侧为平地，再往南处坐落着中新木头塘后山遗址。

岑心路南山平面近圆形，东西长约 300 米，南北长约 280 米，海拔约 58.8 米，相对高度约 33.8 米，西北、东北、东南坡各有一条山脊，其余坡皆较陡。地表杂草丛生，种植荔枝树。

2. 采集遗物

采集西周至春秋时期的陶罐口沿残片 1 件，为泥质粗硬陶，灰黄色，饰方格纹和弦纹。

七 ZDZJLY - 54 九阴山遗址

1. 遗址概况

九阴山遗址位于中新镇五联村温大田东北边的山岗上，西南侧、北侧、东南侧均与山岗相连，南面为低平的农田区，距西福河 560 米，东隔农田区与山岗村落相望。

九阴山平面呈不规则形，东西最长约 600 米，南北最长约 580 米，海拔约 52.9 米，相对高度约 32.9 米，南、西、东坡各形成一条山脊。地表有杂草、落叶。

2. 出土遗物

采集陶片 14 件，年代分别为西周至春秋、战国至南越国及明清。（图 12 - 6）

西周至春秋时期：采集陶片 1 件。泥质粗硬陶，灰褐色，饰方格纹。

战国至南越国时期：采集陶片 6 件。陶质以泥质细硬陶为主，还有泥质粗硬陶；陶色有红褐、黑褐、灰、灰白、灰褐色，纹饰有米字纹、重圈纹、条纹、重弦纹、乳丁纹，有 1 件陶片为素面，还有 1

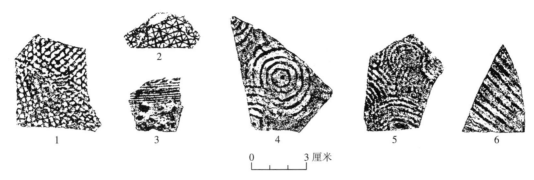

图 12 - 6 ZDZJLY - 54 采集陶片纹饰拓片
1. 方格纹（ZDZJLY - 54:10F）　2. 米字纹（ZDZJLY - 54:1Z Ⅱ）　3. 弦纹 + 方格纹（ZDZJLY - 54:5Y Ⅰ）
4、5. 重圈纹（ZDZJLY - 54:6Y Ⅰ、ZDZJLY - 54:8Y Ⅰ）　6. 条纹（ZDZJLY - 54:5F）

件陶片施酱釉；可辨器物部位有器盖。

明清时期：采集陶片 7 件。泥质粗硬陶和泥质细硬陶参半；陶色以灰、灰褐色为主，还有灰黄、红褐色，部分陶片施酱釉；纹饰有条纹、重圈纹、重环纹。

八　ZDZJLY - 56 益丰堂遗址

1. 遗址概况

益丰堂遗址位于中新镇心岭村益丰堂东侧山岗上，北距西福河 180 米，益丰堂环西侧山脚而建。现有一条公路呈东西向从山体中部穿过，西、南与山岗相连，东隔山岗望白洞水库，北隔平地、村落与山岗相望。

遗址所在山岗平面近椭圆形，东西向，东西长约 300 米，南北长约 200 米，海拔约 46.2 米，相对高度约 26.2 米，诸坡较缓，南边有一条山脊。地表灌木、杂草丛生，种植有荔枝树和橘树。

2. 出土遗物

采集西周至春秋陶片 1 件，泥质细硬陶，灰黄色，饰方格纹。

九　ZDZJLY - 57 禾堂岭遗址

1. 遗址概况

禾堂岭遗址位于中新镇合益村四福东侧山岗上，东距西福河支流 50 米，西边、北边、东边隔低平的农田区与山岗相望，南与山岗相连，四福村坐落于西侧山脚。

禾堂岭平面近椭圆形，东北—西南向，东北—西南长约 330 米，西北—东南长约 200 米，海拔约 53.3 米，相对高度约 23 米，各坡皆缓。地表杂草丛生，种植有荔枝树。

2. 出土遗物

采集明清时期青花瓷碗口沿残片 1 件，灰白胎，施青灰釉。

一〇　ZDZJLY - 60 福田后山遗址

1. 遗址概况

福田后山遗址位于中新镇南池村福田西北边山岗的坡地上，遗址所在山岗北接石坳岭，东南望福

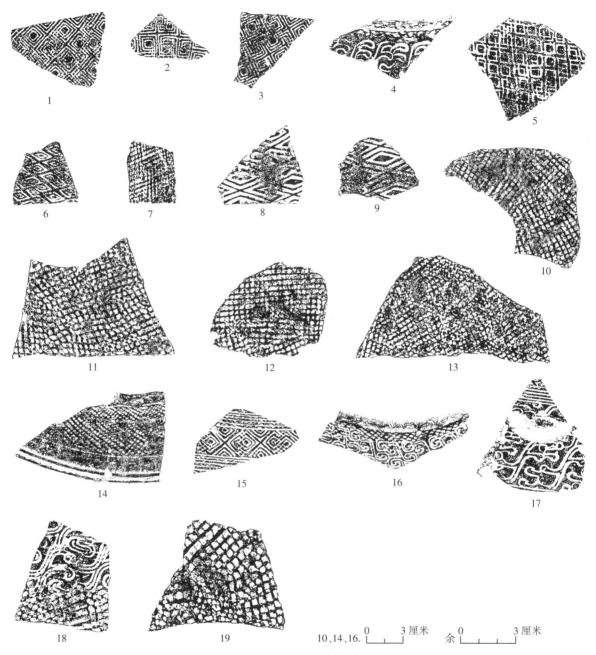

图 12 - 7　ZDZJLY - 60、61 采集陶片纹饰拓片

1~3. 重方格凸块纹（ZDZJLY - 61：4Y Ⅰ 、ZDZJLY - 61：6Z Ⅱ 、ZDZJLY - 61：7Y Ⅰ ）　4. 夔纹（ZDZJLY - 61：3①F）　5. 菱格凸块纹
（ZDZJLY - 61：16Y Ⅰ ）　6. 重菱格凸点纹（ZDZJLY - 60：7L）　7. 细方格纹（ZDZJLY - 60：12L）　8、9. 重菱格凸块纹（ZDZJLY -
61：2F、ZDZJLY - 60：13L）　10 ~ 13. 方格纹（ZDZJLY - 61：6F、ZDZJLY - 61：2J、ZDZJLY - 61：12Y Ⅰ 、ZDZJLY - 61：1②Z Ⅱ ）
14. 方格纹 + 篦划纹（ZDZJLY - 61：1①Z Ⅱ ）　15. 重菱格凸点纹 + 弦纹（ZDZJLY - 61：5Z Ⅱ ）　16. 夔纹 + 篦点纹（ZDZJLY -
60：14L）　17. 夔纹 + 弦纹（ZDZJLY - 61：3②F）　18. 方格纹 + 夔纹（ZDZJLY - 61：15Y Ⅰ ）　19. 方格纹（ZDZJLY - 60：10L）

田村，西邻山岗，南边为低平的农田区，西北距西福河 100 米。

遗址所在山岗平面呈长条卵形，南北向，南北长约 260 米，东西最长约 160 米，海拔约 52 米，相对高度约 20 米，南坡缓，其余坡较陡。地表种植有橘树，枯叶较多。

2. 采集遗物

采集陶片 10 件，年代为西周至春秋、战国至南越国。（图 12 - 7）

西周至春秋时期：采集陶片 5 件。泥质细硬陶和泥质粗硬陶参半；陶色有灰、灰黄、灰褐，纹饰有方格纹、夔纹、重菱格凸点纹、重菱格凸块纹、篦点纹、细方格纹等，有 1 件施酱釉；可辨器形、部位有罐口沿。

战国至南越国时期：采集陶片 5 件．泥质细硬陶为主，还有 1 件泥质粗硬陶，陶色有黄褐、深灰，均饰方格纹。

一一 ZDZJLY - 61 福田西北岭遗址

1. 遗址概况

福田西北岭遗址位于中新镇南池村福田西北边的山岗上，与福田后山遗址在同一座山岗，北接石坳岭，西邻山岗，南边为低平的农田区，东南望福田村，遗址西北距西福河 125 米。

遗址所在山岗平面呈长条卵形，南北向，南北长约 260 米，东西最长约 160 米，海拔约 52 米，相对高度约 20 米，南坡缓，其余坡较陡。地表种植有橘树，枯叶较多。

2. 采集遗物

采集陶片 37 件，年代均为西周至春秋。泥质细硬陶和泥质粗硬陶参半；陶色以深灰色为主，黄褐、灰、灰黄、灰褐、青灰、红褐、灰白色等；纹饰以方格纹为主，另有重方格凸块纹、夔纹、素面、细方格纹、弦纹、（重）菱格凸点（块）纹、篦划纹等；可辨器形、部位有罐口沿、瓮口沿、豆腹部。（见图 12 - 7）

一二 ZDZJLY - 62 汤村后山遗址

1. 遗址概况

汤村后山遗址位于中新镇南池村汤村北侧山岗上，东南距西福河约 220 米，汤村沿南侧山脚而建。山的北面接另一座山岗，东面隔平地与其他山岗相望，南面为广阔的农田区与村落。

遗址所在山岗平面近椭圆形，南北向，南北长约 350 米，东西长约 200 米，海拔约 46.2 米，相对高度约 21.2 米，诸坡皆缓，北边略凸起一小山包。地表灌木、杂草丛生，枯叶较多，种植有荔枝树。

2. 采集遗物

采集陶片 104 件、原始瓷片 2 件。年代分别为新石器时代晚期至商代、西周至春秋、战国至南越国、唐宋、明清。（图 12 - 8）

新石器时代晚期至商代：采集陶片 24 件。陶质以泥质细硬陶、夹细砂硬陶、泥质粗硬陶为主，还有 1 件夹砂粗软陶；陶色以灰、青灰色为主，还有红褐、灰白、灰黄、深灰、灰紫、黄褐、灰褐色；纹饰以曲折纹、绳纹为主，还有叶脉纹、长方格纹、篮纹、交错绳纹、交错条纹、条纹、斜长方格纹等，还有 1 件为素面；可辨器形、部位有罐口沿、豆圈足。

西周至春秋时期：采集陶片 67 件。陶质以泥质粗硬陶、泥质细硬陶为主，还有极少量夹细砂硬陶；

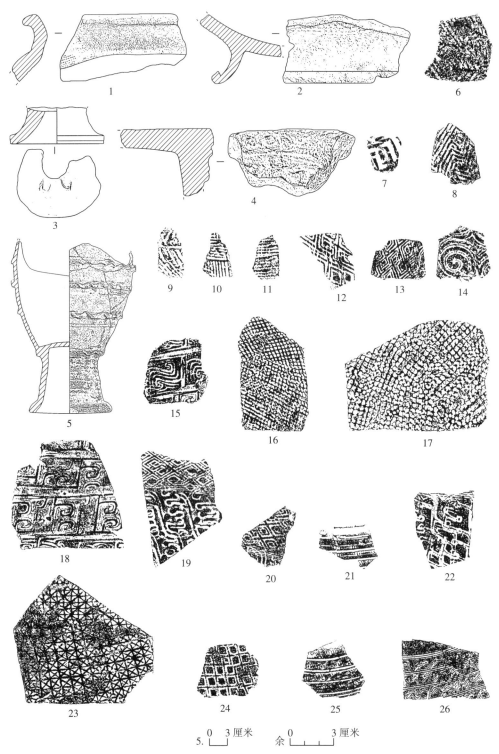

图 12 - 8　ZDZJLY - 62 采集遗物及陶片纹饰拓片

1. 陶罐口沿（ZDZJLY - 62：23ZⅡ）　2. 陶簋圈足（ZDZJLY - 62：17J）　3. 陶豆圈足（ZDZJLY - 62：14L）　4. 陶瓦当（ZDZJLY - 62：6YⅠ）　5. 陶魂瓶（ZDZJLY - 62：25F）　6 ~ 8. 曲折纹（ZDZJLY - 62：8YⅠ、ZDZJLY - 62：1F、ZDZJLY - 62：3L）　9. 叶脉纹（ZDZJLY - 62：5F）　10. 交错条纹（ZDZJLY - 62：7YⅠ）　11. 长方格纹（ZDZJLY - 62：5L）　12、13. 重菱格凸块纹（ZDZJLY - 62：15J、ZDZJLY - 62：22ZⅡ）　14、15. 云雷纹（ZDZJLY - 62：4YⅠ、ZDZJLY - 62：25YⅠ）　16、17. 方格纹（ZDZJLY - 62：11L、ZDZJLY - 62：13YⅠ）　18. 夔纹（ZDZJLY - 62：21F）　19. 夔纹 + 重菱格凸块纹 + 弦纹（ZDZJLY - 62：19F）　20. 重菱格凸点纹 + 弦纹（ZDZJLY - 62：1ZⅡ）　21. 弦纹 + 篦点纹（ZDZJLY - 62：27F）　22. 夔纹 + 弦纹（ZDZJLY - 62：12F）　23. 米字纹（ZDZJLY - 62：15YⅠ）　24. 菱格凸块纹（ZDZJLY - 62：17ZⅡ）　25. 篦点纹 + 弦纹（ZDZJLY - 62：21YⅠ）　26. 水波纹 + 弦纹（ZDZJLY - 62：12YⅠ）

陶色以灰褐、红褐色为主，还有灰黄、黄褐、灰、深灰、青灰、灰白色等，少量陶片施酱釉；纹饰以方格纹为主，还有夔纹、篦点纹、弦纹、重菱格凸块（点）纹、云雷纹、篦划纹等，还有一部分陶片为素面；可辨别器形、部位有罐的口沿、底、圈足，豆的腹部、圈足，簋圈足。

陶罐口沿　2件。

ZDZJLY－62：23ZⅡ，泥质细硬陶，灰褐色；敞口，圆唇外翻，卷沿，肩部残缺；饰方格纹。残宽8.6、高4.4厘米。（图12－8，1）

ZDZJLY－62：16J，泥质细硬陶，黄褐色；圆唇，敞口，斜直口沿，肩部残缺；素面，有刻划符号。残宽3.6、高3.7厘米。

陶簋圈足　1件。

ZDZJLY－62：17J，夹细砂硬陶，灰褐色；较矮，足墙外撇，足跟圆弧，足底内凹；饰方格纹。残宽8.6、高4.5厘米。（图12－8，2）

陶豆圈足　1件。

ZDZJLY－62：14L，泥质细硬陶，红褐色；仅存下半部分圈足，足墙外撇，足跟处有突棱；素面，有刻划符号。复原底径6.4、残高2.4厘米。（图12－8，3；彩版一三二，7、8）

战国至南越国时期：采集陶片5件。3件为泥质细硬陶，另2件为泥质粗硬陶；陶色有红褐、灰褐、灰、紫褐色；纹饰有米字纹、水波纹、弦纹、方格纹，还有1件为素面，1件施酱釉。

唐宋时期：采集陶片3件。2件为泥质粗硬陶，另1件为泥质细硬陶；陶色有灰黄、灰色；饰有堆塑纹、弦纹、乳丁纹，2件施有酱釉，可辨器形有魂瓶和瓦当。瓷片2件，胎灰白，施青釉或酱釉，饰堆塑或素面，可辨器形有魂瓶、碗饼足。

陶瓦当　1件。

ZDZJLY－62：6YⅠ，泥质粗硬陶，灰色；饰乳丁、弦纹。残宽8.4、高4.4厘米。（图12－8，4）

陶魂瓶　1件。

ZDZJLY－62：25F，泥质细硬陶，灰黄色，施酱釉；腹部以上残缺，腹部微鼓，圈足高且外撇；饰堆塑。残高27.8厘米，最大腹径20厘米，圈足高11、底径13.8厘米。（图12－8，5；彩版八二，1；彩版一四八，4）

明清时期：陶片5件。4件为泥质细硬陶，还有1件为泥质粗硬陶；陶色有灰白、灰褐、灰黄、红褐色，均为素面，可辨器形、部位有罐底、器耳。

一三　ZDZJLY－63石坳岭遗址

1. 遗址概况

石坳岭遗址位于中新镇南池村福田北边的石坳岭上，北距西福河130米，南边、东边为山岗，北边为低平的农田区。

石坳岭平面呈椭圆形，东西向，东西长约600米，南北长约250米，海拔较高，约102.1米，相对高度约74.1米，各坡都十分陡峭。地表灌木、杂草丛生，种植有桉树。近山脚处海拔40米之下地表和断面布满大量碎青板瓦和少量筒瓦。

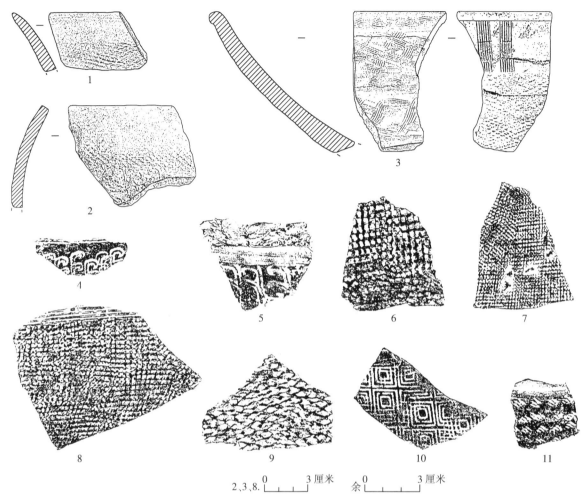

图 12-9　ZDZJLY-63 采集陶片及纹饰拓片

1、3. 陶瓮口沿（ZDZJLY-63：9J、ZDZJLY-63：17YⅠ）　2. 陶簋口沿（ZDZJLY-63：4J）　4、5. 夔纹+弦纹（ZDZJLY-63：5L、ZDZJLY-63：4L）　6、7. 方格纹（ZDZJLY-63：3ZⅡ、ZDZJLY-63：4YⅠ）　8. 方格纹+弦纹（ZDZJLY-63：9F）9. 网格纹（ZDZJLY-63：5ZⅡ）　10. 重菱格凸块纹（ZDZJLY-63：16YⅠ）　11. 篦点纹（ZDZJLY-63：1F）

2. 采集遗物

采集陶片 51 件，瓷片 4 件，年代分别是新石器时代晚期至商代、西周至春秋、战国至南越国、唐宋、明清。（图 12-9）

新石器时代晚期至商代：陶片 1 件。泥质粗硬陶，灰色，饰曲折纹。

西周至春秋时期：采集陶片 45 件。以泥质粗硬陶为主，还有少量泥质细硬陶；陶色以灰、灰黑、灰褐色为主，还有深灰、青灰、红褐、灰白、黄褐、灰黑、灰紫色等；纹饰以方格纹为主，其次是夔纹、弦纹，还有少量（重）菱格凸块纹、网格纹、复线篦划纹、篦点纹、水波纹等，少量施酱釉，还有 1 片为素面；可辨器形、部位有罐、瓮、簋的口沿。

陶瓮口沿　2 件。

ZDZJLY-63：17YⅠ，泥质细硬陶，黄褐色；敞口，圆唇，微微向外翻，口沿斜直，略微内凹，肩部残缺；外面饰方格纹和复线篦划纹，内面饰复线篦划纹、水波纹、弦纹。残宽 6.3、高 9.3 厘米。（图 12-9，3）

ZDZJLY-63:9J，泥质粗硬陶，灰色；敞口，尖唇，沿面略呈喇叭形，肩部缺失；饰方格纹。残宽3.8、高3厘米。（图12-9，1）

陶簋口沿 1件。

ZDZJLY-63:4J，泥质细硬陶，红褐色；敛口，方唇，口沿内凹，肩以下残缺；饰方格纹和夔纹。残宽7.3、高6.7厘米。（图12-9，2）

战国至南越国时期：采集陶罐口沿残片1件，泥质粗硬陶，灰褐色，饰方格纹和弦纹。

唐宋时期：采集瓷片2件，均为灰白胎、施青釉，有素面和篦点纹，可辨器形有杯底。采集陶片1件，泥质细硬陶，灰黄色，施酱釉，素面，为魂瓶残片。

明清时期：采集陶片3件，均为泥质粗硬陶，陶色有红褐、灰、灰白色，均为素面。瓷片2件。1件为碗底，白胎，施透明釉，饰刻划花草；另1件为碟口沿残片，灰白胎，施青灰釉，素面。

一四 ZDZJLY-65 上南向遗址

1. 遗址概况

上南向遗址位于中新镇双塘村上南向东北部的山岗上，南邻县道X940，西接山岗区，西南邻上南向村，东望双塘村，距西福河60米，其南边为低平的农田区。

遗址所在山岗为台地，平面呈狭长卵形，呈西北—东南向，西北—东南长约400米，西南—东北长约100米，海拔约70米，相对高度约40米，诸坡皆陡。地表种植乔木，灌木丛生。

2. 采集遗物

采集新石器时代晚期至商代陶片1件，泥质细硬陶，灰色，饰曲折纹。

一五 ZDZJLY-66 双塘月形遗址

1. 遗址概况

双塘月形遗址位于中新镇双塘村月形南侧山岗上，东邻县道X940，西距西福河230米，西接山岗，北边为低平的农田区，南边为村落，月形村坐落于北侧山脚。

遗址所在山岗为一台地，平面呈不规则形，形体小，南北最长约200米，东西最长约100米，海拔约47米，相对高度约15米，西坡、南坡缓，另外两坡略陡。地表种植桉树、竹子，灌木、杂草丛生。

2. 采集遗物

采集陶片15件，年代分别为新石器时代晚期至商代、西周至春秋、战国至南越国、唐宋。

新石器时代晚期至商代：采集陶片1件。夹细砂硬陶，灰黄色，饰篮纹。

西周至春秋时期：采集陶片12件。泥质粗硬陶为主，有少量泥质细硬陶；陶色以灰色为主，还有灰褐、灰黄、深灰、青灰、红褐色；纹饰以方格纹为主，还见有夔纹、弦纹、细方格纹，有1件为素面；可辨器形有罐的口沿和肩部。

战国至南越国时期：采集陶片1件。泥质细硬陶，深灰色，饰米字纹。

唐宋时期：采集陶片1件。泥质细硬陶，灰黑色，饰条纹。

一六 ZDZJLY-67大新屋后山遗址

1. 遗址概况

大新屋后山遗址位于中新镇双塘村大新屋东侧山岗上。山岗东距西福河70米，有一条小溪流流经，北与其他山岗相接，东、南边与其他山岗相望，大新屋村坐落于西侧山脚。

遗址所在山岗平面近圆形，东西长约180米，南北长约230米，海拔较高，约78.9米，相对高度约48米，诸坡皆十分陡峭。地表种植松树，杂草、灌木丛生，间有裸露地表。

2. 采集遗物

采集陶片20件、石器1件，年代分别为新石器时代晚期至商代、西周至春秋、战国至南越国。（图12-10）

新石器时代晚期至商代：采集陶片13件。以泥质粗硬陶、泥质细硬陶、夹粗砂软陶为主，还有夹细砂软陶、夹细砂硬陶、泥质粗软陶；陶色以灰白色为主，还有红褐、青灰、灰、灰褐、灰黑、灰黄、深灰色等；纹饰以曲折纹、长方格纹为主，还有绳纹、条纹、方格纹、弦纹等，以及少量素面陶片；可辨器形、部位有罐圈足。采集石器1件，为石锛。

陶罐圈足　1件。

ZDZJLY-67：2J，夹粗砂软陶，灰褐色；足墙外撇，足跟圆弧；素面。残宽8.3、高4.2厘米。（图12-10，1）

双肩石锛　1件。

ZDZJLY-67：5ZⅡ，凝灰岩；正面呈凸字形，顶部平直，折肩，锛体近方形，两侧边圆弧向下，一侧边较残，单面弧刃。宽2.4、高3.4、厚1厘米。（图12-10，6；彩版一二三，6）

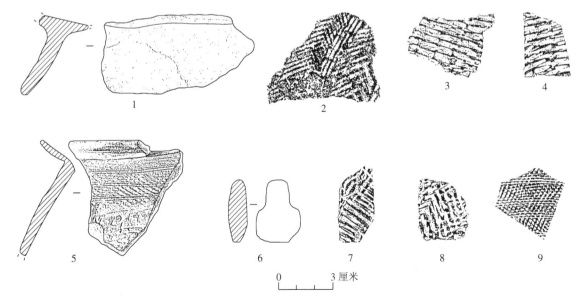

图12-10　ZDZJLY-67采集陶器及纹饰拓片

1. 陶罐圈足（ZDZJLY-67：2J）　2. 曲折纹+弦纹（ZDZJLY-67：5J）　3、4. 长方格纹（ZDZJLY-67：5YⅠ、ZDZJLY-67：3ZⅡ）　5. 陶罐口沿（ZDZJLY-67：1YⅠ）　6. 双肩石锛（ZDZJLY-67：5ZⅡ）　7、8. 曲折纹（ZDZJLY-67：4ZⅡ、ZDZJLY-67：4YⅠ）　9. 方格纹+弦纹（ZDZJLY-67：2YⅠ）

西周至春秋时期：采集陶片6件，陶质有泥质细硬陶、泥质粗硬陶、夹细砂硬陶；陶色有灰、灰黄、灰白、灰褐；纹饰以方格纹为主，还有夔纹、弦纹；可辨器形、部位有罐口沿。

陶罐口沿 1件。

ZDZJLY－67∶1YⅠ，泥质粗硬陶，灰褐色；敞口，圆唇，沿面微微内凹，折沿，溜肩；饰夔纹、方格纹、弦纹。残宽6.2、高6.1厘米。（图12－10，5）

战国至南越国时期：陶片1件，泥质细硬陶，红褐色，素面。

一七 ZDZJLY－68禾狸沙遗址

1. 遗址概况

禾狸沙遗址位于中新镇双塘村禾狸沙的一处山坡上，北望联安水库，距西福河270米，东边进入浅山区，南与其他山岗相接，西边为西福河谷地及村落。

禾狸沙遗址所在山坡海拔约69米，相对高度约35米，坡度陡峭。山顶种植乔木，灌木、杂草丛生近山脚处种植荔枝树。

2. 采集遗物

采集西周至春秋时期陶片1件。

陶瓮口沿 1件。

ZDZJLY－68∶1L，泥质细硬陶，灰褐色；方唇外翻，敞口，沿面斜直，略微内凹，折沿，肩部残缺；饰方格纹、篦划纹。残宽11.4、高10厘米。（图12－11）

一八 ZDZJLY－69羊角咀遗址

1. 遗址概况

羊角咀遗址位于中新镇双塘村羊角咀北侧山岗上，东北与联安水库相望，南距西福河360米，西福河的支流流经其西侧，东北进入浅山区，西边和南边周围为低平的农田区与村落，再往外则为山岗地形。

羊角咀遗址所在山岗平面近椭圆形，东北—西南向，东北—西南长约240米，西北—东南长约120米，海拔约68米，相对高度约28米，北坡和南坡较陡，西坡和东坡较缓。地表种植荔枝树、竹子、灌木、杂草丛生。

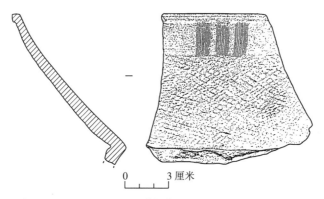

0 3厘米

图12－11 ZDZJLY－68采集陶瓮口沿（ZDZJLY－68∶1L）

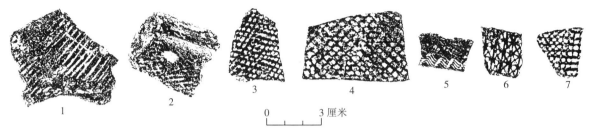

图 12 - 12　ZDZJLY - 69 采集陶片纹饰拓片

1. 绳纹（ZDZJLY - 69：6Z Ⅱ）　　2. 绳纹 + 附加堆纹（ZDZJLY - 69：3Z Ⅱ）　　3、4、7. 方格纹（ZDZJLY - 69：3L、ZDZJLY - 69：2L、ZDZJLY - 69：5Z Ⅱ）　　5. 水波纹（ZDZJLY - 69：2Z Ⅱ）　　6. 米字纹（ZDZJLY - 69：4Z Ⅱ）

2. 采集遗物

采集陶片 11 件，年代分别为新石器时代晚期至商代、西周至春秋、战国至南越国。（图 12 - 12）

新石器时代晚期至商代：采集陶片 2 件。均为夹细砂硬陶，陶色分别为灰、灰黄色，饰绳纹、附加堆纹。

西周至春秋时期：采集陶片 6 件。泥质细硬陶和泥质粗硬陶参半，陶色有深灰、灰色、灰黄、灰黑色，纹饰以方格纹为主，还有 1 件素面陶片。

战国至南越国时期：采集陶片 3 件。均为泥质细硬陶，陶色有灰黑、灰色，纹饰有水波纹、米字纹、方格纹，可辨器形有钵。

一九　ZDZJLY - 72 汾村西 1 号岗遗址

1. 遗址概况

汾村西 1 号岗遗址位于中新镇里汾村西北部的山岗上，东北距乡道 Y416 约 180 米，西距西福河支流约 100 米，东边与两座山岗相接，西边和南边隔低平的农田区与其他山岗相望。

该遗址所在山岗平面近心形，南北最长约 250 米，东西最长约 220 米，海拔约 74 米，相对高度约 44 米，东坡形成一条山脊，北坡先缓后陡，西坡和南坡较陡。山坡种植火龙果树、荔枝树和乔木，间有杂草。

2. 采集遗物

采集战国至南越国时期陶罐口沿残片 1 件，泥质粗硬陶，灰褐色，饰方格纹。

二〇　ZDZJLY - 73 汾村西 2 号岗遗址

1. 遗址概况

汾村西 2 号岗遗址位于中新镇里汾村西北部的山岗上，西侧与汾村西 1 号岗遗址所在山岗相接，距西福河支流 340 米，乡道 Y416 从东侧山脚穿过，北侧有鱼塘，南侧隔低平的农田与其他山岗相望。

该遗址所在山岗平面近椭圆形，东西向，东西长约 330 米，南北长约 180 米，海拔约 60.1 米，相对高度约 30.1 米，北坡、东坡缓，南侧形成一条山谷，西坡先缓后陡。地表种植乔木，间有灌木、杂草，枯草较多，偶见地表。

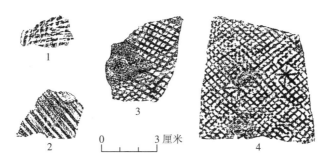

图 12 - 13　ZDZJLY - 73、74 采集陶片纹饰拓片

1. 交错绳纹（ZDZJLY - 74 : 1L）　2. 条纹（ZDZJLY - 73 : 2F）

3. 方格纹（ZDZJLY - 73 : 4F）　4. 方格纹 + 米字纹（ZDZJLY - 73 : 1F）

2. 采集遗物

采集陶片 8 件，年代为战国至南越国、明清。（图 12 - 13）

战国至南越国时期：采集陶片 7 件。泥质粗硬陶为主，还有泥质细硬陶、泥质粗软陶；陶色以红褐色为主，还有灰黑、灰褐色；纹饰以方格纹为主，还有米字纹、三角格纹、条纹；可辨器形、部位有罐口沿。

明清时期：采集陶片 1 件。泥质粗硬陶，灰黑色，素面。

二一　ZDZJLY - 74 汾村西 3 号岗遗址

1. 遗址概况

汾村西 3 号岗遗址位于中新镇里汾村西北部的山岗上，西距西福河支流 175 米，乡道 Y416 从东北侧山脚穿山而过，北边和南边与其他山岗相接，西边为低平的农田，东边有鱼塘。

该遗址所在山岗为台地，平面近三角形，东西长约 200 米，南北长约 180 米，海拔约 58.5 米，相对高度约 28.5 米，东坡和西坡陡，南坡和北坡较缓，南坡与西北坡各有一条山脊。地表种植乔木，灌木、杂草丛生。

2. 采集遗物

采集新石器时代晚期至商代陶片 1 件，泥质细硬陶，灰色，饰交错绳纹。（见图 12 - 13）

二二　ZDZJLY - 75 头排遗址

1. 遗址概况

头排遗址位于中新镇濠迳村头排北侧山岗上，西距乡道 Y415 约 100 米，西距西福河支流约 300 米，西与其他山岗相望，东边进入浅山区，头排村坐落于南侧山脚。

头排遗址所在山岗平面近圆形，南北长约 250 米，东西长约 250 米，海拔约 106 米，相对高度约 66 米，诸坡皆十分陡峭。地表种植树苗，间有杂草。

2. 采集遗物

采集西周至春秋陶片 2 件。1 件为泥质细硬陶，青灰色，素面；另 1 件为泥质粗硬陶，灰黄色，施酱釉。

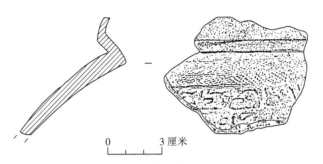

图 12 - 14　ZDZJLY - 75 采集陶罐口沿（ZDZJLY - 75：1J）

陶罐口沿　1 件。

ZDZJLY - 75：1J，泥质粗硬陶，灰黄色，施酱釉；敛口，方唇，沿面内折，折沿，肩部残缺；饰方格纹、夔纹、弦纹。残宽 7.8、高 6.2 厘米。（图 12 - 14；彩版一二八，8）

二三　ZDZJLY - 76 濠迳村后山遗址

1. 遗址概况

濠迳村后山遗址位于中新镇濠迳村西北部的山岗上，东北接另一座山岗，南边隔低平的农田与丘陵山岗相望。西福河从山体西、南两侧流经，距山体西面约 145 米，乡道 Y416 沿南侧山脚而过。

濠迳村后山由主峰及其南边一座小山包组成。主体山岗平面为椭圆形，呈东北—西南向。山岗整体长约 450 米，宽约 250 米。主体山岗海拔 70.5 米，南边小山包海拔 62.5 米，整体相对高度约 20.5 米。主体山岗为台地，北坡有一条山脊，坡度中等。山脚处种植荔枝树，枯叶较多，半山腰及山顶种植乔木，灌木、杂草丛生。

2. 采集遗物

采集陶片 105 件，年代分别为新石器时代晚期至商代、西周至春秋、明清。（图 12 - 15 ~ 17）

新石器时代晚期至商代：采集陶片 61 件。陶质以泥质粗硬陶、泥质细硬陶为主，还有泥质粗软陶、夹细砂硬陶、泥质细软陶、夹粗砂软陶等；陶色以红褐、黄褐、灰白色为主，还有灰、青灰、灰黄色等，少数施酱釉；以素面陶居多，其余陶片纹饰以篮纹、曲折纹、交错绳纹为主，还有附加堆纹、（斜）长方格纹、绳纹、叶脉纹、梯格纹、条纹等；可辨器形、部位有罐圈足、罐口沿、贯耳壶。

陶罐圈足　1 件。

ZDZJLY - 76：4ZⅡ，泥质细硬陶，灰白色；足墙矮且斜直，足跟圆弧，足底略微内凹；饰长方格纹。残宽 3.8、高 1.5 厘米。

西周至春秋时期：采集陶片 41 件。以泥质细硬陶为主，还有少量泥质粗硬陶；陶色以黄褐色为主，还有红、灰褐、灰黄、深灰、灰色等；纹饰以方格纹为主，还有夔纹、篦划纹、弦纹、云雷纹、细方格纹等；可辨器形、部位有罐、瓮的口沿。

陶罐口沿　2 件。

ZDZJLY - 76：8①ZⅡ，泥质细硬陶，黄褐色；敞口，圆唇向外翻，沿面斜直，折沿，肩部缺失；

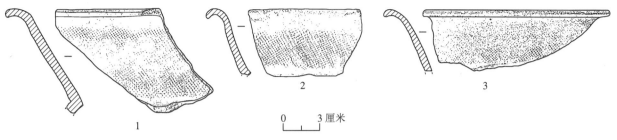

图 12 – 15 ZDZJLY – 76 采集陶片

1. 陶罐口沿（ZDZJLY – 76：8①Z Ⅱ）　2、3. 陶瓮口沿（ZDZJLY – 76：12F、ZDZJLY – 76：2Y Ⅰ）

饰方格纹。残宽 8.5、高 8.4 厘米。（图 12 – 15，1）

ZDZJLY – 76：8②Z Ⅱ，泥质细硬陶，黄褐色，饰方格纹、弦纹。残宽 11.2、高 9.9 厘米。

陶瓮口沿　2 件。

ZDZJLY – 76：2Y Ⅰ，泥质细硬陶，灰褐色；敞口，圆唇向外翻，沿面呈喇叭形，肩部缺失；饰方格纹。残宽 15.2、高 5 厘米。（图 12 – 15，3；彩版一三三，8）

ZDZJLY – 76：12F，泥质细硬陶，红色；敞口，圆唇向外翻，沿面斜直，略微内凹，肩部缺失；饰方格纹。残宽 9、高 5.3 厘米。（图 12 – 15，2）

明清时期：采集陶片 3 件。均为泥质粗硬陶，陶色有灰黄、红褐色，均为素面，其中 1 件施酱釉，可辨器形有四耳罐。

陶罐口沿　1 件。

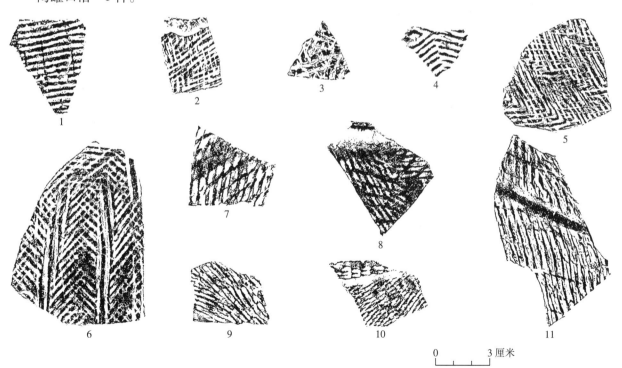

图 12 – 16 ZDZJLY – 76 采集陶片纹饰拓片

1. 长方格纹（ZDZJLY – 76：21Y Ⅰ）　2、3. 交错绳纹（ZDZJLY – 76：20②Y Ⅰ、ZDZJLY – 76：8F）　4、5. 曲折纹（ZDZJLY – 76：10Y Ⅰ、ZDZJLY – 76：20①Y Ⅰ）　6. 叶脉纹（ZDZJLY – 76：16Z Ⅱ）　7、8. 斜长方格纹（ZDZJLY – 76：24F、ZDZJLY – 76：1J）　9. 篮纹（ZDZJLY – 76：17Y Ⅰ）　10、11. 长方格纹 + 附加堆纹（ZDZJLY – 76：7L、ZDZJLY – 76：14Z Ⅱ）

图 12 - 17　ZDZJLY - 76 采集陶片纹饰拓片

1 ~ 15. 方格纹（ZDZJLY - 76：3J、ZDZJLY - 76：5⑦L、ZDZJLY - 76：11ZⅡ、ZDZJLY - 76：5⑤L、ZDZJLY -
76：2L、ZDZJLY - 76：5⑥L、ZDZJLY - 76：5③L、ZDZJLY - 76：5⑨L、ZDZJLY - 76：5①L、ZDZJLY - 76：5⑧L、
ZDZJLY - 76：5②L、ZDZJLY - 76：5③ZⅡ、ZDZJLY - 76：5④L、ZDZJLY - 76：11②F、ZDZJLY - 76：2②J）
16 ~ 18. 云雷纹（ZDZJLY - 76：12ZⅡ、ZDZJLY - 76：6②J、ZDZJLY - 76：6①J）　19. 方格纹 + 篦划纹 + 弦纹
（ZDZJLY - 76：11L）　20、21、25. 方格纹 + 弦纹（ZDZJLY - 76：11①F、ZDZJLY - 76：5YⅠ、ZDZJLY -
76：2①J）　22、26. 细方格纹（ZDZJLY - 76：5②ZⅡ、ZDZJLY - 76：5①ZⅡ）　23. 方格纹 + 夔纹 + 弦纹
（ZDZJLY - 76：9ZⅡ）　24. 夔纹 + 弦纹（ZDZJLY - 76：2ZⅡ）

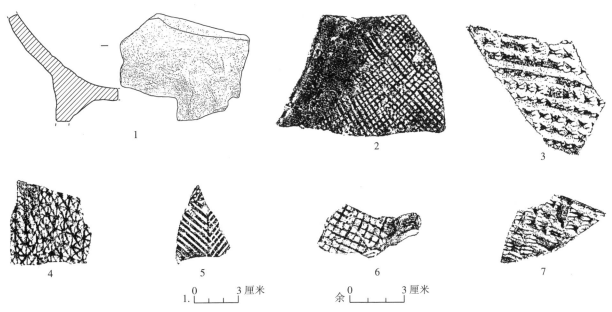

图 12 - 18　ZDZJLY - 77 采集陶器及纹饰拓片

1. 陶鼎足（ZDZJLY - 77：3F）　　2、6. 方格纹（ZDZJLY - 77：1L、ZDZJLY - 77：1YⅠ）　　3、7. 附加堆纹（ZDZJLY - 77：1ZⅡ、ZDZJLY - 77：2YⅠ）　　4. 米字纹（ZDZJLY - 77：1F）　　5. 叶脉纹（ZDZJLY - 77：2L）

　　ZDZJLY - 76：3ZⅡ，泥质粗硬陶，灰黄色，施酱釉；直口，折肩，向下斜收腹，平底；素面。口径 8.1、底径 8.2 厘米，最大腹径 15.4、通高 14.9 厘米。

二四　ZDZJLY - 77 竹园山遗址

1. 遗址概况

　　竹园山遗址位于中新镇濠迳村西北边的山岗上，东邻濠迳村后山，南距西福河 80 米，北接山岗，西边和南边隔低平的农田区与其他山岗相望，乡道 Y416 沿西侧山脚而过。

　　竹园山为台地，平面呈长条卵形，西北—东南向，西北—东南长约 350 米，东北—西南长约 180 米，海拔约 59 米，相对高度约 14 米，东南坡较缓，其余坡陡。地表种植果树、乔木、竹子，杂草较多。

2. 采集遗物

　　采集战国至南越国时期陶片 37 件。以泥质细硬陶为主，还有少量泥质粗硬陶；陶色以灰色为主，还有灰黄、灰褐、青灰色等；纹饰以方格纹为主，偶见叶脉纹、附加堆纹、弦纹、米字纹，还有少量陶片为素面；少量陶片饰酱釉或黑釉；可辨器形、部位有罐底、盂口沿、鼎足。（图 12 - 18）

　　陶鼎足　1 件。

　　ZDZJLY - 77：3F，泥质细硬陶，灰褐色；下部、内部残，无法辨认形状，上侧为器内壁，为凹弧状；素面。残宽 8.4、高 7.2 厘米。（图 12 - 18，1）

二五　ZDZJLY - 78 濠迳村山塘遗址

1. 遗址概况

　　濠迳村山塘遗址位于中新镇濠迳村山塘北侧山岗上，东北距西福河支流 340 米，西南距中花路 160

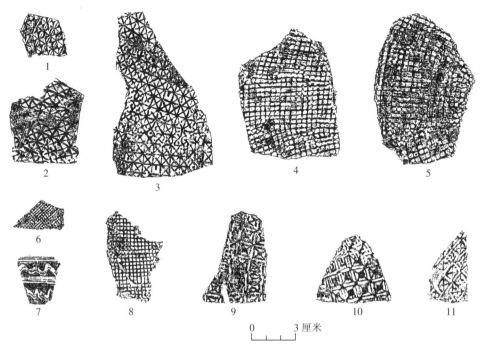

图 12 - 19   ZDZJLY - 78 采集陶片纹饰拓片

1 ~ 3. 米字纹（ZDZJLY - 78∶2F、ZDZJLY - 78∶1YⅠ、ZDZJLY - 78∶16F）   4 ~ 6、8. 方格纹（ZDZJLY - 78∶24L、ZDZJLY - 78∶19YⅠ、ZDZJLY - 78∶13YⅠ、ZDZJLY - 78∶18YⅠ）   7. 水波纹 + 弦纹（ZDZJLY - 78∶25YⅠ）   9 ~ 11. 方格对角线纹（ZDZJLY - 78∶24YⅠ、ZDZJLY - 78∶1J、ZDZJLY - 78∶17YⅠ）

米，东侧与西侧与其他山岗相接，北隔低平的农田区与竹园山相望，山塘村坐落于南侧山脚。

濠迳村山塘遗址所在山岗平面近圆形，东西长约 200 米，南北长约 210 米，海拔约 72.5 米，相对高度约 22.5 米，坡度中等。地表种植少量荔枝树，大片地表裸露，东北山脚采集遗物处为橘子林。

2. 采集遗物

采集陶片 62 件，年代为战国至南越国、唐宋和明清时期。（图 12 - 19）

战国至南越国时期：采集陶片 56 件。以泥质粗硬陶为主，泥质细硬陶其次，还有少量夹细砂硬陶；陶色以深灰、灰褐、灰为主，还有红褐、灰黄、灰黑、黑褐、黄褐色等；纹饰以方格纹、米字纹为主，偶见方格对角线纹、三角格纹、水波纹、弦纹等，还有少量素面陶片，部分陶片施酱釉；可辨器形、部位有罐口沿。

唐宋时期：陶片 2 件。均为灰黑色泥质细硬陶，其中 1 件饰条纹，另 1 件为素面，可辨器形、部位有罐底。

明清时期：陶片 4 件。泥质细硬陶和泥质粗硬陶参半，其中 3 件为红褐色素面陶片，另 1 件为灰黄色饰刻槽纹陶片。

二六   ZDZJLY - 83 叶屋后山遗址

1. 遗址概况

叶屋后山遗址位于中新镇简塘村叶屋东侧山岗上，东望汤美坡村，北、东、南侧为小山谷，东、南山脚有西福河支流流经，西北与群山相连，叶屋村坐落于山岗西南坡脚。踏查地点选在一处村民已清理表土准备开荒之处。

叶屋后山平面呈椭圆形，西北—东南向，长约780米，宽约550米，海拔约162.8米，相对高度约60米，坡势复杂，诸坡皆十分陡峭。地表种植竹子和乔木，杂草、灌木丛生。

2. 采集遗物

采集明清时期宽永通宝铜钱1枚。

ZDZJLY–83：1ZⅡ，外圆内方，上有"宽永通宝"四字；直径2.3、好0.6、肉0.9、边宽0.1厘米。

二七　ZDZJLY–86濠迳村围岭遗址

1. 遗址概况

濠迳村围岭遗址位于中新镇濠迳村山塘东北边的山岗上，位于一连片的山岗区的北部，南望中花路，东北距西福河170米，周边与其他山岗相连。

围岭平面呈不规则形，海拔约104米，相对高度约69米，诸坡均十分陡峭。地表种植果树，灌木、杂草丛生，间有裸露地表。

2. 采集遗物

采集新石器时代晚期至商代陶片3件。陶质分别为夹细砂硬陶、泥质细硬陶、泥质细软陶，陶色分别为青灰、灰褐、红色，纹饰分别为交错条纹、绳纹，另1件为素面。

二八　ZDZJLY–89水贝遗址

1. 遗址概况

水贝遗址位于中新镇官塘村水贝东北边的山岗上，西接水贝村所坐落的山岗，北边隔低平的农田与其他山岗相望，南边隔河流水塘与其他山岗相望，东北距西福河115米，西福河支流流经山岗北、东、南三侧。

水贝遗址所在山岗主体平面近圆形，并向东伸出一狭长山谷，东西长约330米，南北最长约215米，海拔约62.8米，相对高度约32.8米，诸坡较陡峭。地表种植松树、竹子、荔枝树，枯草较多，在两座小土丘之间相连近山脚处，村民已清理表层种了橘树，使得部分区域地表裸露。

2. 采集遗物

采集陶片23件、瓷片1件，年代分别为西周至春秋和唐宋时期。（图12–20）

西周至春秋时期：采集陶片23件。以泥质细硬陶为主，个别泥质粗硬陶；陶色以灰褐色为主，还有红褐、黄褐、灰黄、灰、深灰色等；纹饰以方格纹为主，还有夔纹、弦纹、重菱格凸点纹等，有1件陶片为素面，1件陶片施酱釉，1件陶片内壁有刻划符号。

唐宋时期：采集瓷片1件。胎灰白，施青釉，饰冰裂纹，为碗残片。

二九　ZDZJLY–90五担田遗址

1. 遗址概况

五担田遗址位于中新镇官塘村五担田西侧山岗上，北望中花路，南距西福河260米，因地处浅山

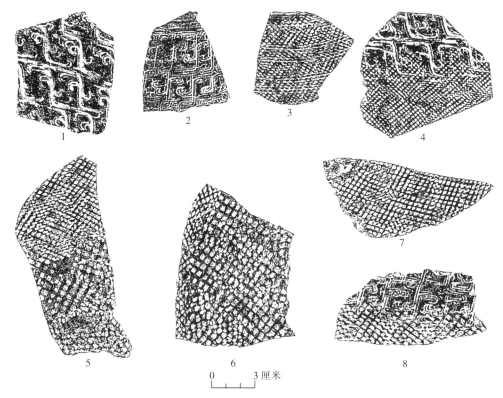

图 12-20　ZDZJLY-89 采集陶片纹饰拓片

1、2. 夔纹（ZDZJLY-89：2F、ZDZJLY-89：2L）　3. 方格纹 + 弦纹（ZDZJLY-89：2J）　4、8. 方格纹 +
夔纹（ZDZJLY-89：3J、ZDZJLY-89：4L）　5～7. 方格纹（ZDZJLY-89：1①ZⅡ、ZDZJLY-89：5L、
ZDZJLY-89：1②ZⅡ）

区中，周围多山岗，五担田坐落于山岗东侧平地。

五担田遗址所在山岗平面近圆形，东西长约 250 米，南北长约 200 米，海拔约 68 米，相对高度约
28 米，西坡陡，其余三坡较缓。地表种植茂密的荔枝树。

2. 采集遗物

采集陶片 16 件，年代为战国至南越国、唐宋时期。

战国至南越国时期：采集陶片 15 件。均为泥质细硬陶；陶色以灰褐色为主，还有红褐、灰、
黑褐、灰黑、深灰色等；纹饰以条纹、重圈纹为主，另有 1 件饰米字纹；可辨器形、部位有罐
口沿。

唐宋时期：采集陶片 1 件。泥质细硬陶，灰黑色，饰重圈纹。

三〇　ZDZJLY-93 林柏舫后山遗址

1. 遗址概况

林柏舫后山遗址位于中新镇里汾村南边的山岗上，东望县道 X940，北距西福河支流 160 米，北边
隔低平的农田区与里汾村及其他山岗相望，西边与南边与其他山岗相接，东边为农田与村落。

林柏舫后山遗址所在山岗平面呈不规则形，海拔约 96.1 米，相对高度约 71.1 米，诸坡陡峭。地
表种植橘树、荔枝树、松树、竹子，杂草丛生。

2. 采集遗物

采集陶片61件、原始瓷片1件、瓷片1件，年代为西周至春秋、明清时期。（图12-21）

西周至春秋时期：采集陶片60件。陶质以泥质细硬陶为主，少量陶片为泥质粗硬陶和泥质粗软陶；陶色以灰、灰褐色为主，还有红褐、灰黄、深灰、黄褐、红色等；纹饰以方格纹为主，还见有夔纹、弦纹、篦点纹、篦划纹、重菱格凸块（点）纹、网格纹、曲折纹等，有少量陶片为素面，有1件陶片内壁有刻划符号，少量陶片施酱釉，个别施青釉；可辨器形、部位有罐口沿和豆。采集原始瓷片1件，泥质细硬陶，灰黄色，施青釉，饰戳印圆圈纹、篦点纹、弦纹。

明清时期：陶片1件，泥质粗硬陶，灰黄色，素面。

青花瓷碟　1件。

ZDZJLY-93：15YⅠ，胎发红，施青灰釉；敞口，圆唇，斜直腹，平底；器外壁饰9组三竖条青花纹。口径12.2、底径6.9、通高2.9厘米。（图12-21，19；彩版八三，4；彩版一四八，8）

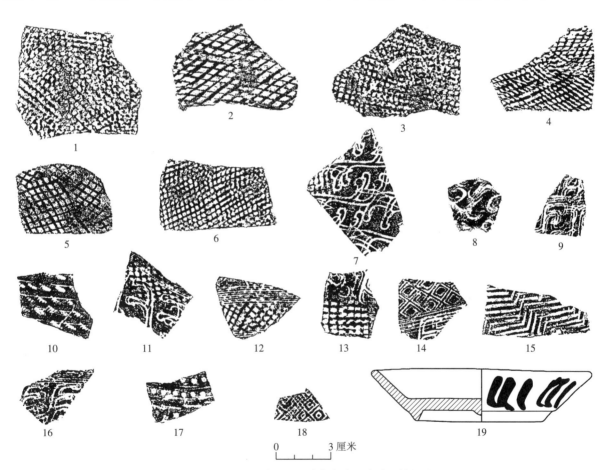

图12-21　ZDZJLY-93采集瓷碗及陶片纹饰拓片

1~6. 方格纹（ZDZJLY-93：13YⅠ、ZDZJLY-93：3F、ZDZJLY-93：10ZⅡ、ZDZJLY-93：9F、ZDZJLY-93：11YⅠ、ZDZJLY-93：17F）　7~9. 夔纹（ZDZJLY-93：3J、ZDZJLY-93：10②F、ZDZJLY-93：4YⅠ）　10. 篦点纹+弦纹（ZDZJLY-93：5F）　11. 夔纹+篦点纹（ZDZJLY-93：7ZⅡ）　12. 方格纹+弦纹（ZDZJLY-93：1YⅠ）　13. 方格纹+夔纹（ZDZJLY-93：10①F）　14. 夔纹+重菱格凸块纹+弦纹（ZDZJLY-93：1L）　15. 曲折纹（ZDZJLY-93：11J）　16. 夔纹+弦纹（ZDZJLY-93：4J）　17. 戳印圆圈纹+篦点纹（ZDZJLY-93：14F）　18. 重菱格凸点纹（ZDZJLY-93：1①ZⅡ）　19. 瓷碗（ZDZJLY-93：15YⅠ）

三一 ZDZJLY－97 下花路国岭遗址

1. 遗址概况

下花路国岭遗址位于中新镇茅田村南边的山岗上，东距西福河 335 米，乡道 Y406 穿西南侧山脚而过，北边隔低平的农田区与茅田村相望，东边隔低平的农田区与其他山岗相望，西边和南边与其他山岗相邻。

下华路国岭遗址所在山岗平面近四边形，西北—东南最长约 550 米，东北—西南最长约 430 米，海拔约 53.5 米，相对高度约 28.5 米，坡势较复杂，东北坡较陡，其余坡较缓。地表种植果树，土地大片裸露。

2. 采集遗物

采集唐宋时期瓷片 5 件。均为灰白胎，施青白釉或青黄釉、青釉，其中 4 件为素面，另 1 件内底有刻划交叉线，可辨器形有碗、碟。

三二 ZDZJLY－110 蔗寮下遗址

1. 遗址概况

蔗寮下遗址位于中新镇九和村蔗寮下南侧山岗上，东距金坑河约 90 米，蔗寮下村坐落于北侧山脚。山的南、西面分布鱼塘，更远处为山岗，北、东面分布着农田与鱼塘，东部更远处有高埔村和其他山岗。现山体东南部分已被平整。

蔗寮下遗址所在山岗平面呈不规则形，形体较大，海拔约 90.6 米，相对高度约 70 米，诸坡皆陡峭。山腰为火龙果园，多杂草，陶片基本在火龙果树下的草堆里。

2. 采集遗物

采集西周至春秋陶片 8 片。多为泥质粗硬陶；陶色以灰褐色为主，还有 1 片为红褐色，有 1 片陶片外施酱色陶衣；纹饰以夔纹和方格纹为主，有少量重菱格纹；可辨器形、部位有罐口沿。（图 12－22）

三三 ZDZJLY－182 沙泥坳遗址（复查）

1. 遗址概况

沙泥坳遗址位于中新镇联丰村莫罗洞西侧山岗南坡，因其南侧为小山坳而得名。山岗北邻县道 X269，

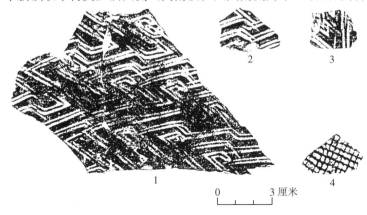

图 12－22 ZDZJLY－110 采集陶片纹饰拓片
1～3. 夔纹（ZDZJLY－110:1Y Ⅰ、ZDZJLY－110:2②Y Ⅰ、ZDZJLY－110:2①Y Ⅰ）　4. 方格纹（ZDZJLY－110:5Y Ⅰ）

花莞高速公路从西侧经过，东南距雅瑶河支流2.2千米，北靠一山岗，西侧隔小山坳与山岗相望，东侧为大片农田。2011年底至2012年初，对花莞高速公路进行调查勘探时发现此处遗址。

沙泥坳遗址所在山岗海拔约40米，整体相对海拔约5米，地势北高南低，坡度平缓，南侧因修筑田间小路而呈断坎状。现地表种植荔枝、橄榄、竹子等，局部杂草丛生。

2. 地层堆积

经勘探，地层可分为3层：

①层：耕土层，灰土，土质疏松，含细砂，局部有明清的陶瓷片，厚10~30厘米。

②层：黄沙土，土质较紧密，黏性，局部有瓦片、明清瓷片及烧土等遗物，厚10~70厘米。

③层：黄土夹较多颗粒砂子及铁锈斑砂石，土质紧密，无任何遗物，厚15~25厘米。

③层下为生土。

3. 出土遗物

调查勘探时在地表及地层中发现较丰富的明清瓷片及烧土，初步判断该处有砖瓦窑。本次复查未发现遗物。

三四 ZDZJLY-183 乌石岭遗址（复查）

1. 遗址概况

乌石岭遗址位于中新镇五联村西北方向，东邻白洞水库，南与大岭顶遗址相望，西邻九阴山，南距西福河支流200米。乌石岭为西福河东岸的山岗，海拔约67米，相对高度约42米，山势陡峭，坡度较大。为配合广州增城沙庄至花都北兴公路二期工程（即北三环高速公路）建设，2016年7月至11月，广州市文物考古研究院对乌石岭遗址进行了抢救性考古发掘。

2. 遗迹现象

清理墓葬12座。时代为商代、西周至春秋时期。商时期墓葬发现于乌石岭山顶北部，为长方形竖穴土坑墓，出土陶折肩罐等随葬品。西周至春秋时期墓葬形制与大岭顶遗址的相近。

3. 出土遗物

商代墓葬出土遗物见折肩罐等。西周至春秋时期出土遗物与大岭顶遗址的相近。

三五 ZDZJLY-184 大岭顶遗址（复查）

1. 遗址概况

大岭顶遗址位于中新镇五联村东北部，东邻甘园村，南与担水坳遗址相连，东北邻白洞水库，西北距西福河支流280米，西侧为大片低矮农田。大岭顶为西福河东岸的山岗，海拔约41.1米，相对高度约11.1米，地势低矮平缓。为配合广州增城沙庄至花都北兴公路二期工程（即北三环高速公路）建设，2016年7月至11月，广州市文物考古研究院对大岭顶遗址进行了抢救性考古发掘。

2. 遗迹现象

清理墓葬101座，以西周至春秋时期为主，另有部分明清时期墓葬。西周至春秋时期墓葬开口大多平面近似椭圆形，斜壁，墓底为长方形，有些墓葬在墓底侧边有一个或两个生土二层台，大多数墓葬为窄长方形。墓向基本呈南北向，从山坡到山顶沿着山坡等高线分布。

3. 出土遗物

西周至春秋时期墓葬出土原始瓷豆、青铜矛、青铜钺、水晶玦、石玦、夔纹或方格纹印纹陶罐、夹砂陶釜等遗物。明清时期墓葬出土器物见釉陶罐等。

三六　ZDZJLY－185 担水坳遗址（复查）

1. 遗址概况

担水坳遗址位于中新镇五联村东侧、西福河东岸的担水坳上，北邻大岭顶遗址，东南距西福河支流 300 米，白洞村坐落山岗东坡脚，东、南为村庄和农田。山岗海拔约 39.9 米，相对高度约 14.9 米，地势低矮平缓。为配合广州增城沙庄至花都北兴公路二期工程（即北三环高速公路）建设，2016 年 7 月至 11 月，广州市文物考古研究院对大岭顶遗址进行了抢救性考古发掘。

2. 遗迹现象

清理墓葬 42 座，可分为西周至春秋、明清两个时期。西周至春秋时期墓葬与大岭顶的形制相同。

3. 出土遗物

西周至春秋时期墓葬出土遗物与大岭顶的相同，时代相近。明清时期墓葬出土器物见釉陶罐等。

三七　ZDZJLY－186 慈岭遗址（复查）

1. 遗址概况

慈岭遗址位于中新镇公岭村西部山岗上。山岗东南与鸡公岭相邻，东北距金坑河 950 米，乡道 Y419 从其北侧穿过，西临鱼塘，南北两边均与山地丘陵相接，慈岭小学坐落于山岗东坡。慈岭及其北边、东边的山岗现已多被推平。2017 年 6 月 21 日，为配合广州铁路枢纽东北货运外绕线工程建设，对项目用地慈岭货场开展考古勘探工作。

慈岭遗址位于慈岭西部，所在山岗由三个平面近圆形的山头相连而成，北边东西向分布两个，南边一个，山岗较为平缓，顶部地势平坦，山岗海拔约 41.8 米，相对海拔约 21.8 米。地表种植有大量的苗圃、局部杂草丛生。

2. 地层堆积

经过钻孔勘探，慈岭遗址的地层堆积较简单。

①层为现代表土层，灰黄色，土质较紧密，内包含物有大量的植物根系等，厚 20～50 厘米。

①层下为红褐色黏土或黄、红色风化岩层，结构紧密，系生土层。

3. 采集遗物

勘探时东部山岗的山体整个已被清表，且该山岗的东边区域已被挖掉，在已清表的山岗采集到丰富陶片。陶质以泥质硬陶为主，少许夹粗砂软陶，纹饰见绳纹、曲折纹、弦纹、方格纹。另有少许青花瓷片。据遗物特征分析，有新石器时代晚期至商代、西周至春秋、明清三个时期遗存。

第十三章 结 语

第一节 增江流域考古学文化编年及序列

增江流域北部为低山区，南接珠江三角洲，西临东江、北江流域，为丘陵平原、水网密布的地区，交通便利，资源丰富。从前文调查成果介绍中可以发现，该地区的早期文化也有较多来自周邻地区的文化因素，该地区的文化发展是岭南地区早期文化互相影响、互相交融的历史过程的一部分，也是研究岭南地区社会文明化进程的重要内容之一。

增江流域 11 个镇（街），合计调查时间 1 年有余，调查网格 1156 个，复查和新发现各时期遗址共计 555 个，其中先秦两汉时期遗址计 519 个。经最终整理，有效采集遗物信息 9470 个，其中先秦两汉时期遗物信息 9211 个。

前文对增江流域调查所发现的文化遗存的地理位置、周边环境、采集遗物、年代推断、文化内涵等进行了详细叙述，并对各遗存的性质进行了推断。从调查成果来看，增江流域的古文化遗存十分丰富，不仅分布密集，而且其年代序列从新石器时代晚期至明清时期绵延不绝。从采集遗物来看，相当一部分遗址文化内涵丰富，年代跨度较大。通过与周邻地区各时期考古学文化的对比，本节对增江流域考古学文化编年及序列进行初步分析。

根据采集遗物与周邻文化的对比来看，增江流域考古学文化可依遗物形制划分为新石器时代晚期至商代、西周至春秋、战国至南越国、汉代（南越国后）、晋南朝、唐宋、明清等前后连续的七期。

一期：新石器时代晚期至商代。总计有 270 个遗址发现该期遗存（彩版一四）。采集遗物较丰富，种类多样，以陶器残片为主，共 1988 件，另有较多石器，共 202 件。（图 13 - 1 ~ 13 - 6；彩版七五、七六）陶片以夹粗砂软陶、泥质粗硬陶为主，各占 27.3%、20.8%。夹粗砂软陶以灰黑色为主，另有较多红褐色与灰色，其余有灰白、灰褐、青灰、黑、灰黄、橙黄色等；绝大部分为素面，有纹饰者以绳纹为主，还有曲折纹、方格纹、篮纹、条纹、附加堆纹、长方格纹等，个别罐的口沿可见刻划符号；可辨器形以釜、罐为主，还有器座、鼎、豆等。泥质粗硬陶以灰色居多，另有灰白、青灰、灰褐、红褐、灰黑、深灰等；纹饰多样，曲折纹、绳纹、长方格纹、素面较多，另有部分交错绳纹、篮纹、叶脉纹、条纹等，个别为细长方格纹、席纹、梯格纹、交错条纹、间断条纹、方格纹等；可辨器形绝大多数为罐，另有个别豆。此外还有较多泥质细硬陶、夹细砂硬陶；陶色以灰、青灰为主；纹饰以曲折

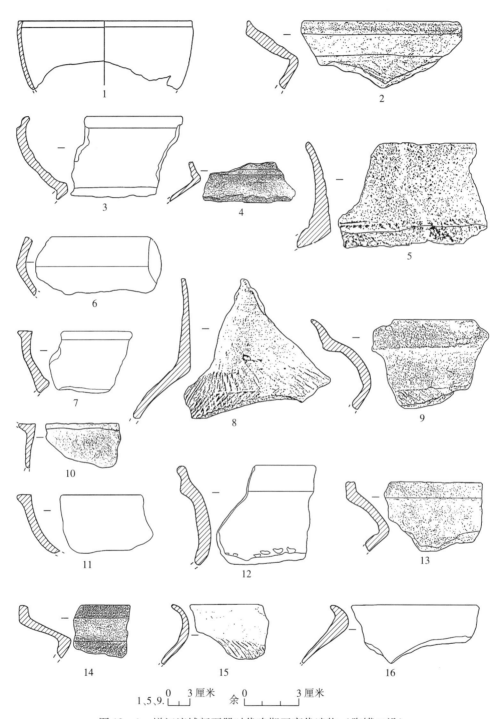

图 13－1　增江流域新石器时代晚期至商代遗物（陶罐口沿）

1. ZJLY－22：79Z Ⅰ　2. ZJLY－26：2Z Ⅰ　3. ZJLY－289：17T　4. ZJLY－63：13Y Ⅲ　5. ZJLY－114：35Y Ⅱ
6. ZJLY－22：29Z Ⅰ　7. ZJLY－468：1T　8. ZJLY－289：15T　9. ZJLY－807：2T　10. ZJLY－705：12Y Ⅱ
11. ZJLY－705：13T　12. ZJLY－216：10Y Ⅱ　13. ZJLY－254：45Z Ⅰ　14. ZJLY－587：10Z Ⅰ　15. ZJLY－
269：2Z Ⅰ　16. ZJLY－307：2T

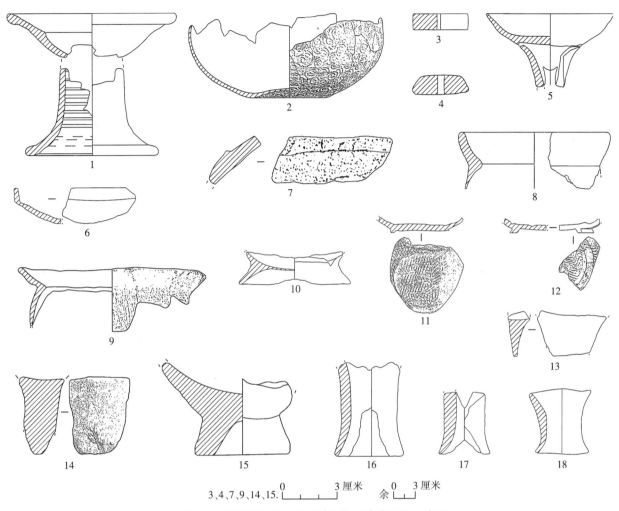

图 13-2 增江流域新石器时代晚期至商代遗物（陶器）

1、5. 豆（ZJLY-538:8①T、ZJLY-393:019） 2. 罐底（ZJLY-538:8②T） 3、4. 纺轮（ZJLY-709:8ZⅠ、
ZJLY-379:2T） 6. 豆口沿（ZJLY-22:90ZⅠ） 7. 瓮口沿（ZJLY-465:10ZⅠ） 8、9. 釜口沿（ZJLY-
32:2ZⅠ、ZJLY-67M1:4） 10～12. 罐圈足（ZJLY-297:10ZⅠ、ZJLY-19:1G、ZJLY-114:30YⅡ）
13、14. 鼎足（ZJLY-114:14ZⅠ、ZJLY-89:10ZⅠ） 15. 圈足杯（ZJLY-199:1ZⅠ） 16～18. 器座（ZJLY-
63:91ZⅠ、ZJLY-67M1:1、ZJLY-557:16YⅡ）

纹、绳纹为主，另有交错绳纹、篮纹、叶脉纹、长方格纹、卷云纹等，个别罐的口沿可见刻划符号；
可辨器形绝大多数为罐，个别为釜、豆。另有部分泥质粗软陶、泥质细软陶、夹细砂软陶；陶色以灰、
灰白居多，还有较多红褐、灰黑；以素面为主，纹饰另有曲折纹、绳纹、叶脉纹、篮纹、条纹等；可
辨器形有罐、豆、釜、纺轮、圈足杯。（彩版一一四～一二○）

　　绝大多数陶器为手制，其内壁可见因手制而产生的凹凸不平的现象。罐、釜一类器物的口沿部位
多经慢轮修整，旋痕明显。陶器器身多为泥片贴筑而成，贴筑过程中由于坯层间易形成气泡，部分陶
器器壁有鼓凸或胚层脱落的现象，陶器变形的情况也较普遍。器物的口沿、圈足、泥条等均为单独制
作后再粘接于器身之上。陶器颈部以下均拍印几何形印纹，纹饰复杂，以器身满施纹饰者为主，少量
器底圈足内未施纹饰或拍印纹饰后抹平。施纹方法包括拍印、压印、刻划、戳印等。以单件器物的纹
饰组合形式来看，本期遗物的器表纹饰可分为单一纹饰和组合纹饰两类。

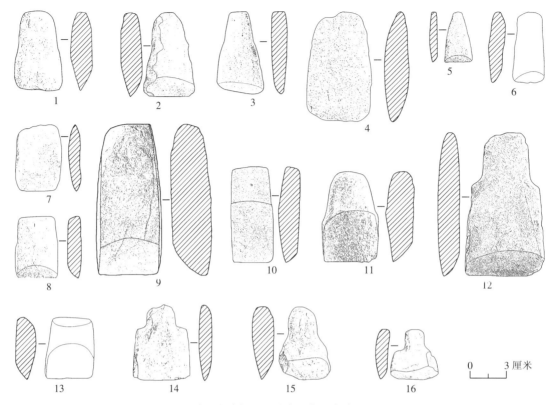

图 13 - 3　增江流域新石器时代晚期至商代遗物（石锛）

1. ZJLY - 6：6G　2. ZDZJLY - 46：5Y Ⅰ　3. ZJLY - 114：9Z Ⅰ　4. ZJLY - 160：1Z Ⅰ　5. ZJLY - 324：8T　6. ZJLY - 137：80Y Ⅱ　7. ZJLY - 254：22Z Ⅰ　8. ZJLY - 145：15T　9. ZJLY - 60：15Z Ⅰ　10. ZJLY - 154：3T　11. ZJLY - 570：9T　12. ZJLY - 535：12Z Ⅰ　13. ZJLY - 153：6T　14. ZJLY - 325：7Z Ⅰ　15. ZJLY - 416：1Z Ⅰ　16. ZJLY - 192：3Y Ⅲ

　　采集石器种类较多，以石锛居多，占 31.2%，有梯形、双肩、有段、长条形等类别，还有镞、戈、斧、环、网坠、凿、钺、刀、杵、砺石、穿孔石器等。石器岩性以片岩为主，还有一定数量的砂岩、角岩等，本期部分双肩石器为凝灰岩，与南海西樵山所见石材一致。（彩版一二一～一二五）

　　本期普遍发现的以曲折纹、绳纹、长方格纹、叶脉纹为主要纹饰的印纹陶遗存广见于整个珠三角地区，与佛山河宕①、高要茅岗②、从化狮象③、南海鱿鱼岗④、东莞村头⑤、三水银洲⑥等遗址所出印纹陶遗存时代和内涵相当。整体文化内涵以珠三角地区文化为主，另可见粤东虎头埔文化、粤北石峡文化特色。

---

① 广东省博物馆、佛山市博物馆：《佛山河宕遗址——1977 年冬至 1978 年夏发掘报告》，广东人民出版社，2006 年。
② 广东省博物馆：《广东高要县茅岗水上木构建筑遗址》，《文物》1983 年第 12 期。
③ 广州市文物考古研究所：《广州考古六十年》，广东人民出版社，2013 年。
④ 广东省文物考古研究所、北京大学考古系实习队：《广东南海市鱿鱼岗贝丘遗址的发掘》，《考古》1977 年第 6 期。
⑤ 邱立诚、刘成基：《东莞村头遗址发掘的初步收获》，《广东省博物馆馆刊》1991 年第 2 期；广东省文物考古研究所：《东莞村头遗址第二次发掘简报》，《文物》2000 年第 9 期。
⑥ 广东省文物考古研究所、北京大学考古系、三水市博物馆：《广东三水市银洲贝丘遗址发掘简报》，《考古》2000 年第 6 期。

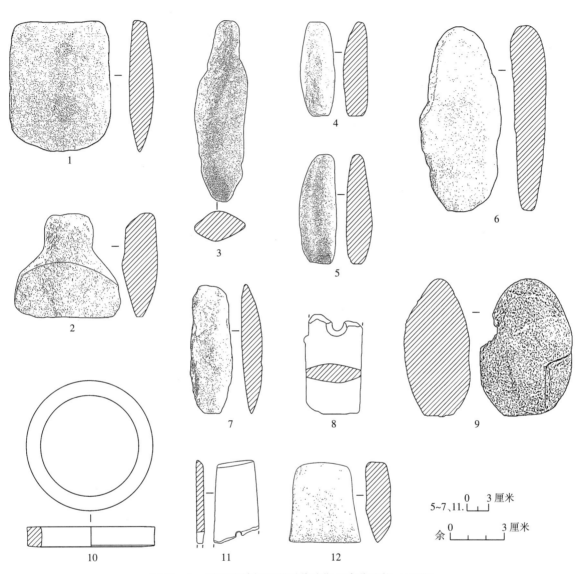

图 13-4　增江流域新石器时代晚期至商代遗物（石器）

1、2、12. 斧（ZJLY-7：35YⅡ、ZJLY-466：9ZⅠ、ZJLY-6：1G）　3、4. 砍砸器（ZJLY-535：6ZⅠ、ZJLY-274：6T）
5. 杵（ZJLY-525：6ZⅠ）　6、9. 网坠（ZJLY-254：36ZⅠ、ZJLY-26：10ZⅠ）　7. 凿（ZJLY-455：29T）　8、11. 戈
（ZJLY-466：11YⅡ、ZJLY-217：1ZⅠ）　10. 环（ZJLY-22：64ZⅠ）

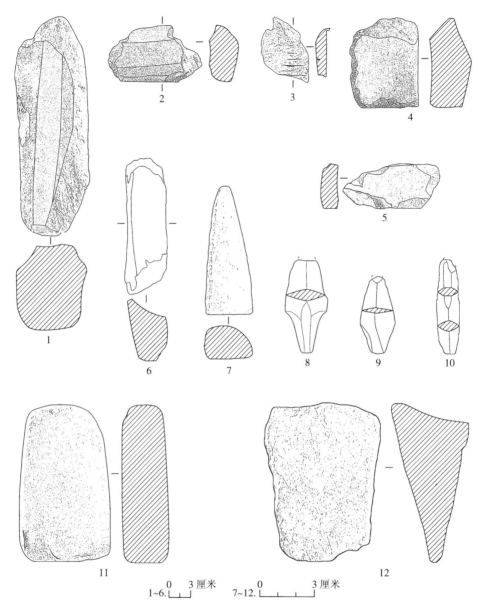

图 13 - 5 增江流域新石器时代晚期至商代遗物（石器）

1 ～ 6. 砺石（ZJLY－541：1T、ZJLY－526：15T、ZJLY－26：1G、ZJLY－254：24Z Ⅰ、ZJLY－22：62Z Ⅰ、ZJLY－945：1T） 7、11、12. 石器（ZJLY－44：26G、ZJLY－838：1Z Ⅰ、ZJLY－293：1T） 8 ～ 10. 镞（ZJLY－682：1T、ZJLY－548：10T、ZJLY－454：1Y Ⅱ）

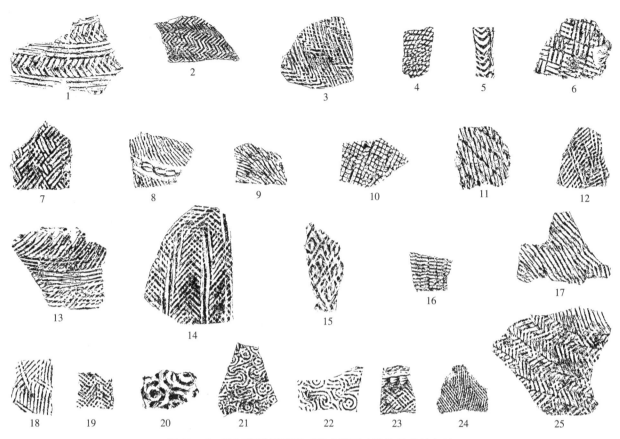

图 13－6　增江流域新石器时代晚期至商代陶片纹饰拓片

1. 弦断曲折纹（ZJLY－790：2Z Ⅰ）　　2、3. 曲折纹（ZJLY－63：173Z Ⅰ、ZDZJLY－76：20①Y Ⅰ）　4. 网格纹（ZJLY－587：1Y Ⅱ）　5. 指甲纹（ZJLY－320：12Z Ⅰ）　6、7. 席纹（ZJLY－324：12Y Ⅱ、ZDZJLY－6：2Z Ⅱ）　8. 篮纹＋附加堆纹（ZJLY－324：13Y Ⅱ）　9. 篮纹（ZDZJLY－76：17Y Ⅰ）　10. 方格纹（ZJLY－137：85Y Ⅱ）　11. 斜长方格纹（ZJLY－254：38Z Ⅰ）　12. 梯格纹（ZJLY－587：4Y Ⅱ）　13. 绳纹（ZJLY－673：10Z Ⅰ）　14. 叶脉纹（ZDZJLY－76：16Z Ⅱ）　15. 重菱格纹（ZJLY－587：7T）　16. 长方格纹（ZJLY－560：4Y Ⅱ）　17. 条纹（ZJLY－652：4T）　18. 间断条纹（ZJLY－324：19Z Ⅰ）　19. 交错条纹（ZJLY－114：56Y Ⅱ）　20. 圆圈凸点纹（ZJLY－137：4Z Ⅰ）　21、22. 卷云纹（ZJLY－535：8Y Ⅱ、ZJLY－439：2Z Ⅰ）　23. 交错绳纹＋附加堆纹＋弦纹（ZJLY－502：3Y Ⅱ）　24. 交错绳纹（ZJLY－325：13Z Ⅰ）　25. 叶脉纹（ZJLY－526：8T）

二期：西周至春秋时期。在 239 个遗址中发现该期遗存（彩版一五）。采集遗物绝大多数为陶器残片，共有 3635 件，另有少量石器、个别铜器和原始瓷器。（图 13－7～13－12；彩版七七、七八）陶片以泥质粗硬陶为大宗，占 67%，陶色以灰褐、灰色为主，深灰、青灰、红褐、灰黑色次之，还有少量的灰白、橙黄、红、灰黄色等。泥质细硬陶次之，占 27.3%，陶色以灰、灰褐、青灰色为主，还有深灰、红褐、灰黑、灰白、红、橙黄、褐色等。同时还有少量的泥质粗软陶、夹细砂硬陶、泥质细软陶、夹粗砂软陶、夹细砂软陶等。本期陶器纹饰以方格纹为主，其次为夔纹，还见菱格凸块纹、网格纹、曲折纹、云雷纹、篦点纹、戳印纹、卷云纹、细方格纹、席纹、弦纹、圆圈纹、曲尺纹等纹饰，2～3 种纹饰组合而成的组合纹饰盛行，极少数陶片可见刻划符号。陶器可辨器形以罐为主，次为瓮、豆，另有瓿、簋、杯、钵、器盖、器足等。由于陶片多细碎，陶器制法可判者仅见手制，施纹方法包括拍印、压印、刻划等。此外，本期采集了少量原始瓷豆，施青釉，饰篦点纹、弦纹。（彩版一二六～一三六）

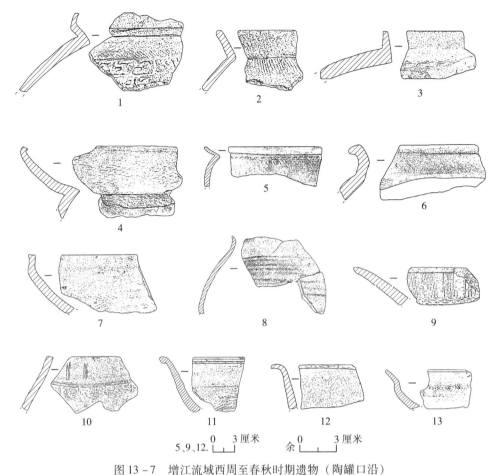

图 13-7　增江流域西周至春秋时期遗物（陶罐口沿）

1. ZDZJLY-75:1J　2. ZJLY-7:34YⅡ　3. ZJLY-5:11YⅡ　4. ZJLY-10:16YⅡ　5. ZJLY-91:175ZⅠ
6. ZDZJLY-62:23ZⅡ　7. ZJLY-91:189ZⅠ　8. ZJLY-285:17②ZⅠ　9. ZJLY-91:18ZⅠ　10. ZJLY-
186:14ZⅠ　11. ZDZJLY-22:16G　12. ZJLY-313:41T　13. ZJLY-705:22YⅡ

本期采集石器数量、种类均较少，比较典型的是砺石，另有个别镞、锛、斧等（彩版一三六）。铜器见1件完整铜斧和1件青铜残片（见彩版一三六）。

本期以装饰夔纹为突出特征的夔纹陶遗存几乎见于广东省全境，较典型的遗址有博罗横岭山①和增城浮扶岭②等，出土器物有装饰夔纹、菱格凸点纹、方格纹、云雷纹或多种组合纹的瓮、罐、簋等，以及原始瓷豆、玉石器及少量青铜器等。夔纹陶遗存的绝对年代一般认为相当于西周至春秋时期。从考古发现的夔纹陶遗存分布情况来看，其中心应该位于东江流域博罗至增城一带，增城及增江流域是夔纹陶遗存分布的重要地带。

三期：战国至南越国时期。总计有246个遗址发现该期遗存（彩版一六）。本期采集遗物多为陶器残片，以泥质粗硬陶为大宗，占66%，陶色多为灰褐色，灰、深灰、红褐、灰黑、青灰色次之，还有少量的灰白、红、橙黄、灰黄、黑、褐色等。另有较多泥质细硬陶，占30.3%，陶色亦以灰褐色为

① 广东省文物考古研究所：《博罗横岭山：商周时期墓地2000年发掘报告》，科学出版社，2005年。
② 广州市文物考古研究所：《广州考古六十年》，广东人民出版社，2013年，第14~15页、第241页；张强禄：《增城市浮扶岭新石器时代至元明墓地》，《中国考古学年鉴2011》，文物出版社，2012年。

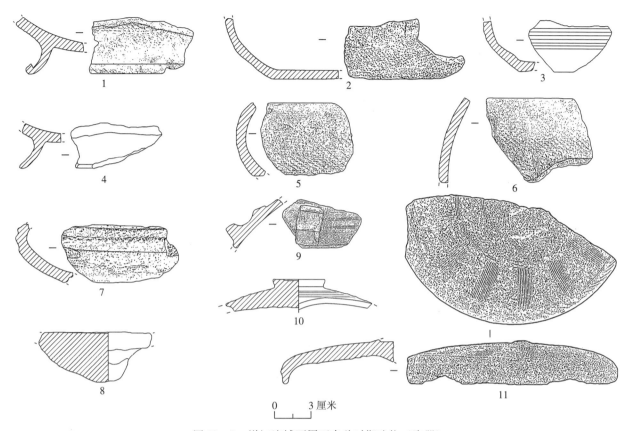

图 13 – 8　增江流域西周至春秋时期遗物（陶器）

1. 陶罐圈足（ZDZJLY – 62：17J）　2. 陶罐底（ZJLY – 376：9Z Ⅰ）　3. 陶钵底（ZJLY – 527：6Z Ⅰ）　4. 陶簋圈足（ZJLY –
253：8Z Ⅰ）　5. 陶钵口沿（ZJLY – 558：5T）　6. 陶簋口沿（ZDZJLY – 63：4J）　7. 陶瓿口沿（ZJLY – 455：32T）　8. 陶器足
（ZJLY – 309：2Z Ⅰ）　9. 陶器耳（ZJLY – 455：22T）　10、11. 陶器盖（ZJLY – 531：10T、ZJLY – 7：2Y Ⅱ）

主，深灰色次之，还有灰、青灰、红褐、灰黑、红色等。同时还有极少量的泥质粗软陶、泥质细软陶、
夹粗砂软陶、夹细砂硬陶、夹细砂软陶等。陶片器表纹饰以方格纹、米字纹为主，其次为三角格纹、
方格对角线纹等，还有篦点纹、戳印纹、弦纹、附加堆纹、曲折纹、复线方框纹、云雷纹、水波纹、
旋涡纹、网格纹、刻划纹等，流行 2 ~ 3 种纹饰组合而成的组合纹饰。一小部分陶片为素面，个别陶片
有刻划符号。可辨器形以罐为主，还有盒、鼎、瓿、碗、瓮、盂、盏、盘、簋、豆、器盖、器足等。
另有少量原始瓷，施青釉，有夔纹、弦纹、戳印圆圈纹、篦点纹等纹饰。（彩版一三七 ~ 一四六）

　　采集石器 6 件，包括砺石、镰、网坠、残石器等，还采集了 2 件铜矛。（图 13 – 13 ~ 13 – 16；见彩
版一四六）

　　本期整体文化面貌与战国时期分布于广东地区的米字纹陶遗存相类同，这是继夔纹陶遗存之后兴
起的考古学文化遗存，其绝对年代相当于战国至南越国时期。

　　四期：汉代（南越国后）。有 38 个遗址发现该期遗存，分布较分散，南部地区的梅花岭、狮头岭、
鲤鱼岭等均发现并清理了汉墓群（彩版一七）。本次调查采集汉代遗物较少，皆为陶片，陶质多为泥
质细硬陶，泥质粗硬陶次之；陶色以灰、灰褐为主，个别器表施青釉或酱釉；纹饰以方格纹为主，还
有戳印纹、粗弦纹、弦纹等，还有一部分陶片为素面；可辨器形、部位主要为罐口沿，少量为瓦残片，
饰绳纹。（彩版一四七）整体内涵与广州汉墓同期遗存相近。（图 13 – 16、13 – 17）

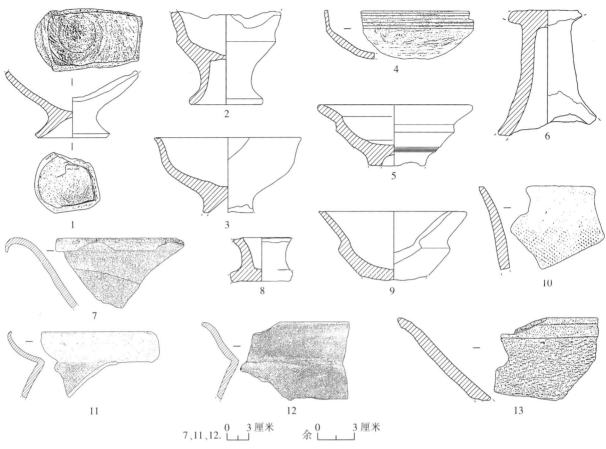

7、11、12. [0 ⎣___⎦ 3厘米]   余 [0 ⎣___⎦ 3厘米]

图13-9 增江流域西周至春秋时期遗物（原始瓷器、陶器）

1. 原始瓷豆（ZJLY－78∶148Z Ⅰ）   2. 陶豆（ZJLY－530∶3Y Ⅱ）   3、9. 陶豆盘（ZJLY－776∶17Z Ⅰ、ZJLY－565∶6T）   4. 陶豆口沿（ZJLY－466∶11Z Ⅰ）   5. 原始瓷豆盘（ZJLY－386∶5Z Ⅰ）   6、8. 陶豆圈足（ZJLY－268∶4Z Ⅰ、ZJLY－76∶16Z Ⅰ）

7、10～13. 陶瓮口沿（ZJLY－313∶1T、ZJLY－548∶4T、ZJLY－612∶13Y Ⅱ、ZJLY－138∶20Y Ⅱ、ZJLY－378∶15T）

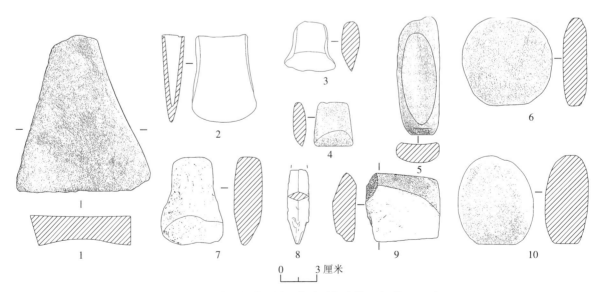

[0 ⎣___⎦ 3厘米]

图13-10 增江流域西周至春秋时期遗物（铜器、石器）

1、5、9. 砺石（ZJLY－513∶11Z Ⅰ、ZJLY－138∶10Y Ⅱ、ZJLY－539∶2Y Ⅱ）   2. 铜斧（ZJLY－318∶1Z Ⅰ）   3、7. 石斧（ZJLY－776∶9Z Ⅰ、ZJLY－776∶1Z Ⅰ）   4. 石锛（ZJLY－397∶3Z Ⅰ）   6. 石饼（ZJLY－534∶14Y Ⅱ）   8. 石镞（ZJLY－108∶40Y Ⅱ）   10. 石研磨器（ZJLY－534∶11Y Ⅱ）

图 13-11 增江流域西周至春秋时期陶片纹饰拓片

1、2、4、8、9、11、15. 夔纹（ZJLY-280:21T、ZJLY-186:34ZⅠ、ZJLY-22:67ZⅠ、ZJLY-60:3ZⅠ、ZJLY-63:74ZⅠ、ZJLY-702:14T、ZJLY-22:80ZⅠ） 3. 夔纹+方格纹（ZJLY-186:11ZⅠ） 5. 夔纹+篦划复线纹+弦纹（ZJLY-197:28YⅡ） 6. 夔纹+戳印圆圈纹+弦纹（ZJLY-253:14ZⅠ） 7. 夔纹+方格纹+弦纹（ZJLY-197:10ZⅠ） 10. 夔纹+菱格凸点纹+弦纹（ZJLY-6:31G） 12、18、20. 云雷纹（ZDZJLY-76:6①J、ZJLY-68:87ZⅠ、ZJLY-51:49G） 13. 夔纹+方格纹（ZJLY-186:1YⅢ） 14. "卍"字纹（ZJLY-186:22ZⅠ） 16. 卷云纹+曲折纹（ZJLY-68:45YⅡ） 17. 夔纹+菱格凸块纹+弦纹（ZJLY-441:10ZⅠ） 19. 勾连云雷纹+方格纹（ZJLY-67:17YⅡ）

据旧址记载，增城建县于后汉建安六年（201 年），距今约 2000 年。汉代县治据载位于明清县治东北五十里地（一里为 500 米），大致位于今永汉河与增江交汇口一带，但并未在周边区域发现较多汉代遗存。而增城目前发现的汉墓多分布于增城南部的新塘至石滩东江北岸一带，以东汉墓为主，说明东汉时期增城南部地区已有相当数量人口分布。增城县治并未选择人口较集中的南部，而是县境东北一带的山区，推测其县治可能为军事据点，以加强对东北地区的管控，这也为县治周边汉代遗存发现提供了一种解释。

五期：晋南朝。总计有 16 个遗址发现该期遗存（彩版一八），其中有 10 个遗址为本次复查的遗址，多为墓葬。本次调查采集的晋南朝遗物极少，仅数件，为陶罐或青釉瓷罐残件（彩版一四七）。

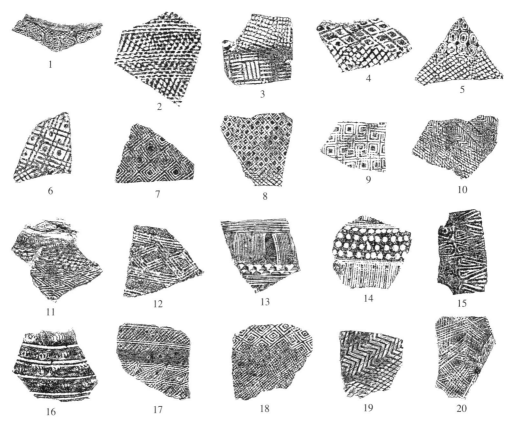

图 13 - 12　增江流域西周至春秋时期陶片纹饰拓片

1. 篦点纹 + 夔纹（ZDZJLY – 60：14L）　2. 方格纹 + 弦纹（ZDZJLY – 67：2YⅠ）　3. 方格纹 + 席纹（ZJLY – 320：10ZⅠ）　4. 方格纹 + 菱格凸块纹（ZJLY – 63：71ZⅠ）　5. 方格纹 + 重圈凸点纹（ZJLY – 197：23YⅡ）
6. 方格纹 + 重菱格凸点纹（ZJLY – 465：15YⅡ）　7. 重方格凸块纹（ZDZJLY – 61：4YⅠ）　8. 方格纹 + 菱格凸块纹（ZJLY – 475：4ZⅠ）　9. 回字纹（ZJLY – 853：7T）　10. 方格纹 + 曲折纹（ZJLY – 512：2YⅡ）　11. 方格纹 + 曲折纹 + 戳印篦点纹（ZJLY – 370：19YⅡ）　12. 重菱格纹 + 弦纹（ZJLY – 257：23T）　13. 篦划线 + 戳印纹 + 弦纹（ZJLY – 274：10YⅡ）　14. 戳印圆圈纹 + 篦划纹 + 弦纹（ZJLY – 217：12ZⅠ）　15. 蝉翼纹（ZJLY – 388：17YⅡ）　16. 篦点纹 + 弦纹（ZDZJLY – 62：21YⅠ）　17. 方格纹 + 篦划纹 + 弦纹（ZDZJLY – 76：11L）　18. 细方格纹 + 重菱格凸点纹（ZJLY – 465：12YⅡ）　19. 方格纹 + 曲折纹（ZJLY – 266：23ZⅠ）　20. 刻划纹（ZJLY – 829：42T）

龙井山发现的分布密集、结构保存完好的晋南朝时期墓地，是广州古城区以外首次发现，也是增城地区考古发现最大规模的六朝墓群。（见图 13 – 17）

　　六期：唐宋时期。有 109 个遗址发现该期遗存，其中有 42 个遗址为本次复查的遗址（彩版一九）。本次调查采集的唐宋遗物多为陶器残片，以泥质细硬陶为大宗，占 69.5%；陶色以灰黑、灰居多，另有灰褐、深灰、黑等，个别施青釉、酱釉或酱黄釉；绝大多数为素面，仅个别有纹饰，包括弦纹、条纹、刻划纹、刻划弦纹、刻划卷草纹、刻划花纹、重圈纹等；可辨器形以罐居多，另有器盖、碗、执壶、钵、魂瓶等。余大部为泥质粗硬陶，陶色有灰黑、青灰、灰等；个别施酱釉，均为素面；可辨器形有罐、墓砖、碗、砖，还有饰堆塑纹的魂瓶及饰乳丁、弦纹的瓦当。另有 1 件泥质粗软陶，为灰黄色、素面的墓砖。此外还采集到少量瓷片，以青釉居多，另有青灰、灰黄、灰白、黄、黑、青黄、酱釉等；素面居多，个别饰印花纹、刻划纹、刻划花纹、冰裂纹或篦点纹等，个别内底有刻划交叉线；可辨器形以碗为主，另有碟、魂瓶、杯、高圈足碗。（见图 13 – 17；彩版一四八）

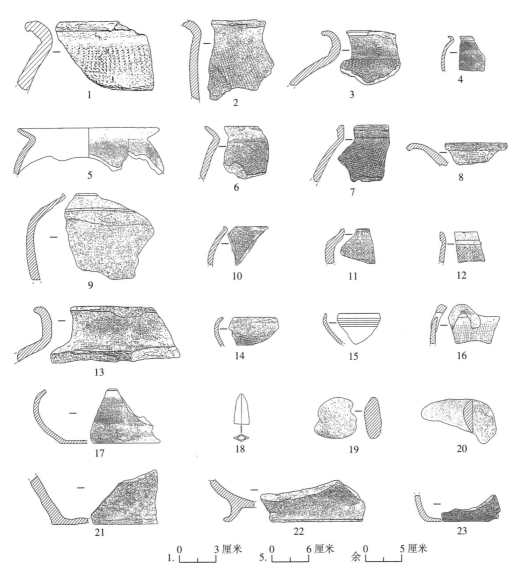

图 13 – 13　增江流域战国至南越国时期遗物（石器、陶器、青铜器）

1～12. 陶罐口沿（ZJLY－21：3G、ZJLY－217：5YⅡ、ZJLY－46：13G、ZJLY－557：4YⅡ、ZJLY－41：5ZⅠ、
ZJLY－68：412YⅡ、ZJLY－540：3YⅡ、ZJLY－39：5G、ZJLY－811：2ZⅠ、ZJLY－258：1YⅡ、ZJLY－137：12YⅡ、
ZJLY－319：6YⅡ）　13. 陶瓮口沿（ZJLY－46：7G）　14、15. 陶钵口沿（ZJLY－39：13G、ZJLY－530：7T）
16. 陶盂形鼎口部（ZJLY－41：2ZⅠ）　17、21、23. 陶罐底（ZJLY－68：700YⅡ、ZJLY－9：2YⅡ、ZJLY－
383：13ZⅠ）　18. 铜矛（ZJLY－308：3ZⅠ）　19. 石网坠（ZJLY－270：1T）　20. 石镰（ZJLY－460：1ZⅠ）
22. 陶簋圈足（ZJLY－256：7ZⅠ）

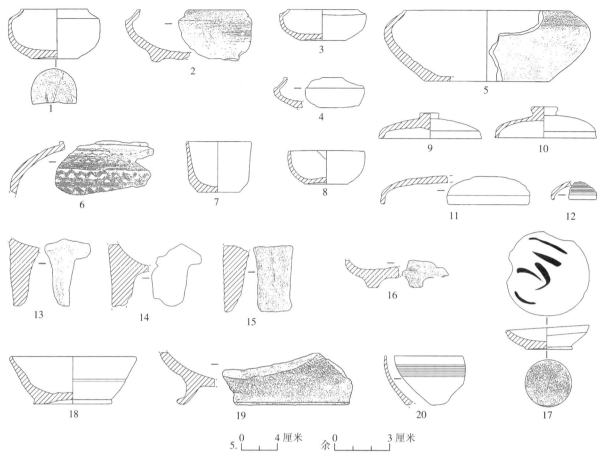

图 13－14 增江流域战国至南越国时期遗物（陶器、原始瓷器）

1~3. 陶盒（ZJLY－560:8T、ZJLY－810:1YⅢ、ZJLY－560:16YⅡ）   4. 陶盒口沿（ZJLY－246:2T）   5. 陶瓿（ZJLY－783:6YⅡ）   6. 陶瓿口沿（ZJLY－308:4T）   7、8. 陶杯（ZJLY－137:71YⅡ、41:18ZⅠ）   9~12. 陶器盖（ZJLY－253:32T、ZJLY－811:1ZⅠ、ZJLY－46:11G、ZJLY－560:6YⅡ）   13~15. 陶鼎足（ZJLY－137:41YⅡ、ZJLY－557:10T、ZJLY－145:32ZⅠ）   16. 陶三足盒底（ZJLY－137:14ZⅠ）   17. 陶盏（ZJLY－560:12YⅡ）   18. 陶碗（ZJLY－316:7ZⅠ）   19. 陶簋圈足（ZJLY－256:7ZⅠ）   20. 原始瓷钵口沿（ZJLY－41:32G）

七期：明清时期。有68个遗址发现该期遗存（彩版二〇）。本次调查采集明清遗物以陶片居多，大多数为泥质粗硬陶；陶色以灰、灰白、灰褐居多，另有红褐、灰黄、深灰等，个别施酱釉；以素面居多，个别饰条纹、刻划条纹、刻划纹、重环纹等；可辨器形有刻槽盆、四耳罐、砖。余为泥质细硬陶，陶色有灰、灰白、灰褐等，以素面居多，可辨器形、部位有罐、器耳。另采集到少许瓷片，以透明釉居多，另有青灰釉、青釉、黑釉；素面居多，少量有纹饰，包括青花纹、菊瓣纹、刻划花草纹、青花弦纹等；可辨器形以碗居多，另有碟。此外，还采集到石砚3件、"宽永通宝"铜钱1件。（见图13－17；彩版一四八）

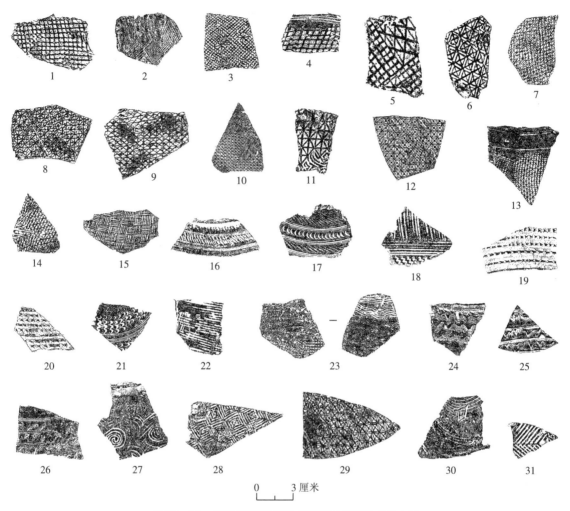

图 13 - 15 增江流域战国至南越国时期陶片纹饰拓片

1. 方格纹（ZDZJLY-50∶16ZⅡ） 2. 方格纹+戳印纹（ZJLY-305∶3T） 3. 方格纹+米字纹（ZDZJLY-73∶1F） 4. 方格纹+弦纹（ZJLY-146∶2T） 5. 方格纹+三角格纹（ZJLY-311∶6ZⅠ） 6. 方格对角线纹（ZDZJLY-35∶21YⅠ） 7~10. 米字纹（ZJLY-41∶26G、ZDZJLY-50∶12YⅠ、ZJLY-68∶351ZⅠ、ZJLY-425∶1T） 11. 米字纹+戳印纹（ZJLY-145∶85ZⅠ） 12. 复线米字纹（ZJLY-534∶3ZⅠ） 13. 三角格纹（ZJLY-43∶16G） 14. 三角纹+叶脉纹（ZJLY-137∶13YⅡ） 15. 编织席纹（ZJLY-315∶6T） 16. 篦点纹+弦纹（ZJLY-783∶3YⅡ） 17. 篦点纹+指甲纹+弦纹（ZJLY-145∶44ZⅠ） 18. 篦划纹+弦纹+栉齿纹（ZJLY-311∶2ZⅠ） 19. 戳印纹+轮线纹（ZJLY-771∶8YⅡ） 20. 附加堆纹（ZDZJLY-77∶1ZⅡ） 21. 锯齿纹+弦纹（ZJLY-145∶41ZⅠ） 22. 刻划条纹（ZJLY-387∶24ZⅠ） 23. 方格纹（外）+篦划纹（内）（ZJLY-68∶554YⅡ） 24. 水波纹（ZJLY-145∶64ZⅠ） 25、26. 水波纹+弦纹（ZJLY-383∶6ZⅠ、ZDZJLY-62∶12YⅠ） 27. 旋涡纹（ZJLY-387∶21ZⅠ） 28、29. 重方格对角线纹（ZJLY-321∶7ZⅠ、ZJLY-783∶9YⅡ） 30. 刻划符号（ZJLY-383∶1ZⅠ） 31. 叶脉纹（ZDZJLY-77∶2L）

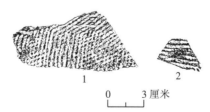

图 13 - 16 增江流域汉代陶片纹饰拓片

1、2. 汉代绳纹（ZJLY-349∶1①T、ZJLY-349∶1②T）

图 13－17　增江流域汉代、晋南朝、唐宋、明清时期遗物

1~3. 汉代陶罐口沿（ZJLY－147：3YⅡ、ZJLY－78：118ZⅠ、ZJLY－78：138ZⅠ）　4. 晋南朝陶砖（ZDZJLY－27：1J）
5~6. 晋南朝瓷罐底（ZJLY－141：1ZⅠ、ZJLY－217：16YⅡ）　7. 唐宋陶瓦当（ZDZJLY－62：6YⅠ）　8. 唐宋瓷高圈足碗
（ZJLY－251：8T）　9. 唐宋瓷碟（ZJLY－72：4YⅡ）　10. 唐宋青瓷碗（ZJLY－317：4ZⅠ）　11. 唐宋青瓷碗底（ZJLY－
320：9ZⅠ）　12. 唐宋陶青釉小罐（ZJLY－512：10YⅢ）　13. 唐宋陶执壶（ZJLY－14：20YⅡ）　14. 唐宋陶罐（ZJLY－
300：1T）　15、16. 唐宋带盖陶罐（ZJLY－252：1ZⅠ、ZJLY－217：20①ZⅠ）　17. 明清青瓷碗（ZJLY－75：1YⅡ）
18. 明清石砚（ZJLY－71：10YⅡ）　19. 明清陶器盖（ZDZJLY－27：1YⅠ）

第二节 增江北段先秦两汉时期遗址空间分析

前文对增江流域调查材料进行了尽可能精确的考古编年，这为增江流域古代人类社会的研究提供了区域性的宏观视角。本节将根据增江流域考古调查工作开展较好的派潭、小楼、正果、荔城、增江五镇（街）（增江北段）古代人类活动遗存的分布及其历时性变化，去探讨该区域先秦两汉时期聚落的空间分布。

考察遗址与自然环境因素之间的关系是 GIS 在考古学中应用较普遍的研究实践。整个增江北段调查发现的先秦两汉时期遗址总计438个，前文根据遗物特征，分为前后发展的四期，并总结归纳了各期遗存的内涵和特征。借助 GIS 空间分析工具，在对海拔、坡度、坡向、河流水文、地形地貌等自然环境因素进行分类和分级的基础上，可尝试揭示不同时空范围内遗址分布与其周围各种自然环境因素的关系。

从遗址分布密度图（彩版一四九）可知：增江北段先秦两汉遗址高密度分布区位于正果镇的银场水流域、小楼镇的二龙河中游、荔城街北部、增江街中部；此外派潭河中下游、二龙河上游亦有一定数量遗址分布；而派潭镇北部、小楼镇西部、正果镇东部、荔城街西部、增江街东部的高海拔山地区则少有遗址分布；增城城区一带因城市建设开发强度高，区域地形地貌破坏较严重而难以调查和发现遗址。总体而言，先秦两汉遗址集中分布于增江中上游大型支流的中下游两岸。

海拔高度、相对高度、坡向、坡度、距河流距离等，是与遗址分布较密切的自然地理要素。借助 GIS 软件，将先秦两汉时期遗址分布分别与坡度、坡向、距河流距离、海拔等要素进行叠加分析，可以考察不同自然地理要素的不同区间与遗址数量的相互关系。

坡向指遗址所在区域的朝向。坡向不同，降雨、温度、太阳辐射、植被、动植物资源等亦存在差异，坡向是影响遗址分布的重要因子。本文以45度为单位，将坡向分为8个区间，如为平面，则用系统默认的 −1 度来表示。通过表13−1、遗址与坡向叠加图（彩版一五〇）、坡向与遗址数量统计折线图（图13−18，1）可知，不同朝向间遗址数量差异较小，遗址分布并不存在着明显的坡向倾向性，推测可能与增江北段纬度低，南北坡自然环境差异小有关。

坡度用于反映遗址所在区域的地形倾斜程度。本文将增江北段遗址分布与坡度分级进行叠加，获取不同坡度区间与遗址数量的相互关系，见表13−1。从遗址与坡度叠加图（彩版一五一）、坡度与遗址数量统计折线图（图13−18，2）可知，遗址主要分布于坡度小于5度的区域，且随着坡度的增加，遗址数量不断变少，坡度与遗址数量间存在负相关关系，反映出人类选址时对坡度的考量。坡度与人类活动能耗有着密切关系，坡度越大，农业劳作和狩猎采集耗力越大，发生滑坡、泥石流的概率越大；反之，坡度越小，越适宜人类生存。

水是人类活动不可或缺的资源，河流是人类选址的重要考量因素。本文利用 GIS 邻域分析功能，将遗址分布与河流缓冲区模型进行叠加，得出遗址数量与距河流距离的相互关系，见表13−1。从遗址与河流缓冲区叠加图（彩版一五二）、距河流距离与遗址数量统计折线图（图13−18，3）可知，遗址主要分布于距河流100~300米间，其次为100米内和300~500米间。整体而言，距河流越远，遗址分布越少。河流为人类活动提供水资源，为方便取水遗址多临河而建；同时，增江流域在亚热带季风气候影响下，夏季降水集中的现象使得河流存在较大的水患危险，为安全起见，遗址又必须远离河流泛滥区。

表 13 - 1 增江北段先秦两汉时期遗址数量与坡向等统计表

坡向（度）	-1（平面）	337.5~360 0~22.5（北）	22.5~67.5（东北）	67.5~112.5（东）	112.5~157.5（东南）	157.5~202.5（南）	202.5~247.5（西南）	247.5~292.5（西）	292.5~337.5（西北）
遗址数量	3	61	49	53	55	59	57	53	48
坡度（度）	0~3	3~5	5~7	7~10	10~15	15~20	20~25		
遗址数量	136	137	74	57	27	4	3		
距河流距离（米）	0~100	100~300	300~500	500~700	700~1000	1000~1500	1500~3000		
遗址数量	107	201	91	29	8	1	1		
海拔（米）	0~10	10~30	30~50	50~70	70~100	100~150	150~200	200~250	
遗址数量	15	272	86	36	15	9	4	1	
相对高度（米）	0~5	5~10	10~15	15~20	20~25	25~30	30~50	50~100	100~200
遗址数量	296	57	22	16	16	5	14	11	1
地形地貌	平地	坡地	台地	山岗					
遗址数量	13	39	36	350					

增城地势整体北高南低，北部、东北、西北部环绕高海拔山区，增江及其支流两岸为低海拔区，之间为低矮的缓坡丘陵。借助 GIS 叠加分析功能，将遗址与海拔进行叠加分析，得出遗址数量与海拔的相互关系，见表 13 - 1。从遗址与海拔叠加图（彩版一五三）、海拔与遗址数量统计折线图（图 13 - 18，5）可知，遗址绝大多数位于海拔介于 10~30 米的低海拔区，其次为 30~50 米，其他海拔区间遗址分布相对较少，最高海拔不超过 250 米；从相对高度与遗址数量统计折线图（图 13 - 18，6）看，绝大多数遗址相对高度低于 5 米，其次为 5~10 米，且随着相对高度的增加，遗址数量不断递减。如从单个遗址地形地貌形态来看（表 13 - 1；图 13 - 18，4），绝大多数遗址分布于山岗上，台地、缓坡次之，位于平地的最少。综合分析，遗址主要分布在海拔介于 10~30 米，相对高度小于 5 米的山岗之上，随着海拔和相对高度的增加，遗址分布越来越少。

第三节 "考古通"地理信息系统的运用及思考

增江流域考古调查是区域系统调查方法首次在广州地区的运用与实践。复查和新发现各时期遗址 555 处，通过对遗址内涵的分析，进一步完善和丰富了增江流域区域考古学文化序列。实践表明，以"考古通"地理信息系统为支撑开展的区域系统调查，使得田野调查信息采集的系统性和全面性得到提升，实现遗迹遗物信息、遗址自然地理环境信息、影像信息、测绘信息等系统而全面的记录，为构建信息数据库提供翔实资料。在 GIS 支持下，基于田野调查获取的基础信息，为开展增江流域聚落考古学空间分析研究提供了便利，使得传统聚落考古研究的定性分析向定性和定量分析转变，为解决聚落分布时空演变规律提供全新的整体性思路，为探索岭南珠三角地区先秦文明化进程演变提供全新的视角和思路。

但同时，区域系统调查在增江流域调查实践中亦存在着以下问题：1. 调查区域网格的划分问题。

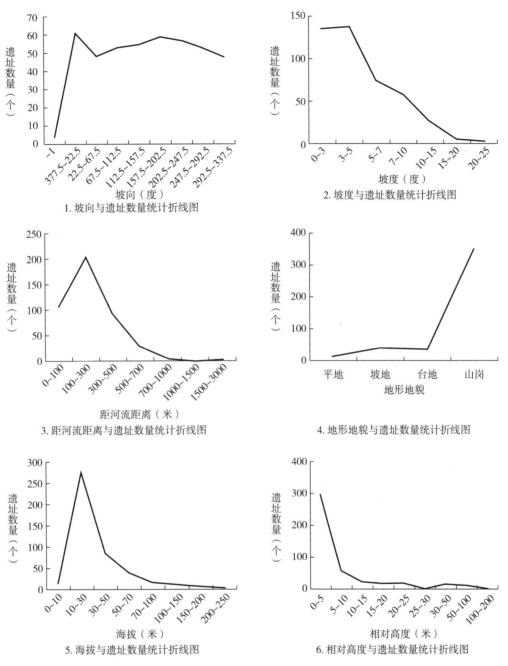

1. 坡向与遗址数量统计折线图

2. 坡度与遗址数量统计折线图

3. 距河流距离与遗址数量统计折线图

4. 地形地貌与遗址数量统计折线图

5. 海拔与遗址数量统计折线图

6. 相对高度与遗址数量统计折线图

图 13-18 增江北段先秦两汉时期遗址数量与坡向等统计折线图

以地形地貌为主要参考依据进行的网格划定，无法做到绝对的客观，如水田、高海拔地区未纳入网格进行调查；此外，各调查网格的范围和面积亦存在不同，这为遗存分布的空间分析带来不便。2. 网格内徒步踏查覆盖范围问题。增城北部地区多山地丘陵，地表植被茂盛，徒步踏查无法覆盖到调查网格的全部区域。已发现的遗存仅能反映调查网格内部分遗存分布情况，而未发现遗物的调查网格并不能排除其存在遗址的可能，这就为探讨遗址分布规律带来影响，特别是开展遗址统计学分析时，数据的客观性和真实性将大打折扣。3. 遗址的确认问题。本次调查多为地表踏查，多数未进行钻探和地层剖面观察，故遗址的地层堆积情况并不清楚。根据岭南珠三角地区多年的考古工作经验来看，地表采集到遗物的区域，经勘探、发掘，多数都无遗迹和文化层分布，故本文所确定的 555 处遗址，并不能真实反映早期人类分布的情况。

下一步，在依托 GIS 空间分析功能考察遗址分布与地形地貌、海拔高度、河流水系、坡度坡向、植被土壤等环境因素的相互关系基础上，可构建起岭南珠三角地区遗址分布预测模型，为田野考古调查提供参考。此外，在田野调查期间，经过初步统计分析发现，地表覆盖物、植被、土地利用类型、人类活动强度等均对田野调查带来影响。自然、人文地理要素与遗址的相互关系研究，为拓展聚落考古研究的宽度和广度提供可能。